패션/유통 비즈니스 & 패션센스 1권

Fashion/Distribution Business & Fashion Sense

강수경, 사공수연 편저

교재의 특성을 **200%** 살린
특성화 동영상 강의

▶ **강의 이용안내**

시스컴의 동영상 강의는 시스컴 교재로 진행되며, 보다 안정된 화면과 편리한 기능을 통해 수험생들이 편안하게 시청할 수 있도록 전 과정이 자체 제작된 강의입니다.

▶ **강의 수강절차**

❶ 시스컴 회원 가입 ➡ ❷ 나의 공간 ➡ ❸ 쿠폰 인증번호 등록 ➡
❹ 강의 선택 ➡ ❺ 쿠폰을 사용하여 수강료 결제 ➡ ❻ 강의 시청

쿠폰 관련 문의 : 02) 2026-6883 (내선 115)

패션/유통 비즈니스 & 패션센스 1권

인쇄일 2012년 1월 1일 초판 1쇄 인쇄
발행일 2012년 1월 5일 초판 1쇄 발행
지은이 강수경, 사공수연
발행인 송인식
발행처 시스컴 출판사

주소 서울시 금천구 가산동 리더스타워 1307호
홈페이지 www.siscom.co.kr
E-mail master@siscom.co.kr
전화 02.2026.6881
FAX 02.2026.6882
등록 제17-269호
판권 시스컴 2012
정가 35,000원
ISBN 978-89-6009-461-1 13630

머리말
Preface

"기업의 성공 여부는 인재에 달려있다"

'준비된 인재를 어떤 기준으로 뽑을 것인가' 라는 명제는 기업 입장에서 늘 따라다니는 과제이다. 점점 더 많은 패션기업이 내부교육을 통해 기업에 필요한 인재를 육성하는 데 힘을 쓰고 있으며, 패션기업에 입사하여 실무 적응력이 높은 핵심인재가 되기 위해서는 학점이나 외국어 실력 등 기본 스펙 외에 패션 유통 전반에 대한 기본 내용과 흐름을 읽는 통찰력이 필요하다. 사전에 그 분야에 대해 공부하고 분석하며 고민하는 노력은 입사 전에도, 입사 후에도 계속되어야 한다.

이에 다년간 패션기업과 유통업체 교육을 진행하면서 느낀 부분을 교재에 수록하게 되었다. 기존 패션 관련 자격증은 직군에 필요한 해당 전문 과목위주로 시험이 시행되고 있는 바, 본서에서는 패션 관련 기사/산업기사 국가자격증과 관련 민간자격증 과목을 토대로 패션/유통 관련 종사자라면 알아야 할 필수 내용을 카테고리화하여 예비 취업준비생 및 신입, 경력직 모두에게 도움이 되고자 하였다.

또한 점차로 일상생활과 직장 내 비즈니스 관계에서 패션에 대한 중요성과 영향력이 커지고 있어 패션분야에 종사하든 그렇지 않든 센스 있는 옷차림이 경쟁력을 좌우한다는 것에 이의를 제기할 사람은 없을 것이다. 그래서 현대 사회의 성공하는 이미지를 갖고자 하는 일반인을 위한 내용도 함께 구성하였으며 흥미위주의 가벼운 내용을 벗어나 패션에 대한 체계적인 지식 습득과 더불어 본인의 이미지 향상에 도움이 되도록 하였다.

Part 1은 패션을 이해하기 위해 가장 기본적으로 필요한 카테고리로서 패션 아이템 & 코디네이션, 패션 트렌드, 패션 브랜드 & 디자이너에 대한 내용이다.

Part 2는 패션 생활 전반에 있어 중요한 부분을 차지하는 컬러와 전체적인 이미지 완성에 필요한 헤어 스타일링 및 메이크업에 대한 내용이다.

Part 3은 패션 소재, 패션마케팅 & 머천다이징, 비주얼 머천다이징(VM), 패션/유통 실무용어에 대한 내용이다.

Part 1과 Part 3을 통해 패션/유통 비즈니스 TEST(Fashion/Distribution Business TEST)를 대비할 수 있으며, Part 1과 Part 2는 TOFAS(Test of Fashion Sense)를 대비할 수 있는 내용으로 구성되어 있다.

패션은 트렌디함을 생명으로 하는 만큼 본서도 지속적으로 업데이트하여 미흡한 점을 수정 보완해 나갈 것을 약속드린다. 끝으로 출간까지 함께 수고해주신 시스컴 출판사에 감사드린다.

- 편저자 씀 -

패션/유통 비즈니스 TEST
(Fashion/Distribution Business TEST)

▶ 개요

■ 패션/유통 비즈니스 TEST(Fashion/Distribution Business TEST)란?

패션/유통 산업 직군에 대한 직무능력을 향상시키고 관련 지식 보유 정도를 객관적으로 평가해 줄 수 있는 지표로서 해당 업무 경쟁력 확보에 대한 인증 테스트로 활용할 수 있다.

패션/유통 핵심 컨텐츠로서 트렌드, 아이템, 마케팅 및 머천다이징, 비주얼 머천다이징, 브랜드, 소재, 실무용어 등 전반적인 항목에 대한 평가를 통해 21세기 패션강국으로 나아가기 위한 기본자질 함양을 위해 개발된 테스트이다.

■ 특성 / 의의

- 패션기업/유통업체의 신입 및 경력 사원 채용 또는 인사고과에 활용 가능한 테스트
- 다양한 패션/유통분야의 평가문항을 통해 관련지식의 폭과 깊이 측정
- 패션/유통 관련 취업 준비생들에게 필요한 패션 지식에 대한 객관적 평가 자료

▶ 실시 요강

- 시행시기 : 연간 3회 정기 시행
- 출제수 / 시험시간 : 80문항(7개 영역) / 80분
- 출제양식 : 4지 선다 / OMR 카드 기입식
- 합격기준 : 점수별 등급제(400점 만점 / 240점 이상 기준 – S, A, B, C, D level – 5등급제 / 절대평가)
- 응시료 : 30,000원
- 응시대상 : 제한 없음
- 성적유효기간 : 1년 6개월

▶ 검정과목 / 출제기준 *교재 해당 Part / Category 참조

Part	Category	과 목(영 역)	문항수	출제기준
Part 1	Category 1	패션 아이템 & 코디네이션	15문항	패션 관련 아이템, 디테일과 실루엣, 이미지별 스타일링, 체형별 스타일링
	Category 2	패션 트렌드	10문항	패션 정보, 패션 트렌드
	Category 3	패션 브랜드 & 디자이너	10문항	국내 브랜드 및 디자이너, 해외 브랜드 및 디자이너, SPA 브랜드 및 편집샵
Part 3	Category 6	패션 소재	10문항	패션 소재의 분류, 패션 이미지와 소재, 소재의 품질관리
	Category 7	패션마케팅/머천다이징	15문항	패션마케팅의 개념, 마케팅 믹스 전략, 패션 머천다이징
	Category 8	비주얼 머천다이징(VM)	10문항	VM의 개념 및 역할, 효과적인 VM 전략
	Category 9	패션/유통 실무용어	10문항	패션/유통 실무용어

▶ 시행처

CDCA 동아자격검정위원회
Committee for DongA Certification Approval

㈜ 프로에듀코리아 Tel) 02-312-1960~1

TOFAS
(Test of Fashion Sense)

▶ 개요

■ TOFAS(Test of Fashion Sense)란?

개인의 패션 감각(센스) 보유 정도를 객관적으로 평가해 줄 수 있는 지표로 널리 적용될 수 있을 뿐만 아니라 개인의 아이덴티티나 가치를 높여 경쟁력을 확보할 수 있는 범용화된 테스트로 활용할 수 있다.

패션 아이템 & 코디네이션, 패션 트렌드, 디자이너 및 브랜드, 패션 컬러, 헤어 스타일링 & 메이크업 등 전반적인 항목에 대한 평가를 통해 한국인의 패션감각을 신장시키기 위해 개발된 테스트이다.

■ 특성 / 의의

• 다양한 패션분야의 평가문항을 통해 일반인의 패션감각 이해 정도를 측정

• 성공하는 사회인을 꿈꾸는 예비 취업 준비생들에게 필요한 기본적 패션 센스에 대한 객관적 평가 자료

• 패션 감각이 요구되는 기업/업체의 신입 및 경력 사원 채용 시에 활용 가능한 일반적 테스트

▶ 실시 요강

• 시행시기 : 연간 3회 정기 시행

• 출제수 / 시험시간 : 60문항(5개 영역) / 60분

• 출제양식 : 4지 선다 / OMR 카드 기입식

• 합격기준 : 점수별 등급제(300점 만점 / 180점 이상 기준 – S, A, B, C, D level – 5등급제 / 절대평가)

• 응시료 : 20,000원

• 응시대상 : 제한 없음

• 성적유효기간 : 1년 6개월

▶ 검정과목 / 출제기준 *교재 해당 Part / Category 참조

Part	Category	과 목(영 역)	문항수	출제기준
Part 1	Category 1	패션 아이템 & 코디네이션	15문항	패션 관련 아이템, 디테일과 실루엣, 이미지별 스타일링, 체형별 스타일링
	Category 2	패션 트렌드	10문항	패션 정보, 패션 트렌드
	Category 3	패션 브랜드 & 디자이너	10문항	국내 브랜드 및 디자이너, 해외 브랜드 및 디자이너, SPA 브랜드 및 편집샵
Part 2	Category 4	패션 컬러	15문항	컬러와 톤의 이해, 컬러 코디네이션, 퍼스널 컬러
	Category 5	헤어 스타일링 & 메이크업	10문항	얼굴, 직업, 체형, 감성에 따른 헤어 스타일링 & 메이크업

▶ 시행처

Contents

Part 1

Category 1. 패션 아이템 & 코디네이션

1장 패션 관련 아이템

1절 패션 아이템의 종류

1. 블라우스(Blouse)

(1) 유래와 특징

블라우스의 어원은 중세 로마네스크 시대의 복식인 '블리오(Bliaud)'에서 유래되었으며, 여성과 아동용 상의를 뜻한다. 여성용 원피스 스타일에서 변화한 것과 남성용 드레스 셔츠에서 변화한 것으로 나눌 수 있는데, 수트나 재킷 안에 입거나 단독으로 스커트, 팬츠와 입기도 한다. 정식 옷차림으로는 그 위에 상의를 걸쳐야 하나 19세기 후반에 테일러드 수트가 도입되면서 스포티한 옷차림의 경우는 상의 대용으로 셔츠만 입을 수 있게 되었다.

옷자락을 스커트나 팬츠 속에 넣어 착용하는 것은 '언더(Under) 블라우스'라고 하며, 겉으로 내어 착용하는 것은 '오버(Over) 블라우스' 또는 '셔츠 웨이스트'라 한다. 한편 리본이나 프릴이 달리거나 여성들이 주로 입는 소재로 된 것은 블라우스라 부르는 반면, 알로하 셔츠나 버튼다운 셔츠와 같이 본래 남성복에서 온 것은 셔츠라 부른다.

정장차림에 있어서 특히 블라우스는 남성의 드레스 셔츠처럼 정장의 상징이며, 여성만이 가지고 있는 우아함의 징표로서 재킷과의 조화가 무엇보다 중요한데, 화려하지 않으면서도 편하고 다양한 변화를 줄 수 있다.

가볍게 스타일링할 수 있는 여성복 아이템으로 크게 셔츠형과 드레이프형으로 구분할 수 있는데, 셔츠형은 직선적인 구성으로 모던하고 매니시한 이미지를 주며, 드레이프형은 리본이나 플라운스 등을 디테일로 사용하여 여성적이고 우아한 느낌으로 스타일링할 때 많이 사용된다. 소재가 다양하게 개발되면서 고신축성 소재 라이크라(Lycra)를 이용한 신체밀착형 블라우스와 시스루(See-through) 소재를 이용한 섹시한 블라우스, 대담한 무늬를 이용한 블라우스 등은 세미 정장으로서도 충분히 세련된 스타일링이 될 수 있다. 디자인도 소매의 모양이나 길이, 칼라의 모양, 요크선이나 주름 장식을 이용한 변형 스타일과, 레이스 혹은 비즈로 장식성을 더한 스타일 등 다양한 이미지로 연출이 가능하다.

블라우스를 고를 때 가장 신경 써야 하는 부분은 칼라 모양이다. 소매의 길이나 품 등은 어느 정도 커버할 수 있지만, 칼라는 그대로 드러나기 때문이다. 테일러드 칼라나 숄 칼라, 스탠드 칼라 등은 작은 것을 선택하는 것이 좋다. 보타이나 레이스와 같이 장식성이 있는 것도 좋지만, 너무 큰 것은 다른 액세서리를 할 수가 없으므로 코디할 수 있는 범위가 그만큼 좁아지게 된다.

(2) 종류

① 빕 블라우스(Bib Blouse) : 아이들의 '턱받이'에서 유래된 것으로서, 앞가슴 부분에 사각이나 둥근 천을 덧붙여 턱이나 프릴 등으로 장식한 뒤여밈 블라우스이다.

② 블루종 블라우스(Blouson Blouse) : 1960~1980년대 유행했던 점퍼풍의 블라우스로, 하의 위로 입는 오버 블라우스 스타일이다. 허리나 힙(Hip)부분에 밑단에 밴드 혹은 고무줄을 넣거나, 턱이나 개더를 이용해서 풍성하게 볼륨감을 만들어준 디자인이 특징이다.

③ 바디 블라우스(Body Blouse) : 셔츠나 블라우스에 팬티가 붙어있는 스타일이다. 팬티 밑 부분은 스냅이 달려있으며, 몸에 꼭 맞게 입는다.

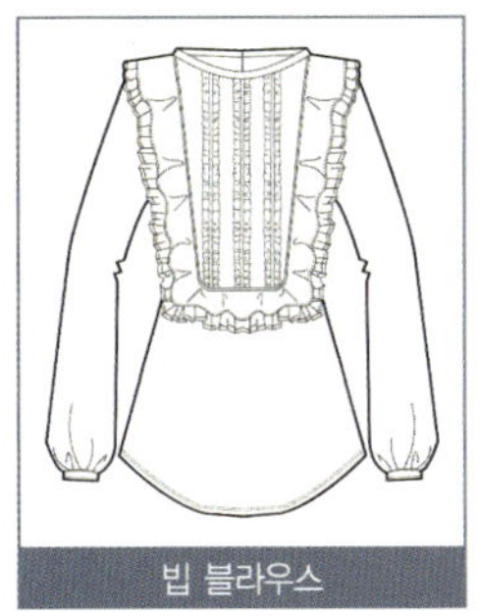

빕 블라우스

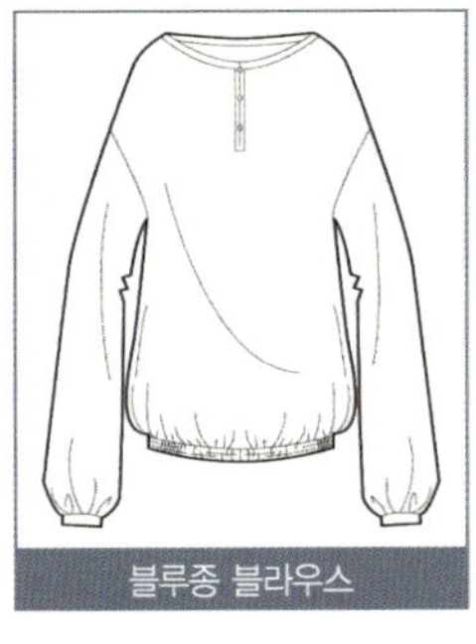

블루종 블라우스

바디 블라우스

④ 보 블라우스(Bow Blouse) : 목 부분에 칼라 대신 긴 끈이 있어서 리본처럼 묶어 입는 스타일이다.

⑤ 캐미솔 블라우스(Camisole Blouse) : 좁은 끈으로 어깨에 고정되는 캐미솔 네크라인의 톱 스타일이다.

⑥ 코사크 블라우스(Cossack Blouse) : 고대 러시아의 코사크 기병들의 복장에서 유래되었고, 높은 하이네크 칼라에 옆여밈과 허리 벨트, 소매 끝이 풍성한 비숍 소매가 특징이다. 각 봉제선 끝단과 허리끈에 자수 장식의 바인딩이 있어서 화려하다. 1976년 입생 로랑의 가을컬렉션에서 발표되었던 스타일이다.

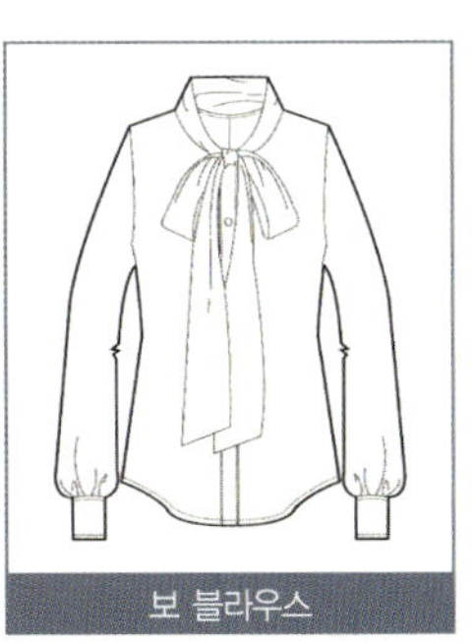

보 블라우스

캐미솔 블라우스

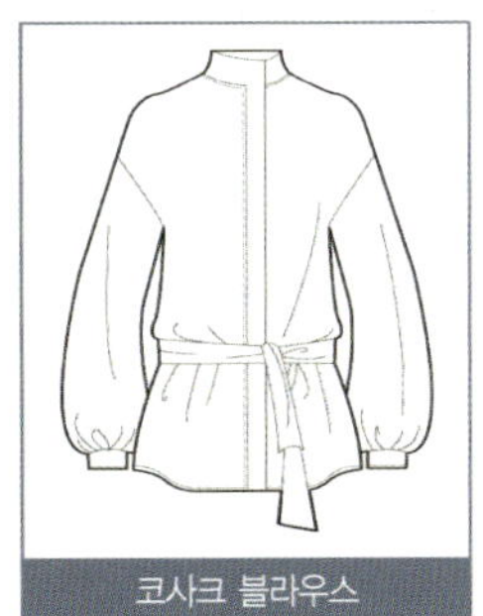

코사크 블라우스

⑦ 뷔스티에 블라우스(Bustier Blouse) : 원래 의미는 '끈 없는 브래지어' 이다. 현재는 어깨끈 없이 목과 팔이 노출되고 가슴 부분만 가리는 스타일을 말한다. 탄력성이 좋은 직물로 꽉 끼게 만들어 입기도 하고 셔링을 잡거나 고무줄, 드로우 스트링을 이용하여 가슴에서 고정시켜 입기도 한다.

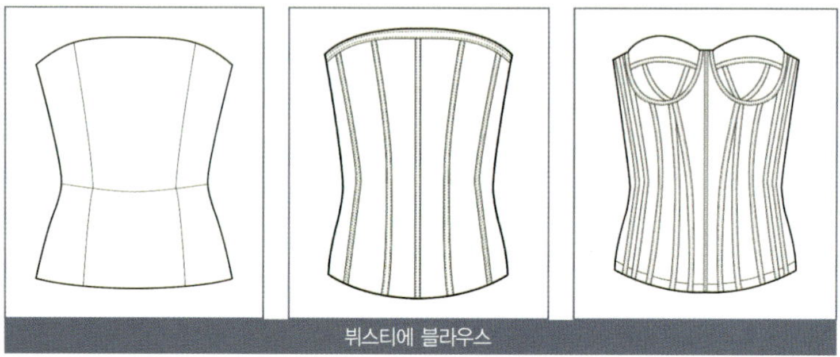

뷔스티에 블라우스

⑧ 크롭 톱 블라우스(Cropped Top Blouse) : 넓은 스쿠프 네크라인과 짧은 소매가 특징이며, 허리 길이가 짧고 싹둑 잘라낸 듯한 스타일의 블라우스이다.

⑨ 디키 블라우스(Dicky Blouse) : 턱받이나 에이프런처럼 등 뒤가 없이 앞가슴 부분만 가려지는 모양의 블라우스이다. 앞부분에 화려하게 주름이나 턱으로 장식하여 주로 재킷 안에 입는다.

⑩ 페미닌 블라우스(Feminine Blouse) : 여성스러운 이미지를 가진 블라우스의 총칭으로 프릴이나 플리츠 등의 디테일을 사용한 블라우스이다.

⑪ 깁슨 웨이스트 블라우스(Gibson Waist Blouse) : 1900년대 초기에 활동한 화가 찰스 다나 깁슨(Charles Dana Gibson)의 그림에서 자주 등장하던 여인들이 입고 있던 스타일에서 유래되었다. 하이네크 칼라(High-neck Collar)에 주름이 풍성한 레그 오브 머튼 슬리브(Leg of Mutton Sleeve)가 달린 우아하고 여성스러운 디자인의 블라우스이다.

⑫ 질레 블라우스(Gilet Blouse) : 질레(Gilet)는 조끼를 뜻하며 질레 블라우스는 소매가 없는 블라우스의 총칭이다. 재킷 속에 입는 베스트의 길이가 짧아지면서 블라우스의 형태로 변형된 것이며, 1978년 끌로에(Chloe)와 입생 로랑(Yves Saint Laurent)에 의해 새롭게 발표되었다. 블라우스를 입고 있는 것처럼 보이도록 소매가 없이 몸판만으로 된 것으로서 주로 재킷의 깃부리에서 살짝 엿보이게 입는다. 대개 레이스나 턱 또는 자수 등으로 꾸며진 장식적인 것이 많으며 칼라는 있는 것도 있고 없는 것도 있다.

크롭 톱 블라우스

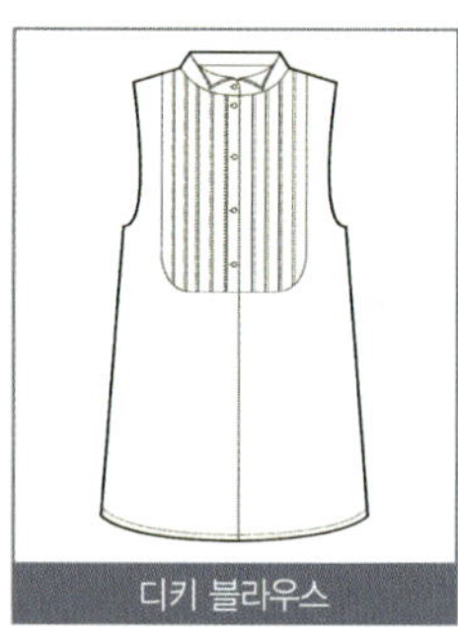

디키 블라우스

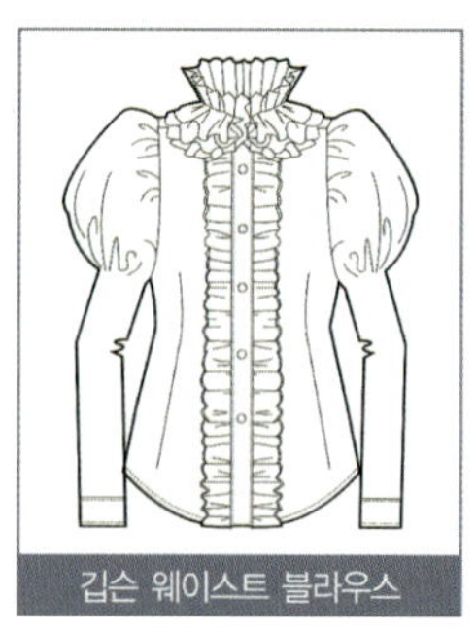

깁슨 웨이스트 블라우스

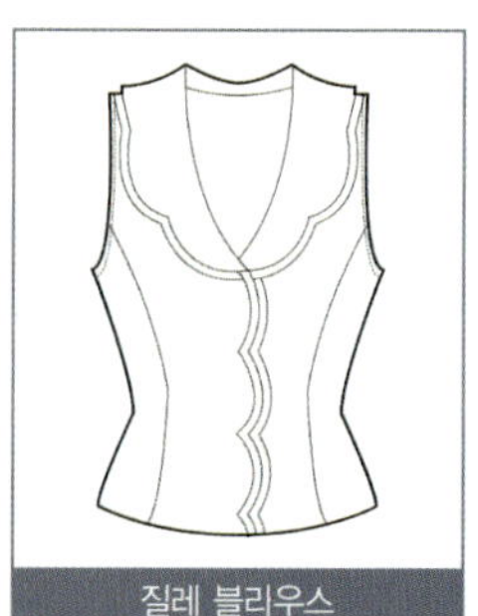

질레 블리우스

⑬ 홀터 블라우스(Halter Blouse) : 소매가 없고 등 부분이 노출되어 목 뒤에서 A자 모양으로 단추나 끈으로 여밀 수 있도록 디자인된 스타일이다. 1970년대에 유행하였다.

⑭ 자보 블라우스(Jabot Blouse) : 레이스나 부드러운 천을 이용하여 목과 가슴부분에 프릴 장식의 자보(Jabot)를 강조한 스타일이다.

⑮ 미디 블라우스(Middy Blouse) : 미 해군복 셔츠에서 유래된 스타일로서, 뒷모양의 각진 사각의 세일러 칼라가 특징이다.

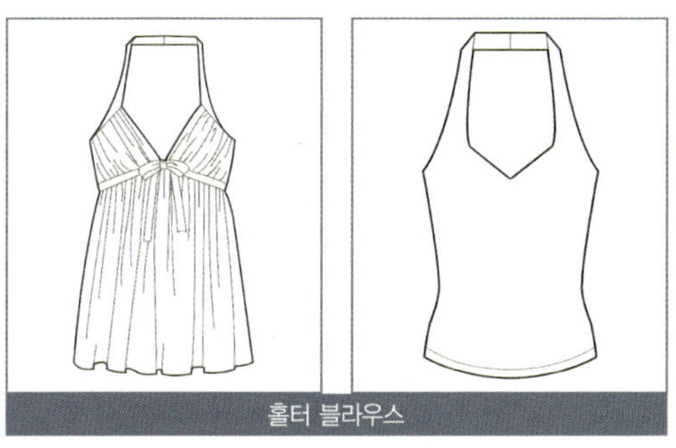

홀터 블라우스

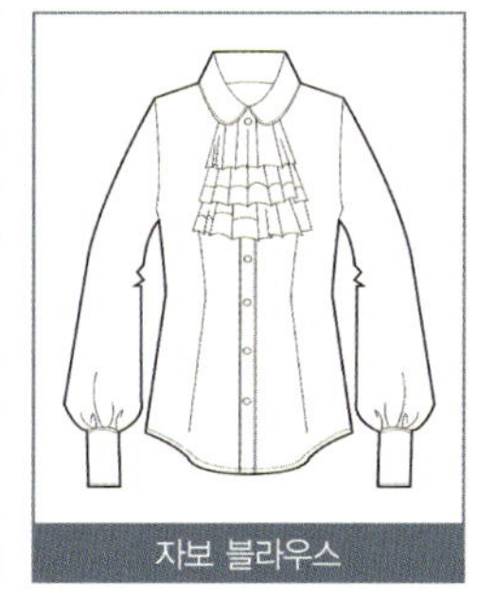

자보 블라우스

미디 블라우스

⑯ 페전트 블라우스(Peasant Blouse) : 유럽의 농부들이 주로 입었던 스타일이다. 목둘레와 소매 끝에 개더를 이용하거나 혹은 끈이나 고무줄을 넣어 풍성한 주름을 만들어 준 스타일이다. 1960년대 히피 스타일로 크게 유행하였으며, '집시 블라우스(Gypsy Blouse)' 라고도 한다.

⑰ 페플럼 블라우스(Peplum Blouse) : 그리스의 '페플로스(Peplos)' 에서 유래되었으며, 허리선에 절개가 있고 그 밑에 러플이나 바이어스 등으로 퍼지게 만든 스타일이다.

⑱ 루바시카 블라우스(Rubasica Blouse) : 러시아 민속복식에서 유래하였고 일직선의 긴소매에 긴 오버 블라우스 스타일이 특징이다. 칼라와 여밈, 허리끈에 민속적인 트리밍 장식이 있다. '러시안 블라우스(Russian Blouse)' 라고도 한다.

⑲ 새시 블라우스(Sash Blouse) : 단추가 없이 앞자락을 대각선으로 겹쳐서 만든다. 겹쳐진 사선모양의 여밈을 허리에서 끈으로 묶어 입는 스타일이다. 허리가 가는 사람에게 어울리는 엘레강스한 스타일이다. '서플리스 블라우스(Surplice Blouse)' 혹은 '랩 블라우스(Wrap Blouse)' 라고도 한다.

페전트 블라우스

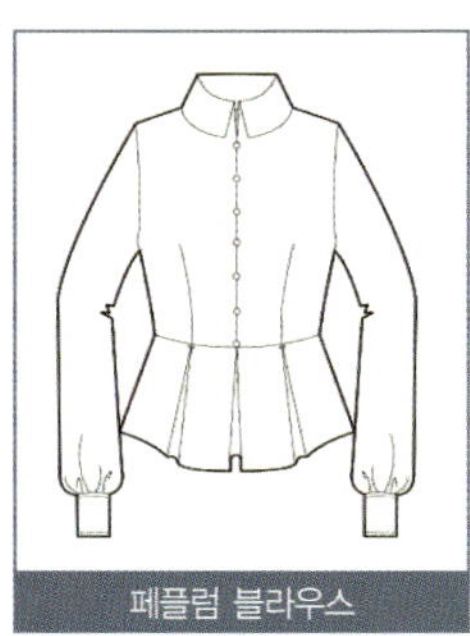

페플럼 블라우스

루바시카 블라우스

새시 블라우스

⑳ 셔츠 웨이스트 블라우스(Shirt Waist Blouse) : 남성의 셔츠 디자인을 이용한 스타일로서, 여성스러운 장식이 없고, 셔츠 칼라에 앞여밈과 커프스가 있는 클래식한 스타일이다.

㉑ 슬립 온 블라우스(Slip-On Blouse) : 네크라인이 넓어서 앞 뒤 트임이 없이 머리부터 뒤집어써서 입는 스타일의 블라우스이다. '슬립 오버 블라우스(Slip Over Blouse)' 혹은 '풀오버 블라우스(Pullover Blouse)' 라고도 한다.

㉒ 스목 블라우스(Smock Blouse) : 일종의 작업복으로서, 중세 이후 여성의 내의를 의미하기도 한다. 화가나 어린이들이 옷이 더러워지는 것을 막기 위해 옷 위에 걸쳐 입던 넉넉한 덧옷에서 유래되었으며 주로 가슴에 절개선이 있고 윗부분에 스목 등으로 장식한 헐렁하고 긴 디자인이다. '오버롤(Overall)' 이라고도 한다.

㉓ 튜닉 블라우스(Tunic Blouse) : 일반적인 오버 블라우스보다 길어 엉덩이를 가리는 스타일로서, 롱 블라우스(Long Blouse)와 같은 개념으로 대개 직선 혹은 약간 피트한 스타일이다.

셔츠 웨이스트 블라우스

슬립 온 블라우스

스목 블라우스

튜닉 블라우스

2. 셔츠(Shirt)

(1) 유래와 특징

'상반신에 착용하는 속옷' 의 의미를 가지며, 일반적으로는 칼라와 커프스가 있고 앞이 트인 남성용 상의를 말한다. '슈미즈(Chemise)' 와 '린넨(Linen)' 의 동의어로서, 과거에는 '안에 입는 옷' 이라는 개념이 강했고 인포멀 착장의 대명사로 여겨지다가, 현대에 이르러 겉옷으로서 다양한 디자인으로 발전했다. 명칭은 '숏(Short)' 즉 짧다는 말에서 유래되었고, 연령에 관계없이 주로 간편한 캐주얼웨어로 많이 이용되며, 착용 목적에 따라 정장용, 평상용, 스포츠용으로 구분된다.

셔츠는 소재와 절개 부분, 피트한 정도, 슬리브 등 디테일한 요소에 따라 다양한 분위기를 낼 수 있는데 같은 디자인의 셔츠라도 소재에 따라서 매우 다른 분위기를 연출할 수 있다. 실크 셔츠는 스커트와 드레스와 같은 분위기의 화려한 정장풍을 연출할 수 있으며, 같은 스타일이라도 골덴이나 울로된 셔츠라면 캐주얼한 느낌으로 입을 수 있다. 셔츠는 벨트로 포인트를 주어 멋진 모습으로 변신시킬 수 있고 셔츠의 칼라 부분에 스카프나 목걸이로 자연스러운 장식을 하는 것도 효과적이다.

얼굴이 작아 보이려면 어깨가 강조된 파워 숄더, 어깨에 셔링이 들어가 있는 디자인을 선택하면 도움이 된다. 또한 칼라가 없는 5부 벌룬 소매의 화이트 셔츠를 입으면 목이 길어 보이는 효과와 럭셔리하면서도 우아한 연출이 가능하다.

(2) 종류

① 폴로 셔츠(Polo Shirt) : 폴로경기에서 입는 스포츠 셔츠의 일종으로 머리부터 써서 입는 풀오버 타입에 2~3개의 단추 여밈의 짧은 앞단이 달려있다. 코튼 저지가 주로 이용되며, 테니스 챔피언인 라코스테에 의해 디자인되어 사용된 이후 많은 디자이너들이 폴로 스타일을 발표했고, 꾸준한 인기아이템이다.

② 러닝 셔츠(Running Shirt) : 육상경기 선수가 입는 U네크에 소매가 없는 스타일을 의미한다. 흔히 남자의 내의로서 사용되었으며, 1970년대부터 젊은이들의 캐주얼한 일상복으로 유행하게 되었다.

③ 스웨트 셔츠(Sweat Shirt) : 땀을 흡수하는 셔츠를 의미한다. 일반적으로 트레이닝 셔츠라고도 하며, 신축성이 있는 메리야스나 저지로 만들어진다. 흡습성이 좋은 파일지나 안이 기모된 원단을 사용하기도 한다. 1970년대 이후 활성화되어 스포츠웨어는 물론 레저웨어나 홈웨어로도 이용되고 있다.

④ 탱크 톱 셔츠(Tank-Top Shirt) : 1930년대 원피스 형태의 탱크수트에서 유래된 셔츠이다. 칼라와 소매가 없는 러닝 셔츠의 형태이고, 남녀공용의 스포츠웨어에서 많이 이용되어 애슬래틱 셔츠(Athletic Shirts)라고도 한다.

⑤ T셔츠(T-Shirt) : 소매를 펼치면 T자형이 되며, 남성의 내의로서 출발했다. 1950년대 젊은 세대를 중심으로 대중화되었다. 특히 패션의 진화에 따라 어깨를 노출하는 오프 숄더 티셔츠, 목을 감싸는 터틀네크 티셔츠, 목둘레가 둥근 크루네크 티셔츠 등 다양한 종류로 발전되었다.

폴로 셔츠

러닝 셔츠

스웨트 셔츠

탱크 톱 셔츠

T셔츠

3. 재킷(Jacket)

(1) 유래와 특징

겉에 입는 상의의 총칭으로, 원래는 남성 전용이었지만 19세기 후반부터 여성들도 즐겨 입게 되었다. 재킷은 형태, 용도, 소재 등에 의해서 구분되며 원래 스포츠에서 유래된 옷이므로, TPO에 맞추어 입을 줄 아는 센스가 필요하다. 재킷은 상하의 세트가 아닌 단품 아이템으로서 세미정장, 혹은 캐주얼웨어로 많이 사용된다. 여성의 재킷은 여성의 사회생활을 상징하는 아이템이기도 하다. 스커트 수트나 팬츠 수트는 커리어 우먼의 전형적인 모습으로 느껴지며, 지성미와 활동적인 이미지를 표현하는데 효과적이다. 테일러드 칼라의 재킷은 유행을 타지 않는 대표적인 클래식 아이템으로서, 요즘은 칼라가 없거나 모양을 다양하게 변형한 라운드 혹은 브이네크 재킷도 있는데 다양한 블라우스나 셔츠와 조화시키면 더욱 세련되고 다양한 연출이 가능하다.

세련되지만 차갑고 날카로워 보이는 단색이나 글렌체크 패턴, 따뜻하고 트래디셔널한 이미지의 헤링본 패턴, 대담한 하운즈투스 패턴 등은 누구나 좋아하고 어느 옷과도 어울리는 실용적인 아이템이다. 어깨 넓이와 소매통, 허리 피트의 정도와 재킷의 길이 등을 변화시킨 새로운 재킷들이 끊임없이 소개되면서, 현대 도시여성의 세련된 패션 연출에 유용한 아이템으로 활용되고 있다.

(2) 종류

① 벨보이 재킷(Bellboy Jacket) : 호텔 안내직원들의 짧은 재킷을 말한다. 스탠드 칼라에 견장이나 금속단추 장식이 특징이다. '페이지보이 재킷(Pageboy Jacket)'이라고도 한다.

② 블레이저(Blazer Jacket) : 테일러드 칼라에 싱글 혹은 더블 여밈의 스포츠 재킷으로, 콤비 중 가장 정통적이며 대표적인 것이 블레이저이며, 세미정장으로서 활동적이면서도 예의를 갖춘 옷차림이 된다. 영국 보트 경기선수가 빨강색 재킷을 입는데서 유래되었으며, 주로 단색의 대담한 칼라와 금속단추, 엠블럼(Emblem) 장식이 특징이다. 보통 짙은 네이비 컬러에는 그레이 팬츠를 입고 옅은 블루 컬러의 버튼다운 셔츠에 굵은 스트라이프 넥타이를 매칭하면 신선하고 스포티한 코디네이션이 되며 네이비 스트라이프 티셔츠와 함께 스타일링하면 마린 룩이나 스포티 룩으로 럭셔리한 감각을 표현할 수 있다. 레드계열의 컬러에는 베이지 혹은 네이비 팬츠를 매칭하면 잘 어울린다. 가장 트래디셔널한 이미지로서 면제품을 사용하며, 블레이저 끝단에 대조되는 컬러의 파이핑 혹은 바인딩 장식을 하여 포인트를 주기도 한다. 넥타이 대신에 프린트 스카프로 네크 장식을 하기도 한다.

③ 볼레로 재킷(Bolero Jacket) : 스페인의 투우사들이 즐겨 입는 민속풍의 상의에서 유래되었으며, 밑단이 허리 위로 위치하는 매우 짧은 형태의 재킷이다.

④ 박스 재킷(Box Jacket) : 허리선 정도 길이의 짧은 재킷으로, 사각의 직선적인 실루엣이 특징이다.

 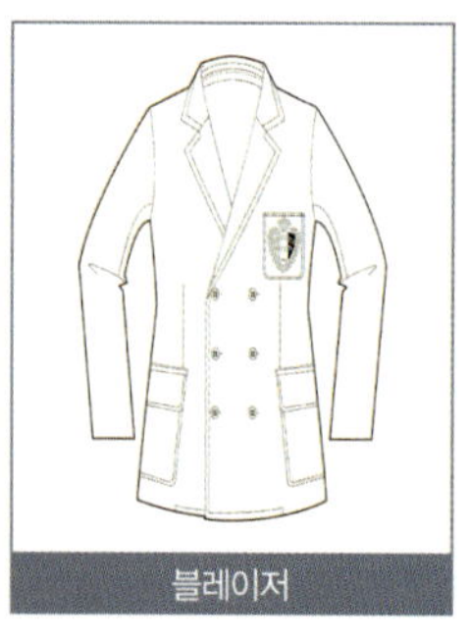 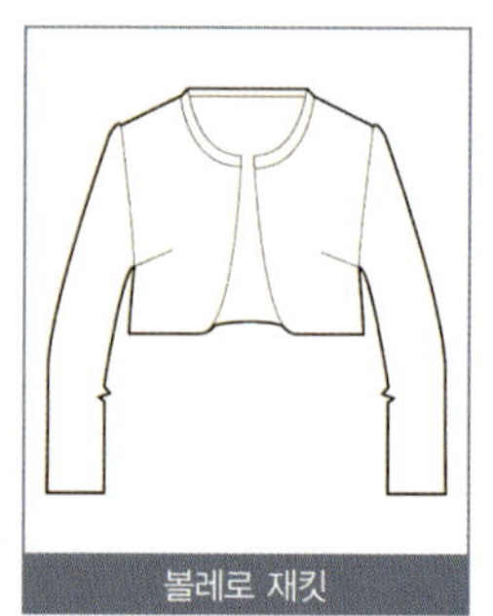 

| 벨보이 재킷 | 블레이저 | 볼레로 재킷 | 박스 재킷 |

⑤ 카디건 재킷(Cardigan Jacket) : 영국의 카디건 백작의 이름에서 유래되었다. 앞트임을 단추로 여미고, 칼라가 없다.

⑥ 샤넬 재킷(Channel Jacket) : 1950년대 샤넬이 디자인한 재킷으로 브랜드와 상관없이 통칭하여 불린다. 가장 자리에 브레이드 장식이 있고, 칼라 없는 라운드 네크라인에 허리정도 길이의 박스형 재킷이다. 소재는 주로 트위드 소재를 사용하며 실용적인 포켓이 달려 있다.

⑦ 디너 재킷(Dinner Jacket) : 정장용 남성 재킷을 말한다. 벨벳이나 새틴으로 된 숄 칼라나 테일러드 칼라로 디자인되며, 단추는 일반적으로 한 개이다. '턱시도 재킷(Tuxedo Jacket)' 혹은 '스모킹 재킷(Smoking Jacket)'이라고도 한다.

PLUS⁺

▶ **스모킹 재킷(Smoking Jacket)**
숄 칼라에 단추없이 허리 벨트로 여미는 헐렁한 스타일의 재킷이다. 손님 초대 시 남성들이 즐겨 입는 스타일로 정장보다는 홈웨어로 많이 입는다. 영국에서는 턱시도 재킷과 같은 뜻으로 사용되기도 한다.

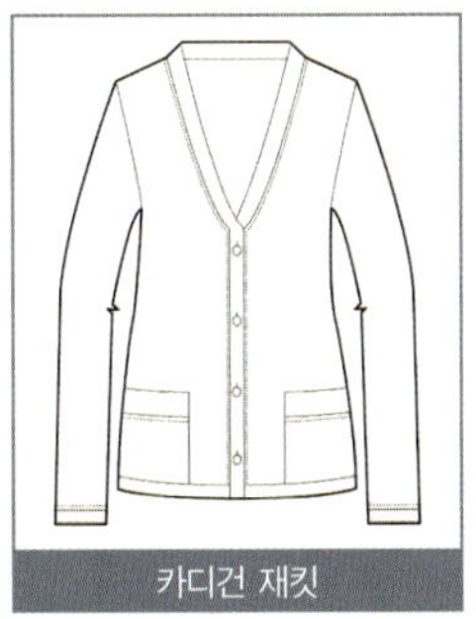
카디건 재킷

샤넬 재킷

디너 재킷

스모킹 재킷

⑧ 다운 재킷(Down Jacket) : 가벼운 오리털을 넣고 퀼팅한 방한용 재킷이다.

⑨ 이튼 재킷(Eton Jacket) : 영국의 이튼대학 제복에서 유래된 허리까지만 오는 길이가 짧은 재킷이다. 넓고 큰 노치 칼라 또는 일반적인 칼라에 몸에 꼭 맞는 스타일이다.

⑩ 플라이 어웨이 재킷(Fly-Away Jacket) : '바람에 나부끼는' 혹은 '펄럭이는'의 뜻으로, 어깨에서부터 재킷의 뒷부분과 양 측면이 플레어져서 A라인으로 퍼지는 스타일이다.

⑪ 진 재킷(Jean Jacket) : 데님 재킷을 말한다. 대개는 셔츠 칼라에 커프스와 플랩 포켓이 디자인에 응용된다.

다운 재킷

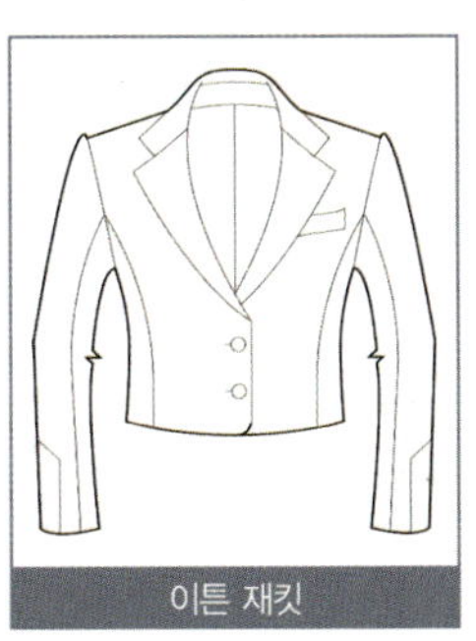
이튼 재킷

플라이 어웨이 재킷

진 재킷

⑫ **럼버 재킷(Lumber Jacket)** : 북미의 목재 상인들이 입던 격자무늬의 박스라인 모직 재킷이다. 허리에 밴드와 버클 장식이 있고, 플랩이 있는 큰 패치 포켓으로 장식하기도 한다.

⑬ **매키노 재킷(Mackinaw Jacket)** : 인디언 남성들이 주로 입었던 스타일로, 두꺼운 모직물로 된 격자무늬 혹은 줄무늬 재킷이다. 허리 벨트와 더블 여밈이 특징이다.

⑭ **마오 재킷(Mao Jacket)** : 중국의 지도자 마오쩌둥(毛澤東)의 이름에서 유래되었으며 스탠드 칼라에 앞여밈이 약간 옆으로 치우쳐 있는 것이 특징이다. 현재는 의료 전문인들의 유니폼으로 사용된다.

⑮ **네루 재킷(Nehru Jacket)** : 인도의 네루 수상이 즐겨 입던 스타일로, 스탠드 칼라가 특징이며 비교적 길이가 긴 스타일이다.

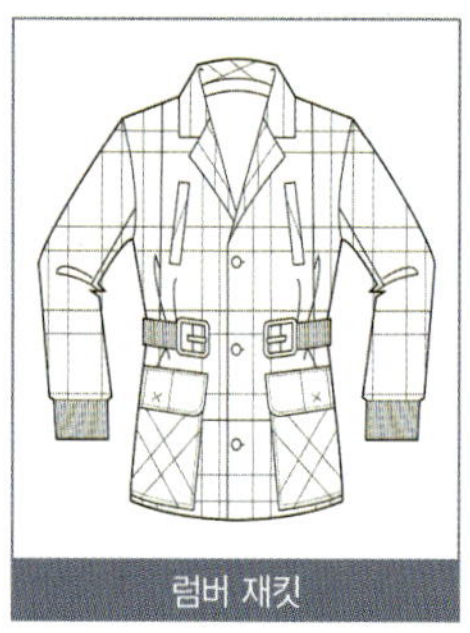

럼버 재킷

매키노 재킷

마오 재킷

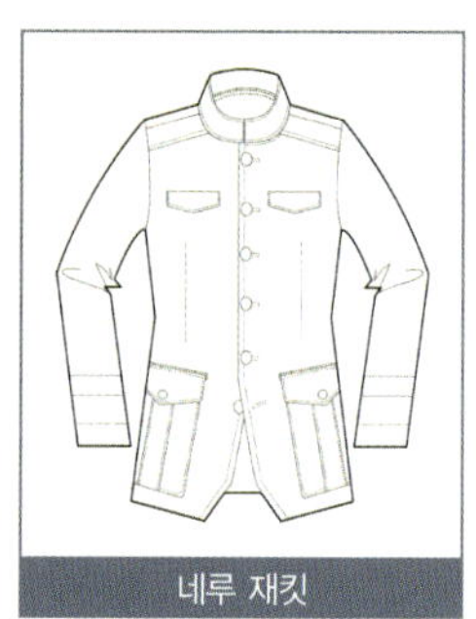

네루 재킷

⑯ **노포크 재킷(Norfolk Jacket)** : 영국의 노포크 공작이 애용하던 재킷에서 유래했다. 어깨에서 허리선으로 앞뒤쪽에 두 줄의 넓은 주름을 넣고 그 사이로 허리선에 벨트를 넣은 길이가 긴 재킷이다.

⑰ **페플럼 재킷(Peplum Jacket)** : 1970년대에 유행했던 스타일로 허리에 절개선이 있고, 허리부터 힙까지 부분에 작은 러플이나 플라운스가 달린 피트한 재킷이다. 장식적이며 여성스런 이미지의 대표적인 재킷이다.

⑱ **사파리 재킷(Safari Jacket)** : 1920년대 영국, 프랑스인 등이 아프리카나 동양을 대상으로 탐험할 때 더운 기후나 정글여행에 적응하기 위한 옷으로 시작된 가볍고 내구성이 강하며, 세탁성이 용이하도록 고안된 재킷을 말한다. 마직물이나 면직물을 사용하였으나 점차 그 소재가 다양해지고 있다. 컬러는 베이지, 카키를 주로 사용하고, 네 개의 커다란 주머니와 허리 벨트가 특징이다. 어깨의 탭 장식과 패치 포켓, 허리 벨트 등의 디테일이 특징적으로 사용된다. 젊은 층에서 카키색 등의 사파리 룩을 통해 캐주얼하고 스포티한 이미지를 연출할 때 애용된다. 밑단에 커프스가 있는 반바지와도 잘 어울리고, 부츠를 신고 쁘띠 스카프로 목장식을 하거나 밀짚모자나 페도라(Fedora)를 매칭하면 멋스럽다.

⑲ **슈팅 재킷(Shooting Jacket)** : 사냥할 때 착용하는 재킷으로 수납할 수 있는 포켓이 많고 어깨나 팔꿈치 부분에 스웨이드나 가죽을 덧대어 기능성을 높인 재킷이다. 헌팅 재킷(Hunting Jacket)이라고도 한다.

노포크 재킷

페플럼 재킷

사파리 재킷

슈팅 재킷

⑳ 스펜서 재킷(Spenser Jacket) : 허리선까지 피트한 짧은 재킷으로, 19세기 엠파이어 라인의 드레스에 맞추어 슬림한 허리라인을 보이게 입는데서 유래되었다.

㉑ 테일러드 재킷(Tailored Jacket) : 정장용 상의로 라펠이 있는 테일러드 칼라가 달린 재킷이다. 남성용 정장의 상징으로 단정한 느낌을 준다.

㉒ 웨스턴 재킷(Western Jacket) : 대개는 질기고 두툼한 직물로 만든다. 요크와 팔꿈치에 스웨이드 패치를 이용하기도 하고, 밑단에 가죽 프린징 장식을 하기도 한다.

㉓ 윈드 브레이커 재킷(Windbreaker Jacket) : 영국에서 입기 시작하였으며, 카레이싱이나 골프를 할 때 바람을 막기 위해 입는 기능성 재킷이다. 소재는 고밀도의 나일론으로 되어있고, 앞여밈에 지퍼를 사용하며, 소매단과 허릿단을 꼭 조여 바람이 통하지 않도록 한다.

스펜서 재킷

테일러드 재킷

웨스턴 재킷

윈드 브레이커 재킷

4. 스커트(Skirt)

(1) 유래와 특징

여성의 하반신을 감싸는 옷으로, 같은 용도의 팬츠에 비해 다양한 변화와 형을 추구할 수 있고 가장 역사가 오래된 만큼 그 종류도 다양하다.

비즈니스용 스커트는 타이트 스커트가 가장 보편적이나 플리츠 스커트, 플레어 스커트 등도 이용되고 있으며, 치마 길이는 무릎 아래인 샤넬 선이 좋다. 좁은 형태의 슬림(Slim) 스커트와 넓은 형태의 풀(Full) 스커트로 구분되며, 길이와 폭에 의해서 스타일이 달라진다.

여성을 상징하는 대표적인 아이템으로, 스커트의 실루엣은 유행 변화의 상징이 되기도 한다. 재킷과 매치하면 정장 룩으로 가장 기본적인 여성스타일링이 되고, 블라우스나 셔츠, 혹은 스웨터와 매칭하여 캐주얼하고 부드러운 이미지로 스타일링하기도 한다. 퍼지는 정도와 길이에 따라서 이미지를 다양하게 연출할 수 있다. 폭이 좁은 타이트 스커트는 도회적이고 지적인 이미지를, 폭이 넓은 개더나 플레어 스커트는 여성스럽고 귀여운 이미지를, 길이가 짧은 미니 스커트는 젊고 현대적인 이미지를, 길이가 긴 미디나 맥시 스커트는 성숙하고 우아한 이미지를 표현하는데 좋다. 요크선이나 드레이프 혹은 주름 장식, 햄라인을 변화시킨 여러 가지 디자인들이 등장하고 있다. 벨트나 스타킹으로 스타일링에 포인트를 주면 좋다.

(2) 종류

① 벌룬 스커트(Balloon Skirt) : 밑단에 개더나 주름을 넣고 의도적으로 부풀려서 둥근모양이 되게 한 스커트로 밑단을 꼭 맞게 만든다.

② 부팡 스커트(Bouffant Skirt) : 부팡은 불어로 '부풀린다' 는 뜻으로, 플레어 개더를 많이 넣고 페티코트를 사용해서 크게 부풀게 한 스커트이다.

③ 브룸 스틱 스커트(Broom Stick Skirt) : 불규칙하고 가느다란 수직의 주름이 잡힌 직물로 만들어진 스커트이다.

④ 버블 스커트(Bubble Skirt) : 풍선처럼 둥근 형태의 스커트로서, 허리와 밑단에 밴드를 달고 개더나 턱을 넣어 부풀려서 만든다. 튤립 스커트(Tulip Skirt)라고도 하며, 1960년대 지방시와 입생 로랑에 의해서 발표되었다.

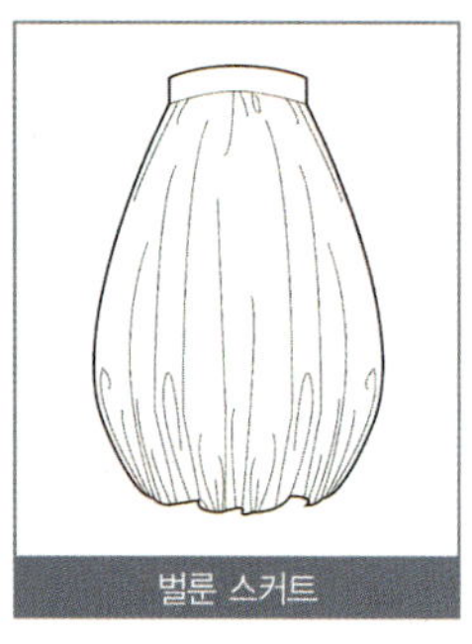

벌룬 스커트

부팡 스커트

브룸 스틱 스커트

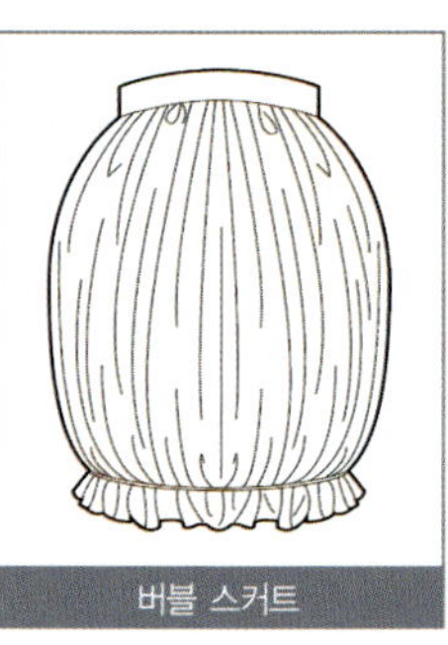

버블 스커트

⑤ 디바이디드 스커트(Divided Skirt) : 나누어진 스커트란 뜻으로 바지와 같이 가랑이가 있는 스커트이다. 1910년경에 유행하여 승마복으로 사용되었으나 최근에는 스포츠용으로 많이 착용된다. 퀼로트 스커트와 같다.

PLUS⁺

▶ **퀼로트 스커트(Culotte Skirt)**

퀼로트는 프랑스어로 반바지의 뜻으로 퀼로트 스커트는 얼핏 스커트처럼 보이나 가랑이가 있는 바지식 스커트를 말한다.

---

⑥ 엠파이어 스커트(Empire Skirt) : 프랑스의 엠파이어 시대(1804~1825)에 유행한 스커트이다. 허리선이 5~10cm 정도 위로 올라가고 외형의 실루엣은 직선으로서 다소 넉넉한 느낌이 나며, 밑으로 내려갈수록 퍼진 모양으로 고대 그리스 의상 중에서 볼 수 있는 것과 유사하다.

⑦ 파딩게일 스커트(Farthingale Skirt) : 파딩게일은 16세기에 스커트를 뻗치게 하기 위해 사용한 고래뼈로 만든 속버팀테(Hoop)를 뜻하는데, 이것을 넣어 독특한 실루엣(Cone형/Drum형)을 나타내는 스커트를 파딩게일 스커트라 부른다.

디바이디드 스커트

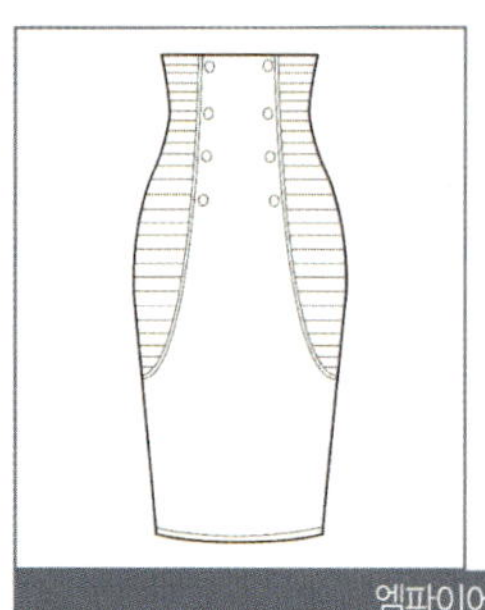

엠파이어 스커트

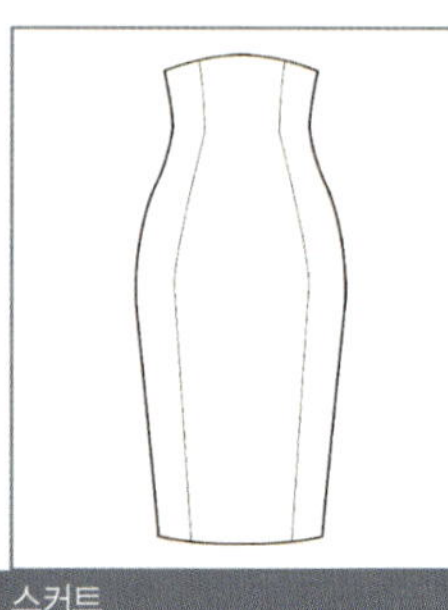

파딩게일 스커트

⑧ 크리놀린 스커트(Crinoline Skirt) : 크리놀린은 스커트를 부풀리기 위해서 사용하는 테로서 전후좌우를 고르게 둥글게 부풀린 스커트가 1850~1870년경까지 유행하였다.

⑨ 플레어 스커트(Flared Skirt) : 플레어는 나팔꽃처럼 뻗친 형이라는 뜻으로, 허리 부분은 꼭 맞고 단 쪽으로 내려오면서 자연스럽게 넓어지는 스커트이다. 서양에서는 서큘러 스커트·세미 서큘러 스커트, 바이어스로 재단했기 때문에 바이어스 스커트라고도 한다. 또 허리에 개더를 넣고 단 쪽을 넓힌 것을 개더 플레어 스커트라고 한다. 짧은 재킷과 잘 어울리는 스타일이므로 긴 상의와 함께 입는 것은 되도록 피하는 것이 좋고, 허리에 굵은 벨트를 하면 한결 세련된 느낌을 준다. 그러나 허리선에 자신이 없다면 상의를 밖으로 꺼내 입어 허리선을 커버한 다음 플레어 스커트 자락의 흔들림에 포인트를 주도록 한다.

> **PLUS⁺**
>
> ▶ **서큘러 스커트(Circular Skirt)**
>
> 원형으로 재단한 천의 중앙에 허리 규격에 맞는 둥근선을 낸 스커트이다. 360°의 원으로 된 스커트를 풀 서큘러 스커트(Full Circular Skirt)라고 한다.

⑩ 개더 스커트(Gathered Skirt) : 감을 꿰매 오그려서 생기는 잔주름이 개더이고, 이것을 허리둘레에 맞추어 만든 스커트이다. 통으로 꿰맨 천의 위 끝을 그대로 오그린 것을 페전트(Peasant) 스커트라고 한다.

> **PLUS⁺**
>
> ▶ **페전트 스커트(Peasant Skirt)**
>
> 유럽의 농부들이 착용한 스커트로서, 허리선에 작은 주름을 넣어 플레어지게 만든 폭이 넓은 스커트이다. 집시(Gypsy), 풀(Full), 던들(Dirndl) 스커트라고도 한다.

플레어 스커트

서큘러 스커트

개더 스커트

페전트 스커트

⑪ 고데 스커트(Godet Skirt) : 여러 개의 종 모양 치마폭이 연결되거나 별도의 천을 치마 밑단부분의 솔기 선에 삽입하여 밑단선이 밖으로 퍼지는 스커트를 말한다.

⑫ 행커치프 스커트(Handkerchief Skirt) : 길이가 일정치 않고, 각이 늘어진 형태의 밑단이 특징이다. 주로 부드러운 옷감으로 만든다.

⑬ 하렘 스커트(Harem Skirt) : 회교도들의 하렘 팬츠에서 유래된 스커트로서, 허리선과 밑단에 불룩하게 주름을 넣은 스커트로, 풍성하게 만들어진 스타일이다. 주로 1910년대에 유행하였다.

⑭ **고어 스커트(Gored Skirt)** : 고어는 삼각건 또는 무라는 뜻으로, 전체 원형을 일정한 삼각형 조각으로 절개해서 붙여 만드는 스커트이다. 조각의 수에 따라 식스 고어 스커트(6장을 붙인 스커트) 등으로 일컬으며 4, 6, 8, 10, 12고어 등이 있다.

> **PLUS⁺**
>
> ▸ **패널 스커트(Panel Skirt)**
> 장식 효과를 위해서 다른 천이나 제천을 스커트 위에 이중으로 포개 만든 것이다. 패널의 형이나 길이는 취향에 따라 적당한 위치까지 늘이며 드레시한 분위기가 나므로 연회복에 어울린다. 패널은 고어와 같은 의미로도 사용된다.

고데 스커트

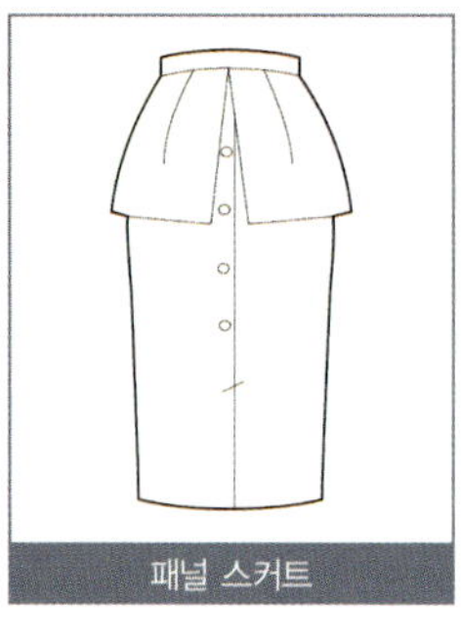

패널 스커트

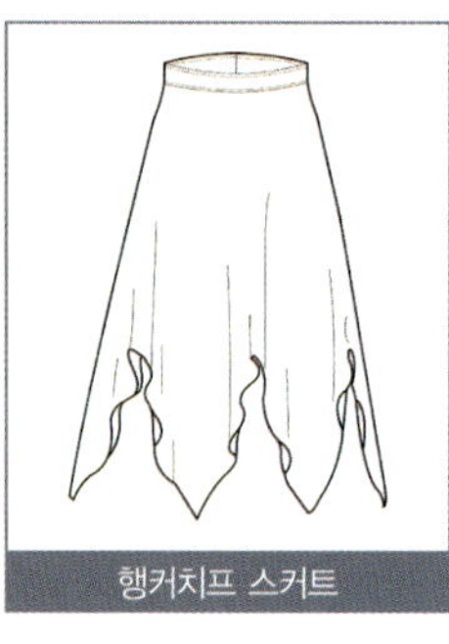

행커치프 스커트

고어 스커트

⑮ **힙 허거 스커트(Hip-Hugger Skirt)** : 스커트의 허리선이 밑으로 쳐지거나 엉덩이에 걸쳐지게 입는 스커트이다.

⑯ **후프 스커트(Hoop Skirt)** : 후프(테)를 속에 넣어 넓힌 스커트를 말하며, 후프의 형은 시대에 따라 각각 달라서 그에 따른 스커트의 외형을 변화시킨다. 파딩게일 · 파니에 · 크리놀린을 사용한 모양별로 스커트 이름을 붙인다.

⑰ **킬트 스커트(Kilt Skirt)** : 스코틀랜드의 고지(高地) 사람들과 군인이 입는 창살무늬의 세로주름을 잡은 스커트를 말한다. 주름을 잡은 허리에서 무릎까지의 길이가 짧고 여기에 주름을 같은 방향으로 잡으며 다음 주름이 반쯤 숨겨질 정도의 간격을 두는데 킬트 플리츠라고도 한다. 천은 타탄(Tartan)이라는 창살무늬가 있는 직물이며 이 무늬가 계급의 차이를 구별했다. 현재도 스코틀랜드 병정은 이 복장을 사용한다.

⑱ **머메이드 라인 스커트(Mermaid Line Skirt)** : 머메이드는 '인어' 란 뜻이며, 허리에서 몸에 꼭 맞게 밑으로 좁게 내려가다가 꼬리 지느러미와 같이 끝이 넓어진 긴 스커트를 말한다. 이 단 끝은 개더 · 플레어 · 플리츠 등으로 만들어지며 환상적인 분위기를 조성하므로 이브닝 드레스에서 많이 볼 수 있다. 지느러미와 같이 넓어지는 위치는 트럼펫 스커트보다 낮은 복사뼈 정도가 적당하다.

힙 허거 스커트

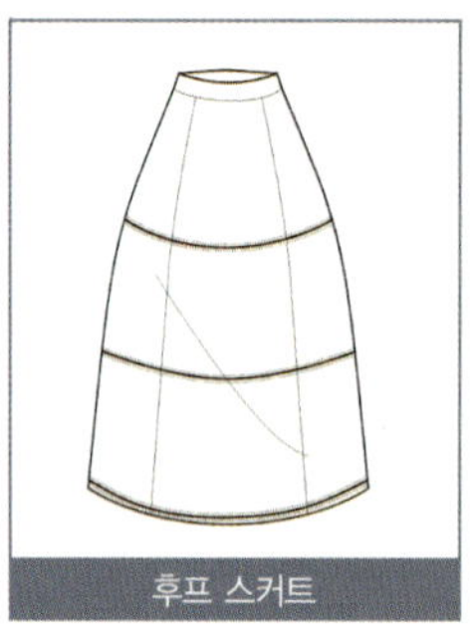

후프 스커트

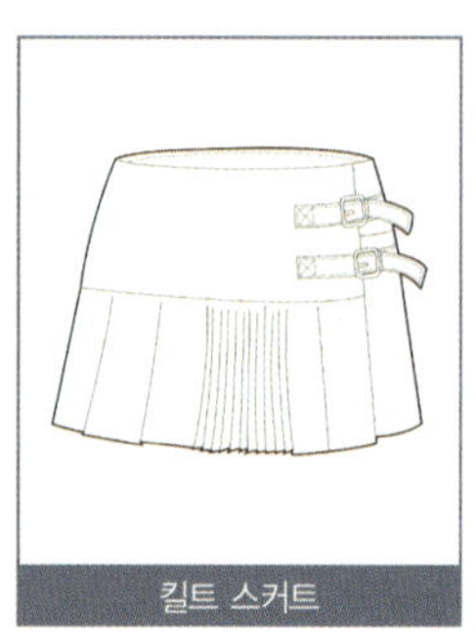

킬트 스커트

머메이드 라인 스커트

⑲ 미디 스커트(Midi Skirt) : 길이가 무릎 아래로 20~30cm 내려와서 종아리 중간쯤 되는 긴 스커트를 말한다.

⑳ 미니 스커트(Mini Skirt) : 미니멈(Minimum)의 약자로서 밑단이 무릎위로 10~20cm 올라간 길이가 짧은 스커트를 말한다. 1960년대 메리 퀸트(Mary Quant)가 처음으로 발표하였다.

> **▶ 고고 스커트(Gogo Skirt)**
> 고고는 1965년 이후 유행한 새로운 리듬의 춤인데, 미니 스커트를 입고 이 춤을 추었기 때문에 고고 스커트라 불렀다. 미니 스커트의 별명이라 할 수 있다.

㉑ 오버 스커트(Over Skirt) : 원피스 드레스나 스커트 혹은 팬츠 위에 겹쳐 입는 스커트이다. 주로 안쪽 옷이 보이도록 앞을 터놓고 입거나, 얇은 옷감으로 겹쳐지게 입어 이중효과가 나도록 연출한다.

㉒ 파라솔 스커트(Parasol Skirt) : 삼각형의 천을 봉합하고 단 쪽에 플레어가 져서 마치 양산을 펴 놓은 느낌이 나는 스커트이다. 엄브렐러(Umbrella) 스커트와 같다.

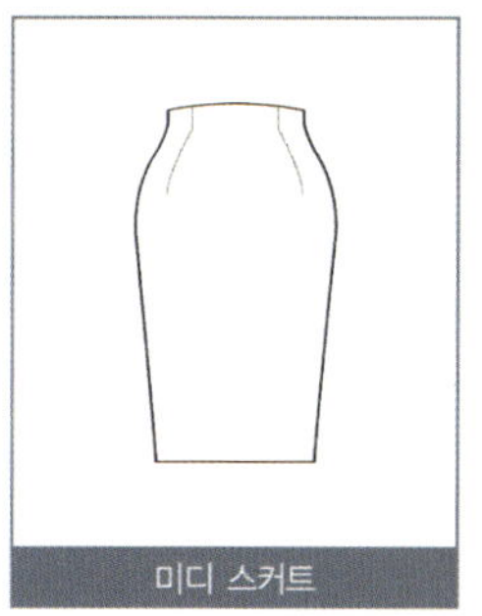

미디 스커트

미니 스커트

오버 스커트

파라솔 스커트

㉓ 페그 톱 스커트(Peg-Top Skirt) : 허리나 힙 부분에 개더나 포켓 등으로 과장되게 부풀리고 밑으로 갈수록 팽이처럼 폭이 좁아지는 스커트이다.

㉔ 플리츠 스커트(Pleats Skirt) : 정식 명칭은 올 어라운드 플리츠 스커트로, 전체적으로 주름을 잡은 스커트의 총칭이다. 청순한 느낌을 주는 스타일로서 캐시미어 스웨터와 같이 입고 진주 목걸이를 하면 유행에 상관없이 고급스럽고 세련된 분위기를 풍길 수 있다. 또한 주름이 리드미컬하게 움직이는 아름다움이 있으므로, 주름이 많이 들어간 것일수록 움직일 때 우아해 보이며, 주름이 적게 들어간 것은 스포티한 느낌이 난다. 이 중에는 아코디언 플리츠, 부분적으로 주름을 넣은 사이드 플리츠, 단 쪽이 넓혀진 엄브렐러 플리츠 등의 스커트가 있다.

> **▶ 아코디언 플리츠 스커트(Accordion Pleats Skirt)**
> 아코디언 모양의 가는 기계주름이 있는 스커트이다. 크리스탈 플리츠 스커트(Crystal Pleats Skirt)라고도 한다.
>
> **▶ 나이프 플리츠 스커트(Knife Pleats Skirt)**
> 한쪽 방향으로 고르게 접어 만든 외주름 스커트이다. 주로 가늘고 좁게 접어 만든다.

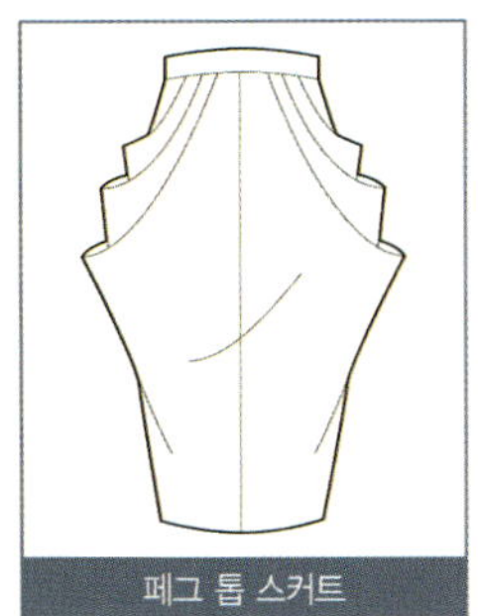

| 페그 톱 스커트 | 플리츠 스커트 | 아코디언 플리츠 스커트 | 나이프 플리츠 스커트 |

㉕ 사롱 스커트(Sarong Skirt) : 허리나 히프 부분에 부드러운 드레이프를 넣고 허리에서 감싸서 묶어 입는 스커트이다. 드레이프 스커트(Drape Skirt)라고도 한다.

㉖ 사야(Saya) : 필리핀 여인들의 민속의상으로 발목까지 내려오는 긴 스커트이다.

㉗ 슬림 스커트(Slim Skirt) : 몸에 꼭 맞아 실루엣이 가느다랗게 보이는 스커트이며 허리선보다 단 쪽이 좁다.

PLUS⁺

> ▸ 시스 스커트(Sheath Skirt)
> 시스는 칼집이라는 의미로 몸에 꼭 맞는 스커트를 말한다. 고대 이집트에서 애용하던 시스 가운에서 유래하였으며 바디라인을 그대로 살려주기 때문에 섹시한 이미지를 연출할 수 있다.

㉘ 서스펜더 스커트(Suspender Skirt) : 치마의 허리선에 멜빵이 달린 스커트로서 아동복에 주로 사용하며 여성복에는 작업용 스커트에서 볼 수 있다.

㉙ 타이트 스커트(Tight Skirt) : 스커트의 기본이 되는 형으로 스트레이트 스커트(Straight Skirt)라고도 한다. 힙라인에서 단까지 직선인 외형으로 몸에 꼭 맞아 단에 주름이나 슬릿이 있어야 걷기에 불편하지 않다. 검정, 청색, 회색, 베이지 등 기본 색상을 갖고 있으면 다양한 스타일을 연출할 수 있다.

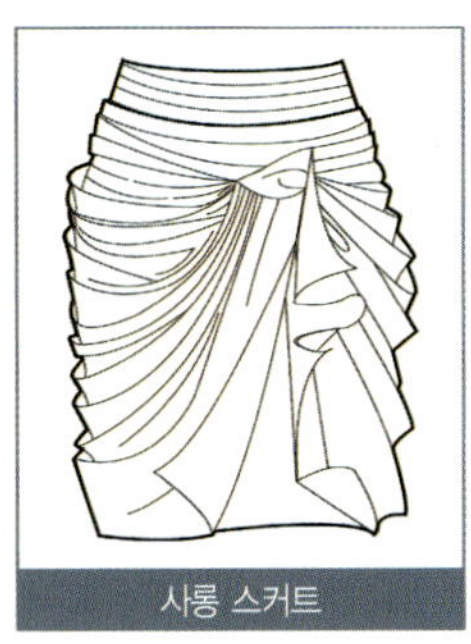
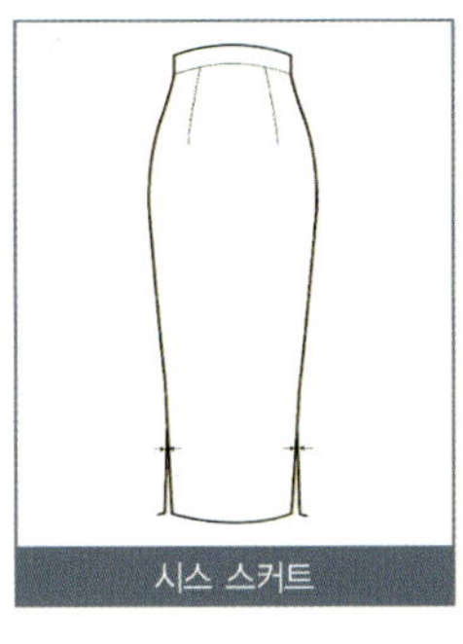

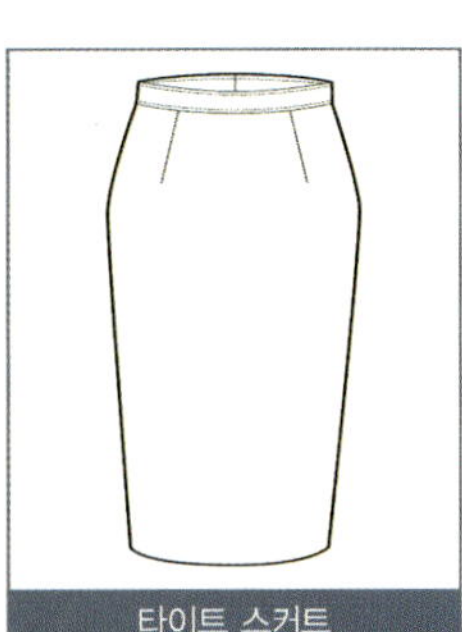

| 사롱 스커트 | 시스 스커트 | 서스펜더 스커트 | 타이트 스커트 |

PLUS⁺

▶ 슬릿 스커트(Slit Skirt)

스커트의 단 쪽을 절개한 것으로, 슬릿의 위치는 전후좌우에 개성대로 넣으며, 길이도 일정하지 않다. 주로 폭이 좁아 활동이 불편한 타이트 스커트에 넣어준다. 속옷 역시 같은 부위에 슬릿이 들어간 것을 입는 것이 상식이다.

▶ 칼럼 스커트(Column Skirt)

타이트 스커트의 일종으로 힙의 폭이 그대로 끝단까지 내려와 원기둥처럼 된 스커트를 말한다.

▶ 코니컬 스커트(Conical Skirt)

코니컬은 원뿔형의 뜻으로, 세미 타이트 스커트의 외형과 같고 단 폭에 다소의 여유가 있어서 보행이 가능하다.

㉚ 티어드 스커트(Tiered Skirt) : 층층으로 이어진 스커트를 말한다. 층마다 주름이나 개더를 넣어 장식하며 젊은 층의 드레스에 적당한 실루엣이다.

㉛ 트럼펫 스커트(Trumpet Skirt) : 나팔 모양을 한 스커트이다. 허리선에서 무릎까지는 몸에 꼭 맞게 하고 무릎 아래를 플레어나 개더를 넣어 퍼지게 한 것이다. 모닝글로리 스커트(Morning Glory Skirt)라고도 한다.

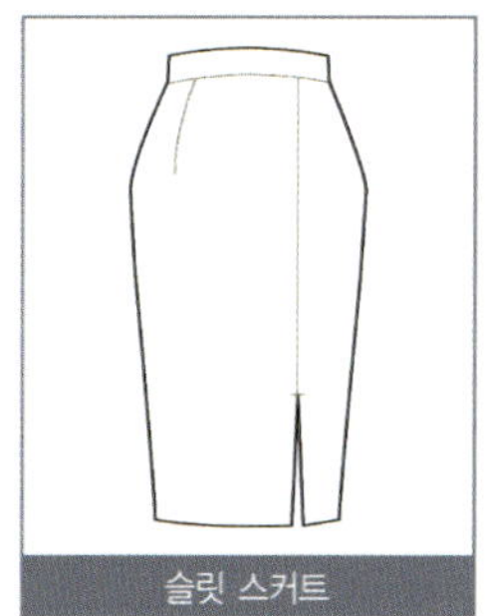

슬릿 스커트

코니컬 스커트

티어드 스커트

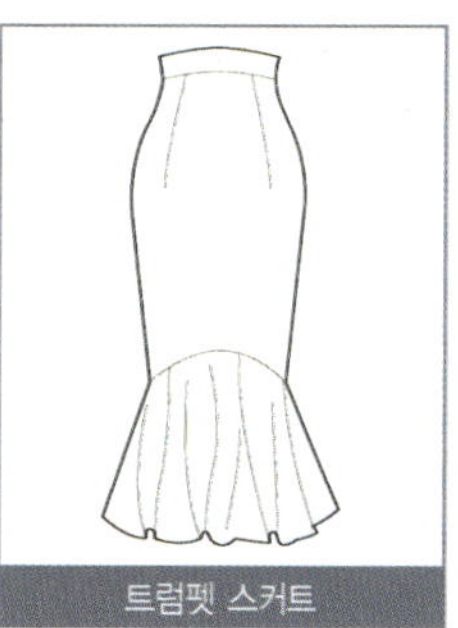

트럼펫 스커트

㉜ 튜닉 스커트(Tunic Skirt) : 짧은 오버 스커트가 위에 덧달린 스커트로, 보통 블라우스의 연장이다.

㉝ 랩어라운드 스커트(Wraparound Skirt) : '감는 치마' 라는 뜻이며, 양끝을 포개어서 하체를 감싸주는 스커트로 포개진 만큼 폭의 여유를 갖게 되고 디자인에 따라서 앞 · 뒤 · 옆으로 윗자락이 놓인다.

㉞ 요크 스커트(Yoke Skirt) : 힙라인 부근에 절개선을 넣어 요크를 만들고 그 선 아래쪽에 주름이나 개더를 넣어주면 요크 부분은 몸에 꼭 맞고 치마의 아래 폭은 넉넉하게 된다.

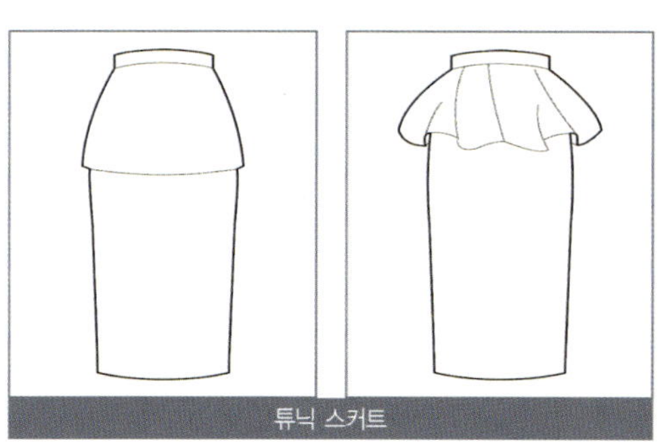

튜닉 스커트

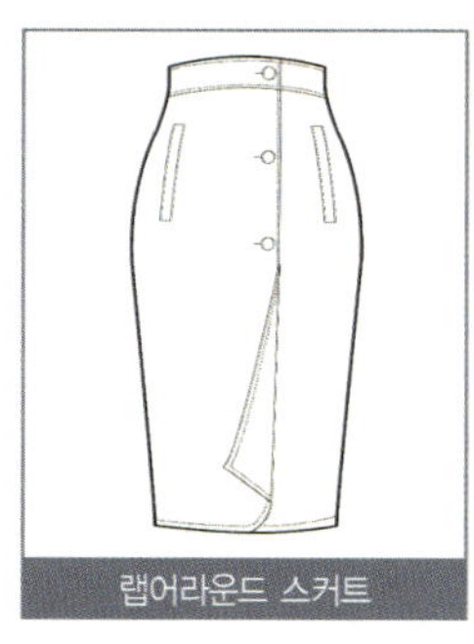

랩어라운드 스커트

요크 스커트

5. 팬츠(Pants)

(1) 유래와 특징

진이 전 세계적으로 유행하면서 1970년대 전성기를 이루었던 팬츠는 과거 남성들의 전용 복장이었다. 여성복에서는 19세기 말경 여성의 사회적 지위향상과 남녀동등 사상의 영향으로 등장하였다. 그래서 초창기 여성들이 입던 팬츠는 남성용 팬츠와 같이 스포티하고 실용적인 스타일이었다. 판탈롱(Pantaloon), 슬랙스(Slacks), 트라우저(Trousers), 쇼츠(Shorts) 등의 명칭으로 사용되기도 하며 스커트와 마찬가지로 길이와 폭에 따라서 구분된다. 길이가 짧은 쇼츠는 늘씬한 다리를 강조하며 젊고 발랄한 이미지로 사용되지만 하체가 굵은 체형이라면 피하는 것이 좋다. 무릎길이의 버뮤다 혹은 폭이 넓은 가우초는 스커트와 같은 효과를 주지만 활동적이므로 스포츠 혹은 여행복으로 스타일링하면 효과적이다. 일자형의 긴 바지는 가장 무난하고 세련된 라인으로 사용되고, 밑단으로 갈수록 넓어지는 벨 보텀 팬츠는 유행에 민감하며 날씬하고 귀여운 이미지에 효과적이지만 하체가 짧은 형은 피해야 한다. 무릎에서 묶어지는 스타일인 니커즈 팬츠나 조드퍼즈, 통이 넓고 디테일이 많은 카고 팬츠는 캐주얼하고 스포티한 이미지에 사용된다. 바지 컬러를 화려하게 하거나 컬러풀한 프린트, 체크 혹은 스트라이프 무늬로 멋을 내면 대담하고 세련되어 보인다. 1990년대 후반에는 통이 넓고 끌릴 정도로 길이가 긴 힙합바지가 유행하였고, 최근에는 신축성이 좋은 소재나 진(Jeans)소재로 다리선을 그대로 드러낸 스키니 팬츠가 대중화되었는데, 다리가 가늘고 긴 서구형 체형에 잘 어울리며 패셔너블하고 섹시한 이미지 표현에 효과적이다. 팬츠 뒤에 포켓이 있는 디자인은 힙이 처진 우리나라 여성들의 체형상의 결점을 잘 커버해 준다. 팬츠는 현대 여성들에게 있어 기본 아이템으로 자리 잡았고, 밑위길이와 허리선의 변형으로 계속적으로 많은 유행 요소를 만들어내고 있다. 팬츠 구입 시에는 반드시 구두를 신고 팬츠의 길이를 체크해야 한다.

(2) 종류

① 앵클 팬츠(Ankle Pants) : 발목길이의 슬림 팬츠이다. 캐주얼한 팬츠의 길이가 각광받으면서 등장하였다. 전체적으로 웨이스트가 헐렁하고 단으로 향할수록 가늘게 된 실루엣이나, 굵은 실루엣으로 발목 부분에서 잘라낸 듯 한 느낌의 디자인이 많다.

② 배기 팬츠(Baggies Pants) : 허벅지 부분이 넓고 밑으로 갈수록 좁은 스타일로 허리부분에 풍성한 턱이나 개더를 넣어 만든다.

③ 벨 보텀 팬츠(Bell Bottoms Pants) : 허리는 꼭 맞고 무릎에서 햄라인까지 플레어지는 팬츠 스타일이다. 플레어를 더 넓게 과장시킨 스타일을 엘레펀트 벨 팬츠(Elephant Bell Pants)라고도 한다.

④ 버뮤다 팬츠(Bermuda Pants) : 무릎 위 정도 길이의 다리에 밀착되는 통이 좁은 반바지이다. 밑단에 커프스가 있는 것도 있으며, 사파리 팬츠(Safari Pants)라고도 한다.

⑤ 비브 톱 팬츠(Bib-Top Pants) : 비브 프론트(Bib Front, 가슴받이)가 달린 스타일로서 화가나 장인들이 작업복으로 입던 스타일에서 유래되었다. 오버롤(Overall), 서스펜더(Suspender), 페인터즈(Painters) 팬츠, 어린이용은 크라울러즈(Crawlers) 팬츠라고도 한다.

PLUS⁺

▸ 오버롤(Overall)

작업할 때나 오염, 또는 풍우를 막아 의복을 보호할 목적으로 보통 옷 위에 덧입게 만든 것의 총칭

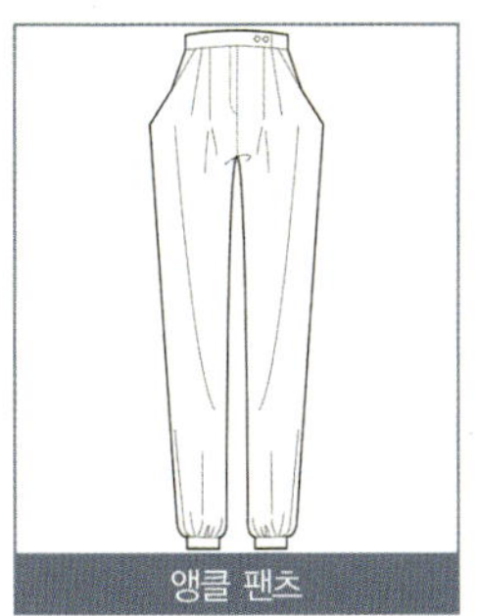
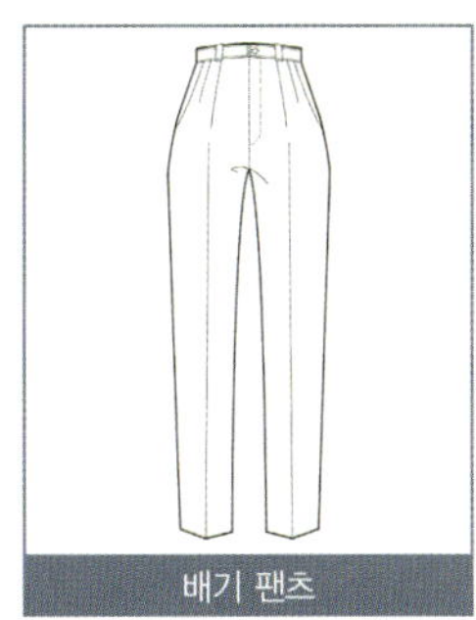
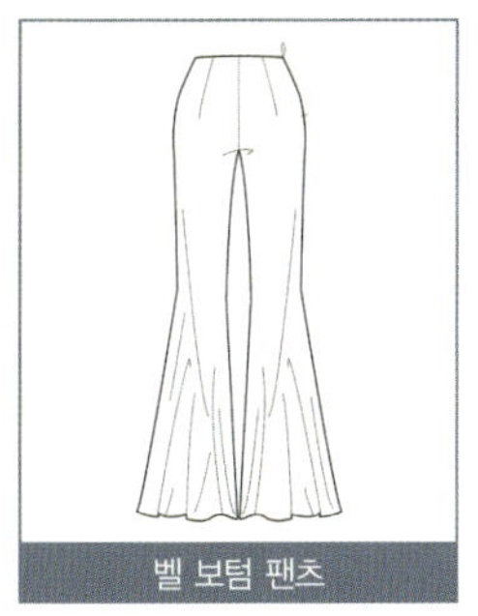

앵클 팬츠	배기 팬츠	벨 보텀 팬츠	비브 톱 팬츠

⑥ 부츠 컷 팬츠(Boots-Cut Pants) : 부츠를 신고 입었을 때 편리하도록 밑단 쪽을 약간 넓게 재단한 팬츠이다.

⑦ 보이 쇼츠 팬츠(Boy Shorts Pants) : 밑위에서 3~4cm정도만 내려오는 아주 짧은 길이의 반바지 스타일이다.

⑧ 칼송(Calecon) : 본래 흰색 얇은 소재의 언더웨어였는데 17세기경부터 여성용 승마바지로 이용되었다. 현재는 여성용 타이즈나 슬림 팬츠로서 캐주얼한 스타일로 사용되고 있다.

⑨ 캘리포니아 팬츠(California Pants) : 밑위가 길고 헐렁하며 풍성한 실루엣의 팬츠이다. 1950년대 헐리웃 스타일에서 유행하였다.

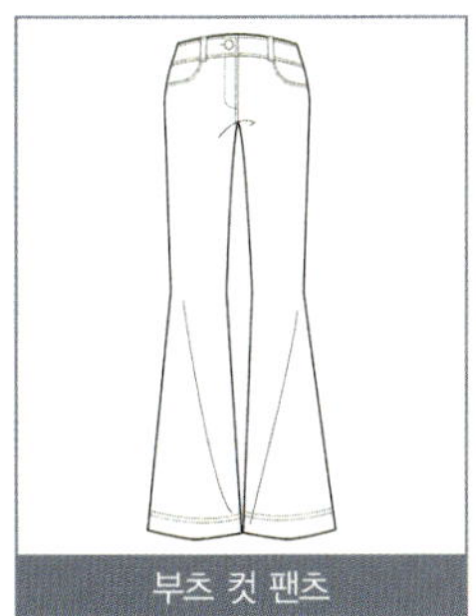
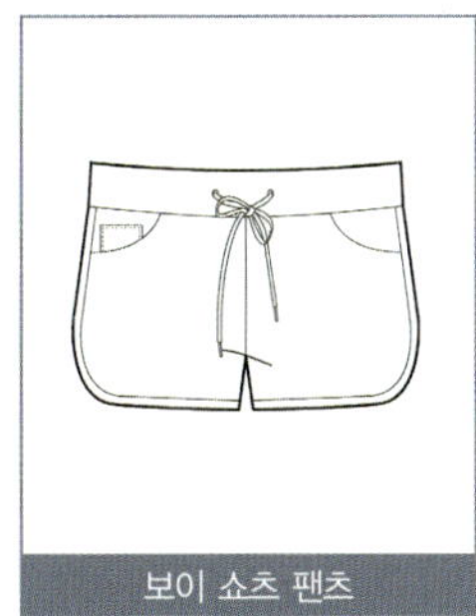

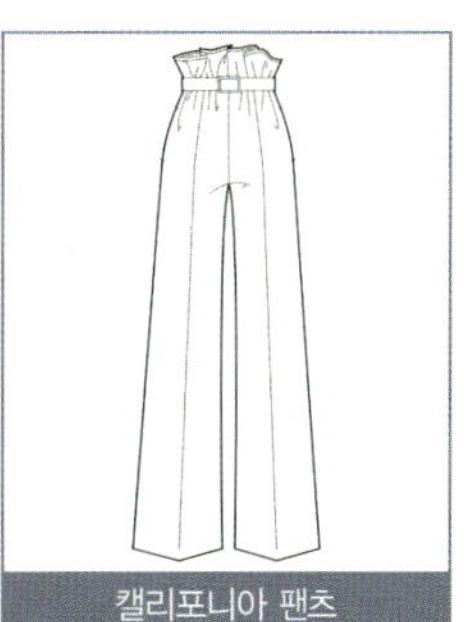

부츠 컷 팬츠	보이 쇼츠 팬츠	칼송	캘리포니아 팬츠

⑩ 카프 팬츠(Calf Pants) : 크롭 팬츠의 한 종류로 무릎 아래 10cm길이 팬츠 스타일이다.

⑪ 카프리 팬츠(Capri Pants) : 발목 바로 윗부분까지 오는 길이의 슬림한 팬츠이다.

⑫ 카고 팬츠(Cargo Pants) : 화물선 승무원들의 작업복에서 유래되었다. 통이 여유 있고, 큰 플랩(Flap)이 달린 패치 포켓이 양쪽 다리 옆선에 달려있는 것이 특징이다.

⑬ 치노 팬츠(Chino Pants) : 두꺼운 능직물을 사용한 팬츠로서, 진(Jeans)과 함께 가장 기본적인 캐주얼 팬츠이다.

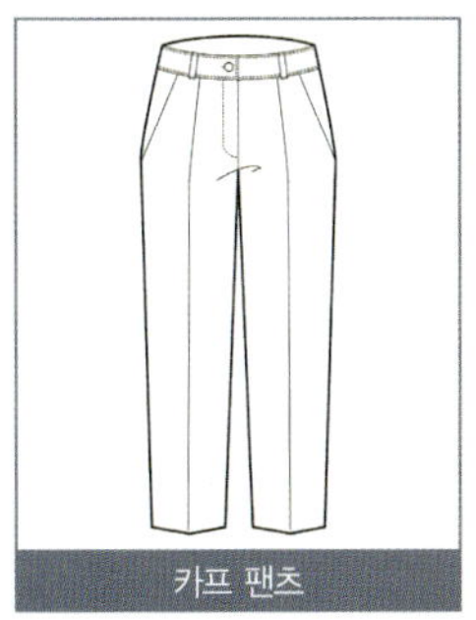
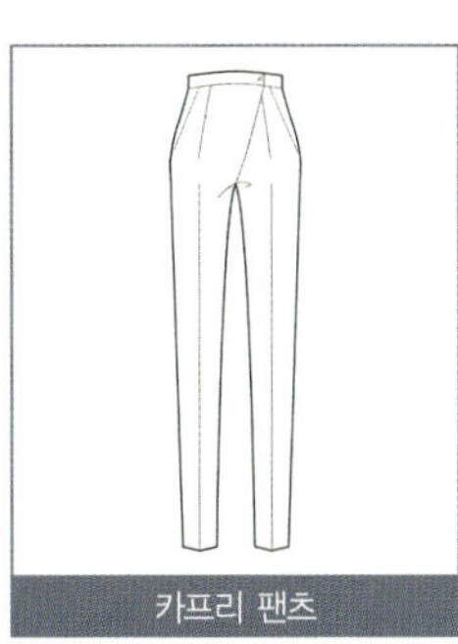
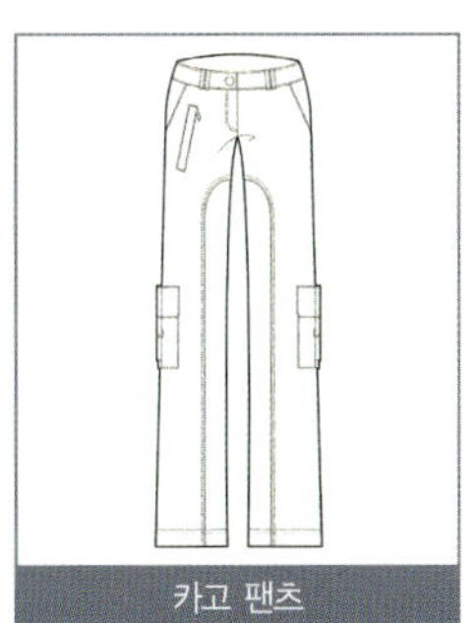
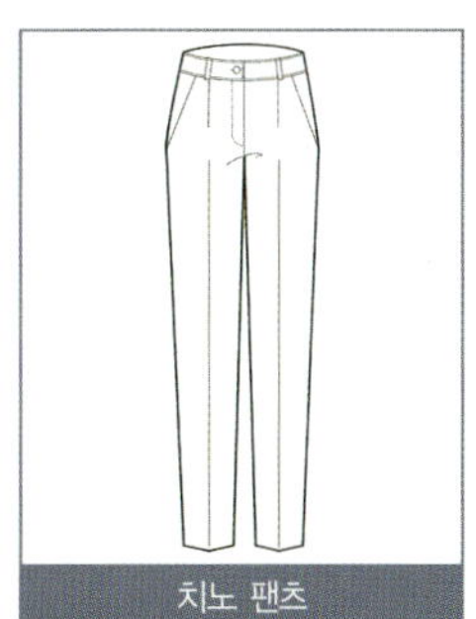

카프 팬츠	카프리 팬츠	카고 팬츠	치노 팬츠

⑭ 시가렛 팬츠(Cigarette Pants) : 담배처럼 가늘고 긴 원통형의 팬츠로 앞 중심선이 없이 둥근것이 특징이다. 튜블러(Tubular), 파이프(Pipe), 스틱(Stick) 팬츠라고도 하며 스트레이트 팬츠보다 가느다랗다.

> **PLUS⁺**
>
> ▶ 스트레이트 팬츠(Strait Pants)
> 허리선에서 바지부리까지 일자로 떨어지는 팬츠로 스토브 파이프(Stove Pipe) 팬츠라고도 한다.

⑮ 클래식 팬츠(Classic Pants) : 풍성하며 다트나 턱으로 허리에서 피트되는 스타일이다.

⑯ 크롭 팬츠(Cropped Pants) : 발목과 무릎 사이 길이의 팬츠이다.

⑰ 가우초 팬츠(Gaucho Pants) : 종아리 길이의 폭이 넓은 플레어 팬츠이다. 인디오와 스페인 혼혈인 가우초가 착용한 팬츠로, 가죽이나 두꺼운 천으로 만들기도 한다.

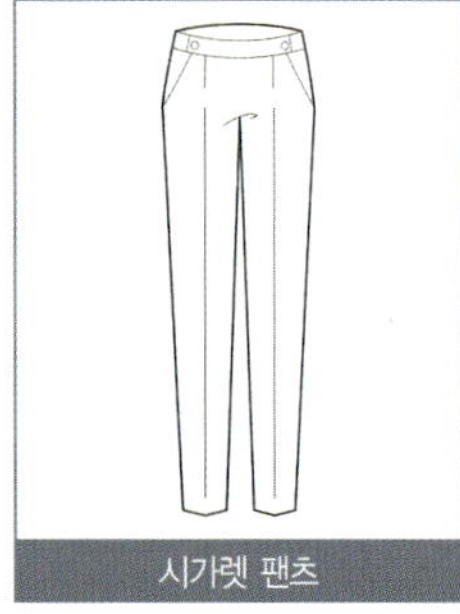	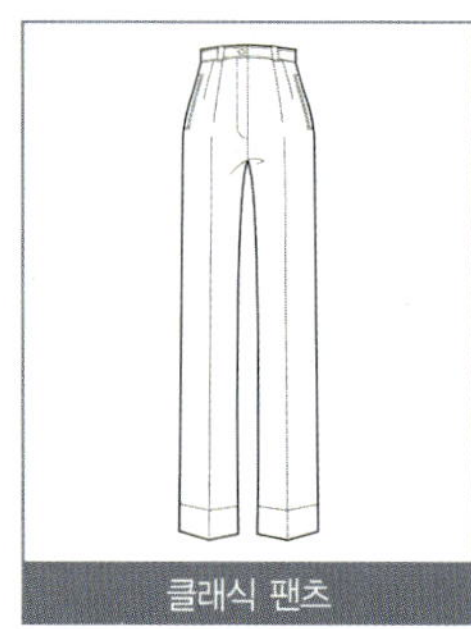	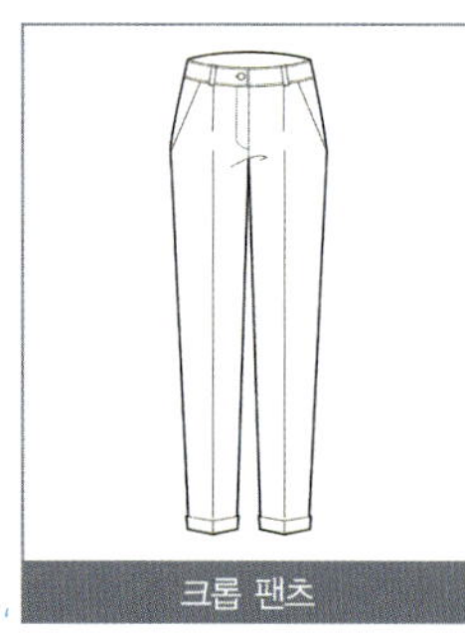	
시가렛 팬츠	클래식 팬츠	크롭 팬츠	가우초 팬츠

⑱ 하렘 팬츠(Harem Pants) : 1910년경 동양풍의 스타일이 유행할 때 등장하였으며, 회교도들이 즐겨 입는 발목 부분을 끈으로 묶는 통 넓은 여성용 팬츠이다. 무릎길이의 하렘 팬츠를 '주아브 팬츠(Zouave pants)' 라고도 한다.

⑲ 자메이카 팬츠(Jamaica Pants) : 허벅지 중간길이의 반바지 스타일이다.

⑳ 조드퍼즈 팬츠(Jodhpurs Pants) : 무릎 위는 헐렁하고 밑은 꼭 끼는 승마용 바지이다. 대개 허벅지 부분은 둥글게 옆선이 확장되고 아래는 직선으로 재단한다.

㉑ 점프 수트(Jump Suit) : 항공복에서 유래된 것으로 상의와 하의가 하나로 붙어있는 올인원 형태의 점프 수트는 1960년 입생 로랑에 의해 등장한 아이템으로 캐주얼 혹은 레저웨어로 많이 이용된다. 콤비네이션(Combination)이라고도 한다.
점프 수트는 소품을 이용하여 페미닌 룩, 캐주얼 룩 또는 포멀한 스타일 등 다양한 분위기로 연출할 수 있다.

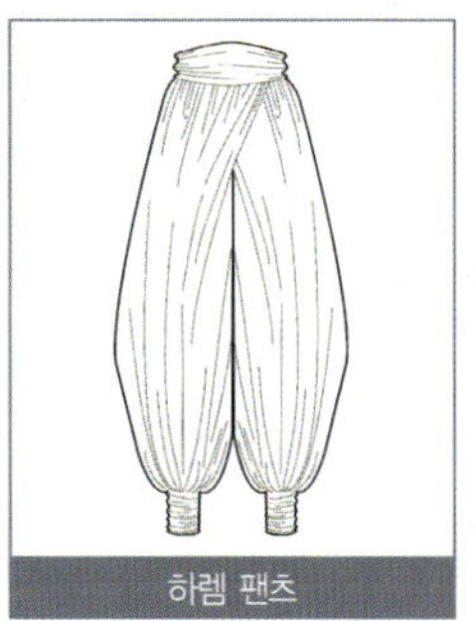	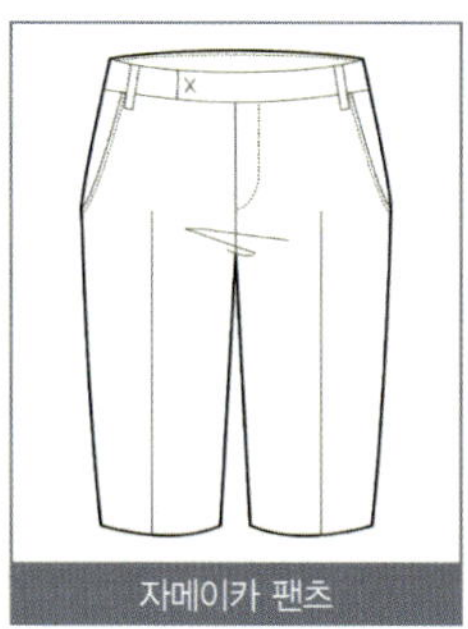	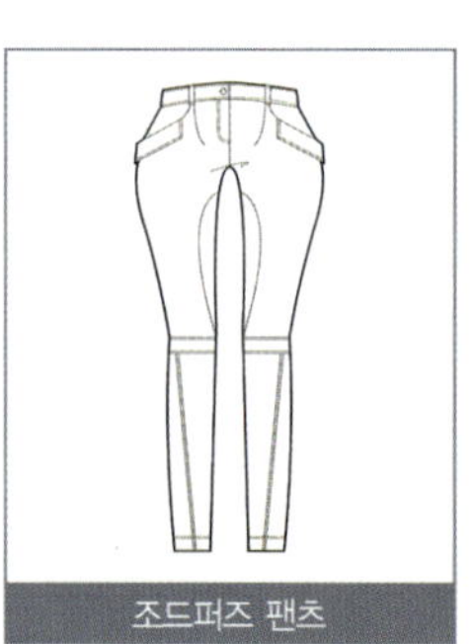	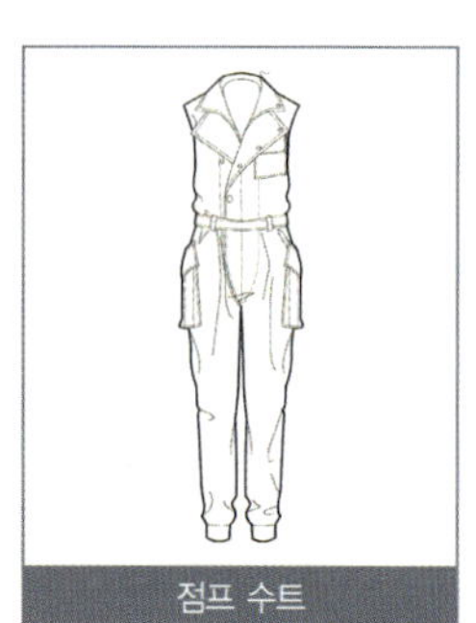
하렘 팬츠	자메이카 팬츠	조드퍼즈 팬츠	점프 수트

㉒ 니커즈(Knickers) : 넓은 바지통이 무릎선에서 조여지도록 개더 혹은 턱으로 처리하여 밴드로 마무리한 팬츠
이다. 과거 스포츠용 팬츠의 대표적인 아이템으로서 '니커보커즈(Knickerbockers)'라고도 하며, 현대에도 승마
나 골프웨어에서 흔히 사용된다.

㉓ 레깅스(Leggings) : 스타킹처럼 몸에 밀착되며 신축성이 좋은 소재로 만들어진다.

㉔ 팔라초(Palazzo) : '궁전'이라는 뜻으로 스커트처럼 넓은 플레어가 있는 통 넓은 팬츠이다. 1960~1970년대
유행하던 스타일이다.

㉕ 파라슈트 팬츠(Parachute Pants) : 전체적으로 폭이 넓고 바지부리에서 졸라매는 형식의 바지이다. 주로 낙
하산병들이 입는 바지 스타일로 지퍼가 달린 포켓이 옆선 위치에 여러 개 붙어있다.

㉖ 페달 푸셔 팬츠(Pedal Pushers Pants) : 무릎과 발목 사이의 길이로 비교적 피트한 스타일의 바지이다. 덱
(Deck)이라고도 한다.

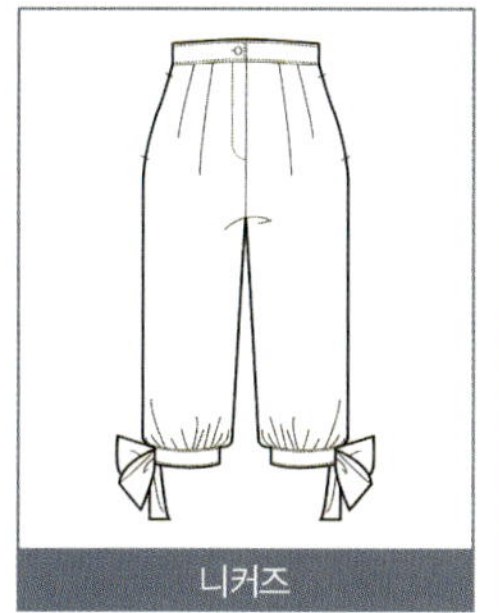

니커즈

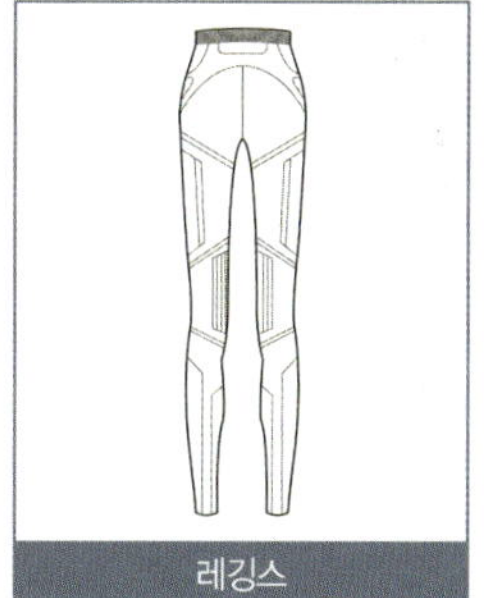

레깅스

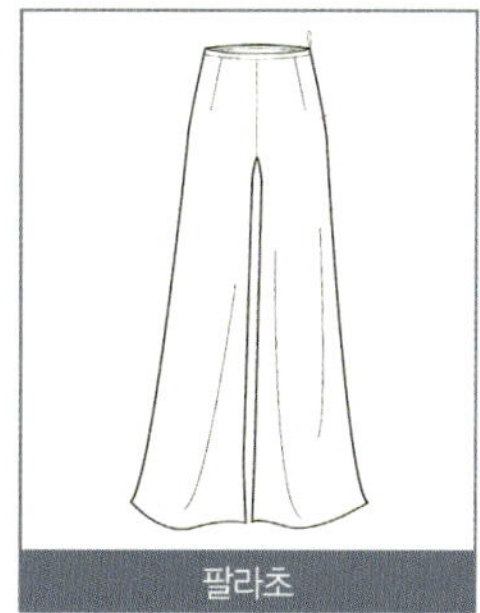

팔라초

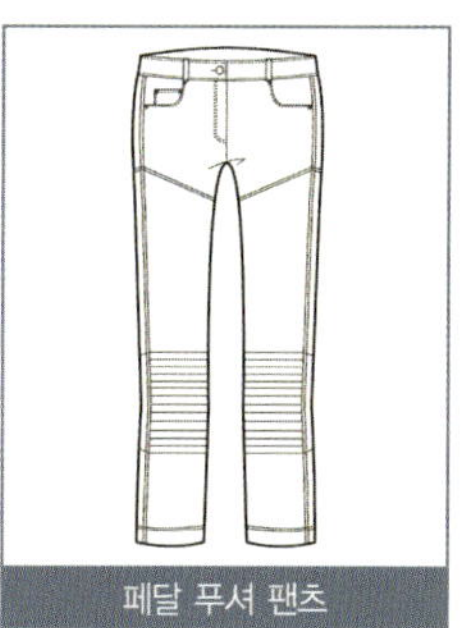

페달 푸셔 팬츠

㉗ 사브리나 팬츠(Sabrina Pants) : 슬림하고 밑단으로 갈수록 좁아지는 종아리길이의 팬츠로, 옆선의 밑단 쪽
에 슬릿을 넣기도 한다. '칼립소 팬츠(Calypso Pants)'와 같다.

㉘ 스티럽 팬츠(Stirrup Pants) : 스티럽은 승마를 할 때 발에 거는 등자를 말한다. 폭이 좁고 발아래까지 연장시
켜 입는 좁은 바지이다.

㉙ 서퍼스 팬츠(Sufers Pants) : 무릎길이의 타이트하고 피트한 팬츠로 파도타기 할 때 입는 의복으로 등장하였
으며, 주로 스포츠용으로 많이 사용된다.

㉚ 턱시도 팬츠(Tuxedo Pants) : 옆선에 검은색 새틴 혹은 벨벳 등의 스트라이프 테이프 장식이 되어 있는 것으
로 포멀웨어에 많이 이용된다.

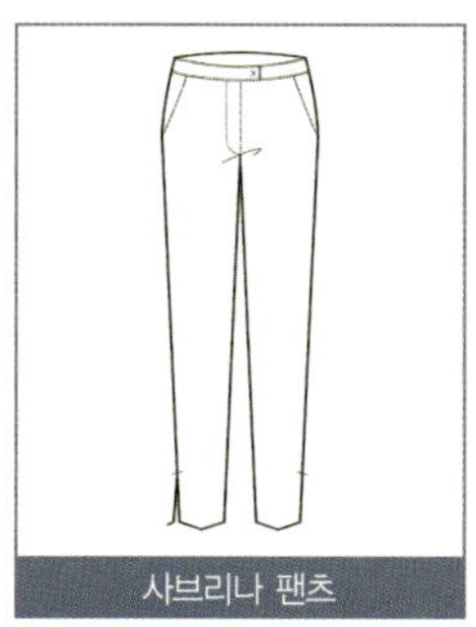

사브리나 팬츠

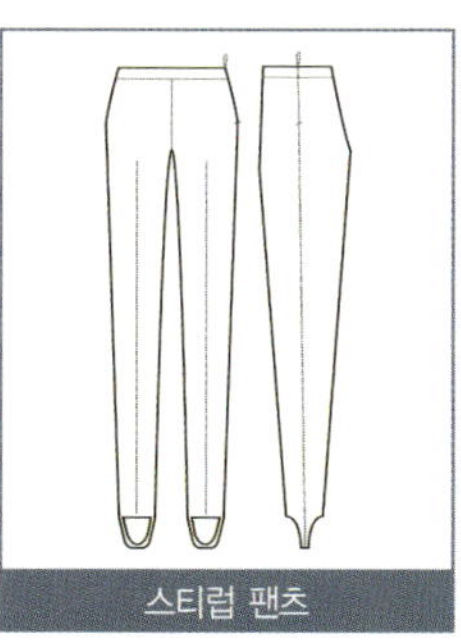

스티럽 팬츠

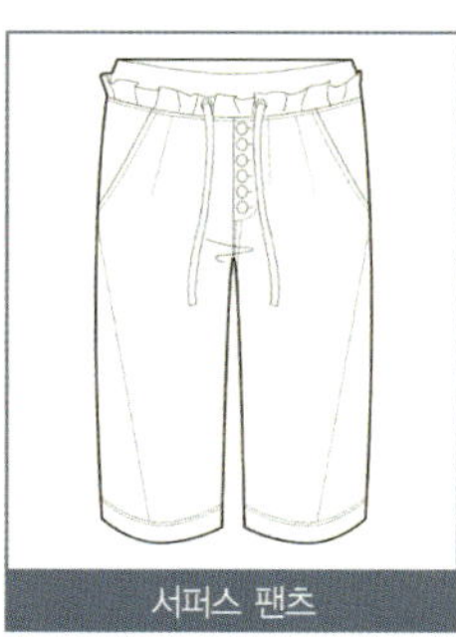

서퍼스 팬츠

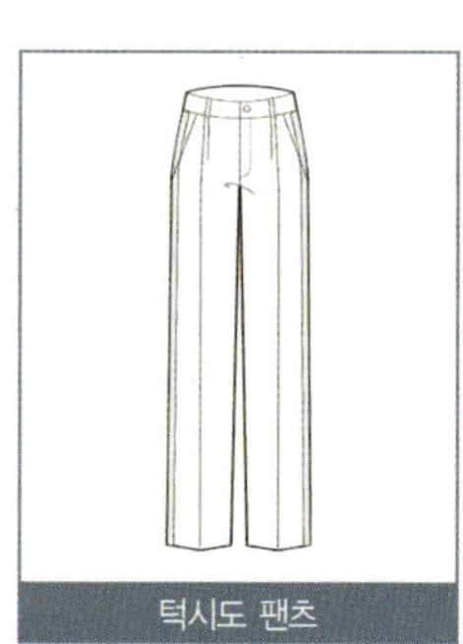

턱시도 팬츠

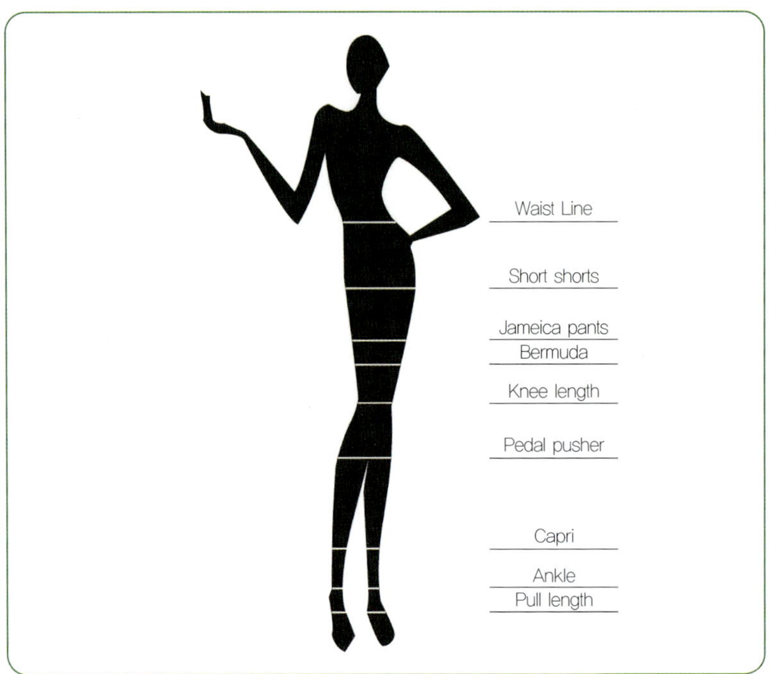

• 바지 길이에 따른 스타일 •

6. 스웨터(Sweater)

(1) 유래와 특징

신축성이 있는 직물이나 편물로 만든 것으로서, 뒤집어써서 입는 풀오버 스타일(Pullover Style)과 앞트임이 있는 카디건 스타일(Cardigan Style)로 구분된다. 가볍고 따뜻하며 활동성이 우수하여 실용적인 캐주얼웨어로 많이 사용된다. 스웨터 위에 벨트를 하거나 스카프, 스톨을 두르는 등 심플한 옷에 변화를 주면 효과적이다. 티셔츠와 마찬가지로 자신만의 아이디어를 발휘해서 다양하게 연출할 수 있는 장점을 가진 옷이므로 패션 감각을 충분히 발휘해서 입도록 한다.

(2) 종류

① 아가일 스웨터(Argyle Sweater) : 세 가지 배색을 이용한 다이아몬드 모양의 바둑판무늬가 짜인 스타일이다. 스코틀랜드 서부 연안 아가일주에서 만들어진 스웨터의 명칭이다.

② 볼레로 스웨터(Bolero Sweater) : 길이가 짧아 허리선 위에까지만 오는 귀여운 디자인의 스웨터이다. 주로 단추 없이 앞을 오픈하여 입는다.

③ 카디건 스웨터(Cardigan Sweater) : 칼라 없이 앞 중심 트임이 있고 단추가 달려있는 스웨터이다. 19세기 영국의 카디건 백작이 착용한 스웨터에서 유래되었으며, 유행을 타지 않는 클래식 스타일의 대표적인 아이템이다.

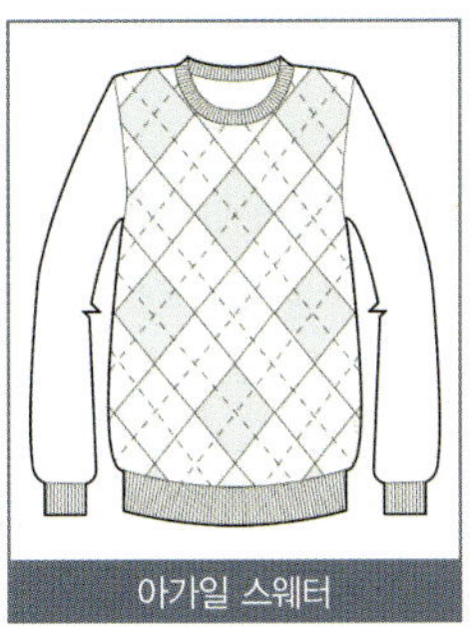
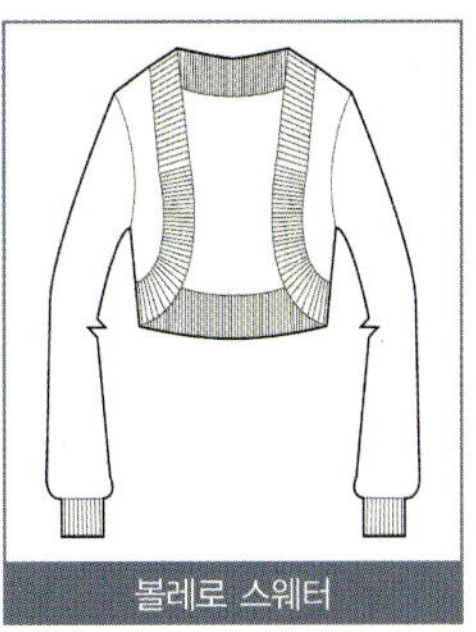
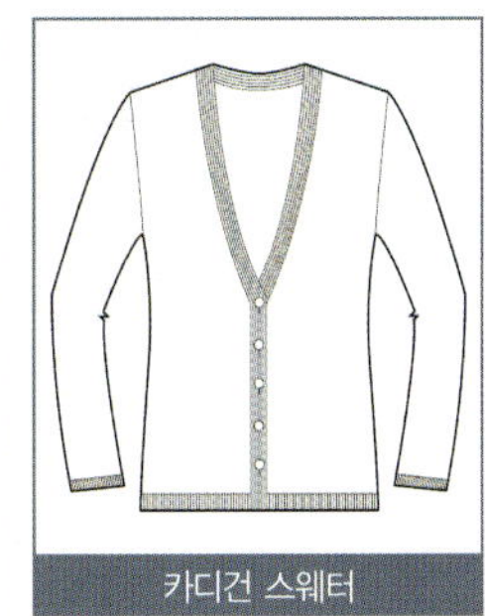

아가일 스웨터 | 볼레로 스웨터 | 카디건 스웨터

④ 코트 스웨터(Coat Sweater) : 코트 대신 입을 수 있도록 만들어진 큰 스웨터이다. 앞 중심선은 단추나 허리끈으로 여밀 수 있도록 되어있다.

⑤ 페어 아일 스웨터(Fair Isle Sweater) : 자카드무늬를 넣어서 짠 피셔맨 스웨터의 일종이다. 스코틀랜드 북부 셔틀랜드 부근에 모여 있는 페어 섬에서 유래되었으며, 크루 네크라인과 래글런 소매가 특징이다.

⑥ 피셔맨 스웨터(Fisherman Sweater) : 북유럽 스칸디나비아 북부 섬지방의 어부들이 입었던 손으로 짠 스웨터에서 유래되었다. 특별히 염색하지 않은 내추럴 칼라의 굵은 모사를 사용하며, 두꺼운 꼬임의 밧줄무늬와 고무뜨기를 이용하여 짠 부피가 큰 스웨터이다.

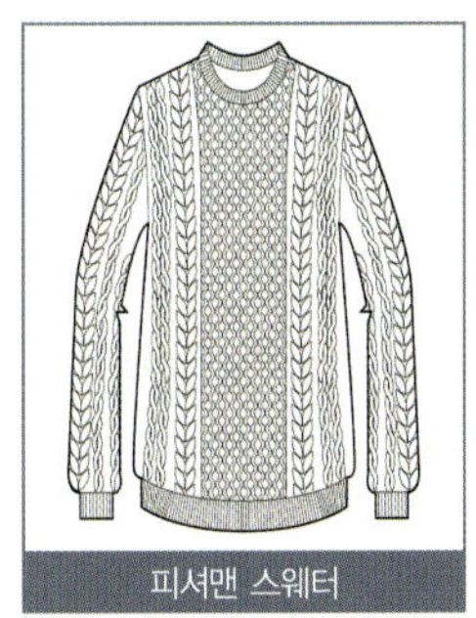

코트 스웨터 | 페어 아일 스웨터 | 피셔맨 스웨터

⑦ 인타샤 스웨터(Intarsia Sweater) : 단색의 니트 직물에 변화를 주기 위해 다른 색의 실과 교차하면서 무늬를 넣어 짠 스타일의 스웨터이다.

⑧ 맥시 스웨터(Maxi Sweater) : '맥시멈(Maximum)' 의 약자로서 발목까지 내려오는 길이가 길고 여유 있는 형태의 스웨터이다. '롱 스웨터(Long Sweater)' , '풀 렝스 스웨터(Full Length Sweater)' 라고도 한다.

⑨ 푸어 보이 스웨터(Poor Boy Sweater) : 반소매의 풀오버 형태의 디자인으로, 메리야스 직물을 이용하여 몸에 꼭 맞도록 짠 편안한 스타일의 스웨터이다.

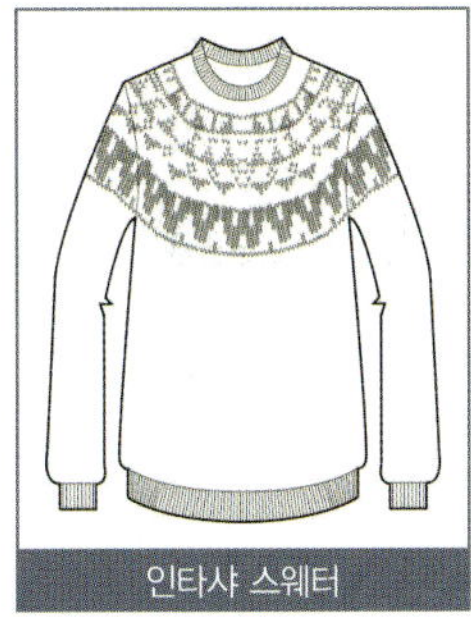
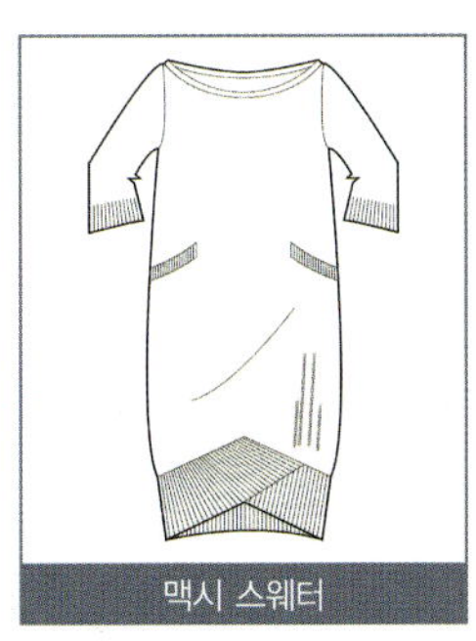
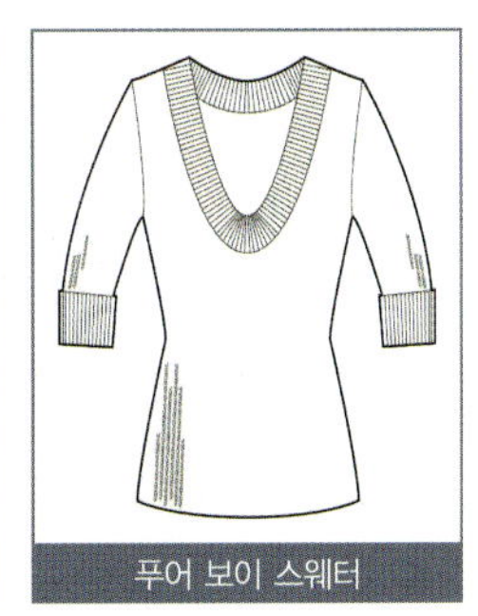

인타샤 스웨터 | 맥시 스웨터 | 푸어 보이 스웨터

⑩ 풀오버 스웨터(Pullover Sweater) : 트임이 없어 머리위에서부터 뒤집어써서 입는 형태의 스웨터이다. 입고 벗기 편하며 활동적이고 편안한 스타일이다.

⑪ 셀 스웨터(Shell Sweater) : 앞트임이 없고, 칼라와 소매 없이 터틀네크나 라운드네크로 처리한 풀오버 형태의 스웨터이다. 주로 블라우스나 셔츠 위에 입는다.

⑫ 슈링크 스웨터(Shrink Sweater) : 소매 없는 짧은 길이의 피트한 풀오버 형태이며, 굵은 모사를 이용하여 코바늘로 뜬 스웨터이다.

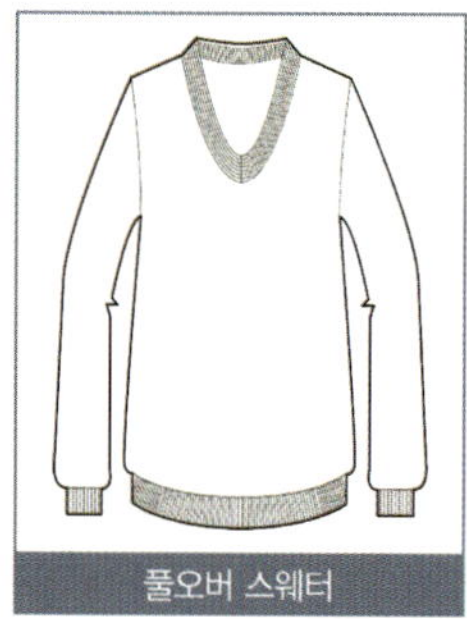
풀오버 스웨터

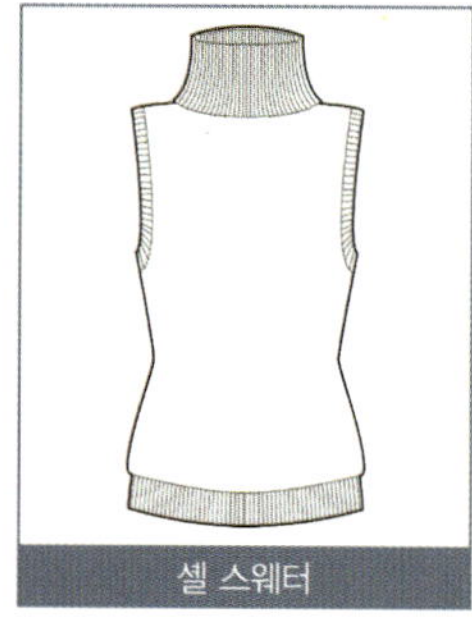
셀 스웨터

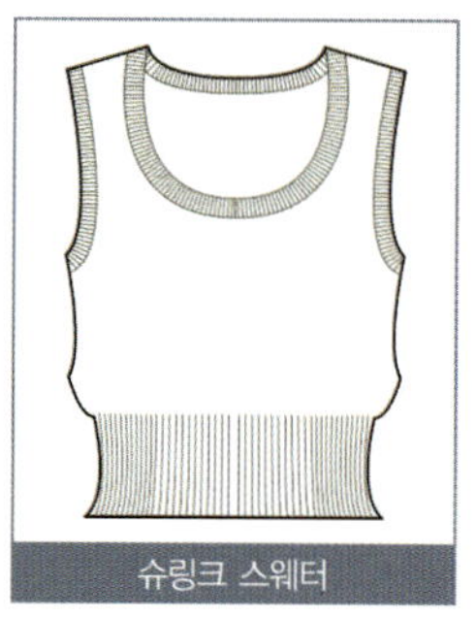
슈링크 스웨터

⑬ 틸덴 스웨터(Tilden Sweater) : 미국의 테니스 선수 윌리엄 틸덴(William Tilden)이 입어서 유명해진 스웨터 스타일이다. V네크라인과 소매 끝, 혹은 스웨터 밑단에 굵은 스트라이프 선 장식이 되어있는 스타일이다. 주로 두꺼운 실로 짜고 밧줄무늬의 꼬임 조직이 있다. 일명 '테니스 스웨터(Tennis Sweater)' 라고도 한다.

⑭ 튜닉 스웨터(Tunic Sweater) : 길이가 무릎까지 내려오는 긴 스웨터이다. 엉덩이를 덮는다고 해서 '패니 스웨터(Fanny Sweater)' 라고도 한다.

⑮ 터틀네크 스웨터(Turtleneck Sweater) : 겨울철에 빼놓을 수 없는 아이템으로 거북이 목처럼 생겼다고 해서 붙여진 이름이다. 타이트 스커트나 팬츠와 어울리며 액세서리로는 소매 위에 팔찌를 하거나 커다란 귀걸이를 해서 전체적으로 심플하면서도 강한 포인트를 줄 수 있어서 경쾌한 세련미를 돋보이게 하기 좋다.

틸덴 스웨터

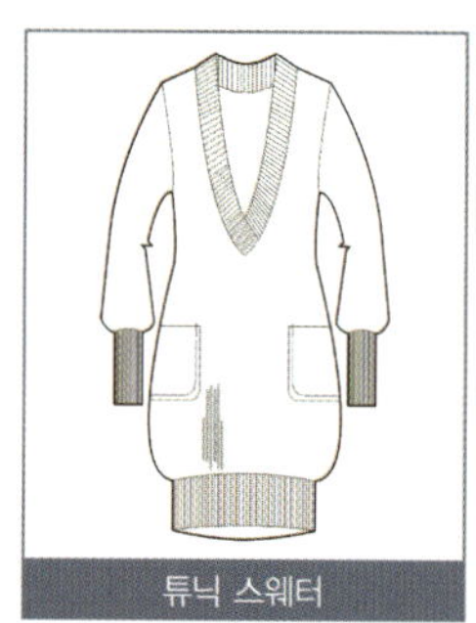
튜닉 스웨터

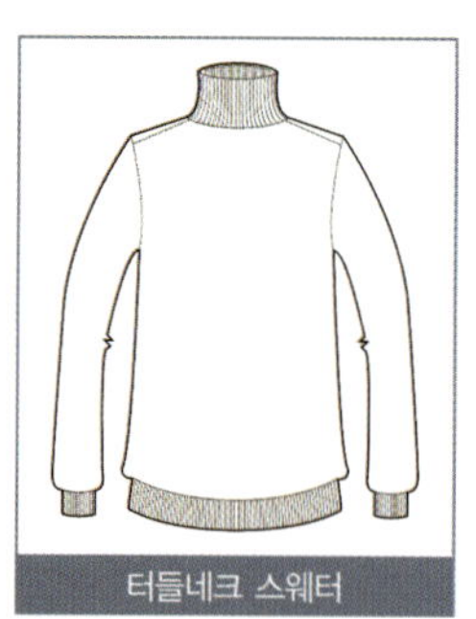
터틀네크 스웨터

7. 베스트(Vest)

(1) 유래와 특징

소매 없는 조끼 스타일로 일명 웨이스트코트(Waistcoat), 웨스킷(Weskit), 베스트(Veste)라고도 한다.

베스트는 원래 남성들이 코트나 재킷 속에 입는 장식용 아이템이었으나, 재킷과 더불어 20세기 초부터 여성들이 착용하기 시작하였다. 정장뿐 아니라 단품 코디네이션에서 의상 전체의 밸런스를 맞추는 효과적인 스타일링 아이템이다. 베스트의 길이나 피트의 정도를 조절하여 하의와의 조화를 고려하며, 컬러나 소재를 색다르게 하여 의상 전체의 포인트 역할을 하도록 스타일링 한다. 20세기 후반부터 이질감을 주는 대조적 이미지의 아이템을 섞어서 멋과 재미를 줄 수 있도록 연출하는 믹스 앤 매치(Mix & Match) 스타일링이나, 다양한 이미지의 여러 가지 아이템을 겹쳐 입어 멋을 내는 레이어드 룩(Layered Look) 연출에 빠지지 않는 중요 아이템이다.

(2) 종류

① 백리스 베스트(Backless Best) : 등 부분이 없고 목 뒤와 허리 뒤에 밴드를 돌려 고리로 여미는 스타일의 베스트이다.

② 더블릿 베스트(Doublet Vest) : U자형의 네크라인이며, 소매가 없거나 캡 슬리브가 달린 몸에 꼭 맞는 스타일이다. 길이가 짧고, 앞트임은 레이스나 가죽으로 여미는 것이 많다.

③ 다운 베스트(Down Vest) : '오리털'이 들어있고, 푹신하게 누벼진 방한용 베스트이다.

백리스 베스트

더블릿 베스트

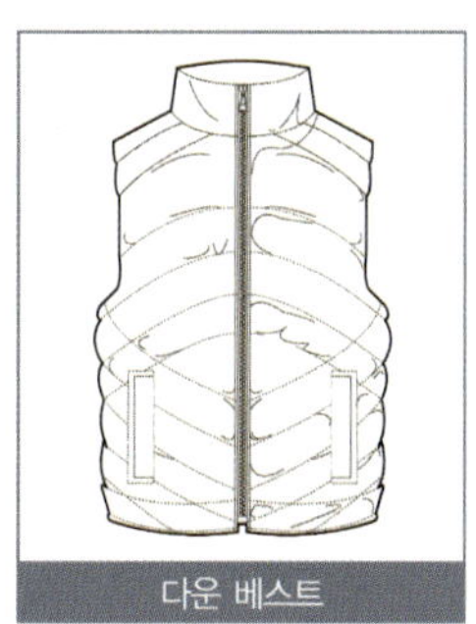

다운 베스트

④ 피셔맨 베스트(Fisherman Vest) : 어부나 등산 등의 운동선수들이 입는 실용적인 스타일이다. 허리선까지 오며, 다양한 장비들을 넣기 위해 여러 개의 주머니가 달린 것이 특징이다.

⑤ 포멀 베스트(Formal Vest) : 정장용 베스트로서 V네크라인에 싱글 혹은 더블 여밈으로 되어있으며, 새틴으로 숄 칼라나 테일러드 칼라가 달려있는 것도 있다. '턱시도 베스트(Tuxedo Vest)' 혹은 '드레스 베스트(Dress Vest)'라고도 부른다.

⑥ 니트 베스트(Knit Vest) : 신축성이 좋은 편직물로 만들어진 베스트이다.

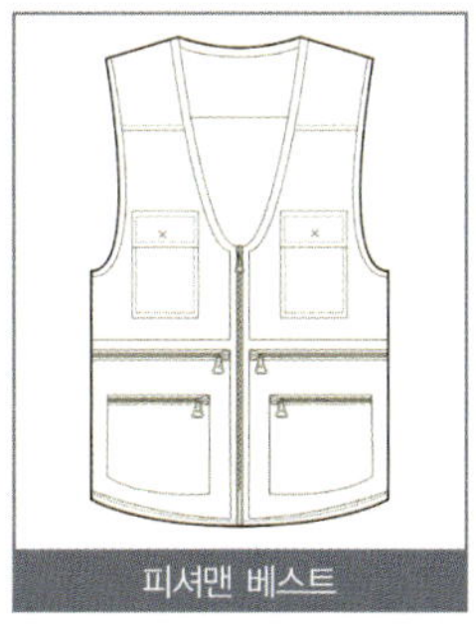

피셔맨 베스트

포멀 베스트

니트 베스트

⑦ 라펠 베스트(Lapel Vest) : 라펠 칼라가 달린 베스트이다.

⑧ 오드 베스트(Odd Vest) : 모양이 독특하여 장식성이 강한 베스트이다. 수트와는 다른 소재나 무늬, 색상으로 디자인된다. 일명 '팬시 베스트(Fancy Vest)'라고도 한다.

⑨ 파키스타니 베스트(Pakistani Vest) : 민속복식에서 영향을 받은 스타일로서, 볼레로처럼 길이가 짧고 장식 끈과 자수 혹은 술 장식(Fringe)으로 꾸며진 스타일이다.

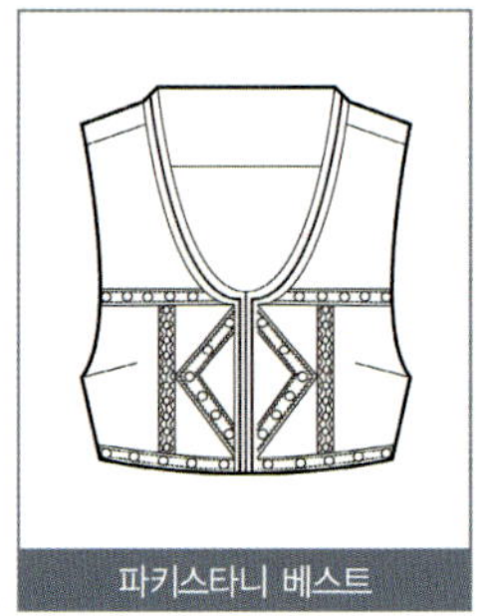

⑩ 라이딩 베스트(Riding Vest) : 영국풍의 컨트리한 이미지의 베스트로서, 승마용으로 입는 스타일이다.

⑪ 웨스킷 베스트(Weskit Vest) : 칼라가 없고 앞단이 삼각형 형태이며 앞 중심 여밈이 있는 피트한 베스트이다. 주로 수트 속에 입으며 허리선에 포켓이 있는 것도 있다.

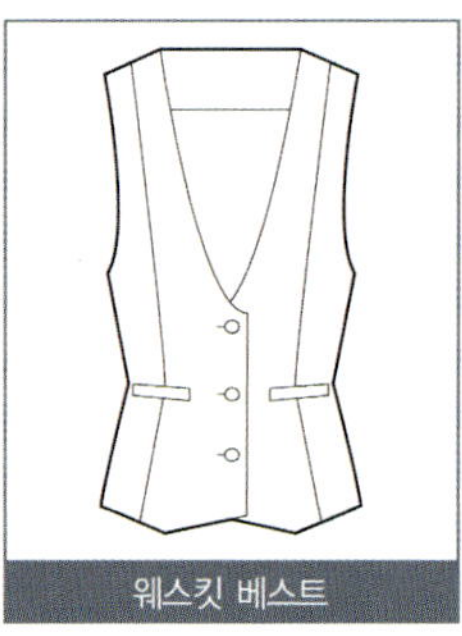

8. 점퍼(Jumper)

(1) 유래와 특징

원래는 재킷의 한 종류로서 사용되어 온 블루종 재킷이 활용도가 높아지면서 점차 그 영역을 넓혀가고 있다. 주로 군복에서 유래된 스타일이 많은데, 배틀 점퍼나 보머 점퍼, 에비에이터 점퍼 등 허리를 조이는 스타일에서 아노락, 파카 등과 같은 기능성 혹은 방한용 아이템이 있다. 등산이나 스포츠 활동을 위한 전형적인 기능성 아이템으로 다양하게 전개되었으나, 최근 단품으로 활용되어 젊은 감각의 세미 캐주얼, 감성 정장으로 코디네이션 된 아이디어가 제안되고 있다. 예를 들어 가죽 점퍼류는 럭셔리한 감각의 캐주얼 아우터로 인기가 있으며, 칼라부분에 모피를 패치를 하거나 머플러나 스카프를 활용하여 세련된 도시남성의 코디네이션을 잘 보여주고 있다. 또한 정장 팬츠와 셔츠에 폭이 좁은 넥타이를 매고 심플한 면 점퍼류를 곁들여 감성적인 세미 정장 룩을 연출하기도 한다. 멋진 스니커즈를 신고 끈이 긴 크로스백을 메면 더욱 잘 어울린다. 디자인과 디테일이 더욱 다양해지면서 앞으로 다양한 룩의 표현에 많이 이용될 수 있을 것이다. 하지만 아무리 믹스 앤 매치 룩이 유행한다고 해도 수트 위에 파카를 입는다든지, 수트의 햄 라인이 보일 정도로 짧은 점퍼를 위에 겹쳐 입는 것은 피해야 한다.

(2) 종류

① 아노락 점퍼(Anorak Jumper) : 그린랜드 지역의 에스키모들이 입던 스타일로서, 후드가 달린 풀오버 타입의 방한용 점퍼이다. 다양한 포켓과 지퍼 장식이 있으며 주로 스포츠용으로 사용된다.

② 배틀 점퍼(Battle Jumper) : 미국 육군용 점퍼로 '아이젠하워 점퍼(Eisenhower Jumper)' 라고도 한다. 허리까지 오는 짧은 스타일로 노치 칼라와 앞가슴 포켓이 있다.

③ 블루종 점퍼(Blouson Jumper) : 허리선 밑 부분을 고무줄이나 끈, 밴드 장식으로 묶고 약간 볼록하게 나오게 한 점퍼이다.

PLUS⁺

▶ **에비에이터 점퍼(Aviator Jumper)**

비행사가 입는 짧은 길이의 블루종 스타일의 점퍼이다. '파일럿 점퍼(Pilot Jumper)' 라고도 한다.

▶ **보머 점퍼(Bomber Jumper)**

2차 세계대전 중 미 공군의 폭격수가 입던 블루종 스타일의 밀리터리 점퍼이다. 대개는 가죽으로 만들며 보온을 위해 두꺼운 직물로 안감을 만들었다.

아노락 점퍼

배틀 점퍼

블루종 점퍼

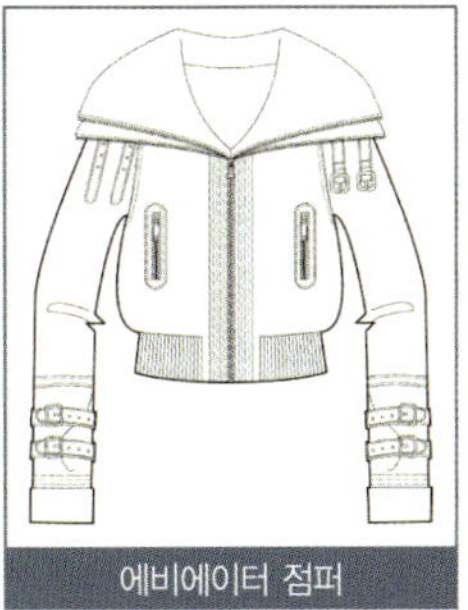

에비에이터 점퍼

보머 점퍼

9. 코트(Coat)

(1) 유래와 특징

옷 위에 착용하는 겉옷의 총칭으로, '겉옷' 혹은 '외투'를 의미한다. 주로 방한, 방풍, 방우 등을 목적으로 착용하며 길이, 실루엣, 용도에 따라 구분된다.

코트는 몸 전체를 감싸므로 스타일을 완성하고 마무리하는 역할을 하게 된다. 주로 실외에서 입는 아이템이므로 계절감을 표현하는 것이 가장 좋은 스타일링 포인트가 되고, 의상 아이템보다는 핸드백이나 머플러, 구두 혹은 부츠와 코디네이션 되도록 하는 것이 바람직하다. 최근 7부 소매 코트에 소매 부분은 대조되는 컬러나 소재의 이너웨어가 밖으로 보이게 스타일링하거나 넓게 파인 네크라인에 터틀넥을 조화시켜 변화 있고 색다른 코디네이션을 연출하는 것이 유행되기도 하였다. 재킷을 입지 않고 코트로 재킷의 역할을 대신하기도 하는 등 캐주얼웨어로 코트의 디자인이 다양하게 제안되고 있다.

(2) 종류

① **배럴 코트(Barrel Coat)** : 몸통 부분이 볼록한 모양의 코트이다. 전체적으로 둥글게 보이며 밑단이 약간 좁은 모양이다.

② **박스 코트(Box Coat)** : 어깨에서부터 직선으로 내려오는 직사각형 모양의 실루엣이 특징적인 코트이다.

③ **케이프 코트(Cape Coat)** : 소매가 없이 진동둘레에 트임이 있는 헐렁한 삼각형 형태의 코트이다. 어깨부분에만 작은 케이프가 달린 것도 있다.

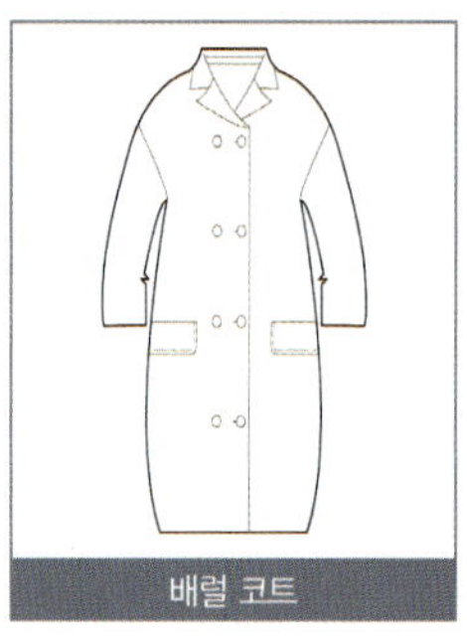

배럴 코트

박스 코트

케이프 코트

④ **코치맨 코트(Coachman Coat)** : 19세기 영국의 마부들이 입던 코트이다. 칼라밴드가 높고 라펠이 넓은 칼라에 금속단추가 달려있다. 더블 여밈에 허리가 피트되고 밑단으로 갈수록 넓어지는 스타일로서, 케이프가 달린 것도 있다.

⑤ **동키 코트(Donkey Coat)** : 캐주얼한 겨울용 코트로서 니트로 만든 숄 칼라와 래글런 소매, 플랩 포켓이 있는 것이 특징이다. 개버딘 소재가 많이 사용되며 실용적이고 기능적인 코트로 활용된다.

⑥ **퍼 코트(Fur Coat)** : 동물의 모피로 만들어진 코트이다. 방한을 겸한 화려한 장식적 코트이며, 럭셔리한 이미지를 준다.

코치맨 코트	동키 코트	퍼 코트

⑦ **맥시 코트(Maxi Coat)** : 코트의 길이가 발목까지 오는 부피가 큰 코트이다.

⑧ **팬트 코트(Pant Coat)** : 타이트한 길이의 스포티한 코트이다. 차를 타고내리기 편한 비교적 짧은 길이로 레저용 혹은 스포츠용으로 많이 사용한다. '카(Car)', '스타디움(Stadium)', '서버번(Suburban)' 코트라고도 한다.

⑨ **판초 코트(Poncho Coat)** : 남미의 민속복식에서 유래된 형태로서, 한 장의 천에 구멍을 뚫고 머리를 넣어 입는 스타일이다.

⑩ **프린세스 코트(Princess Coat)** : 허리에 절개선이 없고, 어깨 혹은 가슴에서부터 밑단까지 수직의 이음선을 넣어 허리를 가늘어 보이도록 재단한 코트이다. 벨트 없이 밑단이 넓게 플레어지도록 하여 X자 실루엣을 만든 것이 특징이다. 1950년대에 유행하였다.

⑪ **래글런 코트(Raglan Coat)** : 목둘레에서 겨드랑이 밑으로 절개선이 있는 래글런 소매의 코트이다.

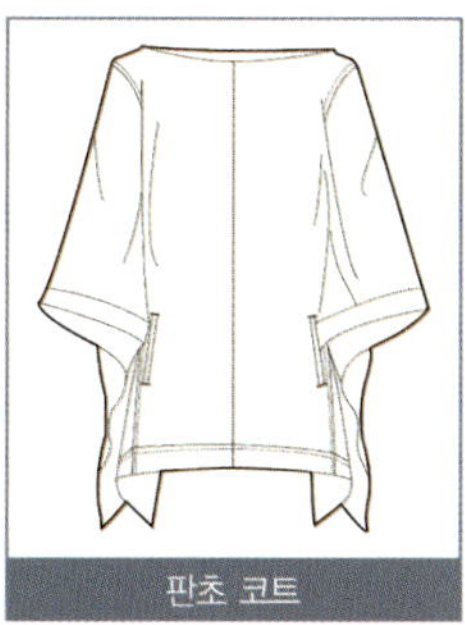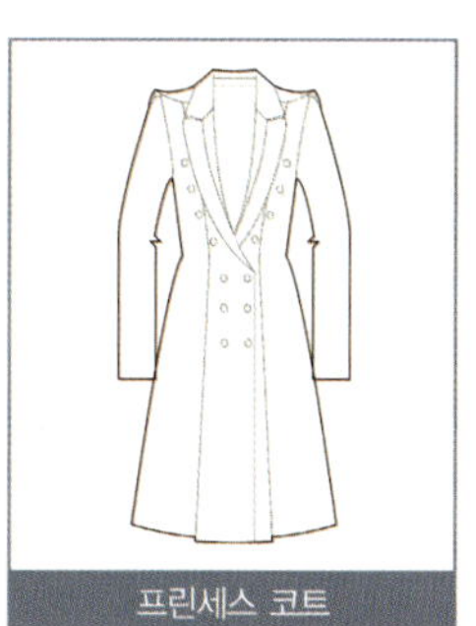

맥시 코트	판초 코트	프린세스 코트	래글런 코트

⑫ **슬리커 코트(Slicker Coat)** : 밝은 에나멜 코팅직물로 만든 방수용 레인코트의 일종이다. 박스형으로 후드가 달려있다.

⑬ **텐트 코트(Tent Coat)** : 피라미드형으로 밑단과 소매단이 넓어지는 삼각형 형태의 스타일이 특징인 코트이다.

⑭ **토퍼 코트(Topper Coat)** : 오버 코트보다 간편하게 입을 수 있는 길이가 짧은 심플한 코트이다. 일명 '하프 코트(Half Coat)' 라 한다.

⑮ **랩 코트(Wrap Coat)** : 앞단에 단추가 없고 겹쳐서 허리끈으로 묶어 여미는 스타일이다.

슬리커 코트

텐트 코트

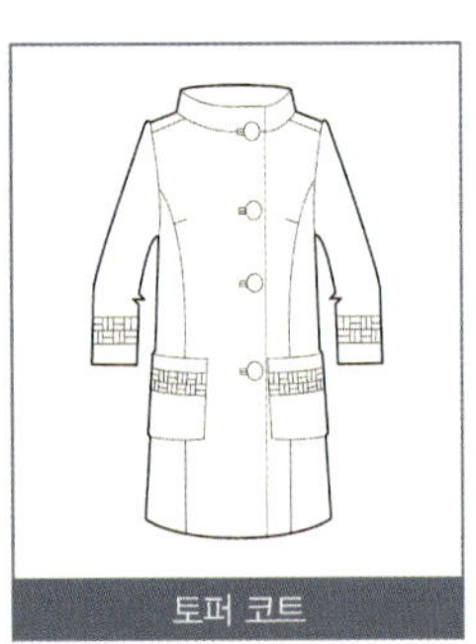
토퍼 코트

랩 코트

10. 드레스(Dress)

(1) 유래와 특징

상의와 스커트가 하나로 이어진 스타일이다. 일반적으로 원피스(One-Piece)형 드레스로 허리선의 위치와 실루엣에 따라서 구분되며, 용도에 따라서 이브닝 드레스(Evening Dress), 애프터눈 드레스(Afternoon Dress), 칵테일 드레스(Cocktail Dress)로 구분되기도 한다.

원피스는 여성만이 입을 수 있고, 단품으로 착장을 완성할 수 있는 유일한 아이템이다. 우아한 파티 드레스에서 캐주얼한 셔츠 드레스, 심플한 슬리브리스 드레스, 섹시한 슈미즈 드레스까지 다양한 용도와 스타일링에 활용된다. 주로 길이가 긴 드레스는 엘레강스하거나 섹시하게 연출하여 이브닝 드레스나 파티용 드레스로, 짧은 드레스는 활동적이고 캐주얼하며 실용적인 목적으로 활용된다. 그러나 현대 복식에서는 각선미가 드러나는 짧은 길이의 웨딩 드레스나 팬츠 위에 원피스를 겹쳐 입는 등 고정관념 없이 자유롭게 착장하여 새로움을 더하고 있다.

(2) 종류

① 어시메트릭 드레스(Asymmetric Dress) : 디자인이 좌우 불균등하게 디자인된 언밸런스 스타일의 드레스이다. 종류로는 '원 숄더(One-Shoulder)', '토가(Toga)' 드레스 등이 있다.

② 베이비돌 드레스(Baby Doll Dress) : 아기처럼 귀엽고 경쾌한 느낌을 주는 디자인으로, 상의는 몸에 꼭 맞고 하의는 스커트 속에 페티코트를 겹겹이 넣어 풍성하게 부풀린 스타일이다. 1950년대 앤포가티(Ann Forgarty)에 의해 발표되었고 1980년대 다시 유행하였다.

③ 슈미즈 드레스(Chemise Dress) : 허리를 조이지 않고 넉넉한 직선형 원피스이며, 칼라가 없고 심플하다. '플로트(Float)' 혹은 '펜슬(Pencil)' 드레스라고도 한다.

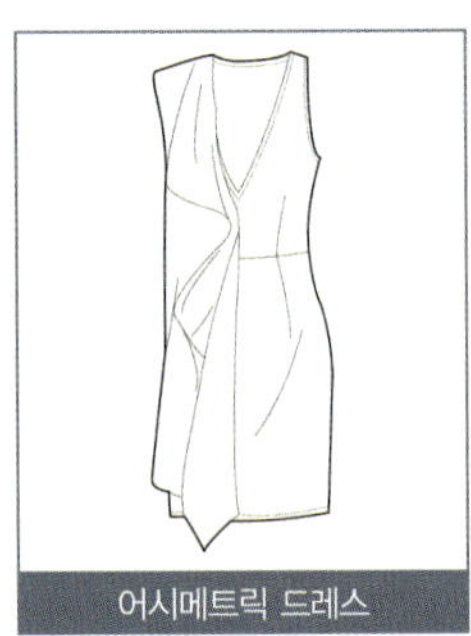
어시메트릭 드레스

베이비돌 드레스

슈미즈 드레스

④ 코트 드레스(Coat Dress) : 코트처럼 앞트임이 있고 단추로 여미는 스타일이다.

⑤ 칵테일 드레스(Cocktail Dress) : 주로 칵테일파티에 참석할 때 입는 짧은 드레스로, 이브닝 드레스보다는 덜 화려하게 디자인된 파티용 드레스이다.

⑥ 드롭 웨이스트 드레스(Drop Waist Dress) : 상체가 길고 허리선의 절개선이 힙 쪽으로 내려간 드레스이다. 1950~1960년대 유행했으며 '로우 웨이스트(Low waist)' 혹은 '던들(Dirndl)' 드레스라고도 한다. 허리선이 일자형으로 변형된 디자인된 스타일은 '플래퍼(Flapper)' 드레스라고도 하며 1920년대에 유행했던 스타일이다.

코트 드레스

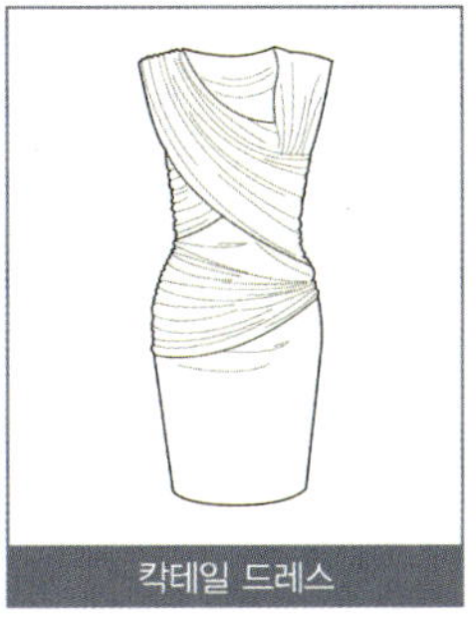
칵테일 드레스

드롭 웨이스트 드레스

⑦ 엠파이어 드레스(Empire Dress) : 허리선이 가슴 바로 밑까지 높게 올라온 하이 웨이스트(High Waist) 라인에 날씬하고 긴 스타일이다. 19세기 말 프랑스 조세핀 황후에 의해서 유행되었다.

⑧ 점퍼 드레스(Jumper Dress) : 소매와 칼라가 없고 목둘레가 많이 파인 스타일이다. 보통 블라우스나 스웨터를 안에 받쳐 입는다.

⑨ 팬츠 드레스(Pants Dress) : 스커트 부분이 팬츠형으로 디자인된 드레스이다. '큐롯 드레스(Culotte Dress)', '팬츠가운(Pantsgown)', '팬츠시프트(Pantshift)' 라고도 한다.

엠파이어 드레스

점퍼 드레스

팬츠 드레스

⑩ 피너포 드레스(Pinafore Dress) : 피너포란 에이프런(Apron)이란 뜻으로 가슴부분에 바대가 있고 소매 없이 뒤로 둘러 매는 스타일의 점퍼 드레스이다. 주로 티셔츠나 풀오버 스웨터 위에 입는다.

⑪ 프린세스 드레스(Princess Dress) : 프린세스 라인이 있는 X자 실루엣의 여성스런 드레스를 말한다. 허리절개선이 없으며 벨트 없이 입는 스타일이다.

⑫ 시스 드레스(Sheath Dress) : 직선형의 좁은 드레스로 허리선에 솔기가 없고 다트로 체형선에 맞게 적당히 피트시킨 스타일이다.

⑬ 셔츠 웨이스트 드레스(Shirt Waist Dress) : 셔츠의 길이가 길어서 드레스 형태가 된 스타일이다. 셔츠처럼 얇은 천을 사용하며 스포티한 느낌을 준다.

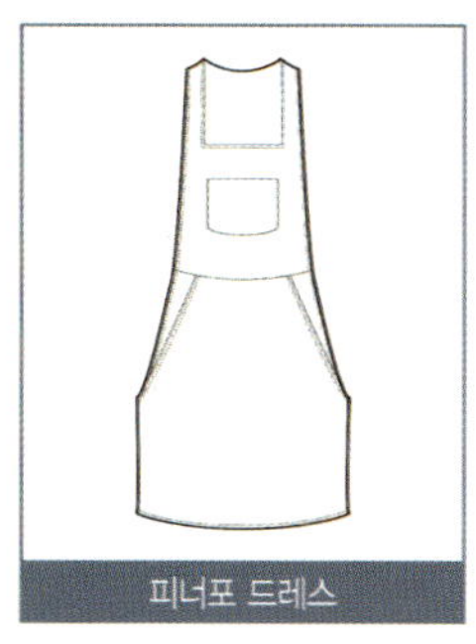  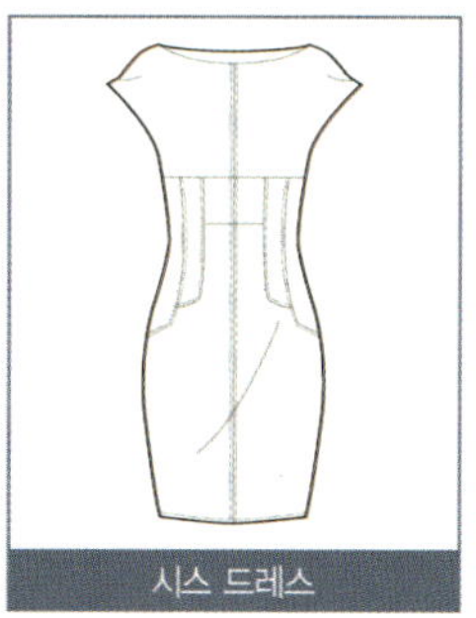 

피너포 드레스	프린세스 드레스	시스 드레스	셔츠 웨이스트 드레스

⑭ 스트랩리스 드레스(Strapless Dress) : 끈이 없이 어깨 부위를 그대로 노출시킨 스타일이다. 끈 없는 상의를 가슴에 밀착시켜서 고정하고 정장용 드레스에 많이 이용된다. 어깨라인과 쇄골을 강조하면 목이 길어 보일 뿐 아니라 얼굴이 작아 보이는 효과가 있다.

⑮ 선 드레스(Sun Dress) : 주로 일광욕할 때 이용하는 드레스로, 어깨와 등이 많이 노출되고 캐미솔 혹은 수영복의 형태로 디자인된다. 비치웨어 등 전형적인 여름용 의복으로 이용된다.

⑯ 티어드 드레스(Tiered Dress) : 개더, 턱, 플레어, 러플, 플라운스 등을 이용하여 위에서부터 밑단까지 몇 개의 층을 이루는 드레스이다.

⑰ 웨딩 드레스(Wedding Dress) : 결혼식 때 신부가 입는 드레스이다. 계절에 따라 디자인은 다양하게 연출되지만 흰색 혹은 아이보리색의 청순해 보이는 스타일이 일반적이다. '브라이들 드레스(Bridal Dress)' 라고도 한다.

스트랩리스 드레스	선 드레스	티어드 드레스	웨딩 드레스

11. 수트(Suit)

(1) 여성의 비즈니스 정장

여성의 경유 수트라 함은 재킷과 블라우스 그리고 스커트 또는 재킷과 스커트를 같은 천으로 만든 한 벌을 말한다. 수트의 종류는 디자인에 따라 다양하며, 각 종류에 따라서 그 이미지도 달라진다. 그 중에서 클래식한 테일러드 수트와 블레이저 수트는 유행에 민감하지 않아 어느 시대에나 통용되는 기본적인 차림이다. 특히 검정색, 회색, 베이지색 등의 베이직한 색상에 단순한 디자인의 수트는 어느 장소에나 편안하게 입을 수 있는 정장이다. 수트의 겉옷

은 단순하고 기본적인 스타일로 하되 옷과 소품, 하의의 변화로 유행을 가미하면 정중하고도 개성 있는 변화를 줄 수 있다. 비즈니스 수트는 상대에게 신뢰감을 주고, 일할 때 몸을 움직임에 있어서 불편함이 없는 실용적인 것이 좋다. 소재와 색상은 고급스럽고 품위 있는 것으로 선택하는 것이 싫증나지 않고 오래 입는 비결이다.

수트는 원래 남자 양복으로 등장하여 그 기능성이 좋아 급속히 일반화된 후, 여자의 운동복으로 적용되다가 테일러드 수트를 시초로 오늘날의 정장용 복장이 된 것이다.

여성용 수트가 선보이기까지는 영국 여성의 운동복이 선구적인 구실을 하였고, 프랑스에 도입되면서 일상복으로 보급되어 19세기 후반에는 상류층 부인들의 컨트리웨어는 거의 테일러 메이드였다. 이것은 서서히 진행되어온 여성해방과 남녀평등의 의식을 의생활상에 반영시킨 것이었고, 19세기 말기에는 사실상 일반화되어 테일러드 수트가 여성복 재봉사에 의해 만들어졌다. 제1차 세계대전 후 여성들의 사회진출이 증가하면서 수트의 합리성과 기능성이 높이 평가되어 1930년대 후에는 여자 복장으로 완전히 정착하게 되었다.

① 수트의 종류

　㉠ 클래식 스타일 : 남성 정장을 기본으로 베이직한 타입으로 비즈니스 정장의 전형적인 수트이다.

　　• 테일러드 수트(Tailored Suit) : 신사복과 같은 딱딱한 느낌의 수트로 재킷은 남성의 어깨 넓이에 가깝고 칼라는 테일러드 칼라로 노치(Notch)가 들어가 있는 것이 보통이다. 단추는 싱글인 싱글 브레스트가 기본이지만 더블 브레스트도 많이 입는다. 셔츠나 블라우스 등으로 다양한 변화를 줄 수 있다.

　　• 소프트 테일러드 수트(Soft Tailored Suit) : 클래식한 테일러드 수트를 기본으로 하되, 약간 캐주얼하고 소프트한 밝은 감각의 이미지를 추구한 수트이다. 상하가 같은 천이라는 수트의 제약이 없어 디자인 표현이 자유롭다.

　　• 블레이저 수트(Blazer Suit) : 블레이저 재킷과 스커트를 조화시킨 수트이다. '블레이저'란 말은 '불꽃'이란 뜻으로 불꽃같이 빨간 스포티한 재킷의 디자인을 말한다. 금속으로 만든 싱글 단추, 3개의 포켓이 달린 디자인은 테일러드 재킷과 유사하다. 블레이저는 원래 스포츠 재킷으로 착용된 것으로서 약간의 여유가 있는 라인이며 본래의 빨강색에 구애되지 않고 베이직한 컬러가 많이 사용된다. 최근에는 상하를 다른 천으로 만든 것도 블레이저 수트라 한다.

　　• 이튼 수트(Eton Suit) : 영국의 명문학교인 이튼의 제복에서 힌트를 얻어 만든 것으로, 칼라가 없는 V네크 라인이 특징이다.

　㉡ 엘레강스 스타일 : 우아하고 여성스러운 이미지의 수트이다.

　　• 카디건 수트(Cardigan Suit) : 카디건풍의 네크라인과 여밈, 재킷과 같은 소재의 스커트를 입는 스타일이다. 천은 반드시 니트일 필요는 없지만 소프트한 소재를 사용하는 것이 특징이며 선이 단순하기 때문에 블라우스 목의 장식, 스카프 등 액세서리를 활용하는 것이 좋다.

　　• 샤넬 수트(Chanel Suit) : 프랑스의 디자이너 가브리엘 샤넬이 디자인한 여성용 수트로, 칼라가 없고 비교적 짧은 카디건풍의 재킷과 심플하고 스트레이트한 같은 천의 스커트를 조화시킨 스타일이다.

　　• 페플럼 수트(Peplum Suit) : 허리에 절개선이 있고, 허리선 아래 부분을 플레어지게 하거나 주름을 잡아서 단이 넓어지게 만드는 페플럼을 특징으로 한 재킷과 스커트 수트이다. 허리가 꼭 맞는 아워그라스 실루엣을 나타내므로 허리가 가는 사람에게 어울린다.

② 구두 : 의복보다 더 짙은 색을 신는 것이 기본이며, 비즈니스 구두로는 단색의 적당한 굽높이의 펌프스(Pumps)가 좋다.

㉠ 종류

- 펌프스(Pumps) : 가장 클래식한 모양으로, 쉽게 신을 수 있도록 발등은 노출시키고 발가락 부분은 막힌 전형적인 여성용 구두이다.
- 앵클 스트랩 펌프스(Ankle Strap Pumps) : 발목 주위를 끈으로 묶는 구두이다.
- 스트랩 펌프스(Strap Pumps) : 발등 부분에 끈이 있는 구두로 T자형으로 끈이 있는 경우 티-스트랩 펌프스라고 한다.
- 오픈 토 펌프스(Open Toe Pumps) : 구두의 앞부분이 열려 있어 발가락이 노출되는 구두이다.
- 로퍼(Loafer) : 발등 부분의 가죽위에 뒤트임을 넣은 스트랩을 좌우로 장식한 신발이다.
- 뮬(Mule) : 발가락에서 발등까지 덮이고 뒤꿈치 부분이 개방된, 뒷부분이 없어 신고 벗기 편한 신발로 본래는 실내용이었으나 오늘날은 외출용으로 사용되는 구두이다.
- 샌들(Sandal) : 발등 부분을 거의 노출해 끈이나 밴드로 여미는 신발을 말한다.
- 스니커즈(Sneakers) : 발소리가 나지 않도록 고무 밑창이 붙여진 신발의 총칭이다.
- 플랫폼 슈즈(Platform Shoes) : 밑창 전체를 높게 한 구두를 말한다.
- 윙-팁슈즈(Wing-Tip Shoes) : 구두 옆에 달린 장식이 날개를 펼친 새와 닮았다고 해 윙-팁이라는 명칭이 붙었으며 전통적이고 보수적 성향을 가지거나 보수적인 집단에 속한 사람들에게 적합한 디자인이다.
- 스트레이트-팁 슈즈(Straight-Tip Shoes) : 구두코에만 구멍을 뚫은 장식으로 디자인이 단순해 쉽게 싫증이 나지 않으며 클래식한 분위기를 낸다.

㉡ **구두 선택 요령** : 발은 건강의 근원이고, 외출 시에는 물론이고 실내에서도 신발을 신어야 되는 경우도 있어 발의 편안함을 우선적으로 고려해야 한다.

발이 불편한 구두를 신으면 걸음걸이, 체형이 흐트러지고 건강에도 해로워 신어서 편하고 가벼운 것을 선택하는 것이 좋다.

- 본인의 발 크기보다는 여유가 있어야 하므로 양쪽 모두 신고, 몇 발자국 걸어보아 불편하지 않은 것을 고른다.
- 발뒤꿈치 부분이 맞는가를 확인하고, 구두굽의 경사가 구두의 모양이나 발 모양에 적합한가를 살펴야 한다.
- 바닥의 장심과 구두가 일치하는지를 살펴야 한다.
- 구두를 구입할 때에는 발이 부어 있는 상태인 오후에 구입하는 것이 좋다.
- 구두의 색은 의상의 색을 고려하여야 하는데, 옷 색상과 같은 색 또는 보다 짙은 색을 신는 것이 좋다.
- 검정색이나 회색을 비롯한 짙은 색의 의상에는 검정색 구두를, 그리고 밤색이나 오렌지색의 의상에는 브라운 구두를 그리고 밝은 색의 의상에는 흰색이나 아이보리 색의 구두를 신으면 잘 어울린다.
- 정장차림에 적합한 구두 높이는 일반적으로 5~6cm 정도이다.
- 굽이 높으면 미관상 세련되 보이지만, 쉽게 피곤해져 일의 능률이 떨어지며, 3cm 미만의 굽은 의학적으로 볼 때 편안한 구두이지만 뒤로 기우는 느낌을 주고, 옷맵시가 아름답게 보이지 않는다.
- 자신에게 적합한 구두를 선택하여 굽 모양 등 전신의 밸런스를 체크해 보는 것이 중요하다.

(2) 남성의 비즈니스 정장

① **수트** : '세트, 갖춤' 의 의미로 아래와 위를 같은 소재로 지은 남성복 한 벌을 의미하는 것으로 정장을 대표한다. 재킷과 베스트, 팬츠의 세 가지 아이템이 함께 세트화된 것을 일컫는데 직장인 남성의 경우 수트는 단순히 옷이기 이전에 비즈니스맨의 매너와 품격을 상징한다. 수트는 남성 현대복의 상징적 아이템이며, 현재는 비즈니스 웨어의 대표적인 정장으로 사용된다. 비즈니스 수트는 격식을 갖춰 입는 옷이기 때문에 두드러지지 않으면서 단정한 차림새를 유지하는 것이 가장 중요하다. 수트는 지나치게 화려하여 상대방의 거부감을 주는 일이 없는 평범한 분위기여야 한다. 그 이유는 조직을 대표하여 활동하는 남성들에게 공통적으로 적용되는 제복으로써의 기능적인 면을 내포하고 있기 때문이다.

늘 새로운 트렌드가 제시되지만 외형의 실루엣, 프로포션, 어울리는 패턴 및 소재에 따라서 다음과 같이 네 가지 스타일로 구분된다.

　㉠ **수트의 종류**

- **아메리칸 스타일(American Style)** : 젊은 정치가 케네디 대통령의 스타일로 유명하다. 미국인들의 실용성을 바탕으로 한, 활동이 편하고 넉넉함이 특징인 헐렁한 색(Sack) 수트와 미국브랜드 브룩스 브라더스(Brooks Brothers)에서 제안한 내추럴 숄더 수트(Natural Shoulder Suit)에서 비롯되었다. 일직선으로 딱 떨어지는 듯 한 느낌으로 형식적이고 단순하며, 좁은 라펠과 투 버튼, 뒷 중심에 센터벤트가 특징이며 가장 보수적이고 유행에 흔들리지 않는 스타일이다. 초기에는 허리선이 없고 플랩 포켓(덮개가 있는 포켓)에 한 개의 뒤트임이, 그리고 3~4개의 단추가 달려 있는 스타일이었으나 요즘엔 단추가 2~3개로 줄고 옷깃이 길어졌으며 좁은 소매에 허리가 약간 들어간 형태가 되었다. 바지통도 예전에 비해 많이 좁아졌다. 체형을 어느 정도 감추면서 편안함을 느낄 수 있어 연령이 조금 많은 사람에게 적합한 스타일이다. 미국의 명문대학 출신들이 사회의 핵심으로 등장하면서 전형적인 미국식 스타일인 아이비 룩의 전형을 이루었다. 아이비 룩은 박스형의 실루엣에 플랩 포켓으로 실용성을 지향하는 미국적 성향이 잘 반영된 스타일이다.

- **유러피안 스타일(Europian Style)** : 유럽의 대륙적 색채가 강한 프랑스나 독일을 중심으로 쿠튀르적인 스타일의 남성복이 발달하게 된다. '프렌치 컷(French Cut)' 으로 알려진 남성 수트는 자수가 놓인 베스트와 화려한 디너 재킷, 대조되는 밝은 색 안감을 사용하였고, 주머니 등의 디테일은 모두 안쪽으로 숨겨놓은 제티드 포켓(Jetted Pocket)등을 사용하여, 드레시하고 완벽하며 멋스러운 라인을 완성하였다. 바디라인을 살려주는 디자인으로 어깨는 각이 지고 가슴에서 힙까지 꼭 맞는 스타일로 명확하고 정교한 재단을 요하며 우아하고 화려한 스타일로도 유명하다. 허리선을 최대한 살려 실루엣을 강조한다. 단추는 2개이고 트임이 없으며 바지도 몸에 붙는 듯 한 느낌이다. 마른 체형에 잘 어울리고 가장 유행에 민감한 스타일이다. 멋스럽고 엘레강스한 맛을 느낄 수 있으나 실용적인 면에서는 약간 문제가 있다. 1960년대 칼라가 없이 버튼이 많은 비틀즈 스타일의 수트는 '뉴 프렌치 스타일' 로서, 피에르 가르뎅이 발표하여 젊은이들 사이에 폭발적인 인기를 끌기도 하였다.

- **브리티시 스타일(British Style)** : 영국의 귀족적 수트 스타일의 대명사로서, 건장한 남성의 바디라인의 흐름을 그대로 반영한 스타일이다. 살짝 각진 어깨에 부드럽게 피트되는 허리선과 사이드 벤트가 특징이며, 멋진 중절모와 매칭하면 잘 어울린다. 깔끔한 단색이나 멜란지 컬러, 혹은 글렌 체크, 헤링본 등 고급스럽고 잔잔한 패턴이 선호되며, 서로 미묘하게 다른 패턴을 겹쳐 입는 패턴 온 패턴(Pattern On Pattern) 코디네이션 방법이 이 스타일에서 유래되었다. 영국의 남성 맞춤복 거리인 세빌로(Savile Arow)에서 유래되어 '세빌로 스타일' 이라고도 한다. 영국 런던 세빌로의 양복점 스타일은 역사상 유명한 베스트 드레서인 윈저

공이 즐겨 입어서 더욱 유명해진, 영국의 전통적인 스타일이다. 아메리칸 실루엣과 유러피안 실루엣의 중간형으로 몸의 흐름을 그대로 반영했다. 몸의 흐름대로 흐르는 자연스러운 선을 강조하며 부드러운 허리선과 어깨에 패드를 넣지 않으면서도 각이 지게 만든 어깨선이 특징이다. 또한 사이드 벤트(뒤트임)와 주름이 들어간 바지 등이 특징인 가장 고전적인 스타일이다. 오늘날에는 2개의 단추와 뒤트임이 있고 부드러운 어깨 모양을 한 싱글 브레스티드 수트가 대표적이다.

- 이탈리안 스타일(Italian Style) : 어깨가 넓고 허리부분의 패임이 적으며 짧은 스트레이트형 재킷에 밑단으로 갈수록 좁아지는 테이퍼드형(Tapered Type) 바지를 매치하는 모던하고 샤프한 라인의 수트이다. 이탈리아의 전통성을 배경으로 쟁쟁한 수트원단 공급자인 제냐(Zegna)와 마르조토(Marzotto), 오르메짜노(Ormezzano) 등의 투자와 최고 솜씨의 숙련자들이 중심이 되어 Y형 실루엣의 이탈리안 스타일의 옷을 탄생시키고 영국이나 미국에서도 인정하는 명품 스타일로 자리잡게 되었다. 1980년대 디자이너 시대에 이르러 조르지오 아르마니를 중심으로 최고 기술의 수트를 디자인하고 소재, 기술, 디자인의 삼위일체로 소프트하고 깨끗한 이미지의 독창적인 라인이 남성복 시장을 석권하기에 이르렀다. 자연스럽게 경사진 어깨와 소프트한 소재로 실루엣의 밸런스가 뛰어나고 편안한 자연스러움과 고급스러움을 갖춘 이탈리아 고유의 스타일이다. 가장 최근에 만들어졌으며 현재 가장 많이 응용되고 있다.

ⓛ 수트의 기본색 : 남자의 비즈니스 수트는 일반적으로 검정색, 청색, 회색, 갈색계열로 나눌 수 있는데 신중한 인상을 주는 수트는 진한 색이다.

- 검정계열 : 남녀 모두에게 화려하면서도 가장 격식을 갖춘 색으로 20세기에 들어서야 도시의 비즈니스 웨어로 받아들여졌지만 오늘날에는 다른 어떤 수트보다도 정중하고 깔끔한 이미지를 연출하는데 효과적이다. 예의를 차리기에 가장 적당하지만 한편으로 강렬하고 화려한 이미지를 가진 검정계열은 셔츠를 비롯해서 특히 타이의 색과 무늬에 따라 분위기가 많이 좌우된다. 드레스 셔츠는 흰색, 청색, 회색 등 여러 색상과 어울리며 넥타이도 화려하게 맬 경우 감각적인 세련미를 나타낼 수 있다.

- 청색계열 : 수트 중에서 청색계열은 비즈니스 수트로 매우 적당한 색이다. 비즈니스맨이라면 누구나 기본적으로 한 벌 정도 가지고 있을 흰색 드레스 셔츠와 잘 어울리며 타이의 색상도 자유롭게 조화시킬 수 있는 기본색이다. 다소 차가운 인상을 줄 수 있지만 깔끔하면서도 분명한 느낌을 주기도 한다. 흰색 레귤러 셔츠에는 타이의 매치도 자유로우며, 청색 셔츠에 약간 화려한 타이를 매치하면 생동감 있는 분위기가 된다. 드레스 셔츠는 흰색, 청색, 회색, 핑크셔츠가 가장 잘 어울린다. 넥타이는 레지멘탈, 스트라이프나 페이즐리 같은 전통적인 스타일이 잘 어울리며 붉은색 계열의 색상이 제일 좋고 회색 또는 감색계열 색상도 차분함을 느낄 수 있어 좋다.

- 회색계열 : 회색은 청색과 더불어 수트의 기본색상이며, 편안하고 지적인 분위기를 연출할 수 있는 점잖은 색이다. 완벽한 옷차림으로 차분하고 지적인 분위기와 약간 거만한 듯 하면서도 자신감에 차있는 인상을 준다. 회색 수트의 경우에는 셔츠의 색상도 다른 색에 비해 자유롭게 선택할 수 있으며, 특히 파스텔 계열의 색과도 무리 없이 잘 어울린다. 드레스 셔츠는 흰색, 청색, 브라운 계열까지 넓게 선택할 수 있고, 클레릭 셔츠와도 대체로 무난하게 어울린다. 차분하고 중후한 느낌을 주지만 단조로울 수 있으므로 V존은 화려한 붉은계열이나 청색계열로 코디하는 것이 좋다. 이때 셔츠는 회색계열이나 청색계열로 매치할 수 있다. 넥타이는 어떠한 색과도 잘 어울리지만 자주색, 청색, 회색계열 등이 가장 잘 어울린다. 넥타이 무늬는 스트라이프, 물방울무늬, 페이즐리무늬 등이 좋다.

PLUS⁺

▶ 클레릭 셔츠

칼라와 커프스만 흰색 무지이고 나머지 부분은 유색이거나 무늬가 있는 셔츠

▶ V존

넥타이와 셔츠의 칼라, 수트 재킷의 라펠로 이루어지는 부분으로, 남성 정장 차림에서 변화를 줄 수 있는 공간이다. V존은 경우에 따라 베스트도 포함된다.

- 갈색계열 : 전통적으로 갈색계열은 컨트리풍 색상으로 여겨 비즈니스 웨어로는 적당치 않다고 생각하는 경우가 많지만, 오늘날 갈색계열의 수트는 청색 또는 회색계열의 수트와 마찬가지로 비즈니스 수트로 각광을 받고 있다. 내추럴한 색으로 세련되고 부드러운 느낌과 함께 자연스러운 멋을 연출하기 좋다. 하지만 코디하기 가장 어려운 색의 수트이므로 패션감각이 뛰어나지 않은 사람이라면 선택하기에 적당치 않은 색이다. 키와 체격이 크고 피부색이 흰 사람에게 돋보이는 색상이다. 드레스 셔츠는 흰색, 노란색, 초록색, 및 동색 계열이 어울리며 넥타이는 붉은색이 포인트로 들어간 스트라이프, 페이즐리, 동일 색조의 갈색 스트라이프, 올리브색의 올 오버나 프린트가 어울린다. 흰색 셔츠보다는 갈색계열의 셔츠와 붉은색이나 갈색계열의 넥타이로 연출하면 전체적인 통일감과 안정감이 있어 보인다.

ⓒ 수트 에티켓
- 정장에는 드레스 셔츠 속에 속옷을 겹쳐 입지 않는다.
- 정장 차림에 반팔 드레스 셔츠를 입지 않는다. 재킷의 소매 끝에 1~1.5cm정도 셔츠가 보이는 것이 좋다.
- 흰 양말은 캐주얼 양말로서, 정장에는 절대 금물이다. 가능하면 바지 컬러 혹은 구두 컬러와 양말색을 매칭하며, 검정색이 가장 무난하다.
- 넥타이는 바지 앞 여밈 단추 집의 위로부터 삼분의 일 정도까지 내려오는 길이로 매야 보기가 좋다.
- 요란한 액세서리나 스포츠용 시계 등은 피하는 것이 좋다.
- 벨트와 서스펜더는 함께 하지 않는다.
- 캐주얼 벨트를 사용하여서는 안 되며, 구두 컬러와 벨트 컬러를 맞추는 것도 좋다.
- 드레스 셔츠에는 포켓이 없는 것이 원칙이다.
- 정장차림에서 주머니에 물건을 잔뜩 넣는 것은 피한다.

② **셔츠** : 드레스 셔츠는 흔히 와이셔츠를 말하는데, 와이셔츠는 화이트 셔츠에서 유래된 일본식 표현이다. 셔츠는 주로 재킷 속에 입는 것으로서 원래는 속옷의 개념에 출발한 아이템이다. 전통적인 드레스 셔츠의 색은 흰색인데, 17세기 후반까지만 해도 흰색은 입는 이의 지위와 부를 의미하는 색이었으며, 그것은 곧 신사의 상징이었다. 주로 컬러와 소재, 칼라의 모양에 따라 디자인이 구분되며 남성 수트의 V존을 구성하는 중요 아이템이다. 변형되는 칼라의 모양은 칼라 끝에 버튼이 붙어있는 버튼다운 스타일과 칼라 끝이 둥근 라운드칼라, 칼라 끝의 각도가 넓은 원저칼라 등이 있다. 버튼다운 스타일은 트래디셔널 감각의 스타일링이나 활동적인 스포츠 스타일링에 많이 사용되고, 라운드칼라는 자칫 잘못 사용하면 유치해 보일 수 있으나 스포츠 룩이나 모즈 룩 등의 개성 있는 이미지로 연출하면 멋스러워 보인다. 하지만 얼굴형이 둥근 타입은 피하는 것이 좋다. 셔츠는 타이의 컬러와 매듭 모양에 따라서 다른 이미지를 주며 특히 단조로운 남성복식에서 변화를 줄 수 있는 유일한 부분이므로 효과적으로 사용하는 것이 좋다. 흰색 드레스 셔츠는 정통 정장 차림의 기본이지만 항상 흰색만을 고집하는 것 보다는 자신의 피부색에 어울리는 컬러의 셔츠를 선택하도록 한다. 창백한 얼굴색인 경우 블루 톤이나 핑

크 톤을, 붉은 톤 얼굴색인 경우 붉은색 얼굴을 커버하기 위해선 블루계통의 색이 좋으며, 검은 얼굴색일수록 흰색이나 회색의 드레스 셔츠는 피하고 연분홍이나 연보라 또는 파스텔 톤의 하늘색 계통이 무난하다.

ⓐ 착용법

- 드레스 셔츠는 맨 몸에 입는 것이 원칙이다. 원래 셔츠는 속옷의 대용으로써 몸을 숨 쉬게 하고 땀을 흡수하는 기능을 순면 셔츠가 충분히 해낼 수 있기 때문이다. 러닝 셔츠라고 부르는 속옷을 입을 경우에는 색깔 있는 속옷이 비치도록 입는 것은 피한다.
- 목둘레는 너무 꼭 맞는 것을 선택하기 보다는 조금 여유 있는 것을 선택해야 한다. 네크 밴드가 너무 조여서 숨이 막히거나 피부를 상하게 해서는 안 되고 셔츠의 품도 조여서는 안 된다. 네크 밴드는 약 0.5cm 정도 여유가 있어야 한다. 네크 밴드가 너무 조이면 타이 매듭이 있는 자리가 벌어지게 되고, 이는 편안하지 않을 뿐만 아니라 단정치 못해 보인다.
- 드레스 셔츠의 품은 너무 넓지 않아야 한다. 너무 큰 셔츠는 수트나 재킷의 선을 망치게 된다. 길이는 허리 아래로 적어도 15cm 정도 내려와야 하는데 그래야만 움직일 때 셔츠가 밖으로 나오지 않는다. 반대로 너무 길면 바지 앞부분이 불룩해져 보기 흉하게 된다.
- 드레스 셔츠 소매의 길이는 수트 상의 소매 아래로 1.5cm 정도 보여야 한다. 팔을 굽혔을 때 커프스가 손목위로 올라간다면 소매가 짧은 것이다. 소매 길이가 적당하다면 어떤 자세로도 커프스가 올라가지 않고 팔을 움직일 수 있어야 한다. 커프스는 여유 있게 손목에 맞아야 하지만 단추를 풀지 않고는 손을 넣을 수 없을 만큼은 좁아야 한다.
- 수트 차림에는 긴 소매 드레스 셔츠를 입는 것이 원칙이며, 반팔 셔츠는 정장용 셔츠가 아니다.
- 와이셔츠에는 포켓이 없는 것이 원칙이다. 포켓 안에 물건을 넣지 말아야 한다.

ⓑ 종류

- 배기 셔츠(Baggy Shirts) : 전체적으로 크고 헐렁헐렁한 스타일이다.
- 벤 케이시 셔츠(Ben Casey Shirt) : 1960년 미국의 드라마 주인공인 벤 케이시가 입었던 직선적 스타일의 셔츠이다. 밴드칼라에 어깨 여밈 장식이 특징인데 최근에는 전문 의료인들이 주로 입는 스타일이다.
- 카우보이 셔츠(Cowboy Shirt) : 미국 서부 개척시대에 주로 입었던 셔츠로서, 주로 두꺼운 직물로 만든다. 앞뒤를 요크처리하고 화려한 장식수나 술 장식, 쇠장식 등이 특징이다. 1970년대 유행하였으며 웨스턴 셔츠 혹은 로데오 셔츠라고도 한다.

배기 셔츠

벤 케이시 셔츠

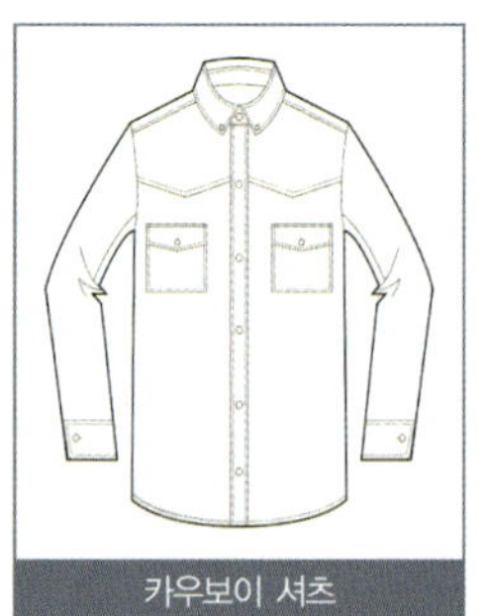

카우보이 셔츠

- 다시키 셔츠(Dashiki Shirt) : 아프리카 남성들의 옷에서 유래되었으며 칼라가 없이 풍성하고 소매통도 넓은 스타일이다.

- 드레스 셔츠(Dress Shirt) : 남성 예장용 셔츠로서 턱시도, 연미복, 모닝 수트를 입을 때 착용한다. 포멀 셔츠, 턱시도 셔츠라고도 부른다. 재킷 속에 입었을 때 보이는 V존 부분에 핀턱이나 자잘한 프릴로 장식되며, 칼라에 빳빳이 풀을 먹이기도 한다.

✏️ PLUS⁺

▶ 러플 셔츠(Ruffle Shirt)

앞면을 러플로 장식한 드레스 셔츠의 일종이다. 주로 정장 턱시도와 함께 입는다.

다시키 셔츠

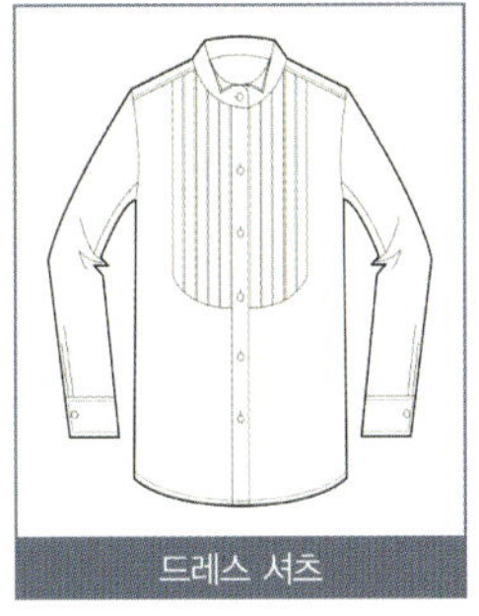

드레스 셔츠

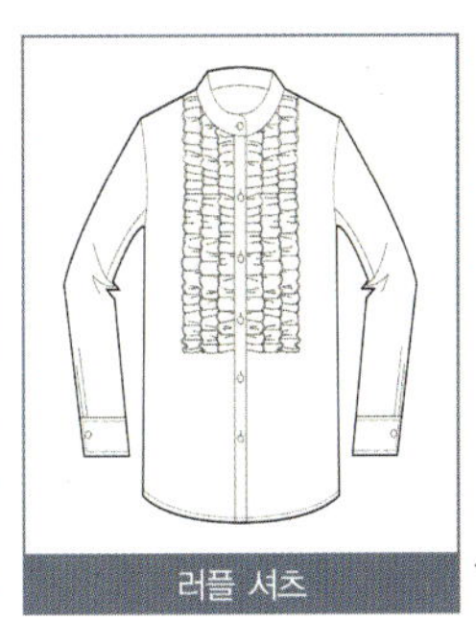

러플 셔츠

- 구아야베라 셔츠(Guayabera Shirt) : 오픈 칼라의 박스형태 셔츠이다. 쿠바의 구아바(Guava)나무를 재배하는 사람들이 많이 착용했으며, 앞면을 장식수로 장식한 것이 많다.
- 하와이안 셔츠(Hawaiian Shirt) : 앞여밈의 오버셔츠로서, 화려한 큰 꽃무늬의 면직물로 만든 박스 셔츠이다. 알로하 셔츠(Aloha Shirt)라고도 한다.
- 아이비리그 셔츠(Ivy-league Shirt) : 미국 동부의 아이비리그 대학 재학생들이 즐겨 입었던 셔츠이다. 칼라 끝에 작은 단추를 달고 뒤요크 중심에 맞주름을 넣은 스타일로 두꺼운 옥스퍼드(Oxford)직물이나 체크무늬 깅엄(Gingham)을 사용하여 만든다. 버튼다운 셔츠(Button Down Shirts)라고도 한다.

✏️ PLUS⁺

▶ 버튼다운 셔츠(Button Down Shirts)

버튼다운 칼라를 특징으로 한 셔츠의 총칭으로서, 특히 아메리칸 트래디셔널의 셔츠에서 볼 수 있다. 또한 등 가운데의 박스 플리츠나 옥스퍼드 등의 천사용을 특징으로 하는 것이 많다. 아이비 셔츠와 같은 뜻으로 쓰인다. 1920년대에 영국에서 폴로경기 때에 칼라가 바람에 펄럭이지 않도록 단추로 여민 것이 계기가 되었다.

구아야베라 셔츠

하와이안 셔츠

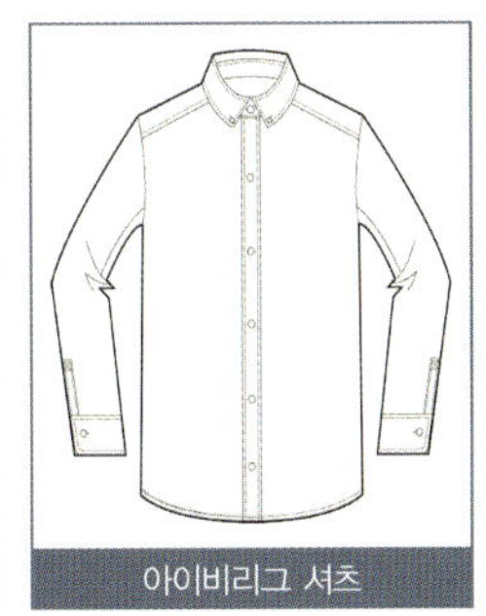

아이비리그 셔츠

- 파일럿 셔츠(Pilot Shirt) : 공군 파일럿들이 입는 셔츠를 응용한 것으로, 어깨 견장이 있고 앞가슴에 두 개의 플랩 포켓이 특징인 오버셔츠이다.

✎ PLUS⁺

▶ CPO 셔츠(CPO. Shirt)

CPO(Chief Petty Officer)는 미해군 하사관을 의미하고, 이들이 입었던 옅은 블루칼라의 셔츠를 CPO 셔츠라고 한다. 견장과 플랩 포켓이 있는 디자인은 파일럿 셔츠와 비슷하다.

- 러프라이더 셔츠(Rough Rider Shirt) : 카키색 군복 형태의 셔츠로서, 루즈벨트(Roosevelt)와 그의 자원대 러프라이더가 입던 셔츠에서 유래되었다. 스탠드 칼라와 어깨 및 포켓의 견장이 특징이다.

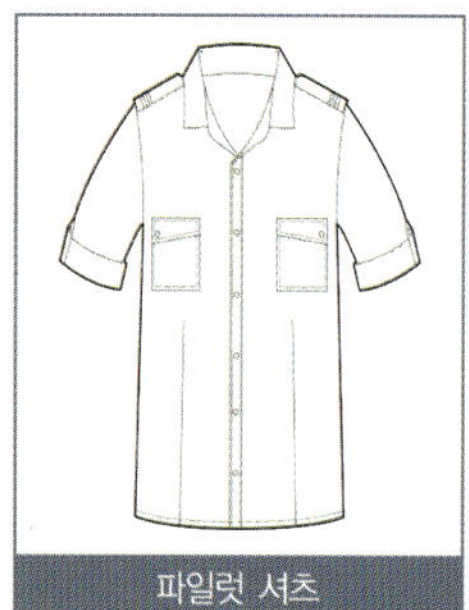

파일럿 셔츠

CPO 셔츠

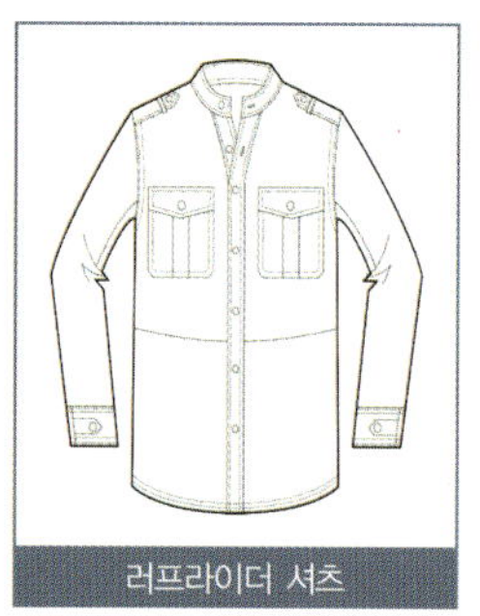

러프라이더 셔츠

- 스포츠 셔츠(Sport Shirt) : 넥타이 없이 입을 수 있는 캐주얼 셔츠로서 활동적인 차림에 많이 입는다.

✎ PLUS⁺

▶ 오픈 셔츠(Open Shirt)

앞단추 여밈으로, 스포츠 셔츠의 일종이다. 흰색은 물론 다양한 칼라 혹은 프린트가 많이 이용되고, 주로 오버 셔츠로 착장한다.

- 화이트 셔츠(White Shirt) : 백색 목면의 전형적인 정장용 셔츠이다. 일본에서는 '화이트 셔츠' 가 와전되어 '와이셔츠' 로 부르게 되었다. 네크 밴드에 레귤러 칼라, 싱글 혹은 더블 커프스가 달려 있는 클래식한 스타일로서, 사회 최고의 계급을 상징하는 의미도 가지고 있고 비즈니스 셔츠의 대명사이기도 하다.

스포츠 셔츠

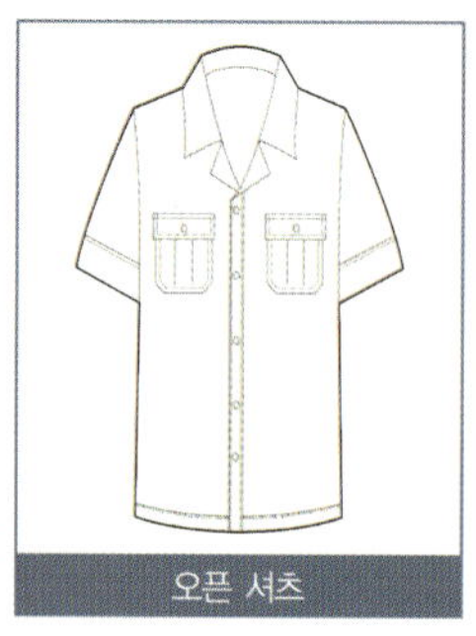

오픈 셔츠

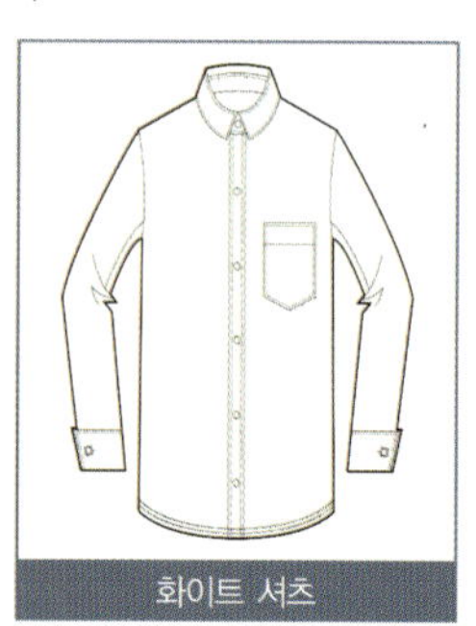

화이트 셔츠

③ **팬츠** : 팬츠는 허리에 주름을 잡은 경우와 잡지 않은 경우가 있다. 주름은 팬츠의 통이 넓어지면서 나타났으며, 정통 팬츠에는 앞쪽에 각각 2개의 주름이 있다. 그 중 하나는 팬츠 앞 주름과 일치하고 다른 하나는 첫 번째 주름과 포켓 사이에 위치한다. 팬츠의 선은 체형에 따라 자연스럽게 엉덩이에서 발목까지 점차 가늘어져야 하며, 바지통은 신발이 3/4 정도 가려지는 것이 적당하다. 바지는 엉덩이 부분을 넉넉하게 해서 입어야 앞주름과 포켓이 벌어지지 않고, 서스펜더를 하는 팬츠는 벨트를 하는 팬츠보다 1.5cm 정도 허리를 넉넉히 하고 길이도 조금 길게 해서 입는다. 팬츠는 통에 따라 일자형과 아래로 내려갈수록 폭이 좁아지는 테이퍼드(Tapered)형이 있다.

④ **베스트** : 베스트는 기능성보다는 장식성이 더 강한 아이템으로서 뒷 중심의 서스펜더를 이용하여 보통 체격의 사람은 몸에 꼭 맞게, 뚱뚱한 체형은 약간 여유 있게 입어줘야 체형의 결점을 가리면서 자연스럽게 어울리는 느낌이 난다. 바지 허릿단을 감추면서 수트의 허리 단추 즉 가운데 단추 바로 위까지 오도록 입는 것이 가장 적당하다. 그리고 수트의 상의 단추를 채웠을 때 그 위로 베스트가 살짝 보이도록 입는 것이 좋다. 이보다 더 높이 올라가면 타이를 너무 많이 감추게 되어 답답하게 보일 수 있다. 베스트의 앞면은 보통 수트와 같은 감으로 만들어지며, 뒷면은 안감으로 만들어지는 것이 보통이다. 베스트 밑으로 셔츠나 바지의 허릿단이 보이지 않도록 하고, 맨 아래 단추는 풀어놓는 것이 편하고 자연스러워 보인다. 베스트를 입을 때 안에 받쳐 입는 옷이나 겉에 입는 옷의 무늬가 겹쳐질 경우에는 동색계열로 조화시키고, 무늬의 크기는 안으로 갈수록 작아지도록 배열해 입는 것이 시선을 분산시키지 않아 효과적이다. 무엇보다 바지와 같은 색상과 질감으로 맞춰 입는 것이 가장 무난한 방법이다. 체형상 배가 나왔다면 허리선을 가리는 정도의 길이로 입는 것이 적당하며, V존의 사이즈도 얼굴 크기에 따라 작은 얼굴은 작게, 큰 얼굴은 작게 조절해서 입는 것이 좋다. 캐주얼로는 스웨이드나 블루진, 패딩 등 다양한 소재로 변화 있게 입는데, 아우터 보다는 좀 더 화려하거나 튀는 소재를 사용하여 좁은 면적이지만 눈에 띄게 해주는 것이 효과적이다.

⑤ **코트** : 코트는 겉옷으로서 재킷과 구분하여 착용하며, 방한의 목적은 물론 권위와 격식, 품위와 개성을 나타내는 것에 중점을 둔다. 점잖은 정장용 코트는 수트 위에 입어 중후한 멋을 더하는 체스터필드 코트와 트렌치 코트, 폴로 코트를 스타일링하는데 주로 체격이 크고 남성다운 이미지에 더 잘 어울린다. 세미 정장의 세련된 스타일은 군복에서 유래된 브리티쉬웜 코트나 자연스럽고 여유 있는 실루엣의 발마칸 코트가 잘 어울린다. 면바지나 스웨터와 매칭해도 세련됨을 표현할 수 있다. 캐주얼한 스타일은 트래디셔널한 감각의 더플 코트나 피 코트를 스타일링하면 좋은데 대담한 칼라의 폭이 넓은 넥타이나 블루진과 매칭하면 스포티한 감각을 표현하는데도 효과적이다. 최근 남성 코트는 슬림한 실루엣을 강조하고 있는데 특히 모던함이 강조되어 너무 복잡한 디자인보다는 심플함을 강조한 디자인이 더 선호되는 경향이다. 캐주얼 아우터로 점퍼류의 활용이 증가하면서 사용 목적이나 컨셉이 이원화되는 경향을 보인다.

㉠ **종류**

- 발마칸 코트(Balmacaan Coat) : 작은 컨버터블 칼라와 래글런 소매가 달린 풍성한 클래식 타입 코트이다. 비즈니스 차림과 캐주얼 복장까지 모두 잘 어울리는 실용적인 코트이다. 발마칸 코트는 원래 트렌치 코트와 함께 레인 코트를 대표하는 품목이었지만 오늘날에는 오버 코트로 많이 입고 있다. 트렌치 코트에 비해 입는 사람의 체격이나 패션 감각에 관계없이 누구나 쉽게 어울리는 스타일로 스탠드 칼라 코트(Stand Collar Coat)라고도 한다.

- 체스터필드 코트(Chesterfield Coat) : 가장 전통적이고 포멀한 스타일이다. 명칭은 19세기 영국의 신사 체스터필드 백작의 이름을 딴 것으로, 정장용 코트이다. 칼라와 소매단, 포켓 등에 벨벳을 조화시켜 만든다. 프록코트(더블 여밈에 4~6개의 단추가 있는 무릎길이의 코트)의 디자인을 기본으로 하여 허리가 들어가지 않은 형태이다.

싱글과 더블 두 종류의 여밈이 있으며 깃 상단에 검은색 벨벳을 댄 것도 있다. 색상은 회색 헤링본(생선뼈무늬), 검은색, 감색, 베이지색의 무늬 없는 것이 전통이다. 예를 갖춘 정장인 턱시도, 다크 수트와 함께 또는 비즈니스 수트와 함께 입으며 스포티하거나 캐주얼한 옷차림과는 어울리지 않는다.

- 더플 코트(Duffle Coat) : 두껍고 거친 모직물로 만들어진 군용코트로서, 모자가 달려있으며 단추대신 토글과 가죽 끈으로 장식된 스타일이다. 북유럽 어부들의 옷에서 유래한 더플 코트는 제2차 세계대전 중 영국 해군이 착용하였고, 전쟁 후 그 유출품이 패션으로 유행한 것이다. 모자가 달려있으며, 추위에 언 손으로도 쉽게 여미거나 열 수 있도록 단추대신 나무로 된 토글(Toggle)과 삼으로 만든 끈이 달려 있다. 주로 스포티한 옷과 함께 입지만 정장에서 캐주얼까지 폭넓게 입을 수 있으며, 체형에 관계없이 자유롭게 입을 수 있는 보온성이 강한 코트이다.

- 피 코트(Pea Coat) : 선원들이 방한용으로 입는 상의에서 유래되었으며, 두꺼운 천으로 만든 마린(Marin) 감각의 코트이다. 큰 칼라와 입술포켓이 있고, 6개의 단추가 달린 더블 여밈이 특징이다. 캐주얼한 코트로 스포티한 감각에 잘 어울리며, 원래는 수트나 재킷 위에 걸쳐 입는 것은 어울리지 않는 옷이었다. 요즘에는 흔히 '하프 코트'라 부른다.

- 폴로 코트(Polo Coat) : 스포츠 관전용으로 입기 시작한 코트의 형태로서, 싱글 혹은 더블 여밈에 큰 포켓과 단추가 달린 박스형의 코트이다. 현대에는 정장용으로 입혀지며 캐주얼웨어에는 어울리지 않는다. 재킷, 블레이저 혹은 비즈니스 수트 위에 입는데, 특히 체격이 큰 사람에게 어울린다.

- 트렌치 코트(Trench Coat) : 1차 세계대전 때 영국 군인들이 참호(Trench)속에서 입었던 레인 코트와 버버리 코트의 대표적인 형태이다. 전장에서 생겨난 옷이므로 러프한 느낌과 도회적인 느낌이 강하다. 수트, 블레이저 등 다소 포멀한 옷을 받쳐 입는 것이 좋으며 몸집이 큰 사람에게 어울린다.

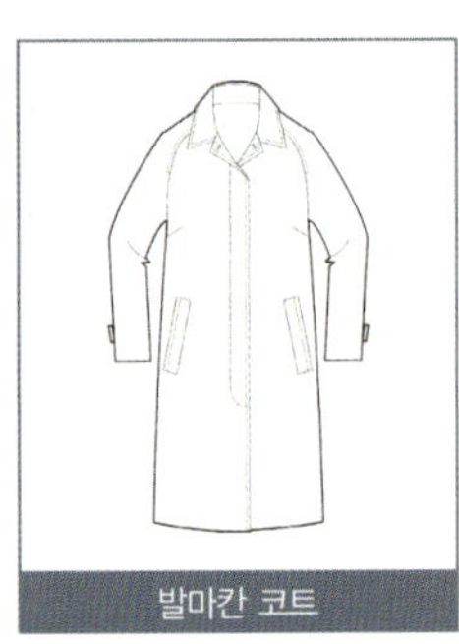

발마칸 코트

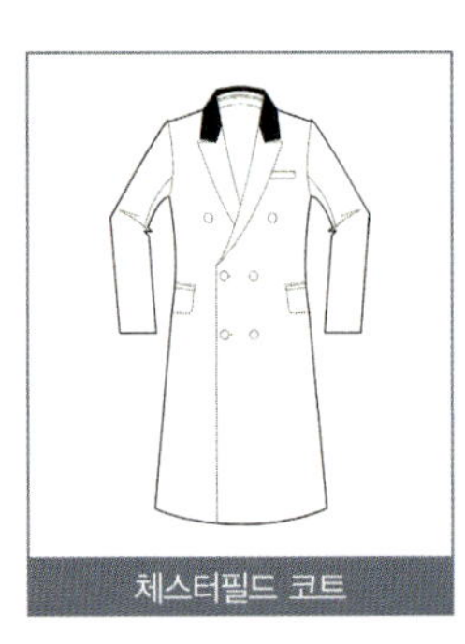

체스터필드 코트

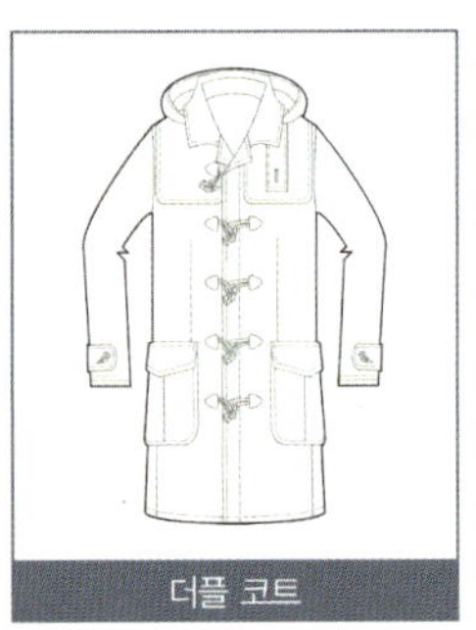

더플 코트

피 코트

폴로 코트

트렌치 코트

ⓛ 코트 선택하는 방법

- 사이즈는 가슴둘레보다 신장을 기준으로 선택하며, 옷의 길이는 오버 코트의 경우에는 무릎에서 약간 내려오는 길이가 적당하나 긴 것을 좋아하는 사람은 무릎에서 15~20cm 정도까지 내려와도 좋다.
- 발마칸 코트와 같은 박스 형태의 코트는 입는 상태에서 뒤쪽 끝을 잡아당겨 보고 뒤쪽으로 여유가 생기는지 살펴보도록 한다.
- 소매길이는 수트의 소매가 코트 밖으로 나오지 않도록 수트의 소매보다 약간 길게, 손목에서 약 1.5cm 정도 내려오는 것이 좋다.
- 칼라(Collar)는 편안하고 부드럽게 목 주위를 감싸야 하며, 첫 번째 단추를 끼웠을 때 주름이 잡히지 않아야 한다.
- 래글런 소매(어깨솔기 없이 통째로 내리 달린 소매) 코트는 속에 입은 수트의 어깨가 불룩해지지 않을 정도로 어깨가 넓은 것이 자연스럽다.
- 코트 자체가 무거운듯하면 착용하기에 불편하므로, 가볍고 좋은 소재의 코트를 구입하는 것이 좋다.

⑥ 넥타이(Necktie)

㉠ 넥타이의 유래 : 넥타이는 고대 로마제국 군인이 사용했던 포컬(Focal)이라는 울 목도리에서 시작되었지만 직접적인 기원은 기원전 17세기의 크라바트(Cravat)로 크로아티아의 경기병인 크로아트가 루이 14세를 받들고자 목에 두르고 있던 천에서 비롯되었다. 넥타이로 불린 것은 1830년대 이후부터이다.

㉡ 넥타이의 코디네이션

- 넥타이는 남자의 옷차림에 변화를 줄 수 있는 유일한 아이템이며 당사자의 인상을 규정짓는데 결정적인 역할을 하므로 수트와 셔츠의 조화 등을 고려하여 신중하게 선택하여야 한다.
- 비즈니스맨은 수트와 맞춰 차분한 느낌의 타이를 매는 것이 좋다. 무늬가 있더라도 도트나 페이즐리 또는 레지멘탈 타이를 맨다면 차분하면서 깨끗한 인상을 줄 수 있다.
- 타이를 매었을 때 그 끝은 바지의 벨트에 닿는 정도가 적당하며, 겹쳐지는 타이의 뒷부분이 앞부분보다 짧아야 보기에 좋다.
- 타이는 손상되기 쉬운 아이템으로 보관에 유의하며, 타이를 풀 때는 반대방향으로 풀어야 꼬임과 구김을 방지할 수 있다.
- 넥타이는 원래 남성복식에서 빠져서는 안 되는 것이었으나 최근 현대 의복에서 넥타이는 더 이상 의무적인 아이템은 아니다. 다양한 매듭방식과 패턴도 중요하지만 요즘은 넥타이의 길이와 폭의 넓이가 유행을 리드하고 있다. 넥타이의 폭은 주로 재킷 라펠의 폭에 비례하고, 끝이 브이 형태인 것과 일자인 모던한 스타일, 그리고 다양한 패턴의 니트 소재 타이도 있는데 룩에 따라서 선택한다.

㉢ 넥타이 문양 : 넥타이의 대표적인 문양에는 단색의 솔리드(Solid), 사선의 레지멘탈 스트라이프(Regimental Stripe), 가문이나 특정한 문장 문양이 있는 로얄 크레스트(Royal Crest), 페이즐리(Paisley) 문양, 물방울(Dot) 문양, 체크(Check) 문양 등 다양하다.

㉣ 넥타이 매듭 : 넥타이는 매듭을 묶는 방법에 따라 다양한 이미지 연출이 가능하며 길이를 조절하는 방법이 되기도 한다. 또한 드레스 셔츠 칼라의 형태에 따라 넥타이 매듭의 방법이 달라진다. 예를 들어 윈저노트는 큰 역삼각형으로 중후하고 대담한 느낌을 주며, 하프 윈저노트는 단정하고 깔끔한 이미지를 준다. 넥타이의 재질과 두께 그리고 문양의 형태와 크기를 고려하여 매듭법을 선택하는 것이 좋다.

㉤ 타이 매는 법(Knotting)

- 플레인 노트 : 가장 기본적인 넥타이 매듭 방법으로 버튼다운 칼라와 레귤러 칼라 셔츠에 어울린다. 이 매듭법은 일명 '한 겹 매기' 방식인데 큰 날을 좌우 어느 쪽에도 걸지 않고 한 바퀴 반을 감아 내려 맨다. 포인트는 역삼각형 매듭 아래로 내려오는 큰 날의 시작 부분을 자연스럽게 처리하는 것이 좋다.
  가장 기본적인 방법으로 얼굴이 마르고 삼각형에 가까운 사람에게 어울린다. 매듭부에서 짧게 감기므로 넥타이를 간단히 매거나 길게 맬 때 적합하고 키가 큰 사람에게 적당하다.
- 크로스 노트 : 플레인 노트와 같은 형태의 매듭에 중앙을 교차하는 사선하나가 생기는 매듭법으로 무지 또는 점잖은 문양의 넥타이에 최적이다.
- 베이직 노트 : 밝은 색조의 무지, 극히 작은 무늬의 타이로 재치 있고 장난기 섞인 연출을 원할 때 적당하다. 울 타이로 하면 실크 타이보다 음영효과가 탁월하다.
- 논 노트 : 아스콧 타이라고도 하고, 스카프 모양의 매듭법을 말한다.
- 하프 윈저 노트 : 가장 안정되게 매는 방법으로 윈저 노트의 매듭이 너무 크다고 생각될 경우 적합한 것이 하프 윈저 노트법이다. 세미 윈저 노트 또는 에스콰이어(Esquire) 노트라고도 부르는 이 방법은 윈저 노트와 비슷하지만 큰 날을 좌우 어느 한편만 걸어서 매듭을 진다. 한편에만 걸기 때문에 좌우를 균등하게 만들기 위해서는 각 과정에서 단단하게 꽉 조여야 한다.
- 윈저 노트 : 넥타이를 단단하고 안정되게 맬 때 사용하고, 중후한 멋을 낸다. 단, 매듭이 너무 크면 품위가 떨어지므로 주의하고 두꺼운 원단은 피한다.
- 원 링 노트 : 보우 타이를 가장 쉽게 매는 방법으로 리본이 한쪽만 생기는 것이 특징이다.
- 드레스 다운 플레인 노트 : 플레인 노트를 맨 후 대검과 소검을 좌우로 잡아당겨 매듭부분 방향을 조절한다. 진(Jeans) 차림이나 니트 폴로 칼라, 캐주얼 수트에 어울린다.
- 더블 크로스 노트 : 더블 크로스 노트는 격조 높고 중후한 분위기를 선호하는 유럽 신사들이 애용하는 방법이다. 와이드 칼라 셔츠나 깃 높은 드레스 셔츠에 적합하다. 매는법은 큰 날을 좌우 한편에 걸어 두 바퀴 감은 후 앞으로 내리는 것인데 자칫 너무 두꺼워질 수 있으므로 두꺼운 감의 타이는 피하며 무늬가 없는 실크 타이가 좋다. 와이드 칼라 셔츠나 깃을 높이 세운 드레스 셔츠에 연출하면 그 중후함이 강조된다.
- 더블 베이직 노트 : 리본이 두 겹인 보 타이를 말한다. 17세기 루이 14세 때 생겨난 매듭법이다.
- 더블 노트 : 플레인 노트보다 볼륨감을 더 주고 싶거나 개성적인 모습으로 연출하고 싶을 때 적합한 매듭법이다. 매는 방법은 플레인 노트와 비슷한데 큰 날을 한 번 더 감아 내린다(플레인 노트의 대검 고리를 이중 고리로 만들면 된다). 가는 넥타이를 매는 방법으로 플레인 노트보다는 작은 볼륨감을 나타내고 싶거나 심지가 부드러워서 쭉 펴지는 화사한 넥타이를 맬 때 적당하다. 비즈니스 수트에 약간 좁은 듯한 롱 칼라 셔츠에 적합하다. 얼굴형이 사각형이나 긴 삼각형에 어울린다.
- 벌룬 노트 : 매듭 윗부분을 당겨 올려 부풀게 한 것으로 크고 높은 깃의 셔츠에 적합하다.
- 블라인드 폴드 노트 : 파티 등의 공식석상에서 멋스럽게 연출할 수 있다. 스포티 스타일에는 어울리지 않고 비즈니스 수트에 적당하다. 폭이 너무 넓지 않은 타이로 연출한다.

• 넥타이 매듭의 종류 •

PLUS⁺

▶ **타이의 종류**

• **볼로 타이(Bolo Tie)**

끈으로 만들어진 가는 타이로 끝이 금속으로 싸여있고 장식적인 장치로 고정된다. 주로 서양의 남성 셔츠에 사용된다.

• **보우 타이(Bow Tie)**

곧고 좁은 밴드가 남성의 턱 아래 정면에 묶여지고 주로 공식적인 복장에 사용된다.

• **에스코트(Ascot)**

목 주위에 느슨하게 조여지고 넥타이 핀 등으로 고정된 넓은 타이를 말한다. 전통적으로 남성의 포멀웨어와 함께 사용되었으나 요즘은 여성도 사용한다.

• **크라바트(Cravat)**

직사각형의 스카프로 남성용 넥타이 대신 사용된다.

(7) 구두와 양말

일반적인 수트 차림에는 클래식의 영향으로 단정한 구두들이 주목을 받고 있지만, 최근 믹스 앤 매치 룩의 영향으로 구두 대신 스니커즈나 보팅 슈즈, 모카신 등도 많이 사용되고 있다.

앞코가 뾰족한 스타일, 둥근 스타일, 각이 진 스타일 등 디자인의 차이도 있지만 주로 구두의 컬러와 광택, 혹은 무광택, 가죽의 종류 등 소재의 특성이 구두 선택에 큰 영향을 주게 된다. 독특한 소재의 구두라면 벨트와 소재를 맞추는 것도 세련된 코디네이션 방법이 된다.

양말은 바지 혹은 구두와 동색 혹은 같은 계열의 색으로 선택하고 앉을 때 바지가 올라가서 다리가 보이지 않도록 정장에는 긴 양말을, 캐주얼에는 경쾌한 느낌의 짧은 양말을 사용하는 것이 좋다. 최근 무늬가 있는 양말이나 비비드한 악센트 컬러 양말도 센스 있는 캐주얼 스타일링에 활용되고 있다.

① 구두란 차림새의 마감 역할을 한다. 본래 신발은 발을 보호하기 위해서 신는 것이지만 예전에는 신분을 드러내는 상징물이기도 하였다.

② 구두는 스타일과 색상을 고려하여 선택해야 하는데, 정장 수트에 어울리는구두는 수트보다 밝아서는 안 되며, 검정이나 짙은 갈색 구두가 어떤 수트와도 어울린다.

③ 양말은 발을 따뜻하게 하고 구두와의 마찰에서 생기는 자극을 없애주는 기본적인 기능 외에도 미적인 감각을 표현할 수 있는 아이템이다. 스니커즈형의 목이 짧은 양말이나 흰색 양말은 수트 차림에 착용해서는 안 된다. 양말은 수트의 색상과 조화를 시키거나 타이나 드레스, 드레스 셔츠, 포켓칩 등의 색상과 관련이 있는 어두운 색상을 신는 것이 원칙이다.

✏️ PLUS⁺

▶ **구두 관리법**

- 하나의 구두를 매일 신는 것보다는 두세 켤레의 구두를 번갈아 신는 것이 구두의 수명을 늘리고 오래 신는 방법이다.
- 새로 장만한 구두는 구두약을 충분히 묻혀 닦아서 더러움을 습기로부터 보호해야 한다.
- 젖은 구두는 헝겊으로 닦은 후 신문지를 넣어 통풍이 잘되는 그늘에서 말린다.
- 가죽은 적당한 습기를 유지해야 되며, 때문에 불로 광을 내는 것은 구두의 수명을 단축시킨다.
- 오랫동안 구두를 신지 않을 때는 더러움을 제거하고 구두약을 칠해 광을 낸 후, 온도, 빛, 습도가 낮고 통풍이 잘되는 곳에 보관한다.

---

(8) 벨트

벨트는 정장용과 캐주얼용을 구분해서 착용해야 한다. 벨트는 신발 색과 맞추어 착용하도록 하는데 정장용 벨트 색상은 수트보다 진한 것이어야 하며 수트의 색상이 검정색, 청색, 회색계열일 때는 검정색 벨트를 사용하고, 갈색계열일 때는 갈색계열을 착용하도록 한다.

버클의 크기가 큰 것은 캐주얼해 보이므로 정장에는 피하는 것이 좋다. 벨트는 같은 가죽제품이므로 구두나 가방의 색상과 맞추는 것도 효과적이다. 금색·은색 등 전체 옷차림에 사용한 보석 장신구의 조화를 맞춰야 한다.

벨트 길이는 착용 시 버클을 지나 바지의 첫 번째 벨트 고리를 지나는 정도가 좋다.

▶ 서스펜더

서스펜더는 바지 앞 주름의 연장선상에 착용하는 것이 좋고, 주름이 없는 바지에는 사용하지 않는다. 정장에 맞는 서스펜더는 아이들에게 하는 클립 스타일이 아니고 정장바지 안쪽에 있는 단추와 연결할 수 있는 형태이다. 체격조건에 따라 폭을 조절하여 착용도록 한다.

(9) 포켓칩

수트나 재킷의 왼쪽 가슴에 있는 주머니에 장식하는 손수건으로 남자 옷차림의 단순한 액세서리를 뛰어넘은 인격과 품격의 표현이며 상징적 수단이기도 하다.

포켓칩은 옷 입는 이의 개성과 자신감을 보여주는 장식성 소품이므로 넥타이와의 조화가 중요하다. 땀을 닦는 등 손수건 대용으로 사용하거나 포켓칩 대신 가슴에 꽃을 꽂는 것은 잘못된 것이다. 꽃을 꽂을 때는 단추 구멍에 꽂는 것이 옳고, 포켓칩은 꽂았을 때 주머니 위로 4cm 이상 보이지 않는 것이 좋다.

▶ **포켓칩의 다양한 연출법**

- **스퀘어 엔디드 폴드(Square-ended Fold)**
  주머니 입구선과 평행하도록 1cm정도 내는 방식으로 고전적이며 깨끗한 느낌을 준다.
- **멀티 포인티드 폴드(Multi-pointed Fold)**
  삼각형을 세 개를 산 모양으로 만들어 주머니에 꽂는 것으로서 공식적이고 엄숙한 자리에 잘 어울린다.
- **트라이앵글(Triangle-Fold)**
  주머니 밖으로 드러나는 부분이 삼각형을 이루도록 하는 것이다. 어떤 옷에나 무난하며 쉽게 연출할 수 있고 주로 결혼하는 신랑의 장식법으로 쓰인다.
- **퍼프드 폴드(Puffed Fold)**
  네 귀퉁이를 주머니 안에 넣고 가운데 부분을 말 그대로 부풀어 보이도록 한 것이다. 소박하면서도 단정한 느낌을 주며 어떤 스타일의 수트에도 잘 어울린다.
- **크러쉬드 폴드(Crushed Fold)**
  중심부를 손으로 밀어 넣어 꽂고, 끝부분을 자연스럽게 밖으로 내놓는 방법이다. 충분히 대담하게 내놓는 것이 좋다.

(10) 타이핀(Neck tie-Pin)과 커프스 링크스(Cuffs Links)

늘 착용하는 것은 아니지만 멋을 좋아하는 현대 남성들의 액세서리로 인기가 좋은 품목이다. 타이핀은 주로 커프스 버튼과 세트로 사용하고, 넥타이의 소재를 고려하여 사용하여야 한다. 타이핀은 드레시한 느낌을 주므로 품위 있는 예복에는 꼭 활용해 보도록 한다.

커프스 버튼은 두 번 접어 만든 프렌치 커프스에만 사용하던 것이었으나 요즘에는 일반 셔츠에도 많이 사용한다. 셔츠 소매를 고정시키는 기능 이외에 장식된 보석 때문에 우아하고 고급스러운 이미지를 줄 수 있다. 만약 소매에 단추와 커프스 버튼이 동시에 보인다면 둘 중 하나는 빼는 것이 좋으며, 보수적임을 표현해야 하거나 화려함이 업무에 지장을 주는 사람, 손목(펜)을 많이 사용하는 사람이라면 방해가 되므로 사용하지 않는 것이 좋다.

2절 액세서리 아이템의 종류

1. 가방(Bag)

패션에서 핸드백이 차지하는 위치는 매우 크다. 때문에 단순히 기능성과 장식성만을 추구하는 것보다 전체와의 토털 코디네이션을 위한 아이템으로 목적, 장소에 맞게 사용되어야 한다. 즉, 오늘날에 있어서의 핸드백은 액세서리적인 요소가 더욱 강조되고 있어 소재, 색상의 변형과 섬세한 디테일을 사용하여 핸드백 자체로서만이 아니고 의복과의 전체적인 조화를 이루는 하나의 액세서리로 생각하는 경향이 강해지고 있다.

가방은 들고 다니는 유형에 따라 손잡이 없이 손에 들고 다니는 클러치 백(Clutch Bag), 손에 들거나 팔에 걸치는 핸드백(Hand Bag), 어깨에 메는 숄더 백(Shoulder Bag), 등 뒤에 메는 러스크 색(Rusk Sack), 끌고 다니는 캐리 백(Carry Bag) 등이 있다. 또한 가방은 정장용과 캐주얼용, 스포츠용, 여행용, 업무용 등 용도별로 분류할 수 있다.

(1) 스타일링

① **여성 핸드백(Hand Bag)** : 핸드백 디자인은 포멀(Fomal)하거나 캐주얼(Casual)한 감성의 표현, 럭셔리하거나 빈티지한 감성의 표현 등 주로 의상 컨셉에 맞추지만, 의상보다 튀는 색상의 핸드백으로 디자인 포인트 역할을 하거나, 같은 가죽 제품인 벨트, 구두와 색상 및 재질을 통일시켜 세련되게 연출할 수도 있다. 계절감에 따라서도 큰 변화를 줄 수 있는 액세서리로 기능적인 요소도 강하다. 최근 화장품이나 지갑뿐만이 아니고 휴대폰, MP3, 전자수첩, 선글라스 등 휴대용 소품의 종류가 많아지면서 그 크기가 커지기도 하고, 끈의 길이나 만든 소재에 따라서 다양하게 연출할 수 있다. 여성의 외출복에 빠져서는 안 되는 중요한 아이템으로, 최근에는 핸드백을 애용하는 남자들도 종종 볼 수 있다.

㉠ **핸드백의 코디네이션** : 핸드백의 크기나 형태, 소재는 유행에 따라 여러 가지가 있는데 핸드백의 크기는 자신의 키에 따른 비례로 한다. 예를 들면 키가 큰 사람이 작은 백을 들거나 키가 작은 사람이 큰 백을 드는 것은 안 어울린다. 일반적으로 큰 백일수록 드레시한 분위기보다는 캐주얼한 분위기에 어울리며 파티용으로 어깨에 메는 끈이 있는 백은 부적당하다. 큰 백은 여행용이나 해변용으로 적당하다.

핸드백은 적절한 장소에, 적당한 의복, 적절한 선택이 요구되며 특별한 예복에 맞추어 드는 것과 어떤 의복이나 쉽게 어울리는 것 등으로 나누어서 준비하는 것이 바람직하다. 보통 한 사람 당 5개 정도 서로 다른 종류의 핸드백은 기본적으로 갖추는 것이 좋다.

㉡ **활용할 수 있는 핸드백 선택법**

- 일상용으로 날마다 사용하는 물건을 집어넣기에 알맞은 크기와 질이 좋은 검정색, 갈색, 베이지색 등이 좋다.
- 앙상블이나 가볍고 드레시한 차림의 핸드백으로는 중간 크기가 좋다. 단색의 베이지색, 검정색, 갈색, 와인색 등이 무난하게 모든 의복에 잘 어울리므로 경제적이다.
- 이브닝용으로는 실크, 구슬, 공단, 벨벳으로 된 것이 좋으며 의복과 같은 색상이거나 검정색이면 무난하다.
- 여행이나 캐주얼웨어에 잘 어울리는 큰 숄더백이 있으면 좋다.
- 여름용으로는 베이지색의 밀짚 백이 시원해 보여서 좋다. 시골 같은 곳에서는 거친 느낌의 밀짚 백이 좋고 시내에서는 좀 더 정교한 것이 좋다.

② 남성 가방 : 남성의 가방은 주로 서류, 필기도구, 명함, 안경 등을 넣어 가지고 다니는 기능적인 용도로 사용된다. 서류 가방 등은 멋으로 들고 다니기보다는 먼저 그 기능성을 고려하여야 하며 자신의 체형이나 직업 및 이미지와 어울리는 가방을 선택하는 것이 좋다.

매일매일 출퇴근용으로 들고 다니는 용도의 가방은 싸고 질긴 것을 기준으로 구입하고, 특별히 품위를 지켜야 하는 중요한 자리에 나갈 때를 위해서는 고급 소재의 가방을 준비해 두어야 한다. 보통 오래 쓸 계획의 가방은 너무 부드러운 가죽 제품보다는 흠집이 잘 나지 않고 좀 질긴 것으로서 염색도 잘 되는 가죽이 더 좋다. 부드러운 가죽은 오래 쓰면 너무 흠집이 많이 생겨 보기가 좋지 않다. 자신에게 필요한 가방을 잘 선택해서 오래도록 손때가 탄 자신만의 역사가 담겨있는 소품으로 하나쯤 마련해 두면 좋다.

즉, 남성용 가방의 선택은 자신의 체형과 업무를 고려하여 가방의 크기와 디자인을 선택하는 것이 좋다. 최근 클래식하면서 레트로 한 빅 사이즈 백과 여성들의 보편적인 백 디자인이 남성에 적용된 메트로 섹슈얼의 우아한 숄더 백이나 수트와 매치하는 배낭(Back Pack) 등이 트렌드로 부각되고 있다.

(2) 가방의 종류 A to Z

① 아코디언 백(Accordion Bag) : 옆면이 주름 잡힌 백으로 봉투형 백(Envelop Style Bag)의 기본적인 디자인을 가진다.

② 어태취 케이스(Attache Case) : 서류, 책, 그 외 사무용품을 갖고 다닐 수 있도록 고안되었으며 옆면이 견고하며 손잡이가 달린 비즈니스 가방을 말한다.

③ 배럴 백(Barrel Bag) : 1980년대에 선보인 둥근 원통형의 가방으로 낙하산 백(Parachute Bag)이라고도 한다.

④ 비디드 백(Beaded Bag) : 여러 가지 형태의 구슬로 장식된 가방을 말하는데 보통 이브닝 웨어의 액세서리로 쓰인다.

⑤ 벨티드 백(Belted Bag) : 벨트에 작은 가방이 달려 간편하게 허리에 착용하는 형태의 가방이다.

⑥ 북 백(Book Bag) : 가벼운 천 가방으로 학생용 책가방으로 사용된다. 손잡이는 옆쪽이나 위쪽에 있으며 스쿨 백(School Bag)이라고도 한다.

⑦ 볼링 백(Bowling Bag) : 볼링용구를 담는 용도의 스포츠 캐주얼 가방이었으나 샤넬, 프라다, 비비안웨스트우드 등에서 패셔너블한 볼링 백을 선보임에 따라 일상에서도 흔히 활용할 수 있게 되었다.

⑧ 박스 백(Box Bag) : 딱딱한 구조, 정방형 또는 직사각형으로 가방 위쪽에 단단한 손잡이가 있다.

⑨ 브리프 케이스(Brief Case) : 남자들이 주로 사용하는 서류 가방으로 큰 직사각형의 가방에 위에 지퍼가 있으며 단순한 손잡이가 있다. 여성용은 서류를 넣을 수 있는 뚜껑이 있고 걸쇠가 달려있으며 손잡이가 있다.

⑩ 비즈니스 백(Business Bag) : 사무용 백의 총칭으로 브리프 케이스, 클러치 백, 새철 백 등이 이에 속한다.

⑪ 카펫 백(Carpet Bag) : 색실로 무늬를 짜 넣은 타피스트리로 만들어진 여행용 손가방을 말하며 카펫을 응용한 것으로 남북전쟁 이후 여행용 가방으로 사용되었으며 1960년대에 유행했다.

⑫ 캐비아 백(Caviar Bag) : 소금에 절인 철갑상어의 알인 캐비아 모양과 비슷한 작은 구슬을 재료로 만든 가방이다.

⑬ 샤넬 백(Chanel Bag) : 1950년대 말 디자이너 코코 샤넬이 디자인한 가죽을 퀼팅하여 만든 가방으로 금속체인 속에 가죽 줄이 매치된 끈이 특징이다.

⑭ 클러치 백(Clutch Bag) : 손잡이나 끈 없이 지갑처럼 들고 다니는 스타일의 가방을 말한다.

⑮ 칵테일 백(Cocktail Bag) : 보통 가방보다 우아하고 부드러운 느낌을 주는 작은 가방으로 칵테일파티 등 특별한 모임에 사용하는 클러치 백을 말한다.

⑯ 댈라스 백(Dalla Bag) : 비즈니스 가방으로서 서류 가방인 브리프 케이스보다 크며 아이젠하워 대통령 재임 시 장관들이 즐겨 사용한 가방이다.

⑰ 더플 백(Duffel Bag) : 위쪽에 잡아당기는 끈이 있는 천가방으로 원래는 군인이나 선원이 개인 소지품을 넣기 위하여 사용되었고 나중에는 비치 백(Beach Bag)이나 부드러운 핸드백으로 변형되었다.

⑱ 두랄루민(Duralumin) : 알루미늄 합금으로 만든 가방의 총칭이다.

⑲ 엔벨롭 백(Envelope Bag) : 평평한 직사각형의 편지봉투 모양의 가방으로 두께가 얇다.

⑳ 프렌치 펄스(French Purse) : 팔에 끼고 다니는 지갑과 동전 지갑을 절충한 가방이다.

㉑ 핸드백(Hand Bag) : 소지품을 휴대하는 가방으로 손에 들거나 팔에 걸칠 수 있도록 손잡이가 있는 가방을 말한다.

㉒ 햇 백(Hat Bag) : 모자를 담기 위한 용도의 둥근 가방을 말한다.

㉓ 냅색(Knap Sack) : 나일론으로 만든 관 모양 룩 색(Ruck Sack)의 일종으로 등에 메는 띠가 끈으로 되어 있으며 나일론 등을 소재로 하여 소형으로 간단하게 제작한다.

㉔ 런치 박스(Lunch Box) : 윗부분은 돔 형태의 둥근 모양을 가진 상자형 가방으로 딱딱한 종이 또는 양철로 만드는 도시락 가방의 형태를 말한다.

㉕ 리세(Lycee) : 학생용 가방으로서 어깨에 메거나 손잡이가 있어 손으로 들 수 있도록 되어 있는 형태이다.

㉖ 머니 파우치, 색 백(Money Pouch, Sack Bag) : 자루형태로 끈으로 입구를 조이는 디자인의 숄더백을 말한다.

㉗ 머프(Muff) : 소지품을 가지고 다닐 수 있도록 고안된 가방으로 보통 모피로 만들어 손을 따뜻하게 해주기도 한다.

㉘ 파우치 백(Pouch Bag) : 동전지갑 모양의 여성스런 가방이다.

㉙ 색(Sack) : 등에 멜 수 있는 배낭형으로 된 캐주얼한 가방을 말한다.

㉚ 새철 백(Satchel Bag) : 학생용 또는 업무용으로 사용되는 손잡이가 달린 가방을 말한다.

㉛ 숄더 백(Shoulder Bag) : 어깨에 걸치도록 끈의 길이가 긴 가방이다.

㉜ 수트 케이스(Suit Case) : 옷을 한 벌 정도 넣을 수 있는 트렁크 형태의 여행용 가방을 말한다.

㉝ 토트 백(Tote Bag) : 윗부분이 트이고 두 개의 손잡이가 달린, 쇼핑백의 형태로 내용물을 많이 넣을 수 있는 사이즈의 가방을 말한다.

㉞ 베너티 케이스(Vanity Case) : 단단한 소재로 만든 상자형의 가방으로, 내부에 칸막이가 있는 휴대용 화장품 가방이다.

2. 벨트(Belt)

벨트는 허리에 매는 끈 또는 띠 형태의 것의 총칭으로 허리를 조여 실루엣을 정리하고 버클을 사용하여 고정하는 것으로서, 벨트의 폭과 재질, 버클장식에 따라 다양하게 연출된다.

버클은 걸고리형의 래치 버클(Latch Buckle), 특정인의 이니셜을 이용한 래터드 버클(Lattered Buckle), 원형 혹은 장방형의 장식용 형태인 써클 버클(Circle Buckle), 버클 세로봉에 핀을 걸어 벨트 구멍에 넣게 하는 신치 버클(Cinch Buckle) 등이 있다.

재료에 따라서 가죽 벨트, 천 벨트, 비닐 벨트, 메탈 벨트, 체인 벨트 등이 있고, 폭에 따라서 내로우 벨트, 와이드 벨트, 빅 벨트, 조여지는 정도나 위치에 따라 코르셋 벨트, 로―슬렁 벨트, 힙본 벨트, 커브 벨트 등으로 구분할 수 있다.

(1) 스타일링

① **여성 벨트** : 일반적으로 버클이 있는 벨트는 캐주얼웨어나 테일러드 스타일에 적합하며 리본형 벨트(Sash Bow)는 부드럽고 드레시한 스타일에 좋다. 키가 큰 여성은 아무런 제한 없이 벨트를 할 수 있으나 키가 작은 여성은 벨트를 하면 더 작아 보이므로 주의하는 것이 좋으며 키가 작을수록 벨트의 넓이는 좁아야 한다.

나이가 많은 여성은 적절한 디자인의 벨트를 사용하면 체형을 드러내지 않고 젊음의 느낌을 주므로 액세서리로서의 효과가 크다. 또한 오래된 의복에 새로운 소재의 벨트를 변화 있게 해 주면 또 다른 멋을 연출할 수 있어 좋다. 의복에서 벨트, 구두, 장갑 등도 같은 색상, 같은 종류의 소재로 통일하여 코디네이트 해 주는 것이 바람직하다.

② **남성 벨트** : 벨트는 기능적인 역할을 하는 아이템이지만 장식적인 역할도 한다. 벨트는 수트와 비슷한 색상이거나 약간 짙은 색이 좋고, 버클의 크기가 큰 것은 캐주얼해 보이므로 정장에는 피하는 것이 좋다. 벨트는 같은 가죽제품이므로 구두나 가방의 색상과 맞추는 것도 효과적이다.

> **✎ PLUS⁺**
>
> ▶ **서스펜더(Suspender)**
>
> 서스펜더는 바지 앞주름의 연장선상에 착용하는 것이 좋고, 주름이 없는 바지에는 사용하지 않는다. 서스펜더는 주로 복고적인 이미지에 많이 사용되는데, 최근 캐주얼웨어에서는 서스펜더를 늘어뜨려 장식적으로 활용하기도 한다.

(2) 벨트의 종류 A to Z

① **어드저스트 벨트(Adjust Belt)** : 허리둘레의 길이 조절이 가능한 벨트

② **백 벨트(Back Belt)** : 등 뒤에 붙어진 옷과 같은 원단으로 제작된 벨트

③ **빅 벨트(Big Belt)** : 폭이 넓고 버클이 큰 형태의 벨트

④ **체인 벨트(Chain Belt)** : 허리선 주위에 채워지는 금속 또는 플라스틱 재질의 사슬고리

⑤ **코르셋 벨트(Corset Belt)** : 속옷의 일종인 코르셋 형태의 벨트

⑥ **카우보이 벨트(Cowboy Belt)** : 카우보이들이 착용하던 벨트에서 유래했고 가죽 소재에 징이 박혀있거나 장식이 새겨짐

⑦ **커머 밴드(Cummer Band)** : 드레스나 스커트 위에 착용하는 주름 잡힌 직물로 된 벨트로 대개 정장 차림에 착용하며 요즘에는 변형된 형태의 가죽으로 된 커머 밴드도 있음

⑧ **커브 벨트(Curve Belt)** : 힙본 스커트 등에 활용하는 벨트로 띠 전체에 느슨한 커브를 형성한 폭이 넓은 벨트

⑨ **힙본 벨트(Hip Bone Belt)** : 엉덩이에 걸쳐서 착용하는 벨트

⑩ **가죽 벨트(Leather Belt)** : 가죽으로 만들어진 일반적인 벨트

⑪ **로―슬렁 벨트(Low-Slung Belt)** : 허리에 걸리는 것처럼 낮은 위치에 부착하는 벨트로 힙본 벨트와 같음

⑫ **메탈 벨트(Metal Belt)** : 금속 소재로 만들어진 벨트

⑬ 몽크스 벨트(Monks' Belt) : 종교인들이 허리에 감던 로프에서 유래한 것으로 장식술이나 매듭으로 마무리

⑭ 아우터 벨트(Outer Belt) : 겉옷 위에 걸치는 형태의 벨트

⑮ 천 벨트(Sash Belt) : 천을 소재로 나비 모양이나 매듭형으로 묶는 벨트로 드레스류에 사용

⑯ 세트 인 벨트(Set-In Belt) : 미리 의복의 웨이스트 부분에 끼워넣도록 재단되어 만들어진 벨트

⑰ 비닐 벨트(Vinyl Belt) : 비닐 소재로 만들어진 벨트

⑱ 와이드 벨트(Wide Belt) : 폭이 넓은 벨트

3. 모자(Hat)

모자는 머리에 덮어쓰는 것의 총칭으로 추위, 더위, 먼지 등을 막는 실용적인 역할과 함께 예의를 차리거나 장식적인 역할을 한다. 모자는 얼굴형을 고려하여 디자인을 선택하는 것이 중요하며, 그 외에도 머리모양, 체형, 의복과의 전체적인 조화와 계절, 장소, 목적 등을 고려하여야 한다.

모자의 높이로 머리가 들어가는 부분인 크라운(Crown)과 챙인 브림(Brim)이 있는 모자를 햇(Hat)이라 하고, 머리에 꼭 맞게 쓰는 모자를 캡(Cap), 의복에 달려있는 모자를 후드(Hood), 딱딱한 소재로 만들어 머리를 보호하기 위해 쓰는 모자를 헬멧(Helmet)이라 한다.

(1) 스타일링

모자는 반드시 의상과 이미지와 연결되도록 스타일링 해야 한다. 현대적이고 세련된 이미지는 토그(Toque)나 베레(Beret)를, 엘레강스한 이미지는 띠 장식이나 코사지로 장식된 카플린(Caplpeline)형이나 종모양의 클로슈(Cloche)를, 캐주얼한 이미지는 카우보이 햇(Cowboy Hat)이나 챙이 평평한 카노체(Canotche)가 잘 어울린다. 체형도 고려해야하는데 키가 작거나 상체가 발달한 타입은 챙이 큰 모자를 피하고 헤어스타일에도 잘 어울리는 스타일을 선택해야 한다.

얼굴이 큰 동양인들은 서양인들에 비하여 모자가 잘 어울리지 않는다. 하지만 최근 서구적인 체형으로 변모하였고 서양복식에 대한 감각이 향상되다보니 멋스럽게 연출된 모자를 자주 볼 수 있다. 모자는 얼굴에서 가장 가깝고 얼굴을 아름답고 매력적으로 보이게 하므로 착용 시 효과적인 조화를 고려하여 선택하는 것이 중요하다.

모자를 구입할 때에는 얼굴뿐만 아니라 체형과의 조화도 생각하여야 하며 모자를 쓴 모습이 전체적으로 잘 어울리는 지도 생각하여야 한다. 챙이 넓은 모자는 키가 작은 여성을 더욱 작아 보이게 하므로 피해야 하며 크라운이 높은 것이 좋다.

대체로 얼굴의 길이를 초과하지 않는 모자의 높이가 좋으며, 베레모나 팬케이크 스타일의 모자는 길고 마른 얼굴에 어울린다. 얼굴이 큰 사람은 볼륨 있는 모자를, 얼굴이 작은 사람은 볼륨이 없는 모자를, 얼굴이 긴 사람은 수평으로 쓰는 모자가 좋다.

예를 들어, 긴 얼굴에는 베레모를 앞으로 눌러 쓰거나 비스듬히 써서 결점을 보완하고 둥근 얼굴은 머리 뒤쪽에 젖혀 쓰는 모자 형태가 좋다. 또한 사각형 얼굴에는 각이 지지 않은 큰 모자가 잘 어울린다. 여러 가지 모자를 계절, 장소, 목적에 맞도록 선택하며 자신의 얼굴과 머리 모양의 장점을 살리고 체형 및 의복 디자인과 조화를 이루는 다양한 종류의 모자를 스타일링하여 선택하도록 한다.

(2) 모자의 종류 A to Z

① 반다나(Bandana) : 원래는 손수건 형태의 작은 스카프였으나 두건으로 사용되면서 현재는 두건의 총칭이 되었다.

② 베이스볼 캡(Baseball Cap) : 야구선수가 쓰는 머리에 꼭 맞고 앞에 챙이 있는 모자로 캐주얼 모자로 애용되고 있다.

③ 베레(Beret) : 둥글고 납작하며 챙이 없는 소프트한 모자로 대개 한쪽으로 비스듬히 쓴다.

④ 보터 햇(Boater Hat) : 밀짚으로 만든 여름철 모자. 크라운이 낮고 원통형으로 되어 있으며 브림도 편형하게 되어 있는 모자. 19세기 말 영국의 선원들이 쓴 모자에서 유래하였다.

⑤ 보닛(Bonnet) : 후드와 같이 머리 전체를 덮는 모자. 뒤에서부터 머리 전체를 감싸듯이 가리고 얼굴과 이마는 드러낸다. 테가 있거나 없기도 하며 부드러운 모자로 옛날에는 여성, 아동이 초원에서 머리를 보호하기 위해서 썼는데 요즘은 유아용으로 사용하고 있다.

⑥ 보울러(Bowler) : 둥근 크라운과 양옆이 약간 위로 올라간 작은 테가 달린 모양. 승마차림의 한 부분으로 남녀 공용이다. 더비(Derby)라고도 한다.

⑦ 브르통(Breton) : 프랑스 브르타뉴(Bretagne)지방 농민들이 쓰던 모자이며, 브림이 접혀 올라간 것이 특징이다.

⑧ 칼로트(Calotte) : 머리에 달라붙는 작은 캡. 대부분 펠트직으로 만들었으며 쥴리앳(Juliet) 또는 스컬캡(Scullcap)라고도 불린다.

⑨ 클로슈 햇(Cloche hat) : 크라운이 높고 브림 부분이 아래로 갈수록 넓어지는 형태이며, 눈썹까지 눌러쓰는 모자로 1920년대 Flapper라는 소녀들이 썼으며 1960년대에 유행했다.

⑩ 쿨리스(Coolies) : 중국 농민들이 쓰던 넓은 원추형 모양의 모자로 대개 대나무로 만든다. 1970년대와 1980년대 초에 유행했다.

⑪ 코사크(Cossack) : 러시아족이 쓰던 테가 없는 모자로 보통 모피로 만들어져 있으며 1970년대에 유행했다.

⑫ 카우보이 햇(Cowboy Hat) : 크라운이 높고 가운데가 움푹 들어간 크라운과 중간 정도 혹은 높이 테가 달린 모자. 미국 카우보이들이 썼으며 1970~1980년대 젊은 남녀들이 착용했었다.

⑬ 디어 스토커(Deer Stalker) : 앞, 뒤에 챙이 붙어 있고 양쪽에 귀 덮개가 달린 영국풍의 모자. 귀 덮개의 끝단에 리본이 있으며, 보통 때는 머리 위에서 묶어 놓고 쓰는 형태이다.

⑭ 페도라(Fedora) : 페도라는 일명 중절모, 밀짚 모자라 불리는 챙이 넓은 모자를 가리킨다. 주름잡힌 크라운과 뒤에서 접혀진 테가 있는 펠트직으로 만들어진 모자로 홈버그(Homburg)라고도 하며 남녀공용이다.

PLUS⁺

▶ 얼굴형에 따른 페도라 착용법

얼굴이 큰 사람은 장식 없는 심플한 기본형 페도라가 좋다. 브림(챙)이 넓고 끝부분이 살짝 올라간 디자인은 큰 얼굴을 커버해주는 역할을 한다. 앞머리를 자연스럽게 내리고 눈썹 위까지 모자로 가려주면 얼굴이 작아 보이는 효과가 있다.

얼굴이 긴 형이라면 중간 크기의 브림에 크라운이 낮고 둥근 스타일이 잘 어울린다. 완만한 곡선미가 있는 페도라로 이마 아래쪽으로 내려오도록 착용하면 귀여운 스타일 연출이 가능하다.

이마가 좁은 얼굴형은 모자를 잘못 선택할 경우 절반이 가려져 답답한 인상을 줄 수 있다. 크라운의 정수리 부분이 움푹 파이고 브림이 좁은 스타일을 선택하는 것이 좋다.

⑮ 페즈(Fez) : 윗부분이 평평한 옥수수 모양의 테가 없는 모자로 윗 중심에 술이 늘어져 있다.

⑯ 가우초 햇(Gaucho Hat) : 낮은 원형 크라운과 넓은 테가 있는 모자로 미국 남부 카우보이들이 쓰던 것에서 유래. 1970년대에 유행했으며 여성들은 가우초 팬츠와 함께 착용

⑰ 가르보 햇(Garbo Hat) : 여배우 그레타 가르보(Greata garbo)가 1930년대 즐겨 애용한 카플린(Capeline) 형의 모자. 챙을 넓게 만든 것으로 얼굴을 부분적으로 가리도록 되어 있다.

⑱ 할로우 햇(Halo Hat) : 낮은 크라운과 테가 있는 둥근 모자로 이마가 보이도록 썼으며 머리위주의 원형으로 보인다.

⑲ 헬멧(Helmet) : 머리 전체를 둘러싸고 있으며 턱밑에서 맞물려있는 테가 없는 모자로 보통 단단한 재료로 만들어 진다.

⑳ 후드(Hood) : 활동적인 스포츠 웨어와 함께 보온을 위해 쓰는 부드러운 모자로 상의에 후드가 붙어 있는 모양이 많다.

㉑ 헌팅 캡(Hunting Cap) : 앞에 좁은 챙이 있는 사냥용 모자로 일명 캐스케트(Casquette)라고도 한다.

㉒ 아이비 캡(Ivy Cap) : 한 장의 펠트나 울 소재를 이용하여 만든 앞은 둥글고 뒤는 고리로 여미는 형태의 모자로, 헌팅 캡의 일종이며 아이비리그 학생들의 모자로 사용되었다.

㉓ 자키 캡(Jockey Cap) : 작은 챙이 있고 꼭 맞는 모자로 일반적으로 스포츠용으로 쓴다.

㉔ 머쉬룸 햇(Mushroom Hat) : 얼굴에서부터 모자의 커다란 테두리가 얼굴 아래까지 둘러져 있으며 1960년대에 유행하였다.

㉕ 파나마 햇(Panama Hat) : 중남미 야자류의 짚으로 만든 비교적 챙이 넓은 여름용 모자를 말한다.

㉖ 필 박스 햇(Pill Box Hat) : 머리 꼭대기에 쓰는 작고 둥근 테가 없는 모자로 1930, 1950, 1960년대에 인기가 많았다.

㉗ 레인 햇(Rain Hat) : 방수 소재 또는 비닐로 만든 퍼티그(Fatigue) 형태의 모자를 말한다.

㉘ 라이딩 캡(Riding Cap) : 승마 시 머리를 보호하기 위해 쓰는 모자이다.

㉙ 세일러 캡(Sailor Cap) : 해군들이 착용했던 크라운이 평평하고 브림이 직선적으로 올라간 모자를 말한다.

㉚ 실크 햇, 톱 햇, 오페라 햇(Silk Hat, Top Hat, Opera Hat) : 남성 예복용 모자로 크라운 부분이 굴뚝처럼 높고 뻣뻣한 모자로 보통 실크로 만들어 진다.

㉛ 스트로 햇(Straw Hat) : 밀집으로 만든 모자를 총칭한다.

㉜ 선 캡(Sun Cap) : 여름에 햇빛을 가려주는 용도로 쓰는 모자로 앞의 챙이 머리띠와 연결되어 있는 형태이고, 선 바이저(Sun Visor)라고도 한다.

㉝ 토피(Topi 혹은 Topee) : 태양으로부터 머리를 보호하기 위해 열대지방에서 주로 사용된 모자로 식물의 심으로 만들었으며 1980년대에 유행했었다. 사파리나 정글여행 시 착용하는 모자로 사파리(Safari) 또는 피스 햇(Pith Hat) 또는 피스 헬멧(Pith Helmet)이라고도 한다.

㉞ 터번(Turban) : 머리 전체를 덮는 부드럽게 두른 모자를 말한다.

㉟ 티롤리안 햇(Tyrolean Hat) : 오스트리아 티롤(Tyrole) 지방의 농부들이 쓰던 모자. 등산할 때 주로 썼으며 뒷 부분의 브림이 살짝 올라가 있고 리본 대신 장식 끈이 있으며 작은 깃털장식이 있는 모자로 알파인 모자라고도 한다.

4. 신발(Shoes)

(1) 스타일링

신발은 발을 감싸고 걷는데 쓰이는 물건의 총칭으로 보호와 장식의 목적으로 사용된다. 단순히 발을 감싸는 신발을 슈즈(Shoes), 발등을 노출시키는 형태 중 실내용은 슬리퍼(Slippers), 실외용은 샌들(Sandal), 발목보다 긴 길이의 신발은 부츠(Boots), 발끝이 노출된 발목까지 오는 신발은 펌프스(Pumps)라고 부른다. 구두의 선택은 의상의 이미지와 색상, 유행과 함께 체형의 장단점을 고려하여 선택하는 것이 중요하다.

① 구두의 소재

　㉠ 카프(Calf, 생후 6개월 이내의 송아지 가죽), 키드(Kid, 새끼 산양 가죽), 캥거루(Kangaroo), 오스트리치(Ostrich, 타조), 악어, 도마뱀, 뱀가죽, 백 스킨(Back skin, 사슴가죽의 표면을 기모한 것) 등이 사용된다.

　㉡ 파충류 중 악어, 도마뱀, 뱀의 가죽 등은 무엇보다도 고급스럽고 시크(Chic)한 구두에 사용되며, 고가격이기 때문에 디자인도 단순하게 하여 고급스러운 소재를 더욱 눈에 띄게 한다.

　㉢ 벨루어(Velour)는 소가죽의 안면을, 누바크(Novack)는 소가죽의 겉면을 사포지(Sand Paper)로 기모시킨 것으로 부드러운 감각과 캐주얼한 타입의 구두로 적당하다. 일명 에나멜(Enamel)이라고 불리는 패턴트 레더(Patent Leather)는 가죽의 겉면에 합성수지(우레탄)를 덧입혀서 반짝반짝 빛나게 한 것으로 정장이나 기본적인 구두로 사용되지만 유행을 타는 것이 단점이다.

　㉣ 엠보스드 레어(Embossed Leather)는 가죽의 표면에 악어나 도마뱀 등과 비슷한 모양을 누르기도 하고 주금과 그물 모양을 눌러 만드는 가공법으로 드레시하거나 캐주얼 분위기에 모두 사용될 수 있다. 그 외에도 합성피혁, 인공피혁, 면 캔버스 등 다양한 소재로 사용되고 있다.

② 굽의 종류 : 굽은 기능적인 면뿐만 아니라 디자인 면에서도 중요한 포인트가 되고 굽의 높이와 형태는 유행에 따라 자주 변화된다. 굽은 걷기에 적당한 높이와 각도를 가져야 한다. 굽의 각도는 굽 안쪽 부분의 가장자리 경사 각도를 말하는 것으로 지나치게 낮으면 발이 굽의 턱 부분에서 강하게 압박되어 체중이 발등에 집중되므로 피로가 쉽게 오고, 너무 높으면 발뒤축 부분에 안정성이 적고 발이 앞쪽으로 쏠리게 되어 구두의 모양이 변하기 쉽고 발끝이 아프게 된다.

일반적으로 굽의 높이는 2~9.5cm이며, 로 힐(Low Heel)은 3cm 이하, 중간 힐(Middle Heel)은 3~7cm, 하이 힐(High Heel)은 7cm 이상을 의미한다.

굽의 종류는 프렌치 힐(French Heel), 콘티넨털 힐(Continental Heel), 큐반 힐(Cuban Heel), 플레어 힐(Flare Heel), 웨지 힐(Wedge Heel), 스택트 힐(Stacked Heel), 플랫 힐(Flat Heel), 피나포어 힐(Pinafores Heel) 등이 있다.

(2) 신발의 종류 A to Z

① 앵클부츠(Ankle Boots) : 복숭아뼈 정도 올라오는 길이의 반부츠

② 앵클 스트랩 펌프스(Ankle Strap Pumps) : 발목 주위를 끈으로 묶은 구두

③ 발모랄(Balmoral) : 구두 앞 부분에 스티치된 가죽이 덧붙여져 있는 옥스퍼드

④ 카발리에(Cavalier) : 부드럽고 발목 높이의 한단을 접은 부츠로 부드러운 가죽으로 만들어짐

⑤ 코사크 부츠(Cossack Boots) : 러시아인들 신었던 털 장식의 부츠

⑥ 카우보이 부츠(Cowboy Boots) : 미국 카우보이들이 신던 부츠를 본뜬 것으로 종아리 중간 길이의 부츠 뾰족한 구두코와 겹겹이 쌓은 듯한 넓은 구두굽, 가죽의 장식이 특징

⑦ 데크 슈즈(Deck Shoes) : 배의 갑판 위에서 미끄러지지 않기 위해 신던 신발로 밑창이 고무로 만들어져 있고 가죽 장신 끈이 달려있다. 보트 슈즈(Boat Shoes), 탑사이더(Topsider), 캠퍼스 모카신(Campus Mocasin)이라고도 불림

⑧ 어스 슈즈(Earth Shoes) : 1970년대와 1980년대에 인기 있었던 캐주얼 신발로 밑창이 한 조각으로 된 것이 특징으로 편안히 걸을 수 있음

⑨ 피셔맨 샌들(Fisherman Sandal) : 낮은 뒷굽과 발등에 가죽끈이 엮어서 짜여진 샌들로 주로 남성이나 어린이가 신음

⑩ 글라디에이터 부츠(Gladiator Boots) : 글라디에이터는 고대 로마의 검투사를 뜻하는 말로 당시 그들이 신었던 신발에서 그 이름이 유래하였고 또 다른 이름은 글라디에이터 슈즈

⑪ 하이킹 부츠(Hiking Boots) : 튼튼한 끈으로 묶어서 신는 등산용 부츠

⑫ 로퍼(Loafer) : 발등 가죽 위에 트임을 넣은 스트랩을 좌우에 장식한 신발. 젊은 층에서 많이 찾는 스타일로 중간에 버클이 있거나 없는 디자인이 있으며, 끈을 사용하지 않기 때문에 긴장을 주지 않고 쉽게 벗겨지며 스포티하고 캐주얼한 느낌 때문에 비즈니스 캐주얼이나 일반 캐주얼과 매치하기 좋음

⑬ 메리 제인(Mary Jane) : 굽이 낮으며 발등을 가르는 가죽 끈이 한줄 달려있는 어린 소녀들의 위한 정장용 구두로 사용

⑭ 모카신(Moccasin) : 아메리카 인디언들이 신었던 부드러운 가죽으로 만든 단화

⑮ 몽크 스트랩 슈즈(Monk Strap Shoes) : 15세기 승려가 고안한 구두로 옆쪽에 버클장식 여밈이 있는 구두

⑯ 뮬(Mule) : 본래는 실내용이었으나 오늘날은 외출용으로 사용되며, 발가락에서 발등까지는 덮이고 뒤꿈치 부분이 개방된 즉 뒷부분이 없는 신고 벗기 편한 신발. 슬라이드(Slides)라고도 함

⑰ 오픈 백 펌프스(Open Back Pumps) : 뒤꿈치가 노출되는 구두로 슬링–백 펌프스(Sling-Back Pumps) 라고도 함

⑱ 오픈 토 펌프스(Open Toe Pumps) : 구두의 앞부분이 열려 있어 발가락이 노출되는 구두

⑲ 옥스퍼드 슈즈(Oxford Shoes) : 끈을 매어 신는 가장 일반적인 남성용 구두

⑳ 페니 로퍼(Penny Loafer) : 발등에 동전을 넣을 수 있는 조각이 달린 1950년대와 1970년대, 1980년대에 유행했던 전형적인 미국의 학생 신발

㉑ 플레인–토 슈즈(Plain-Toe Shoes) : 구두코에 아무런 장식이 없는 깔끔한 디자인으로 끈으로 묶을 수 있는 단순한 디자인과 누구나 신을 수 있는 장점때문에 가장 많은 브랜드에서 선보이고 있다. 이 디자인은 젊은 사람에게 어울리며 나이든 사람이 신었을 때에는 나이보다 한층 젊어 보임

㉒ 플랫 폼(Platform Shoes) : 밑창 전체를 높게 한 구두

㉓ 펌프스(Pumps) : 쉽게 신을 수 있도록 발등은 노출시키고 발가락 부분이 막힌 전형적인 여성용 구두

㉔ 킬트 테슬 슈즈(Quilt Tassel Shoes) : 신발의 앞부분에 혀 모양의 술 장식이 달린 모카신, 골프화 등 스포티한 신발로 애용

㉕ 라이딩 부츠(Riding Boots) : 승마용 부츠로 남녀공용

㉖ 사보트(Sabot) : 나무나 코르크로 만든 두꺼운 밑창의 슬리퍼 형태의 구두로 보통 윗부분은 가죽으로 만들어진다. 나막신(Clogs)이라고도 함

㉗ 새들 슈즈(Saddle Shoes) : 대조된 색으로 디자인 되어 있으며 끈으로 매는 신이다. 보통 남녀 어린이들에게 많이 애용되었고, 1970년대와 1980년대에 학생들에게 유행했던 신발

㉘ 샌들(Sandal) : 발등 부분을 거의 노출하여 끈이나 밴드로 여미는 신발

㉙ 사이드 오픈 펌프스(Side Open Pumps) : 구두의 옆 부분이 노출된 구두

㉚ 스키 부츠(Ski Boots) : 스키용 부츠로 두꺼운 구두창에 발목까지 오는 길이에 플라스틱등의 재료로 만들어진 부츠

㉛ 스니커즈(Sneakers) : 발자국 소리가 나지 않도록 고무창이 붙여진 신발의 총칭으로 고무밑창을 가진 끈으로 매는 운동화를 지칭한다. 남녀노소 애용하며 스포츠 슈즈라고도 함

㉜ 스펙테이터 펌프스(Spectator Pumps) : 앞쪽과 뒷굽이 나머지 부분과 대조적인 색으로 되어있는 펌프스

㉝ 스트레이트-팁 슈즈(Straight-tip Shoes) : 구두코에만 구멍을 뚫은 장식으로 디자인이 단순해 쉽게 싫증이 나지 않으며 클래식한 분위기를 냄. 검소하고 세련된 이미지를 가지고 있으며 중간 관리자, 팀장급의 남성에게 적합

㉞ 스트랩 펌프스(Strap Pumps) : 발등 부분에 끈이 있는 구두로 T모양의 끈이 있는 경우 T-스트랩 펌프스(T-Strap Pumps)라고 함

㉟ 테슬 슈즈(Tassel Shoes) : 고전적인 남성용 신발로 발등에 장식용 술(Tassel)이 달려있음

㊱ 통(Thong) : 엄지와 둘째 발가락 사이에 끈이 하나 있는 샌들로 뒷꿈치에 끈이 있거나 없어 여름철 해변용으로 사용

㊲ 웨스턴 부츠(Western Boots) : 부츠 위가 곡선으로 디자인되고 스티치 장식이 들어간 웨스턴 타입의 부츠로, 일명 카우보이 부츠(Cowboy Boots)라 함

㊳ 윙-팁 슈즈(Wing-Tip Shoes) : 리갈이라는 브랜드로 더 잘 알려진 이 슈즈는 드라마틱함과 품위를 상징. 구두 옆에 달린 장식이 날개를 펼친 새와 닮았다고 하여 윙-팁이라는 명칭이 붙여졌으며 가장 전통적이고 보수적인 스타일로 보수적 성향을 가지거나 보수적인 집단에 속한 사람들에게 적합한 디자인으로 브로그(Brogue)라고도 함

㊴ 워크 부츠(Work Boots) : 질긴 가죽으로 만들어진 발목길이의 밑창이 아주 두꺼운 부츠로 컨스트럭션 부츠(Construction Boots)라고도 하며 일할 때 신음

㊵ 지퍼 부츠(Zipper Boots) : 지퍼 여밈의 부츠

PLUS⁺

▶ 레인 부츠(Rain Boots)

여름철 장마철에 비 소식이 계속되면서 등장하기 시작한 레인 부츠가 캐주얼뿐 아니라 비즈니스 우먼의 출근길에도 종종 눈에 띈다. 기능성뿐만 아니라 화려한 컬러와 대담한 디자인, 낮은 굽을 싫어하는 여성을 위한 높은 굽의 레인 부츠까지 다양하게 출시되고 있다.

레인 부츠에서 가장 중요한 점은 바로 관리법이다. 빗물이 묻은 레인 부츠는 물기를 완벽하게 제거하는 것이 좋다. 특히 내부가 젖었을 경우에는 마른 수건으로 닦아낸 후에 그늘에서 건조해야 한다. 보관 시에는 신문지를 말아 모양이 틀어지지 않게 고정시키는 것이 좋다.

5. 스카프(Scarf) · 머플러(Muffler)

(1) 스타일링

스카프는 멋내기 가장 좋은 액세서리로서 화려한 프린트 스카프를 멋진 탑으로 연출하거나, 목에 두르거나 걸치거나 늘어뜨리거나, 머리에 감싸거나, 허리에 두르는 등 연출법도 다양하다. 그 하나만으로도 분위기가 확 달라지기 때문에 스타일링의 활용도가 가장 높은 아이템이라고 할 수 있다. 스포티한 의복에는 체크무늬나 줄무늬, 드레시한 의복에는 도트무늬가 어울리고 얼굴이 큰 사람에게는 진한 색상, 얼굴이 작은 사람이나 나이 든 사람에게는 밝은 색상의 스카프가 좋다. 스카프와 옷을 모두 화려하고 요란한 것으로 착용하는 것은 효과적이지 못하므로, 서로 상반되게 연출하는 것이 좋다. 또한, 명시성과 주목성을 이용한 칼라 코디네이션을 이용해서 신체의 장점을 부각시킬 수 있으므로 체형상의 단점을 커버하거나 장점을 부각시키는 데 효과적이다.

정해진 크기나 형태는 없으나 일반적으로 길이에 따라 맥시, 중간, 짧은 것으로 나누고 모양에 따라 긴 모양, 사각형, 삼각형 등으로 나눈다. 다양한 모양과 소재, 색상과 무늬의 스카프를 적절하게 연출해 보자.

(2) 유형별 스타일링

① 체형에 따른 스카프 스타일링

  ㉠ 작은 키에 통통한 체형 : 패턴 선택이 중요하다. 세로 스트라이프 패턴으로 심플하게 늘어뜨리는 방법을 이용하면 날씬하고 키가 보이는 착시 효과가 있다.

  ㉡ 큰 키에 통통한 체형 : 스카프를 길게 늘어뜨려 어깨가 좁고 전체적으로 가늘게 보이게 연출하는 것이 포인트이다. 차가운 계열의 단순하고 심플한 스타일, 다소 큰 프린트를 선택하는 게 좋다.

  ㉢ 작은 키에 마른 체형 : 상대방의 시선이 상체에 머물도록 잡아주는 것이 포인트로 스카프를 길게 늘어뜨리지 않고 목 부분을 귀여운 느낌으로 볼륨감 있게 연출한다.

  ㉣ 큰 키에 마른 체형 : 대담하고 큰 무늬와 부드러운 파스텔 컬러로 연출한다.

② 의상에 따른 스카프 스타일링

  ㉠ 정장 차림 : 정장 차림에는 일반적으로 느슨한 타이 스타일로 묶어서 연출하는데, 기본으로 접어 연출하면 더욱 단정한 느낌으로 연출되어 세련된 이미지를 줄 수 있다.

  ㉡ 원피스 차림 : 심플한 원피스에는 세일러 칼라 모양으로 연출하여 포인트를 주는 것이 좋다. 실크 프린트 사각형 스카프를 준비해서 대각선 방향으로 접어서 연출한다.

  ㉢ 캐주얼 차림 : 스카프를 한 번 둘러 늘어 뜨려주거나 또는 파시미나 스카프를 꽈배기처럼 꼬아서 연출한다.

③ 얼굴형에 따른 스카프 스타일링

  ㉠ 둥근형 : 스카프를 V자형으로 약간 느슨하게 매주면 얼굴이 갸름하게 연장되어 보이는 효과를 준다.

  ㉡ 각진형 : 긴 스카프를 한 쪽은 짧게 한 쪽은 길게 해서 우아한 느낌과 함께 스카프가 길게 늘어지는 효과로 인해 시선이 분산되는 효과가 있다. 또한 턱이 크고 각진 사각턱의 경우, 머플러를 풍성하게 하면 얼굴이 작아 보이고 갸름해 보인다. 조금 굵은 실로 짜인 도톰한 머플러나 길이가 긴 머플러를 선택해 목을 여러 번 둘러 묶어주면 얼굴형의 결점을 커버할 수 있다. 풍성한 모피(Fur)로 된 머플러는 여러 번 두르지 않아도 고급스러우면서도 얼굴이 작아 보이는 효과를 불러온다.

  ㉢ 주걱턱 : 아래턱이 튀어나온 주걱턱은 숄 타입의 머플러를 선택해 어깨에 두르는 식으로 연출하는 것이 좋다. 머플러를 숄처럼 활용하면 시선이 자연스럽게 어깨 부분에 쏠려 얼굴형의 단점을 커버한다.

PLUS⁺

▶ **반다나(Bandana)**

전통적으로 빨간색 또는 파랑색의 큰 정사각형 면직물에 흰색이나 검정색 프린트를 가졌으며 삼각형으로 접어서 목둘레에 묶는다. 철도사원의 유니폼이나 미국 카우보이 복장으로 사용된다.

▶ **보아(Boa)**

길고 좁은 스카프로 모피나 깃털로 만들어지고 매혹적인 감촉으로 여성의 목주위를 덮는다.

6. 주얼리(Jewelry)

장신구는 원래 복식의 기능차원에서 실용적인 것보다 장식적인 것에 치중하는 액세서리류를 말한다. 장신구는 금속과 원석으로 조화된 진보석류인 주얼리(Jewelry)와 금속, 플라스틱, 나무, 유리 등으로 만들어진 코스튬 주얼리(Costume Jewelry)가 있다. 최근에 그리고 점차적으로 신소재의 모조 주얼리들이 그 화려함을 더하고 있다.

(1) 스타일링

① **귀걸이(Earring)** : 귀걸이는 얼굴형에 맞게 선택해야 하는데, 각진형은 넓지 않고 대담하게 늘어지는 모양을, 둥근형은 링 귀걸이는 피하고 넓은 모양보다는 가늘고 긴 모양을, 긴 얼굴에는 귀에 달라붙고 큰 모양을 사용한다. 삼각형 얼굴은 위쪽은 넓고 아래쪽이 좁은 디자인을, 역삼각형 얼굴은 반대의 디자인을 착용한다. 다이아몬드형 얼굴은 삼각형 얼굴과 마찬가지로 턱쪽으로 넓어지는 디자인이나 물방울 모양이 어울린다. 얼굴이 큰 사람은 큰 귀걸이를 피해야 하고, 키가 작은 사람은 작은 귀걸이를 사용해야 키가 더 작아 보이지 않는다.

② **목걸이(Necklace)** : 목이 짧거나 어깨가 넓은 사람은 긴 목걸이로 시선을 가슴 쪽으로 유도하고, 목이 길면 목에 달라붙는 초커(Choker) 타입이 목선을 더 아름답게 강조할 수 있다. 목이 굵은 타입은 가능하면 얇은 목걸이를 여러겹 착용하거나 브로치로 대신하는 것이 좋다. 의상의 네크라인 디자인에 따라서 목걸이를 선택하는것도 중요하다.

③ **팔찌(Bracelet)** : 팔찌는 반지나 귀걸이와는 다르게 포인트 액세서리로서 보다 전체적인 체형을 고려하여 착용하는 것이 좋다.

키가 작고 마른 사람이 여러 개의 가는 통팔찌를 착용하면 시선을 잘게 나누어 보이는 효과로 팔의 길이가 길게 보이며 전체적으로 몸집이 크고 키가 큰 여성은 가느다란 팔찌를 착용하여 균형미를 보여 주는 것이 좋다. 또한 체형과 함께 팔찌의 스타일과 팔과의 조화를 살펴보아야 하는데 팔이 작고 통통한 손목인 여성은 폭이 좁은 팔찌가 어울리며, 약간 굵고 넓은 편인 손목의 여성에게는 어느 정도 대담한 느낌이 드는 팔찌가 어울린다.

(2) 귀걸이의 종류 A to Z

① 볼 이어링(Ball Earrings) : 공과 같이 둥근 형태의 귀걸이
② 버튼 이어링(Button Earrings) : 단추형의 앞이 둥글고 뒤가 납작한 형태의 귀걸이
③ 샹들리에 이어링(Chandelier Earrings) : 대롱거리며 흔들리는 샹들리에 같은 장식이 붙어있는 귀걸이
④ 클립 이어링(Clip Earrings) : 귀를 뚫지 않고 귀에 클립같이 끼울 수 있게 만든 귀걸이
⑤ 드롭 이어링(Drop Earrings) : 귀걸이의 아래 부분이 길게 늘어뜨려진 형태의 귀걸이

⑥ 후프 이어링(Hoop Earrings) : 둥근 철사나 금 또는 은 등의 금속으로 만든 고리로 고정하게 만든 귀걸이

⑦ 피어스드 이어링(Pierced Earrings) : 귀를 뚫은 형태의 귀걸이

⑧ 스크루 이어링(Screw Earrings) : 귀의 뒷부분을 나사로 돌려 고정하게 만든 귀걸이

⑨ 모빌 이어링(Mobile Earrings) : 모빌은 '움직이는' 이란 뜻으로 움직이는 장식이 달린 귀걸이

(3) 팔찌의 종류 A to Z

① 뱅글(Bangle) : 손목이나 팔의 앞부분에 끼는 둥근 띠로 금, 은, 나무, 플라스틱, 종이 등 다양한 소재가 사용

② 암 링(Arm Ring) : 손목이나 팔에 끼는 가는 형태의 팔찌. 금속이나 플라스틱 소재가 많음

③ 플렉시블 브레이슬렛(Flexible Bracelet) : 사이즈가 조절되는 고무 밴드가 들어있는 팔찌

④ 참 브레이슬렛(Charm Bracelet) : 대롱거리는 장식물(Charm)이 달려있는 팔찌

⑤ 체인 브레이슬렛(Chain Bracelet) : 금속 체인의 줄로 된 팔찌

⑥ 스네이크(Snake) : 뱀처럼 팔을 휘감은 형태의 팔찌

⑦ 발찌(Ankle Bracelet) : 발목에 끼는 가느다란 형태의 체인

PLUS⁺

▶ **브로치(Brooch)**

고대 피블라(Fibular)에서 옷을 고정하는 용도로 사용되다가 장식성이 첨가되면서 다양한 형태가 등장하였다. 종류에는 직선핀 형태와 안전핀 형태, 옷감에 흠집을 줄이는 클립형 등이 있다. 금속이나 보석, 인조보석 외에도 카메오, 상아, 피혁, 필보, 도자기, 플라스틱, 모피, 천 등 다양한 소재가 사용된다. 이름을 새겨 넣은 이니셜 브로치와 코인 브로치, 링 브로치 등도 있다.

▶ **인시그니아(Insignia)**

직업과 신분 등을 나타내기 위해 의복에 사용되는 기장, 배지, 버튼 등을 말한다.

▶ **엠블럼(Emblem)**

귀족가문에서 상징적으로 사용하던 문장이나 동물을 형상화한 장식을 말한다.

▶ **칼라 팁(Collar Tip)**

셔츠 칼라의 끝에 장식하는 삼각형의 금속성 액세서리이며, 주로 웨스턴 스타일의 셔츠에 많이 사용된다.

▶ **스틱 핀(Stick Pin)**

한쪽 끝에는 장식물이 달려 있고 다른 쪽에는 뚜껑이 있는 긴 철사모양으로 보통 여자 재킷이나 코트의 칼라 부분에 단다.

7. 장갑

(1) 스타일링

장갑은 원래 추위를 막거나 일을 할 때 손을 보호하기 위해 사용되었으나 점차 예의를 갖춘 하나의 액세서리로 등장하게 되었다. 격식을 중요시하던 생활양식이 점차 캐주얼화 되어가면서 특별한 경우를 제외하면(작업용 등) 여름철 장갑 착용은 없어지고 그 대신 운전, 골프, 테니스, 등산 등 각종 스포츠나 레저용 그리고 작업용으로 일반화 되었다.

소매가 길거나 짧은 의복에는 길이가 짧은 장갑이 잘 어울리며, 7부 소매의 경우에는 장갑이 길어야 하고, 짧은 소매나 소매가 없는 경우에는 길이가 아주 짧거나 긴 장갑을 소매와 만나도록 착용하거나 중간 길이의 장갑을 소매 위로 착용한다.

장갑은 손에 꼭 맞아야 하고 길이는 목적에 따라 적합하도록 하여야 한다. 장갑의 트리밍은 유행에 따라 변화하며 스포츠용으로는 대개 상침으로 처리한 것이 많다. 이브닝웨어에는 검정색이나 흰색의 길고 윤기 있는 양가죽이 좋으며 흰색 장갑은 특히 검정색 의복이나 드레시한 앙상블에 잘 어울린다. 여름에는 자주 세탁할 수 있게 장갑을 여러 벌 준비하는 것이 바람직하다.

일반적으로 장식모임, 연극 관람 등을 제외하고 실내에서는 장갑을 끼지 않는 것이 예의이다. 또 악수할 때를 제외하고 즉, 음식을 먹을 때나 칵테일파티 등에서는 장갑을 벗어야 된다. 길이가 긴 장갑을 착용할 때에 장갑 위로 팔찌를 끼는 것은 괜찮으나 반지는 끼지 않는다.

(2) 장갑의 종류

① **건틀렛(Gauntlet)** : 손목 위로 올라오는 길이가 조금 길고 폭이 넓은 장갑으로 스포츠 웨어나 웨스턴 스타일에 착용
② **미튼(Mitten)** : 손가락이 없는 벙어리 장갑
③ **글러브(Glove)** : 다섯 손가락을 따로 넣는 일반형 장갑
④ **쇼티(Shorty)** : 손목이나 손목 바로 위까지의 짧은 길이의 장갑
⑤ **암 렝스 글러브(Arm Length Glove)** : 팔꿈치 길이의 긴 장갑
⑥ **부츠 글러브(Boots Glove)** : 팔꿈치 길이의 긴 장갑으로 끝부분이 나팔처럼 넓은 형태

8. 안경(Eyeglasses) & 선글라스(Sunglasses)

안경테(Frame)와 렌즈(Lens)를 의상이나 분위기에 맞추어 연출하는 것이 필요하다. 시원한 느낌을 주는 Blue Lens, 색에 대한 부담감을 덜어주는 Grey Lens, 피로감이 적고 자연색과 잘 어울리는 Green Lens, 흐린 날씨나 밤에는 Yellow Lens, 스포츠 혹은 야간 스포츠용으로는 Orange Lens, 스키장이나 해변에서는 시야를 선명하게 하는 Brown Lens, 패셔너블하고 여성스러운 Violet Lens를 많이 사용한다.

(1) 스타일링

안경은 시력을 보완하거나 태양빛을 가리는 용도로 사용되지만 최근 장식성이 더욱 강조되고 있는 아이템이다. 안경은 얼굴형에 맞는 모양을 선택하는 것이 좋은데, 얼굴이 각이 지거나 이마가 넓고 광대뼈가 발달한 타입은 보스

톤 타입이나 로이드 타입의 둥근형으로 좀더 부드럽게 연출하고, 너무 평범한 얼굴이라면 양옆이 치켜 올라간 폭스형으로 샤프하게, 턱이 뾰족한 역삼각형 얼굴은 아래쪽 테가 없는 것을 선택하면 더 턱이 좁아보이므로 피하고 웰링턴 타입으로 부드러운 모습을 연출한다.

테의 색상은 개성적인 디자인뿐 아니라 의상과 색상을 조화시키면 매우 세련된 느낌을 준다. 렌즈색은 기능적인 역할이 강하지만 이미지 변화에도 이용하면 효과적이다.

안경을 쓸 때는 메이크업을 너무 요란하지 않게 하고, 특히 아이섀도가 안경 밖까지 퍼지지 않도록 하는 것이 좋다. 안경은 자체만으로도 얼굴장식의 포인트가 되기 때문에 귀걸이나 목걸이 등의 다른 액세서리가 큰 것을 사용하면 산만해 보이므로 피한다.

(2) 안경 & 선글라스의 종류

안경의 구조는 테에 따라 웰링턴형(각이 작게 잡혀진 사각형), 폭스형 양쪽(끝이 올라간 형태), 보스톤형(둥근 형태로 밑이 약간 좁아지는 것이 특징), 로이드형(두꺼운 테두리의 원형 프레임)으로 구분된다.

9. 스타킹(Stocking)

스타킹은 다리와 발을 따뜻하게 보호하는 기능과 패션성을 가진다. 소재의 혁명에 의해 신축성이 좋고 미적 감각을 가진 스타킹들이 등장하기 시작하면서 아름다운 각선미와 섹스어필한 신체의 아름다움을 표현할 수 있게 되었다.

스타킹은 무늬와 봉제 상태에 따라 네트 스타킹(Net Stocking), 레이스 스타킹(Lace Stocking), 원 포인트 스타킹(One-Point Stocking), 심 스타킹(Seam Stocking), 아트 스타킹(Art Stocking) 등 다양하게 구분할 수 있다.

스커트 색에 조화되도록 하여 착용하면 다리가 길고 날씬하게 보이는 효과가 있는데, 특히 검은색 스타킹은 소재가 얇을수록 다리선이 예뻐보인다.

수트 착용 시에는 반드시 스타킹을 신어야 하며, 지나치게 무늬가 많거나 망사형 스타킹은 삼가야 한다. 스타킹은 흠집이 나기 쉬우므로, 여유분의 스타킹을 넣어 다니는 것이 센스이다.

> **PLUS⁺**
>
> ▶ 데니어(Denier)
>
> 나일론 원사의 가늘기를 말한다. 단위표기는 d 또는 D 이다. 즉, 1D(데니어)는 1g의 원사에서 9,000미터의 길이의 실을 뽑을 때의 굵기를 말한다.
> - 20~25D : 얇은 스타킹
> - 40~50D : 다리가 반쯤 비치는 스타킹
> - 60~90D : 불투명한 타이즈

3절 브랜드의 유명 아이템

1. 발렌시아가(Balenciaga)

(1) 브랜드

크리스토발 발렌시아가(Cristobal Balenciaga)는 우아한 야회복과 기타 고전적인 디자인을 고안해낸 스페인의 패션 디자이너이다.

그의 디자인이 처음 빛을 보게 된 동기는 쿠튀르 역사에서 가장 많이 언급되는 일화 중의 하나이다. 어느 여름에 마드리드에서 온 부유한 카사 토레(Casa Torres) 가족이 구타리아의 한 빌라에 머물렀을 때 크리스토발은 그 가족의 아이들과 놀았다. 아이들의 할머니인 우아한 카사 토레 후작 부인이 그녀의 드레콜 수트를 카피하도록 허락했을 때 10대 초반이었던 그는 이미 아름다움과 우아함에 매료되어 있었다. 그가 그의 모방품을 건네주었을 때부터 후작 부인은 발렌시아가의 후원자가 되었다. 그녀의 도움으로 그는 마드리드에 있는 어느 샵에 일자리를 얻게 되었고 그곳에서 재단 기술을 익혔다.

결국 발렌시아가는 그녀의 재정적인 지원을 받아 자신의 샵을 마드리드, 바르셀로나, 산 세바스찬, 세 곳에 오픈하게 된다. 발렌시아가는 1937년에 주위의 도움을 받아 최소한의 재정으로 조르쥬 5번가(George V) 10번지에 자신의 메종을 오픈하여, 30년도 넘게 지난 후에도 가장 강렬하고 가장 창조적인 쿠튀르 센터로 남아 있다.

지방시뿐만 아니라 앙드레 꾸레쥬와 엠마뉴엘 웅가로 같은 유명한 패션 디자이너들도 자신을 이끈 지도자로는 발렌시아가를 말한다.

1937년 스페인 내란의 발발로 사업이 붕괴되자 파리로 이주했으며, 그 후 30년 동안 호화롭고 우아한 드레스와 정장들을 발표했다. '구성의 대가'와 '실루엣의 제창자'로 인식되면서 그는 전문적으로 재단된 적절한 디자인을 창출해냈다. 또한 색채 · 재단 · 장식 등의 연구를 통해 멋진 조화와 극적 효과를 얻었다. 발렌시아가는 목이 훤히 드러나는 디자인을 하였으며, 화려한 목걸이를 하기 위한 장소로 남겨 두었다. 그의 디자인 특징 중의 하나인 3/4 길이 소매는 여성의 손목과 손짓을 새로운 포인트로 만들었다. 발렌시아가는 1950년대 후반에 허리선 없이 나부끼는 옷과 케이프를 유행시키고, 1960년대 중반 플라스틱 비옷의 유행에 공헌했다. 1968년 스페인의 지점들과 함께 상점 문을 닫고 은퇴했다.

(2) 아이템

발렌시아가 모터백은 세계적으로 사랑을 받으며 스타들의 잇백(It Bag)으로 자리를 잡았다. 다양한 색상, 다양한 디자인별로 선보이고 있다.

• 모터백1) •

2. 보테가 베네타(Bottega Veneta)

(1) 브랜드

보테가 베네타는 가죽 제품으로 이름난 이탈리아 럭셔리 브랜드 하우스이다. 1966년 Vittorio와 Moltedo에 의해 핸드백, 신발 등 가죽 제품을 전문적으로 생산하는 회사로 출발하였고 1970년대 '당신의 이니셜만으로 충분할 때' 라는 문구로 광고를 시작하였다. 1980년대 초반에 이르자 보테가 베네타는 글로벌 신상류층인 제트족이 선호하는 브랜드로 자리 잡았다. 심지어 보테가 베네타 뉴욕 부띠끄에서 크리스마스 쇼핑을 한 예술 작가 앤디 워홀 (Andy Warhol)은 1980년 이 브랜드를 기리는 단편 영화를 제작하기도 하였다. 2001년 구찌 그룹(Gucci Group)에 인수되었고 토머스 마이어라는 크리에이티브 디렉터가 '인트레치아토' 로 불리는 가죽을 엮는 기법들을 특화시켰다. 현재 프랑스 글로벌 명품 그룹인 PPR에 속해 있다. 보테가 베네타의 본사는 이탈리아 북동부 베네토 주 비첸차에 위치하고 있다.

---

1) 사진출처 : http://www.balenciaga.com

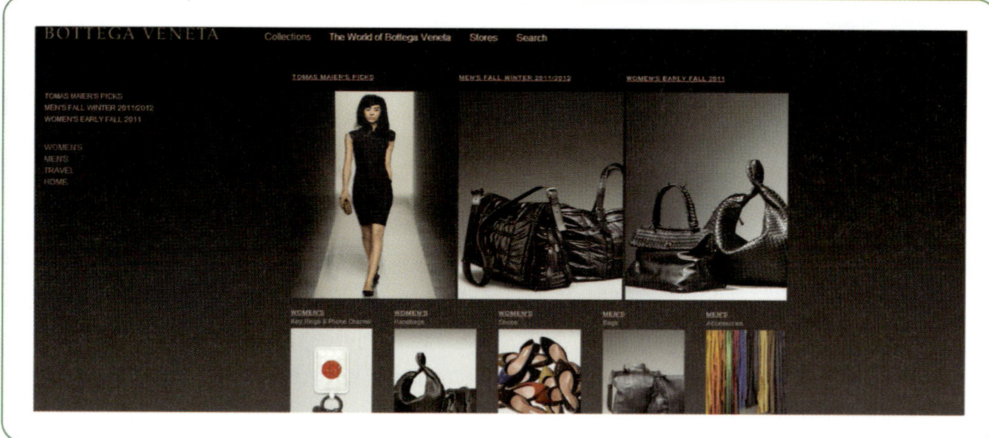

• 보테가 베네타[2] •

(2) 아이템

'인트레치아토'는 실크처럼 부드러운 가죽을 마치 니트를 짜듯이 여러 개로 잘라 바느질없이 엮는 수공예 기법이다.

Ebano Intrecciato Nappa Tote　　　Celeste Intrecciato Nappa Large Veneta

• 인트레치아토 •

---

2) 사진출처 : http://www.bottegaveneta.com

3. 버버리(Burberry)

(1) 브랜드

토마스 버버리(Thomasr burberry)는 원래 포목상으로 당시 농부나 목동들이 즐겨 입었던 스목–프록이라는 옷감에 특별한 관심을 가지고, 소재 개발과 연구를 거듭하여 '개버딘' 이라는 혁신적인 원단을 개발했다. 이 소재는 여름에 시원하고 겨울에 따뜻하며, 입고 난 후 세탁이 수월하고 비교적 습기의 영향을 덜 받기 때문에, 비가 자주 오고 축축한 영국 기후에 적합한 레인 코트에 안성맞춤이었다.

2001년 구찌의 수석 디자이너였던 크리스토퍼 베일리를 디자인 총책임자로 영입하며 버버리는 젊은 버버리로 재탄생되었다. 그가 개발한 '프로섬(Prorsum)' 라인은 버버리 최고 상위라인 브랜드이다. 그 외 버버리 런던, 버버리 블랙라벨, 버버리 블루라벨이 있다.

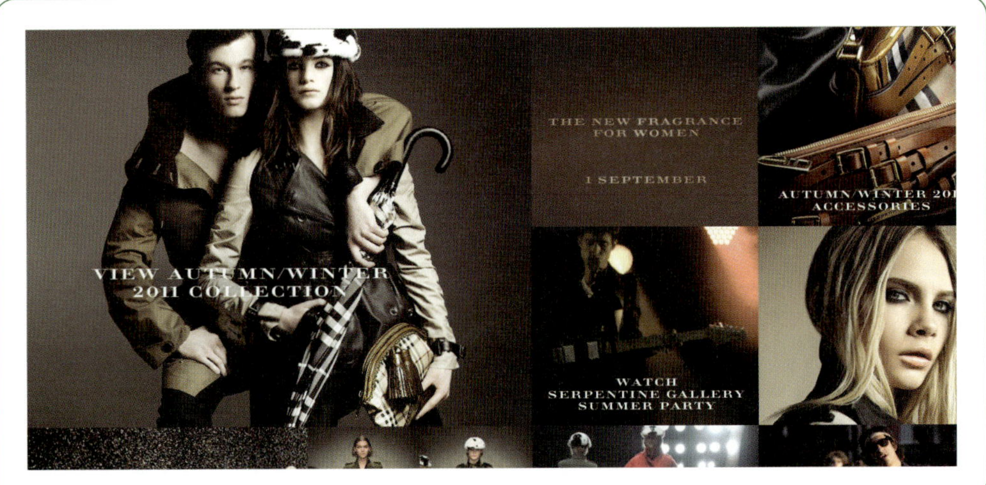

• 버버리 프로섬3) •

---

3) 사진출처 : http://www.burerry.com

(2) 아이템

우수한 품질과 실용성을 지닌 개버딘 버버리는 영국 국왕 에드워드 7세에 의해 많은 사랑을 받으며 명품으로 알려지게 되었다. 국왕이 토마스 버버리의 개버딘 코트를 입을 때마다 입버릇처럼 "내 버버리를 가져오게"라고 말한 것이 널리 퍼져, 버버리가 곧 트렌치 코트를 지칭하는 패션용어가 되어 버렸다.

버버리 체크는 1924년 에든버러(스코틀랜드의 수도)에서 처음 소개된 후, 전통적인 디자인으로 사용되면서 세계적으로 영국 상품을 연상시키는 디자인으로 인식되어 왔으며 레인 코트, 스카프, 머플러, 가방 등은 특히 사랑받는 아이템으로 실용성을 추구하는 버버리만의 개성을 보여주므로 꼭 하나쯤은 간직하고 싶은 아이템이다.

• 버버리 일본 긴자 매장 •

4. 셀린느(Celine)

(1) 브랜드

1946년 파리에서 아동용 구두매장으로 시작한 셀린느의 창업자는 마담 셀린느 비피아나이다.

1959년 독특한 말 문양장식 '잉카로퍼'라는 신발을 제작하여 큰 명성을 얻게 된 계기로 고객층을 성인 여성으로 확대한다. 이후 포니 백(PONY BAG)을 비롯한 가죽 가방과 액세서리를 선보이며 파리뿐만 아니라 프랑스 전역에 걸쳐 매장을 열기 시작한다.

의류는 1969년부터 시작되었는데 기성복라인을 갖게 된 첫 번째 고급 브랜드의 효시라고 볼 수 있다. 1971년 파리 개선문 안의 장식 문양에서 영감을 얻어 CELINE의 앞글자 'C'를 결합시킨 체인모양의 CELINE 로고가 사용되었으며 가죽제품 신발은 물론 의류까지 확대 사용되고 있다. 처음의 로고는 C-Bloson만을 연결시킨 모양이었고 최근에는 라틴어 C와 C-Bloson을 혼합한 형태의 로고가 새롭게 등장하였다.

진취적 여성을 위한 패션이란 컨셉으로 1980년대 속옷과 이브닝드레스 그리고 스포츠웨어 라인까지 출시하게 된다. 1985년에는 셀린느의 40주년을 기념하기 위해 첫 남성복 컬렉션도 선보였다. 탄생한 지 30년 그리고 루이비통의 모체인 LVMH그룹에 인수된 후 1년 뒤인 1997년에는 셀린느 역사상 처음으로 디자이너를 영입하는데 그가 마이클 코어스이다. 미국적인 실용주의를 스포티한 감각과 고급스러움으로 포장하는 그만의 스타일로 젊은 활기를 불어 넣었고 현재 셀린느 브랜드의 아트 디렉터로 여성 라인을 총괄하고 있다.

• 셀린느4) •

---

4) 사진출처 : http://www.celine.com

(2) 아이템

① **블라종 로고** : 1971년 파리 에뜨왈 광장 개선문을 둘러싼 장식에서 힌트를 얻어 만든 로고이다. 아르누보적 성향이 짙은 블라종 장식 무늬는 그 후 단순한 셀린느 로고의 차원을 넘어 전통과 우아함, 그리고 프랑스 디자인 노하우의 상징이 되었다.

② **부기 백** : 튼튼하고 시크한 최소한의 디자인으로 최대한의 시각 효과를 누린다는 점이 장점이다. 프랑스의 우아함과 미국의 실용성이 녹아 든 가방으로 1940년대 춤을 출 때 유행한 '부기우기(Boogie-Woogie)' 재즈에서 이름을 따왔다. 2002년 출시된 이래 팝 스타 마돈나가 의상에 맞게 컬러별로 부기 백을 들고 다니는 사진이 공개되면서 일명 마돈나 백이라고도 불린다.

• 부기 백 •

③ **배럴 백** : 아이보리 컬러에 브라운 블라종 패턴이 세련된 피혁소재로 세심한 스티치가 있는 초콜릿 컬러의 가죽과 셀린느의 로고가 각인된 앙증맞은 골드장식이 한층 리치한 분위기를 더하는 디자인이다.

④ **풀보 백** : 몽마르트 거리에서 뛰노는 아이들의 애칭인 '풀보' 에서 이름이 유래되었으며 활동적 현대 여성의 두 손을 가방으로부터 자유롭게 해주기 위해 유선형의 숄더백 형태를 지니게 되었다.

⑤ **베르딘 백** : 앤티크 느낌의 메탈 장식이 포인트이며, 모던하면서도 빈티지 분위기를 연출한다. 팝 스타 카일리 미노그 등의 스타일리시한 셀레브리티에게 사랑 받고 있다.

⑥ **클래식 백** : 셀린느 클래식 백은 원색계열로 여러 가지 색상이 있으며 다양한 컬러에 금장버클이 포인트인 제품이다.

• 클래식 백 •

⑦ **러기지 백** : 최근 많은 셀레브리티들에게 사랑받고 있는 백으로, 배색과 소재를 다양하게 하여 여러 가지에 연출가능하다. 미니 사이즈도 출시되었다.

• 러기지 백 •

5. 샤넬(Chanel)

(1) 브랜드

가브리엘 샤넬은 1833년 프랑스의 소뮈르에서 행상의 딸로 태어나 어린 고아시절을 보냈다. 'Chanel' 이라는 브랜드의 탄생은 가브리엘 코코샤넬(Gabrielle coco Chanel)이 25세 되던 해 1941년 파리에 모자 가게를 오픈하며 시작되었다.

이어서 남자의 속옷으로 자유롭게 여자의 옷을 만들고 레이스로 된 드레스, 남성들의 상징이었던 카디건, 영국신사들의 트위드 재킷에서 따온 재킷과 무릎라인 스커트의 '샤넬 수트' 로 현대 여성복의 대명사가 되었다.

1983년부터 샤넬의 신화는 천재 디자이너 칼 라거펠트로 이어진다. 뒤로 묶은 은발의 헤어스타일, 검은 선글라스, 그리고 동양적 스타일인 부채가 그의 트레이드마크이다.

미국의 보그지는 'Chanel' 이 의상에서 액세서리까지 총 망라한 샤넬의 모든 작업을 '토털 룩' 이라고 표현했다. 이때부터 토털 패션이라는 개념이 생겨났으며, 'Chanel' 라인의 창조 등을 통한 토털 룩을 실현해냈다. 즉, 여성의 손을 해방시키기 위해 금 체인이 달린 핸드백을 창조해냈고, 다리를 더 길어 보이게 하기 위해 베이지색을 이용한 투톤 슈즈를 고안해냈으며, 포켓은 손을 넣기 위해서 실용성을 바탕으로 디자인되었다.

• 샤넬 도쿄 매장 •

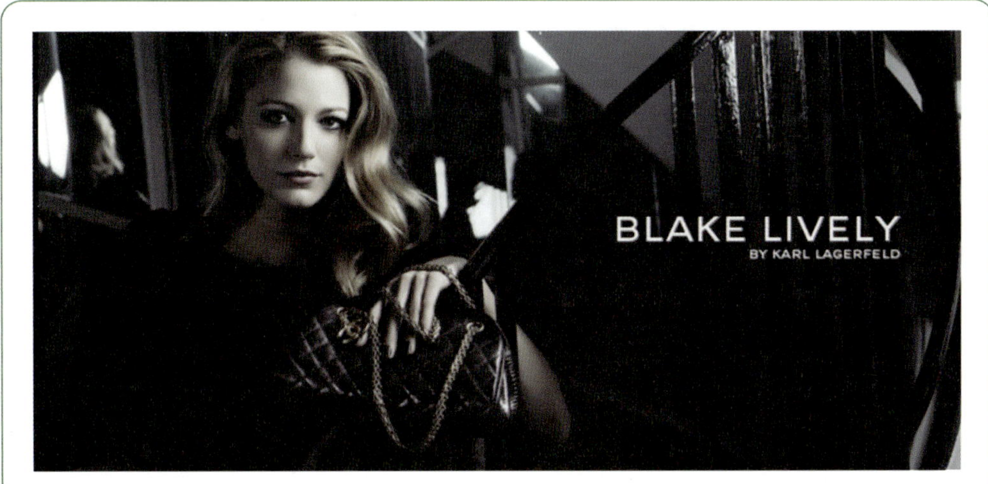

• 샤넬[5] •

(2) 아이템

① 코코 마크(Coco Mark) : 'Chanel' 의 심벌마크로 창시자 가브리엘 코코 샤넬(Gabrielle coco Chanel)의 이니셜 C를 겹쳐서 만든 것이다.

② 샤넬 백(Chanel Bag) : 1955년에 등장한 'Chanel' 의 메인가방. 덮개 잠금쇠 부분에 코코 마크가 특징이다. 1929년 이후 가브리엘 코코 샤넬(Gabrielle coco Chanel) 자신이 계속해서 사용해왔던 백이 제품화된 것이라고 할 수 있다.

---

5) 사진출처 : http://www.chanel.com

③ 1921년에는 어네스트 보(Ernest Beaux)가 개발한 향수 '넘버 파이브(No.5)'를 출시하여 상류사회 여성들에게 폭발적인 인기를 얻었다.

④ 1983년부터 샤넬의 신화는 천재 디자이너 칼 라거펠트로 이어져 역사상 최초로 토털 룩 투피스 수트, 퀼팅 백, 인조 액세서리를 선보인 혁신성과 최고의 품질로 새로운 샤넬로 거듭나게 되었다.

⑤ 화사하고 부드러운 파스텔 톤의 트위드 재킷과 편안한 라인의 마 소재 팬츠로 시대를 넘어 샤넬 스타일은 영원한 젊음과 세련됨의 상징이다.

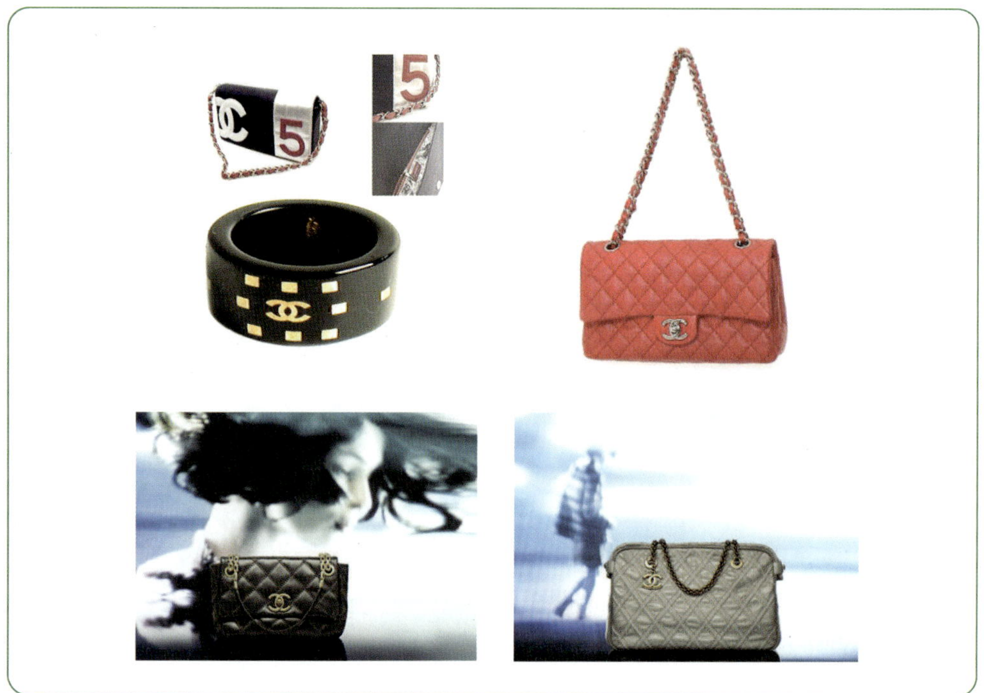

6. 끌로에(Chloe)

(1) 브랜드

1952년 이집트 출신인 자크르누아르와 가비 아기옹에 의해 탄생한 끌로에는 특유의 여성스럽고 파이지엔느식의 새로운 스타일을 제시하며 등장한다.

1966년 칼 라거펠트를 영입하며 재키 케네디, 브리짓 바르도, 그레이스 켈리 등이 주요고객이 된다. 1985년 리치

몬트 명품 그룹에 영입된 끌로에는 보헤미안 정신으로 새로운 트렌드를 주도하며 성장을 이어나간다. 1988년, 여성스럽고 드레시한 댄디 의상을 선보인 마르틴 싯봉으로 인해 인지도를 더욱 높여가던 끌로에는 1997년 폴 맥카트니의 딸인 스텔라 맥카트니에 의해 페미닌하고 로맨틱하면서 세련된 컨셉으로 창조되었고, 이어 2001년 피비 필로는 끌로에의 럭셔리하면서도 대담한 디자인을 이어나가며 인지도를 더욱 높여나갔다. 2006년 파울로 멜림 엔더슨, 2008년부터는 한나 맥기본이 끌로에를 이끌며 세계에서 가장 힙하고 감각 있는 여성들이 열광하는 브랜드로 명성을 이어나가고 있다.

• 끌로에6) •

(2) 아이템

① **마르씨 백** : 클래식한 느낌의 마르씨 백은 1970년대의 포크 정신에서 영감을 받았다. 테니스라켓 모양의 핸들과 가방 전면을 덮고 있는 앞 포켓, 매듭모양의 여밈 디테일이 특징이다. 뱀 가죽소재, 토트와 호보 형태의 숄더백 중 선택할 수 있다.

② **파라티 백** : 바디 부분 사이드로 트리밍된 가죽과 숄더부분 손잡이 등 독창적인 디자인과 가볍고 실용적인 면모를 두루 갖춰 많은 패셔니스타들이 애용하는 아이템이다.

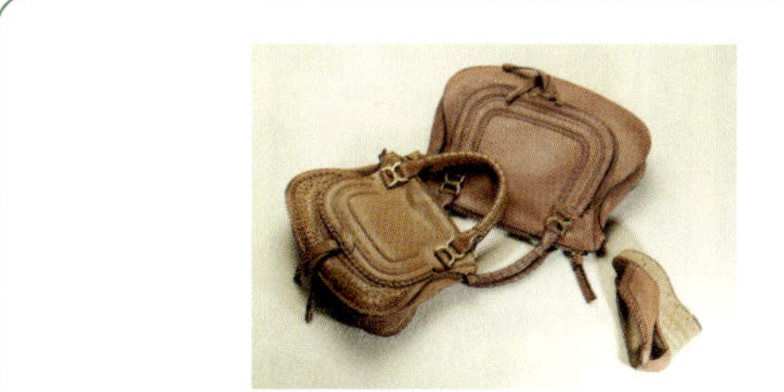

마르씨 백

파라티 백

---

6) 사진출처 : http://www.chloe.com

7. 크리스찬 디올(Christian Dior)

Dior

(1) 브랜드

크리스찬 디올은 20세기 여성들의 아름답고자 하는 욕망을 대변하는 브랜드로, 1947년 둥근 어깨, 가는 허리, 풍성한 스커트의 여성스러움을 살린 '뉴 룩'이라는 새로운 라인을 발표해 유명해졌으며 그 후 세계적인 브랜드로 패션계를 이끌어가고 있다. 디올 하우스는 옷과 더불어 향수, 파운데이션, 넥타이 등 매 시즌 새로운 디자인을 선보였으며, 1957년 디자이너로서는 최초로 타임지를 장식하기도 하였다. 디올 하우스는 피에르 가르뎅, 기라로쉬, 입생로랑 등 유명 디자이너를 무수히 많이 배출한 것으로 유명하다. 특히 디올 사망 후 입생 로랑은 6번의 컬렉션을 디자인하여 디올의 명예를 지켜 나갔으며, 그 명성은 마르크 보앙, 프랑코 페레, 존 갈리아노로 이어지고 있다. 존 갈리아노는 젊고 대담하며, 대중적인 스타일로 실력을 인정받고 있던 중, 최근 유대인 비하 발언으로 해고되었다.

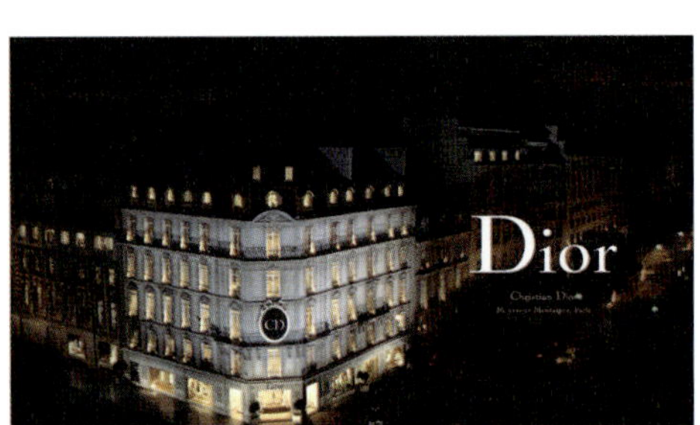

몽테뉴 거리(프랑스 파리) 디올 매장

오모테산도(일본) 디올 매장

디올 홈페이지(www.dior.com)

(2) 아이템

① **가우초 백** : 2006년 S/S 컬렉션에서 존 갈리아노가 발표한 백으로 아르헨티나에서 전통적으로 내려오는 소프트 워시된 가죽 가방들에서 영감을 받았다. 가우초들은 남미의 카우보이를 부르는 말이다. 이 백은 커다란 말 안장을 반으로 접어놓은 형태이며, 두꺼운 스트랩들로 장식된 부드러운 가죽이 반으로 접혀 몸에 밀착되는 스타일이다.

• 가우초 백 •

② **레이디 디올** : 레이디 디올은 1990년대 디올을 대표하는 아이템이다. 레이디 디올 백은 프랑스의 퍼스트 레이디 '마담 시라크' 가 영국의 황태자비인 다이애나 비에게 선물하였으며 이후 레이디 디올 백은 다이애나 비가 가장 좋아하는 백으로 알려지면서 세계적으로 유명해지며 한때 품귀 현상을 일으키기도 했다. 부드러운 양가죽을 퀼팅하고 디올의 로고를 장식한 것이 특징이며 매 시즌마다 새로운 소재와 디테일을 선보이며 우아한 아름다움을 추구하는 여성들에게 꾸준히 사랑받는 대표적인 스테디셀러로 꼽히고 있다.

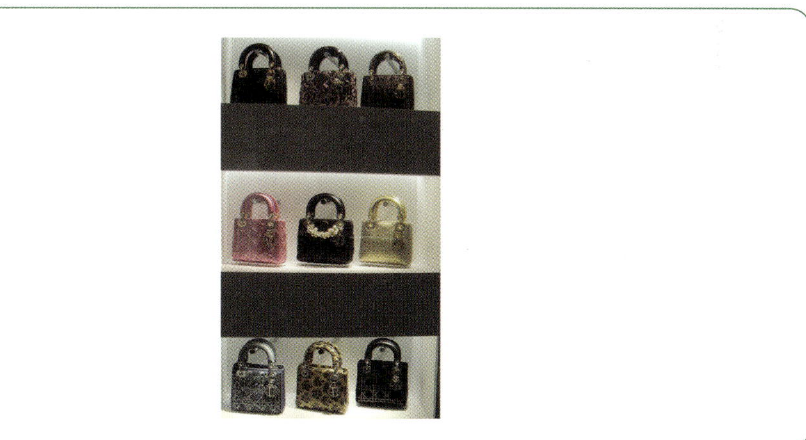

• 레이디 디올 •

③ **새들 백** : 새들 백은 말 안장의 형태에서 영감을 받은 제품으로 독특한 디자인과 눈에 확 띄는 외형으로 명품은 패셔너블한 도전과는 거리가 멀다는 고정관념을 깬 스테디셀러이기도 하다. 새들 백은 특히 데님이나 양가죽, 염소가죽, 디올로고 캔버스 등 다양한 소재를 사용하는데 지난 1999년 처음 선을 보인 이후 시즌마다 새로운 테마에 맞춘 한정 생산품 '리미티드 에디션(Limited edition)' 을 내놓아 많은 애호가들의 욕구를 채워주고 있다.

• 디올 전시 부스 입구와 내부(중국 상하이) •

8. 펜디(Fendi)

(1) 브랜드

사실 펜디는 모피로 출발한 브랜드이다. 이탈리아 브랜드로서 피혁제품을 다루고 있던 1925년 에두아르도 펜디와 아델레 펜디 부부가 이탈리아 로마에 모피 옷가게를 내면서 출발한 펜디는 이후 다섯 자매가 브랜드를 이어갔고 1962년 이래 칼 라거펠트가 디자인을 담당하고 있다.

1969년 모피 프레타포르테 개시와 동시에 가방, 가죽제품 등을 취급하기 시작하였으며 지금은 프랑스 거대 럭셔리 기업인 LVMH그룹이 2004년부터 100% 인수해 보유하고 있다.

Dobble F이니셜이 돋보이는 주카(Zucca)라인과 천 재질로 만들어진 페퀸(Pequin)라인, 세련된 블랙으로 모던함을 강조하는 오토만(Ottoman)라인의 가방 및 소품들 100여 점을 다양하게 선보인다.

펜디는 대중들의 모피에 대한 개념을 바꾸어 놓았다. 비싸고 뻣뻣하고 무거운 의류를 밝고 가볍고 입기 쉽게 바꾼 것이다. 가죽을 그슬리고 염색하고 처리하는 새로운 방법을 개발했으며 전에는 사용해본 일이 없는 가죽들을 패셔너블한 의류로 가공했다. 가죽 이기기 제작법이나 안료를 쓰는 방법들이 시도되었고, 가죽이 재단되어 망사와 같이 만들어지거나 무늬를 새겨 넣기도 하였다. 1977년 두 번째 열리는 프레타포르테 컬렉션은 모피나 액세서리에서 극찬을 받게 되었다. 1966년에는 칼 라거펠트의 디자인으로 첫 번째 모피 컬렉션을 가졌다.

• 펜디[7] •

(2) 아이템

① **주카(Zucca)** : '펜디'의 메인 테마. 모피코트의 내피에 사용되던 로고 패턴을 백의 외피에 사용한 것이 그 시작으로 이니셜인 F를 두개 조합한 로고, '더블 F'라고도 불리고 있다.

② **피카부 백** : 가방의 바깥쪽이 주름진 채 은밀히 열리면서 가방 내부의 아름답게 보이는 대조적인 소재와 디자인의 양면성을 보여주는 컨셉에 영감을 받아 그 이름이 지어졌다. 클래식한 백의 형태에 다양한 소재와 컬러를 사용하였다. 그리고 그에 상반된 화려한 내부 소재와 디자인이 최상의 럭셔리를 보여주고 있다.

giant chef zucca   pequin   spy

Peekaboo

---

7) 사진출처 : http://www.fendi.com

9. 살바토레 페라가모(Salvatore Ferragamo)

(1) 브랜드

살바토레 페라가모(Salvatore Ferragamo)는 나폴리 근교 작은 마을 보니토에서 1898년 태어났다. 1911년, 열세 살이라는 나이에 여성 전용 맞춤 구두점을 오픈하였다.

열여섯 살 되던 해 미국 서부의 산타 바바라에 정착한 그는 형제들과 함께 영화 스튜디오(아메리칸 필름 컴퍼니) 옆에 작은 구두 가게를 열었다. 그의 구두는 당대 스타들에게 대단한 인기를 얻었으며, 아메리칸 필름 컴퍼니의 성공과 더불어 그의 구두 사업도 날로 번성하였다. 그러나 1929년에 닥친 경제 대공황으로 이탈리아로 다시 돌아와 플로렌스(피렌체)에 정착한다. 'Ferragamo'가 생전에 창작한 구두 디자인은 1만 종류 이상으로, 코르크 통굽과 웨지 솔 등이 대표적이다. 2차 세계대전 후 아이디어가 돋보이는 새로운 신발을 연일 내놓으며, 당시 국제적인 상류 사회의 구두 디자이너로 인정받았다. 당대의 배우들과 함께 그가 창조해낸 스타일의 구두는 시대의 유행을 창조와 함께 페라가모 신화를 이루는 데 지대한 공헌을 하였다. 영화 〈칠년만의 외출〉에서 지하철 통풍구 위에서 치맛자락을 날린 마릴린 먼로의 섹시한 구두 역시 페라가모 손에 의해 만들어졌다.

• 3세대에 거친 슈즈제작8) •

페라가모 신발은 발바닥에 장심을 부착해 발바닥의 느낌을 좋게 하고 발가락이 자유롭게 움직일 수 있도록 공간을 제공하므로 뛰어난 착용감을 준다. 또한 페라가모 특유의 기술로 보행 시 발이 앞으로 밀리는 현상을 방지한다. 그는 이러한 편안한 구두를 위해 UCLA대학에서 해부학을 전공하였다. 현재 1백 34가지 신발 제조 공정 중 중요한 몇몇 단계는 아직도 수작업을 고수하고 있다. 단 신발의 뒷마무리는 기계 바느질에 의존하는데 이는 손보다 기계 바느질이 빠르고 정확하기 때문이다. 페라가모는 1년에 1천 8백만 컬레를 생산하는데 대부분은 여성용 구두이다. 페라가모 구두의 마지막 비밀 하나는 모든 공정을 마친 구두를 7일간에 걸쳐 굽는 것인데 오븐에 있는 시간에 따라 구두 모양이 더욱 견고하게 보존되어 시간이 흘러도 그 모양이 변하지 않기 때문이다.

---

8) 사진출처 : http://www.ferragamo.com

(2) 아이템

① 바라(Vara) : 낮은 굽의 막힌 구두로 그러스그레인 리본과 금 장식으로 여성들을 사로잡은 페라가모를 대표하는 구두. 1978년에 발표되어 현재에 이르기까지 계속해서 선보이고 있으며 소녀에서 중년 부인에 이르기까지 모든 연령층의 여성에게 사랑을 받고 있다. 너무 스포티하지도 지나치게 우아하지도 않은 스타일의 '바라' 는 다양한 색상과 아이디어로 제작되며 최근에는 니켈 장식과 에나멜 소재로도 제안되어 커다란 반향을 일으켰다.

• 바라 •

② 간치니 : Salvatore Ferragamo 구두, 가방의 메인 테마. 이탈리아어로 '고리' 란 뜻으로, 가방의 잠금쇠로 쓰인 것이 시작이었다. 페라가모만의 독창성을 잘 표현하는 로고로서 이것을 단추로 사용한 옷도 있으며 구두 장식, 핸드백 장식, 액세서리 등에 다양하게 이용된다.

• 간치니 •

10. 구찌(Gucci)

(1) 브랜드

1904년 이탈리아 중부 플로렌스에서 구찌오 구찌에 의해 탄생되었다. 당시 세련된 세공기술과 최신의 재질로 승마에 필요한 가죽제품을 생산하여 귀족사회에서 인기를 얻었으며, 2차 세계대전 후 캔버스 천을 소재로 한 신선한 가방으로 세계적 명성을 얻었다.

1913년, 구찌오 구찌(Guccio Gucci)가 피렌체에 고급피혁 제품점을 오픈하면서 더블 G 마크가 붙은 캔버스와 빨간색과 그린색 조화의 워브라인 등을 발표하면서 1960년대 최고의 인기를 누리게 된다.

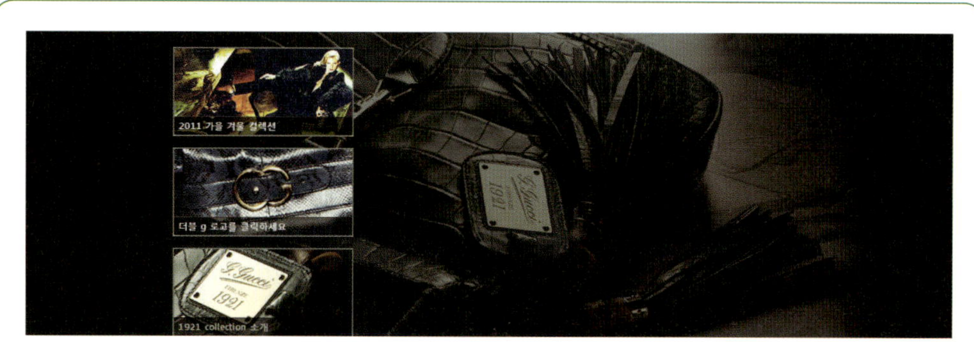

• 구찌[9] •

(2) 아이템

① 더블 G(Double G) : 'GG 마크' 라고도 한다. 구찌오 구찌(Guccio Gucci)의 이니셜을 배열한 'GUCCI' 의 심볼마크로써 1940년대부터 사용된 이 로고를 기하학적으로 짜 넣은 캔버스를 사용한 제품은 'GUCCI' 의 대표상품으로 손꼽히고 있다.

② 재키 백(Jackey Bag) : 미국 대통령 케네디의 영부인이자 1950, 1960년대의 패션 리더였던 재클린 케네디가 애용했던 'GUCCI' 의 메인 백이다. 클래식하고 모던한 실루엣이 특징이며, 1999년 재등장하여 다시 인기를 모으고 있는 제품이다. 'J 백' 이라고도 한다.

③ 비트 모카신(Bit Moccasin) : 발등 부분이 V자형 가죽조각으로 봉제된 구두를 모카신이라 한다. 여기에 호스비트(Horse Bit, 말의 재갈을 두 개 이은 모양의 금속구)를 붙인 스피폰 슈즈, 대략 'GUCCI' 의 로퍼를 가르킨다고 해도 무방하다.

---

9) 사진출처 : http://www.gucci.com

11. 헤르메스(Hermes)

(1) 브랜드

프랑스 브랜드로 샤넬, 루이비통과 더불어 세계 최고의 3대 명품 중 하나이다. 160년의 전통을 이어가며 철저한 장인 정신으로 예술품을 빚어내고 있는 헤르메스는 사륜마차와 마부, 그리고 큰 원통 안에 H자 로고로 상징되는 명품으로 프랑스의 세계적인 토털 브랜드이다.

헤르메스의 창업자인 독일인 티에리 헤르메스는 1837년 파리에 작은 마구용품 가게를 열었고 그가 만든 용품들이 세계적으로 인정받게 되자, 마구용품에서 벗어나 점차 고품질의 캐주얼한 가죽제품을 선보이게 되었다. 헤르메스 브랜드는 전통적인 수작업과 철저한 소량생산으로 제품의 이미지 관리를 하고 있으며 모든 제품은 180개에 달하는 헤르메스 매장에서만 판매되는 철저한 관리를 하고 있다.

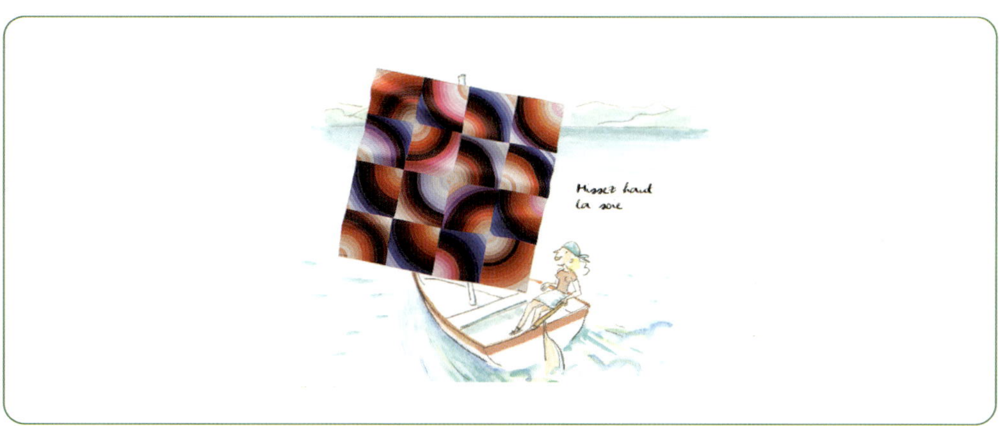

• 헤르메스[10] •

(2) 아이템

1937년 승마 블라우스에 사용하는 실크 스카프가 처음 나온 이래 정교한 문양의 실크 스카프는 헤르메스를 대표하는 주요 라인으로 손꼽히고 있으며, 대공황기에 나온 '켈리 백'과 1984년 탄생된 '버킨 백', 자동차용 여행백 '볼리드' 등은 아직까지 많은 사랑을 받고 있다.

---

10) 사진출처 : http://www.hermes.com

켈리 백11)   버킨 백12)

12. 루이비통(Louis Vuitton)

LOUIS VUITTON

(1) 브랜드

150년 전통을 가진 프랑스 브랜드 루이비통은 진한 고동색 바탕에 반복되는 꽃과 별무늬, 그리고 루이비통의 머리글자 LV가 겹쳐있는 모노그램 캔버스로 유명한 브랜드이다.

1854년 파리에 여행가방 전문점으로 오픈하여, '다미에', '모노그램', '에삐', '타이거' 등 차례로 인기상품을 내놓았으며, 이런 노력은 2세인 조르쥬 비통이 1896년 부친의 이름 첫 글자인 'LV'와 당시 유행하던 아르누보 경향의 꽃과 별무늬를 결합해 모노그램 캔버스를 선보이면서 절정에 달한다. 당시의 폭발적인 인기를 누렸던 이후로 모조품이 판을 치기 시작해 이를 방지하기 위해 처음 고안한 것이 연속적으로 반복되는 빨간 줄과 격자무늬 문양이었다.

1987년에는 모헤 헤네시사와 합병, 산하 브랜드로 크리스찬 디올, 지방시 등을 거느린 최고의 브랜드 제국이 되

---

11) 사진출처 : http://www.interpark.com
12) 사진출처 : http://www.halfclub.com

었다. 1996년에는 마크 제이콥스를 디자이너로 영입해 프레타포르테에 진출하여 '모노그램 베르니'를 시작으로, 현재 가장 주목 받고 있는 브랜드 중 하나이다.

루이비통 일본 긴자 매장

루이비통 일본 롯폰기 매장

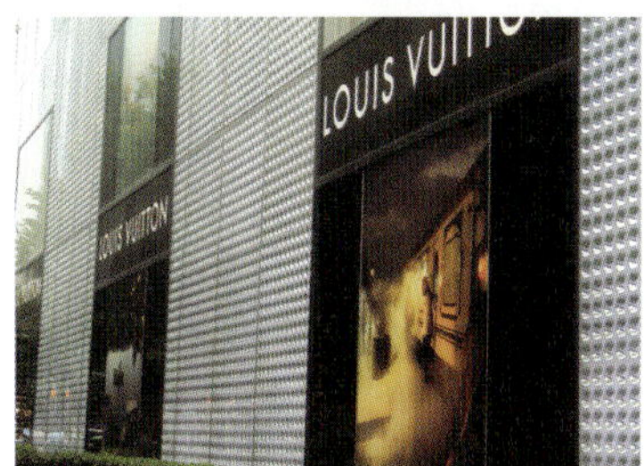

루이비통 중국 상해 매장

• 루이비통 매장 •

• 루이비통[13] •

---

13) 사진출처 : http://www.louisvuitton.com

(2) 아이템

① 모노그램 캔버스(Monogram Canvas) : 브랜드 로고 등을 반복 패턴으로 짜나간 캔버스 원단을 말한다.
‘Luis vuitton’의 가방 등에 사용되는 원단이 그 대표적인 것이다. 캔버스란 내구성을 높이기 위해 굵은 실을 빽
빽하게 짜서 만든 원단을 가리킨다.

② 베르니(Vernis) : 전통적인 ‘Luis vuitton’의 모노그램 패턴을 마치 진주를 생각나게 하듯이 컬러풀한 소재에
새겨 넣은 새로운 시리즈이다. 베르니는 ‘광택이 있는’ 이란 뜻이다.

13. 폴로 랄프로렌(Polo Ralph Lauren)

(1) 브랜드

1967년 랄프로렌(Ralph Lauren)은 ‘Polo fashions’ 이라는 브랜드명의 넥타이 사업을 시작하였고, 1968년 폭이
4인치인 넓은 넥타이를 만들어 내면서 성공가도를 달리기 시작했다. 이후 1968년 당시에 없던 남성복을 고급 남
성복으로 사업을 확장, 독립적인 회사로 발전시켰다. 랄프로렌은 ‘라이프스타일 머천다이징’ 이란 컨셉을 최초로
도입하였는데 평일에는 우아하면서도 편안한 수트를 입고 주말에는 별장에서 캐주얼한 차림으로 자연을 즐기는

상류층의 라이프스타일을 광고와 매장 디스플레이 등에 이용하였다.

남성복 · 여성복 · 아동복 · 액세서리 · 침구류 및 향수에 이르기까지 라인을 확대시켰으며, 브랜드로는 Polo, Ralph, Purple Label, Collection, Polo Sport, Lauren, Polo Jeans 등을 운영하고 있다.

폴로 랄프로렌은 귀족적 취향과 트래디셔널의 대명사로 인정받고 있으며 정통적 브리티시 스타일에 미국적 특성을 가미한 포스트 트래디셔널 브랜드로 자리매김하고 있다. 특히 영국의 정통성을 평범과 보편성을 내세우는 미국적 감성으로 승화시킨 것이 특징으로 이를 통해 고객에게 강한 로열티를 부여함과 동시에 이상향을 제공하는 것으로 이미지 전략을 쓰고 있다.

• 폴로14) •

(2) 아이템

폴로라는 이름은 원래 운동 종목 이름인데, 폴로 셔츠라는 이름으로 불리게 된 것은 1972년에 랄프로렌이 Polo 라인의 대표 상품으로 폴로 선수들이 입는 폴로 셔츠를 넣으면서부터다.

---

14) 사진출처 : http://www.ralphlauren.com/

14. 프라다(Prada)

(1) 브랜드

이탈리아 브랜드로 1913년에 마리오 프라다와 그의 피혁제품의 Import Shop을 오픈, 1978년에 마리오의 손녀 딸인 미우치아 프라다가 3번째 대표주주가 되어, 가방 종류 뿐 아니라 슈즈, 의류 분야에도 진출하고, 1995년에는 맨즈 컬렉션을 발표하게 되었다. 정치학을 전공해 패션 문외한이라는 주위의 시선에도 불구하고 미우치아는 감성과 지성의 결합으로 1978년 프라다 백, 1985년 구두 디자인, 1989년 새로운 의류라인의 성공으로 오늘의 프라다가 되는 입지를 꾸준하게 지켜나간다. 1996년에는 프라다의 대명사라 할 수 있는 역삼각형의 로고 플랫이 달린 나일론 가방을 대히트시키고, 1999년 이후에는 질 샌더를 인수하게 되었다.

• 프라다 일본 긴자 매장 •

(2) 아이템

미우치아 프라다 그는 할아버지가 트렁크를 감싸 보호하는데 썼던 포코노 나일론으로 1978년 그 유명한 TOTE를 내놓았다. 현재는 대표적인 상품으로 인식되지만 당시로서는 충격적인 시도가 아닐 수 없었다. 나일론 토트 백은 원래 안감이나 가방을 싸는 천으로 쓰이던 낙하산용 방수 천이었는데, 이 포코노 소재의 나일론을 가방에 도입해 실용적이면서도 은근한 멋이 돋보이는 패션아이템으로 재창조해냈다. 1990년대 들어 차츰 차츰 이 나일론 백의 보유자가 늘어나기 시작했고, 유행과 더불어 패션도 바뀌었다. 울이나 면, 린넨 등과 같은 천연적인 소재 사용에서 벗어나 각종 합성 소재를 이용한 패션의 등장은 프라다의 나일론 가방 판매를 부추기는 결과를 낳았다.

• 프라다 백15) •

PRADA 광고

2장 디테일과 실루엣

1절 디테일(Detail)과 트리밍(Trimming)

1. 디테일

디테일이란 의복을 만드는 봉제 과정에서 본래의 직물을 사용하여 장식을 목적으로 만들어진 세부 장식이다. 즉, 옷의 전체적인 실루엣에 대조적인 의미로서 그 실루엣 속에 장식되어 있는 여러 부분 장식이다. 디테일은 광범위하게 구조적 디테일(Neckline, Collar, Sleeve, Cuffs, Pocket)과 장식적 디테일(Frill, Gather, Drape, Shirring, Tuck 등)로 구분한다.

2. 트리밍(Trimming)

의복의 미적 목적을 위하여 완성되어 있는 장식을 달거나 별도의 재료로 만들어 부착하는 것이다. 트리밍은 장식의 목적에 따라 사용하기 때문에 시대 감각에 맞도록 선택하며, 의복의 재료나 디자인이 단순한 경우에 포인트를 주어 효과를 얻을 수 있다.

3. 구조적 디테일

(1) 칼라(Collar)

얼굴과 가까운 위치에 있어 그 모양이 얼굴에 미치는 영향이 크므로 의상 디자인의 중요한 부분을 차지하고 있다. 또한 착용자의 체형, 취향과 용도에 따라 디자인을 고려하여 선택해야 한다.

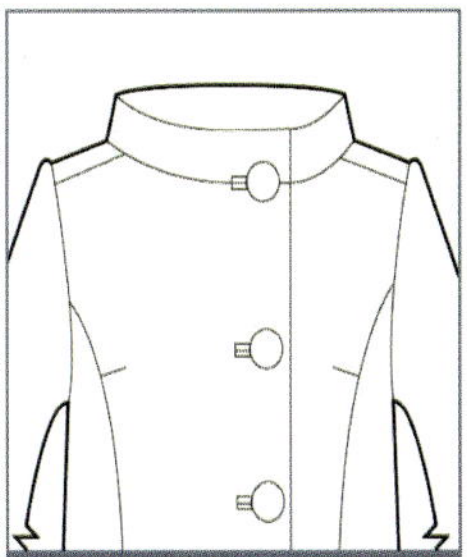

스탠드 칼라	 피터팬 칼라	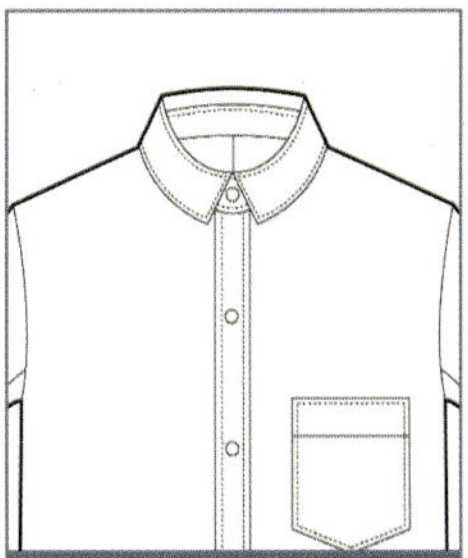 셔츠 칼라	 버튼다운 칼라
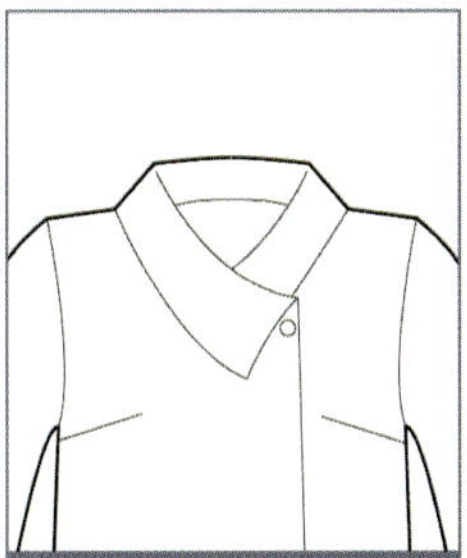 사이드웨이 칼라	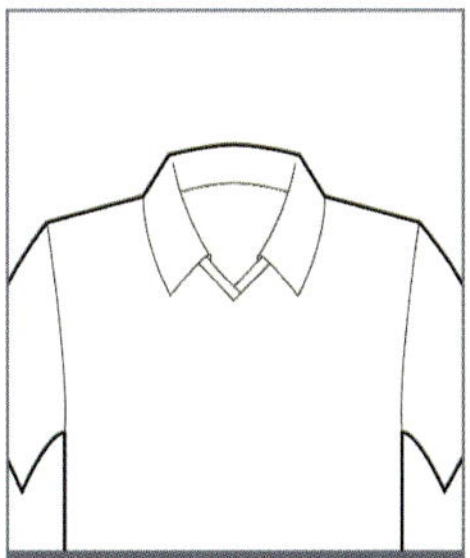 이탈리안 칼라	 피크드 칼라	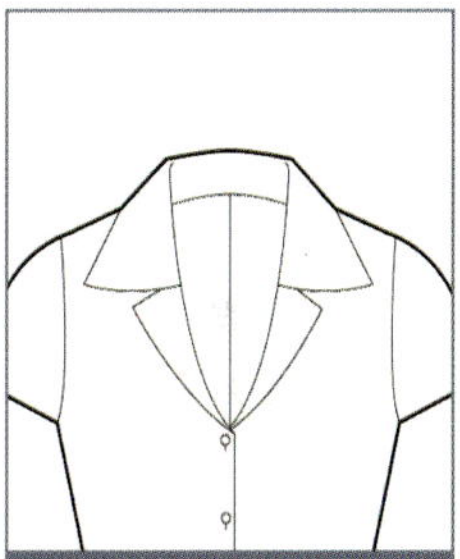 스포츠 칼라
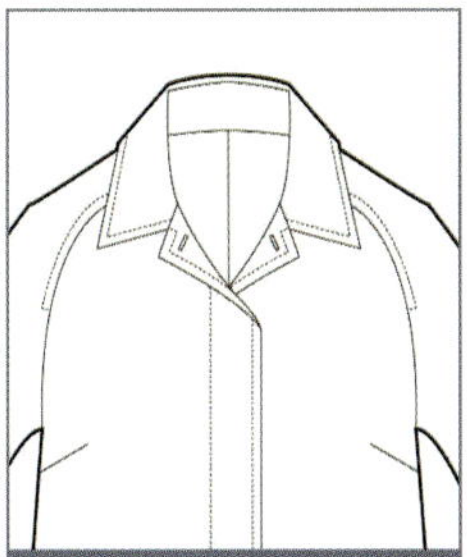 컨버터블 칼라(오픈)	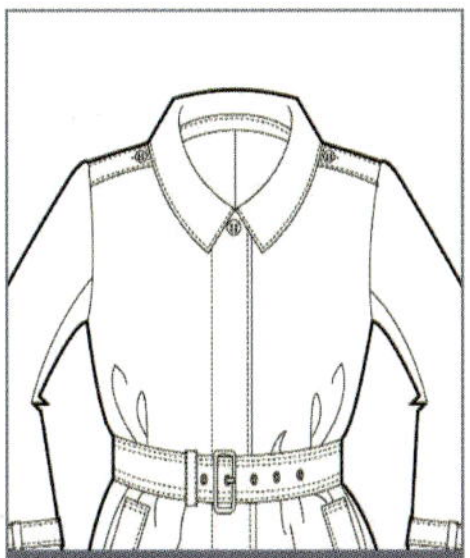 컨버터블 칼라(클로즈)	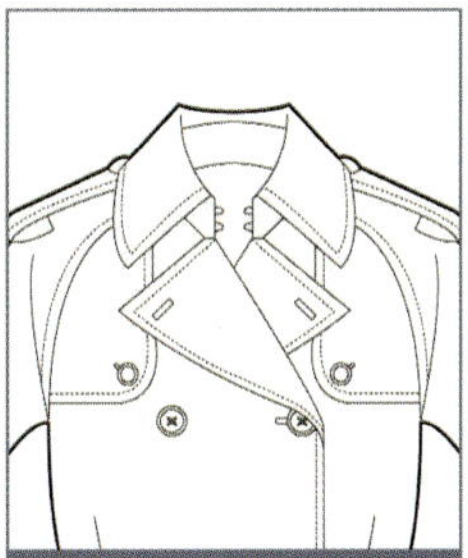 나폴레옹 칼라	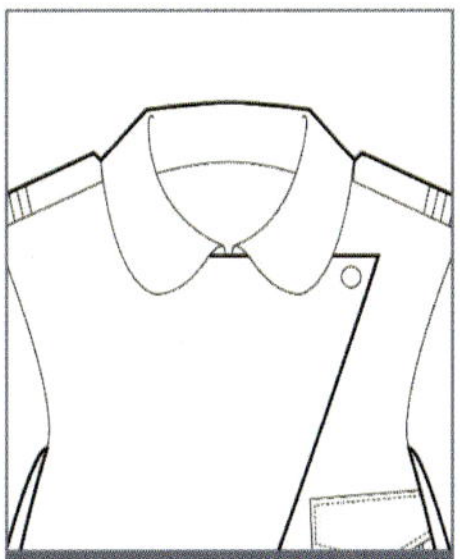 리퍼 칼라
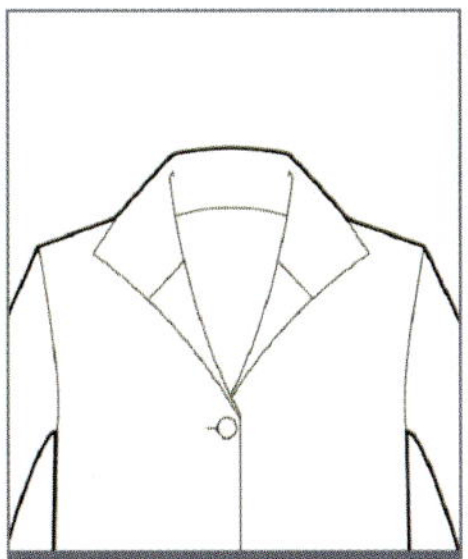 오브롱 칼라	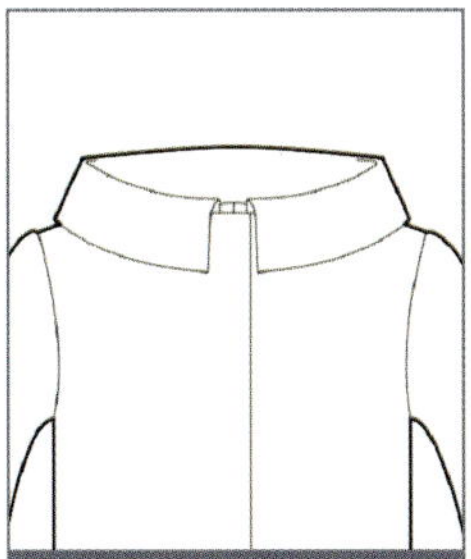 파어웨이 칼라	 테일러드 칼라	

• 칼라의 종류 •

(2) 네크라인(Neckline)

칼라와 마찬가지로 얼굴의 가장 가까운 부분으로 몸과 얼굴의 중계 역할을 하는 곳이므로 얼굴 모양에 유의한 디자인이 되어야 한다.

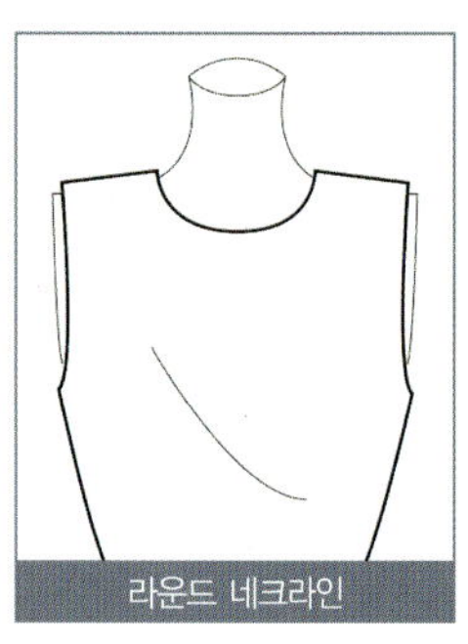

라운드 네크라인

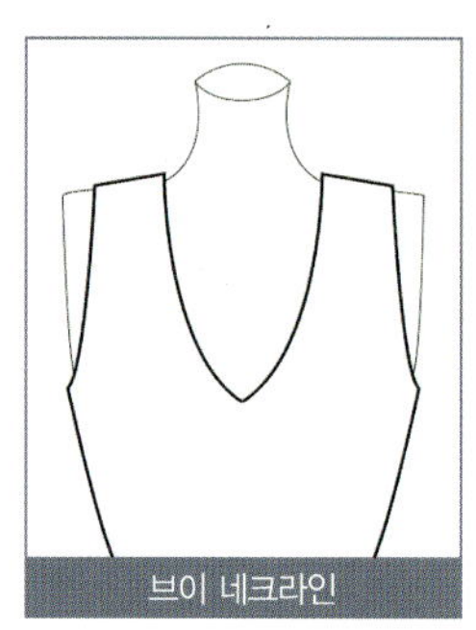

브이 네크라인

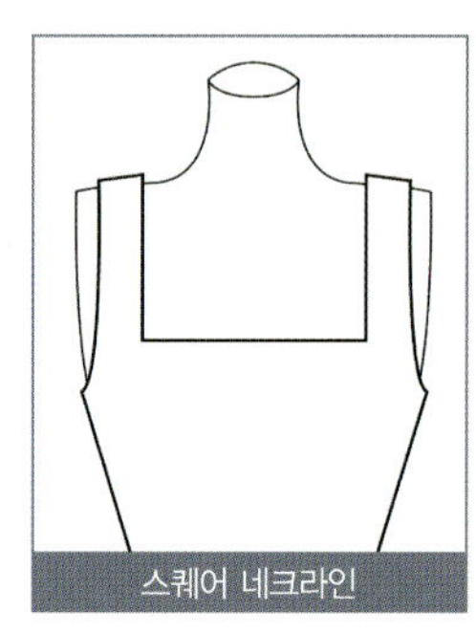

스퀘어 네크라인

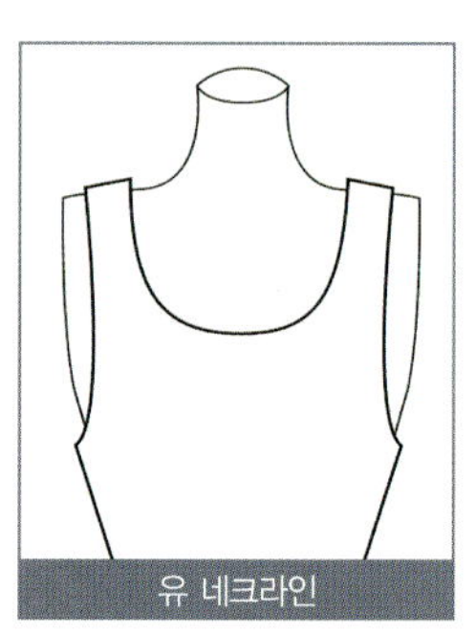

유 네크라인

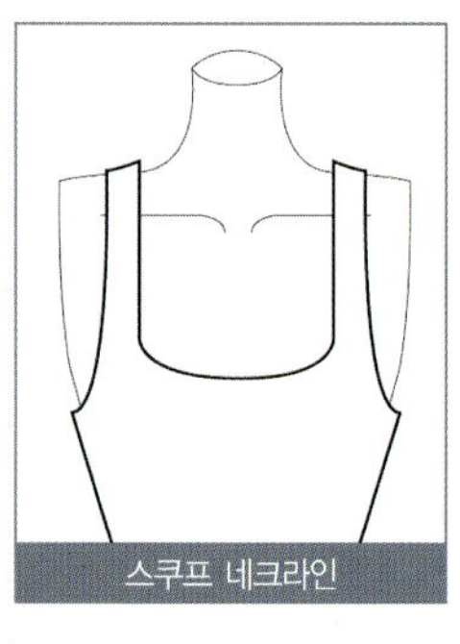

스쿠프 네크라인

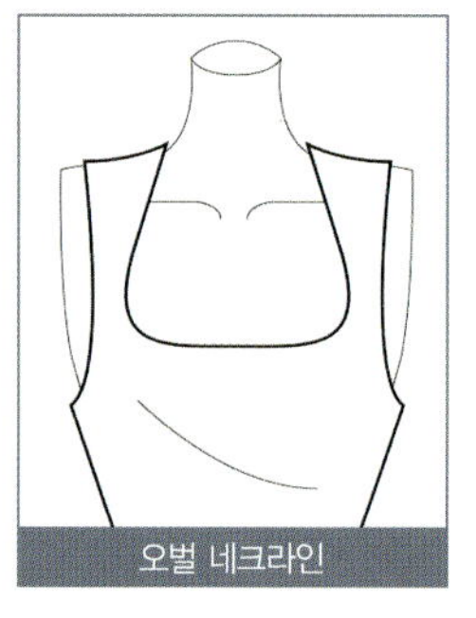

오벌 네크라인

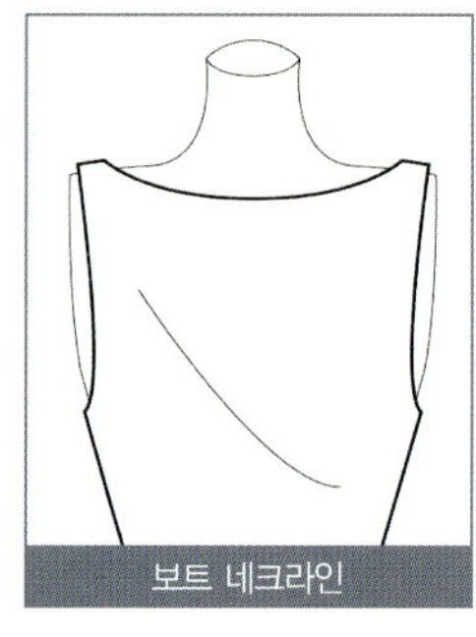

보트 네크라인

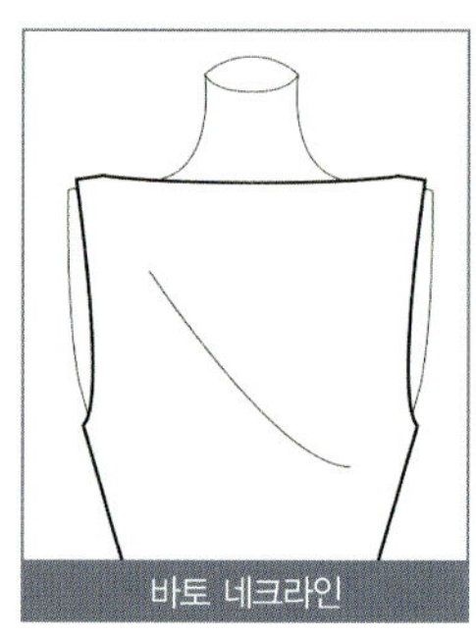

바토 네크라인

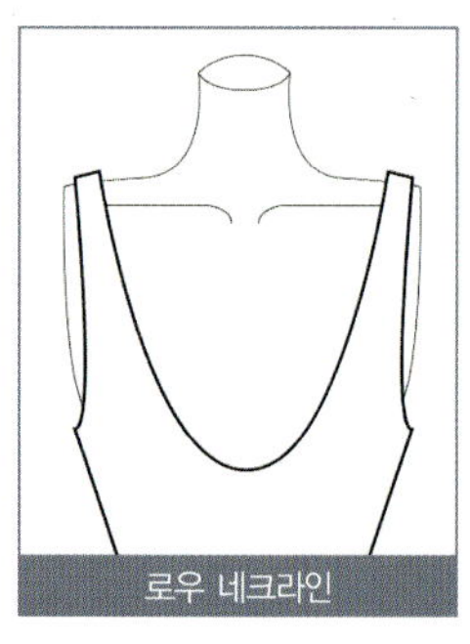

로우 네크라인

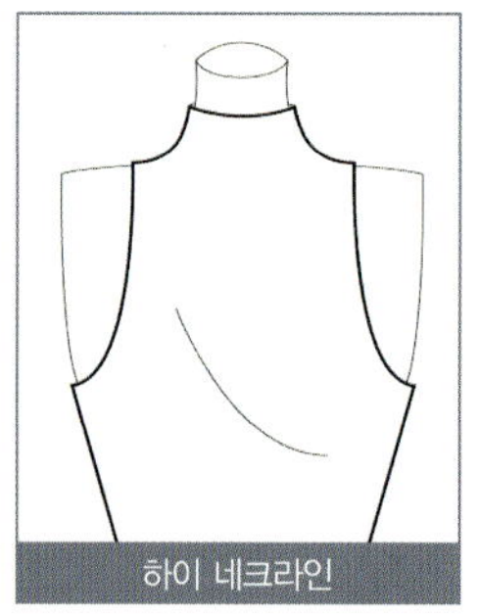

하이 네크라인

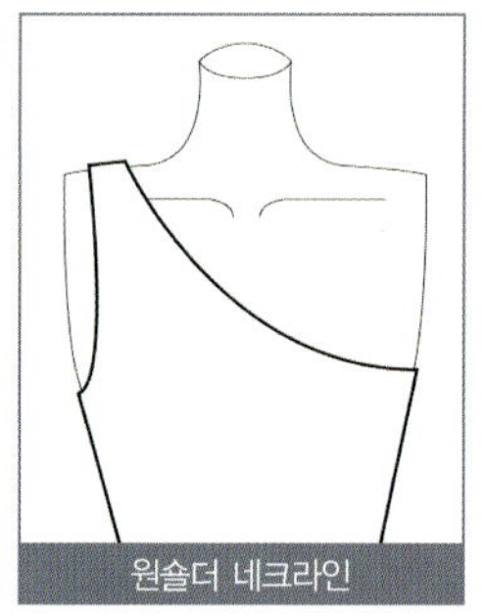

원숄더 네크라인

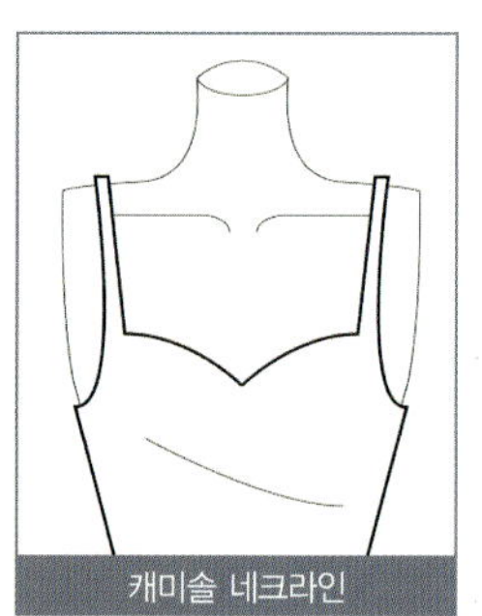

캐미솔 네크라인

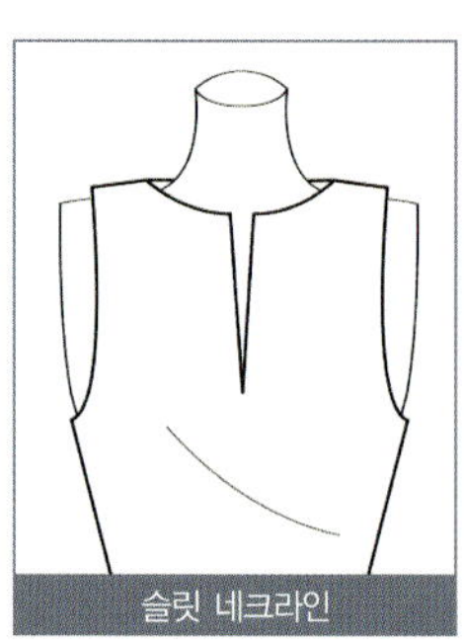

슬릿 네크라인

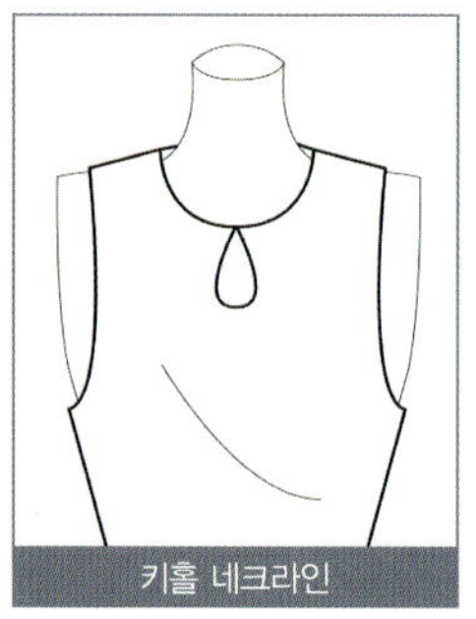

키홀 네크라인

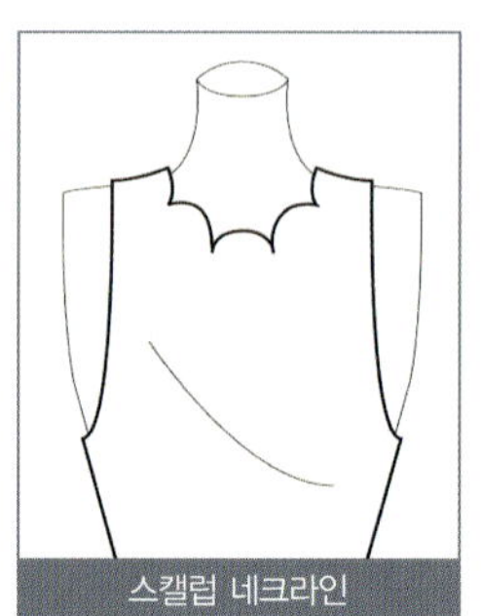

스캘럽 네크라인

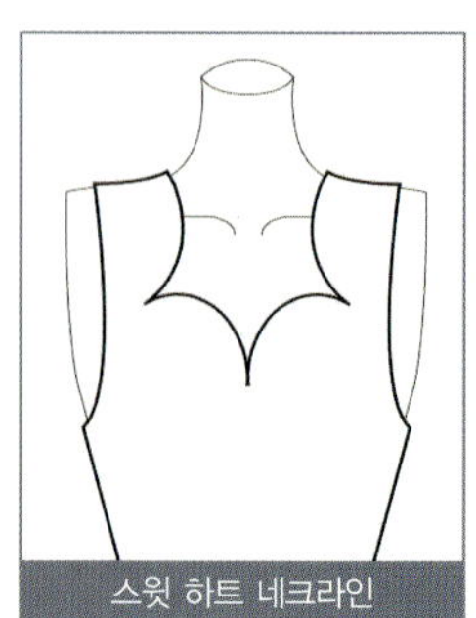

스윗 하트 네크라인

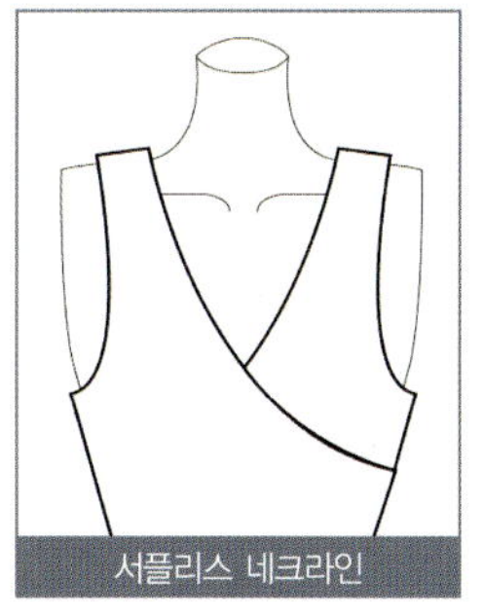

서플리스 네크라인

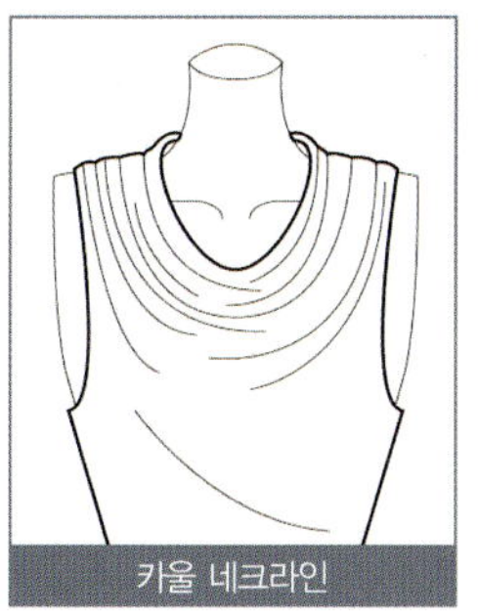

카울 네크라인

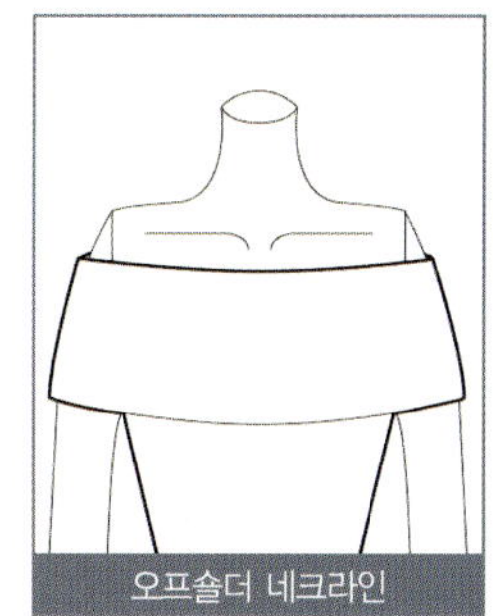

오프숄더 네크라인

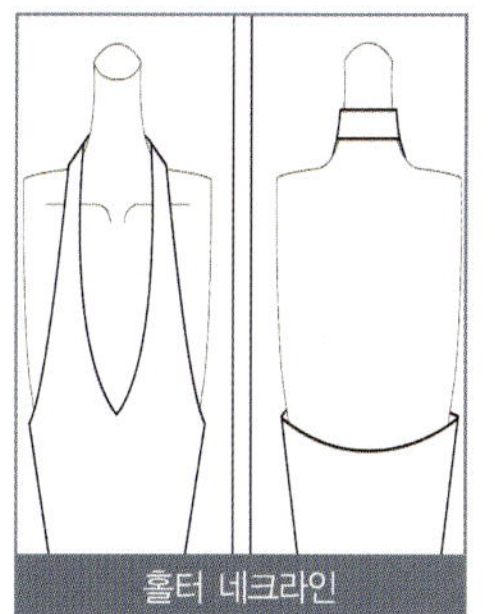

홀터 네크라인

• 네크라인의 종류 •

(3) 슬리브(Sleeve)

의상 전체에 주조적 혹은 보조적 역할을 하며 디자인 전반의 통일에 중요한 관계를 갖는다. 소매의 모양이 길(Bodice)의 주조적 느낌에 잘 조화되거나, 다른 부분과 대립을 이루거나 또는 소매만이 독립적으로 포인트를 갖기도 한다. 소매의 특징은 상의의 디자인에 영향을 미친다.

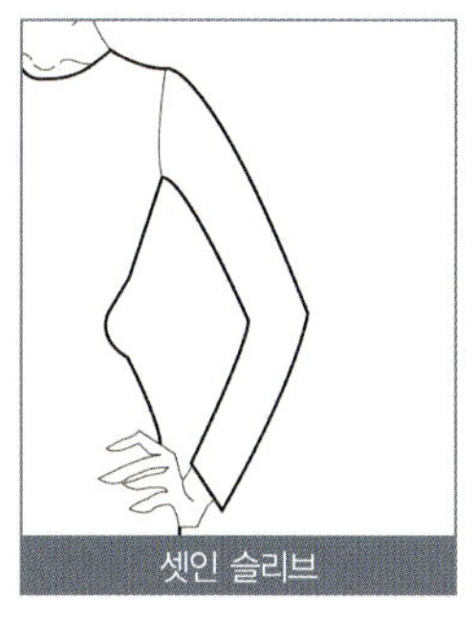

셋인 슬리브

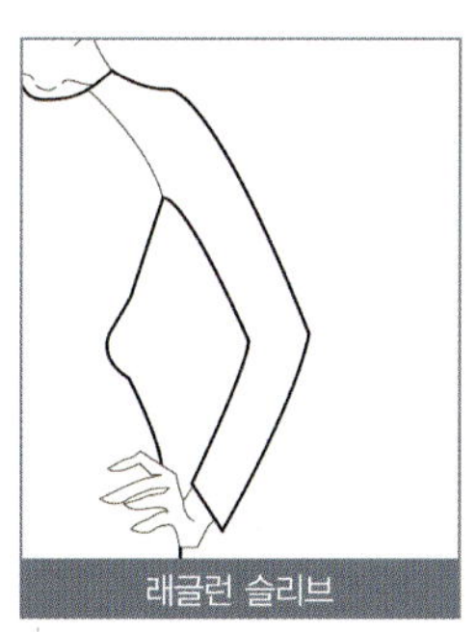

래글런 슬리브

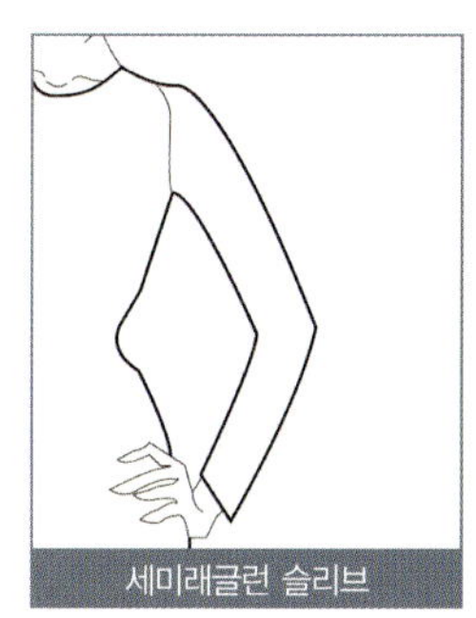

세미래글런 슬리브

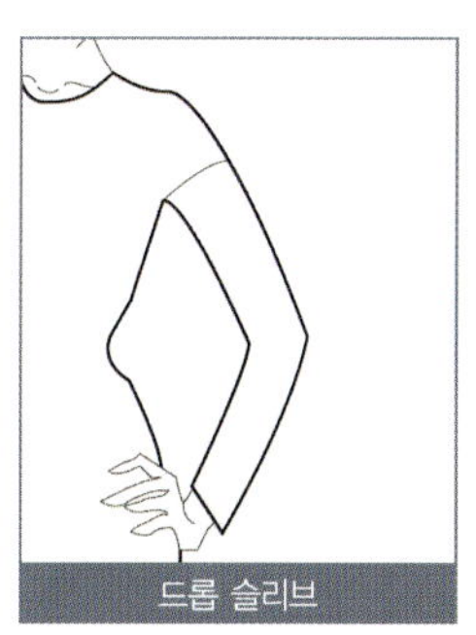

드롭 슬리브

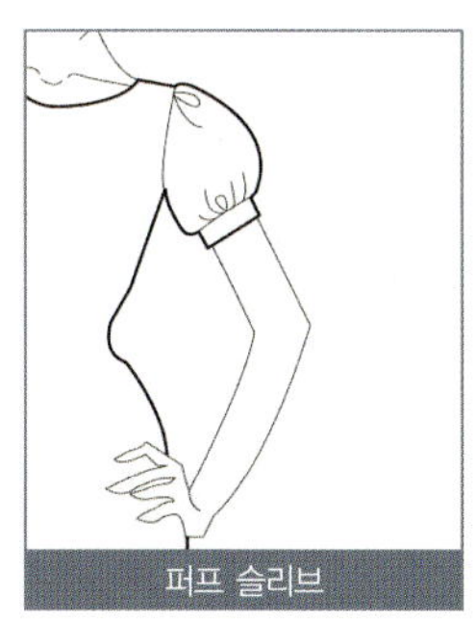

퍼프 슬리브

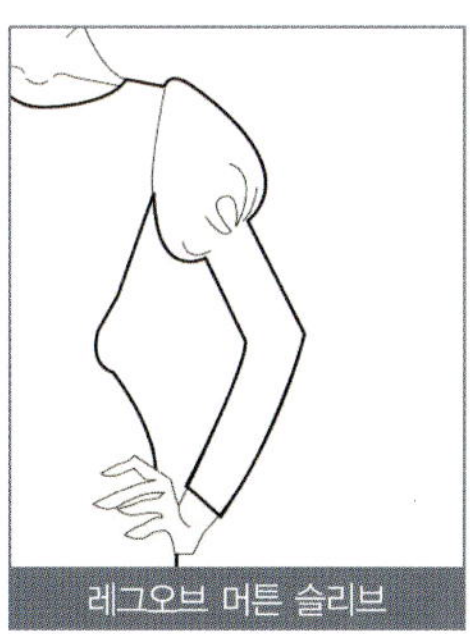

레그오브 머튼 슬리브

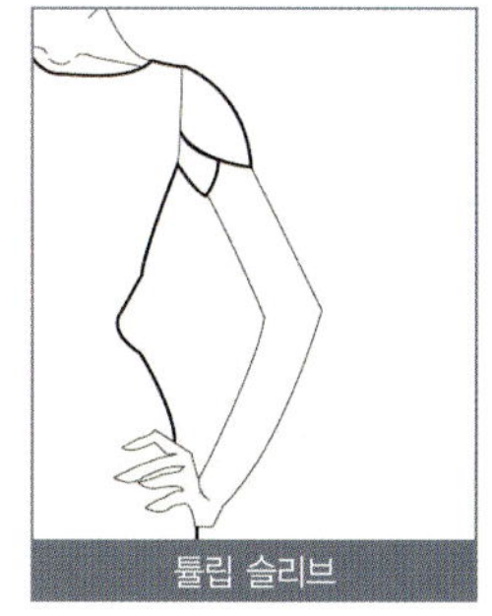

튤립 슬리브

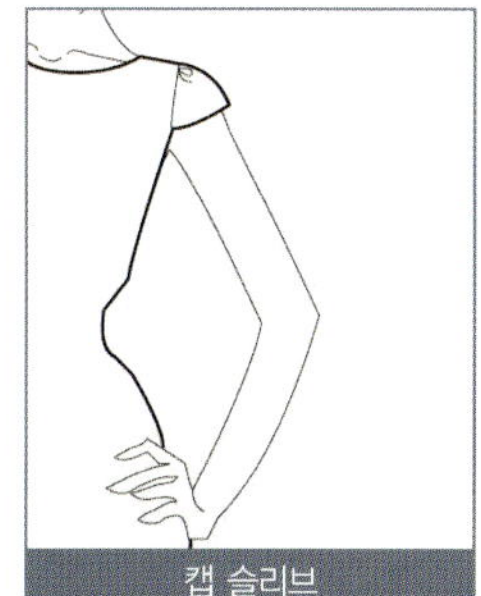

캡 슬리브

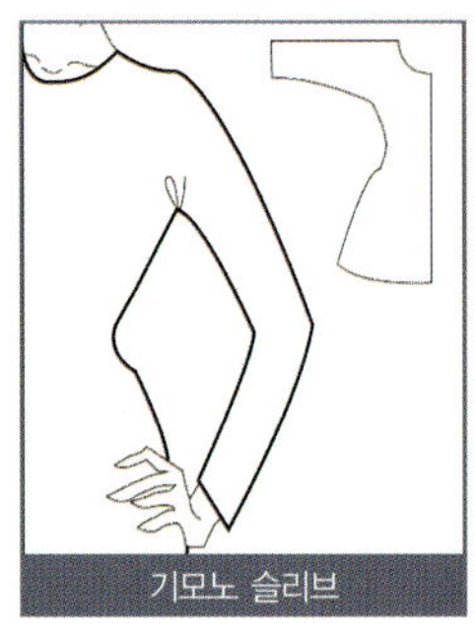

기모노 슬리브

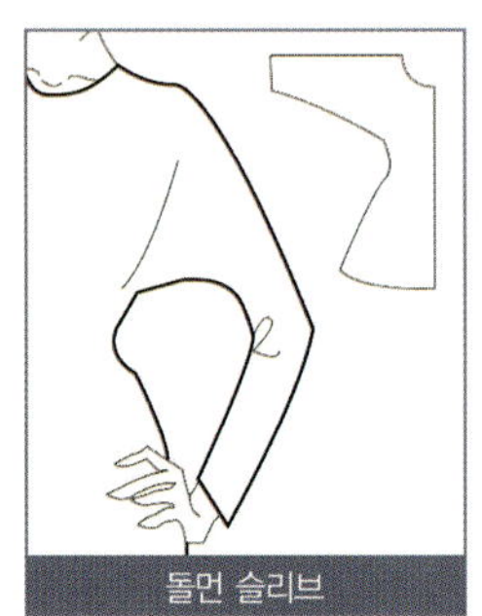

돌먼 슬리브

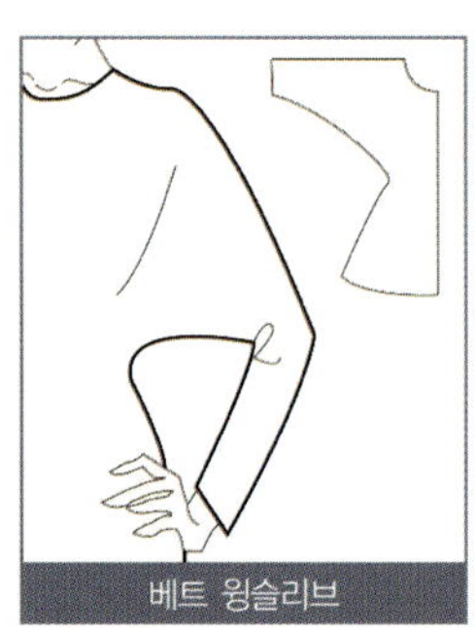

베트 윙슬리브

케이프 슬리브

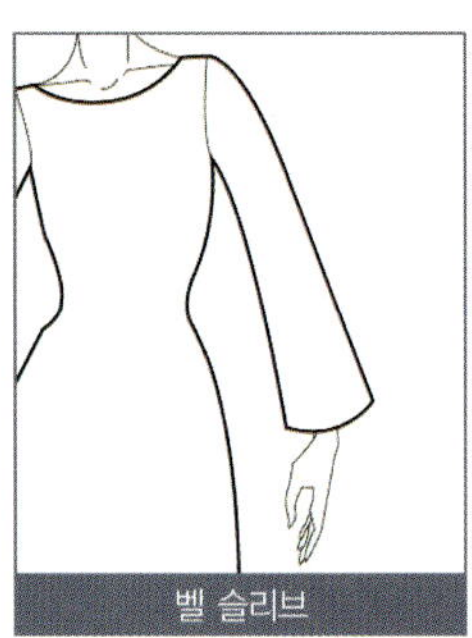

벨 슬리브

트럼펫 슬리브

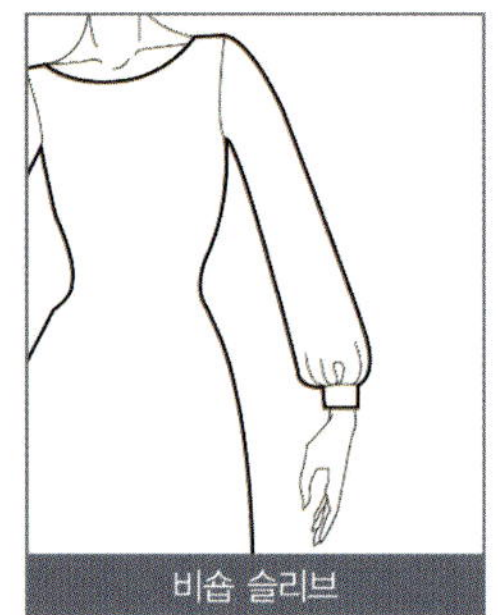

비숍 슬리브

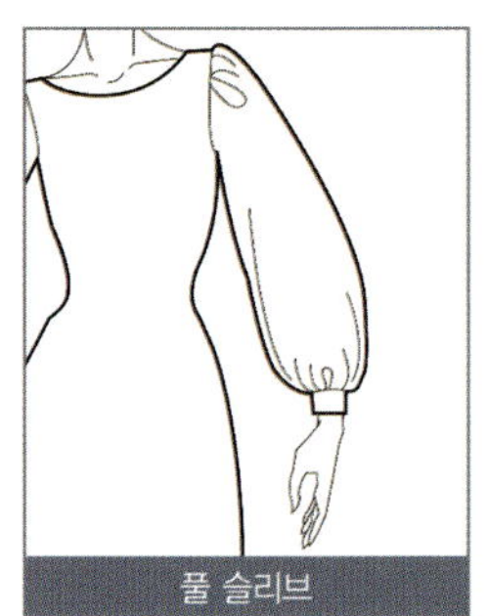

풀 슬리브

• 슬리브의 종류 •

(4) 포켓(Pocket)

기능적인 역할과 장식적인 목적을 동시에 충족해야 한다. 특히 의복에 사용된 절개선과의 관계를 고려하여 구성되어야 한다.

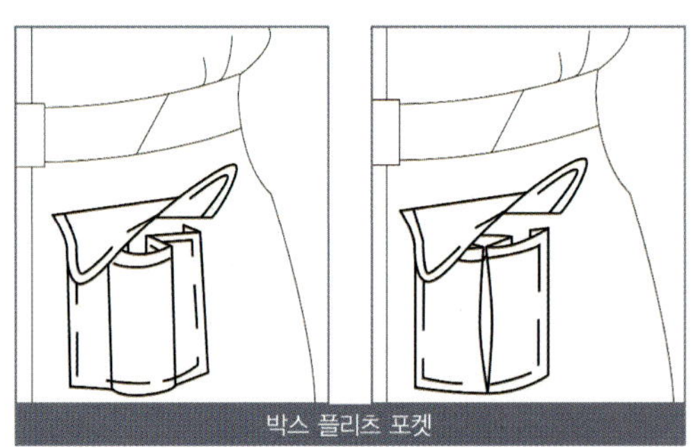

박스 플리츠 포켓

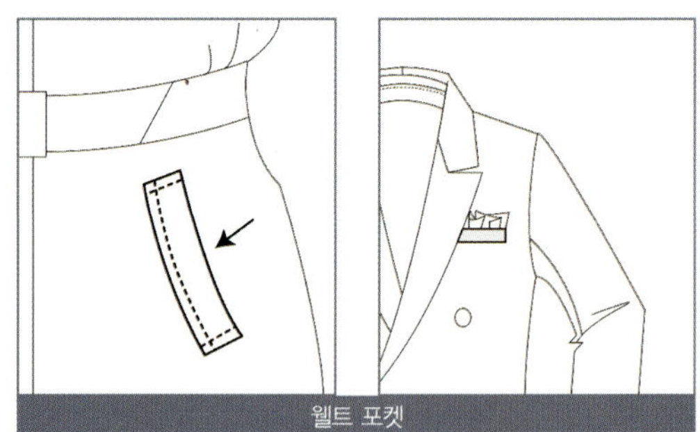

웰트 포켓

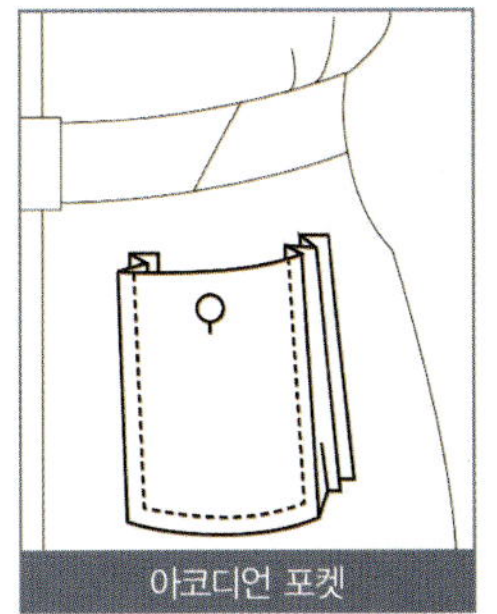

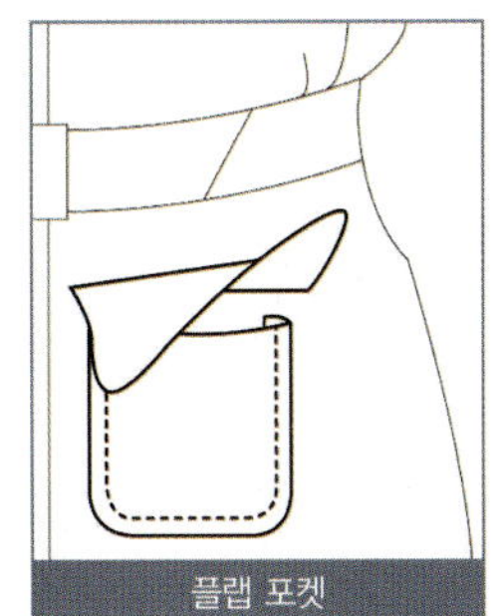

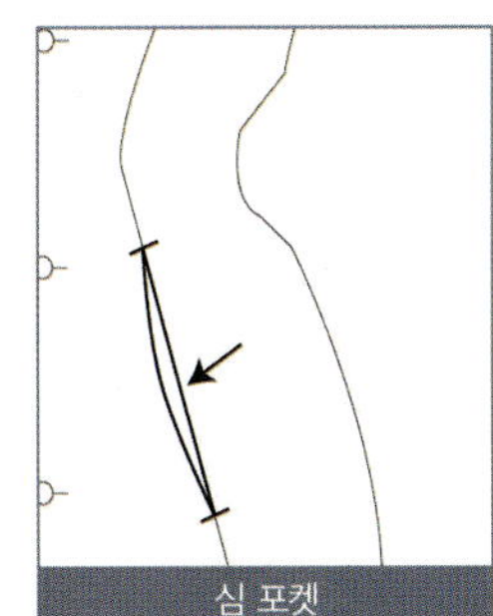

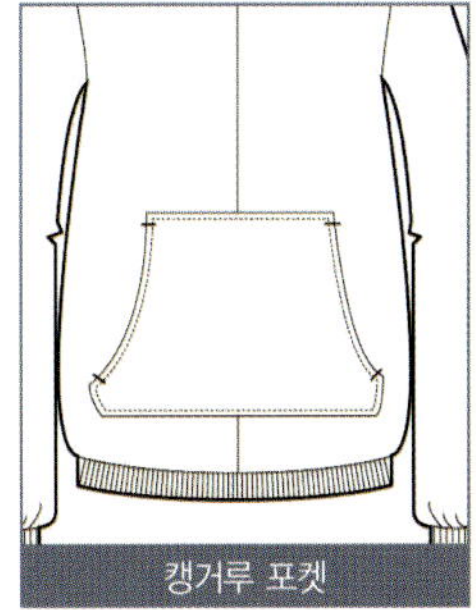

• 포켓의 종류 •

4. 장식적 디테일

(1) 셔링(Shirring)

① 의복의 일부에 잔주름을 한 줄 또는 여러 줄을 잡아 장식하는 것
② 얇은 옷감에 많이 쓰임

(2) 플리츠(Pleats) & 플리팅(Pleating)

디자인과 옷감에 따라 주름의 너비와 수를 조절한 후 열에 의해 주름의 형태를 영구적으로 고정한 주름

(3) 턱(Tuck)

옷감 두께에 따라 주름의 너비와 수를 조절한 후 겉에서 박음질 혹은 상침하여 고정한 주름 장식

(4) 핀턱(Pin Tuck)

① 가는 주름을 잡아 겉으로 박아 장식하는 것
② 블라우스, 원피스, 어린이 의복에 자주 사용

(5) 프릴(Frill)

① 네크라인, 소매단, 스커트 밑단 등에 개더(Gather)나 플리츠(Pleats)로 주름을 잡아 덧붙인 가장자리 장식
② 폭이 좁은 단을 덧붙이는 것

셔링　　　　　　　틱　　　　　　　프릴

⑹ 러플(Ruffle)

프릴과 비슷한 형태로 그 폭이 넓거나 혹은 다양한 폭으로 여러 층으로 표현되는 것

⑺ 플라운스(Flounce)

블라우스의 앞단, 커프스, 칼라 등에 주로 쓰이는 장식으로 바이어스로 재단하여 덧붙여 물결과 같은 러플이 생기는 것

⑻ 드레이프(Drape)

부드럽고 자연스러우며 일정한 형식을 취하지 않는 부정형의 주름

러플　　　　　　　플라운스　　　　　　　드레이프

⑼ 스모킹(Smocking)

옷감에 규칙적인 주름을 잡은 다음 스티치로 이를 고정시켜 주름으로 여러 가지 무늬를 만들어 장식하는 것

• 스모킹 •

⑽ 루프(Loop)

실 고리, 원단 고리

⑾ 프린징(Fringing)

① 상의 밑단, 소매 솔기, 요크선, 바짓단 등에 옷감의 올을 풀어 매듭을 지어 장식하는 것
② 미리 만들어진 술을 붙여 장식하기도 함

⑿ 파이핑(Piping)

칼라, 포켓, 소매의 가장자리, 요크선 등의 솔기에 색채나 재질이 다른 옷감으로 바이어스 테잎을 잘라 끼워 박는 것

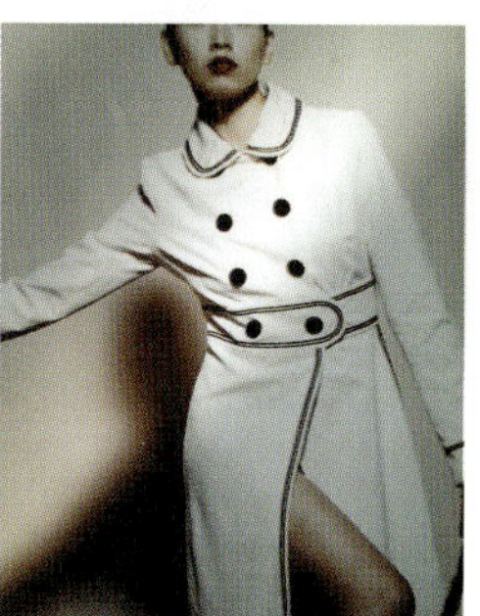

• 파이핑 •

(13) 슬릿(Slit)

① 좁고 긴 트임
② 소매 부리, 재킷이나 스커트의 도련 트임을 말함

(14) 드로우 스트링(Draw-string)

바지 허리, 점퍼의 허리 등에 끈을 달아 묶을 수 있도록 된 타입의 총칭

(15) 기타

이 외에도 퀼팅(Quilting), 패딩(Padding), 패치워크(Patch Work), 컷 아웃(Cut-Out), 컷 오프(Cut-Off), 아플리케(Applique), 터킹(Tucking), 러쉬(Ruche) 등이 있으며, 다양한 디자인 이미지를 부각시키는 장식으로 사용된다.

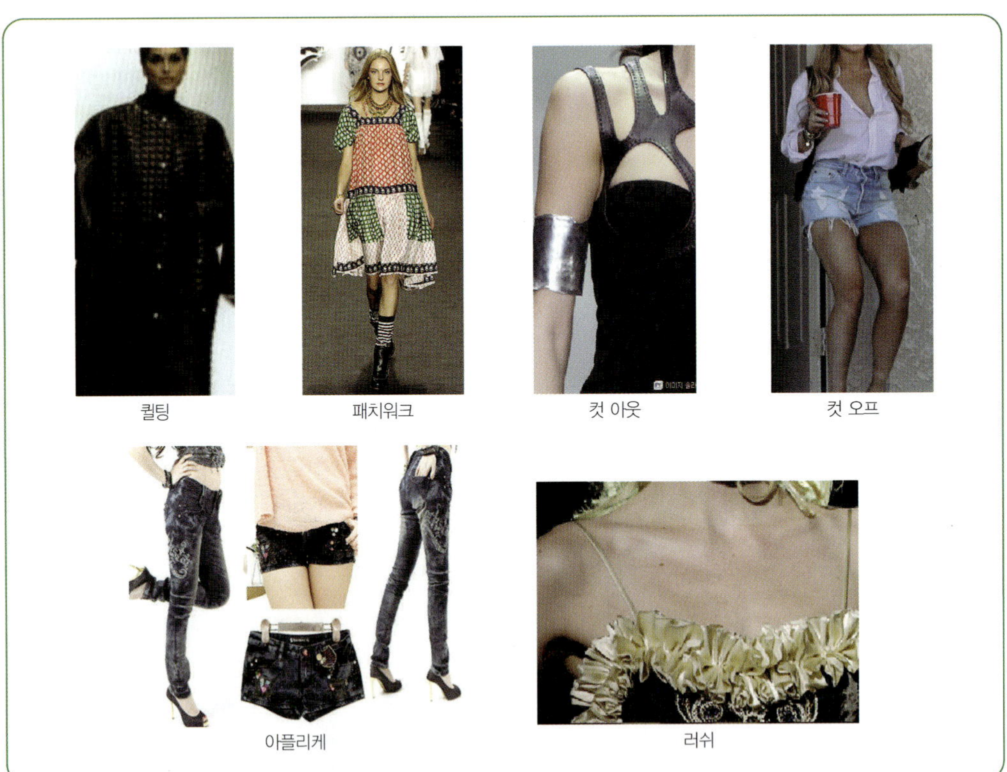

퀼팅   패치워크   컷 아웃   컷 오프

아플리케   러쉬

5. 트리밍

(1) 브레이드(Braid)

① 여러 가지 색채와 재질의 실이나 옷감으로 짜인 밴드의 형태
② 네크라인, 앞단, 소매단, 포켓 둘레 등에 장식

(2) 스팽글(Spangle), 시퀸(Sequin), 비즈(Beads)

반짝이는 금속 조각이나 작은 구슬을 도안에 따라 옷에 꿰매어 붙인 장식

브레이드　　　　　스팽글　　　　　시퀸

(3) 단추(Button)

기능적인 목적을 넘어서 옷감의 종류와 전체적인 디자인에 조화되도록 다양한 재질, 형태, 크기, 색채의 단추를 이용하여 장식

(4) 털 장식(Fur Trimming)

천연 또는 인조 모피를 네크라인, 커프스 등에 장식

(5) 벨트(Belt), 버클(Buckle)

가죽, 에나멜가죽, 금속 체인 등 다양한 소재와 색채를 이용한 크고 작은 벨트도 중요한 장식으로 많이 사용

(6) 엠블럼(Emblem)

전통과 집단을 나타내는 심벌마크를 자수로 만든 것으로 블레이저 재킷, 유니폼의 가슴에 장식

(7) 기타

벨크로(Velcro), 지퍼(Zipper), 레이스 업(Lace-up) 등 다양한 형태의 트리밍 장식이 유행에 맞게 활용됨

• 벨크로 •

2절 실루엣(Silhouette)

1. 실루엣의 개념

① 형, 모양, 의상의 아웃라인(Out-Line)으로 복장의 외형선, 즉 복장의 전체적인 윤곽선
② 유행의 역사는 실루엣의 역사라고 할 수 있는 만큼 패션 경향을 결정하는 중요한 요소
③ 길(Bodice), 소매, 스커트 또는 슬랙스의 형태에 의하여 형성됨

2. 실루엣의 종류

실루엣은 인체를 토대로 상하, 좌우, 전후의 균형 관계에 의해 다양하게 변화되어 왔다. 실루엣은 이러한 3차원의 균형의 변화에 기인하여 크게 스트레이트 실루엣, 아우어글래스 실루엣, 벌크 실루엣으로 나눌 수 있다.

• 스트레이트 실루엣 •

• 아우어글래스 실루엣 •

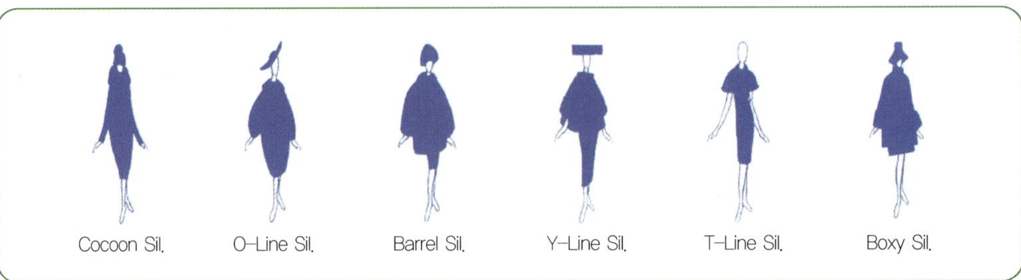

• 벌크 실루엣 •

(1) 스트레이트 실루엣(Straight Silhouette)

몸의 어느 부분을 특별히 강조하지 않고 상하가 거의 비슷한 폭을 유지하는 직선적인 실루엣

① 시스 실루엣(Sheath Silhouette) : 칼집과 같이 몸에 적당히 밀착되며 한편으로 날씬하고 길게 보이도록 의도된 실루엣

② 튜블러 실루엣(Tubular Silhouette) : 튜브의 형태처럼 어깨에서 밑단까지 같은 폭의 직선적인 실루엣

③ H라인 실루엣(H-Line) : 어깨 폭이 좁고 가슴이 밋밋하며 허리와 힙도 강조되지 않은 홀쭉하고 긴 실루엣, 허리 부분에 가로의 절개선 혹은 벨트의 장식이 있어 H의 가로선을 상징

④ 트라페즈 실루엣(Trapeze Silhouette) : 사다리꼴 형태로 어깨 폭이 좁고 밑단이 넓게 퍼지는 실루엣

⑤ 엠파이어 실루엣(Empire Silhouette) : 짧은 퍼프 슬리브와 하이 웨이스트가 특징인 가늘고 날씬한 실루엣

⑥ 시프트 실루엣(Shift Silhouette) : 시프트는 마직의 속옷인 슈미즈의 명칭으로 속옷처럼 편안하고 부드럽게 흘러내리는 직선형의 실루엣

• 스트레이트 실루엣 •

(2) 아우어글래스 실루엣(Hourglass Silhouette)

모래시계의 윤곽선을 본뜬 실루엣으로, 어깨를 넓게 과장하고 힙을 풍성하게 부풀려 상하를 넓게 하는 반면 허리를 가늘게 조여 허리선을 강조한 실루엣

① 피티드 실루엣(Fitted Silhouette) : 인체의 윤곽선이 그대로 드러나도록 몸에 꼭 맞아 가슴, 허리, 힙의 부드러운 곡선을 표현한 실루엣

② 프린세스 실루엣(Princess Silhouette) : 상반신은 허리까지 몸에 맞게 피트시키고 스커트 밑자락은 넓게 퍼지는 실루엣, 어깨나 진동부터 밑단까지 수직의 절개선인 프린세스 라인이 들어가 있어 프린세스 실루엣이라 불림

③ 돔 실루엣(Dome Silhouette) : 돔과 같이 반구형으로 부풀려진 스커트 실루엣

④ 머메이드 실루엣(Mermaid Silhouette) : 허리에서 무릎까지 몸에 꼭 맞고 무릎 밑 자락은 인어 꼬리처럼 넓게 퍼지는 형태

⑤ 버슬 실루엣(Bustle Silhouette) : 상체는 몸에 꼭 맞도록 허리를 가늘게 조이며, 힙 부분을 허리받이인 버슬로 둥글게 과장시켜 스커트의 밑자락까지 곡선미를 강조한 실루엣

⑥ 미나렛 실루엣(Minaret Silhouette) : 몸체와 스커트 부분은 타이트하게 하고, 허리 밑자락을 전등갓처럼 둥글게 부풀려 과장되게 얹어낸 실루엣

• 아우어글래스 실루엣 •

(3) 벌크 실루엣(Bulk Silhouette)

몸의 중심 부분을 넓게 부풀린 실루엣으로 부피감과 함께 몸을 여유 있게 감싸주는 넉넉한 실루엣

① 코쿤 실루엣(Cocoon Silhouette) : 누에고치의 모양과 같이 어깨와 밑단은 좁고 허리 부분이 부풀려진 긴 타원형의 실루엣

② O라인(O-line) : 알파벳 O의 형태를 나타낸 실루엣으로 어깨, 가슴, 허리, 소매 등에 둥근 곡선을 만들어 부풀린 형태

③ 배럴 실루엣(Barrel silhouette) : 몸통 부분이 불룩한 통 모양으로 풍성한 코트 등에서 볼 수 있는 부피감 있는 실루엣

④ T라인(T-line) : 어깨 부분이 수평으로 퍼진 형태를 이루고, 몸통은 가늘고 날씬하게 표현된 실루엣으로 알파벳 T의 모양과 같음

⑤ Y라인(Y-line) : 어깨에서 가슴에 이르는 부분은 풍성하게 부피감을 살리고, 허리에서 하반신은 가늘고 좁은 실루엣

⑥ 박시 실루엣(Boxy Silhouette) : 상자와 같은 사각의 실루엣으로 주로 부피감 있는 코트나 헐렁한 재킷에서 볼 수 있음

• 벌크 실루엣 •

3장 이미지별 스타일링

1절 이미지에 따른 스타일링 방법

1. 로맨틱(Romantic) · 페미닌(Feminine) 스타일

(1) 키워드

소녀 같은, 사랑스러운, 여성스러운, 꿈꾸는 듯한, 달콤한, 동화적인, 여성스러운

(2) 아이템

① 기능성보다는 장식성이 더 강조된 아이템
② 레이어드에 초점을 맞춘 코디네이션
③ 봉제상의 특수한 테크닉을 그대로 사용한 레이스, 프릴, 리본, 주름, 페플럼 등의 장식적인 디테일, 스윗하트 네
　 크라인 등
④ 언더 스커트의 페티코트 등
⑤ 향수를 불러일으키는 장식적 이미지인 노스텔직(Nostalgic)
⑥ 젊고 가벼우며 멋진 라이프스타일을 표현하는 미네트(Minette)
⑦ 청초함을 느끼게 하는 이노센트(Innocent)
⑧ 공상 혹은 동화나 꿈과 같은 환상적인 패션인 판타스틱(Fantastic)과 같은 이미지의 아이템
⑨ 페미닌은 여성다운 우아한 분위기를 나타내는 스타일이다. 일정한 형식은 없고 그 시대 여성의 우아함을 보여
　 주는 것이 포인트

(3) 소재 · 프린트

① 실키한 것이나 소프트한 것을 주로 사용
② 반투명한 보일, 시폰, 오간디 등도 많이 사용된다.
③ 소박한 느낌의 목면 소재, 레이스 직물이나 앙고라 등 가볍고 부드러운 질감의 소재
④ 소용돌이 무늬처럼 가는 곡선의 패턴, 꽃무늬, 체크, 물방울무늬가 효과적

(4) 색상

① 페일 톤, 라이트 톤 등 고명도 색조
② 옅은 핑크나 화이트, 민트, 라벤더를 중심으로 한 부드러운 파스텔 톤

③ 화려한 여성성을 강조하는 색상

④ 배색은 톤 온 톤이나 유사색 배색으로 콘트라스트가 심하지 않게 함

(5) 액세서리

① 작은 사이즈의 백, 형태를 갖추지 않은 곡선 모양의 딱딱한 테두리를 가진 백, 클러치나 토트 백과 꽃이나 리본이 달린 펌프스, 오픈 토우 펌프스나 플랫슈즈가 어울림

② 코사지와 리본 등을 사용해 로맨틱의 느낌을 잘 나타냄

③ 반짝이는 보석류 액세서리

(6) 실루엣 · 체형

① 바디라인이 드러나는 스타일

② 갸름한 얼굴과 관형(Tublar)의 몸매를 가진 연약한 이미지와 타원 · 역삼각 · 긴 얼굴형과 장방형 몸매를 가진 세련된 이미지의 사람에게는 볼륨감을 줄 수 있다는 점에서 좋다.

③ 얼굴이 둥글고 연약한 이미지에 비하여 다소 살이 쪘다고 할 수 있는 귀여운 이미지를 가진 사람은 로맨틱 이미지 연출을 시도하면 귀여운 이미지를 장점으로 부각시킬 수 있다.

④ 인체의 곡선미를 살려 둥근 어깨, 부풀린 가슴, 잘록한 허리 등을 강조하여 여성스러움을 나타낸다.

(7) 룩

히로인 룩(Heroine Look), 메르헨 룩(Merchen Look), 베이비 돌 룩(Baby Doll Look), 이노센트 룩(Innocent Look), 세퍼디스 룩(Shepherdess Look), 스쿨걸 룩(Schoolgirl Look), 플루이드 룩(Fluid Look), 사이렌 룩(Siren Look), 깁슨걸 룩(Gibson Girl Look) 등

2. 엘레강스(Elegance) · 엘리건트(Elegant) 스타일

(1) 키워드

우아한, 세련된, 기품 있는, 고급스러운, 페미닌한, 섬세한, 부드러운, 드레시한, 성숙한 여성

(2) 아이템

① 클래식하고 보수적인 패션을 말한다. 품위 있고 균형감 있는 평온한 스타일로 장식적인 것보다는 우아하고 세련된 감각을 보여주는 스타일

② 디자이너 브랜드를 중심으로 하는 오트쿠튀르의 분위기가 엘레강스 스타일을 대표

③ 코디네이션 역할도 중요한데 정통 테일러드는 재킷과 바지 한 벌이 보통이지만 엘레강스 이미지에서는 재킷과 치마를 매치하는 것이 좋으며, 바지와 매치시킬 때는 바지의 통을 넓게 하여 부드러운 인상을 주는 것이 좋다.

④ 엘레강스 이미지에는 심플리시티(Simplicity) 분위기의 패션이 포함

⑤ 둥근 칼라나 칼라가 없는 형태, 자연스러운 어깨 라인

⑥ 주로 스커트 정장

(3) 소재 · 프린트

① 실크, 새틴 등의 매끄럽고 광택이 있는 것이나 부드러운 것

② 반투명한 보일(Voile), 시폰(Chiffon), 오간디(Organdie), 론(Lawn), 벨벳 등 부드럽고 고급 소재

③ 단색 또는 작은 무늬들을 사용해 점잖은 분위기를 표현

④ 흐르는 듯 한 곡선 프린트, 작은 꽃무늬, 섬세한 도트 등의 프린트

(4) 색상

① 부드럽고 대비를 이루지 않은 톤

② 그레이쉬 톤의 고급스러운 색조

③ 핑크, 퍼플, 베이지, 아이보리, 크림색 등 밝은 컬러가 주조를 이룸

(5) 액세서리

① 중간 사이즈의 둥근 느낌을 가진 백, 토트백, 스트랩 힐, 리본장식의 펌프스, 중간높이의 하이힐

② 골드 체인, 펄(진주), 코사지, 스카프

③ 고급 품질

(6) 실루엣 · 체형

① 여성적인 곡선미를 살린 절제된 디자인

② 둥근 어깨선, 부풀린, 가슴선, 잘록한 허리선, 깊게 파인 목둘레선과 칼라 그리고 치마의 깊은 트임 등을 강조한 것이 특징

③ 타이트하면서 호리호리한 스타일, 웨이스트 라인을 강조한 전형적인 스타일의 패션으로 나타난다.

④ 계란형, 긴 형의 얼굴과 X자형 몸매를 가진 성숙한 이미지에 가장 잘 어울리며, 둥근 얼굴형, 다소 살이 찐 포근한 이미지, 전체적으로 살이 찐 풍만한 이미지를 가진 사람에게도 적합하다.

(7) 룩

디올 룩(Dior Look), 뉴 룩(New Look), 쿠튀르 룩(Couture Look) 등

3. 클래식(Classic) · 트래디셔널(Traditional) 스타일

(1) 키워드

고전적인, 고상한, 전통적인, 보수적인, 품위 있는, 비즈니스, 고풍스러운, 중후한, 변하지 않는

(2) 아이템

① 테일러드 수트, 샤넬 수트, 카디건, 스웨터, 셔츠 등

② 보수적인 경향의 옷차림새를 의미하는 컨서버티브(Conservative)와 정통성을 지닌 보수적인 캐주얼풍으로 지성미를 강조하는 트래디셔널(Traditional)이 있음

③ 트래디셔널 스타일은 지성미를 나타내는데 가장 효과적인 패션

(3) 소재 · 프린트

① 고급스러운 소재, 울, 캐시미어, 개버딘, 플란넬, 벨벳, 실크, 트위드, 가죽 등 중후하고 품격 있는 소재

② 전통적인 체크무늬나 스트라이프, 페이즐리 등

③ 심플하고 작은 프린트

④ 대칭 패턴, 도트 무늬, 기하학적 무늬

(4) 색상

① 딥 톤, 다크 톤 등 저명도 톤

② 버건디(와인), 브라운, 카멜, 베이지, 그레이, 네이비, 올리브 그린 등 차분한 베이직 컬러

③ 골드를 추가하는 것도 좋음

④ 톤 온 톤 배색이나 유사색 배색, 유사 톤 배색 등 미디움 이하의 콘트라스트

(5) 액세서리

① 켈리 백 등 정통 스타일, 형태미가 있는 가방, 숄더백과 기본형의 펌프스, 로퍼형태의 단화 또는 하이힐

② 브랜드 제품, 진품일 것

③ 조금 작은 사이즈의 주얼리 세트

④ 산뜻하고 단순하여 우아한 디자인

⑤ 진주, 골드체인, 스카프, 투명감 높은 스타킹

(6) 실루엣 · 체형

① 일반적으로 모든 사람들에게 가장 무난하게 어울릴 수 있음

② 특히 세련된 이미지와 역삼각 마름모 얼굴과 직사각형 체형의 날카로운 이미지의 사람에게 잘 어울림

③ 포근하고 풍만한 이미지를 가진 사람이 이 이미지로 연출한다면 살찐 느낌을 감소시키는 효과를 줄 수 있음

(7) 룩

베세베제 룩(BCBG Look), 스코티시 룩(Scottish Look), 이그제큐티브 룩(Executive Look), 아이비 룩(Ivy Look), 프레피 룩(Preppy Look)

4. 내추럴(Natural) 스타일

(1) 키워드

자연스러운, 천연의, 느긋한, 가공하지 않은, 한가로운, 친근한, 편안한, 자유로운, 부담 없는, 건강한, 심플한

(2) 아이템

① 활동이 자유스러운 헐렁한 스타일
② T셔츠, 길이가 긴 카디건, 사파리, 간단하고 편안한 롱 스커트, 트레이닝복, 패딩 점퍼, 옥스퍼드천의 셔츠
③ '생태학'이란 뜻의 에콜로지(Ecologe) 혹은 원시로 돌아가고 싶은 욕망을 표현한 프리미티브(Primitive)와 같은 분위기의 패션이 포함

(3) 소재 · 프린트

① 천연섬유를 중심으로 한 소재
② 가공하지 않은 소재
③ 면, 마, 실크, 울 등의 자연소재와 니트 등 따뜻하고 이완된 것을 많이 사용
④ 스웨이드, 피혁, 캐시미어, 앙고라, 카멜, 울 플란넬 등 질감이 있는 소재
⑤ 단색이나 자연에서 흔히 볼 수 있는 풀, 초목 등의 무늬, 천의 질감을 그대로 살린 손으로 짠 듯한 무늬
⑥ 단순한 기하학적 무늬나 체크, 스트라이프 등의 패턴이 많이 이용

(4) 색상

① 자연의 풍물에서 볼 수 있는 색, 내추럴 컬러가 주조가 됨
② 천연의 염료로 염색되는 색, 표백되지 않은 색

(5) 액세서리

① 소품으로는 캔버스 천, 부드러운 가죽 등의 자연 소재를 사용한 모자나 가방 등
② 친숙하고 부드러운 것들이 어울림

(6) 실루엣 · 체형

① 인체를 자연스럽게 표현, 구속하지 않는 실루엣
② 세련된 이미지에 가장 잘 어울림
③ 날카롭고 개성적이며 강인한 이미지를 가진 사람이 착용하면 남성적인 신체 이미지가 감소되는 효과가 있음

(7) 룩

아웃도어 룩(Outdoor Look), 라이딩 룩(Riding Look), 서바이벌 룩(Survival Look), 컨트리 룩(Country Look), 사파리 룩(Safari Look), 웨스턴 룩(Western Look)

CATEGORY1 패션 아이템 & 코디네이션

5. 에스닉(Ethnic) 스타일

(1) 키워드

민족적, 아시아, 아프리카, 동유럽, 서유럽

(2) 아이템

① 재봉과정이 비교적 단순하거나 전혀 재봉이 없는 랩 스타일이 대부분
② 20세기 초에 동양에 대한 호기심과 동방예술로 인해 뿌아레의 동양풍이 최초로 도입되면서 시작되었고 1960년대, 1970년대에는 흑인, 히피 등의 하위문화집단으로부터의 아프리카풍, 히피풍이 복식에 전파

(3) 소재 · 프린트

① 유럽을 제외한 세계 여러 나라의 민속 의상과 민족 고유의 염색, 직물, 패턴, 자수, 액세서리 등에서 영감을 얻어 디자인한 패션 스타일
② 토속적이고 소박한 느낌의 소재와 프린트

(4) 색상

① 비비드 컬러나 콘트라스트 배색이 많음
② 천연 염료를 사용하기 때문에 거칠고 무거운 느낌을 주는 경우가 많음
③ 차분하고 수수함이 있는 덜 톤이나 Earth Color를 중심으로 레드, 옐로, 오렌지 등을 첨가

(5) 액세서리

핸드 메이드풍의 모자, 귀걸이, 목걸이

(6) 실루엣 · 체형

① 천을 감아올려서 엮는다는지 하여 얻을 수 있는 Loose & Easy Line
② 신체 이미지와 크게 상관없이 특정 민족이나 국가의 종교적 민속적 특징을 나타내는 현대 패션 경향의 한 요소로 이해하는 것이 좋음

(7) 룩

집시 룩(Gypsy Look), 라틴 룩(Latin Look), 가우초 룩(Gaucho Look), 노르딕 룩(Nordic Look), 아라비안 룩(Arabian Look), 오리엔탈 룩(Oriental Look), 인디안 룩(Indian Look), 차이니즈 룩(Chinese Look), 아메리칸 인디언 룩(American Indian Look), 아프리칸 룩(African Look), 트로피컬 룩(Tropical Look), 히피 룩(Hippie Look)

6. 캐주얼(Casual) · 스포티(Sporty) 스타일

(1) 키워드

임시의, 약식의, 활동적, 적극적, 유쾌한, 생기발랄한, 건강한 등

(2) 아이템

① 패션에서는 간편한 옷차림을 의미, 모든 사람에게 보편적으로 어울리는 패션 이미지
② 밝고 활달한 사람들의 감성적 패션을 나타내는 것으로 운동감과 기능성을 중요시
③ 기능성을 중요시하는 스포츠웨어, 컨트리 이미지의 웨스턴 스타일, 팝 아트적인 스타일로 표현되기도 함
④ T셔츠나 패션 진, 파카, 배낭과 고급 스포츠화, 로고가 있는 캡 등
⑤ 마음 편하게 약식으로 입을 수 있는 자유로운 분위기의 패션
⑥ 발랄하고 편안한 분위기에 실용적인 면을 강조하는 스타일로 디자인, 소재, 장식 등이 심플한 것이 특징

⑦ 변형시키기에 따라서 어떤 형태도 캐주얼웨어가 될 수 있음

⑧ 여성의 사회진출이 시작되고 남성이 하던 일을 여성도 할 수 있게 되면서 활동적인 패션이 필요하게 되었는데, 이것이 액티브(스포티) 스타일임

(3) 소재 · 프린트

① 데님 등의 면, 니트, 코듀로이, 스트레치 소재

② 보더 프린트, 스트라이프, 체크, 기하학 무늬, 화려한 무늬 등

(4) 색상

밝고 선명하고 화려한 컬러들을 중심으로 다양하게 활용

(5) 액세서리

① 숄더 백, 백 팩, 토트 백 형태의 나일론 소재, 패브릭 소재 등의 가방과 스니커즈나 플랫슈즈, 앵클부츠 등

② 컬러풀한 색의 플라스틱 액세서리

(6) 실루엣 · 체형

특히 개성적 이미지와 각진 얼굴, 역삼각형 체형의 강인한 이미지 등 주로 강하고 남성적 이미지를 가진 사람에게 적합

(7) 룩

빈티지 룩(Vintage Look), 배기 룩(Baggie Look), 빅 룩(Big Look), 캠퍼스 룩(Campus Look), 워크 룩(Work Look), 마린 룩(Marine Look), 조깅 룩(Jogging Look), 사이클 룩(Cycle Look), 서퍼 룩(Surfer Look), 테니스 룩(Tennis Look), 댄스 룩(Dance Look), 보텀 아웃 룩(Bottom Out Look), 에스키모 룩(Eskimo Look)

7. 모던(Modern) 스타일

(1) 키워드

현대적인, 진보적인, 심플한, 도회적인, 지적인, 합리적인, 샤프한, 쿨한, 우주, 메카니즘

(2) 아이템

① 하이테크한 감각으로 냉철한 지성을 표현하며 직선적이며 현대적인 기능미를 나타내는 디자인을 사용

② 간결하고 날카로운 절개선을 이용

③ 퇴폐적이며 허무적인 감성을 표현하는 데카당스(Decadence)

④ 추악하고 저속한 것 중에서도 의외의 아름다움이 존재한다는 '추의 미'의 상징인 데테스테(Detester)

⑤ 기존의 예술양식을 부정한 초현실적 성격의 쉬르리얼리즘(Surrealism)

⑥ 기본 개념을 무시하고 창조와 실험적 성격이 짙은 전위예술인 아방가르드(Avant-garde) 분위기의 패션이 포함

(3) 소재 · 프린트

① 울, 가죽, 메탈릭 소재

② 무지, 기하학적 무늬, 대담한 스트라이프, 애니멀 프린트 등

(4) 색상

① 무채색을 주조로 하여 차가운 분위기를 연출

② 검정, 회색, 감색계열 등의 색상

③ 실버계를 중심으로 한 차가운 분위기의 것들로 통일

(5) 액세서리

① 각진 빅 사이즈의 백과 펌프스나 부츠

② 광택 있는 메탈릭한 액세서리, 플라스틱 소재의 샤프한 디자인

③ 다소 빅 사이즈의 소품

④ 부드러운 느낌의 디자인은 피하고 대담한 디자인 혹은 과감한 디자인의 것들로 선택

(6) 실루엣 · 체형

세련되고 성숙한 이미지에 가장 잘 어울리는 패션 이미지

(7) 룩

스페이스 룩(Space Look), 메탈릭 룩(Metallic Look), 글리터 룩(Glitter Look), 퓨처리스트 룩(Futurist Look), 몬드리안 룩(Mondrian Look), 타이포그래픽 룩(Typographic Look), 마이크로 룩(Micro Look), 미니멈 룩(Minimum Look), 퓨리스트 룩(Purist Look), 팝 룩(Pop Look), 그런지 룩(Grunge Look), 테디 보이 룩(Teddy Boy Look), 펑크 룩(Punk Look) 등

8. 매니시(Mannish) · 댄디(Dandy) 스타일

(1) 키워드

남성적, 샤프한, 심플한

(2) 아이템

① 패션에서 남성복 디자인을 여성복에 적용한 스타일

② 남성 테일러드 수트를 비롯하여 해군복인 마린 룩과 육군 복장인 아미 룩 등을 포함하는 밀리터리 룩을 착용하는 남성취향의 여성 패션

③ 여성복에서의 댄디 룩은 주로 남성예복 스타일을 도입하여 연출하며, 매니쉬 룩과 같은 의미로 사용되기도 하나 지극히 사치스럽고 세심한 감각을 요하는 패션

(3) 소재 · 프린트

① 최상의 고급스러움을 강조한 것들을 주로 사용

② 한 치의 오차도 없는 완벽함과 클래식함과 중후함을 추구하는 패션 스타일

(4) 색상

① 다크 톤, 다크 그레이시 톤
② 검정, 그레이의 뉴트럴 컬러, 브라운, 다크 브라운, 카키, 네이비
③ 배색은 강한 다크 컬러를 베이스로 흰색이나 베이지 또는 차분한 색을 더함

(5) 액세서리

① 심플한 스타일의 큰 가방이나 숄더 백, 중간 굽의 앵클부츠
② 액세서리는 거의 생략
③ 매니시한 손목시계나 벨트, 손수건, 스카프 등

(6) 실루엣 · 체형

① 날카로운 이미지와 각진 얼굴, 장방형 체형의 개성적인 이미지에 적합
② 연약하고 귀여운 이미지를 가진 사람과는 상반된 패션 이미지이지만 오히려 귀여운 효과를 연출할 수도 있음

(7) 룩

매스큘린 룩(Masculine Look), 댄디 룩(Dandy Look), 볼드 룩(Bold Look), 모즈 룩(Mods Look), 앤드로지너스 룩(Androgynous Look), 에이섹슈얼 룩(Asexual Look), 보이시 룩(Boyish Look), 가르송 룩(Garconne Look), 보이 스카우트 룩(Boy Scouts Look), 이미그런트 룩(Immigrant Look), 밀리터리 룩(Military Look), 아미 룩(Army Look), 에이비에이터 룩(Aviator Look), 라이더스 룩(Rider's Look), 레이서 룩(Racer Look) 등

2절 코디네이션의 종류

1. 캐릭터 코디네이션(Character Coordination)

캐릭터란, '특징, 성격' 의 뜻으로, 독특한 상품 성격과 특징을 지닌 의복, 예를 들면, 차별화된 유명 디자이너나 특정 브랜드의 의복 이미지에 맞추어 관련 액세서리와 함께 토털 코디네이트 시키는 방법이다.

• 캐릭터 코디네이션[16] •

2. 크로스오버 코디네이션(Crossover Coordination)

크로스오버란 '교차시킨다' 는 의미로 음악, 미술과 같은 문화 장르에서도 활용되는 감각이다. 모든 예술 분야에서 영역간의 상호교류와 장르간의 탈경계화 현상은 20세기 후반의 뚜렷한 현상이다. 형태, 색채, 소재, 감각에 있어서 서로 어울릴 것 같지 않은 두 가지 이상의 감각이 의도적으로 어울려서 기묘함과 의외의 이미지를 만들어 내려는 코디네이션 감각을 크로스오버 코디네이션이라 한다.

전통적인 미의 개념과는 반대적인 것을 적용하여 '조화가 잘 안 된, 짝이 잘못 짝지어진' 아이템을 접목시킴으로써, 의외성과 기발함으로 젊은 층의 관심을 받고 있다.

즉, 전혀 다른 타입들의 조화를 통해 디자인의 원리 중에서 질서, 통일감을 파괴하는 디자인 발상이다. 예를 들어, 진바지에 깃털이나 비즈를 부착하거나, 진을 소재로 한 엘레강스한 드레스, 가죽과 레이스의 결합처럼 이질적인 소재들의 믹스 매치, 현재와 과거의 만남, 이국적인 것끼리의 만남, 남성과 여성의 만남, 겉옷과 속옷의 도치 등 전혀 어울릴 것 같지 않은 것들의 결합에서 아름다움의 가치를 끄집어내는 것을 목적으로 한다.

(1) 성(性)에 의한 크로스오버

일반적인 사고에 길들여진 감각에 이질감이 주는 충격을 아름다움으로 승화시키며 새로움을 추구하는데, 남성과

---

16) 사진출처 : http://www.samsungdesign.net

여성이 지니는 아름다움을 교차시켜 여성에게는 활동적이고 적극적인 이미지를, 남성에게는 수동적이고 정서적인 이미지를 접목하여 이중적인 느낌을 연출한다. 예를 들어 남성복 스타일의 재킷과 풍성한 스커트의 조합이라든지 캐주얼과 클래식한 스타일의 조합 등을 의미한다.

(2) 형태에 의한 크로스오버

각 아이템을 선택해서 매치할 때 형태적으로 대조적인 실루엣에 의해 표현되는 것이다.

실루엣의 차이를 이용한 방법으로 상의가 타이트하고 하의가 풍성하거나 반대로 상의가 풍성하고 하의가 타이트한 것으로 코디하는 방법이다.

또는 상의를 타이트한 튜브 탑을 입고 하의를 벌룬 스커트로 한다든지, 몸에 딱 달라붙는 재킷에 여러 겹으로 이루어진 티어드 스커트를 입는다든지, 헐렁한 배기팬츠에 타이트한 티셔츠를 입는 것을 들 수 있다.

슬림과 볼륨, 오버사이즈와 스몰사이즈의 혼재가 일으키는 이 실루엣의 변형은 자신의 체형보정을 위한 코디로도 적합하다. 어깨가 넓고 골반이 상대적으로 작은 경우 상의는 타이트한 것으로 하의는 오버사이즈, 혹은 볼륨감 있는 풍성한 것으로 하는 코디도 형태에 의한 크로스오버이다.

• 형태에 의한 크로스오버 •

(3) 소재에 의한 크로스오버

소재의 특성이나 이미지 등이 전혀 다른 것들을 서로 매치하는 방법으로 두께감이 전혀 다른 옷을 매치하는 것도 있는데, 상의에는 볼륨감이 큰 풍성한 소재를 사용한 반면 하의는 슬림(Slim)하거나 피트(Fit)되는 소재를 선택하는 경우나 그 반대의 경우를 볼 수 있다. 용도가 다른 소재끼리의 결합이나 대조적인 성격의 결합으로 연출하는데 포멀한 스타일에 캐주얼한 소재를 사용하는 등으로 이질적인 느낌을 추구하는 방법이다. 또는 두껍고 하드(Hard)한 소재에 부드럽고 소프트(Soft)한 소재를 조화시키는 등의 경우인 블루진이나 데님 스커트에 레이스를 다는 것도 여기에 속한다. 테일러드 재킷에 시폰 스커트를 매치한다던가, 드레시한 원피스에 데님 재킷을 매치하는 방법, 블루진에 셔링이 잡힌 페미닌 블라우스를 매치하는 방법들이 소재에 의한 크로스오버이다. 내추럴한 소재와 인공적인 소재의 만남이나 여성적인 소재와 그렇지 않은 소재의 의외적인 만남은 색다른 감각을 유도해준다.

또는 패브릭의 무늬가 주는 느낌이 다른 옷을 매치하는 것으로, 아르누보스타일의 곡선 패턴에 간간히 플라워 모티브가 배치된 경우나 물방울 패턴과 스트라이프 패턴이 결합하는 경우도 크로스오버 코디네이션이라고 할 수 있다.

• 소재에 의한 크로스오버17) •

(4) 감각에 의한 크로스오버

현대 의복의 특징은 미의식의 다양화로, 색다름과 희귀성으로 극단적인 것들의 결합을 추구한다는 것이다. 아이템 또는 소품이나 헤어 메이크업이 전달하는 이미지가 서로 어울릴 것 같지 않은 감각이 결합되는 경우 의외의 새로운 감각이 표현될 수 있다.

감각에 의한 크로스오버는 크로스오버에 의한 코디네이션 중 가장 어렵지만 반대로 가장 개성적인 코디를 할 수 있는 방법이기도 하다. 페미닌과 매니시, 드레시와 스포티, 모던과 보헤미안 등등이 서로 뒤섞여 새로운 느낌을 만들어내기 때문에 코디네이션의 성패에 따라 다른 사람들에게 강한 이미지를 남길 수 있기도 하다. 여성스러운 아이템과 스포티한 아이템이 조합되거나 전체적으로 클래식한 의상에 헤어 메이크업 소품이 모던하게 결합되면 서로의 고유한 감각의 전달 외에 독특하게 조합된 감각을 보여 주기도 한다.

또는 신사복에서 유래한 베스트(조끼)에 개더 스커트를 매치하기도 하고, 드레시한 스커트에 라이딩 점퍼를 매치하기도 하고, 엘레강스한 수트에 팝아트풍의 티셔츠를 매치하는 것들이 여기에 속한다.

이밖에도 위치와 용도의 변경으로 충격과 전위적인 표현을 연출하기도 하는데, 브래지어, 슬립, 가터벨트 등의 란제리를 비롯하여 코르셋, 페티코트 등의 겉옷화나 캐미솔 룩 등을 그 예로 들 수 있다.

• 감각에 의한 크로스오버18) •

17) 사진출처 : http://cafe.naver.com/museonandon/1747

• 감각에 의한 크로스오버[18] •

✏ **PLUS⁺**

▸ 믹싱 코디네이션(Mixing Coordination)

실루엣의 믹스, 패션 이미지의 믹스, 색이나 소재, 무늬 등 여러 가지 다른 이미지를 혼합하여 만든 코디네이션을 말한다.

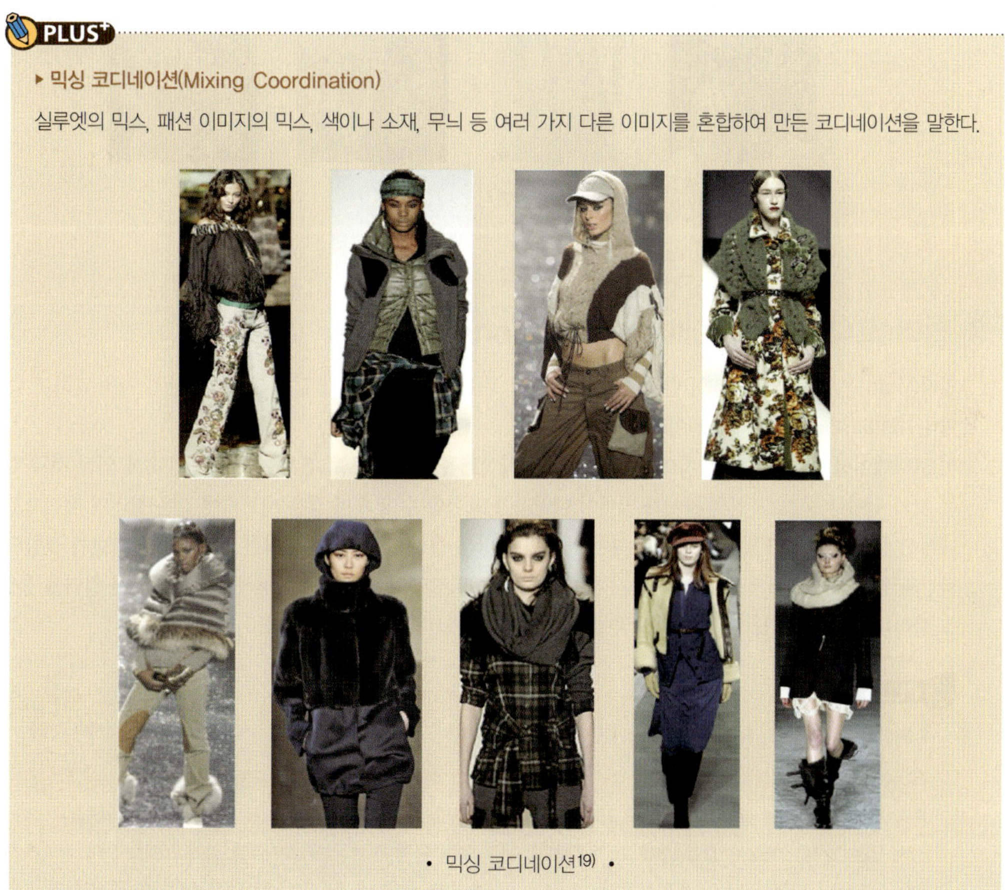

• 믹싱 코디네이션[19] •

18) 사진출처 : http://www.trendpost.com
19) 사진출처 : http://www.samsungdesign.net

> ▶ 미스 매치 스타일링(Miss Match Styling)

'짝을 잘못 짓다, 조화가 안 되다' 라는 뜻으로 본래의 용도를 무시하거나 또는 우스꽝스럽다고 생각되는 것과 매치하는 것을 말한다. 크로스오버 연출법에서 성격이 양극화인 대상들의 조화 경우로써 1980년대에 폭발적인 인기를 끌은 이 부조화는 기존의 조화미(調和美)에 대한 반발과 초현실적 사고로 패션에 의외성과 기발성을 가미시킨다. 예를 들면 여성적인 소재에 남성적인 소재를 조화시키거나 가죽과 시폰의 직물결합 문양에 있어서 전통문양과 현대문양을 조화시키는 것 등을 말한다. 패션디자이너 비비안 웨스트우드의 "고정된 사고는 모조리 배척해야 한다." 라는 발언은 미스 매치가 패션에 주는 자유, 기발, 혁신, 창조적인 면에 한 몫 한다는 점에 강한 설득이 되고 있다.

• 미스 매치 스타일링[20] •

3. 멀티 코디네이션(Multi Coordination)

멀티(Multi)는 '복합의, 다양의' 란 뜻으로 레이어드 룩(Layered Look)과 같은 코디네이션 방법을 말하며 슈퍼 코디네이션(Super Coordination)이라고도 한다.

이 코디네이션 방법은 형태에 차이가 있는 똑같은 아이템을 여러 겹으로 겹쳐 입기 때문에 속에 입는 것과 겉에 입는 것의 길이나 품, 디자인의 차이가 있어야 다양하게 표현할 수 있으며 같은 패브릭에 같은 컬러와 패턴으로 코디네이션 시키면 너무 밋밋하고 반대로 다른 패브릭에 다른 컬러 패턴 등 여러 다른 요소들이 한꺼번에 결합되면 조화감과 안정감이 떨어지게 된다. 따라서 패브릭이나 여러 모양의 패턴으로 다양하게 표현하려면 컬러를 통일시키고 컬러나 패턴에 변화를 주려면 패브릭에 통일감을 주어 코디네이션 해야 한다.

> 🖉 **PLUS⁺**
>
> ▶ 레이어드 코디네이션(Layered Cordination)
>
> 레이어드는 '층을 이룬' '겹친다' 라는 뜻으로 러시아 코사크 족의 착장 방식에서 유래되었다. 일반적으로 겹쳐 입는 단순한 레이어링보다는 실루엣의 변화를 의도한 겹쳐 입기나 기존의 착장법을 탈피하기 위해 같은 용도의 다른 아이템을 겹쳐 입는 방식이 새로운 입기 방법으로 등장하고 있다. 예를 들면 팬츠 위에 스커트를 입거나 팬츠 위에 원피스 등을 입어 의외성을 보여준다든지, 원피스 안에 더 긴 스커트를 입어 층을 내거나 긴 소매 위에 짧은 소매를 겹쳐 입기도 하는 등으로 안과 겉의 길이, 소재, 컬러를 달리하여 더 큰 시각적 아름다움을 나타내는 이중적 분위기로 신선함을 연출하게 된다. 컬러 연출 시 단품 아이템을 겹쳐서 색상을 하모니 시켜 층을 만드는 방법이 있다.

---

20) 사진출처 : http://www.samsungdesign.net

• 레이어드 코디네이션[21] •

4. 어케이젼 코디네이션(Occasion Coordination)

의복착장의 기본원칙 즉, 시간(Time), 장소(Place), 기회(Occasion)에 맞게 갖춰 입는 방법을 말한다. 생활양식에 잘 어울릴 수 있도록 보편적인 질서에 맞추어 코디네이트 한다.

TPO에 맞게 코디네이트 하는 방법은 단순한 패션만의 풍조가 아니라 사회 전체의 가치관에 입각하여 행동하고 생활하는 사회적이고 상호주의적인 의식이 옷을 입을 때도 반영된 것이다.

• 어케이젼 코디네이션[22] •

---

21) 사진출처 : http://www.trendpost.com
22) 사진출처 : http://www.samsungdesign.net

5. 오버사이즈 코디네이션(Oversize Coordination)

볼륨감이 있는 빅 실루엣을 바탕으로 한 코디네이션이다. 풍성하게 과장된 여러 가지의 아이템을 한꺼번에 껴입는 레이어드 룩을 통한 콤비네이션으로 전체의 조화와 분위기에 특별히 신경써야 한다.

겉모습이 풍성하게 보인다 해서 완벽한 오버사이즈 코디네이션이라 볼 수 없다. 착용자의 개성과 감각이 살아있는 지가 중요한 만큼 오버사이즈는 그것을 입는 사람과 조화되어야 한다.

커다란 실루엣으로 된 상의에 풍성한 스커트를 매치시키는 방법에서부터 스커트 위에 미니 원피스를 플러스시킨 빅 튜닉+빅 스커트 코디네이션, 원피스 위에 길이가 짧은 또 하나의 원피스를 겹친 빅 원피스+빅 튜닉 코디네이션 등은 한결같이 볼륨감을 강조한다. 지금까지 튜닉을 타이트한 팬츠나 타이트 스커트에 매치시키던 것에 비하면 획기적인 변화라 볼 수 있다. 이 코디네이션에서 주의할 점은 길이에 대한 밸런스이며, 소재와 컬러 매치에도 특별히 신경써야 한다.

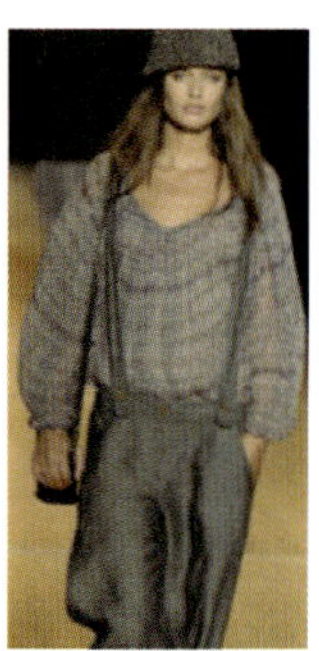

• 오버사이즈 코디네이션[23] •

6. 피스 코디네이션(Piece Coordination)

'조각, 단편, 일부분' 의 뜻을 바탕으로 단품의 조합에 의한 패션 코디네이션 기법이다. 변화의 폭이 다양하고 풍부하여 입는 사람의 개성에 따라 독특한 멋을 연출할 수 있다.

하나하나 떨어져 있는 단품을 조화 있게 꾸미는 방법으로 가장 대중적인 연출법이다. 단품에 의한 코디네이션 요령은 간단한 방법으로 구성되지만 변화의 폭이 매우 다양하고 풍부하여 개성적인 이미지를 연출할 수 있다.

피스 코디네이션의 종류에는 크게 상의 아이템을 덧입어 연출하는 방법과 하의 아이템을 조화시켜 연출하는 방법으로 나뉜다. 상의 아이템에 의한 피스 코디네이션 표현은 셔츠 온 베스트, 셔츠 온 셔츠, 재킷 온 재킷, 베스트 온 아우터 방법이 있고, 하의 아이템에 의한 코디네이션은 스커트 온 스커트, 팬츠 온 스커트, 팬츠 온 드레스 방법이 있다. 피스 코디네이션은 아이템의 조화가 자칫하면 파격적으로 보일 수 있으므로 컬러나 패브릭의 차이가 너무 대조적이지 않도록 주의하여야 한다.

---

23) 사진출처 : http://www.trendpost.com

• 피스 코디네이션[24) •

 **PLUS⁺**

▶ 아이템 코디네이션(item coordination)

블라우스, 셔츠, 스웨터, 베스트, 재킷, 스커트, 팬츠, 원피스, 코트와 같이 의상의 개별화된 단품을 패션에서의 아이템이라 한다. 이렇게 하나하나 떨어져 있는 단품을 연출자의 의도에 따라 다양한 감각으로 자유롭게 표현하는 코디네이션 방법을 아이템 코디네이션이라 한다. 비슷한 의미로 피스 코디네이션 또는 옵셔널 코디네이션이라고도 한다.

▶ 옵셔널 코디네이션(optional coordination)

옵셔널은 '뜻대로, 마음대로' 라는 의미이며 종래의 고정관념이나 습관에 구애받지 않고, 일정한 방법과 제약 없이 자신의 감각이나 분위기에 따라 자유로이 조합을 즐기는 코디네이션을 의미한다. 의상에 따라 액세서리나 소도구를 조합하는 것으로, 예를 들면 모자나 스카프를 하나 더 첨가함으로써 전혀 다른 분위기를 연출해 낼 수 있는 방법이다.
옵셔널 코디네이션은 소비자의 센스, 입는 방법, 코디네이션에 의해서 새로운 매력을 제시한다. 또한 소비계층의 변화와 그들의 라이프스타일이 변화하면서 자신의 감각에 맞는 자유로운 콤비네이션으로 각광을 받는 스타일링이다.

• 옵셔널 코디네이션[25) •

---

24) 사진출처 : http://www.trendpost.com
25) 사진출처 : http://www.trendpost.com

7. 플러스 원 코디네이션(Plus One Coordination)

플러스 원 코디네이션이란 착용자의 이미지에 따라 착장된 기본 의상 위에 한 가지 아이템을 더하여 연출효과를 내거나 또는 의외적인 새로운 감각으로 전환시키는 방법이다. 예를 들어 보조연출로서 스카프나 벨트 등을 첨가하거나, 의외성을 노려 재킷 위에 재킷을 덧입거나, 바지 위에 치마를 입거나, 겉옷 위에 속옷을 겹쳐 입는 등의 코디네이션이다. 보조적인 연출이 아니라 시각적인 주목을 이끌어내는 방법으로 비교적 쉽게 연출할 수 있는 코디네이션 방법 중의 하나이다.

(1) 변화론적 플러스 원 코디네이션

팬츠 위에 스카프나 상의를 랩(Wrap)처럼 두르거나 묶고, 스웨터 위에 스웨터를 걸치는 등으로 기본적이고 지루한 옷차림에서 벗어나 변화의 아름다움을 표현하는 등 의복의 형태를 바꾸어 의외성을 주는 방법이다. 추가한 아이템만 제거하면 평범한 일상복이다. 즉, 획기적인 연출보다는 상식의 범주를 넘지 않는 선에서 보편적인 의복에 약간의 변화로 의복의 이미지를 돋보이게 하는 방법이다.

(2) 조화론적 방법의 플러스 원 코디네이션

어깨에 스카프나 숄을 원피스 위에 두름으로써 의복의 이미지를 보다 명확하게 연출하는 방법으로 보조적인 연출을 의미한다.

무엇인가 하나를 더해서 지금까지의 옷차림에 변화를 주고 새로운 감각을 갖는 매력으로 전환시키는 방법이 플러스 원 코디네이션이다. 언뜻 보아 레이어드 룩과 비슷하지만 여러 가지 아이템을 한꺼번에 겹쳐 입음으로써 전체적인 이미지를 혁신시키는 것이 레이어드 룩이라면 플러스 원 코디네이션은 토대가 되는 의상을 입고 그 위에 한 가지 아이템을 보조로 연출효과를 노려 매치시키는 것으로 시각적인 돋보임을 강조한 방법이다.

• 플러스 원 코디네이션[26] •

---

[26] 사진출처 : http://www.samsungdesign.net

8. 시즈너블 코디네이션(Seasonable Coordination)

시즈너블은 '계절의', '시기에 맞는' 의 의미로 원래는 계절에 맞게 옷을 입는 것이지만, 여기서는 한 계절에 한하지 않고 계절감, 소재감을 의식하지 않게 하는 코디네이션 기법이다. 냉난방시설의 발달로 더욱 부각되고 있는데 봄, 가을용 수트를 겨울에도 코트 안에 입거나, 얇은 드레스와 털 코트를 매치시키는 방법 등이 있다.

여름에 입는 블라우스나 스커트는 봄, 가을의 트렌치 코트나 재킷과 함께 입고, 봄·가을에 입던 수트는 겨울의 코트와 매치시켜 입는 등 코디네이션의 활용에 따라 계절의 구별 없이 올 시즌으로 입을 수 있다.

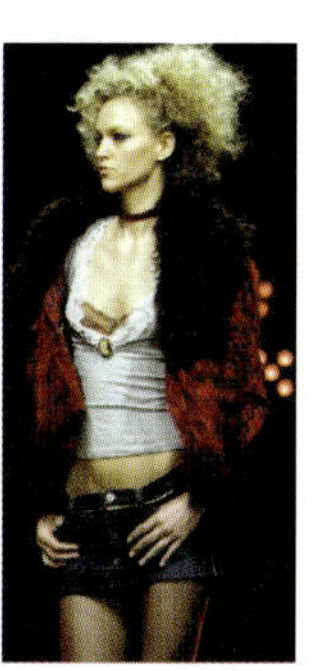

• 시즈너블 코디네이션[27] •

---

27) 사진출처 : http://www.samsungdesign.net

4장 체형별 스타일링

효과적인 이미지 스타일링의 시작은 자신에 대한 올바른 이해에서부터 시작된다. 이상적 이미지와 실제 이미지의 차이를 파악하고 보완 혹은 대체 방법을 찾아내는 것이 필요하다. 이미지 스타일링의 가장 기본적인 원리는 다음과 같다.

 **이미지 스타일링의 ABC 법칙**

A : Accentuate

본인의 장점을 '강조' 하는 스타일링

B : Balance

장점과 단점을 '조화' 롭게 스타일링 하는 것

C : Camouflage

본인의 단점을 '위장(보완)' 하는 스타일링

이미지 스타일링이란 자신의 장점을 강조하고, 단점을 보완하여 멋스럽고 조화로운 스타일링을 하는 것

▶ 체형의 장단점을 파악하여 장점은 부각시키고 단점으로는 시선이 가지 않게 한다.

▶ 컬러나 디자인, 문양이나 패턴을 이용해 착시현상을 유도한다(위장의 법칙).

▶ 메이크업과 헤어 스타일도 체형에 맞게 조화를 시켜 결점을 보완한다.

▶ 무조건 트렌드를 따르기 보다는 체형을 보완하는 스타일링이 우선되어야 한다.

▶ 스타일링에 있어 전체적으로 멋스럽고 성공적인 이미지로 보여야 한다.

2절 체형별 특징 및 스타일링

1. Body Type별 분류와 스타일링

(1) 골격형

① 특징

ㄱ 전체적으로 살집이 없어 뼈가 드러나 보일 정도로 마른 형태의 체형

ㄴ 어깨, 윗 가슴, 갈빗대, 발목 등의 뼈가 유난히 도드라져 보이는 체형

② 보완 스타일링 방법

ㄱ 너무 부드러운 소재보다는 약간 두께감이 있으면서 빳빳한 소재, 두꺼운 니트, 벨벳 등의 부피감이 느껴지는 소재가 체형 보완에 도움

ㄴ 점퍼나 블라우스 같이 각이 없는 아이템보다는 재킷류나 셔츠류 등 전체적으로 각이 지고 몸에 붙지 않는 의복 선택이 좋음

ㄷ 셔링, 아웃포켓, 러플, 프릴 등 디테일이 화려한 옷이 어울림

(2) 살집형

① 특징

ㄱ 몸 전반적으로 살이 많이 보이는 체형

ㄴ 몸의 형태가 동글동글한 곡선이 많이 보이는 체형

ㄷ 어깨, 팔뚝, 힙(Hip)과 허벅지, 배, 무릎 및 팔꿈치 등에도 살집이 있는 체형

② 보완 스타일링 방법

ㄱ 부드러운 소재로 되어 전체적으로 여유 있게 흘러내리는 의복 선택

ㄴ 살집형이라고 해서 무조건 박시한 스타일만 입으면 체형을 가리기보다 더 부해 보일 수 있고, 너무 타이트하게 입으면 보는 사람이 부담을 느낄 수 있으므로, 적당히 여유 있는 디자인으로 곡선의 여성미를 살짝 살짝 보일 정도로 연출하는 것이 도움

(3) 골격형 + 살집형

① 특징

ㄱ 우리나라 여성에게 가장 많은 체형

ㄴ 보통 상체가 골격형, 하체가 살집형인 사람들이 많으나 반대인 경우도 해당

ㄷ 좌식 생활을 하는 우리나라의 경우 하체 살집형이 더 많은 추세

ㄹ 전체적으로 골격과 살집이 골고루 퍼져 있는 상태

ㅁ 어깨나 윗 가슴, 갈빗대, 힙(Hip) 부분 체크

② 보완 스타일링 방법

ㄱ 골격형 보완 스타일링 방법과 살집형 보완 스타일링 방법을 부위별로 적용

ㄴ 골격형인 부분에는 약간 빳빳한 소재의 아이템을, 살집형 부분에는 부드러운 소재의 아이템을 선택

(4) 근육형

① 특징

ㄱ 전체적으로 단단한 근육으로 이루어진 체형

ㄴ 살집형과 같이 곡선의 형태를 갖고는 있으나 단단한 근육으로 이루어져 있음

ㄷ 어깨, 팔뚝, 등, 허벅지 및 종아리 부분의 근육 유무를 체크

ㄹ 여성의 경우 옷을 입기가 매우 어려운 체형

② 보완 스타일링 방법

ㄱ 한 벌로 된 수트류보다는 개성을 살려 입을 수 있는 스타일이 좋음

ㄴ 약간 여유 있고 빳빳한 소재가 좋음

(5) 근육형 + 살집형

① 특징

ㄱ 근육과 살집이 전체적으로 퍼져 있는 상태

ㄴ 살집형 사람이 몸무게를 줄이고자 운동을 하면서 살집이 감소하기 전에 근육화 되어가고 있는 상태 또는 운동을 하여 근육형인 사람이 운동을 쉬게 되면서 근육이 살집화 되어가고 있는 단계에서 보이는 체형

ㄷ 주로 목, 팔, 등, 어깨, 장딴지 부분엔 근육이 보이며, 힙(Hip)이나 허벅지에는 살집이 보이는 경우가 많음

② 보완 스타일링 방법

ㄱ 전체적으로 너무 타이트하지 않고 적당히 여유 있는 스타일이 좋음

ㄴ 살집형 부분의 곡선미를 강조할 수 있는 디자인 또는 스타일이 좋음

2. Body Shape별 분류와 스타일링

(1) 직사각형 · H형

① 체형 특징

  ㉠ 어깨와 엉덩이, 허리가 거의 같은 폭(어깨점에서 수직선을 그었을 때 허리에서 수직선까지 간격이 6cm 이하일 경우)

  ㉡ 상체와 하체는 균형 잡혀 보이지만 허리가 눈에 띄도록 들어가 있지 않아서 오히려 굵어 보이며, 여성스러움이 덜 해 보이는 체형

  ㉢ 허벅지는 일반적으로 엉덩이와 같은 폭이고, 가슴은 작거나 중간 정도

  ㉣ 나머지 살은 몸매 전반에 골고루 분포

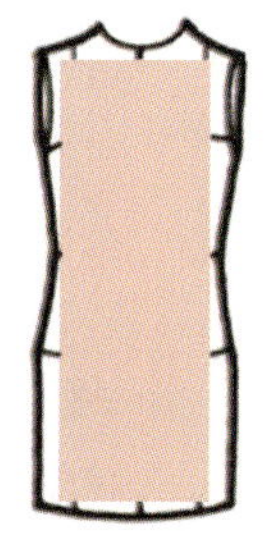

② 보완 스타일링 방법

  ㉠ 허리선이 들어가 있는 재킷 : 밋밋해 보이는 허리 보완

  ㉡ 어깨선을 곡선으로 처리한 의상 : 각진 어깨를 훨씬 부드럽게 보이게 하여 여성스런 이미지 강화

  ㉢ 좁은 H라인 실루엣의 의상 : 몸을 날씬해 보이게 함

  ㉣ 너무 박시한 의상은 남성적이고 부해 보일 수 있으므로 주의

  ㉤ 두꺼운 허리선으로 인해 몸통이 넓어 보이는 것 : 액세서리나 의상의 디테일 또는 절개선 등을 몸 중앙에 두어 몸을 나누는 선을 많이 만들면 몸통의 폭이 좁아 보이는 효과 가능

③ 체형을 가장 돋보이게 하는 스타일 : 전체적으로 슬림한 것은 피하고 상 · 하의 어느 쪽에 볼륨을 강조하여 대조를 이루도록 하는 것

  ㉠ 오버 블라우스 형태의 상의에 슬림한 하의 매치

  ㉡ 앞을 열어 입는 밝은 컬러의 상의에 이너웨어와 하의를 같은 톤으로 어둡게 매치

  ㉢ 베스트나 롱 머플러는 세로로 여러 번 몸을 분할하는 효과를 주는 좋은 아이템(머플러는 얇을수록 좋음)

  ㉣ 레이어드 스타일, 앞을 오픈해서 입는 재킷, 스웨터, 조끼 등은 시선을 안쪽으로 이끌며 가는 수직선을 만들어 슬림하게 보이는 효과

(2) 삼각형 · 스푼(Spoon)형

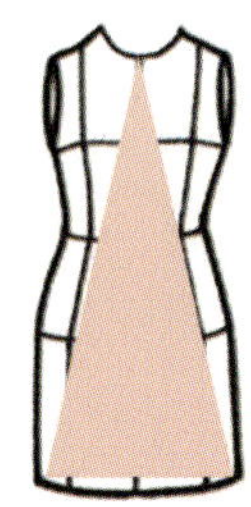

① 체형 특징

- ㉠ 상체에 비해 하체가 크거나 넓어 보이는 체형
- ㉡ 허리아래의 골격이 크고 살이 많아서 상대적으로 어깨가 좁아 보이는 체형
- ㉢ 엉덩이는 넓으며 허벅지가 굵은 편, 어깨는 좁고 경사진 경우가 많음
- ㉣ 전통적인 한국인의 체형
- ㉤ 허리 위는 좁아 보이고 허리 아래는 넓어 보이며 살이 엉덩이 아래와 넓적다리에 모여 있기 때문에 위에서 아래까지 균형 잡히지 않은 것처럼 보이는 체형

② 보완 스타일링 방법

- ㉠ 어깨 요크와 허리까지 오는 상의가 윗몸 보완에 좋음
- ㉡ 하체 보완 : 어두운 컬러의 심플한 디자인 선택과 대부분 하체에 대한 불만이 많으므로 하체로 모이는 시선을 상체로 유도하는 스타일링 선택
- ㉢ 상체 보완 : 화려하거나 독특한 디자인의 브로치나 귀걸이, 목걸이, 하의보다 화려하거나 밝은 컬러, 독특한 디테일이 디자인 된 상의, 짧은 머리, 코사지의 활용 등 다양한 방법 이용
- ㉣ 넓은 하체로 인해 좁아 보이는 어깨는 패드를 이용해 보완 가능
- ㉤ 최근에는 두터운 패드보다는 어깨 라인을 인위적으로 강조한 볼드 룩 스타일, 소매산에 주름을 잡은 퍼프 소매의 의상으로 결점을 최소화
- ㉥ 좁은 어깨로 인해 커 보이는 얼굴 : 원 버튼 같이 재킷의 V존이 넓고 깊거나 네크라인 부분이 넓게 파진 것, V네크 의상 선택
- ㉦ H라인의 스커트를 입어야 할 경우 : 세로선의 스트라이프 무늬나 세로로 절개선이 있는 디자인, 엉덩이를 가릴 수 있는 재킷이나 블라우스를 매치하면 하체의 부담감 감소에 도움

③ 체형을 가장 돋보이게 하는 스타일 : 어깨, 소매, 몸통과 복부, 엉덩이, 허벅지를 여유 있게 흘러내리고 위장해주는 느슨한 스타일

- ㉠ 스커트는 A라인, 팬츠는 부츠 컷 패턴이 가장 좋음, 뒷주머니의 크기가 큰 것(엉덩이를 작아 보이게 함)
- ㉡ 구두 : 너무 낮지 않은 굽 선택(하체가 길어 보여 날씬해 보이는 효과)

(3) 역삼각형 · 콘(Cone)형

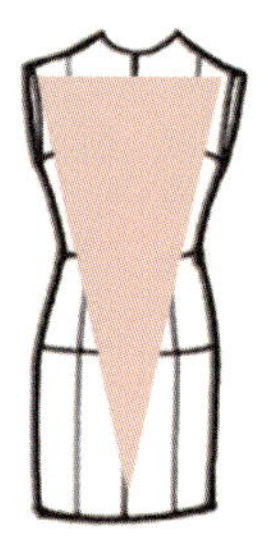

① 체형 특징

  ㉠ 허리선 위는 넓어 보이고, 허리선 아래는 좁아 보이는 체형

  ㉡ 어깨, 윗등, 가슴에 살이 모여 있어 균형이 잡히지 않은 것처럼 보이는 체형

  ㉢ 하체에 비해 상체가 크거나 넓어 보이는 체형

  ㉣ 허리 위의 골격이 크거나 살이 많아서 상대적으로 엉덩이가 좁아 보이는 체형

  ㉤ 어깨는 넓으며 이에 비해 골반은 작고 엉덩이 곡선은 굴곡이 심한 편

② 보완 스타일링 방법

  ㉠ 상체를 작게 보이게 하는 것이 스타일링의 가장 중요한 포인트

  ㉡ 넓어 보이는 어깨 보완

   • 넓고 깊은 네크라인

   • 래글런 소매처럼 어깨선보다 소매 절개가 안으로 들어오는 디자인

   • 열고 입을 수 있는 상의

   • 강조되는 라인이나 액세서리 등을 몸 가운데로 두면 몸통을 나누는 선이 생겨 넓은 어깨 보완에 효과적

  ㉢ 터틀네크 등 목을 감싸는 디자인은 피하는 게 좋으나 계절상 필요한 경우엔 겉옷과 이너웨어의 컬러가 대비되게 하면 더 나은 스타일링 효과

  ㉣ 밝은 컬러나 화려한 문양의 하의를 입어 상체로 향하는 시선을 하체로 유도

  ㉤ 허리와 비슷한 골반크기 때문에 자칫 허리가 긴 체형으로 보일 수 있는 경우 : 허리선이 확실히 살아있는 짧은 재킷에 허리부분에 주름을 잡은 하의 매치

③ 체형을 가장 돋보이게 하는 스타일 : 디테일이 없는 심플한 디자인에 어두운 컬러의 상의 활용

  ㉠ 칼라(Collar) : 숄 칼라나 세일러 칼라 등 넓은 칼라가 좋음

  ㉡ 하의 : 허리선에 주름 또는 여러 디테일로 볼륨을 주거나 얇고 촘촘한 주름의 플리츠 스커트 등을 입으면 엉덩이를 강조해 골반을 넓어 보이게 하므로 상체와 하체가 밸런스를 이룸

  ㉢ 주얼리 : 목선의 앞 중심으로 길게 늘어지는 목걸이, 허리 아래 부분을 강조하도록 늘어지는 체인형 벨트

(4) 둥근형

① 체형 특징

- ㉠ 신체 모든 부분이 완전히 둥근 모양을 가진 체형
- ㉡ 눈에 띌 정도로 무거운 평균 이상의 체중
- ㉢ 전체적으로 몸에 살이 많은 체형
- ㉣ 등과 위팔은 크고 둥글며 가슴, 몸통, 허리, 복부, 엉덩이, 윗다리도 크고 둥근 체형
- ㉤ 특히 허리부분에 살이 많은 체형

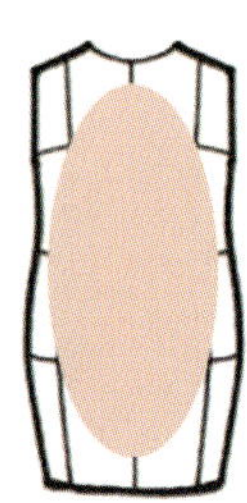

② 보완 스타일링 방법

- ㉠ 직선이나 각을 강조하거나 시선을 얼굴로 이끄는 선의 사용으로 볼륨이 많은 둥근 체형 보완
- ㉡ **세로선이나 사선이 들어간 문양이나 디테일, 패턴의 의상 선택** : 세로로 길게 달린 단추나 프린세스 라인이 들어간 원피스, 세로로 길게 여러 겹 주름을 잡은 블라우스 등
- ㉢ 전체적인 실루엣을 H자나 A자 형태로 만들어 주면 우아하면서도 날씬한 효과
- ㉣ 되도록 심플한 디자인 선택
- ㉤ **피해야 될 소재·패턴** : 두껍거나 느슨하게 직조된 소재, 가로 줄무늬나 체크무늬, 너무 얇고 촘촘한 세로 줄무늬

③ 체형을 가장 돋보이게 하는 스타일

- ㉠ 테일러드 칼라가 달린 상의, V네크 또는 시원하게 파진 네크라인의 의상이 효과적
- ㉡ 어깨선보다 좀 더 연장시킨 각진 형태의 어깨에 여유가 있는 일직선의 소매가 달린 상의는 팔이 얇아 보이므로 전체적으로 슬림한 스타일 완성
- ㉢ 붉은 계통보다는 모노톤이나 차가운 계열 컬러가 훨씬 샤프한 인상
- ㉣ 어두운 컬러의 의상에 선명한 원색의 컬러를 이너웨어나 가방 또는 액세서리의 포인트 컬러로 쓰면 시선을 그 쪽으로 유도해 체형으로 몰리는 관심을 분산

(5) 모래시계형

① 체형 특징

    ㉠ 가슴과 엉덩이는 똑같이 넓고 볼륨이 있는 반면 허리는 매우 가는 체형

    ㉡ 전체적으로는 균형이 잡힌 체형으로 보이지만 허리가 너무 얇아 상대적으로 가슴과 엉덩이가 더 커 보이는 체형

    ㉢ 허리 치수는 가슴과 엉덩이 치수보다 약 28cm 정도 작고 살은 허리 위, 아래에 꽤 골고루 분포되어 있는 체형

    ㉣ 자칫 잘못하면 실제보다 많이 뚱뚱해 보이므로 스타일링에 주의 필요

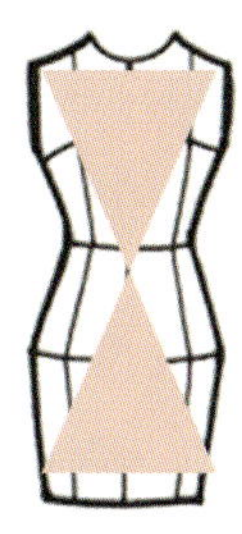

② 보완 스타일링 방법

    ㉠ 연령이나 직업에 따라 노출이나 몸매를 드러내는 스타일링에 가장 많은 제약을 받는 체형

    ㉡ **큰 가슴 보완** : 가슴 부분에는 약간의 여유가 있어야 하고 디테일이 없는 심플한 디자인, 무늬가 없는 어두운 컬러의 의상이 효과적

    ㉢ **피해야 할 소재 · 패턴** : 너무 타이트하거나 파인 의상, 원단이 두껍거나 부피가 큰 소재 등

    ㉣ **지적인 분위기 표현** : 어두운 컬러의 심플한 정장에 안경 등의 소품을 이용한 자연스러운 스타일링

③ 체형을 가장 돋보이게 하는 스타일

    ㉠ 부드럽게 흐르는 가벼운 소재의 의상은 좀 더 날씬하게 보이는 효과

    ㉡ 색상이 독특한 디자인으로 이목을 사로잡을 귀걸이나 목걸이, 스카프처럼 부드러운 소재의 폭이 넓은 벨트가 효과적

    ㉢ 벨트로 묶는 장식이 있는 의상은 너무 가는 허리로 인해 가슴과 엉덩이가 커 보이는 것을 보완 가능

    ㉣ 전체적으로 몸매를 자연스럽게 드러내는 스타일이 적당

3절 부분 결점 보완 스타일링

1. 팔 부분 결점에 따른 보완법

(1) 팔이 짧은 체형

Good	Bad
• 민소매, 9부, 7부, 팔꿈치선보다 위로 올라간 짧은 소매, 손목에서 1~2cm 더 길게 내려온 소매 • 폭 좁은 커프스, 세로줄무늬 소매 • 폭 좁은 팔찌, 작은 반지 • 슬리브 : 기모노, 래글런, 돌먼	• 캡 소매, 여러 층을 가진 소매, 주름 많고 폭넓은 소매, 가로줄무늬 소매 • 스판 소재, 무늬를 많이 넣은 직물로 된 소매 • 폭이 넓거나 대조되는 색상의 커프스 • 폭넓은 팔찌, 큰 반지

(2) 팔이 굵은 체형

Good	Bad
• 긴 소매, 헐렁한 소매, 7부 소매 • 슬리브 : 기모노, 래글런, 돌먼, 비숍 • 헐렁하게 맞는 상의 및 드레스 • 가볍거나 중간 무게 정도의 직물, 솔 • 자기 어깨선보다 1.2㎝ 밑으로 내려온 형태 어깨선 • 어깨 패드로 어깨는 넓어 보이고 팔은 가늘게 보이도록 함	• 몸에 꼭 맞는 상의, 부피가 큰 어깨 패드 • 몸에 달라붙거나 두껍고 무거운 직물로 된 소매 • 짧은 소매, 민소매, 소매 끝이 어깨에서 약간 내려온 캡 소매, 가로줄무늬 소매 • 크고 부피 큰 팔찌 • 슬리브리스, 스트랩리스 네크라인

2. 다리 부분 결점에 따른 보완법

(1) 굵은 다리를 가진 체형

Good	Bad
• 넓은 어깨선, 견장과 어깨 패드, 약간 올라간 허리선, 길이가 긴 상의로 시선을 위로 유도 • 일자형의 헐렁한 치마, 플레어, 고어드 스커트, 롱스커트(무릎 아래 12.5cm 정도) • 폭이 넓은 일자형 바지, 앞 주름 바지 • 길이가 긴 드레스, 가벼운 재질의 레이어드 스타일 • 어두운 색상, 가볍거나 중간 정도 재질, 작은 무늬, 세로줄무늬의 하의 • 모자, 독특한 귀걸이나 목걸이, 스카프	• 일자형, 몸에 꼭 달라붙는 형태나 부풀린 치마 • 눈에 띄는 주머니, 커프스 장식과 몸에 꼭 달라붙는 좁은 바지 • 무릎 아래 길이의 종아리 굵은 부분에서 절단된 죠드퍼즈나 컷 오프 팬츠 • 뻣뻣하고 부피가 큰 무거운 재질의 하의 • 크고 대담한 무늬, 가로줄무늬 하의 • 희고 불투명하고 무늬 있는 스타킹, 부피 큰 양말, 밝은 색상 신발에 어두운 색상의 스타킹, 목 짧은 구두, 우아한 스타일의 구두

(2) 휜 다리를 가진 체형

Good	Bad
• 목둘레선 장식, 어깨선 장식 • 플레어, 던들, 플리츠, 트임 있는 스커트 • 플레어 팬츠 • 길이가 긴 드레스 • 발목 밑까지의 양말, 중간 굽 이하의 구두 • 모자, 독특한 귀걸이나 목걸이	• 일자형 치마 • 몸에 붙는 드레스 • 몸에 꼭 달라붙는 긴바지나 반바지 • 짧은 스커트나 팬츠에 지나치게 밝은 스타킹 • 짧은 부츠 • 세로 스트라이프 무늬 스타킹

3. 목 부분 결점에 따른 보완법

(1) 짧고 굵은 목을 가진 체형

Good	Bad
• 네크라인 : V형, U형의 슬릿, 키홀, 스위트 하트	• 높게 묶은 타이, 터틀네크 칼라
• 칼라 : 첼시, 숄, 끝이 길게 내려오거나 오픈된 칼라	• 장식이나 주름이 많은 네크라인
• 오픈하여 입는 카디건, 재킷 스웨터	• 턱 바로 아래에서 둘려지거나 묶여진 스카프
• 챙이 없거나 좁은 모자	• 두꺼운 어깨 패드나 견장 장식
• 중간 이하 크기의 귀걸이, 긴 형·펜던트형 목걸이	• 밑으로 처지거나 넓은 챙의 모자
• 가슴 정도 선에서 낮게 맨 스카프	• 목에 꼭 끼거나(초커 스타일) 짧고 부피가 큰 목걸이
• 헤어 스타일 : 업 스타일, 짧은 컷 스타일	• 헤어 스타일 : 롱, 웨이브 형태의 자연스러운 형태
  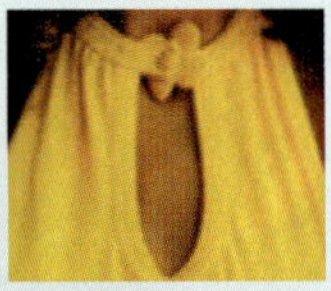 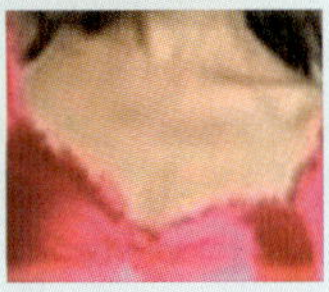 • 메이크업 : 눈이나 입술에 포인트	  

(2) 앞으로 굽은 목을 가진 체형

Good	Bad
• 목에 헐렁하게 맞는 목둘레선 또는 여밀 수 있는 칼라	• 꼭 맞는 형태의 상의 또는 보석 장식의 목둘레선
• 앞 목의 각을 없앨 수 있는 칼라 : 컨버터블, 노치, 카울, 더플	• 길고 흔들리는 귀걸이, 무거운 목걸이
• 앞 어깨 솔기선 부분에 개더나 턱 장식	• 무겁게 보이거나 낮게 매달려 있는 스카프 장식
• 허리선 및 그 아래 부분에 재미있는 부분 장식	
• 스카프 등의 액세서리 이용	

4. 가슴 부분 결점에 따른 보완법

(1) 가슴이 큰 체형

Good	Bad
• 여유 있는 실루엣의 상의 • 튜닉, 카디건, 재킷, 베스트 등을 오픈하여 착용 • 가볍게 아래로 늘어지는 소재 • 약간 큰 귀걸이, 긴 목걸이 • 늘어지는 스카프, 넓지 않은 가는 벨트 • 시선을 위에서 아래로 내려가도록 유도 • 긴 플레어, 고어 스커트, 앞주름 스커트 • 어깨 견장, 적당한 어깨 패드	• 가슴을 강조하는 스판 소재 • 하이 웨이스트 스타일, 엠파이어 스타일 • 가슴 부위의 프릴 장식, 가슴선 부분의 요크 • 체형에 꼭 맞는 타이트한 실루엣 • 퍼프 슬리브 등 소매통 넓은 스타일 • 투명감 있는 재질 • 깊게 파인 목둘레선

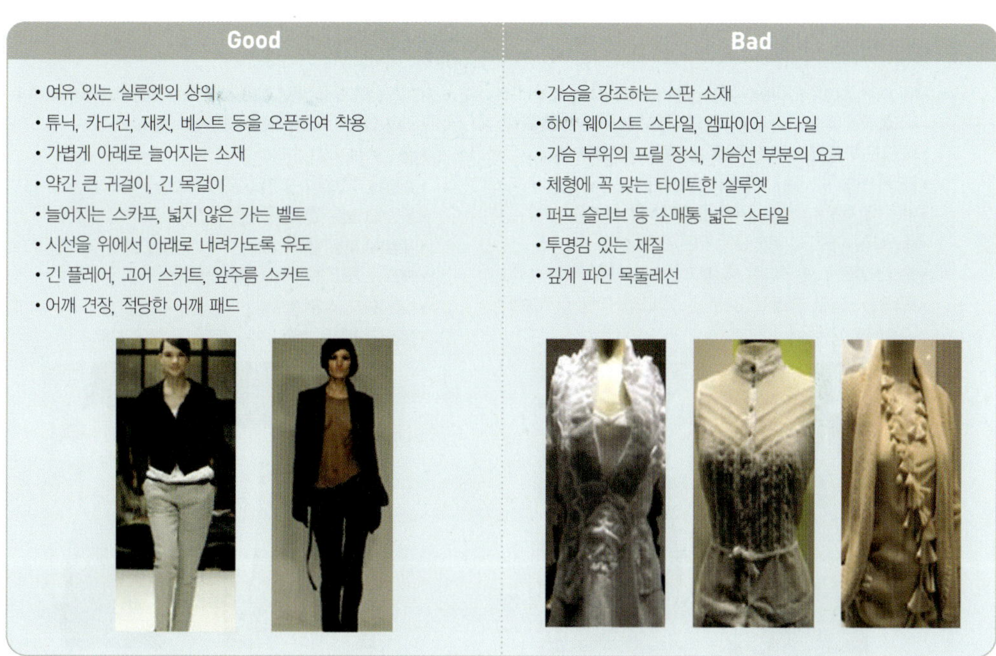

(2) 가슴이 빈약한 체형

Good	Bad
• 어깨 요크 아래 개더나 턱을 크게 잡은 상의 • 가슴선에 가로의 프릴, 주름, 주머니 장식 • 수평의 줄무늬 프린트, 격자무늬 • 짧고 맵시 있는 재킷, 볼레로, 벨트 달린 재킷, 트렌치 코트 • 빳빳하고 두꺼운 재질 옷감, 약간의 여유가 있는 옷 • 엠파이어 스타일, 하이 웨이스트 스타일 • 가벼운 정도 느낌의 목걸이 • 슬리브 : 퍼프, 돌먼, 레그 오브 머튼	• 스판 소재 • 부드럽고 얇은 소재 • 길고 깊게 파인 목둘레선 • 소매 없는 상의, 두꺼운 어깨 패드 • 수직의 줄무늬 • 무거운 목걸이

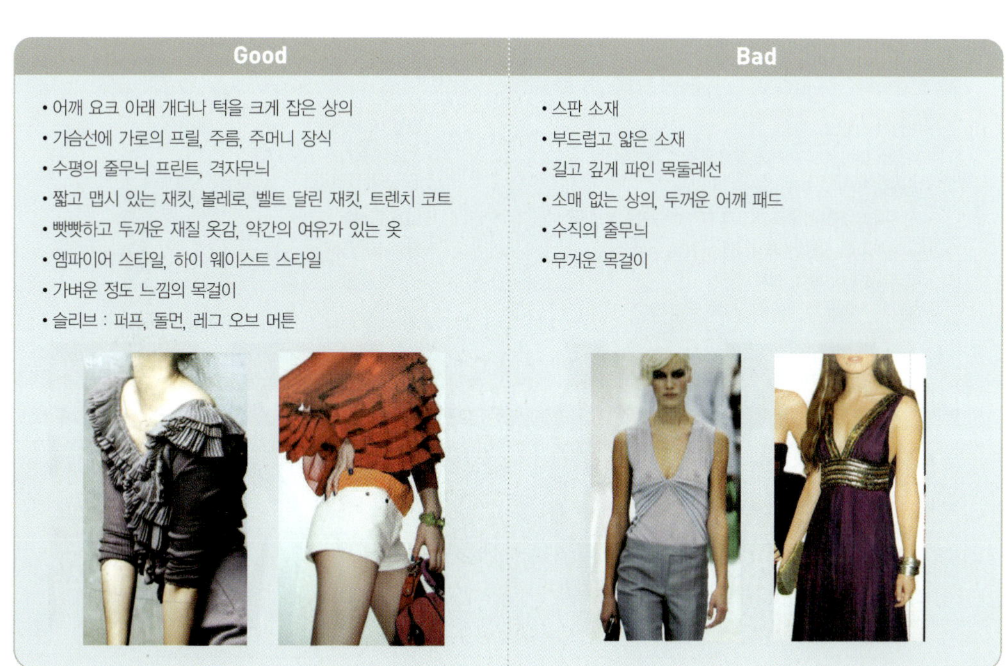

5. 어깨 부분 결점에 따른 보완법

(1) 어깨가 넓은 체형

Good	Bad
• 매니시한 테일러드 셔츠, 장식 달린 사파리 재킷, 트렌치 코트, 플레어 코트, 슈미즈 스타일, 엉덩이 부분에 주머니 장식 • 챙 넓은 모자, 앞 중심선 핀 장식, 길이 긴 목걸이 • 블라우스보다는 짙은 색 셔츠 + 타이 • 밝은 색 셔츠 + 베스트, 약간 큰 사이즈의 스웨터 • 네크라인 : 라운드, V형, U형, 낮은 카울 • 칼라 : 열린 노치, 만다린, 숄, 부드럽게 늘어지는 타이 • 슬리브 : 돌먼, 래글런, 배트윙, 기모노(소매를 어깨점에서 0.5~1cm 안쪽으로 단다)	• 어깨 강조한 스타일, 넓은 사각 또는 둥근 목둘레선 • 소매 없거나 어깨 패드를 넣은 상의, 견장 장식 • 캡 슬리브, 퍼프 슬리브 • 수평의 지그재그 줄무늬, 강한 가로 줄무늬의 상의 • 꼭 끼고 넓은 벨트 • 세일러, 러플 칼라 • 페그 스커트 또는 페그 팬츠(팽이형) • 작은 모자, 작은 핸드백 • 몸에 달라붙는 뻣뻣하거나 두껍고 무거운 직물

(2) 어깨가 처진 체형

Good	Bad
• 여성적 스타일 • 페전트 블라우스, 어깨에 요크를 살린 블라우스 • 에폴릿(견장) 등 어깨 장식 • 목 주위에 풍요함을 느끼고자 할 때는 큰 칼라 선택 • 어깨 패드를 사용한 매니시한 느낌의 의상 • 네크라인 : 바 토우, 보트 • 슬리브 : 셋인, 캡, 케이프, 퍼프, 레그 오브 머튼	• 터틀 네크라인 • 래글런 슬리브 • 꼭 맞는 긴 소매 • 넓은 플레어 스커트 • 챙이 넓은 모자

6. 엉덩이 부분 결점에 따른 보완법

(1) 큰 엉덩이를 가진 체형

Good	Bad
• 넓은 어깨선, 어깨 패드 및 견장 장식 • 엉덩이에 세로줄무늬나 사선무늬 주머니 장식 • 허리선 윗부분이 조금 풍성한 오버 블라우스와 튜닉 • 길이가 길고 헐렁한 스웨터와 조끼, 길이가 길고 부드러운 재킷 • 플레어 스커트, 플레어 된 코트와 케이프, 레이어드 • 목이나 어깨 주위의 리본으로 된 스카프, 모자, 흥미로운 귀걸이나 목걸이 등으로 시선을 위로 유도 • 허리 아래부분이 부드럽게 흐르거나 헐렁하게 맞는 의복 • 중간굽 이상의 구두와 부츠	• 몸에 꼭 끼는 의복, 폭 좁은 어깨선 • 엉덩이 부분의 수평이나 플랩 포켓 장식 • 엉덩이 부분에 옆 지퍼나 수평으로 된 지퍼선 • 일자형 치마와 짧은 재킷, 엉덩이를 부풀린 부팡, 페그 치마, 라이딩 팬츠, 나팔바지, 커프스 있는 바지, 두껍고 부피 큰 직물로 된 하의 • 몸에 꼭 맞는 넓은 벨트 • 크기가 크고 부피가 큰 손가방 • 무겁고 둔한 스타일의 구두

(2) 처진 엉덩이를 가진 체형

Good	Bad
• 파운데이션 보정 필요, 전체적으로 헐렁한 의복, 레이어드 스타일 의복 • 허리 부분의 부드러운 주름들, 길이가 긴 상의 • 시프트 드레스, 허리선 없는 점퍼 드레스 • 스커트 : A라인, 플레어 고어드, 던들 • 목과 어깨 주위의 재미있는 장식선, 시선을 집중시킬 귀걸이나 목걸이 • 중간 높이~높은 굽의 구두와 부츠	• 몸에 꼭 끼는 치마나 바지 • 짧은 재킷, 밑위 짧은 팬츠 • 큐롯 스커트 • 힙합 스타일

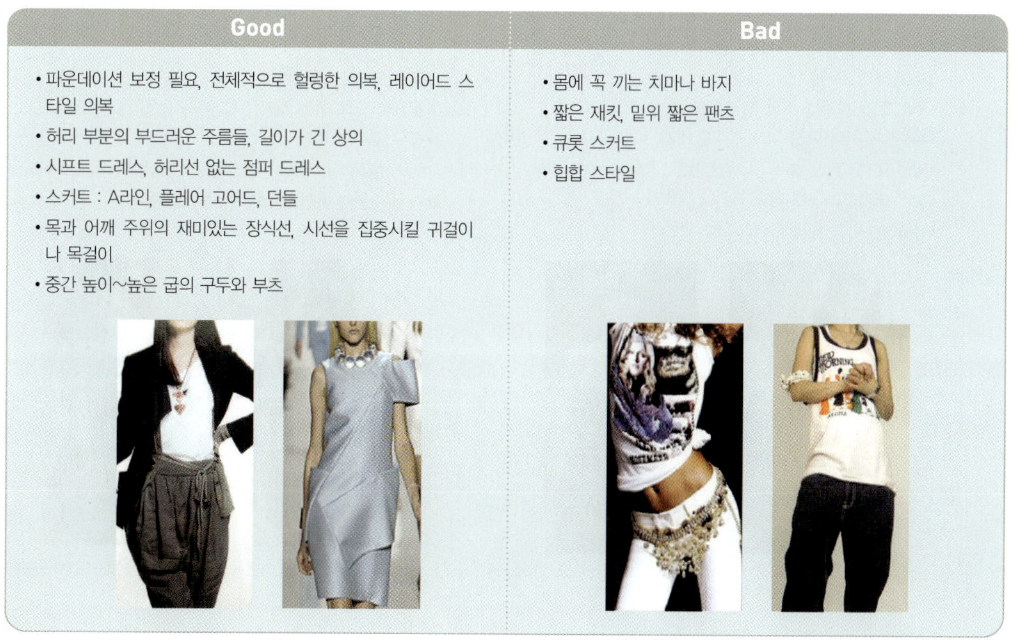

(3) 편평하면서 작은 엉덩이를 가진 체형

Good	Bad
• 페플럼이나 주름 잡은 엉덩이 요크, 엉덩이 부분 가로 줄무늬 • 엉덩이 부분에 수평으로 만든 선이나 패치 포켓장식의 하의 • 짧거나 엉덩이 중간까지 오는 조끼, 스웨터, 재킷 • 박스형, 볼레로, 블루종, 더블 브레스트 상의 • 페그, 플레어, 티어드 스커트 • 앞 주름 바지, 배기팬츠, 커프스 있는 바지, 헐렁한 점프수트 • 중간 넓이~넓은 벨트, 장식용 허리 리본, 굽 낮은 앵클 부츠	• 세로로 된 주머니 • 크기가 지나치게 큰 상의 • 몸에 꼭 맞는 치마와 바지 • 몸에 달라붙거나 얇은 직물 • 상의의 수평선 • 수직선이나 줄무늬의 일자형 치마나 바지

7. 허리 및 배 부분 결점에 따른 보완법

(1) 굵은 허리를 가진 체형

Good	Bad
• 허리선이 없는 의복, 오버 블라우스, 튜닉, 시프트, 슈미즈, 점퍼 드레스, 로 웨이스트 드레스 • 길이가 긴 스웨터, 조끼, 재킷 • A라인, 플레어, 서클 치마, 앞주름 바지 • 넓은 V 네크라인, 보트 네크라인, 열고 입을 수 있는 칼라 • 넓은 어깨선과 어깨 패드, 목이나 어깨에 스카프 • 슬리브 : 퍼프, 플레어, 레그 오브 머튼	• 풍성한 긴 소매 • 몸에 꼭 맞는 의복 • 몸체에 요크, 높은 허리선, 넓은 허리 밴드나 벨트 • 짧은 조끼, 스웨터 • 박스 플리츠 스커트, 부팡, 할렘 스커트/바지, 페그 스커트 • 허리 주위의 두꺼운 직물, 수평의 줄무늬

(2) 상체가 긴 체형

Good	Bad
• 하이 웨이스트 라인, 엠파이어 스타일 • 상체에 무게감을 주는 넓은 네크라인이나 칼라 • 어깨선 요크, 몸체 부분 요크, 넓은 허리 밴드 • 벨트 있는 스웨터나 재킷, 사파리 스타일 재킷 • 상하 분리된 의복이나 허리선 없는 상의 • 시프트, 슈미즈, A 라인, 프린세스 라인 드레스 • 의복과 어울리는 색상의 넓은 벨트, 리본, 중간굽 이상의 구두 • 약간 여유 있는 짧은 밑위의 스트레이트 팬츠 • 몸체나 허리 부분에 수평선이나 사선, 허리 아래 수직선 이용	• 허리선을 나타내는 상의 • 꼭 맞는 재킷 • 로 웨이스트 치마나 바지 • 흐늘거리는 직물로 된 상의 • 무거운 직물로 된 하의 • 허리선 위 좁은 수직 줄무늬 상의와 대조되는 색상의 넓은 벨트 • 투박하고 납작한 구두

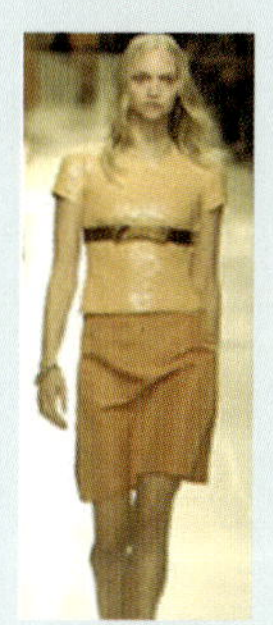 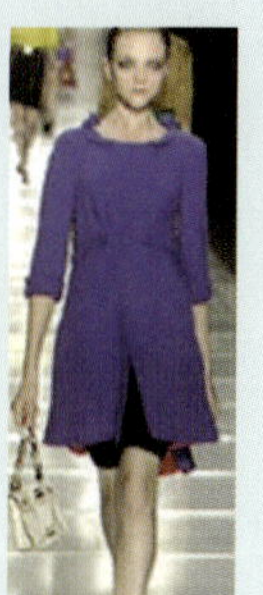 

(3) 배가 나온 체형

Good	Bad
• 레이어드 스타일 의복 • 헐렁하게 맞는 상의, 허리선 없는 오버 블라우스, 튜닉, 드레스와 점퍼, 길고 헐렁하게 맞는 조끼, 스웨터, 재킷 • 플레어, 던들 스커트, knife pleats 스커트 + 짧은 조끼와 재킷 • 편편하게 놓인 앞 주름 바지, 판탈롱 바지 • 보트 네크라인, 보 칼라, 카울 칼라 • 목둘레선과 어깨에 재미있는 장식들, 어깨 패드 • 흥미로운 귀걸이와 목걸이, 목에 가볍게 두를 수 있는 스카프, 헐렁하게 매거나 낮게 늘어뜨리는 허리 벨트	• 비숍 슬리브, 손목 둘레를 풍성하게 만든 모든 소매 • 허리 밑부분을 꼭 끼게 만든 요크 • 볼레로나 배틀 재킷을 포함한 짧고 몸에 끼는 상의 • 부피가 큰 나이프 플리츠, 박스 플리츠, 앞 중심에 단추 달린 짧은 스커트 • 엉덩이에 걸쳐 입는 바지(힙합 스타일), 할렘, 테이퍼드 팬츠 • 부피 크고 번쩍거리며 몸에 밀착시키는 천으로 된 하의 • 꼭 끼고 넓은 허리 벨트

 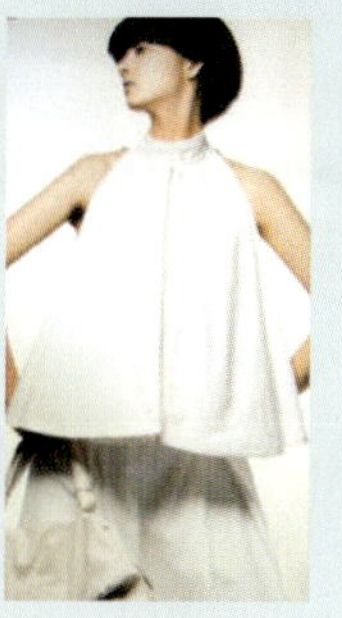  

패션/유통 비즈니스 & 패션센스
(Fashion/Distribution Business & Fashion Sense)

Category 2. 패션 트렌드

1장 패션 정보
2장 패션 트렌드

1장 패션 정보

1절 패션 정보

1. 패션 정보의 개념

패션 정보는 어패럴 업체에서 제품생산을 하기 위해 가장 먼저 조사하는 정보로서 해외 패션 정보와 국내 패션 정보로 크게 구분되며 패션 트렌드, 컬러, 소재, 스타일, 실루엣, 디테일에 관한 내용을 가진다.

각 정보는 각기 통합적 혹은 서로 구분되는 정보원을 가지고 있으며 브랜드에 맞는 패션 정보를 입수, 분석, 적용하게 된다. 이러한 패션 정보원에는 패션 정보지, 잡지, 관련 신문과 같은 인쇄매체와 함께 패션 정보기관의 설명회, 각종 조사자료 등이 포함되기도 한다.

PLUS⁺

▶ **패션 정보의 구분**

- 패션 마켓 정보(Fashion Market Information) : 기업 마켓환경 파악 정보
- 패션 트렌드 정보(Fashion Trend Information) : 상품개발을 위한 정보
- 패션 디자인 정보(Fashion Design Information) : 디자인 기획 정보
- 패션 비즈니스 정보(Fashion Business Information) : 패션기업 경영·관리정보, 마케팅과 상품판매를 위한 정보

---

2. 패션 정보의 필요성

패션 산업에서 정보란 상품기획의 방향을 결정하기 위해 수집되는 모든 관련된 현황을 말한다. 때문에 시즌의 상품을 기획함에 있어서 가장 먼저 추진해야 하는 것으로 소비자의 성향과 패션의 흐름, 시대성에 맞는 기획을 위한 패션 정보들을 입수해야 한다.

패션에 있어 다양한 소비자의 니즈(Needs)와 시대성에 맞는 상품기획을 위해서는 정보 수집이 반드시 필요한데 이러한 정보는 상품의 부가가치를 높여 상품력을 강화시키고 질 높은 서비스의 제공을 가능하게 한다. 또한 패션에 있어서 정보는 다양한 변신을 가능하게 하는 패션 현상의 원천이므로 패션 정보의 수집은 상품의 기획 시점에서만 이루어지는 것이 아니라 항상 이루어져야 한다.

2절 패션 정보 수집기관

1. 패션 정보의 수집

(1) 컬러 정보 수집기관

JAFCA(일본유행색협회), CAUS(미국유행색협회), ICA(영국유행색협회), KOFCA(한국유행색협회), Hue Point(미국)

(2) 패션 트렌드 정보 수집기관

① **Here&There**(미국) : 뉴욕에 있는 패션 정보 회사로 매달 유행경향에 관한 정보지를 제공
② **Pat Tunsky**(미국) : 1972년 Color, Fabric, Design, Knitwear, Marketing, Retail 등의 전문가들이 모여서 설립한 토털 패션 서비스 기관으로 1년에 3번 남성복 · 여성복 컬러와 디자인 트렌드 및 직물 트렌드 소개
③ **Promostyl**(프랑스) : 파리에서 설립된 패션 정보 회사로 트렌드 북을 통하여 패션에 관한 모든 정보서비스를 제공
④ **Trend Union**(프랑스) : 세계 주요 도시에 통신원을 두고 현지에서 수집한 새로운 디자인과 최근 소비자 동향에 대한 정보를 통해 웹사이트 운영
⑤ **Nelly Rodi**(프랑스) : 1985년에 창립된 대표적인 트렌드 정보 기획사로 의상, 라이프스타일의 트렌드 기획
⑥ **Percler**(프랑스) : 1970년에 설립된 트렌드 정보 수집기관으로 패션, 코스메틱, 디자인 등의 트렌드 정보를 시즌보다 약 18개월 앞서 제공
⑦ **WGSN**(영국) : 1998년 런던에 설립, 전 세계에 패션 비즈니스 레이더망을 구축하고 패션 관련 뉴스와 트렌드, 각종 조사 자료를 온라인을 통해 공급하는 업체
⑧ **삼성패션연구소**(한국) : 1993년에 설립되어 패션 경향예측 및 디자인 개발, 시장조사, 패션 전문인 교육 등을 제공
⑨ **Interfashion Planning**(한국) : 1989년에 발족된 패션 정보 회사로 섬유산업 전반에 걸친 종합정보연구사업을 수행
⑩ **코오롱패션연구소(KFS)** : 1989년에 설립되어 패션 경향예측 및 디자인 개발, 시장조사, 패션 전문인 교육 등을 제공

(3) 소재 정보 수집기관

① 원사 : Expofil (프랑스), Pitti Imagine Filati(이탈리아), Filo(이탈리아)
② 원단 : Interstoff World(독일), Premiere Vision(프랑스), Moda In(이탈리아), Pre-Tex(이탈리아), Prato Expo(이탈리아), Idea Como(이탈리아), Tokyo Pretex(일본), Kyoto Stoff(일본), Top Look(일본), Idea Kyoto(일본), Interstoff Asia(홍콩), TexVision(한국), 서울 Stoff(한국), 이데아 서울(한국)

(4) 어패럴 박람회

IGEDO(독일), Magic Show(미국), California Marketweek Buyer Fashion Show(미국), Interselection(프랑스), 홍콩 패션위크(홍콩), TFW(일본)

(5) 디자이너 컬렉션

파리(프랑스), 런던(영국), 밀라노(이탈리아), 뉴욕(미국), 도쿄(일본), 마드리드(스페인), 알타모다(이탈리아), SFAA(한국)

국제유행색협회 (INTER–COLOR ; International Commission for Fashion and Textile Colors)	• 유행색 예측 기관 중 가장 빠른 시기에 정보를 선정하는 기관 • 1963년에 발족, 오스트리아 빈에 본부를 둠 • 각국의 공적인 유행색 연구기관만 협회 가맹 인정 • 매년 1월, 7월 말 협의회 개최하며 가맹국 위원들이 제안색을 가지고 와서 2년 후의 색채 방향 분석, S/S·F/W의 유행색 예측 및 결정 • 각국의 유행색 관련기관에서는 협의회 결과를 토대로 자국의 산업계 방향에 맞게 유행색을 조정하여 발표
일본유행색협회 (JAFCA ; Japan Fashion Colors Association)	• 1953년에 발족한 일본의 대표 단체 • 1년에 2회 국제유행색협회에 출석하며 협의회의 예측색을 기초로 소매점, 어패럴 메이커, 텍스타일 메이커 등 각 업계의 전문 위원들과 의견을 교환하면서 일본 시장에 맞는 트렌드 컬러 결정 • 18개월 전에 일본의 트렌드 컬러 제안 • 아이템에 따른 트렌드 컬러를 제시하며 숙녀복, 남성복, 화장품, 인테리어, 자동차 등 광범위한 분야에 영향
미국유행색협회 (CAUS ; Color Association of the United States)	• 1915년에 발족된 TCCA(Textile Color Card Association)가 개조된 미국 색채평의회 • 색상 정보사, 유행색채(컬러샘플) 발표 • 1956년 발족된 제품 인테리어 협회(Products Interior Association)의 기본이 됨
한국유행색협회 (KOFCA ; Korea Fashion Color Association)	• 국제유행색협회(INTER–COLOR) 및 각종 해외 패션경향 정보사의 제안색 입수, 시즌 약 18개월 전에 예측색채를 테마와 함께 제안 • 색채기획과 색에 관련된 정보를 취급하는 전문기관으로 산업체에서 필요로 하는 유행색 및 정보제공, 유행색의 활용 및 보급을 위한 조사연구 등 • 유행색의 대중화 운동을 통해 색채문화발전에 기여 • 국제 유행색위원회, 해외 유행색 관련 단체들과의 교류를 통해 한국의 제안 유행색을 전 세계에 보급하는 역할 • 남성복 부회, 여성복 부회, 산업 인테리어 부회(인테리어, 자동차, 가전, 화장품, 한복, 피혁 분과위원회 포함)로 구성
국제양모사무국 (IWS : International Wool Secretariat)	• 국제면업진흥회 • 1937년 양모제품의 국제규격을 심사하고 수요를 촉진하기 위하여 오스트레일리아 목양업자들이 설립한 비영리 민간단체 • 1997년 울마크 컴퍼니(The Woolmark Company)로 개명 • 세계적인 네트워크를 활용하여 양모제품에 대한 패션·기술개발, 정보의 제공, 품질관리 서비스, 시장조사 활동, 상품기획, 판매촉진, 홍보·광고 등 모든 마케팅 활동 추진 • 울, 코튼에 적당한 트렌드 컬러 발표 • 본 시즌 18~12개월 전에 발표
방적, 합섬 메이커의 회사별 트렌드, 컬러 발표	• 대부분 원사에 어울리는 컬러 선택이 중요 • 본 시즌보다 12개월 전 발표됨으로써 이후 어패럴 회사에 이용 가능 • 제일모직(한국), 도레이, 가네보우(일본) 등
컬렉션 및 제품 전시회 개최	• 세계적인 디자이너 컬렉션 • 시즌 6개월 전~본 시즌에 발표되는 것 • 파리, 밀라노, 뉴욕, 런던 컬렉션이 대표적 • 국내 : SFAA(서울 컬렉션)가 대표적

• 패션 정보 수집기관 •

2. 패션 정보 캘린더

24개월 전	18개월 전	12개월 전	6개월 전	본 시즌
국제유행색협회에서 인터컬러 결정	패션컬러 및 패션 트렌드 정보	소재전시와 소재 트렌드 정보	어패럴 박람회와 디자이너 컬렉션	소비자 구입

인터컬러 가맹국
- 일본
- 영국
- 이탈리아
- 헝가리
- 네덜란드
- 스위스
- 스페인
- 불가리아
- 루마니아
- 오스트리아
- 핀란드
- 중국
- 독일
- 한국
- 체코
- 프랑스
- 폴란드
- 벨기에
- 스위스

패션컬러 가맹국
- JAFCA (일본유행색협회)
- CAUS (미국유행색협회)
- ICA(영국유행색협회)
- KOFCA (한국유행색협회)
- Hue Point(미국)

소재전시(직물)
- Interstoff World (독일)
- Premiere Vision (프랑스)
- Moda In, Pre-Tex, Prato Expo, Idea Como (이탈리아)
- Tokyo Pretex, Kyoto Stoff, Top Look (일본)
- Interstoff Asia (홍콩)
- TexVision, 서울 Stoff, 이데아 서울(한국)

어패럴 박람회
- IGEDO(독일)
- Magic Show, California, Marketweek Buyer Fashion Show (미국)
- Interseletion (프랑스)
- 홍콩 패션위크
- TFW(일본)

패션 트렌드 정보
- Here & There, Pat Tunsky(미국)
- Trend Union, Nelly Rodi, Percler, Promostyl(프랑스)
- Interfashion, Planning, KFS, 삼성패션연구소 (한국)

소재 정보(니트, 얀)
- Expofil(프랑스)
- Pitti Imagine, Filati, Filo(이탈리아)

디자이너 컬렉션
- 파리(프랑스)
- 런던(영국)
- 밀라노(이탈리아)
- 뉴욕(미국)
- 동경(일본)
- 마드리드(스페인)
- 알타모다(이탈리아)

소재 정보
- IWS(국제양모사무국)
- IIC(국제면화진흥회)
- CIM (프랑스모드공업조합)
- IM(미국)

• 패션 정보 캘린더[1] •

---

1) 「패션마케팅」 안광호 외, 수학사(2005), 수정보완

2장 패션 트렌드

1절 패션 트렌드의 개념

패션 트렌드(Fashion Trend)란 패션의 경향이란 뜻으로 그 당시의 패션 동향 즉, 패션이 변화하고 있는 기본적인 흐름을 말한다.

즉, 패션이 움직이고 있는 방향과 다가올 시즌에 널리 퍼질 스타일의 특성이며, 궁극적으로 일반 소비자들에게 받아들여질 수 있는 경향을 의미하는 것으로써 일정한 시기에 여러 가지 트렌드가 존재할 수 있다. 패션 트렌드 정보로는 전체적인 패션 경향, 아이템 및 이미지 경향과 소재, 색상 및 무늬에 대한 것들이 포함된다.

> **PLUS⁺**
>
> ▸ **패션 트렌드 정보 요소**
> - 스타일의 경향
> - 색채의 경향
> - 소재의 경향

2절 패션 트렌드의 분석요소

(1) 전체적인 경향(General Trend)

전체적인 경향이란 차기 시즌이나 차기 연도에 나타날 국내·외 패션 경향의 전반적인 흐름을 말한다. 오늘날과 같이 패션 변화의 속도가 빠르고 패션발신지가 다원화된 시대에는 정보의 신속한 입수는 아주 중요하다.

일반적으로 다음 시기에 나타날 패션 경향은 그 시대의 내·외부적 각종 사회 현상과 풍조를 반영하고 있으며, 특히 최근에는 대중의 의식, 라이프스타일, 취향을 비롯하여 예술적인 사조나 국내·외의 대규모 행사(특히 연예관련 행사, 대형 스포츠 행사 등)의 영향을 많이 받고 있다.

사 례 **2011 S/S General Trend[2]**

"CONVICTION(신념/확신) – 관대함과 진정한 휴머니즘을 창출하는 진정한 발전과 긍정적 변신에 대한 확신 "

▶ FREE WILL(자유 의지)

새로운 유혹미, 관능적이고 신비로운 패션과 오리엔탈리즘에서 영향 받은 세련된 이국풍

- Keywords : 가상의 관능미와 환상 같은 자연이 도시의 이국풍을 만들어낸다.
- The musts : 금기의 색상들과 파우더 색상들의 조화, 새롭고 흐릿한 리얼리티 효과, 부드럽게 아른거리는 광택
- Styling : 자연적이고 엘레건트한 패션, 로맨티시즘이 가득한 씨티 룩, 번진 효과를 준 꽃무늬, 컬러 워싱 혹은 수채화 같은 효과, 만화경 분위기의 작은 모티브

▶ PRESENCE(현존)

과거를 현대적으로 해석하고 테크놀로지와 연결해 현재와 미래의 웰니스를 추구하는 과도기적인 현재

- Keywords : 대단히 큰 사이즈와 과도한 건축적인 실루엣을 지향하는 우아한 라운지 웨어
- The musts : 낡은 듯한 가공이 주는 미적인 터치와 내구성, 짙고 밝은 색상들의 공동 작업, '컬러 워싱'을 통해 만들어진 부드럽고 절제된 디테일
- Styling : 새로운 테일러드 세이프, 커다란 디테일, 건축 풍의 세이프와 새로운 드레이핑, 유연한 메탈이 만들어 낸 새로운 플리츠, 슬러브와 멜란지 직물, 우아한 의상

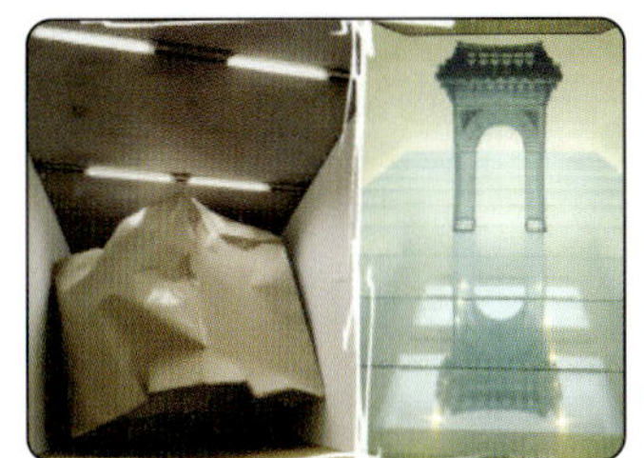

▶ TOTEM(토템)

강력하고 마술적인 캐릭터를 지닌 심플함. 부족풍 디테일과 모더니티가 혼합된 현대적 에스닉

- Keywords : 신성한 일상, 매혹적인 기하학 패턴, 현대적 에스닉, 세련된 부족 풍
- The musts : 모던한 에스닉, 클래식한 조직의 새로운 하모니로 변형
- Styling : 브라이트한 컬러와 다크 컬러의 대비로 인한 기하학적 효과, 부족풍의 강렬하고 다이나믹한 패턴, 피그먼트 염색이 데님에 전통적인 감각 부여, 회색 바탕의 원색 하이라이트, 피그먼트 다크 색상에 오렌지와 베이지 컬러 터치

▶ SIT-COM(시트콤)

나만을 위한 과도한 디테일, 사치스러움을 추구하면서 '허구'를 창조, 모조품이 클래식 럭셔리와 대치 혹은 연결

- Keywords : 모조품에 대한 열망, 과장되게 표현된 시티, 야성적인 클래식, 과도함에 대한 용납
- The musts : 새로운 포멀웨어, 카멜과 인공적인 컬러의 조화, 대조적인 소재들이 믹스된 장식들
- Styling : 독특한 카라(옷깃)들, 글래머 룩과 매치되는 헤어, 메이크업 등의 조화, 동물 가죽 모티브, 채색된 모피, 모조 진주 목걸이, 체인 등이 과장되게 표현

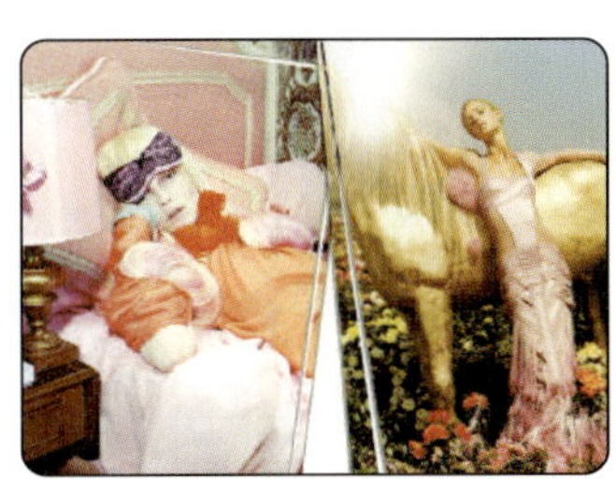

자료제공 : Carlin International 국내 사무국 02-522-6447 / www.gliconsulting.com

2) 자료출처 : 서울패션센터 http://www.sfc.seoul.kr

(2) 패션 테마(Fashion Theme) 경향

패션 테마란 패션의 트렌드 중에서 일정 사회 집단 내의 일정한 사람들이 가장 많이 채택할 가능성이 높은 그 당시의 패션 주체를 말하는데 오늘날에는 이 주체들이 단순하지 않고 다원화의 경향을 띠고 있다. 즉, 과거의 실루엣 위주의 패션 테마나 특정 부분의 디테일 위주에서 탈피, 소비자들의 의식, 취미, 감성 또는 라이프스타일에 따라 패션 테마의 설정이 이루어지고 있다.

또한 이 패션 테마는 머천다이징 부서의 스페셜리스트들에게 패션 이미지에 접근하는 범위의 설정과 이미지의 표현 방법을 제시해주는 역할도 한다.

사 례 2012 S/S Outdoor Trend[3]

▸ Breath of Air

한층 가볍고 심플해진 대범한 미래를 상상하자!

공기같은 감성을 불어넣는 서정적 이상주의는 희망이 가득한 세계를 가능하게 한다.

환경을 보다 청정하게 바꾸고, 순수하고 기본적인 라인들이 진보적인 방식으로 돌아온다. 간결한 디자인과 오래 사용할 수 있는 경제성, 더욱 가볍게 살고 싶은 욕망의 추구

▸ Energetic Movement

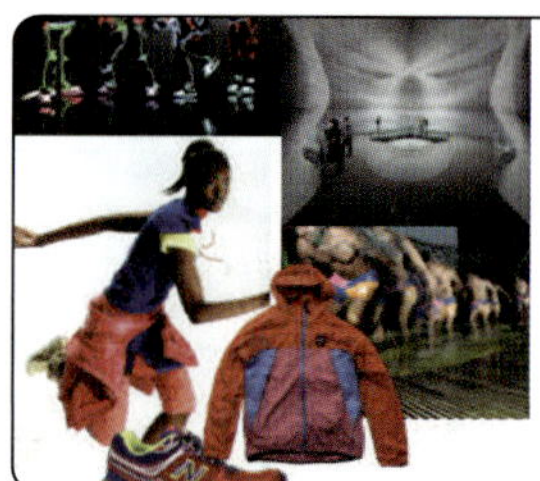

자연에 대한 관심을 새로운 시각으로 표현하는 미학에서 시작된 아름다움과 효율성에 대한 탐구는 더욱 깊어진다.

자연의 힘과 현상, 움직임의 아름다움, 몰핑Morphing이 디자인에 영감을 주는 테마가 컬러를 입었다.

▸ 新 Cosmopolitanism

현실은 끊임없는 변화와 위기의 세상이다.

전세계가 동시에 겪고 있는 경제와 기후의 강한 위기 속에서 '세계의 시민' 이라는 개념하에, 불모지에서 새로운 가능성을 찾고, 국경없는 다양한 문화를 받아들이는 세계주의를 추구하자.

脫도시화와 도시화를 인문학적 관점에서 동시에 풀어내는 인스퍼레이션

---

3) 자료출처 : 삼성디자인넷 http://www.samsungdesign.net

▸ Emotional Re-discovery

도시 속의 삶을 한 템포 느린 차분한 자세로 들여다본다.
나만의 슬로우 옵션을 만들고, 그 속에서 잔잔한 행복을 찾는다.
낡은 앨범 속에서 찾아낸 새로운 유대감은 고귀하고 진실한 자세를 만들어내며, 과거의 섬세함
과 신중함은 모던한 감성과 만나 새로운 빈티지 무드로 진화한다.

(3) 스타일(Style)의 경향

스타일이란 복종이나 기본적인 의복의 형태 즉 원피스, 투피스, 팬츠라고 하는 것과 의복 착용 연출 분위기(Mood or Look) 즉, 레이어드 룩(Layered Look), 보이시 룩(Boyish Look), 히피 룩(Hippy Look)과 같은 것들을 말하는데 이러한 스타일의 변화 흐름을 정확하게 포착, 분석하여야만 올바른 패션 트렌드의 분석이 가능할 것이다.

사례 2011 S/S Style Direction[4]

▸ Style Direction

1940년대에서 1980년대에 이르는 레트로 클래식 무드의 페미닌 코드가 등장한다. 컬러 믹스를 통해 세련되면서도 경쾌한 느낌이 더해지는데, 리싸이클드 어스펙트의 내추럴하면서도 클래식하고 여성스러움이 넘치는 너티컬 무드(Nautical Mood)라던가, 패턴의 영입을 통해 보여주는 레트로 쉬크니스(Retro Chicness), 그리고 아티스틱한 감각과 함께 1980년대 스타일의 글래머러스한 스타일 등이 제안된다.

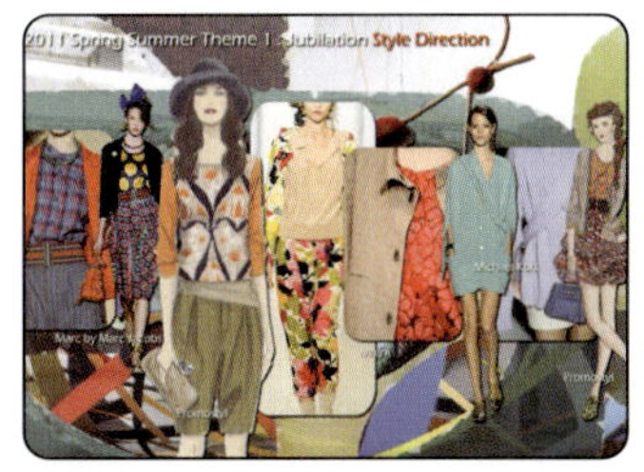

---

4) 자료출처 : 한국패션협회 http://www.koreafashion.org

사 례 | 2012 F/W 스타일 경향[5]

▶ Heritage Renovation

– 1940~1950년대 모던한 구성주의에서의 영감

– 절제된 커팅과 우아한 미학이 공존하는 미래적인 테일러링

– 3D 테크닉을 사용한 미래적인 미학과 하이브리드 실루엣

– 정밀한 구조와 디지털 스티치가 결합한 기하학적 니트웨어

– 혁신적인 퀼팅과 추상적인 실루엣으로 새로운 레이어드 룩을 연출

– 자석을 사용한 클로져와 숨겨진 플라켓 등을 활용한 심플한 디테일

▶ Deviance

– 창의적으로 재해석한 클래식 인테리어 같은 스타일링

– 위트있게 변형한 클래식 패턴과 아이템으로 네오 글래머 스타일 연출

– 다소 가벼운 느낌과 오트쿠튀르의 고급스러움이 공존하는 개성적 조화

– 인공적인 컬러로 몽환적인 느낌을 주는 Hairy Knit & Fur

– 실키한 셔츠와 블라우스, 벨벳과 레이스 디테일의 가미 등 센슈얼한 믹스

5) 자료출처 : 삼성디자인넷 http://www.samsungdesign.net

▸ Naturgasm

– 러프(Lough)와 리파인드(Refined)의 콘트라스트
– 와일드하고 불규칙적인 모피 혹은 니트로 원시적이면서 도시적인 연출
– 보호적이고 넉넉한 프로텍티브(Protective) 실루엣과 라이닝
– 금욕적인 수도복같이 클린하게 제안하는 모던 룩
– 심플하게 굴려진 에지와 엔벨로프(Envelope) 실루엣, 칼라리스(Collarless) 셔츠
– 미네랄 패턴의 니트 아이템이 주요하게 제안

▸ New Essence, East

– 동서양의 아름다움을 절충시킨 럭셔리 무드
– 동양 민속의상에 등장하는 프린트 모티브를 모던하게 재해석
– 한 · 중 · 일 고유의 디테일과 결합하는 일상적인 소재의 유니크 룩
– 아르데코 장식성과 어우러지는 우아한 동양의 실루엣

(4) 소재(Fabric)의 경향

의복 소재(Fabric)의 경향을 수집·분석할 경우에는 사용 섬유의 종류, 조직상의 특성, 염색 가공방법, 텍스추어(Texture), 소재 메이커의 상표 인지도(Brand Loyalty), 가격 등을 파악하여야 한다.

사례   2011 S/S Fabric Over View[6]

최근, 섬유, 패션 인더스트리에는 단순하면서도 매우 영향력 있는 두 개의 커다란 경향이 롱-텀 트렌드(Long-Term Trend)로서 작용하고 있는데, 그 중 하나는 시간의 흐름을 통해 이미 그 안정성이 보장된 가치에 대한 경의이며, 다른 하나는 그 결과를 예측하기 어려운 새로운 것에 대한 도전이다. 트렌드는 이 두 개의 커다란 경향을 중심으로 현재의 취향에 맞도록 끊임없는 변화를 시도하고, 그 결과로서 우리에게 매우 친숙한 느낌을 주는 클래식 무드를 현대적인 감성이 더해진 보다 완전한 가치로 재탄생시키고, 다른 한편, 미래주의에 입각한 실험적인 요소들을 창조해 낸다. 코튼이나 린넨과 같은 내추럴 패브릭들은 그들이 지닌 단순하고 순수하며 평범한 외관에 옵티미즘(Optimism)의 새로운 기운을 불러일으키고, 다양한 감각의 블렌딩과 피니싱(Blending & Finishing)을 통해 펑셔널리즘(Functionalism)을 실현한다. 실크나 울과 같은 노블 패브릭들은 클래식 밸류와 엘레강스함을 유지하는 가운데 썸머 시즌을 위해 보다 진일보한 외관을 보여주며, 라텍스라던가 씬쎄틱 화이버들은 클래식 패브릭 위에 더해지면서 그들이 지닌 인공적인 외관을 마음껏 과시하고, 변하지 않을 또 다른 가치를 향해 실험적이고 위험한 여정을 시도한다.

▶ 라이트 & 이지(Light & Easy)

보일이나 거즈, 오간자, 오간디(Voile, Gauge, Organza, Organdy)와 같이 단순하고 후레쉬한 외관의 내추럴 룩 패브릭들이 제안되는데, 미니멀하며 구조적인 스타일을 위해 풀을 먹인 듯 스티프한 터치(Stiff Touch)를 지니거나, 거즈의 외관을 지닌 썸머 울른(Summer Woolen), 화인한 셔팅 패브릭(Fine Shirting Fabric), 리싸이클드, 또는 오가닉 코튼(Recycled, Organic Cotton), 쉐입 메모리 패브릭(Shape Memory Fabric) 등, 라이트 웨이트(Light Weight)하며 에어리(Airy)하고, 이지-케어(Easy-Care)한 패브릭들이 등장한다.

---

6) 자료출처 : 한국패션협회 http://www.koreafashion.org

(5) 색채(Color), 무늬(Pattern)의 경향

최근의 패션 트렌드를 주도하는 요소 중에서 가장 중요한 비중으로 색채를 들 수 있다. 이 색채는 그 시대의 패션 트렌드를 주도할뿐만 아니라 패션 브랜드의 캐릭터를 표현해주는 데까지 와 있으며 상품의 차별화를 하는데도 큰 몫을 하고 있다.

특히 Young age zone의 대부분은 의복 구매 시 색상을 가장 중요한 선택 기준으로 여기고 있음이 여러 조사에서 나타나고 있다. 따라서 색채의 경향 분석이 패션 트렌드 분석 요소 중에 중요한 비중이 되었다.

무늬는 색채와 더불어 항상 패션 트렌드를 나타내는데 큰 역할을 담당하고 있다. 체크, 스트라이프, 물방울무늬 혹은 프린트 등 이러한 패턴의 흐름을 잘 파악하고 분석한다.

사례 **2011년 S/S 컬러 경향[7]**

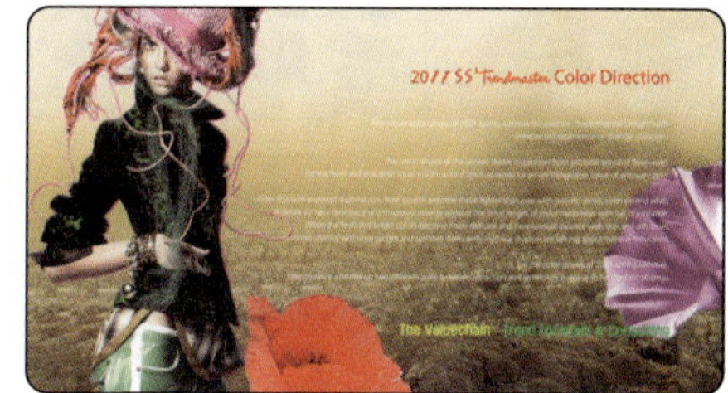

'Experimental Delight'

2011 S/S를 위한 전반적인 컬러레인지는 'Experimental Delight'에 초점이 맞추어 지는데, 예상치 못했던 의외의 경험에 의해 발견되는 비일상적인 설렘을 경험하게 될 것이다.

후레쉬하고 에너지 넘치는 멀티 컬러 레인지는 마치 화보집을 펼쳐보듯 다채로운 색감의 플로럴 월드(Floral World)를 연상하게 하고, 앤틱 뉘앙스의 컬러레인지와 내추럴 컬러들은 그들이 지닌 불변의 가치를 위해 스피리추얼 월드(Spiritual World)로부터 영감을 받는다. 한낮의 태양빛 아래 과다 노출(Over-Exposed)된 듯한 파스텔 컬러들은 전원적이고 서정적인 감각과 함께 거의 화이트에 가깝도록 점점 더 라이트하게 변해간다. 매우 즉흥적이고 열정적인 에너지를 향한 갈망은 환희로 가득한 조이플 해피니스(Joyful Happiness)의 컬러 레인지를 선사한다. 후레쉬하고 브라이트한 컬러들이 스위트 스프링과 열정적인 썸머 시즌을 찬미하는 동안 뉴트럴 컬러들은 스킨이나 애쉬톤의 센슈얼 뉘앙스와 함께 보다 델리케이트한 경향을 보인다. 태양빛의 인텐스한 쏠라 레인지(Solar Range)와 신화적인 감각의 썸머 다크 컬러들은 컬쳐럴 내추럴리즘(Cultural Naturalism)에 대해 말한다. 매혹과 관대함(Attraction and Generosity)이라는 서로 다른 두 가지 상황 사이의 밸런스와 믹스의 감각을 적절히 유지하는 것이 2011 S/S의 실험성 가득한 기쁨의 컬러레인지를 위한 최선의 전략이 될 것이다.

▶ Sweet Spring(스위트 스프링)

그린, 블루, 핑크, 오렌지……, 프로방스 신부의 순결한 부케를 연상시키는 멀티 – 컬러 파스텔이 등장한다. 탈색된 듯 블리치드된 뉘앙스의 후레쉬하고 스위트한 파스텔 컬러(Fresh and Sweet Pastel Colors)들이 스프링 플라워의 뷰콜릭 센스(Bucolic Sense)를 불러 일으킨다.

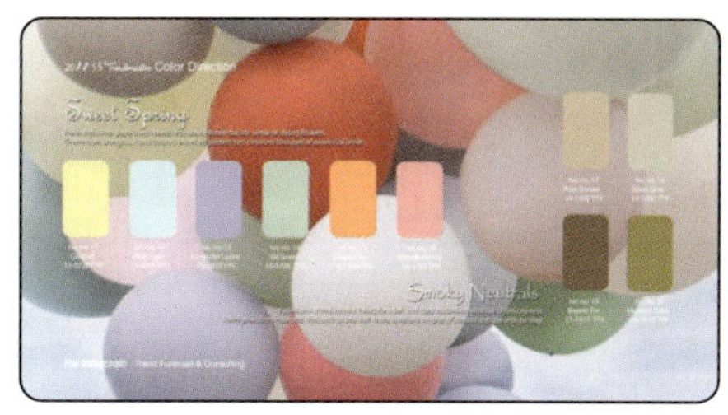

---

7) 자료출처 : 한국패션협회 http://www.koreafashion.org

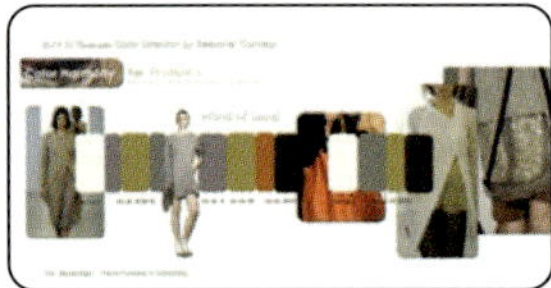

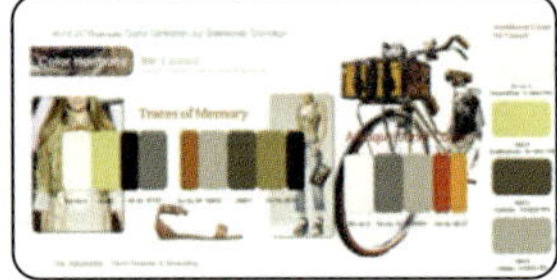

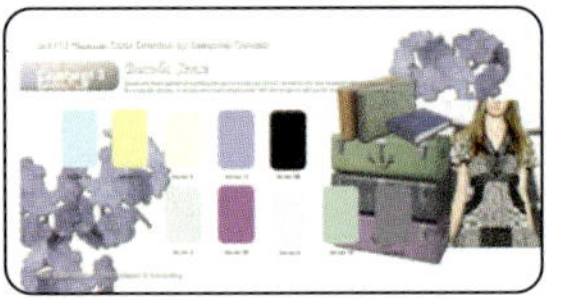
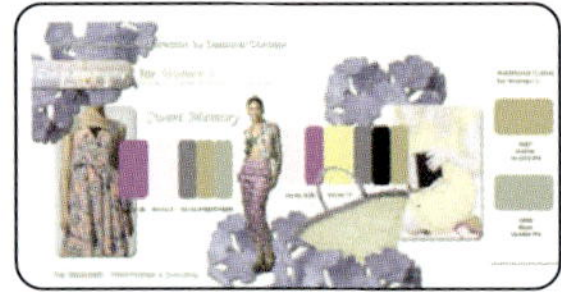

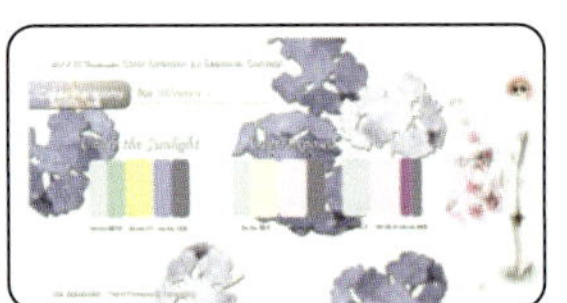
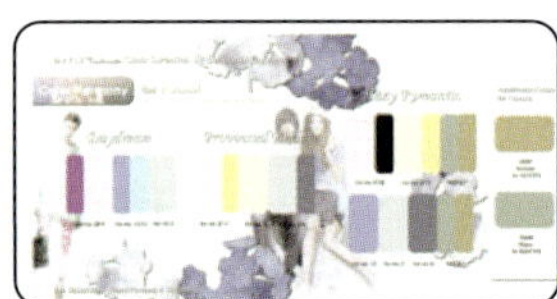

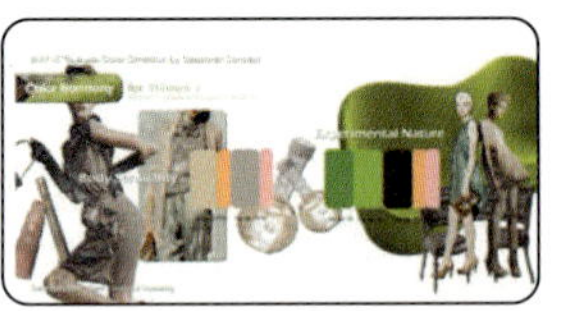
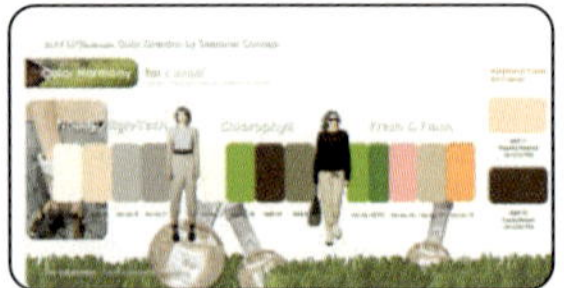

사 례 ｜ 2012 S/S 여성복 컬러 분석[8]

▸ Yellow의 강세

옐로우는 이번 시즌 가장 넓게 영향을 주는 컬러이다.

브라이트와 페일까지 선명한 컬러부터 부드럽고 밝은 톤까지 강세를 보이며, 레드와 그린에 영향을 준다.

▸ Green의 변화

그린은 리얼 그린보다는 옐로우와 블루의 영향을 받은 중간 정도의 성격을 띤다.

올리브 그린과 아쿠아 그린에 주목하자.

▸ Blue의 분산

블루는 이번 시즌 가장 변화가 크다.

쿨하고 클리어한 블루가 특히 주목을 받으며 톤의 전체 영역에 고루 분포한다.

▸ Purple의 확장

퍼플과 핑크는 영역이 확대된다.

특히 퍼플은 블루와 핑크에 모두 영향을 주며 넓은 컬러 영역을 선보인다.

▸ Vivid, Strong, Bright

2012년 춘하에도 비비드, 스트롱, 브라이트 톤의 활약이 크다.

더 부드럽고 젊어진 감각에 주목하자.

▸ Soft Pastel, Pale

부드러운 컬러 느낌을 보여주는 소프트 파스텔과 페일 톤의 강세가 컬러맵 전체를 마일드하게 연출한다.

색감을 간직한 파스텔 톤은 2012년 춘하의 무드를 밝게 만든다.

▸ Neutral, Dull

섬세한 감성의 뉴트럴, 덜 톤 컬러들이 부상한다.

특히 뉴트럴 톤은 풍부하면서도 다양한 컬러 영역에서 등장하며, 컬러의 경계가 모호한 덜 톤 컬러 역시 주목을 받는다.

▸ White

화이트는 이번 시즌 매우 중요한 컬러이다.

아이보리를 머금은 부드러운 화이트 뿐 아니라, 푸른기가 도는 리얼 화이트에도 주목하자.

이번 시즌은 배색이 중요한 키 포인트가 된다. 특히 카마이유 배색과 포카마이유 배색에 주목하자.

– 카마이유(Camaieu) : 동일한 색이라고 생각될 정도로 차이가 미묘한 색상끼리의 배색, 색상, 명도, 채도가 극히 가까운 색의 조합

– 포카마이유(Faux Camaieu) : 동일 또는 유사한 색상끼리의 톤의 차이가 근소한 배색

---

8) 자료출처 : 삼성디자인넷 http://www.samsungdesign.net

2011 S/S 프린트 & 패턴 트렌드[9]

2012 S/S Fabric Trend[10]

"Lightness for Motion, Vegetal Spirit, Retro Playing&colorful Choice !"

전체적으로 가벼움에서 출발하는 소재에 주목하자. 초경량 소재 및 불투명함과 투명함 사이의 소재들이 경쾌함을 전달하고 섬세한 마이크로 텍스처나 물결치는 클로케, 러스틱한 바스켓 짜임 등 다양한 표면 효과가 중요하며, 표면적으로는 심플해 보이면서 야생의 러프함을 잃지 않는 감각이 돋보인다. 또한, 페미닌 감각의 레이스와 오픈워크, 나이브 체크가 빈티지한 감성을 선사하며, 컬러풀한 시즌 액센트 컬러를 과감히 활용한 테크니컬 소재와 프린트, 패턴이 부상한다.

▶ **The Hight of Lightness(가벼움의 절정)**

매우 투명한 중량감 제로의 소재, 공기처럼 가벼운 방풍용 제품에서의 영감

편안한 코튼 소재의 시크한 프레시함을 비롯하여 보다 가벼운 재킷과 아웃웨어가 선호되며, 중량감이 덜한 투박한 외관의 트위드나 컴팩트한 실크류에 주목

---

9) 자료출처 : 머드피에 http://www.mudpie.co.uk

10) 자료출처 : 삼성디자인넷 http://www.samsungdesign.net

▶ Singularly Accessible(독특한 접근)

본연의 특징을 잃지 않으면서도 한층 유연해진 터치, 낡은 외관은 성숙한 세련미로 한층 업그레이드
워싱 가공, 눈길을 끄는 잔잔한 크링클 효과 등 편안함을 자극하는 감성적인 표면효과

  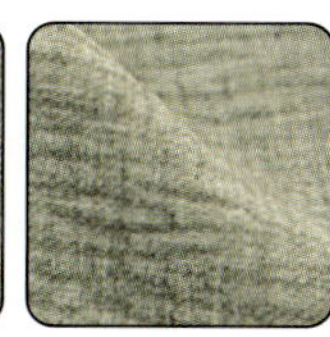 

▶ Good Color Vibration(컬러의 멋진 진동)

평직, 장식 직물을 비롯하여 프린트까지 다채로운 컬러의 풍부한 표현이 투명하게 진동
번진 듯한 부드러운 효과를 지닌 추상적 패턴으로 멀티 컬러를 마음껏 즐긴다.

  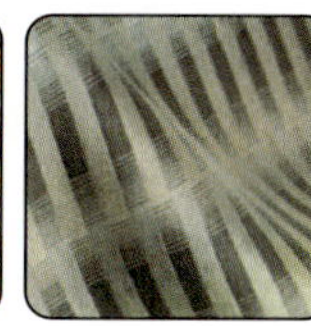   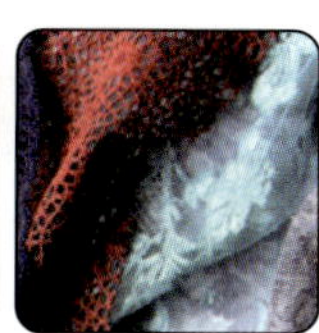

⑹ 실루엣(Silhouette)과 디테일(Detail)의 경향

실루엣은 의복의 착용 윤곽(Out Line)을 시각적으로 나타내주는 것으로서 기본적인 실루엣에는 박스(Box) 실루엣, 아우어글래스(Hourglass) 실루엣, 스트레이트(Straight) 실루엣 등이 있다. 이들 실루엣도 패션 트렌드에 영향을 크게 미치며 디테일(Detail) 또한 패션 트렌드의 포인트로 등장한다. 실루엣의 변화 추이와 Collar, Neck Line, Sleeve, Pocket, 구성선, 절개선 등 디테일의 변화를 잘 파악, 포착해야 한다.

⑺ 패션 아이템(Fashion Item)의 경향

아이템은 바로 의복의 종류 즉, 복종을 의미하는 것으로서 우리가 일반적으로 원피스, 투피스, 재킷 등으로 호칭하는 것이다. 여기서 다시 여러 가지로 분류되기도 한다. 다시 말해 원피스에도 실루엣 별로 구분하여 A line 실루엣 원피스, Box 실루엣 원피스 식으로 구분하며 또한 디자인·색상별 혹은 옷 길이에 따라 미니(Mini) 원피스, 롱(Long) 원피스 등 여러 가지 측면에서 구분하여 호칭하게 된다.

이들 수많은 아이템 중에서 그 시대에 따라 큰 인기를 끄는 유행 아이템이 있다. 패션 트렌드 정보 분석 시에는 어떤 것이 히트 아이템(Hit Item)으로 등장하게 될지를 잘 집어내는 것이 중요하다.

 2012 S/S 여성복 아이템 경향[11]

▸ Lightweight Coat

– 드레스를 연상시키는 유연한 실키 소재의 소프트 트렌치 코트
– 광택 코팅의 신세틱 소재와 볼륨 실루엣으로 비정형적 라인을 연출하는 오버사이즈 파카

▸ Soft Jacket

– 구겨지거나 실키한 소재로 블라우스처럼 연출하는 테일러드 재킷의 변화
– 뉴트럴 컬러에 버튼이 없거나, 가죽 벨트 코디네이션 활용

   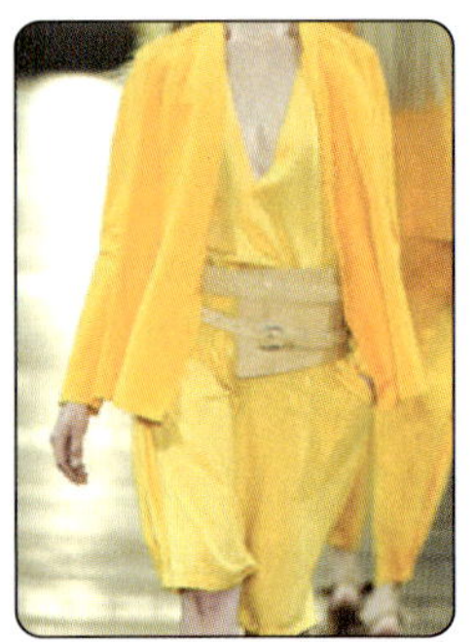

▸ Cropped Jacket

– 허리선이나 조금 더 위로 올라가는 짧은 길이의 재킷
– 소매 역시 짧거나 블라우스 소매같이 소프트하게 연출하며, 트렌치 디테일이나 지퍼 활용

---

11) 자료출처 : 삼성디자인넷 http://www.samsungdesign.net

▶ Soft, Clean Blouson
- 유연한 소재와 클린한 디자인을 강조하는 미니멀 블루종
- 매끄러운 광택의 가죽 소재나 스웨이드 패치로 변화를 준다.

(8) 패션 이미지(Fashion Image)

이미지란 대상으로 하는 사상을 파악하여 인식할 때 인간이 마음 속에 느끼는 심적 영상(Mental Reflection)을 의미하므로 패션 이미지(Fashion Image)란 의복 착용자가 타인에게 인식시키는 심적인 영상이라고 하겠다.

현대의 의복은 단순히 착용한다는 기능적인 역할과 효과를 초월, 착용자가 라이프스타일에 부합하는 연출효과에 따라 독창적인 개성과 다양한 변신의 멋을 표출해 주는 이미지 역할을 하는 시각적 조형물이 되었다. 오늘날에는 시각적 조형물인 의상을 통하여 나타내어 보일 수 있는 이미지의 종류에도 여러 가지가 있다.

3절 패션 트렌드의 분석

패션 트렌드에 관련한 정보의 내용 중에서는 가장 먼저 변화의 조짐을 보이면서 움직이는 것과 변화의 움직임이 나중에 나타나는 것이 있다. 물론 이들 요소들은 상호 깊은 관련성이 있으므로 연관성을 가지면서 변화의 움직임을 보이는 것은 당연하다.

전례적으로 패션 트렌드의 변화 움직임이 가장 빨리 나타나는 것은 컬러 트렌드이다. 이 컬러 트렌드(Color Trend)는 프랑스 파리에 있는 국제유행색협회(International Color Association)가 2년 앞의 국제 컬러 트렌드를 시즌별로 제시하면, 우리나라를 비롯한 각 국가가 이를 토대로 국가 또는 지역별로 제시한다.

컬러 트렌드 다음으로 변화의 움직임을 보이는 것은 소재 트렌드이다. 오늘날 패션업계에서 소재(Clothes Material)는 컬러와 더불어 패션 트렌드 요소들에서 중요한 위치를 차지하고 있다. 이 소재를 통하여 각 패션 메이커는 상품의 질과 가치에 특성과 차별화를 기하며, 경쟁력을 부여하므로 일반적으로 1년 앞서 제시되고 있다. 즉, 트렌드 컬러가 제시된 후 이를 반영해 짜인 소재가 당해연도 1년 전에 선보인다는 것이다.

다음으로 변화 움직임을 보이는 것은 대개 당해 시즌 1년~6개월 전에 나타나는 스타일(Style & Item)이다. 이 스

타일 트렌드는 너무나 유명한 세계 4대 선진 패션도시인 파리, 밀라노, 뉴욕, 런던을 비롯하여 뒤셀돌프, 마드리드, 도쿄 등의 도시에서 주로 활동하는 세계적인 패션 디자이너들의 컬렉션으로 제안되고 있다. 이러한 제안들은 다가올 시즌이나 연도의 세계적인 패션 트렌드 방향 설정에 결정적인 역할을 하며, 아울러 주력 패션 트렌드의 결정 지표가 되는 경우가 많다. 특히 우리나라의 패션업계는 파리와 밀라노 컬렉션의 영향을 아주 많이 받고 있는 실정이다.

1. 색채 정보 분석

① 패션 정보의 기본 플로어 중 가장 먼저 선행되어야 한다.
② 컬러 테이블 작성 및 분석
③ 가로축을 톤, 세로축을 색상으로 배열시킨 컬러 테이블을 용도별과 트렌드 제시용의 두 가지로 작성
④ 색상환표와 명도, 채도표를 제작하여 각 분포 상태와 색상, 명도, 채도의 고저 등이 시계열별로 어떻게 변화하는지를 관찰
⑤ 그래프 작성 및 분석
⑥ 그루핑(Grouping)에 의한 도해작성과 분석
⑦ 패션 이미지에 의한 컬러 매트릭스 분석
⑧ 패션 컬러의 시장 조사

사 례　2011 · 2012 S/S 컬러 테이블 분석[12]

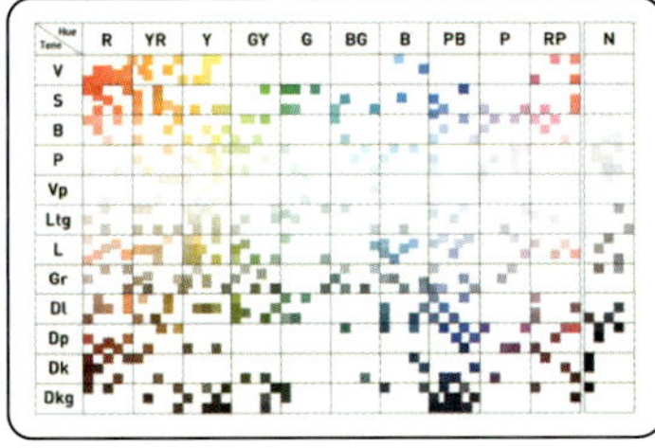

• 2011 S/S COLOR TREND •

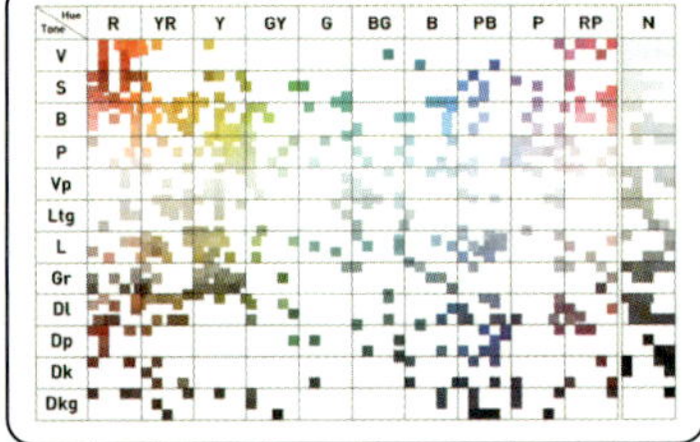

• 2012 S/S COLOR TREND •

2. 소재 정보 분석

① 매트릭스 도법에 의한 분석
② 어패럴 메이커 : 소재의 차별화, 개성화, 오리지널리티를 추구하여 자기 회사의 고객 선호도 조정
③ 소재 메이커 : 생산 단위의 문제로 한 회사나 브랜드에 한정하지 않고 여러 메이커에 공통적으로 사용할 수 있는 소재 개발이 목적
④ 패션 소재 스와치 샘플북(Swatch Sample Book) : 소재의 경향인 섬유의 종류, 조직상의 특성, 염색방법 등을 분석하기 위해 사용

---

12) 이미지출처 : 삼성디자인넷 http://www.samsungdesign.net

⑤ 원료 및 소재 전시회 : 의류직물박람회(Premierevison, 프랑스 파리, 매년 3월 중순경 개최), Inter Stoff(프랑크 푸르트, 원단 및 부자재전), Idea Como(이데아 꼬모)

⑥ 우리나라 : 제일모직을 비롯, 모직류의 대직물 메이커에서 시즌 전에 개최하는 소재 트렌드 설명회, Idea Seoul 소재 전시회(한국 패션 섬유 소재 협회, 매년 2월 하순경 개최)

사례   2012 S/S 여성복 소재의 경향[13]

2012년 S/S는 Pure와 기본적인 라인과 형태, 드로잉과 패턴에 대한 확실한 경향으로, 추상적이고 서술적인 분위기의 믹스가 주를 이룸. 서술적이거나 에스닉, 플로랄 또는 추상적이거나 그래픽 적이거나 디테일한 실루엣은 내추럴하고 뉴트럴한 컬러 프린트로 되어 있음. 베이지, 그레이, 회갈색, 브라운과 화이트, 옐로우 하이라이트 컬러와 밝은 레드와 같은 분명한 컬러로의 회귀가 중요

▶ Narratives

– Color : 밝은 핑크, 퍼플, 옐로우와 일렉트릭 블루와 같이 대조되는 전반적인 블랙 컬러계통
– Patterns : 크기가 작고 스케치한 듯한 추상적인 드로잉, 블랙 바탕위의 무늬들, 어린이 취향, 특이한 동물 모양이나 꽃 무늬
– Shapes : 여성스럽고, 장난기 있거나 어린아이 같은 여성이 입을 듯한 실크 모슬린 드레스

▶ Detailed

– Color : 파우더리한 베이지와 로즈핑크 톤을 베이스로 한 부드러운 컬러들
– Patterns : 텍스처가 있고 도트 무늬 또는 뿌옇고 자잘한 무늬들, 땅과 돌에서 영감을 받은 프린트
– Shapes : 유물에서 가져온 듯한, 흐르는 듯한 원단, 주름지거나 자연스럽게 드레이프된 실루엣

---

13) 자료출처 : 한국섬유산업연합회 http://www.korfoti.or.kr

▶ Floral

– Color : 오렌지-옐로우와 레드 버밀리언끼가 있는 밝은 톤들
– Patterns : 천진한, 물들인 효과나 물감이 튄 듯한 꽃무늬 드로잉, 좀더 자유롭고 젊은 느낌을 내는 크거나 추상적인
  붓터치감
– Shapes : 주름지고, 젊은 층이 입는 퍼프 소매 면 포플린 블라우스

▶ Graphics

– Color : 도시 느낌에서 영감을 받은 블랙, 화이트와 그레이
– Patterns : 부드럽고 활기찬, 다양하게 영향을 받은 현대적인 프린트물
– Shapes : 오버사이즈, 캐주얼한 코튼 저지 티셔츠, 도시적이고 중성의 느낌

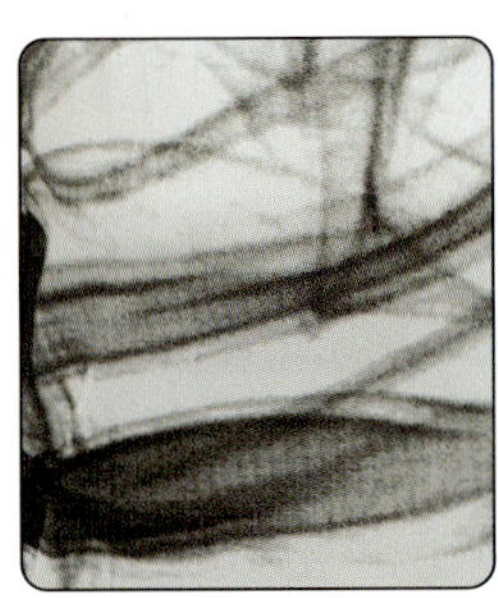 

▶ Abstract

– Color : 베이지, 브라운, 옐로우 컬러 점들이 모여 이룬 브라운 느낌
– Patterns : 여기 저기 얼룩을 묻힌 듯한, 추상적인 새로운 정원 느낌을 나타내기 위해 오가닉 라인으로 원단 위에서 삶
  거나 펠트 처리
– Shapes : 가벼운 린넨 탑, 짧고 심플한, 아웃라인이 기본적으로 여성스럽고 로맨틱한 실루엣

▸ Head fur

- Color : 미술공예운동을 상기시키는 따뜻한 브라운, 베이지와 회갈색무드
- Patterns : 실크 스크린 프린트, 체크무늬의 믹스, 정글느낌을 표현하는 도트와 얼룩무늬
- Shapes : 크게 구겨진 스카프, 큰 오가닉 코튼 카프탄과 기모노 영향을 받은 실루엣

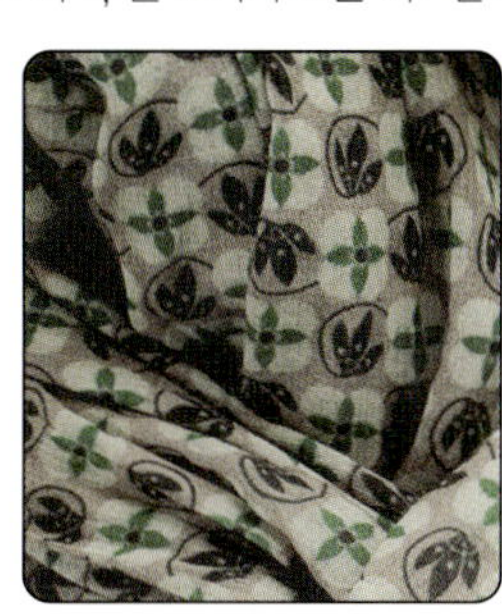

3. 디자인 맵

① 대량생산이 결정된 전체 스타일을 아이템별로 코디네이션 시켜가면서 한 계절의 상품을 일목요연하게 정리한 것이다.

② 전체적인 경향과 진행상황을 한 눈으로 볼 수 있도록 제시한 것이다.

③ 맵 속에 아이템별 해당소재 및 컬러 스와치를 붙이므로 컬러와 소재의 경향 파악이 가능하다.

사 례　**패션 일러스트 디자인 맵[14]**

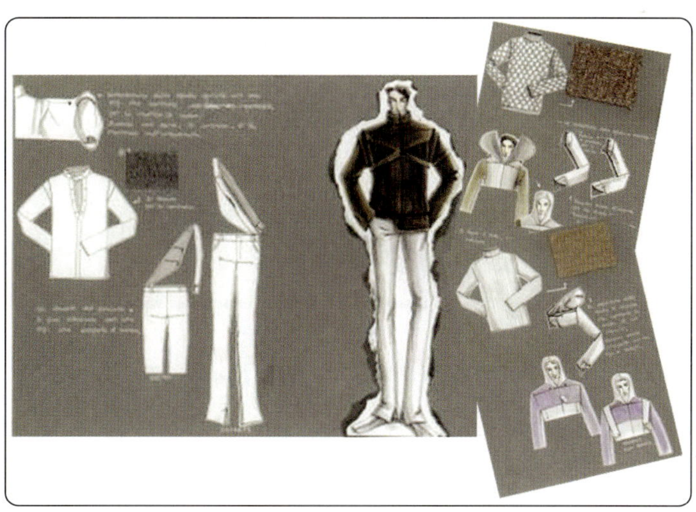

---

14) 이미지출처 : http://cafe.naver.com/modalab.cafe?iframe_url=/ArticleRead.nhn%3Farticleid=2279&

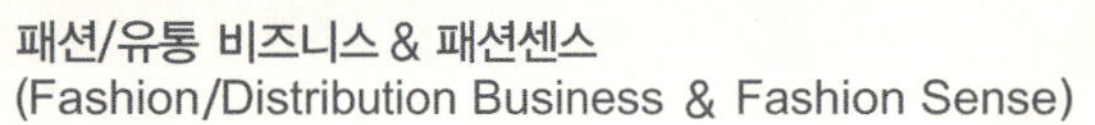

패션/유통 비즈니스 & 패션센스
(Fashion/Distribution Business & Fashion Sense)

Category 3. 패션 브랜드 & 디자이너

1장 국내 브랜드 및 디자이너

1절 국내 디자이너 컬렉션

우리나라의 디자이너 컬렉션은 과거 SFAA, KFDA, 뉴에이브인서울(NWS) 등 각 단체별로 독립적으로 진행되었다. 하지만 최근 서울패션위크라는 이름으로 통합하여 개최되고 있다. 서울패션위크는 과거 서울컬렉션이라는 이름으로 서울패션아티스트협의회(SFAA), 대한복식디자이너협회(KFDA), 뉴웨이브인서울(NWS) 등 몇 개의 협회가 참여, 통합하여 진행되었으나 최근 SFAA는 자체적으로 단독 패션쇼를 개최하고 있다.

서울패션위크는 서울컬렉션, 서울패션페어, 신진 디자이너 컬렉션 등의 다양한 컬렉션을 통합한 행사로 1년에 2회 개최되며, 유럽, 중동, 미주, 아시아 지역의 약 16개국 80여 명의 무역 바이어와 프랑스, 이태리, 영국, 네덜란드, 미국 등 12개국 30여 명의 유명 프레스가 취재 경쟁을 가지는 통합적인 행사이다. 패션위크는 프랑스 여성기성복협회, 런던패션협회 등 세계 패션 관계자들을 공식 초청하는 자리이기도 하며 선진 패션 도시들과 서울 간의 다양한 패션문화 교류가 활발한 문화의 장이기도 하다. 우리나라의 대표적인 정상급 디자이너 컬렉션(서울컬렉션, 52명)과 서울패션페어(패션업체 쇼룸 전시, 해외바이어 수주 상담, 계약), 신진디자이너 컬렉션(경쟁을 통해 선발된 신진디자이너 패션쇼, 8명)을 관람할 수 있으며, 해외에서 서울패션위크를 찾아온 바이어들을 위하여 다양한 패션 아이템들을 한 자리에서 볼 수 있는 쇼룸부스 전시장이 마련되어 있다.

▶ **서울 패션위크 관련 정보 안내 사이트**
- 서울패션아티스트협의회(SFAA) http://www.sfaa.co.kr
- 서울산업통상진흥원(SBA) http://sba.seoul.kr
- 서울패션센터 http://www.sfc.seoul.kr

2절 여성복 디자이너 및 브랜드

1. 곽현주 – 브랜드 〈곽현주〉

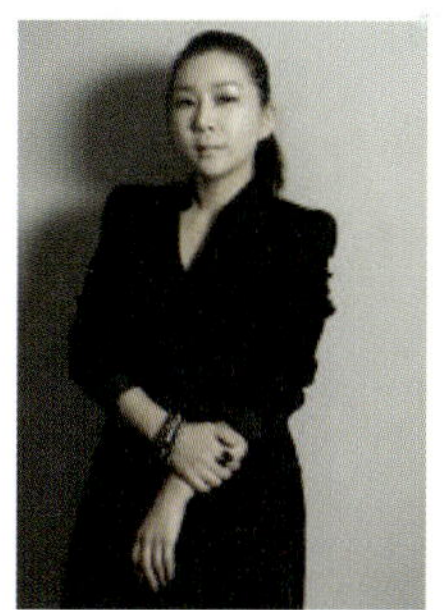

디자이너 곽현주는 이화여자대학교와 대학원에서 패션디자인을 전공, 현재 이화여자대학교와 동덕여자대학교에 출강하고 있으며, 기센 바이 곽현주, 곽현주 컬렉션, 스토리어바웃을 운영하고 있다. 또한 2004년부터 2011년까지 서울컬렉션에 참가하고 있으며 2003년부터는 해외 Milano Vendamoda Exhibition, Hong Kong World Boutique, 오사카 컬렉션, 오사카 VITALITY OF ASIAN FASHION SHOW, 몽골 Goyol 패션쇼 등에 참여하였다. 김연아의 아이스쇼, 드라마 〈미남이시네요〉의 장근석, 드라마

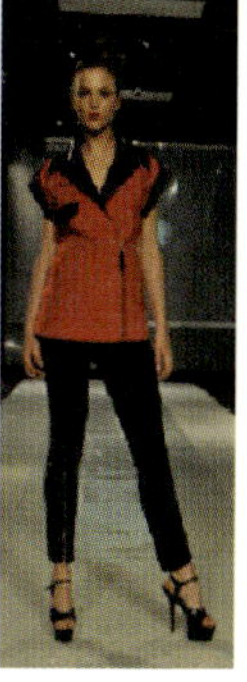

〈도망자〉의 비와 다니엘 헤니, 슈퍼 주니어의 미인아 앨범 등 국내 최정상 연예인들의 의상을 제작했으며, 아시아 태평양 경제협력체(APEC) 정상회담 만찬공연 의상, 2005 한불교류 기념 '원주한지 문화 페스티벌 패션쇼' 등 패션뿐만 아니라 문화 공연, 드라마, 앨범 등 다양한 분야에서 활발한 활동을 하고 있다.[1]

2. 김석원 & 윤원정 – 브랜드 〈Andy & Debb〉

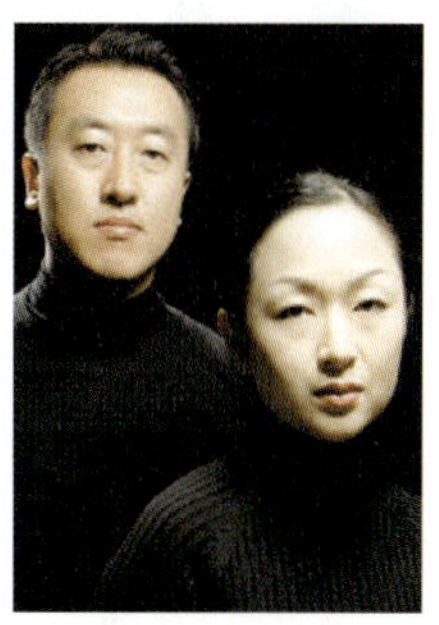

김 & 윤 부부는 1999년 강남 신사동 가로수길에 Andy & Debb을 런칭하였고 현재까지 디자이너로 활동하고 있으며, 2005년부터 현재까지 서울컬렉션에 참가하고 있다. 2004년 제8회 서울 패션인상 올해의 신인 디자이너상을 수상하였으며, 2010년 10월 제10회 서울패션위크 헌정디자이너 10인에 선정되었다.

선(線)은 간결하게, 색(色)은 대담하게, 겉에 입는 코트는 직선을 고르고, 속에 입는 드레스는 곡선을 택한다. 요즘엔 누구나 아는 멋 내는 비법 중 하나지만, 1990년대 초만 해도 이처럼 절제된 패션을 보여주는 이는 거의 없었다. '앤디앤뎁(Andy & Debb)'은 바로 이런 무심한 패션의 원조(元祖)격 상표로 모두가 과장된 패션을 칭송할 때, 김석원과 동갑내기 아내 윤원정은 '로맨틱 미니멀리즘(Romantic Minimalism, 절제된 여성미를 추구하는 스타일)'을 주창했다. 그 후로 'Andy & Debb'은 뉴욕컬렉션을 네 차례 열고, 뉴욕과 유럽, 중동지역에까지 옷을 판매하는 회사로 거듭났다. 최근엔 김석원 디자이너가 케이블 채널 '프로젝트 런웨이 코리아'에 심사위원으로 출연, 대중에게까지 널리 이름을 알리고 있다.

이들의 옷은 거창한 실험이나 전위적인 쇼엔 적합하지 않다. 런웨이를 걷던 모델이 훌쩍 거리로 내려와 도심 한복판을 활보해도 어색하지 않을, 그야말로 실용적인 옷을 추구한다. 대신 이들은 남다른 실루엣으로 차별화를 꾀했다. 드레스의 절개선을 가슴부터 직선으로 떨어지게 하거나, 둥그스름한 어깨를 강조하고 허리라인을 가슴 바로

---

1) 자료출처 : 서울디자인페스티벌, 건축디자인신문 에이앤뉴스

아래에서 잡아주는 방식은 여성을 한층 훤칠하고 날씬하게 보이도록 만든다.

김석원 디자이너는 "그동안 유명인이나 배우를 위해 옷을 만드는 게 아니라, 내 아내에게 가장 입히고 싶은 옷을 만들어 온 게 주효했던 것 같다. 아내에게 어울리는 옷을 만들 때 항상 가장 좋은 평가를 받더라고요. 제게 패션은 곧 제 인생의 동반자(同伴者)를 옷으로 구현하는 과정이니까요."라고 말한다.[2]

3. 루비나 – 브랜드 〈루비나〉

디자이너 루비나는 1970년대 활동한 톱모델이자 가수, 영화배우이다. 1980년대 이후 활발하게 활동하고 있는 중견 디자이너로 모델 경험이 실루엣, 감각, 코디네이션 등 여러 면에서 도움을 주고 있다. SFAA, 한국패션협회 회원이기도 하며 2007년에는 SFAA 9대 회장을 역임하기도 하였다. 2002년 FIFA 한 · 일 월드컵 경축 전야제 현대의상 패션쇼 개최, 1990년 SFAA(Seoul Fashion Artists Association) 참가,

1984년 국제부인회 SHOW, 1984년 루비나 S/S COLLECTION, 1982~1983년 루비나 A/W COLLECTION, 1982년 타이페이 군무관 개인쇼, 1982년 홍콩 하얏트 개인쇼 등의 경력이 있다. 1980년 런칭한 본인의 브랜드 '루비나'는 여성스럽고 지적이며 섬세한 마담존이고, 제2브랜드인 'R Ⅱ'는 진보적, 적극적 행동방식을 지닌 브랜드이다. 디자이너란 직업은 미를 만드는 일로 한 벌의 의상이 만들어지기 위해 공동 마인드와 팀워크를 이루어야 한다고 말하며, 패션에는 완결이 없으나 완벽을 추구한다.[3]

4. 문영희 – 브랜드 〈문영희〉

1992년 문영희를 런칭하였고 1996년부터 현재까지 연 2회 파리 프레타포르테 컬렉션에 참가하고 있다. 국내는 물론 해외에서 널리 알려져 있는, 우리나라를 대표하는 디자이너이다. 1994년 파리 프레타포르테 컬렉션에 처음 진출한 문씨는 15년째 한 해도 거르지 않고 컬렉션에 참가하면서 세계무대에서 입지를 구축한 몇 안 되는 디자이너이다.

1970년대 중반부터 한국에서 '문부틱'을 운영했던 문씨는 당시 한국에서 성공가도를 달렸지만 '창작자로서 세계무대에서 인정받겠다'는 꿈을 실현시키기 위해 모든 걸

---

2) 자료출처 : http://blog.naver.com/zele10/120105394005
3) 자료출처 : 삼성디자인넷 http://www.samsungdesign.net

정리하고 프랑스로 향했다. 파리 첫 진출 당시 '10년 내에 인정받는 디자이너가 되겠다'고 다짐했던 그는 지금까지 한 시즌도 거르지 않고 참가하면서 당시 포부를 실현시켰다. 국내 디자이너들이 어려움을 겪으면서 해외 무대를 포기했던 외환위기 때에도 빠지지 않고 컬렉션에 참가했다. 그녀의 옷에는 한국 전통 복식의 요소가 녹아 있다. 한복을 응용하는 디자이너들이 대부분 한복의 선을 그대로 옮겨 담는데 그치지만 문씨는 '한복 라인에 나만의 철학을 담아 현대화, 국제화시켜 표현한다'고 말했다.

5. 박동준 – 브랜드 〈COCO Park Dongjun〉

디자이너 박동준은 1972년 '코코 박동준'으로 오픈한 후 회화작품을 의상에 적용하는 등 새로운 아름다움을 추구해 오면서 늘 자신의 뚜렷한 디자인 철학을 고수하는 디자이너로 알려져 있다.

그녀는 지난 30여 년간 1973년 첫 개인 패션쇼를 시작으로 파리 프레타포르테, 대구컬렉션 미국 애틀랜타 어패럴 마트 패션쇼 출품, 중국 북경 청도 패션쇼 출품 및 텍스피아 전시, '세계패션그룹 ART TO WEAR SHOW' 참가, 2003년 대구아트엑스포 2003 ART TO WEAR SHOW 참가에 이르기까지 언급하기도 힘든 수많은 전시회 참가와 패션쇼 개최의 화려한 이력을 가지고 있다. 1988~1990년, 2004년에 파리 프레타포르테에 출품하였고 1998년부터 2006년까지 SFAA에 참가하였다. 1998년부터 2011년 현재까지 서울패션위크에도 계속 참여하고 있다. 지방에서 활동하는 디자이너 가운데는 현재 유일하게 서울패션아티스트협회(SFAA) 회원이자 세계패션협회 한국지부 회장을 맡고 있다. 한국의 대표시인인 이상화 기념사업회 부회장, 아름다운 가게 대구경북 공동대표를 맡고 있는 등 경력과 이력 곳곳에서 인문학적 감수성이 배어든 따뜻하고 자상한 기운이 느껴진다. 자신의 건물에 갤러리와 극장, 패션살롱, 라이브러리, 카페프란체스코라는 커피숍까지 갖춘 건물을 운영하고 있다.[4]

박동준은 디자인의 영감을 책, 회화, 연극, 영화 등을 통해 얻으며 이를 통해 느껴지는 감성이 작품으로 나오는 카타르시스를 즐긴다. 그녀는 자신의 패션쇼와 전시회에 작품을 출품할 때, 평소에 패션, 문학, 미술 연극과의 접목을 통해 얻은 영감을 의상작품에 투여해 고스란히 담아 냈다. 그 문학적 관심은 1994년 '11월의 왈츠'를 시작으로 1998년 '한마리 새가 되어', 2001년 '에쿠우스', '아주 작은 여인의 행복', 2003년 '메디슨 카운티의 추억' 등 몇 차례의 연극에 의상을 계속적으로 협찬해 온 것으로도 알 수 있다.

지난 2001년에는 섬유의 날에 예술가들과의 작업으로 패션의 품격을 높이고 섬유발전에 기여한 공로를 인정받아 산업자원부 장관상을 수상하기도 했다.[5]

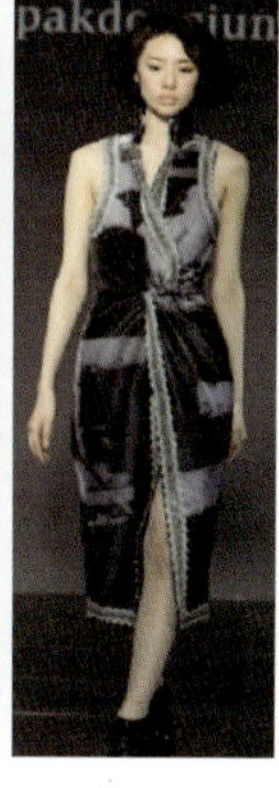

---

4) 자료출처 : http://blog.daum.net/excolove/734
5) 자료출처 : 패션저널(2004. 11)

6. 박춘무 – 브랜드 〈ParkChoonMoo〉, 〈DEMOO〉

절제된 아방가르드와 블랙의 조화로 정리되는 독특한 라인을 전개하는 디자이너 박춘무. '심플하지만 결코 평범하지 않은 옷'이 그녀가 추구하는 디자인이다. 세계 트렌드가 화려한 로맨티시즘으로 흘러도 그녀는 늘 무채색 컬러와 절제된 디자인, 베이직한 라인으로 일관해 왔다. 옷을 입었을 때 화려함으로 인해 그 사람의 개성이 가려져서는 안 된다는 것이 그녀의 디자인 철학이기 때문이다.[6]

박춘무는 늦깎이 디자이너이다. 어려운 집안 사정으로 인해 화가가 되고 싶었던 꿈을 접고, 어머니를 도와 조그만 옷가게를 차려 직접 만든 옷을 판매한 것이 바로 브랜드 '데무'의 탄생 배경이다.

'ParkChoonMoo'는 외국에 매장을 갖고 있는 국내 유일의 패션 브랜드이다. 박춘무는 1999년 7월 뉴욕 로리타 스트리트에 '박춘무 매장'을 열었다. 다른 디자이너들은 패션쇼를 통해 수출주문을 따내는데 그치지만, 박춘무 디자이너는 뉴욕에서 당당히 '박춘무 브랜드'로 승부한다.

2006년 9월 서울 롯데 본점에 '박춘무 브랜드'를 선보이기 시작했지만, 원래는 수출용 브랜드였다. 국내에선 1998년부터 '데무(DEMOO)'란 브랜드로 소비자들을 찾아갔다. '데무'는 박춘무 디자이너 이름 끝자인 '무(Moo)'에 'De(~로부터)'를 합성한 것이며, '무(無)로부터'란 뜻을 담고 있다. 데무는 브랜드 이름이기도 하고 박춘무 디자이너가 부군인 최병문 사장과 함께 경영하는 회사명이기도 하다. 박 디자이너는 감사이면서 디자인기획실장을 겸직한다.[7]

'박춘무'나 '데무'에서 풍기는 이미지는 동양적이면서도 현대적이다. 섹시한 멋을 철저히 배제한다는 점에서 동양적이란 평가를 받고, 사각형이나 삼각형과 같은 구조적인 선을 즐겨 쓴다는 점에서 현대적이란 이미지도 풍긴다.

9.11테러로 인해 뉴욕에서 잠시 물러났던 박춘무는 2010년 봄 문화컨텐츠부에서 진행하는 뉴욕패션쇼룸 '코리아 콘셉트(KOREA CONCEPT)' 프로젝트에 참가, 2010년 봄 뉴욕패션위크 기간에 현지 쇼룸에서 컬렉션을 선보여 뉴욕에 재입성하게 된다.

파리 프레타포르테 11회 참가, 국내 유수의 패션상 수상으로 디자이너로서 많은 영예를 안았다.

---

6) 자료출처 : 우먼드림

7) 자료출처 : http://blog.naver.com/yoursknk/10023365898

7. 박항치 - 브랜드 〈옥동〉

지금은 자타가 공인하는 톱 디자이너지만 30년 전만해도 그는 극단 '자유' 의 연극기획자였다. 그가 극단 산울림의 창단 공연작인 '고도를 기다리며' 의 조연출을 비롯, 40여 편의 연극을 선별하여 무대에 올리는 것부터 마케팅, 자금관리, 무대의상까지 손수 다 해냈던 연극계의 총아였다는 사실을 아는 사람은 그다지 많지 않을 것이다. 그만큼 패션디자이너로서의 그의 명성이 높기 때문이다.[8]

1973년 '옥동' 을 오픈하였으며, 1989년 WFF 오사카 컬렉션 참가, 1990년 11월부터 SFAA 컬렉션에 참가하고 있다.

8. 손정완 - 브랜드 〈손정완〉

디자이너 손정완은 산업공예과를 졸업하고 1989년 손정완 브랜드를 설립하였고 1998년에서 2005년까지 롯데 백화점 베스트 브랜드에 선정되기도 하였다. 2006년 동아TV 올해의 디자이너상을 수상하였다.

숙명여대 산업공예학과를 다니던 중 학원에서 패션 디자인을 배운 그녀는 1987년 '손정완 부띠끄' 를 오픈했다. 로맨틱, 페미닌, 낭만주의 등 디자이너 손정완을 수식하는 단어는 완벽히 여성에게 맞춰져 있다. 그의 디자인에는 여성의 아름다움을 최우선으로 하는 요소가 깊게 자리 잡고 있기 때문이다. 시즌과 트렌드가 바뀌면 쇼윈도의 풍경도 바뀌게 마련인데 손정완의 매장은 언제 보아도 한결같은 이미지를 가지고 있다. 결혼할 때 누구나 한 번쯤 예복으로 입고 싶어하고, 공식적인 자리에 나갈 때의 정장으로도 그만인 옷이 손정완의 색깔이다. '예쁜 옷이란 지적이고 세련되면서 섹시미를 갖추어야 한다' 는 그의 말처럼 그의 옷은 전형적인 페미니티 자체로 언제 봐도 깔끔하다. 전반적으로 손정완의 디자인은 일상의 삶을 담고 있다. 이는 자연스러움, 행복, 살아가는 모든 순간이 녹아내려 무리하지도 넘치지도 않는 손정완표 디자인의 모태가 되는 것이다.[9]

1997 SFAA 서울 컬렉션 참가, 1997 브랜드 ZD(Zero Defect) 99.99 런칭, 2005 서울패션인상 시상식 올해의 디자이너상 수상, 2006 후즈 넥스트 초청 파리 포르테 드 베르사이유 단독 패션쇼, 2011 뉴욕 컬렉션 데뷔, 서울패션위크 S/S 2011 헌정디자이너 선정 등의 이력이 있다.

2011년 소녀시대의 '제시카' 에게 영감을 얻어 2월 뉴욕 링컨센터에서 '2011 F/W 뉴욕 컬렉션' 을 성공적으로 마치는 쾌거를 이루었다고 한다.

---

8) 자료출처 : http://www.ktnews.com
9) 자료출처 : 한국경제 생활/문화, 한경닷컴 bnt뉴스

9. 오은환 – 브랜드 〈오은환〉

독특한 소재 사용이 특징인 오은환은 이화여대에서 서양화를 전공하고 국제복장학원 연구 과정을 졸업한 후 1965년 '꾸망 의상실'을 오픈했고, 1979년 기성복인 '오은환 부띠끄'를 오픈했다.

1990년부터 SFAA 컬렉션에 참가하고 있는 그는 20대의 어린 나이에 패션 디자이너라는 직업을 선택하며 친구와 한 약속을 지금도 가슴에 새기고 있다. '결코 남 앞에 화려하게 나서지 말고 고비를 장애물 넘듯이 넘겨 가며, 끊임없는 자기와의 싸움을 평생의 직업으로 생각하자'가 그 약속이라고. 그래서인지 그는 무척이나 현실적이다. 과장이나 허영은 절대 금물이며 어느 한 부분만의 발전과 국제화는 있을 수 없다는 생각을 가지고 있다.

2011년 3월 한국포멀협회 임시총회에서 회장에 선임된 신임 오은환 회장은 한국의 대표적인 쿠튀르 디자이너로서 SFAA 회장을 역임한 바 있다.

10. 이상봉 – 브랜드 〈Lie Sang Bong〉

시원한 헤어 스타일과 구레나룻이 매력적인 이상봉. '디자인이란 고여 있는 것이 아닌 움직이는 것'이라는 철학을 가지고 있는 그는 1999년 서울 패션인상 '올해의 디자이너상'을 수상하였으며, 2010년 제10회 서울패션위크 헌정디자이너 10인에 선정되었다. 독일 여성복 박람회인 'CPD 2000년 F/W 패션파워'에 참가하는 등 해외 진출도 활발히 하고 있다.

1983년 중앙 디자인 콘테스트에 입상하면서 디자이너가 된 그는 패션쇼를 퍼포먼스적으로 대중에게 어필하는 것으로 유명하다. 지금까지 광주 비엔날레, 국제 미술 의상전, 죽산 국제 예술제의 패션 퍼포먼스를 통해 패션과 예술과의 접목을 꾸준히 시도했다. 우리나라 한글을 모티브로 한 의상을 해외에 출품하면서 다른 디자이너와는 차별화를 둔 창작세계를 보여주었다.

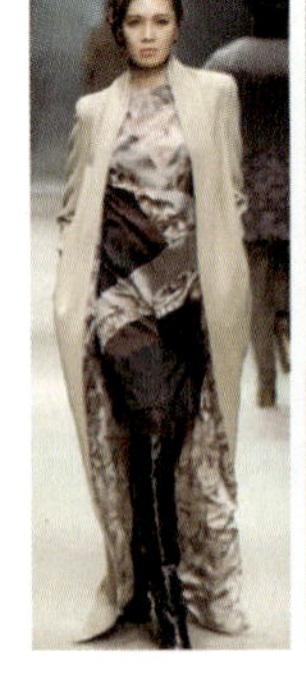

그에게 있어 패션이란 전체적인 이미지와 실루엣에 맞춰 즐기는 라이프스타일이자 문화이다. 철학이 있는 패션, 옷을 문화로서 사랑하는 삶, 그리고 시대를 읽는 방법을 패션쇼와 퍼포먼스의 접목으로 연출하는 그의 쇼는 늘 색다르고 특이하다.

디자이너 이상봉은 2002년부터 현재까지 파리 프레타포르테 컬렉션에 참가하고 있다.

11. 이영희 – 브랜드 〈이영희〉

1997년 (주)메종 드 이영희를 설립하였고 2005년 뉴욕컬렉션, 2007년, 2008년 서울 패션위크에 참가하였다.

세계 복식사전에 '한복' 이라는 공식 복식 용어를 등장시킬 정도로 고집스럽게 한복을 세계에 소개한 디자이너 이영희. 그녀는 1986년 프랑스에서 열린 자신의 한복 쇼를 마치고 한 기자로부터 '우리도 입을 수 있는 옷으로 만들어달라' 는 말을 듣는 순간 한복의 세계화를 결심했다고 한다. 그녀의 한복을 본 프랑스인들은 한복의 아름답고 부드러운 선과 오묘한 색의 조화에 '바람의 옷' 이라는 애칭을 선물했다. 이에 자신감을 얻은 그녀는 1993년부터 한복이 아닌 기성복으로 파리 컬렉션에 첫 발을 디딘 이후 현재까지 줄곧 컬렉션을 통해 한국 패션의 세계화에 일조하고 있다. 하늘하늘 바람을 가르는 선은 여성의 관능적인 우아함을 절묘하게 표현하며 그녀의 의상은 곧 파리 패션계에 바람을 일으켰다. 파리에서도 가장 아름다운 부띠끄로 10위 안에, 5위 안에도 2번이나 선정되는 영광을 누렸다. 그리고 기모노로 알고 있던 파리와 세계의 언론에 '바람의 옷, 한복(Han-Bok)' 이라는 고유명사를 만든 것이다.

그녀는 한복 디자이너보다 패션 디자이너로 불리길 원한다. 한복을 그대로 선보이는 것이 아닌 한복의 선과 소재를 응용한 기성복 라인을 만들기 때문. 또한 일상생활에서 입을 수 있는 '생활 한복' 이라는 장르를 만들어 낸 장본인이기도 하다.

패션이란 '생활에서 자연스럽게 우러나와야 한다' 는 디자인 철학을 고수하는 그녀는 국내 패션디자이너 최초로 홈 컬렉션 '메종 드 이영희' 를 런칭해 미국과 유럽 백화점에서 호평을 받고 있다.[10] 2004년 9월에는 미국 뉴욕에 그동안 쇼를 하면서 모았던 것들과 사비를 털어 한국전통문화박물관을 오픈했다.

12. 조성경 – 브랜드 〈latuelle〉

디자이너 조성경은 파리 에스모드에서 수학하였고 2003년 'latuelle' 을 런칭하였다. 2006년, 2007년 파리컬렉션에 참가하였다. 그녀의 작품은 미국, 파리, 영국, 홍콩 등으로 수출하고 있으며 2006년에는 'Swan by latuelle' 웨딩샵을 오픈하기도 하였다.

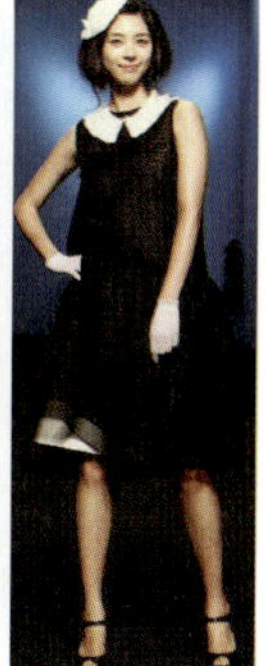

또, 이너웨어와 코스메틱 분야로 사업 영역을 확대하여 2008년 남성 언더웨어 '라뚤옴므 바이 조성경' 과 남성 코스메틱 '무슈제이' 런칭 기념쇼를 열고 첫 선을 보였다. '라뚤옴므 바이 조성경' 은 20~30대 남성을 겨냥, 컬러감과 디자이너의 캐릭터를 부각시키면서도 편안한 착용감에 초점을 맞춘 패션 언더웨어이다. 이와 함께 조씨는 G마켓이 영화배우 정우성과 함께 출시하는 남성 코스메틱 '무슈제이(MONSIEUR J)' 의 크리에이티브 디렉터도 맡아 브랜드 컨셉과 BI, 패키징까지 전반적인 이미지 메이킹 작업을 총괄했다.[11]

---

10) 자료출처 : Vogue Korea
11) 자료출처 : 이채연기자, lcy@apparelnews.co.kr 2008년 12월 10일

디자이너로서의 활동 이외에도 패션관련 전반에서 다양한 활동을 펼치고 있는 그녀는 드라마 〈신데렐라 맨〉에 극중 디자이너로 카메오 출연도 하였으며, 자신의 작업실 대여 및 극중 디자이너역을 맡은 소녀시대 윤아에게 연기 지도까지 아끼지 않았다고 한다.

13. 지춘희 – 브랜드 〈Miss Gee Collection〉

디자이너 지춘희는 1980년 샵을 오픈하였고 1993년 영화 〈그대안의 블루〉 의상을 협찬, 2000년부터 현재까지 서울패션위크에 참가하고 있다. 2005년에는 KTF유니폼도 제작한 바 있다.

그녀는 유복한 집안에서 장녀로 태어나 청소년 시기 미술분야에 뛰어난 재능을 보였다고 한다. 어머니의 옷을 리폼해 입을 정도로 의상에 관심이 많고 감각이 뛰어나 20살이 되던 해 자신의 의상실을 가지게 되며 그 이후로 지속적인 성장을 하고있는 디자이너이다.

14. 홍은주 – 브랜드 〈ENJUVAN〉

디자이너 홍은주는 1997년 앤주홍을 런칭하였고, 2000년부터 서울패션위크에 참가하였다.

홍은주의 전직은 인테리어 디자이너였다. 삼남매에게 직접 옷을 지어 입히기 위해 복장학원을 다닐 정도로 감각이 뛰어난 어머니를 그대로 닮은 그녀는 1984년 패션공부를 위해 무작정 파리 에스모드로 유학을 떠났다. 졸업 후 외국인이라는 핸디캡에도 불구하고 동기들을 제치고 크리스찬 디올에 유일하게 입사해 재능을 인정받았다.

크리스찬 디올에서 일하면서 벨기에의 캐주얼 웨어 브랜드인 '하우스'와 연결되어 프랑스와 벨기에를 일주일에 한 번씩 왔다 갔다 하고, 독일의 레이스 회사에서 레이스 디자인을 하기도 했다. 또한 미국의 쟈바 시장에 디자인을 팔고, 'Depech mode' 라는 프랑스 유명 잡지에 일러스트를 팔기도 하면서 디자이너로써의 경험을 쌓았다.

1992년 '홍 컬렉션' 이라는 브랜드로 파리 컬렉션에 참가한 그녀는 한국인 최초로 파리 레알에 '오제' 컬렉션 단독 매장을 오픈하면서 주목 받기 시작했다. 13년의 파리 생활을 접고 귀국한 그녀가 선택한 것은 '동양적인 선' 이었다. 가장 한국적인 요소들이 디자인 영감으로 연상되기 시작한 것.

무엇에도 구속되지 않는 자유로움과 에너지로 자신의 정체성을 보여주는 벨기에 출신 디자이너 마틴 마르지엘라를 좋아한다는 홍은주. 한국에서 다양한 스타일을 경험하며 오리엔탈적인 요소와 아방가르드한 디테일을 오묘하게 크로스오버하는 그녀는 퓨전디자이너라는 닉네임을 얻으며 자기 찾기를 계속하고 있다.[12]

---

12) 자료출처 : Vogue Korea

15. 황재복 – 브랜드 〈황재복〉

2000년, 2004~2005년에 미스코리아 의상을 담당하였고, 2002년에는 야구선수 이승엽, 이송정, 가수 조규찬 & 헤이, 텔런트 한가인 & 연정훈, 김창렬 커플, 컬투 김태균 커플 웨딩 드레스 디자인, 연예인 시상식 및 웨딩 드레스 등 의상 협찬 및 제작 경력이 많다. 2001년, 2003년, 2006년~2008년 서울패션위크에 참가하였다. 2009년 미스터월드코리아 의상협찬 및 심사위원, 2001년 한국슈퍼모델 선발대회와 2007년 아시아 태평양 슈퍼모델 선발대회 지정 디자이너로 활약하였다.

단아하고 청순한 이미지의 웨딩 드레스를 고집하고 있는 그녀는 신랑에게 가장 아름답게 보일 수 있는 신부의 모습을 추구한다고 말한다. 화려하게 드러나는 아름다움보다는 절제된 모습에서 은은하게 풍겨오는 여성미를 부각하려 하는 것이다.

3절 남성복 디자이너 및 브랜드

1. 강동준 – 브랜드 〈D.GNAK〉

미국 파슨스 스쿨 어브 디자인에서 수학하였고 2004년 패션디자인어워드상(Fashion Design Award - CFDA미국 패션 디자인 협회)을 수상한 경력이 있다. 2007년 'RED PEPPER & DENIM' 을 런칭하였다. 현재는 2006년 런칭한 D.GNAK 대표이다. 2008년부터 서울 컬렉션에 참여하고 있다.

D.GNAK의 브랜드 네임은 강동준 디자이너의 이름 강 KANG을 거꾸로한 GNAK, 동준의 이니셜 D의 조합이다.

현재 D.GNAK의 매장은 서울 청담동에 BAR와 부띠끄의 만남을 즐길 수 있는 공간으로 꾸며져 있다. 그 외에도 일모스트릿, 갤러리아, 신세계 루키 블루, 롯데 스타일 필드, A-LAND 그리고 동대문에 위치한 두타 등에 세컨 브랜드 D by D와 함께 매장이 있다.

D.GNAK은 구조적인 디테일과 섬세한 테일러링을 기본으로 하며 남성복의 기본이라 할 수 있는 착장감을 중점으로 하고 있다. 컬러는 블랙을 기반으로 하고 있으나 2011년 F/W 컬렉션에서는 원색의 레드, 옐로우 등의 컬러를 포인트로 위트 있는 백팩까지 선보이고 있다.

2. 고태용 – 브랜드 〈Beyond closet〉

[13] 디자이너 고태용은 현재 남성복 브랜드 비욘드 클로젯 대표이자 2011년 서울 패션위크에 8번째 참가하는 29세의 젊은 베테랑급 남성복 디자이너이다. (주)SK네트웍스 유니섹스 캐주얼 개발실에서 근무하였고, 프로모션 C.O. 설립(2006년), 인터넷 유통회사 C.N.C. 상품 개발실 실장(2007년) 등을 거쳐 2008년 Beyond closet을 런칭하였다. 현재 KFDA 남성복 디자이너이기도 하다.

컬렉션 라인인 비욘드 클로젯(Beyond closet)과 세컨드 레이블인 비욘드 클로젯 캠페인 (Beyond closet campaign)을 진행하면서, 타 브랜드와의 콜라보레이션과 해외 전시회, 패션학교에 강의까지

바쁜 일상을 보내고 있다.

Beyond closet은 직역하면 '옷장을 넘어서' 란 의미인데, 고태용 디자이너는 옷장을 그 사람을 엿볼 수 있는 공간이라고 생각하여 브랜드 네이밍을 했다고 한다. 위트와 해학을 엿볼 수 있는 클래식 감성과 동시에 빈티지를 추구하고 있다. 그는 실용적이면서도 디자인적인 옷을 만드는 디자이너로 유명하다.

세컨드 레이블인 비욘드 클로젯 캠페인(Beyond closet campaign)은 온라인편집샵 먼슬리맨션(monthly mansion : www.monthlymansion.co.kr)에서 판매중이며, 먼슬리맨션의 오프라인 쇼룸에서 직접 확인 할 수 있다.

3. 김서룡 – 브랜드 〈KIMSEORYONG〉

미대에서 서양화를 전공하여 개인전 등 작가활동을 하다가 1995년 패션디자이너로 활동을 시작하면서 'KIMSEORYONG' 브랜드를 런칭하였다. 2001년부터 현재까지 꾸준히 서울패션위크에 참가하고 있으며 NWS회원이기도 하다.

2003년 갤러리아 백화점에 입점, 2007년 세컨 브랜드인 'K by KIMSEORYONG' 을 런칭하였으며, 2011년 S/S 부산 프레타포르테 초청 디자이너 중 한 명이기도 하다.

세심하고 섬세한 테일러링으로 클래식하고 감성적인 느낌의 웨어러블한 디자인을 추구한다.

---

13) 사진출처 : 한경닷컴 bnt뉴스 leejin@bntnews.co.kr

4. 박종철 – 브랜드 〈SLING STONE〉

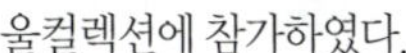

디자이너 박종철은 비, G.O.D, 동방신기, 슈퍼주니어, 신화, KCM, JK 김동욱, 버즈 등 주로 가수 의상 제작 및 앨범 재킷 협찬, 영화, 뮤직 비디오, 콘서트의 의상 작업에 많이 참가한 경력이 있다.

1984년 'Jackyu in box' 를 시작으로, 1987년 '판도라', 1990년 서울 갤러리아 백화점 '박종철' 매장을 오픈하였다. 2000년 DOOTA DESIGN CONTEST 초청쇼, SEOUL FASHION WEEK, TO KYO COLLECTION 초청쇼 등에 참여하였고, 2004년, 2005년, 2006년 서울컬렉션에 참가하였다.

서울패션위크에서도 매 시즌마다 퀼리티 있는 쇼를 선보였던 디자이너 박종철은 2010 F/W 서울컬렉션에서 패션과 아트 미디어의 만남을 무대로 표현해 내었는데, 패션뿐만 아니라 다양한 예술분야에 조예가 깊어 패션모델들이 마네킹을 대신하여 다양한 포즈를 취하는 이색적인 방식의 프레젠테이션 쇼를 직접 기획하여 선보이기도 하였다.

5. 송지오 – 브랜드 〈SONG ZIO homme〉

디자이너 송지오는 1987년 파리 에스모드에서 수학하였고 1987~1989년 파리 'HELA' 사 디자이너, 1989~1993년 에스모드 서울의 디자인학과 교수, 1996~1998년 LG패션 '옴스크', '헤드' 디자이너를 거쳐 1995년 이후 현재까지 '송지오 옴므' 의 대표 디자이너이다. SFAA에는 1995년부터 2002년까지 참가하였고, 2004년부터 현재까지 서울패션위크에도 참여하고 있는 중견 디자이너이다.

송지오는 화려하고 다이나믹한 연출로 관객에게 즐거움을 주기보다 크리에이터가 되기를 갈망한다. 그의 영원한 테마 '블루이즘' 은 여성을 우아하고 섹시하게, 그리고 때로는 파격적으로 표현한다. 그래서 그의 패션쇼에서는 극적인 요소가 밑바탕에 깔려 있다.

1992년 '지오 에 지아 에스빠스 블루' 라는 다소 긴 이름의 디자이너 부띠끄를 오픈한 그는 LG 패션의 '옴스크' 와 계약제 디자이너를 체결해 디자이너와 기업의 전략적 제휴라는 새로운 가능성을 보여주기도 했다.

2000년 F/W 시즌부터 여성라인을 일시 중단하고 '송지오 옴므' 라는 남성복을 선보였다. 여성 라인을 중단한 이유는 자신의 라인인 '섹시즘' 이 요즘 트렌드가 아니었기 때문이라고 한다.

6. 서은길 – 브랜드 〈G.I.L. HOMME〉

디자이너 서은길은 (주)한섬 '시스템', (주)태승 'N', 'STROM' 디자인실에서 근무하였고 2003년부터 싱가포르 'Brum & Co'에 완제품 수출, 2005년부터 서울컬렉션에 참가하고 있다. 2006년부터 'G.I.L.Homme'를 운영하고 있다.

2011년 3월 개최된 '맨즈패션위크 싱가포르 2011 men's fashion week 2011 singapore(mfw 2011)'에 주최측의 초청으로 참가하였다. mfw 2011은 파리, 밀라노 컬렉션에 이은 아시아 최초의 남성복 전문 패션쇼로 싱가포르의 랜드마크 마리나 베이 샌즈 컨벤션 센터에서 열리고 있다.

서은길 디자이너는 옷에 인간애를 담은 이야기를 만들려고 하는 편이다.

7. 이영준 – 브랜드 〈206 HOMME〉

2004년 홍은정 남성복 디자이너로 근무했고 비, MC몽, 노홍철, 현빈 등 연예인들의 의상제작 및 협찬, 영화 〈예의없는 것들〉(김민준 의상), 〈퍼즐〉(홍석천 의상), 〈뚝방전설〉(MC몽 의상)의 의상 제작 참여를 계기로 KBS 〈VJ 특공대〉 영화의상 디자이너 출연해 대중에게도 익숙한 디자이너이다. 2007년 G마켓에 디자이너 샵으로 입점하기도 하였다. KFDA 남성복 디자이너이기도 하다.

서울컬렉션을 통해 깊은 인상을 남겼던 디자이너 이영준이 탄생시킨 남성의류전문 브랜드 206옴므의 스타일리쉬한 아이템을 만나볼 수 있는 비주얼가든이 보세의류로 대변되던 기존의 온라인 쇼핑몰에 새로운 반향을 일으키며 주목받고 있다.

데뷔 3년 만에 업계에 지각변동을 일으키고 있는 이영준 디자이너는 서울 컬렉션 남성복 최연소 데뷔를 시작으로 서울 컬렉션 2005 S/S, 2006 F/W, 2007 F/W, 2008 F/W에 참가했으며 동아 TV "7 MODELS" 협찬 및 디자이너 심사위원으로도 활동하였다.

최근에는 206 LEATHER 가죽브랜드 런칭과 온라인 샵 www.206homme.com을 런칭했으며 압구정 로데오 거리에 206옴므 오프라인 샵 오픈해 복제할 수 없는 독특한 스타일 감성을 더 많은 패션피플과 나누고 있다.

드라마 〈꽃보다 남자〉의 남자 주인공 F4의 의상협찬에도 직접 참여하면서 더 유명해졌다. 비주얼가든을 통해 206 LEATHER와 206옴므를 선보이고 있는 이영준 디자이너는 "대중적으로 어필할 수 있는 커머셜한 디자이너 브랜드의 제품과 일반 고객들의 거리를 좁히기 위해 온라인을 통한 매장을 오픈하게 되었다."고 설명하면서 "프라이드를 가지고 입을 수 있는 전문 디자이너의 작품을 낮은 가격으로 대중들에게 좋은 옷을 선보이고자 생산단가의 절감을 노력하고 있다."고 밝혔다.14)

---

14) 자료출처 : http://cafe.naver.com/visualgarden/173

8. 장광효 – 브랜드 〈장광효〉

1984년 프랑스 Fountain Blue 예술학교를 졸업하고 1993년 파리 기성복 전시회 SEAM에 한국 최초로 참가한 디자이너로 1994~1996년 파리 남성기성복 컬렉션 7회 참가한 경력이 있다.

1984년~1987년 캠브리지 브랜드의 수석 디자이너를 역임, 1987년에 카루소를 설립하여 대표로 재직 중이다. 잡지 피가로와 DNR, 보그, TURKER의 칼럼니스트로 활동하기도 했으며, 2010년 제10회 서울패션위크 헌정디자이너 10인에 선정되었다.

〈소울메이트〉, 〈안녕 프란체스카〉 등의 인기 시트콤에 출연하여 일반인들에게도 얼굴이 많이 알려진 디자이너로 2008년엔 20년 디자인 인생과 컬렉션 화보를 담은 패션 에세이 〈장광효 세상에 감성을 입히다〉를 출간하기도 하였다.

9. 최범석 – 브랜드 〈general idea by Bumsuk〉

디자이너 최범석은 2004년 SFAA에 참가하였고 그 외에도 2005년, 2006년 최범석 패션쇼를 수차례 개최하였다. 2006년 신화 8집 자켓 의상 제작, 티셔츠 전문 브랜드 WH5 by General Idea 오픈, 레이싱 카 디자인, 하이네켄 패키지 디자인, 뮤직 비디오 패션쇼 디렉터 등 다양한 경력을 소유하고 있다. 2007년에는 자신의 에세이 "세상의 벽 하나를 빌리다"를 출간하기도 하였다. 2010년에는 3년간의 노력 끝에 뉴욕컬렉션까지 진출하였다.

그는 동대문부터 시작하여 한 단계 한 단계 밟고 올라서 정상까지 올라와서도 더 높이 올라가려 아직도 노력하는 디자이너라고 할 수 있다. 디자인은 창조적인 면도 상업적인 면도 필요한데, 그런 면에서 한 브랜드의 대표로서 비즈니스를 하는 능력 또한 월등하다. 적극적인 다른 브랜드와의 콜라보레이션 작업은 제너럴아이디어의 다양한 면모를 보여주는 한 예이다.

10. 하상백 – 브랜드 〈.by 하상배기〉

2000년부터 서울컬렉션에 참가하였고 2007년 국민은행 광고 스타일링, 메이크업브랜드 VOV 하지원 스타일링 등 활발한 방송 활동을 하고 있으며 그룹 샤이니의 스타일리스트, 케이블방송 트렌드 리포트 필의 패널로 활약하며 대중들에게 익숙한 디자이너이기도 하다. 활동분야가 다양한 탓에 연예인보다 더 끼가 많은 패션디자이너라고 평가받지만 매년 패션쇼에 수차례 참여해 독특하고 유니크한 스타일로 항상 독보적인 패션을 보여주는 디자이너이다. 한 가지 아이템으로 여러 가지 스타일을 연출할 수 있고 입을 때마다 새로운 느낌, 조금만 바뀌어도 전혀 다른 분위기가 되는 파서블 룩을 추구하며 중국을 대표하는 영화배우 장쯔이가 하상백의 드레스를 입고 패션잡지 보그의 표지모델로 등장해 화제를 일으킨 적이 있다.

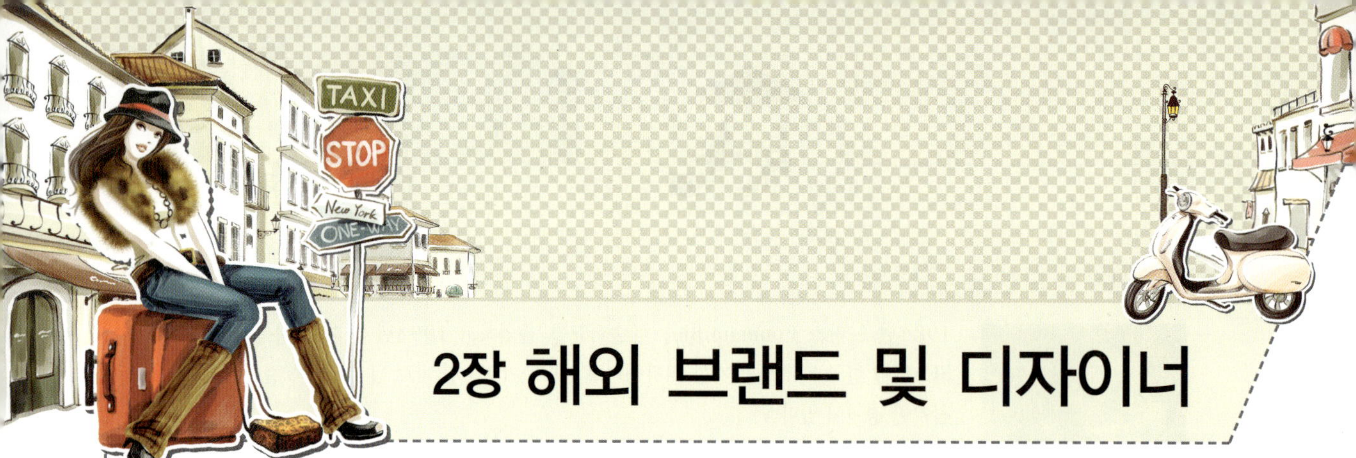

2장 해외 브랜드 및 디자이너

1절 세계 4대 컬렉션

1. 뉴욕 컬렉션

세계 최강국 미국이 거대한 자본 시장을 배경으로 세계 4대 컬렉션에 진입한, 규모면으로는 세계 최대인 컬렉션이다. 뉴욕에 산재한 패션쇼장과 공원 등에서 열리며 유럽의 파리, 밀라노와는 다른 미국만의 실용성을 특징으로 나타내고 있는 컬렉션이며, 매년 2월과 9월 연 2회 정기쇼를 갖는다.

2011 S/S 뉴욕 컬렉션[15]

Anna Sui

Calvin Clein

Donna Karan

Marc Jacobs

Michael Kors

---

15) 사진출처 : 스타일닷컴 http://www.style.com

2. 파리 컬렉션

(1) 프레타포르테(Pret-a-Porter)

Pret-a-Porter는 기성복이라는 뜻인데 '파리 기성복 제조조합' 의 연례행사로 매년 3월, 10월에 연 2회의 정기 컬렉션을 갖는다. 장소는 유명한 파리 루브르 박물관 내부 전시장 각 브랜드 매장에서 나뉘어 열린다.

주로 바이어와 프레스를 위해서 개최되며 오트쿠튀르가 창조성에 중점을 둔 예술 의상 중심이라면 프레타포르테는 실용성에 중심을 둔 판매 목적의 의상이 주류라는 차이가 있다.

파리에서 활약하는 대표적 디자이너는 발렌시아가, 샤넬, 크리스찬 디올, 헤르메스, 이세이 미야케, 겐조, 꼼데가르송, 장 폴 고티에, 요지 야마모토, 우리나라의 문영희 등이 있다.

(2) 오트쿠튀르(Haute Couture)

프레타포르테가 기성복이라면 오트쿠튀르는 디자이너가 창작성과 예술성을 최대한 발휘하여 만든 예술 의상이다. 화려하고 장엄한 분위기로 옷을 예술의 경지로 승화시킨 결과라 할 수 있다. 매년 1월, 7월에 열리며 여기에 참가할 수 있는 자격은 디자이너 최고의 영광이라 할 수 있다.

오트쿠튀르의 가입요건은 까다롭기로 명성이 높다. 디자이너의 작업실은 파리에 있어야 하고, 3명 이상의 전속모델을 보유하고 있어야 하며 20명 이상의 팀원이 구성되어야 한다. 또한 치프(Chief) 디자이너가 직접 제작한 의상이 75점 이상 발표되어야 하고 연 2회 S/S, F/W 시즌에 프레스 앞에서 컬렉션을 개최해야 한다.

2011 S/S 파리 컬렉션[16]

Alexander Mcqueen

Annn Demeulemeester

Balenciaga

Celine

Christian Dior

16) 사진출처 : 스타일닷컴 http://www.style.com

3. 밀라노 컬렉션

프랑스와 함께 세계패션을 주도하고 있는 이탈리아의 북부 산업도시 밀라노에서 열리는 세계적인 컬렉션이다.

실용성과 착용성에 주안한 옷을 만들어내 옷을 구경하려면 파리로 가고, 옷을 사려면 밀라노로 가라는 말이 있을 정도이다. 파리의 시크함과 뉴욕의 실용성을 겸비한 컬렉션이라 평가받고 있으며 실용적이면서도 소재의 고급스러움, 화려한 색채와 프린트들이 우아함과 세련됨을 더욱 돋보이게 하는 특징을 가지고 있다.

국립 이탈리아 패션협회의 주체로, 연 2회 매년 2월, 9월경 개최하며 파리 프레타포르테 컬렉션보다 1, 2주 앞서 열리는 특징이 있다. 장소는 휘에라 밀라노 전시장(Fiera Milano)과 시내에 산재한 각 브랜드 매장에서 나뉘어 열린다. 이탈리아 출신의 세계적인 디자이너 브랜드가 전부 참가하며 최근에는 프랑스와 패션 산업의 주도권을 놓고 신경전을 벌이고 있어 세계 뉴스의 초점 대상이 되기도 한다. 프랑스와 영국의 하청국가로 시작하였지만 그 노하우를 바탕으로 하여 높은 수준의 창조력과 적절한 트렌드 반영, 지역별 특성에 맞춘 역할 분담 및 소재 업체의 협업, 전문적인 인재 육성으로 파리컬렉션과 함께 세계 2대 컬렉션으로 비약적인 발전을 이루었다.

2011 S/S 밀라노 컬렉션[17]

Gucci

Jil Sander

Dolce & Gabbana

Marni

Prada

---

17) 사진출처 : 스타일닷컴 http://www.style.com

4. 런던 컬렉션

4개의 컬렉션 중 가장 영향력이 약하지만 독창적이며 실험정신이 강한 컬렉션으로 패션인들의 많은 관심이 쏠리고 있다. 특히 젊은 디자이너들의 과감한 실험정신이 돋보이는데, 다른 도시에 비해 런던은 다소 과격할 정도의 파격적 디자인을 선보이고 있다. 이러한 인상으로 패션인들에게 다소 외면 받아온 경향이 없지 않지만 열정, 실험성이 강한 대담한 디자인과 모험이 가득한 컬렉션으로 최근에는 그러한 일면을 극복할 수 있을 정도의 디자인력과 실험성, 창의적이며 실용적인 스타일들로 주목을 받고 있다.

2~3월, 9월 연 2회 정기 컬렉션을 개최한다.

2011 S/S 런던 컬렉션[18]

Christopher Kane

Burberry Prorsum

Akris

Paul Smith

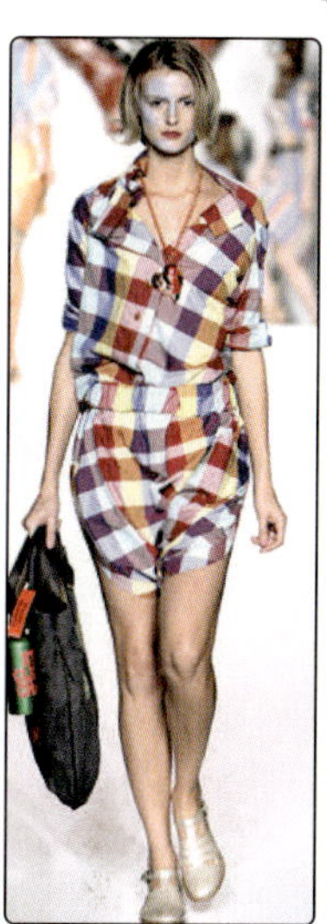

Vivienne Westwood

---

18) 사진출처 : 스타일닷컴 http://www.style.com

2절 해외 브랜드 및 디자이너

1. 다카다 겐조(Takada Kenzo : 1939~)

KENZO

일본 교토 출신인 겐조의 패션 스타일은 색의 마술사란 별명처럼 전혀 예상치 못한 화려한 컬러의 배합과 다채로운 문양을 자유롭게 사용하는 자유분방함에 특징이 있다. 1965년에 파리로 이주해서 많은 의상을 디자인 했으며, 여러 백화점과 피산티 텍스타일 그룹, 릴레이션 텍스타일에서 일했다. 1970년 '정글 잽'이라는 의상실을 개점하였는데, 완전 정글 장식과 포클로어와 클래식한 이미지가 강한데서 붙여진 이름이다. 일본의 전통의상 뿐만 아니라 각 나라의 전통적인 의상에서 영감을 받아 작품들을 만들어 냈기 때문에 이국적인(동양적인) 신선함으로 프랑스인들에게 어필했다.

그들은 겐조의 옷을 '몸을 해방시키는 옷', '편안한 옷', '즐거운 옷'으로 극찬했다. '몸에게 공간을 주어라. 육체적으로나 도덕적으로나, 이것을 자유라고 할 수 있다.' 그의 작품은 토속적이며 고전적인 독창성이 엿보이는데 다양한 꽃무늬 모티브와 원색을 사용한 동양풍의 배색, 다채로운 색을 적용한 클래식 룩으로 세계적인 각광을 받고 있다.

이국적인 화려한 컬러와 프린트를 동양의 전통적인 재단법과 믹스시켜 가장 프랑스적인 옷을 만들기 때문에 그는 파리지앙이라 불린다. 또한 몸에 꼭 맞아 긴장감을 주는 서양 옷과는 사뭇 다른 편안한 스타일을 강조했다. '가장 프랑스적인 일본 디자이너' 혹은 '가장 일본스러운 파리 디자이너'로 불리며, 전 계절의 여름화를 선언한 디자이너로 주목받기 시작하였다. '꽃은 나의 언어'라는 슬로건을 내걸고 꽃을 모티브로 한 다양한 디자인들을 발표하였으며, 패션용어 사전에 기모노 슬리브라는 용어를 수록하게 한 장본인이기도 하다. 칼 라거펠트와 함께 1980년대를 풍미하며 '두 사람의 K'로 불린다.

겐조는 의상뿐만 아니라 향수 등으로도 사업 영역을 확장했으며 1998년 런칭한 그의 첫 번째 향수 'Kenzo de Kenzo'는 즉각적인 성공을 거두었다. 현재까지도 꾸준히 많은 향수들을 발표하고 있는데 전 세계적으로 특히 우리나라에서 인기가 많은 향수 브랜드 중 하나이다.

1993년 겐조 패션 하우스는 유명 럭셔리 그룹 LVMH의 일원이 되었고, 활발한 활동을 벌이던 다카다 겐조는 1999년 그의 30년 패션 커리어에 경의를 표하는 기념 파티를 끝으로 겐조를 떠나게 된다. 다카다 겐조의 은퇴 후 한때 흔들리는 컨셉으로 혼란을 겪어온 겐조는 현재 두 번째 수석디렉터 안토니오 마라스가 이끌며 고유의 색깔을 찾았다는 평가를 받고 있다.

2. 도나 카란(Donna Karan : 1948~)

도나 카란은 뉴욕 태생으로, 테일러를 하던 아버지와 모델 출신의 어머니의 배경 아래서, 패션을 접할 수 있는 가정환경을 가지고 있었다. 파슨스 디자인학교를 졸업하고 여름을 이용하여 앤클라인(Ann Klein)에서 일을 하기 시작, 2년만에 수석 디자이너가 된다.

도나 카란의 도시적 이미지의 수트

도나 카란은 단정하면서도 세련된 내구성을 갖춘 스타일을 추구했고, 1980년대 미국의 여성들은 이런 도나 카란의 옷을 선호하였다. 스포티하고 도시적인 이미지의 디자인이 특징이며, 1984년 자신의 브랜드를 설립하고 1980년대 미국의 커리어 우먼들에게 페미니즘을 선사한 미국의 대표적인 디자이너이다. 일하는 여성의 옷은 남성적이어야 한다는 관념을 깨고 스마트하면서도 섹시한 수트를 만들어 커리어 우먼의 이상적인 모습을 창조하였고, 1988년 보다 저렴하고 대중적인 라인인 'DKNY'를 런칭하여 커리어 우먼들에게 폭발적인 인기를 모았다.

도나 카란이 추구하는 불변의 테마는 여성다움을 잃지 않으면서 활동적인 여성상이다. 딱딱하기만 했던 직장여성의 옷을 편안하고 개성적으로 입을 수 있음을 소비자들에게 인식시켜준 도나 카란은 직장여성의 패션에 품위와 개성을 부여했다는 중요한 의미를 갖는다.

도나 카란의 대표적인 아이템을 들자면 랩 드레스라고 할 수 있는데, 모든 셀레브리티의 옷장에 반드시 있는 기본 아이템이다.

3. 드리스 반 노튼(Dreis Van Notern : 1958~)

드리스 반 노튼은 1958년에 태어난 벨기에의 앤트워프 출신 디자이너로, 주요 활동무대는 프랑스이다. 1980년 앤트워프 왕립 예술학교를 졸업하였고 소매상과 테일러 가문에서 자랐다.

1985년 앤트워프에 부띠끄를 개입했고 1986년 'Anterp Six'라는 명칭으로 벨기에의 젊은 디자이너 6인의 컬렉션으로 데뷔하였다. 세련되고 우아한 분위기를 빚어 내는 개성적인 디자이너이며, 1990년대 부터 프랑스에 벨기에 디자인 붐을 일게 했던 선두주자이다. 특히 동서양의 특징을 잘 살린 원단, 프린트, 장식을 절충하여 완벽한 수트부터 로맨틱한 실크 블라우스까지 장인정신(Craftsmanship)이

드리스 반 노튼의 홈페이지

돈보이는 컬렉션으로 유명하다.

일상생활과 여행에서 영감의 모티브를 얻으며, 소재와 색채가 뛰어난 디자이너인데 특히 자수 천, 프린팅 모슬린이 다른 천과 함께 사용되어 독특한 효과를 이루는 작품을 선보이기도 했다.

현재는 파리컬렉션을 대표하는 디자이너 중에 한 명으로 꾸준한 활동을 보여주고 있으며 옷 하나하나에 각기 다른 작업을 투입함으로써 개성이 살아있는 의상을 디자인하고 있다.

4. 마르니

MARNI

마르니는 이탈리아 디자이너 콘수엘로 카스틸리오니(Conjsuello Castiglioni) 브랜드로 의류와 함께 슈즈, 핸드백 등 잡화를 취급하는 토털 이탈리아 브랜드이다. 20대 후반~40대 초반을 타깃으로 하며, 여성미를 살려주는 아름다운 컬러 배색으로 여성들에게 인기가 높다. 또한, 곡선의 대형 행거(Hanger)를 이용한 심플하면서도 독특한 VM을 구사하고 있다.

5. 막스 마라

MaxMara

이탈리아 브랜드로 클래식하고 우아한 디자인이 주를 이루며, 코트와 베이직한 스타일의 완벽한 코디네이트 룩을 연출할 수 있다. 도시에서 입기에 가장 적합한 타운웨어가 트레이드 마크이다. 깨끗하고 심플한 디자인, 쿨한 이미지로 도시 여성의 사랑을 받고 있다.

6. 비비안 웨스트우드(Vivienne Westwood : 1941~)

비비안 웨스트우드는 영국 틴트휘슬 태생으로 영국에서는 귀족 작위도 여러 번 수상한 대표 디자이너이다. 1971년 첫 점포를 오픈, 1982년 세인트 크리포트 거리에 진흙탕의 향수란 부띠끄를 오픈, 1985년 킹즈 로드에 세상의 종말이란 점포를 재개장, 1985년 10월 파리에서 처음으로 작품을 선보였다.

도시 반항아들의 태도를 투영시킨 무정부주의적인 스타일을 표현했으며, 정치화된 세상과 표준화된 의상에 격렬히 반항하는 디자인을 선보이고 있다. 크리놀린, 버슬, 러플, 트레인, 웨이스트 니퍼 등을 부활시켜 프랑스 혁명 이

전의 아름다운 시대를 꿈꾸는 도전적인 금발 여성의 모습을 보여주었다.

비비안 웨스트우드의 의상은 크게 Gold Label, Red Label, Man, Anglomania의 4가지로 분류된다. Gold Label(골드라벨)은 여성 오트쿠튀르로 가장 고가이며 생산은 거의 대부분 이탈리아에서 이뤄진다. 이브닝드레스와 코르셋 등과 같은 섬세한 의류들은 오트쿠튀르 전통에 따라 작은 아틀리에서 두세 명의 수작업에 의해 진행되며 고급스런 소재와 완벽한 테일러링 기법에 의해 예술적으로 창조된다. Red Label(레드라벨)은 일반인을 위해 나온 좀 더 무난한, 여성 프레타포르테 라인으로 골드라벨보다 캐주얼하고 상업적인 밝고 경쾌한 느낌의 의상이 주를 이룬다. 모든 상품을 이탈리아에서 생산하며 셔츠와 니트류는 지속적으로 전 세계적으로 큰 인기를 갖고 있다. 1996년에 런칭한 남성복 라인인 'Man'은 섹시하면서도 강렬한 느낌의 의류가 주종을 이루며 역시 전 라인 모두 이탈리아에서 생산한다. Anglomaina(앵글로매니아)는 1998년에 출시된 여성 캐주얼 의류군으로, 활동적이면서 캐주얼한 데님 소재의 사용에 중점을 두고 있는 Funky Casual Line이다.

▶ 비비안 웨스트우드의 연도별 Style

- 1971~1978 : Punk Style
- 1979~1984 : Ethnic & New Romantic Style
- 1985~1987 : Feminine Style
- 1988~1999 : Eclectic Style
- 2000~2005 : Retrospective Style

7. 안나 몰리나리/블루마린/블루걸(Anna Molinari : 1950~)

이탈리아 브랜드인 안나 몰리나리는 한국의 젊은 여성이 가장 입고 싶고, 갖고 싶어 하는 옷으로 로맨틱하면서도 섹시하며 우아한 여성복으로 꼽히고 있다. 로맨티시즘과 여성스러움을 잃지 않은 우아함, 그리고 페미니즘이 브랜드의 강점이다. 소비 연령층이 넓고 고르게 분포하며 수입 브랜드 중 가장 동양적인 체형에 잘 맞도록 만들어진 옷이다.

블루마린(Blumarine)은 1977년 이탈리아의 조그만 마을인 카르피(Carpi)에서 안나 몰리나리(Anna Molinari)에 의해 처음으로 만들어졌다. 블루마린이란 브랜드 컨셉은 안나 몰리나리와 그녀의 남편 쟝파올로 타라비니(Gianpaolo Tarabini)가 가진 바다와 푸른 빛깔에 대한 열정에서부터 만들어진 것이다. 1981년 밀라노(Milano)에서 첫 번째 패션쇼를 발표했으며 1986년에는 밀라노 컬렉션에 정식으로 데뷔하였다.

1987년 블루마린 브랜드의 후광을 입고 Girl Collection인 'Miss Blumarine'을 런칭, 이어서 1988년에는 회사명을 블루마린에서 블루핀(BLUFIN)으로 바꾸면서 주식회사로 전환하였다.

블루마린은 여성의 비치웨어, 언더웨어, 웨딩드레스, 걸 컬렉션, 핸드백, 벨트, 지갑, 구두, 선글라스, 시계와 여성 액세서리 등을 만들고 있을 뿐 아니라 최근에는 침구류의 홈웨어, 식기, 컵 등의 테이블웨어 리조트 산업에까지 사업을 확장해 가고 있다.

1995년 '안나 몰리나리(Anna Molinari)' 라는 새로운 라인을 설립하였고 그녀의 딸 로셀라 타라비니(Rossella Tarabini)가 디자이너를 맡고 있다. 또 같은 해 젊은 여성들을 주 고객으로 하는 새로운 라인인 기성복 제품의 블루걸(Blugirl)을 런칭하였고 이 라인은 안나 몰리나리가 직접 디자인하고 있다. 블루걸의 브랜드 컨셉은 낭만적이고 삶의 기쁨이 가득 찬 발랄함이 녹아있는 젊은 여성의 라인이다.

1998년 Blumarine eyewear 라인을 런칭하고 이탈리아의 비지빌리아 그룹(VISIBILIA)그룹과 라이센스 계약을 체결하였다.

8. 알렉산더 맥퀸 (Alexander McQueen : 1969 ~ 2010)

디자이너 알렉산더 맥퀸은 런던 출신으로 St. Martin을 졸업한지 10년이 넘지 않은 시점에서 세계에서 가장 유명하고 존경 받는 패션 디자이너가 되었다. 16세에 학교를 그만두고 런던의 고급 양복점이 밀집되어 있는 거리인 새빌로(Savile Row)의 유명 양복점 앤더슨 & 셰퍼드(Anderson & Sheppard)에서 견습생으로 패션계에 첫발을 내딛었다. 21세에 로메오 질리(Romeo Gigli)의 어시스턴트 디자이너로 고용되어 이탈리아 밀라노에서 생활하다가 1994년 런던으로 돌아와 센트럴 세인트 마틴스 칼리지(Central Saint Martins College)에서 패션 디자인학 석사학위를 받았다.

졸업 후 '로메오 질리' 등을 거쳐 자신의 브랜드를 런칭하였으며, 1996년에는 '존 갈리아노' 후임으로 지방시 하우스의 새로운 수석 디자이너를 역임, 전통 깊은 쿠튀르 하우스에서도 그만의 뛰어난 크리에이티브 능력과 테크니컬한 기술을 펼쳐 보였다.

쇼에서 보이는 감정적 힘과 원시적 에너지와 함께, 대조적인 요소들, 즉 연약함과 굳건함, 전통과 현대성, 유동성과 엄격함들을 나란히 사용하는 것이 그의 특징이다. 파격적이고 그로테스크한 스타일로 '패션계의 악동' 이라고 불리기도 하지만, 무엇보다 그의 컬렉션은 정확한 브리티시 테일러링에 대한 깊은 지식과 프랑스 오트쿠튀르 아뜰리에의 정교한 장인정신, 이탈리아 식의 나무랄 데 없는 마감 디테일에 기반하고 있다는 평을 받았다.

현재 뉴욕, 런던 그리고 밀라노 전문점에서뿐 아니라, 향수, 남성복 라인과 아이 웨어, 어반스트리트 웨어인 세컨 브랜드 McQ로도 알렉산더 맥퀸을 만나볼 수 있다.

2007년 그의 든든한 후원자이자 조력자였던 국제적 패션 스타일리스트 겸 잡지 에디터 이자벨라 블로(Isabella Blow)가 음독자살한 후부터 우울증을 앓았으며, 어머니가 숨진 지 10일이 채 안 되어 그 역시 런던 자택에서 자살하였다.

9. 앤 드뮐미스터(Ann Demeulemeester : 1959~)

앤 드뮐미스터는 앤트워프 왕립 디자인 학교 출신으로 'Anterp Six' 라는 명칭의 벨기에 젊은 디자이너 6인의 컬렉션으로 데뷔하였다. 디자인을 할 때는 먼저 크로키를 하고 입체재단을 하는 것으로 유명하다. 그녀의 스타일에 있어서 두 가지 특징은 커팅과 대비에 있다. 그녀의 옷은 그냥 보기에는 일반적으로 보일지 모르나 가까이에서 보면 달라 보인다. 동적인 느낌이 강하게 느껴져, 옷의 장식가라고 하기보다는 옷의 건축가라고 표현하며 새로운 형태의 옷을 만들려고 한다.

끝 마무리와 디테일 처리에 있어 완벽을 자부하는 전위파 디자이너이며, 모노 톤에다 재단 방법도 특이할 뿐더러 어딘지 모르게 불편해 보이기 때문에 언뜻 보면 일반인들이 소화하기 힘든 난해한 옷처럼 보지만 지극히 단순하면서 코디네이트해서 입기가 쉬운 디자인들을 선보이고 있다. 그녀는 전위적이고 아방가르드한 패션관을 가지고 있다.

앤 드뮐미스터의 초기 컬렉션을 보면 양성애적인 듀얼리즘 경향이 강하다. 스타일에 컬러, 소재에 이르기까지 그녀의 스타일은 너무 남성적이지도 여성적이지도 않다. 소재에 있어서도 투명과 불투명, 뻣뻣함과 부드러움, 유동적인 것과 부동적인 것, 완성과 미완성, 블랙과 화이트의 대비 또한 그녀만의 특징이다. 다루기 까다로운 소재로 심플해 보이는 옷을 만들어 내는 디자이너이기도 하다.

앤 드뮐미스터의 디자인은 많은 사람들로부터 열광적인 반응을 불러일으킬 만큼 이해하기가 쉬운 디자인은 아니다. 싸우다가 찢겨진 듯한 옷들로써 어떤 미학적 감흥을 얻는다는 것은 어느 정도 훈련된 눈과 마음이 필요하기 때문이다.

그냥 보기에는 상당히 구질구질하고 거추장스럽게 보이나 자세히 살펴보면 이런 옷의 구조를 만들기 위해서는 상당한 패턴실력이 필요하다는 것을 추측할 수 있다. 해체적인 인상이 옷 전체에 배어난다. 앤 드뮐미스터의 디자인은 겉으로 볼 때는 해체적인 이미지가 강하지만 앞에서 말한 바와 같이 어떤 새로운 질서를 지향하면서도 모든 형태의 요소들이 내적으로 단단히 결합되어 있다.

10. 입생 로랑(Yve saint Laurent : 1936~)

파리의 제왕으로 불리던 입생 로랑은 알제리 출생으로, 1957년 크리스찬 디올 사망 시 21세에 디올의 수석 디자이너가 되었고, 디올 2세로 지명되기도 했다. 클래식 엘레강스에 기초를 두고 단순하면서도 지적으로 우아한 여성다움을 표현하였다. 그는 낮의 일상복으로는 심플하고 입을 만한 스타일을, 이브닝웨어로는 호화롭고 육감적인 스타일을 전개하였고, 엘레강스하면서도 지적이고 우아한 그만의 분위기 때문에 '입생 로랑 시크' 라고 불리기도 했다. 색조사용이 비범하다고 알려져 있으며, 예술사조의 명확한 해석과 단순하고 현대적인 감각이 특징이다. 모던 트림(Modern Trim)이나 슬림 앤드 트림 패션(Slim & Trim Fashion) 등으로 불리는 새로운 감각 패션의 대명사로, 몬

드리안 룩, 판탈롱 수트인 팬츠 룩, 사파리 룩, 히피풍과 민속풍, 튜닉 스타일, 인어와 같이 매혹적인 여성을 연상케 하는 슬림 실루엣인 사이렌 룩, 팝 아트 계열의 작품과 누드 룩 등을 다양한 스타일을 발표하였으며, 턱시도를 최초로 여성에게도 입혀 화제를 모으기도 했다. 큰 메달의 나비형 목걸이인 버터플라이 초커, 깃털 장식인 페더 초커 등의 드라마틱한 액세서리도 사용하였다.[19]

특히, 브라크나 피카소, 후안 그리와 같은 화가들의 그림에서 얻는 색채의 이미지를 중시하였으며, 엘레강스 관념대신 모드의 대중화 시대에 어울리는 '매력' 이라는 개념을 도입한 최초의 디자이너이며, 전통적인 엘레강스 '미' 와 '엘리건스' 의 문을 연 마술사라는 평을 받고 있다. 모드의 창조자는 아니지만 검은색이나 칙칙한 색을 다루는 방법이 능숙하고 효과있는 터치와 착용방법에 탁월한 재능을 지닌 디자이너이다.

몬드리안 룩과 턱시도 수트

11. 이세이 미야케(Issey Miyake : 1938~)

ISSEY MIYAKE

1938년 도쿄 히로시마에서 태어난 이세이 미야케는 어려서부터 여자 형제들의 패션 잡지를 접하면서 자연스레 디자이너의 길에 들어섰다. 미야케는 어린 시절부터 파리를 동경해왔는데 파리는 그에게 마법 같은 아름다움이 가득 찬 도시였다. 파리에서 의상을 공부한 미야케는 기라로시의 어시스턴트 디자이너로 파리 패션 하우스에 입성한다. 2년 후 지방시로 자리를 옮긴 미야케는 지오프리 빈과의 합작 컬렉션을 위해 뉴욕으로 떠난다. 1971년 뉴욕에서 첫 컬렉션을 발표한 후 1973년 파리로 자신의 무대를 옮긴다.

일본의 전통문화를 서구의 패션 요소와 접목시킴으로써 새로운 스타일과 방향을 모색해온 이세이 미야케의 직물에 대한 연구와 창조는 타의 추종을 불허했고, 일본의 전통과 기술에 미래적인 감각을 접목시켜 자신만의 디자인 세계를 완성했다. 1993년에는 '플리츠 플리즈(Pleats Please)' 란 상표의 독립적 라인을 전개하였다.

일본 기모노에서 영감을 받아 직선적인 옷감으로 직물과 볼륨에 대한 독창적인 재능을 표현했으며 특히 플리츠라인은 이세이 미야케의 가장 대표적인 스타일로 자리매김하였다. 플리츠라인은 미야케를 가장 유명하게 했던 디자인 중 하나로 1989년 처음 공개되었는데, 독특한 조형성과 트랙수트와 같은 편안한 착용감이 특징으로 당시 일본은 물론 파리지엔느들도 열광하였다. 그가 표현하는 의상들은 움직이는 조각이었고, 그 옷을 입은 여성들은 하나의 오브제가 되었다.

그는 일본 전통 직물제조 기술과 새로운 산업 테크닉을 개발해 정신적으로, 육체적으로 모두 자유로울 수 있는 의상을 만들었고, 마침내 '형태와 기능을 살린 디자이너' 라는 닉네임을 얻게 되었다. 그는 신체를 조이거나 강조하지 않고 그대로 보존하는 데 노력을 기울였다. 단지 옷감을 누비고, 주름잡고, 비트는 과정으로 옷의 외형만 변화시킨 것이다. 이러한 과정으로 그는 사람들에게 몸과 공간의 모순 속에서 옷이 아닌 자신의 몸을 볼 수 있는 계기를 마련해 주었다.

---

19) 자료출처 : 삼성디자인넷 http://www.samsungdesign.net

이세이 미야케의 플리츠[20]

12. 조르지오 아르마니(Giorgio Armani : 1934~)

GIORGIO ARMANI

아르마니는 이탈리아 태생으로 의과대학에 입학하였으나 중간에 진로를 전환하여 백화점 쇼윈도 디스플레이어를 시작하였다. 감각적으로 너무 아방가르드했던 그는 구매부로 자리를 옮겨 머천다이징과 디자인을 배우게 되었고, 밀라노 대형 백화점의 바이어로서 7년 동안 활약과 패브릭과 디자인에 대한 해박한 지식을 인정받아 1961년 세루티(Cerruti) 정규디자이너로 발탁된다. 이후 '웅가로'와 '제냐'를 거쳐 1974년에 자신의 이름을 딴 아르마니라는 이름으로 매장을 오픈하였다.

아르마니의 가죽재킷

심지나 패드를 넣지 않은 부드러운 블레이저를 선보인 남성복 컬렉션을 열어 대성공을 거두고, 기성복 라인을 런칭하게 되었다. 1981년에는 젊은 중산층을 대상으로 오리지널 클래식 룩에 젊은 감각을 가미한 '엠포리오 아르마니(Emporio Armani)'를 런칭하였고, 감성적 캐주얼 라인인 '아르마니 익스체인지(Armani Exchange)'가 미국시장에서 대성공을 거두며 세계적인 브랜드로 성장을 거듭하고 있다. 초기의 여성복은 남성 재킷을 여성 Size로 변형시킴으로써 시작하였으며, 현재에도 남성복과 여성복 사이에 소재를 혼용하고 있다. 여성복

---

20) 사진출처 : http://blog.naver.com/reveusement/70113125548

에 있어서도 여유 있는 디자인의 재킷이나 잘빠진 바지 등 남성복 디자인의 영향을 많이 받았는데, 커리어우먼의 테일러드 룩을 디자인하여 1980년대 유행의 창조가가 되었다.

1982년에 내놓은 새로운 아이템 '큐롯(Culottes)'은 선풍적 인기를 끌었으며, 남성과 여성 모두를 위한 가죽 재킷과 고급스럽고 선이 깔끔한 남성 정장은 전 세계적으로 아르마니가 최고로 인정받고 있다. 아르마니는 1920년대의 샤넬, 1930년대의 크리스찬 디올, 1960년대의 메리 퀀트, 그리고 1980년대에는 아르마니라고 할 만큼 1980년대의 대표적인 디자이너로 평가받고 있다.

1973년 사업을 시작한 이후 GIORGIO ARMANI가 성공적인 패션 왕국을 이룰 수 있었던 중요한 요소는 그의 재능과 사업가적 정신이다. GIORGIO ARMANI의 창조력은 세계적인 사회 변화와 고객의 기호 및 욕구의 변화를 그의 작품에 훌륭하게 반영하는 데서 더욱 빛을 발하고 있다.

그의 이름은 24개 라이센스 및 하나의 일본 합작회사에 의해 널리 알려지고 있다. 또한 그는 ARMANI JEANS와 EMPORIO ARMANI, 캐주얼 의류 생산업체인 SIMINT, 넥타이 생산업체인 INTAI, 남·여 정장 생산업체인 ANTINEA, 안경 제조업체인 XOTTICA의 대주주이기도 하다.

13. 지방시(Givenchy : 1929~)

1927년 프랑스 보베의 귀족 가문에서 태어난 위베르 드 지방시(Hubert de Givenchy)는 원래 법학을 공부하던 법학도였지만 패션에 대한 관심을 떨칠 수 없어 전공을 미술로 바꾸고 패션을 공부한다. 지방시는 17세때, 자크 파트의 메종에 들어갔고, 이후 피게, 를롱, 스키아빠렐리의 메종에서 경력을 쌓았다. 그 후 지방시는 1952년 2월 2일 자신의 이름을 딴 GIVENCHY House의 문을 열고 컬렉션을 개최하게 된다. 이 컬렉션의 대대적인 성공을 바탕으로 지방시는 디자이너로서의 성공적인 출발을 하게 된다.

1952년부터 1995년까지, 위베르 드 지방시는 전 세계에 이름을 날린 우아하고 세련된 패션 디자이너였다. 창업 이래 지금까지도 지방시는 세련된 정제미와 화려함을 지닌 최고의 브랜드로, 지방시의 스타일은 타인과 구분되는 매력, 즉 최상의 우아함, 신중함에 순수함과 고급스러움의 만남이 조화를 이루고 있다.

헵번드레스/사브리나 팬츠

지방시 스타일은 단순하면서도 우아한 라인과 최고급의 패브릭을 사용한 지극히 매혹적인 우아함과 신중하고 순수함이 느껴지는 매력을 과시하는 것으로 대표된다. 귀족 출신답게 격조 높은 패션감각을 구사한 그의 작품은 전 세계 귀족과 유명 인사들의 인기를 얻게 된다.

특히 1958년에는 색 드레스(자루모양과 같다해서 붙여진 명칭)로 화제를 불러 일으켰는데, 허리가 가늘게 강조되던 시대에 허리를 헐렁하게 한 드레스를 발표했기 때문이었다. 이 색 드레스 이후 그는 오프 바디스타일의 옷을 평생동안 주장하고 있다. 고객으로 특히 유명한 사람은 오드리 헵번으로 영화 〈아름다운 사브리나〉의 의상을 담당한 이래, 평생동안 친구사이로 지낸 만큼 오드리 헵번은 지방시 스타일의 상징이 되고 있다.

여성을 볼 때 제일 먼저 시선이 가는 부분은 다리이고, 최상으로 꼽는 것은 성실이라고 지방시는 말한다. 의상 디

자인에 관한 그의 신조는 유명한 윈저 공작부인의 말처럼 지나치게 마르지도 않고 지나치게 살쪄보이지도 않는 것으로 표현될 수 있다. 오트쿠튀르가 허세의 대표 역할을 하던 시대에 데뷔해서 모드계가 변혁을 겪으며 오늘날에 이르기까지 자신의 성을 공고히 쌓아왔으며 1995년 은퇴했다.

14. 지아니 베르사체(Gianni Versace : 1946~1997)

쿠튀리에였던 어머니의 영향으로 어릴 때부터 자연스레 디자인을 접하게 된 지아니 베르사체는, 고대 그리스 로마의 전통을 현대화한 신고전주의자로 과거의 것에서 정교한 기술을 재발견한 디자이너였다. 밀라노에서 기묘한 커팅 기술로 주목받다가, 1972년 가죽브랜드 '제니(Genny)'의 디자이너로 스카웃 되었고, 마리오 발렌티노(Mario Valentino)와 콤플리쎄(Complice) 디자이너로 활약하게 되었다. 1978년 밀라노에서 처음 단독 컬렉션을 열었으며 우아한 그리스 풍의 이브닝드레스와 럭셔리한 가죽의류의 대명사로 유명해졌다.

베르사체는 '신고전주의(Neo Classism)'적인 독특한 디자인의 발현을 주 컨셉으로 하며, 아테네 여신의 저주를 받은 메두사를 브랜드 로고로 사용한다. 그는 베르너의 일러스트레이션, 아베돈의 예술사진 광고 등을 적절히 이용하여 패션을 상업

베르사체의 신고전주의 디자인

적으로도 성공시켰다. 또한 금속성 직물을 기계로 짜내는 데 성공하였으며, 남녀 모두에게 가죽옷을 보급하는 새로운 시도도 하였다. 1996년 여동생과 함께 베르사체의 세컨드 라인인 베르수스(Versus)를 탄생시키며 뉴욕에 첫 발을 내딛는다. 좀 더 젊은 층을 타깃으로 새로 선보인 베르수스는 디자이너로서 지아니 베르사체 고유의 탐미적이고 아름다운 실루엣을 보다 실용적이고 젊은 감각으로 변화시킨 특징을 갖는다. 색상도 이전의 단색 톤을 넘어 감각적인 다양한 색채를 선보인다. 초기 작품들이 클래시즘에 영향을 받은 우아한 실루엣이 포인트였다면, 1990년대 중반 이후 마돈나, 스팅과 같은 유명 팝 가수들의 의상을 디자인하면서 보다 친숙한 스타일로 패션인들에게 다가서게 된다. 여기서 더 나아가 베르사체의 감각은 서브 브랜드 캐릭터 캐주얼 베르수스(Versus), 대중을 위한 라인인 이스탄테(Istante), 남성복의 대중화 라인인 브이 투 바이 베르사체(V2 by Versace), 마담사이즈 브랜드 베르사틸(Versatile), 베르사체 진(Versace Jean), 베르사체 스포츠 런칭, 액세서리, 가죽, 모피, 향수 등과 발레 의상 등 다양한 브랜드로 다각화를 꾀하게 된다. 그의 디자인 이미지는 섹시하고 육감적인 여성의 아름다움이다. 럭셔리한 감성으로 여성미를 표현하는 대표 디자이너로서 이탈리아 모드계의 1인자로 꼽혔으나, 1997년 괴한의 총격으로 급작스럽게 사망하고, 1998년 S/S부터 프레타포르테, 오트쿠튀르 등 모든 부문을 동생인 도나텔라 베르사체(Donatella Versace)가 계승하게 되었다.

15. 질 샌더(Jil Sander : 1945~)

JIL SANDER

1945년 독일 함부르크 출신의 질 샌더는 디자이너로서는 드물게 패션기자 출신이다. 패션 매거진 페트라(Petra)의 편집장을 역임했던 그녀는 1968년 함부르크 포젤도르프에서 자신의 브랜드를 런칭했고 1973년 첫 컬렉션을 이탈리아에서 선보이며 대성공을 거두고 세계적으로 인정받기 시작했다.

질 샌더는 절제와 순수, 미니멀리즘의 대표적 브랜드이다. '가장 많은 것을 표현하는 방법은 가장 적은 것을 나타내는 것'이라는 디자인 철학 아래 현대적 미를 구축해온 질 샌더의 가치는 동양의 정신에 가깝다.

질 샌더는 독일뿐 아니라 자신감 넘치는 전 세계의 커리어 우먼과 상류층 여성들, 그리고 위노나 라이더, 샤론 스톤, 엠마 톰슨과 같은 스타들에게 사랑 받고 있다. 정교한 구성과 매끈한 재단, 평상복이면서 고급스러운 느낌의 옷, 쇼를 위한 옷이 아니라 현대여성의 생활에 필요한 현실적인 의상을 표방하고 있으며, 개방적인 여성을 위한 심플한 무장식의 수트가 주요 아이템이다.

샌더 룩의 특징 중의 하나는 페미닌과 매니쉬의 혼합이다. 그녀는 전통적인 남성복의 틀을 사용하지만 여기에 약간의 드레이프를 첨가해 부드러움을 줌으로써 마를렌느 디트리히(Marlene Dietrich)가 남성 턱시도를 입어 보여준 유니섹스의 감각을 부여한다. 깨끗하고 샤프하며 모던한 감각의 선택적이고도 보편적인 디자인을 선보이고 있다.

16. 캘빈 클라인(Calvin Klein : 1942~)

Calvin Klein

뉴욕 출신의 캘빈 클라인은 1968년 7번가의 요크호텔에 작은 기성복 코트상점을 열어 성공한 후 스포츠웨어, 디자이너 진, 언더웨어, 향수, 구두 등 젊은층을 겨냥한 캐주얼한 디자인으로 토털 패션의 중심 브랜드로 성장하였다. 현재는 미니멀리즘의 영향을 받은 아메리칸 캐주얼의 대명사로 유럽과는 차별화되는 심플하고 정돈된 이미지와 독특한 광고기법으로 세계 패션계에 우뚝 선 거장이 되었다. 진을 브랜드화하여 디자이너 진의 대표 브랜드가 되었고, 패션 언더웨어에 대한 새로운 개념을 도입하여 여성은 물론 패셔너블한 남성 언더웨어 분야의 선구자가 되었다. 아메리칸 룩의 선구자이며 자극적이고 관능적이며 선정적이기까지 한 쇼킹한 광고기법으로 강력한 인지도를 확보하고 현대 광고계의 발전에 결정적인 역할을 한 장본인이기도 하다. 캘빈 클라인의 광고에 등장한다는 사실 자체만으로도 모델들

언더웨어와 디자이너 진

에게 큰 의미가 있게 할 정도로 새로운 가치를 창조해냈고, 1980년대는 그의 진 브랜드가 다양한 카피제품을 만들어 냈을 정도로 세계적 명품으로 자리매김하였다.

17. 안나수이(Anna sui : 1955~)

중국계 미국인 디자이너 안나수이는 뉴욕의 모던한 패션 스타일에서 로맨티시즘이라는 또 하나의 패션 트렌드를 창출해낸 디자이너이다. 안나수이는 뉴욕 '파슨스 디자인스쿨'을 졸업한 후 몇 개의 스포츠 의류 회사에서 디자인을 시작했다. 이후 1980년 첫 번째 컬렉션을 시작하고 1991년 뉴욕에서 첫 런웨이 쇼를 열게 되는데 1970년대의 '샤넬'이나 '글램 록' 만큼이나 독특한 '쿡(Kook)'이라는 스타일을 선보여 패션계에 주목을 끌었다.

이후 안나수이는 뉴욕의 소호에 첫 번째 부띠끄를 열었다. 매장은 빅토리아 시대 풍의 블랙가구와 보라색 벽, 돌리머리 락앤롤을 나타내는 포스터 등으로 꾸며졌으며 이후 이 스타일은 안나수이 매장의 컨셉이 되었다. 안나수이는 화려한 장식성이 가미된 로맨틱하고 독특한 패션모드로 세계적인 주목을 받으며 동양여성의 한계를 극복하고 전 세계 패션 업계를 리드하는 아이콘으로 성장하게 되었다. 이러한 성공에 힘입어 1998년 안나수이 코스메틱이 탄생하게 되었는데 코스메틱이 대성공을 거두면서 향수나 화장품이 더 친숙한 패션 디자이너가 되었다. 특히 보라색이라는 신비하고도 오묘한 색을 통해 패션뿐만 아니라 아이템과 향수에까지 매니아 층을 형성하며 확실한 성공을 거두었다.

안나수이는 뉴욕에 몸담고 있는 디자이너임에도 미니멀, 시크, 매니쉬와는 거리가 멀다. 그녀의 패션은 시대를 앞서가는 아방가르드 스타일로 복고풍에 대한 향수를 유머와 위트가 깃든 펑크풍으로 재창조하여 소녀적인 감성, 오리엔탈, 에스닉, 히피스타일까지 폭넓은 영감을 발휘하여 대중문화의 흐름을 그대로 반영해 오고 있다.

안나수이 코스메틱과 나비문양[21]

---

21) 사진출처 : 안나수이 http://kr.annasui.com/ko-kr

18. 그 외 유명 디자이너 및 브랜드

(1) 마들렌느 비오네(Madeleine Vionnet : 1876~1975)

비오네의 드레스

프랑스에서 태어났고, 근대 의복 제작 기술의 하나인 바이어스 커트의 발명자이다. 솔기나 트임이 없이 머리부터 입는 형식으로 디자인되었고, 이 새로운 의상은 부드럽고 차분히 몸에 감겨 여성의 체형과 움직임에 따라 율동을 일으켜 여성을 매혹시키는 드레스의 혁신을 이루었다. 바이어스 커트의 드레스는 부드러운 드레이프의 기술을 창조하여 홀터 네크라인, 카울 네크라인 등을 유행시키기도 하였다. 의복을 제작할 때 스케치를 하지 않고 혼자 밀실에서 실물 1/4 크기의 나무 인형에 형을 만들어 작품을 개발하는 입체재단 방법을 고안하여 이용하였다. 1975년 99세의 나이로 사망할 때까지 오트쿠튀르의 조언자로서의 역할을 계속하였다.

(2) 미소니(Missoni : 1953~)

미소니의 니트 원피스

이탈리아 태생의 오타비오 미소니(Ottavio Missoni)와 로지타 미소니(Rosita Missoni)가 만든 브랜드 이름이다. 니트 공장 인수 후 그들만의 독특한 패턴과 색채로 사업을 성장시켰고, 1966년 밀라노에서 첫 컬렉션을 열었다. 색채의 마술사로 불리는 니트웨어의 대명사로 자리매김 하였고, 기하학적인 패턴과 자연적이고 화려한 컬러, 자연이 주는 자유분방함과 감성이 빚어내는 미소니의 컬러들은 환상과 기쁨을 표현한다는 찬사를 얻고 있다.

그의 컬러팔레트는 40여 가지 기본색으로 되어있고, 여러 가지 색상의 혼합이 디자인의 토대가 되며 시즌마다 이러한 컬러그룹을 네 가지로 설정하여 컬렉션에 선보이고 있다. 이탈리아 중세예술에서 영감을 얻은 독특한 색상들의 조화와 생명의 입체감이 느껴지는 니트 조직의 감각적인 기법으로 세계적으로 인정받게 되었으며, 패션과는 관련이 없는 분야로 인식되던 니트를 평상복에서 야외복까지 레벨 업 시켜 패션화하는데 커다란 공헌을 하였다. 전통적인 규범을 탈피해 여러 개의 형태로 코디네이트한 외출복, 혹은 포멀웨어용 니트, 지그재그 컷, 줄무늬 스카프, 안에 모피를 댄 니트와 민속 풍 니트 등 유행에 있어서도 선두를 지키고 있다. 스포츠웨어에 미소니만의 독특한 칼라와 패셔너블한 감각을 부여하고, 전통적인 니트 기계를 사용하여 지속적으로 새로운 색의 조화와 색다른 형식의 니트를 탐구하고 있다. 니트의 실은 주로 오타비오 미소니가, 디자인은 주로 아내인 로지타가 담당하며, 편안하고 자유로운 감성 지향의 30~50대 남녀를 위한 이탈리안 캐주얼웨어로 멀티풀 컬러가 기본으로, 소비자들 기호에 타협하여 디자인하지 않고, 미소니만이 지닌 개성과 멋이 담긴 제품으로 소비자를 유도하고 있다. 주력 아이템은 카디건, 재킷, 코트, 풀오버 등으로 10대에서 60대까지 아무런 부담 없이 편히 입을 수 있는 장점이 있다.

(3) 메리 퀀트(Mary Quant : 1934~)

런던 출신으로 골드스미스 예술 학교에서 회화를 전공하였다. 1958년에 런던의 킹스 로드에 바자(Bazaar)를 개점하였고, 1959년 획기적인 미니 스커트를 발표하여 1960년대 전 세계에 미니 스커트의 열풍을 일으켰다. 메리 퀀트는 주로 밝고 간단하고, 데님, 염색한 플란넬, 비닐 등의 소재와 다양한 색상의 타이즈를 사용해서 젊은 층이 입을 수 있는 디자인을 전개하였다. 메리 퀀트는 자신이 스트리트 패션의 리더로서 모즈(MODS)의 원조라 할 수 있으며, 영 룩을 창조하며 1960년대 영문화의 혁명을 리드하였다.

메리 퀀트의 미니 드레스

(4) 소니아 리키엘(Sonia Rykiel : 1930~)

프랑스 파리 태생, 자기에게 알맞는 임부복을 스스로 디자인, 자신의 아이, 이웃을 위한 옷을 만들다가 남편이 경영하는 '로라' 라는 모드점을 위해 디자인하게 된다. 1962년 패션계에 입문, 1968년에 파리 크루넬 거리에 '소니아 리키엘' 을 개점하였으며, 1990년 남성복 '리키엘 옴므' 를 런칭하였다. 평상복으로만 여겨지던 니트웨어를 고급정장의 패셔너블한 작품으로 승화시킨 장본인으로 '니트의 여왕' 이라고 불린다. 색상은 베이지, 회색, 검정색이 주류를 이루며, 자신만의 고집스런 스타일과 우아하고 청초한 스타일로 파리 여성복 프레타포르테의 발전을 한걸음 앞당겨 놓은 개척자이다. 소니아 리키엘의 니트 작품은 가늘고 꼭 맞는 소매, 완만한 허리 라인, 겉과 속이 없는 옷 등 활동성과 우아함을 동시에 살린 디자인과 상식을 뒤엎는 독특한 스타일, 유행에 좌우되지 않는 것이 특징으로 본인처럼 마른 체형의 사람들에게 어울리는 옷을 디자인하기로 유명하다. 부드러운 저지를 포함, 크레이프와 도시풍의 니트 소재를 사용하여 시크한 분위기의 스마트하고 도회적인 옷을 만든다. 감각적이고 섹시하면서도 실용적인 그녀의 의상은 "내가 입고 싶은 옷을 만든다"는 그녀만의 패션 정신에 기인하고 있다. 특히 검은 색상에 애착을 갖는다는 점에서도 그렇고, 늘 자신의 의상을 입으며 동시에 편안하고 실용적이며 관습에 얽매이지 않는 자유로운 삶이 그대로 패션으로 표현되고 있어, '현대의 코코샤넬' 로 불리우기도 한다.

소니아 리키엘의 니트웨어 컬렉션

(5) 앙드레 꾸레쥬(Andre Courreges : 1923~)

프랑스 출신의 건축학도로서, 발렌시아가의 단순한 스타일에 영향을 받은 꾸레쥬는 여성복 디자이너로서는 최초로 옷 끝단 선을 허벅지 중간까지 끌어올렸다. 허리선을 무시하고 홈을 파서 솔기를 넣거나 바이어스로 장식한 다음 수많은 장식 스티치를 덧붙이고 끝단까지 길게 뻗은 'A라인' 옷이 특징이다. 1964년의 패션 경향은 옷감의 질감에 의한 소재 개발과 프로포션에 변화를 주는데 주력하였는데, 새로운 소재로 비닐, 인조가죽, 금속, 유리, 더블니트, 누비목면의 프린트 직물 등을 이용하였다. 주름 없는 팬츠에 끝단이 명확한 파스텔 톤의 밝고 귀여운 스타일이 연상되며, 강하고 현대적이지만 자극적이고, 우주탐험에 대한 흥미를 일으키는 디자인을 발표하였다. 1960년대 중엽에 꾸레쥬는 바지 수트를 고급 패션으로서

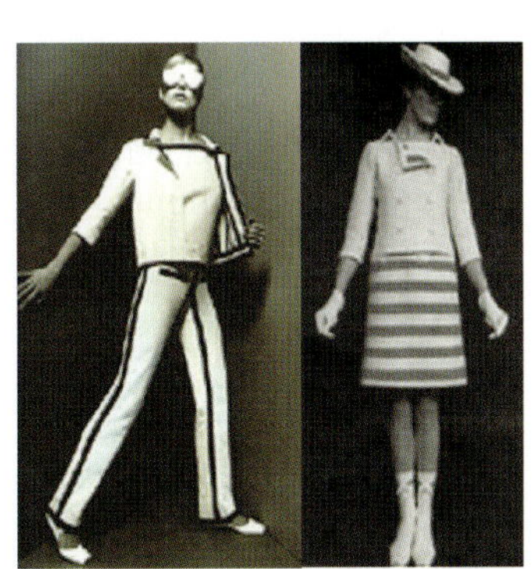

꾸레쥬의 문걸(Moon Girl)/미니드레스

CATEGORY 3 패션 브랜드 & 디자이너

공식적으로 인정하여 재킷에 바지를 입은 차림이 전문직 여성들의 주간 정장으로 인정되기에 이르렀고, 1967년에 기성복라인 '꾸뛰르 퓨처(Couture Future)'를 런칭하고, 제2의 스타킹이라 불리는 스타킹을 선보이는 등 미래적 디자인과 새로운 모드의 대중화의 업적을 남기며 끊임없는 도전과 모험의 결과를 보여 주었다.

(6) 엘자 스키아빠렐리(Elsa Schiaparelli : 1890~1973)

이탈리아 출생이며, 학자가 많은 명문가의 출신이다. 흑과 백의 스웨터와 다양한 색상의 넥타이, 목이나 허리에 감는 화려한 색상의 스카프 등으로 주목을 받았다. 1935년에 '스키아빠렐리' 의상실을 개설하였고, 코코샤넬과 경쟁구도를 이루며 발전하였다. 초현실주의의 영향을 받아 모든 사물에서 아이디어를 끌어냈고, 사물을 반드시 외관 그대로 표현하는 것이 아니라 독창적인 시각으로 재해석하여 디자인하는 것이 특징이다. 가재드레스, 거울자켓, 음표드레스 등 단순히 옷이라기보다는 유머러스하고 위트 있는 아이디어와, 예술작품에 가까운 디자인들을 많이 남겼고, 처음으로 지퍼를 의상에 도입하여 혁신을 일으키면서 모드계의 선구자로 알려져 있다.

스키아빠렐리의 초현실주의 드레스

(7) 잔느 랑방(Jeanne Lanvin : 1867~1946)

파리 랑방 본사에 있는 랑방 아카이브는 20세기 초반을 풍미했던 쿠튀르에 랑방이 남긴 수백점의 드로잉, 디자인과, 구슬, 자수샘플, 주문서 등을 간직하고 있으면서, 현대 패션의 역사의 한 부분을 증언해 주고 있다. 랑방은 17살에 모자를 장식하는 견습생으로 패션에 입문 후, 이미 19세의 나이에 한 고객의 후원에 의해 자신의 워크샵을 갖게 된다. 그 후 그녀가 세상을 떠나기 까지 60년 간, 많은 여배우들, 명사들의 사랑을 받으며, 파리 패션을 지배했던 주요 패션 하우스의 위치를 유지했다. 그녀의 아뜰리에는 패션 디자이너의 작업실이라기보다는 다양한 동·서양 문화권을 아우르는 엄청난 양의 예술품, 공예품, 패브릭 등을 함께 모아둔 박물관 또는 도서관 같았다고 한다. 그래서 랑방의 옷들은 모던하지만 동시에 그녀가 자신의 방대한 컬렉션을 통해 흡수한 다양한 역사적, 문화적 요소들을 내비치고 있다. 그녀는 특히, 자수와 구슬을 이용한 옷을 많이 만들었는데, 사진과 현존하는 옷들이 증거하

랑방의 허리장식 드레스

는 그 정교함은 파리 오트쿠튀르의 진면모를 보여주는 듯하다. 여자다움이 소멸한 이 시기에 역행해서 로맨틱한 '픽처 드레스'를 계속 제작하였고, 뛰어난 색채감각은 전설적일 정도로 인정받고 있다. 랑방은 독특한 느낌의 블루 컬러를 자주 사용했는데 '랑방 블루'는 10세기 교회의 스테인드 글래스의 천계의 푸르름에서 힌트를 얻었다고 한다. 이후 이 색상은 랑방의 이름을 따서 '랑방 블루'라고 불리게 되었다. 모피 코트 또는 타프타의 컬팅 코트에 터키석이나 산호 등의 엑조틱한 보석으로 장식한 옷차림을 하고 자신이 패션 리더로서도 유명하다.

(8) 파코 라반(Paco Rabanne : 1934~)

스페인 출생의 환상적인 꿈의 세계를 표현하는 초현실파 디자이너로서 패션계의 신비주의자로 불린다. 5세 때 프랑스로 이주하여 건축학을 공부하였고, 발렌시아가에게 패션 수업을 받았다. 졸업 후 프리랜서 디자이너로 활동하였으며, 플라스틱 소재에 흥미를 가져 액세서리 디자인을 주로 하다가 의상 제작으로 전향하였다. 1966년 이색적인 의복 소재를 쿠튀르계에 도입하였고, 플라스틱, 종이, 비닐, 유리섬유, 천연보석에 이르기까지 어떤 것으로도 의상을 제작할 수 있었다. 미래지향적 디자이너로 불리우는 파코 라반은 빛의 효과를 이용한 키네틱 아트와도 관련이 있으며, 소재 못지않게 다양한 조형적 실루엣을 창안하였고, 조형미와 더불어 큐비즘적 기법을 이용하여 의상을 인체를 초월한 새로운 3차원 공간 아트로 승화시킨 업적을 남겼다.

종이와 종이테이프로 만든 Sun suit

(9) 폴 포와레(Paul Poiret : 1879~1944)

프랑스의 의상 디자이너이며, 특히 여성들로 하여금 종종걸음을 치게 만들었던 아랫부분이 꼭 끼는 수직형 호블 스커트를 만든 것으로 잘 알려져 있다. 파리의 의상 디자이너 워스의 의상실에서 디자이너로 일한 후 1903년 파리에 조그만 의상실을 열었다. 1908년 높은 허리선의 수직 실루엣에 벨트를 착용함으로써 나폴레옹 1세의 재위시 프랑스에서 크게 유행했던 제정 양식을 다시 유행시켰다. 극동예술과 러시아 발레에 대한 폭넓은 관심을 가졌던 그는 호블 스커트에 더하여 벨트로 졸라매는 무릎 길이의 주름 잡힌 외투를 유행시켰다. 가장자리에 술이 달린 망토, 다양한 색상의 깃털, 진주목걸이를 여러 번 감아 올리는 것, 흰 여우 털로 만든 어깨걸이 등은 모두 포와레의 디자인에 화려하고 극적인 분위기를 연출해 주었다. 그의 이브닝 가운은 자주 · 빨강 · 오렌지 · 초록 · 파랑 등 화려한 색상으로 만들어졌다.

포와레의 미나렛스타일/하렘스타일

포와레가 개발한 그리스 양식의 단순하면서도 흘러내리는 듯한 의상은 제1차 세계대전 직전에 유행했지만, 그의 명성은 1920년대에 들어 쇠퇴하기 시작했다.

(10) 피에르 가르뎅(Pierre Cardin : 1922~)

이탈리아에서 태어나 프랑스에서 성장하였다. 스키아빠렐리, 디올의 샵 등에서 견습하였고, 스페이스 에이지 룩, 코스모 룩 등 남성과 여성을 위한 미래파 의상을 선보여 화제를 일으켰다. 1966년 스페이스 에이지 룩을 발표하여 미래주의 의상의 장을 열었고, 1970년대에는 패션의 영역을 넘어 디자인 영역을 다각화하고, 패션을 하나의 기업으로 확장시켜 의류제품 모든 분야의 라이센스 계약에 성공하였다. 피에르 가르뎅은 최초로 기성복을 팔기 시작한 디자이너이기도 하다. 디자인에 있어서는 건축적인 모티브를 이용, 옷의 본질을 몸을 가리는 것으로 축소화하고, 기하학적인 형태를 끊임없이 의상의 새 모습으로 변화시켰다. 컷아웃드레스, 캣수트, 미니/맥시 콤비네이션을 창안하였으며, 절제되고 단순하며 기능적이고, 강한 컬러 대비를 이용한 미래지향적 디자인으로 혁명적인 디자이너라는 평을 받고 있다.

피에르 가르뎅의 Space Look

3장 SPA 브랜드 및 편집샵

1. SPA의 개념

SPA(Specialty retailer of Private label Apparel)란 제조 직매형 의류 전문점을 의미하며 '제조 소매업' 이라고도 한다. 단어 자체를 직역하면 'PB 상품의 전문 소매점' 을 뜻하는데, 유통업체가 자사의 상품을 직접 기획, 디자인, 제조하며 매출을 최대화하기 위한 비주얼 머천다이징의 실현까지 모두 담당하는 직판형 전문점을 의미한다.

SPA는 미국의 전문점 체인인 GAP사의 도널드 피셔(Donald Pisher) 회장이 선언한 '소매업 신업태 개발'에서 그 유래가 시작되었다고 할 수 있다. 피셔 회장이 선언한 '소매업 신업태'의 의미는 "창의력이 풍부한 디자인 상품을 개발하고, 이 디자인 상품을 재고의 위험부담을 가지더라도 자신들이 직접 생산하고 가격 결정권을 보유하며, 자기점포에서는 전략적 연출과 코디네이션으로, 상품에 대한 풍부한 전문지식과 훈련된 판매원이 최상의 서비스를 제공하는 새로운 비즈니스 시스템"을 뜻한다.[22]

SPA는 최신 트렌드의 좋은 상품을, 합리적이고 부담없는 가격으로 구매하기를 원하는 소비자의 욕구 즉, 값 비싼 한 벌의 옷보다는 최신 트렌드를 반영한 예쁘고 저렴한 옷 여러 벌을 원하는 시대정신을 충족시키기 위해 개발된 혁신적인 시스템이라고 할 수 있으며, 패션 머천다이징과 마케팅에 있어서의 영원한 숙제인 재고와 판매기회의 로스(Loss)라는 문제점을 해결하기 위해 등장한 신업태라고 할 수 있다.

그러므로 SPA는 기획 – 생산(제조) – 유통 간의 긴밀한 네트워크가 선행 조건이다. 빠르고 정확한 고객 니즈(Needs) 분석 및 데이터(Data) 분석, 이를 토대로 한 머천다이징 및 마케팅 기획, 중간 유통을 없앤 자사 소매점의 판매력이 주체가 되어 움직이는 시스템인 것이다. 우리나라에도 이미 운영 중인 내셔널 브랜드와 같이 단순한 제조 소매업이 아니라, 소매점의 독자적인 능력으로 위험을 부담하면서, 체인점에서 반품하지 않는 조건의 일괄 매입이 전제가 되어 재고 소진에 대한 본부의 부담률을 함께 줄여나가는 신업태가 바로 SPA이다. 이를 실천하고 있는 한 예로 ZARA의 매장에서는 여느 브랜드의 비주얼 머천다이저의 역할과는 다르게 실시간 비주얼 머천다이징(VM)을 행하고 있다. 매장의 실시간 POS 테이터를 분석하여, 잘 팔리지 않는 상품의 비주얼 머천다이징(VM)을 바로바로 개선함으로써 매출을 높여 주는 비주얼 머천다이징(VM)의 역할을 충실히 이행하고 있는 것이다.

---

22) 「SPA 성공전략」 이호정 · 정송향 저, Fashion Insight(2010)

2. SPA의 특성

최근 GAP, UNIQLO, ZARA, H&M 등의 대규모 SPA 브랜드들은 막강한 자본력을 기반으로 한 패스트 패션(Fast Fashion)으로 괄목할만한 성장을 이루고 있다. 전 세계적으로 공격적인 진출을 꾀하면서 매출 규모와 상품회전율 및 순이익률 향상 등 소매점 업계의 새로운 비즈니스 모델과 시스템으로 성장하고 있는 것이다. 이는 다음과 같은 SPA의 특성에 기인한 것이다.

(1) SPA는 철저한 소비자 지향을 추구한다.

SPA 브랜드는 철저하게 소비자의 니즈(Needs)를 반영한 상품을 기획한다. 타깃 소비자의 정확한 분석과 소매점에서의 POS 데이터 분석을 통하여 생산된 상품을 소비자가 원하는 가격에, 소비자가 원하는 분위기에서 판매하는 소비자 지향주의 시스템인 것이다.

(2) SPA는 기업 경영의 혁신성이 토대가 되어야 한다.

예쁘고 트렌디한, 좋은 상품을 저렴한 가격에 판매하기 위해서는 제조원가를 줄이는 방법(값싼 노동력의 활용, 대규모 자금력을 이용한 원·부자재의 대량구매에 의한 비용절감 등)이 가장 중요한 부분이다. 이를 위해서는 끊임없이 변화하는 환경에 유연하게 대처할 수 있는 경영이념과 독자적인 밸류 체인을 구축할 수 있는 혁신적인 마인드가 필요하다.

(3) SPA 상품은 트렌드성이 있어야 한다.

SPA는 예쁜 옷을 입고자 하는 소비자의 요구에 즉각적으로 대응해야 하는 만큼 트렌드를 과감하게 수용하고, 이를 대중화하여 상품화 한다. 이렇게 하기 위해서 또 필요한 것이 신속한 상품조달을 위한 리드 타임의 단축 즉, 패스트(Fast)한 운영일 것이다.

(4) SPA는 스토어를 파는 엔터테인먼트 비즈니스(Entertainment Business)이다.[23]

트렌디한 상품을 저렴한 가격으로, 그렇지만 고급스러운 분위기에서 구입할 수 있도록 하는 것은 SPA의 장점 중 하나라고 할 수 있다. 또한, SPA는 상품기획에서부터 소매점의 비주얼 머천다이징을 고려한 전략을 세워야만 수많은 상품들을 고객에게 효과적으로 노출시킬 수 있다. 즉, SPA에 있어서 스토어는 새로운 가치를 창조하고, 상품의 라인과 고객을 확대해 가는 중요한 통로이자 도구가 되는 것이다.

(5) SPA는 소매점에서 재고에 대한 부담을 가지고, 가격결정권을 행사한다.

일반적인 위탁판매 시스템은 재고 부담을 본사에서 책임지는 형태이지만 SPA는 제조와 판매를 모두 스스로 책임지는 시스템이므로 유통 즉, 소매점에서 재고 리스크를 스스로 부담해야 한다. 재고에 대한 위험 부담을 짐으로써 소매점에서 가격결정권을 보유하게 되는 것은 어떻게 보면 당연한 것이다.

---

23) 「SPA 성공전략」, 이호정·정송향 저, Fashion Insight(2010)

2절 대표적 SPA 브랜드 사례

패스트 패션을 표방하고 있는 SPA 브랜드 중 대부분은 패션의 메카라고 할 수 있는 한국 명동 일대에 대형 매장을 운영 중이다. 한때 침체기에 빠졌던 명동 거리가 이들 브랜드 매장이 뛰어들면서 다시 되살아나고 있다고 해도 과언이 아닐 정도이다. 이들 SPA 브랜드에 대해서 살펴본다.

• 명동 일대 SPA 브랜드 매장[24] •

글로벌 10대 패스트 패션 기업의 경영성과(2006~2010)[25]

순위	기업명(브랜드)	국적	매출액 (백만 달러)	연매출성장률(5년 평균)	영업이익률(5년 평균)
1	헤네스앤모리츠(H&M)	스웨덴	15,426	11.5%	23.3%
2	인디텍스(ZARA)	스페인	15,401	17.1%	16.2%
3	갭(갭, 바나나리퍼블릭)	미국	14,664	−2.1%	10.5%
4	패스트리테일링(유니클로)	일본	9,704	26.2%	15.0%
5	리미티드브랜드(빅토리아시크릿)	미국	9,613	−2.5%	10.2%
6	넥스트(넥스트)	영국	5,489	−0.3%	15.2%
7	폴로 랄프로렌(폴로)	미국	4,979	7.4%	14.2%
8	시마무라(시마무라)	일본	4,681	11.1%	8.4%
9	에스프리(에스프리)	홍콩	4,332	9.6%	18.9%
10	아베크롬비앤피치(아베크롬비앤피치)	미국	3,496	1.1%	13.1%

24) 자료출처 : 시사저널 http://www.sisapress.com/news/articleView.html?idxno=54887
25) 자료출처 : Thomson Research

1. GAP

GAP사는 1969년, 도리스 피셔(Doris Fisher) & 도널드 피셔(Donald Fisher) 부부가 샌프란시스코에 처음으로 매장을 오픈하였다. 그 후 Banana Republic(1983), GAP Kids(1986), Old Navy(1994), Piperlime(2004), Athleta(2008)를 오픈하여 현재 총 5개의 계열 브랜드를 추가 전개하고 있는 SPA 전문 체인 그룹이다. 온라인 판매와 카탈로그 판매도 겸하고 있으며, 2010년 기준 80여 개 나라, 3,100여 개 매장을 운영하고 있다.

GAP의 정체성은 심플하면서도 명확한 스타일을 제시함으로써 대중적인 아메리칸 캐주얼 컨셉을 지속하고 있다. 특히, GAP의 특징은 심플한 룩 & 스타일 수의 압축, 다양한 컬러와 사이즈 전개, 매력적인 비주얼 머천다이징(VM)이라고 할 수 있다.

1983년 SPA 시스템으로의 전환을 시작하여 1986년 창업이후 최고의 매출과 이익률을 달성하였으며, 1987년에 SPA 선언을 단행, 1990년대 초반부터 폭발적인 성장을 이루고 있다. 1999년에는 리미티드(Limited)사를 추월하여 세계 최대의 SPA 기업으로 자리매김하였으나 2000년대로 접어들면서 성장세가 둔화되기 시작, 2005년을 기점으로 실적이 악화되기 시작하였다. 최근 GAP과 Old Navy의 정상화에 힘입어 2007년 이후 다시 상승세를 타고는 있으나, ZARA나 H&M에 비해 GAP 상품은 진부하고, 재미없는 점포라는 평가를 받고 있어 경쟁력이 약화되고 있는 추세이다. 따라서 소비자들의 관심과 집객력을 높이려면 경쟁 브랜드에 비해 GAP만의 경쟁력을 강화할 수 있는 매력적인 요소를 보완하고, 진부한 스타일을 개선하며, GAP만의 정체성을 지속할 수 있는 베이직 상품군 유지와 최신 트렌디 상품군의 적절한 조화가 필요하다는 지적을 받고 있다. [26]

국내에서는 신세계 인터내셔널이 수입하고 있으며, 미국시장에서는 중·저가의 합리적인 가격대를 가지고 있지만, 국내에서는 품질에 비해 중·고가의 가격대를 선보이고 있다. 현재 SPACE 마케팅을 구사하고 있지만, 곧 문화 마케팅을 구사할 예정이라고 한다. 2007년 8월 런칭한 GAP 또한 오픈 당일 매출이 1억 원을 돌파하였으며 약 4개월 동안 90억 원의 놀라운 매출성과를 기록한 것으로 나타났다.

PLUS⁺

▶ GAP의 성공요인

- 심플하고 명확한 컨셉
- 매력적인 비주얼 머천다이징 디스플레이
- 다양한 컬러와 사이즈의 아이템
- 우수한 상품공급 체제
- 생산주기의 단축

---

26) 「SPA 성공전략」 이호정 · 정송향 저, Fashion Insight(2010)

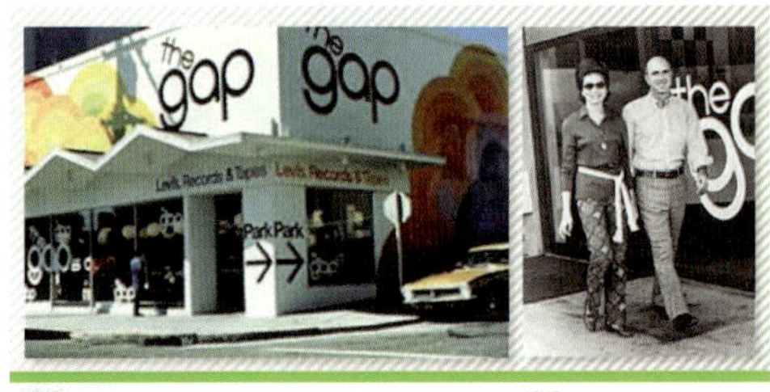

1969
The Gap was a reference to "the generation gap"

1969
Doris and Don evoke their store's product and image

• GAP사의 계열 브랜드[27] •

27) 사진출처 : http://www.gapinc.com

2. ZARA

ZARA는 1975년에 설립된 스페인의 인디텍스(Inditex) 그룹 소속이다. 인디텍스는 ZARA 이외에도 3개의 패션 브랜드를 보유하고 있고 매출규모가 10억, 순이익만 1조 2000억 원에 이르는 스페인의 대표적인 패션기업으로 ZARA는 인디텍스 총 매출의 60% 이상을 차지한다.

'ZARA의 돌풍' 이란 말로 한동안 패션계의 화제가 되었던 브랜드 ZARA는 현재 GAP, H&M, Next, MANGO와 같은 유명 브랜드와 경쟁하며 지금까지도 그 신화가 계속되고 있다. 단일 브랜드로는 세계 최대인 GAP에 이어 연매출액이 약 6조원으로 대형 패션 리테일러이자 글로벌 자이언트로 꼽히며 1990년대의 베네통(Benetton)으로 비유되기도 한다.

Ready-to-Wear 컬렉션의 유행을 빠르게 캐치하는 것으로 유명한 ZARA는 섹시하고 드레시한 의상이 많으며, 시크한 분위기의 아이템도 간간히 눈에 띈다. 누구에게나 무난한 심플, 베이직 제품들과 트렌디한 부분들을 적절히 가미한 상품성이 돋보인다. 유럽에서만 판매되다 최근 세계 주요도시로 판매망을 확충하였으며, 다양한 문화권에 널리 퍼져 있기 때문에 세계의 트렌드를 모두 포함할 수 있도록 실용적인 디자인과 빠른 트렌드의 반영에 주력하고 있고, 세계적인 톱모델을 광고 캠페인에 내세우며 활발한 글로벌 마케팅을 전개하고 있다.

가격에 비해 훌륭한 상품 퀄리티, 다양하고 다국적인 소비자를 만족시키는 상품 기획력, 초고속 상품 공급 시스템, 매장의 비주얼 머천다이징(VM) 정책은 ZARA가 초고속 항진을 지속할 수 있는 경쟁 우위 요소가 되고 있다. 전 세계에 총 3,384개의 점포를 운영하고 있으며 아시아 지역에는 일본·홍콩·인도네시아·싱가포르 등에 진출, 1,072개 매장을 운영하고 있다. ZARA는 여성복, 남성복, 아동복, 홈, 마터니티에 이르기까지 다양한 라인을 전개하고 있다.

약 7만여 명의 조직원 평균 연령 26세, 여성의 구성비가 80%가 넘는 ZARA의 디자인 마인드는 한번 출고된 제품은 인기와 관계없이 다시 출고하지 않는다는 것이다. 이는 ZARA의 목표가 소비자들에게 중저가로 최신 유행을 제공하는 것이기 때문이다.

ZARA의 전 디자인 과정에는 대중과 소비자들이 영향을 미치고 있다. ZARA는 소비자들의 욕구와 관심에 주목하며 소비자들로부터 모은 정보들을 바로 디자인팀으로 전달하여 기존 컬렉션을 계속해서 업데이트 시키거나 새로운 컬렉션 제작에 직접 반영하기도 한다. ZARA는 최신 트렌드 상품을 15일 내에 초고속 생산해 내며, 1주일에 2번 전 세계 매장에 신상품을 공급하고 있다. 즉, 매장에는 2주에 한번씩 신제품들이 출시되고 있는데, 이는 ZARA가 디자인, 구매, 생산, 물류 및 판매를 직접 책임지는 구조로 운영되고 있기 때문에 가능한 것이다.

ZARA의 빠른 성장의 핵심은 최고 위치의 매장을 확보하고 유지하는 힘, 거대한 자본력으로 일궈낸 컴퓨터 디자인, 제조 시스템, 창의적인 물류 시스템, 유통 솔루션, 일류의 인재 확보 등 최신 정보 기술 분야에 대한 끊임없는 관심과 투자에 있다고 할 수 있다.

전체 물량의 60~65%는 자체 생산을 원칙으로 하고 있고, 수직 계열화를 통해 경쟁 마진확보와 QR를 통한 리스크 축소에 주력하고 있다. 트렌디한 소재 및 부자재는 LA와 바르셀로나에서, 베이직한 소재 및 부자재는 우리나라를 비롯한 중국, 동남아, 인도 등지에서 직구입하고 있다. 특히 최근에는 현지 생산비중이 늘면서 많은 원·부자재 업체가 재고를 가지고 현지에서 거래하는 비중이 커지고 있다. 28)

---

28) 자료출처 : http://blog.naver.com/surfboy 수정보완

ZARA에게 패션이란 소비자들의 욕구와 기존 컬렉션에 대한 소비자들의 반응이 지속적으로 상호작용하면서 실제 새로운 디자인 등에 반영되어 더 좋은 제품, 더 좋은 디자인을 만들어 나가는 것이다. 이렇게 하기 위해서 ZARA는 특히 유연성과 수평적 생산 및 유통구조를 강조하고 있다. 또한 ZARA는 시장반응 및 소비자 취향을 포착, 즉각적으로 반응할 수 있는 인프라(부문별 매니저 역량 + 현지 인프라)를 현지에 구축하고 있다. 이 같은 프로세스 때문에 ZARA와 협력업체간의 공조 시스템은 더욱 확고해지고 있다.

PLUS⁺

▶ **ZARA의 성공요인**

• 제품의 희소성 : 한 디자인의 제품은 다시 출고되지 않는 희소성을 지녀 고객이 쉽게 구매를 결정하도록 한다.

• 빠른 상품회전율 : 기존 6개월 정도였던 컬렉션 기간을 2주로 단축시켜 최신 트렌드 제품을 초고속으로 생산한다.

• 매장의 적극적인 활용 : 광고보다 매장을 고객과 만나는 최우선 접점으로 생각하여 매장의 비주얼 머천다이징 및 고급스러운 분위기의 연출을 중시한다.

• 국내 ZARA 아울렛 매장[29] •

• 중국 상해 ZARA 매장 •

---

29) 사진출처 : http://blog.naver.com/kingkahyojin

• 전 세계 ZARA 매장[30] •

---

30) 사진출처 : http://cafe.naver.com/zara3/73

3. H&M

1947년 스웨덴에서 처음 설립된 H&M은 현재 전 세계 약 40개 국가에 거의 1,800개의 매장을 운영하고 있으며, 지난해 126억 달러(17조 6620억 원)의 매출을 올리며 18% 성장했다. 매일 새로운 상품이 매장에 진열될 정도로 신속하게 상품을 공급하는 것을 원칙으로 하고 있다. 스웨덴, 노르웨이, 덴마크, 핀란드, 네덜란드, 독일, 오스트리아에서 인터넷과 카탈로그 판매도 전개하고 있다.

작은 여성의류 점포였던 Hennes에서 시작하여 오늘날 세계에서 가장 큰 규모의 글로벌 패션기업으로 성장한 H&M은 2000년 미국 진출 후 칼 라거펠트(Karl Lagerfeld), 스텔라 맥카트니(Stella McCartney), 마돈나(Madonna), 로베르토 까발리(Roberto Cavalli), 꼼데가르송(Comme des Garcons), 지미 추(Jimmy Choo) 그리고 가장 최근에는 랑방(Lanvin) 등 유명 디자이너와의 디자인 콜라보레이션(collaboration)을 통해 타 브랜드와 차별화시키고 있다. 또한, 경쟁 브랜드인 ZARA가 단일 브랜드인데 반해 H&M은 여러 브랜드 상품이 한 점포에서 판매된다는 것도 차이점이다.

H&M의 스타 연계 프로젝트는 H&M이 전 세계 소비자들로부터 강력한 지지를 받고 있는 이유라고 할 수 있는데, 전 세계 소비자들로부터 가장 많은 마니아를 가지고 있는 칼 라거펠트나 스텔라 맥카트니와의 작업을 통해 H&M의 가치를 끌어올림과 동시에 폭발적인 호응을 얻은 바 있다. H&M의 스타와 연계한 프로젝트는 매번 큰 이슈를 낳으며 상업적으로나 마케팅 면에서 성공한 케이스로 회자됨으로써 패셔너블한 소비자들 사이에서조차 중저가 제품을 판매하는 H&M의 이미지를 상승시키고 있다. 이러한 콜라보레이션은 매 시즌 소비자들의 구매 욕구를 자극하고 있는데 2011년 F/W시즌은 베르사체와, 2012년 S/S 시즌은 발렌타인 데이를 겨냥하여 축구스타 베컴의 이름을 내건 언더웨어 라인 런칭을 준비하고 있다.

 'Fashion and quality at the best price' 를 기업의 모토로 하여, 적은 중간상인, 대량 구매, 디자인, 패션, 직물에 관한 넓고 깊은 지식, 정당한 시장에서의 올바른 제품 구매, 매 단계에서 비용 의식하기, 효율적인 유통망 등을 통하여 저가정책을 가능하게 하였다.

H&M은 불황 속 가격 경쟁력을 무기로 세계 곳곳의 '중저가 패션 시장' 을 장악하고 있다. 세계 시장을 무대로 디자인, 생산, 소매 유통까지 관리하고 소비자의 요구를 그때그때 정확하게 잡아내 상품에 반영, 재고감소를 통해 가격을 확 낮출 수 있기 때문에 보통 최신 트렌드의 옷을 타 브랜드보다 20~30% 이상 싼 가격에 판매할 수 있다. 또 쉴 새 없이 찍어내는 신제품을 거미줄처럼 뻗은 유통망으로 전 세계 매장에 동시 공급하기 때문에 현지 업체 입장에선 긴장할 수 밖에 없다.

또한, 전 세계 표준 가격을 책정함으로써 일괄성 있는 가격정책을 운영하고 있으며, 고객의 수요 자체를 변화시킬 수 있는 대량 유통채널을 확보하고 있다. 디자인에서부터 유통까지의 과정이 굉장히 빠른 속도로 이루어지기 때문에 고객은 자신의 Needs를 인식하기 전에 먼저 H&M에 의해 이끌려 갈 수 밖에 없는 것이다.

H&M은 중심 번화가에 단독 점포를 출점하거나 쇼핑몰의 메인 테넌트로 입점하고 있는 등 입지 선정에 매우 까다로운 것으로 알려져 있으며 좋은 입지가 나타나지 않으면 차선의 입지를 선택하기 보다 수년간 최상의 입지가 나타날 때까지 기다리는 경향이 있다.

경쟁사들의 '무광고주의'에 비해 H&M은 광고에 많은 부분을 투자한다. 광고 캠페인을 통해 기업의 모토를 전달, 각국의 광고 매니저들은 그 지역에 적합한 지역광고 제작을 책임지고 있다. 특히, 광고에서 영상의 중요성을 신뢰하여 순수한 텍스트로 된 광고는 사용하지 않고, 패션잡지, 광고판, 버스 배너 등과 같은 앰비언트 미디어를 통한 광고에 과감히 투자하고 있다.

• 국내 H&M 1호점 내부[31] •

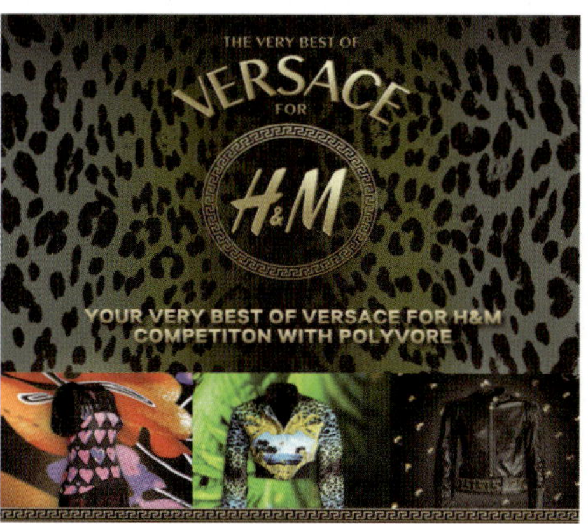

• H&M과 베르사체의 콜라보레이션[32] •

---

31) 사진출처 : http://blog.naver.com/juy0726
32) 사진출처 : H&M페이스북 http://www.facebook.com/hm?sk=app_278472538839489

4. 유니클로(UNIQLO)

유니클로는 아시아계의 대표적인 SPA 기업으로 영 캐주얼 시장을 타겟으로 Fast Retailing을 추구하는 기업이다. 유니클로는 'Unique Cloting Wearhouse'의 약자로 '독특하고 다양한 의류창고'라는 뜻이다. 맥도널드의 Fast Food 자동화 시스템을 패션에 도입, 일본의 GAP을 꿈꾸면서 1974년 설립하여 2008년 기준 일본 내 766개점, 해외 총 74개점의 매장 수를 갖춘 일본 최대 패션 기업으로 성장하였으며, 현재는 글로벌 브랜드화를 위해 노력하고 있다.

타 SPA 브랜드들이 다품종 소량생산을 지향하고 있는 데에 비해 유니클로는 소품종 대량생산을 지향하고 있으며, 낮은 가격, 좋은 품질, 고수익을 위한 머천다이징 전략을 고수하고 있다. 다른 SPA 브랜드에 비해 스타일 수가 한정되어 있으므로 원·부자재의 구매 및 생산의 집중화가 가능, 규모에 의한 경제성을 실현할 수 있다.

우리나라에서 2005년 7월 오픈한 유니클로는 초기 런칭 시에는 자사유통사인 롯데 계열을 중심으로 매장을 확대하였으나, 최근 코엑스, 강남, 압구정, 명동 등의 핵심 상권에 대형매장을 오픈하면서 가두점까지 진출하였다. 이와 같은 다점포 전략에 힘입어 2007년에는 매출액이 전년대비 67%나 증가한 500억 원대의 매출을 올렸다.

현재 유니클로는 10~20대층을 타겟으로 한 시티캐주얼 브랜드이다. 베이직한 디자인을 가지고 있고, 일본에서는 모든 연령층과 의류와 홈 인테리어를 다루는 초저가 멀티브랜드였으나, 우리나라에서는 20대층을 타겟으로한 중저가 브랜드로 런칭했다. 유니클로가 추구하는 옷은 '트렌드를 반영한 베이직 아이템'으로, 트렌드에 전적으로 지배 당하지 않으면서도 누구나 자신의 스타일을 추구할 수 있도록 Mix & Match가 아이템인 것이다. 현재 직영점과 백화점 온라인 스토어를 가지고 있으며 유니클락이라는 인터넷 프로모션으로 각광을 받고 있는데, 이 중 하나로 유니클로 온라인 매장에 접속한 유저들의 숫자를 실시간으로 보여 주는 것과, 유니클로 제품을 입는 것을 동영상으로 제작하여 UCC형태로 공유하게 하는 것이다. 유니클로는 또 스타일을 중시하는 전 세계인, 특히 10~20대와 패션 피플들의 스타일 가이드를 위해 글로벌 어플리케이션 '유니클룩스(UNIQLOOKS)'를 오픈했다. 유니클로 또한 타 글로벌 SPA 브랜드와 마찬가지로 SPACE 마케팅을 구사함으로써 매장 자체를 하나의 광고수단으로 사용하고 있다.

PLUS⁺

▶ **UNIQLO의 성공요인**

- 폭넓은 고객층 : 유니클로는 언제 어디서든 누구나 쉽게 입는 생필품 같은 옷을 표방하고 있다. 때문에 로고를 감추고 모든 연령층이 소화할 수 있는 베이직한 디자인으로 고객층을 확대시켰다.
- 소품종 대량생산 : 시즌별 캠페인 상품을 집중적으로 생산·판매함으로써 개발비의 최소화와 원가절감을 꾀할 수 있다.
- 고품질·저가격 : 캐시미어, 코튼 등의 고급소재를 사용하여 백화점급 품질을 유지함에도 소품종 대량판매를 통한 원가절감으로 저가격을 유지할 수 있다.
- 재고절감 : 철저한 수요예측과 계획생산, 판매시스템으로 재고를 절감하고 대량생산한 품목은 치밀한 판매목표치를 설정하여 완전판매한다. 잘 팔리지 않는 제품은 행사를 통해서라도 반드시 소진시켜 재고를 '0'으로 만든다.

• 유니클로 on-line store[33] •

• 유니클로 국내 매장[34] •

---

32) 사진출처 : 유니클로 http://www.uniqlo.kr
33) 사진출처 : 아시아경제 http://www.asiae.co.kr/news/view.htm?idxno=2011042810142388435
    네이버 블로그 http://cafe.naver.com/success114.cafe?iframe_url=/ArticleRead.nhn%3Farticleid=53&

5. MANGO

MANGO

MANGO는 스페인 Puntofa사의 SPA 브랜드로, 다른 과일 이름과 달리 언어나 국적에 상관없이 '망고'로 동일하게 불려 통일성이나 어감적인 면에서 좋을 것으로 판단하여, 1984년 스페인 가르시아에서 브랜드명으로 본격 런칭하였다.

한국에서의 본격적인 사업은 2009년에 한국 파트너사로 (주)제일모직과 함께 명동 플래그십 스토어를 오픈하면서 시작되어, 현재는 서울, 경기, 부산, 대전 등 4개 도시에 총 9개의 매장을 전개하고 있다. ZARA, H&M과 경쟁하고 있으며, 깊고 좁은 시장 공략으로 타 브랜드와의 차별화를 시도하고 있다. 초기에는 여성복만을 고집하며 여성적 이미지와 고급스러운 품질로 차별화를 도모하다가 최근 남성 라인과 액세서리 라인으로 브랜드 확장을 하였다.

MANGO는 2011년 현재 전 세계 100개국, 1,700개 매장을 운영 중이며, 도쿄, 베이징 등 지역 진출을 꾸준히 확대하고 있다.[35] 다른 브랜드와 달리 프랜차이즈 시스템 체결 시 판매에 따른 재고 부담을 덜어주기 위해 재고의 일부를 반품할 수 있는 유연한 경영을 하고 있으며, 대형 점포 전략을 추구하나 지역별로 유연성을 보이고 있다. 특히 각 지역 시장에 똑같은 스타일의 옷을 내놓는 여타의 브랜드들과 달리 현지화 전략을 선택, 스타일 면에서 철저한 차별화 전략을 구사하고 있다.

MANGO의 컨셉은 유니크한 디자인을 퀄리티 높게 제공하며, '도시적이며 세련된 여성과 남성을 위한 옷'이라는 일관성 있고 통일된 브랜드 이미지에 그 바탕을 두고 있다. 컬렉션을 개최하는 유일한 SPA 브랜드라는 자부심을 가지고 디자인의 독창성을 중요시하는 부띠끄형 SPA 브랜드를 추구하고 있다.

페미닌한 이미지의 고급스러움 추구, 정교한 디테일, 비교적 높은 품질, 대형 점포 규모와 고급스러운 비주얼 머천다이징(VM), 물류의 현지화 등 MANGO만의 차별화 된 경영 전략을 추구하고 있다. 다품종 소량 생산 전략과 함께 저렴한 상품이지만 유명 모델을 기용하여 고급화 이미지를 유지하고 있으며, 각 지역 매장에서 제품을 주문하면 입고까지 걸리는 시간을 1주일로 운영하고 있다.

• 국내 MANGO 매장[36] •

---

35) 자료출처 : http://shop.mango.com/iframe.faces?s=fashion_corner&state=she_728_IN

36) 사진출처 : http://mangokorea.blog.me/110105115096

1984

바르셀로나의 파세도 대 가르시아에 첫 매장 오픈. 발빠른 트렌드 감각과 합리적인 가격이라는 컨셉으로 새로운 시장 개척.

1992

포르투갈에 2개의 매장을 오픈함으로써 해외 진출 시작. 스페인 내에서는 이미 1백 개의 매장을 보유하게 됨.

1995

웹사이트 mango.com 런칭. 최근 망고 웹사이트는 망고의 제품 소개는 물론 핫한 정보를 주고받을 수 있는 블로그와 페이스북 기능까지 갖추고 있다.

2002

70개국 630개 매장 보유. 새로운 시장인 호주, 불가리아, 중국, 이탈리아, 튀니지 등으로 확장.

2003

온두라스, 세르비아-몬테네그로 같은 국가에 매장을 오픈함으로써 연간 최대 오픈 횟수 기록.

2004

아제르바이잔, 에스토니아, 엘살바도르, 마카오, 베트남 시장 진입. 총 75개국에 매장 보유.

2006

바로셀로나 가탈라나 음악당에서 처음으로 망고 컬렉션 개최. 신인 디자이너들을 위한 최대 국제 패션 시상식 '엘보른-망고 패션 어워즈' 개최

2007

유럽 내 최대 디자인 센터 'El Hanger' 오픈. 미국에서는 뉴욕 소호 지역 한가운데에 위치한 미국 내 최초의 고층 빌딩 중 하나인 리틀 싱어 빌딩에 새 플래그십 스토어 오픈. 또 외부 디자이너와의 콜라보레이션으로 새로운 디자인 작업을 보여주기 시작함. 이 작업에는 밀라 요보비치, 엘리자베스 헐리, 페넬로페 크루즈, 모니카 크루즈 등의 셀러브리티가 참여해 이슈가 되었다.

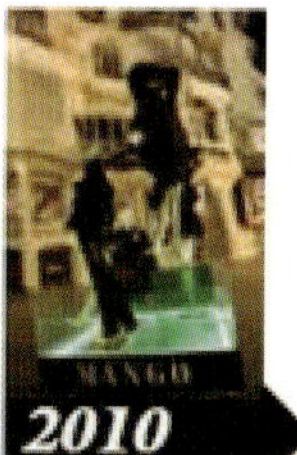

2008

제2차 엘보른-망고 패션 어워즈 개최. 젊고 패션에 관심 있는 남성을 위한 'HE, Hormini Emerito' 런칭. 남성컬렉션이 더해지면서 MANGO는 멀티 브랜드 스토어가 됨.

2009

4월, 제일모직과 파트너십. 명동에 망고 플래그십 스토어 1호점 론칭. 뉴요커 애덤 립스와 제회 엘보른-망고 패션 어워즈 우승자인 벨기에 디자이너 산드리나 파슬리 등과 함께 콜라보레이션 지속. 그 외 〈연금술사〉, 〈베로니카, 죽기로 결심하다〉 등으로 유명한 브라질 대표 작가 파울로 코엘료와 콜라보레이션 작업.

2010

모이세스 드 라 렌다와 제2회 엘보른-망고 패션 어워즈 우승자인 이진윤 씨와 콜라보레이션 지속.

• MANGO 브랜드 히스토리[37] •

---

37) 자료출처 : http://mangokorea.blog.me/110105115096

6. 지오다노(GIODANO)

지오다노는 1981년 홍콩의 브랜드로 시작하여 미국의 GAP사를 모델로 고품질의 합리적인 가격대로 이지 캐주얼을 제시하고 있는 글로벌 브랜드 지향 기업이다. 런칭 이후 1985년까지는 고가시장을 타겟으로 하여 고급 브랜드로 포지셔닝 하였으나 1986년부터 저가 시장으로 전환, 볼륨 마켓으로 목표를 전환하고 대리점 비즈니스로 유통형태도 전환하여 박리다매의 대량생산 정책을 추진하였다.

1994년 (주)지오다노와 일신창업투자주식회사의 합작 법인 '지오다노 코리아'로 국내에 첫 선을 보인 이래 베이직하고 심플한 브랜드 이미지와 함께 '개인의 취향과 라이프스타일을 반영하면서 시대에 부합하는 대한민국 대표 캐주얼 브랜드'로 받아들여지고 있다. [38]

젊은이의 감성을 주도하는 Culture Brand로 거듭나기 위해 다양한 광고 캠페인을 하고 있으며, 유명 모델 – 장동건과 정려원, 정우성, 전지현, 비 등 – 을 꾸준히 기용하면서 브랜드 인지도를 확고히 하고 있다.

트렌디보다는 베이직하면서 합리적인 가격의 아이템을 주도했던 지오다노는 2006년 GIORDANO/HER, 2007년 GIORDANO/HIM을 런칭하면서 베이직하고 심플함을 추구하지만 트렌드도 놓칠 수 없는 여성과 남성을 위해 실용적이면서 감각적인 컬렉션을 제안했다. 직장에서 입을 수 있는 포멀한 수트부터 캐주얼한 옷차림까지, 2주에 한 번씩 트렌드를 반영한 신상품을 선보이고 있다.

지오다노는 아메리칸 Taste의 베이직 캐주얼을 컨셉으로, 철저한 GAP 벤치마킹, 확실한 국내 소비자 지향, 10회전의 고회전율, 현금 위주 경영중심, 백화점 진출로 타 중저가 브랜드와 차별화, 이미지의 고급화 전략으로 현재까지 성공적인 행보를 지속 중이다. 또한, 지오다노에 의해 국내에 처음 도입된 수퍼바이저(Supervisor) 제도는, 본사와 매장 간의 가교 역할을 하는 일종의 중간 관리자로서 본사와 매장 간의 원활한 의사소통으로 업무의 효율성을 높이는 한편, 판매사원 교육까지 책임지고 있다.

• 지오다노 국내 1호점[39] •

---

38) 자료출처 : http://www.giordano.co.kr/company/brand/brand_giordano.asp
39) 사진출처 : http://www.giordano.co.kr

• 지오다노 온라인 쇼핑몰40) •

---

40) 사진출처 : http://www.giordano.co.kr/style/giordano/catalogue.asp

7. Forever21

FOREVER 21

Forever21은 한인 이민자인 장도원씨와 그의 아내 진숙씨 부부가 1984년 미국 로스앤젤레스(LA)에서 첫 점포를 여는 것으로 사업을 시작했다. 이후 빠른 속도로 사업을 확장해 현재 미국 42개주를 비롯하여 캐나다, 한국, 일본 등 전 세계에 500여 개의 점포망을 가지고 매년 30억 달러(약 3조 1500억 원) 이상의 연간 매출을 올리고 있다. [41] 10대부터 50대까지 아우를 수 있는 다양하고 트렌디한 패션 아이템을 보유해 전 세계적으로 사랑 받는 글로벌 패션 브랜드이다.

'즐거운 쇼핑 플레이스를 만들어 가는 기업' 이라는 모토 아래 대형 쇼핑 플레이스를 제공, 독특한 비주얼 머천다이징(VM) 기법을 이용하는 등 다양한 방법으로 고객에게 신선하고 즐거움을 줄 수 있는 장소를 제공하고 있다. 2011년 6월 오픈한 Forever21의 가로수길 플래그쉽 스토어는 지하 1층 및 지상 5개 층을 활용한 초대형 매장으로 넓은 쇼핑 플레이스뿐만 아니라 통유리 건물의 시원하고 아름다운 미관을 통해 패션의 거리 가로수길의 랜드마크가 되고 있다고 해도 과언이 아니다.

Forever21은 2011년 7월 영국 옥스퍼드 거리 매장을 시작으로 영국 스트래트퍼드시에 추가로 매장을 열 계획이다. 또 벨기에, 스페인, 오스트리아, 프랑스, 이스라엘 등 유럽과 중동 국가로도 영역을 넓히는 방안을 추진 중이다.

• 신사동 가로수길 플래그쉽 스토어 [42] •

---

41) 자료출처 : http://www.forever21.co.kr
42) 사진출처 : http://www.newdaily.co.kr/news/article.html?no=83703

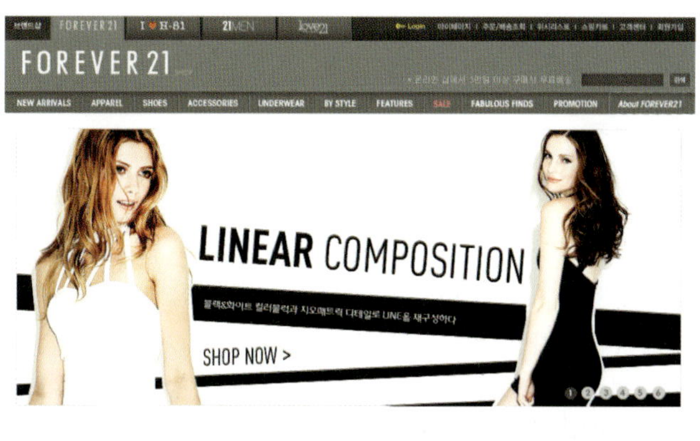

• Forever21 인터넷 사이트 [43] •

• Forever21 미국 플로리다 매장 [44] •

• Forever21 한국 명동 매장 •

43) 사진출처 : http://www.forever21.co.kr/
44) 사진출처 : http://blog.naver.com/robim0314

8. SPAO

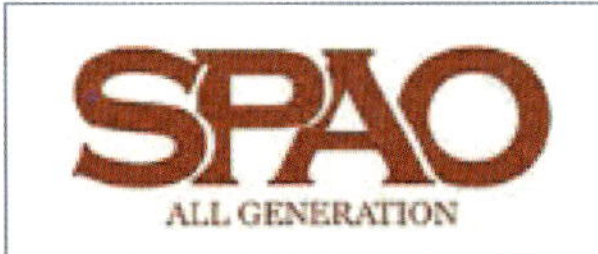

SPAO는 이랜드 그룹(회장 박성수)이 2009년 11월에 런칭한 국내 SPA 브랜드로, 서울 명동과 성신여대점을 시작으로 2011년 현재 서울, 경기, 대구, 부산 등 전국 27개 매장을 운영 중이다.

다양한 연령대를 겨냥한 브랜드 마케팅을 위해서 40~50대 고객층 겨냥에 국민배우 안성기와, 10~20대 고객층 겨냥에는 슈퍼주니어, 소녀시대와 모델 계약을 체결하였고, 우리나라 최초 남성복 디자이너로 불리고 있는 패션디자이너 장광효와도 콜라보레이션 계약을 맺었다.

SPAO는 5~50세까지 다양한 연령에 맞는 12가지 복종, 1,100여 스타일의 상품을 구비하고 2주마다 신상품을 교체하는 등 패스트 패션 브랜드에 걸맞는 공급 시스템을 갖췄다. 유니클로보다 20~30% 저렴한 가격으로 높은 퀄리티의 상품을 제공한다는 장점을 내세웠으며, 매장 자체도 2,875m²로 명동 내 최대 규모일뿐 아니라 여가와 외식 등을 즐길 수 있는 복합 쇼핑몰 개념의 복합 문화공간으로 구성하였다.

SPAO는 2012년 중국을 시작으로 해외진출에도 적극 나선다는 방침이다. 이랜드 그룹은 연 50% 이상 고성장을 지속하고 있는 중국시장에서 SPAO를 2015년까지 전 세계 매장에서 2조원의 매출을 올리는 글로벌 브랜드로 육성시키겠다는 비전을 제시하기도 했다.

• SPAO 온라인 쇼핑몰[45] •

---

45) 사진출처 : http://www.spao.com/

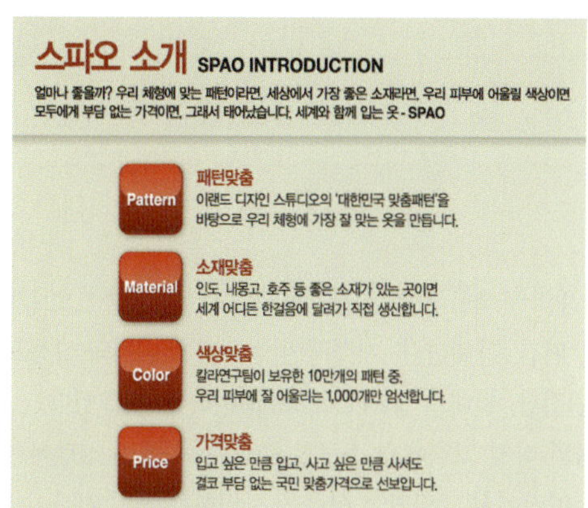

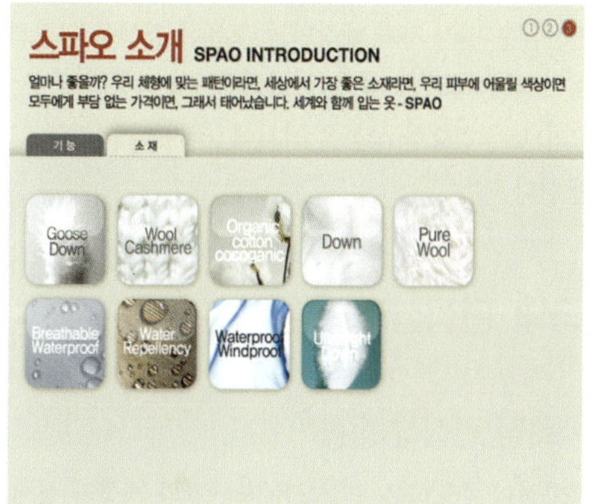

• SPAO 브랜드 소개[46] •

• SPAO 한국 명동 매장 •

46) 사진출처 : http://www.spao.com/

3절 편집샵(Select Shop)

1. 편집샵의 개념

편집샵은 하나의 공간에 2개 이상의 다양한 브랜드 및 상품의 구색을 갖춘 전문점으로, 수입상품 중심으로 명확한 점포 컨셉을 기본으로 브랜드와 아이템을 압축하여 사입, 편집, 판매한다. 개성적인 점포의 이미지와 상품으로 젊은 소비자들에게 어필되면서 일반 전문점과는 구별하여 편집샵, 셀렉트 샵(Select Shop)이라 불리고 있다.

편집샵은 상품의 제조 기능은 브랜드에 위임하고, 소매점의 타깃 고객에게 소구할 수 있는 상품을 선택하여 사입한 상품을 독창적인 매장연출을 통해 판매하는 형태로, 소매점에서 팔릴만한 상품을 사입하는 것이 기본이 되므로 바이어의 역할이 매우 중요하다.

편집샵은 먼저 자기 매장만의 고유한 컨셉을 구상하고, 컨셉에 맞는 상품을 선별 구매하여 타깃 고객에게 판매하며, 트렌드에도 발 빠르게 대응하면서 다품종 소량 판매를 통해 희소성 위주의 부가가치를 창출하는 시스템이다. 그러므로, 필요한 상품을 적시에, 적가로, 적량을 구매하여 적절한 서비스 및 적절한 프로모션 방법으로 판매해야만 한다.

2. 국내 편집샵의 현황

(1) 백화점 편집샵 동향[47]

백화점이 주도하는 편집샵은 자사만의 개성과 정체성을 구축하려는 노력의 일환으로 해석되며, 대기업뿐만 아니라 중소기업까지 가세한 최근의 붐은 국내 내셔널 브랜드의 한계성을 탈피하고 새로운 것을 요구하는 소비자들의 욕구를 충족시키기 위한 새로운 사업모색으로 분석된다.

특히, 신세계 백화점을 선두로 하여 2009년 봄 MD 개편의 키워드는 편집샵이었으며, 롯데, 현대 등 대부분의 백화점들이 동참하고 있는 실정이다. 이들 주요 백화점들은 협력업체와 함께 전개하는 특정 매입 편십샵 위주에서 탈피하여 백화점이 주체가 된 직매입 형태의 편집샵을 늘리는 추세에 있다. 이러한 편집샵은 특정 품목의 파트에만 치우치지 않고 아동 의류, 홈인테리어, 헬스 레저용품, 뷰티/미용관련, 베이커리, 유기농 채소 등 앞으로 훨씬 더 다양한 품목까지 확대되어 나타날 것으로 예측된다.

① **신세계 백화점** : 신세계 백화점은 여러 개의 멀티 브랜드 편집샵을 전개하고 있는데, 바이어가 상품기획부터 점포 전개까지 모든 것을 직접 관리하며, 유럽, 미국 등의 여러 유명 브랜드를 유치하는 선진형 편집샵 형태로 운영하고 있다. 해외 직접 소싱을 통해 유통 단계를 감소, 판매가를 20~30% 낮춰 공급함으로써 경쟁력을 높이고 있다. 신세계는 본점을 재개관하면서 연령대별 단품 편집샵인 '씨드씨', '레시피22', '탑앤바텀', 30~50대층을 겨냥한 '미스코드', 남성층의 유러피안 매스티지 브랜드 'MSF' 등을 새롭게 선보였다.

신세계 백화점 강남점도 다양한 품목의 편집매장을 개설했는데, 25~35만 원대의 고급 청바지 16개 브랜드를 모은 편집매장 '블루 핏', '스튜디오 블루', 아동의류 멀티샵, 미국과 이탈리아의 운동복 브랜드로 구성된 '더

---

47) 「SPA 성공전략」 이호정 · 정송향 저, Fashion Insight(2010)

무브먼트', 수입 속옷 편집매장 '르 바디' 등이 있다. 또 남성의류 멀티샵 'MSF 꼴레지오니'는 남성 고객을 겨냥해 애플사의 MP3 플레이어 '아이팟' 등 디지털 소형 가전과 커플룩을 연출할 여성 의류도 취급하는 등 톡톡 튀는 아이디어로 승부하고 있다.

이 외에도 신세계 백화점은 '분더샵', '트리니티', '신세계 슈즈컬렉션', '디사이즈', 'Higher53529', '루키블루', '피숀', '키드스타일', '란제리' 등 10개의 편집샵을 운영 중이며, 편집샵 당 평균 30개의 브랜드를 보유하고 있다. 신세계 백화점은 편집샵 매출이 예상보다 높아 앞으로 지속적으로 편집매장을 확대해 나갈 계획이다.

② 롯데 백화점 : 롯데 백화점은 2004년부터 '위딘샵', 'N.W.S' 등 여성 편집샵을 운영하고 있으며, 이 외에도 '데님 갤러리', 제임스펄스', '더 베이비', '알파걸', '제이프리미어', '올리브 핫 스텝', '스페이스샵', 수제화 편집샵, 맨스 위딘 샵(Man's Within Shop), 라비엣, 주니어시티 등 10여개의 편집샵을 운영하고 있다. 가장 눈에 띄는 매장은 본점에 문을 연 숙녀정장 멀티샵 '위딘샵(Within Shops)'이다. 이 매장은 국내 유명 디자이너의 2세인 노승은·송자인씨와 임현희씨 등 국내외에서 인정받는 신진 디자이너 4명이 힘을 합쳤다. 세련된 디자인을 무기로 20~30대 여성을 집중 공략한다는 전략이다. 30~40대를 타깃으로 한 의류 멀티샵 'N.W.S'도 고객들의 발길이 끊이지 않고 있으며, 남성의류 편집매장 '라비엣', 유아 전용 스킨케어샵, 수입 명품시계 편집매장 '크로노다임' 등도 눈에 띄는 멀티샵으로 인정받고 있다.

롯데는 단품 관리 시스템을 도입해 브랜드 관리 수준을 개선하고 패션사업본부인 GF본부를 발족, 직매입을 더욱 강화할 방침이다. 컨셉 설정부터 상품 구성까지 자사 바이어가 직접 나서 꾸민 '제이프리미어'가 성공을 거두었다고 판단, 매입부의 PB개발 담당부서가 우수 아웃소싱 전문 업체와 함께 유명 해외 브랜드의 직매입 편집매장을 준비 중이다.

③ 현대 백화점 : 현대는 본점 여성 영캐주얼 멀티샵과 무역점 데님 멀티샵을 통해 중단했던 자주편집매장을 다시 선보였다. 상품본부장 이규성 전무는 자주편집매장은 필연적으로 강화해 나가야할 부분이라며 바이어가 원가 계산 능력부터 트렌드를 읽는 눈까지 갖추고 있어야 성공이 가능한 일로 충분한 준비기간을 거쳐 다시 시작하게 됐다고 했다.

현대 백화점은 타 멀티샵의 주류를 이루고 있는 의류보다는 생활용품 등에 초점을 맞춘 것이 특징이다. 홈인테리어 토털샵 '까사모르'와 '블랑'은 생활소품에서 침구, 장식품, 커튼, 가구까지 모아놓은 인테리어 전문 매장으로 원스톱 쇼핑 서비스를 제공하고 있다. 48)

현대 백화점은 압구정 본점과 무역점·신촌점에 '디자이너스 컬렉션'을 오픈하고 국내외 유명 디자이너 작품을 선보이는 등 생활 제안형·프리미엄급 편집매장 개설에 주력하고 있다. 무역점의 데님 셀렉트샵, 'C:컨셉', 'RUN&RUN', 압구정 본점의 '스타일 429', 목동점의 '비즈 스퀘어', 신촌점의 '모노슈', '모노쉬' 등을 운영 중이다.

④ 갤러리아 백화점 : 갤러리아 백화점은 명품을 선호하는 고객 특성에 맞춰 멀티샵도 고급스러운 브랜드 위주로 꾸몄다. 갤러리아 명품관 웨스트는 1999년에 대형 백화점으로는 최초로 국내 디자이너의 여성 패션 토털 멀티샵 'GDS'를 개점해 운영 중이고, 2003년엔 외국의 신예 디자이너의 제품을 백화점에서 직접 판매하는 '스티브 알란', '스티븐 알란 걸' 매장을 오픈했다. 특히 갤러리아는 명품관 웨스트에 'MAN GDS'를 강화하여 미국 캐주얼 라인을 도입하였으며, 셔츠·타이·액세서리 등 남성 소품 전문 멀티숍 '멘스 퍼니싱(Men's Furnishing)' 등을 통해 최근 증가하는 남성고객을 잡는다는 전략을 세웠다.

---

48) 자료출처 : 삼성 디자인넷 http://www.samsungdesign.net

남성복 편집매장의 타깃층은 20대 초반~30대 중반이며, 제품은 턱시도에서부터 정장, 티셔츠까지 다양한 아이템을 갖추고 있다. 다른 지역과 달리 강남권에서는 남성 고객들은 여성 고객처럼 원하는 트렌드가 다양하고 브랜드보다 자기 스타일을 고집하는 경향이 강하여 세분화된 남성 고객들의 요구에 맞춰 차별화된 갤러리 아만의 특성을 살린 매장으로 다양한 스타일을 대표하는 디자이너와 차세대 브랜드를 발굴, 편집매장을 구성하였다. [49]

(2) 국내 편집샵의 사례

① 분더샵(BOON THE SHOP) : 우리나라 기업형 편집샵의 시초이자 선두주자인 분더샵은 패션 및 인테리어, 카페, 갤러리 등의 복합적 문화요소를 포함하고 있는 라이프스타일 편집샵으로 분더샵의 '분(紛)' 은 '뜻밖의 행운' 또는 '절친한 벗' 을 뜻하며, 'boon' 은 '혜택, 은혜' 라는 의미를 가지고 있기도 하다.

2000년 신세계 인터내셔널에 의해 전개되었으며, 분더샵과 분더샵맨은 국내에 소개되지 않은 신진 디자이너 브랜드들과 기존의 유명 브랜드에서 선별된 아이템들을 선보이고 있다. 이들 매장은 알려지지 않은 해외의 트렌드를 접할 수 있는 점 이외에도 해외의 유망한 신진 디자이너 브랜드를 국내에 소개하는 인큐베이터의 역할도 하고 있다. 주 고객층은 경제력을 갖춘 전문직 20~30대 남·여로, 매장은 신세계 백화점 본점, 강남점과 청담동 분더샵, 여주 분더샵 아울렛이 있다.

분더샵에서 만나볼 수 있는 브랜드들은 알렉산더 맥퀸, 알렉산더 왕, 두리 정, 꼼데가르송, 3.1 필립 림, 까사렐, 마르니, 드리스 반 노튼, 장 폴 고티에, 지방시, 요지 야마모토, 입생 로랑, 헬무트 랭, D&G 등 35개사이다.

• BOON THE SHOP & COMPANY 인터넷 사이트[50] •

---

49) 자료출처 : 삼성디자인넷 http://www.samsungdesign.net 수정 보완

50) 사진출처 : http://www.boontheshop.com/

• 분더샵 매장51) •

---

51) 사진출처 : http://cafe.naver.com/styleteditors/87

② 쿤(KOON) : 쿤은 1999년 일찌감치 개점, 분더샵과 함께 국내 편집샵의 선두주자 중 하나이다. 특히 디스퀘어드를 국내 최초로 바잉하면서 남자 연예인들의 사랑을 받은 곳으로 유명하다. 디스퀘어드뿐만 아니라 너무 산만하지도, 너무 단순하지도 않은 디자인과 디자이너의 특징과 감성을 잘 살린 디테일의 아이템을 찾아 판매하는 대표적인 멀티샵으로, 입생 로랑처럼 클래식한 브랜드부터 다른 샵에서 보기 힘든, 실험정신이 돋보이는 신진 디자이너 컬렉션까지 다양한 상품을 바잉하는 것이 특징이기도 하다.

입생 로랑, 디스퀘어드, 버버리 프로섬, 돌체 앤 가바나, 디올 옴므, 헬무트 랭, 후세인 살라얀, 빅터 앤 롤프, 스테판 슈나이더, 드리스 반 노튼 등의 브랜드들이 모여 있으며, 여성복과 남성복의 비율이 4 : 6 정도로 여성복보다는 남성복에 중점을 두고 있으며 실제 고객층도 남성이 많은 편이다.

• KOON 청담동 매장[52] •

---

52) 사진출처 : http://blog.naver.com/rathle1/60111900803

③10 꼬르소 꼬모(10 Corso Como) 서울 : 총 3층으로 이루어진 '10 꼬르소 꼬모'는 패션, 뷰티, 리빙 등의 제품을 판매하는 공간과 북 스토어, 갤러리, 카페 등으로 구성되어 있다. 단순한 패션 멀티샵에서 벗어난 새로운 개념의 복합 편집매장으로, 예술, 디자인, 패션을 한 공간에서 여유롭게 거닐며 만날 수 있는 문화 공간이다.

제일모직에서 운영하고 있는 문화 공간으로 지난 2008년 서울의 청담동에 문을 열었고, 2009년부터 정욱준 디자이너를 시작으로 송자인, 최지형, 스티브제이 & 요니피, 박승건 등 국내 디자이너 콜라보레이션 프로젝트를 통해 한국 패션의 신선한 감각을 특별한 주제의 리미티드 컬렉션으로 선보이고 있다.

톰 브라운(Thom Browne), 라프 시몬스(Raf Simons), 발망(Balmain) 등 세계적인 디자이너의 럭셔리 컬렉션과 릭 오웬즈(Rick Owens), 다미르 도마(Damir Doma), 사카이(Sacai) 등의 독특한 개성이 돋보이는 신진 디자이너 및 컨템포러리 컬렉션 외에 꼼데가르송 전 라인, 피레넥스, 화이트 마운티니어링, 보다 젊고 트렌디한 10대부터 30대를 아우를 누메로 우노, 에둔, 네이키드 앤 페이머스 데님 등 개성이 넘치는 진 및 캐주얼 브랜드까지 폭넓은 브랜드들을 보유하고 있다.

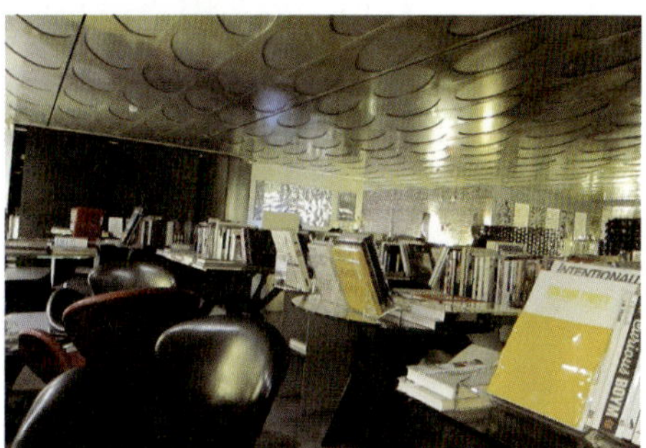

• 10 꼬르소 꼬모 청담동 매장[53] •

---

53) 사진출처 : http://blog.naver.com/rathle1/60111900803

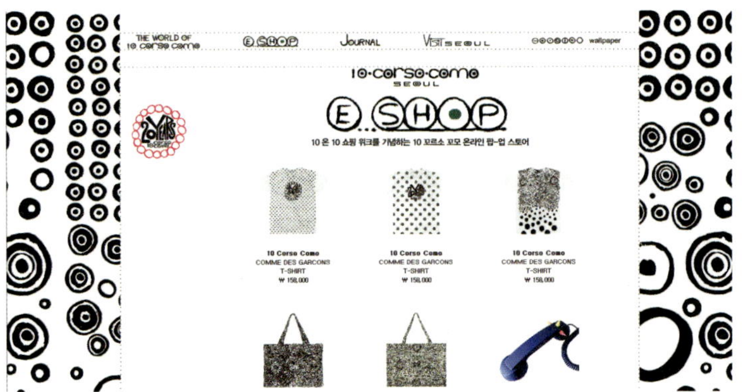

• 10 꼬르소 꼬모 온라인 팝업 스토어 •

④ 무이(MUE) : 무이는 타임, 마인, 시스템을 운영 중인 '한섬' 이 야심차게 운영하는 대형 편집 멀티샵이다. 예술과 패션의 만남을 주제로 감각적이고 아방가르드한 감성의 바잉이 돋보이는 매장으로 총 2층으로 이루어지며, 여성복, 남성복, 액세서리&잡화까지 다양한 라인을 선보이고 있다. 전체적으로 가라앉은 조명 분위기를 연출, 하이라이트 조명이 일부 부분을 밝혀주고 있어 신비한 분위기를 느낄 수 있다.

보디 셰이프를 살려주는 독특한 커팅 아이템이 돋보이는 앤 드뮐미스터나 요지 야마모토처럼 에지있고 시크한 프렌치 스타일의 레이블이 많아 디테일이 있는 아방가르드한 스타일링을 추구하는 사람에게 추천하면 좋은 곳이다.

앤 드뮐미스터, 요지 야마모토, 드리스 반 노튼, 존 갈리아노, 미우미우, 꼼데가르송, 발렌시아가, 헬무트 랭, 랑방, 크리스반 아쉐, 마틴 마르지엘라, 알렉산더 맥퀸, 릭 오웬스, 마크 제이콥스 등의 브랜드들을 만나볼 수 있다.

• MUE 청담동 매장[54] •

---

54) 사진출처 : http://blog.naver.com/rathle1/60111900803

⑤ 톰그레이하운드 다운스테어즈(Tom Greyhound Downstairs) : 한섬에서 운영하는 수입 셀렉트 샵으로 한섬의 신입 바잉 MD들이 운영하는 멀티샵이다.

젊은 에너지가 충만한 곳으로 동화 이상한 나라의 앨리스가 빠져들어간 도시 속의 토끼굴과 같은 유니크한 편집샵을 지향하며 젊은 컨셉의 동화같은 놀이공간을 모토로 갤러리나 파티, 이벤트 등의 프로모션을 진행하기도 한다.

버나드 윌험, 알렉산더 왕, 크로니콜스 오브 네버, 크리스토퍼 케인 등의 제품을 만나볼 수 있다.

• 톰그레이하운드 다운스테어즈 신사동 매장[55] •

---

55) 사진출처 : 톰그레이하운드 다운스테어즈 블로그 http://tomgreyhound-downstairs.blogspot.com

일반적으로 진실이 중상모략에 대한 최선의 해명이다.

Abraham Lincoln

근로자직무능력향상제도(근로자 수강지원금 제도)란?
고용보험에 가입 중인 사업장에 근무 중인 재직근로자로서 직무수행능력 향상을 위해 자비로 훈련을 수강한 경우 수강료의 일부를 환급해 주는 제도

직업능력개발 계좌제(실직자/재직자)란?
실직자(구직자 포함) 또는 재직자(기간제, 파견직, 계약직 등)의 직업능력개발 지원을 위해 국가에서 연간 200만 원으로 취업 전 1회 지원을 하며, 해당 과정의 수강료 중 20%는 자비 부담하고 나머지 80%는 200만 원 한도 내에서 지급되는 제도

사업주 훈련이란?
고용보험에 가입한 사업장의 사업주가 훈련비용을 부담해 재직근로자, 이직예정자, 채용예정자, 단시간근로자, 파견근로자 등을 대상으로 직업훈련을 실시하는 경우에 소요된 비용을 사업주에게 지원하는 제도

패션/유통 접점 관리자 과정

▶ 교육기간 : 2주 / 주 1회 / 총 16시간
▶ 교육특징 / 수강혜택
  ① 매장에서의 실무 활용도가 높은 실전 강의
  ② 업체별 맞춤 커리큘럼(매장 매출률 향상에 도움)
  ③ 수료증 수여 / 경력 및 신입직원(판매 관련) 우선 추천

글로벌 판매화법 스킬업 과정

▶ 교육기간 : 3주 / 주 1회 / 총 9시간
▶ 교육특징 / 수강혜택
  ① 매장판매 Flow 단계별 표현에 필수 표현 암기 진행
  ② 한국 쇼핑관광객에 대한 이해 및 고객 심리를 분석한 판매화법 습득
  ③ 수료증 수여 경력 및 신입직원(판매관련) 우선 추천

퍼스널쇼퍼(매장관리 전문가) 과정
〈근로자직무능력향상제도/재직자계좌제과정〉
– 이미지 컨설팅을 패션 판매와 접목하여 타인의 이미지 연출과 제안 가능
– 이론적 지식 보안과 실무 능력 향상이 가능한 심화과정
▶ 교육기간 : 13주 / 주 1회 / 총 40시간
▶ 수강혜택
  ① 성적 우수자 산학협력 체결 기업체 취업 추천
  ② 수료생 Community 관리(지속적 사후관리)
  ③ 경력자 및 후배 신입사원 추천(판매 관련)
  ④ 수강생 교재 구입 시 20% 할인

패션샵매니저 양성 정규과정
〈근로자직무능력향상제도/재직자계좌제과정〉
▶ 교육기간 : 8주 / 주 2회 / 총 48시간
▶ 수강혜택
  ① 대기업형 패션업체 매장 취업 추천
  ② 패션샵매니저/샵마스터 자격 취득시험 대비 가능

패션에디터/패션전문기자 입문과정
〈근로자직무능력향상제도과정〉

– 국내 유명 패션매체의 현직 전문가들로 구성된 실무 강사진
– 다양한 종류의 패션매체(신문/잡지/온라인/전문지 등)에 대해 총체적으로 접할 수 있는 커리큘럼

▶ 교육기간 : 8주 / 주 1회 / 총 24시간
▶ 수강혜택
  ① 성적우수자 관련매체 인턴십 추천
  ② 신규 패션정보 및 패션 에디터/패션전문기자 정보 지속적 공유
  ③ 상해 패션/유통 연수 프로그램 참가자격(참가비 할인혜택)

패션 비주얼머천다이저(VM) 양성 과정
〈근로자직무능력향상제도/재직자계좌제과정〉

– 실무에 필요한 이론적 지식 습득 및 실무 현장에서의 기본 흐름 등을 파악
– VM 자격검정시험 대비 가능
– 업체별 특성에 적합한 포트폴리오 작업 가능(1 : 1 맞춤식 교육)

▶ 교육기간 : 16주 / 주 1회 / 총 48시간
▶ 수강혜택
  ① VM 자격 취득 검정시험 대비 가능
  ② 취업 및 면접 코칭
  ③ 상해 패션 / 유통 연수 프로그램 참가자격 부여(참가비 할인혜택)

www.siscom.co.kr

책보다 빠르다! 도서를 뒤집는 온라인 학습 콘텐츠의 모든 것!

시스컴 홈페이지는 양질의 콘텐츠를 보다 수월하게 전달하기 위해 제작된 온라인 종합 콘텐츠 사이트입니다.

이제 시스컴 홈페이지에서 동영상 강의 수강, 온라인 모의고사 응시, 도서 구매, 관련 자료 및 시험 정보 습득까지 단번에 해결하세요.

수험 일정 및 각종 자격증 자료

각종 자격증의 수험 일정, 효과적인 학습법 등 취업과 자격증 취득에 도움이 되는 최신 자료들을 시스컴 홈페이지를 통해 얻으실 수 있습니다.

콘텐츠 이용 안내

동영상 강의의 효율적인 수강 방법, PMP · 모바일 기기와의 연동 방법, 쿠폰 사용 방법 등 시스컴의 온라인 콘텐츠를 보다 효율적으로 이용하기 위한 필독 가이드입니다.

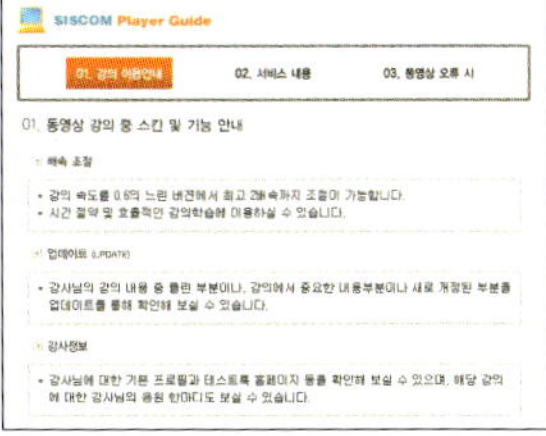

교수님께 질문

동영상 강의를 들어도 알쏭달쏭한 부분이 있다면 망설이지 말고 게시글을 올려 주세요. 가능한 한 빠른 시간 안에 답해 드립니다.

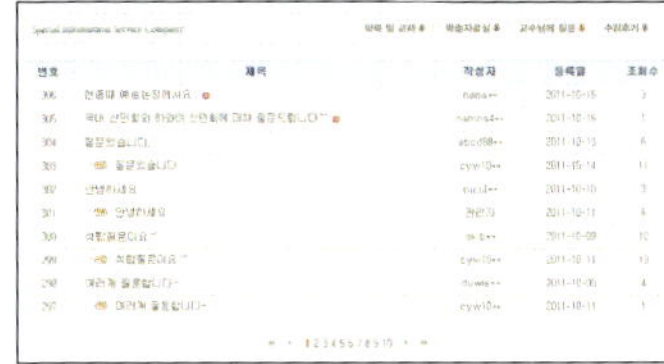

동영상 강좌 수강

- 시스컴에서 직접 제작한 수준 높은 동영상 강의를 실시간으로 학습할 수 있습니다.
- 시스컴에서 발행된 교재(일부 도서 제외)와 저자가 직접 찍은 강의를 할인된 가격에 이용하실 수 있습니다.

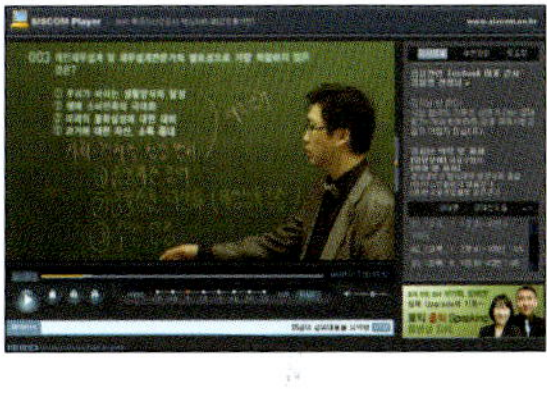

합격후기/나만의 자격증 공략법

나만의 공부비법이나 합격 노하우를 갖고 계시다면 살짝 귀띔해 주세요. 후배들을 위한 따뜻한 배려를 보여 주시는 분께는 소정의 포인트를 지급해 드립니다.

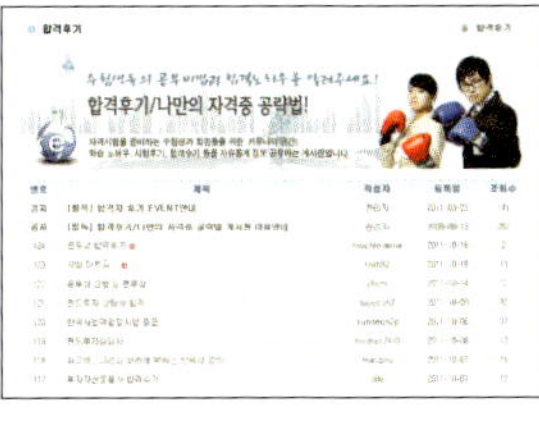

손안에 쏙 들어오는 나만의 강의실!

시스컴 모바일 서비스로 언제 어디서든 동영상 강의를 볼 수 있습니다.

모바일 강의

스마트폰 및 태블릿 PC로 시스컴 모바일 웹을 접속하면, 원하는 동영상 강의의 샘플 강좌를 미리 보거나 구매한 동영상 강의를 수강할 수 있습니다.

PMP 강의

PMP를 PC에 연결하여 동영상 강의를 다운로드하면, 인터넷이 연결되지 않은 곳에서도 해당 강의를 자유롭게 재생할 수 있습니다.

패션/유통 비즈니스& 패션센스

Fashion/Distribution Business & Fashion Sense

패션/유통 비즈니스 TEST(Fashion/Distribution Business TEST)
• 패션/유통 산업 직군 경쟁력 확보에 대한 인증 테스트
• 패션기업/유통업체의 신입 및 경력 사원 채용 또는 인사고과에 활용 가능한 테스트

패션/유통 비즈니스 & 패션센스

TOFAS(Test of Fashion Sense)
• 다양한 패션분야의 평가문항을 통해 일반인의 패션감각 이해 정도를 측정
• 성공하는 사회인을 꿈꾸는 예비 취업 준비생들에게 필요한 패션센스에 대한 객관적 평가 자료

Fashion/Distribution Business & Fashion Sense

강수경, 사공수연 편저

2권
Part 2 + Part 3

패션/유통 관련 실무 강의 교재(유통업체, 관련 대학교/대학 등)

㈜프로에듀코리아(동아자격검정위원회) 주관 '패션/유통 비즈니스 TEST' 지정교재

㈜프로에듀코리아(동아자격검정위원회) 주관 'TOFAS' 지정교재

관련 온라인 동영상 강의 교재

SISCOM

강 수 경

現 프로에듀사회교육원/동아사회교육원 교육실장
現 (주)프로에듀코리아 패션비즈니스과정 전임교수
現 현대백화점 직영/협력사원 대상 패션 교육 교수
現 제일모직 샵매니저 대상 VM 실무 및 자격증 교육과정 교수
現 우편원격훈련교육(패션직무능력향상/패션샵매니저/VM/패션스타일리스트) 강평위원
  – 롯데百, 현대百, 이마트, AK, (주)세정, 롯데쇼핑, 신세계인터내셔널 등
現 동아자격검정위원회 수석전문위원

〈이랜드그룹〉 중국 현지 브랜드 매장관리자(취장) 수퍼바이징 교육
중국 현지 [EnC] 샵매니저 VM 교육
〈패션그룹형지〉 최고경영자과정(AFH) 특강
취업전문 포털사이트 [스카우트], [리크루트], [인크루트] 주최 특강
 –『패션직무능력향상』 세미나, 『비주얼머천다이저』 취업특강 등
KTV(한국정책방송) 패션취업 관련 전문가 패널 출연
어패럴뉴스 〈월요마당〉 칼럼 기고 中

저서 『패션직무능력향상』, 『패션샵매니저』
    『패션 비주얼머천다이저 VMD』, 『비주얼머천다이저』
    『컬러리스트 한권으로 끝내기(이론)』, 『컬러리스트 한권으로 끝내기(실기)』

사 공 수 연

現 프로에듀사회교육원/동아사회교육원 교육실장
現 (주)프로에듀코리아 패션비즈니스과정 전임교수
現 현대백화점 직영/협력사원 대상 패션 교육 교수
現 제일모직 샵매니저 대상 패션 교육(소재) 교수
現 AK플라자 직영사원 대상 패션 교육(스타일리스트/VM) 교수
現 독서통신교육(패션직무능력향상/VM/패션스타일리스트/패션샵매니저 외) 강평위원
現 동아자격검정위원회 수석전문위원

취업포털 [스카우트], [커리어], [리크루트], [인크루트] 제휴 패션/유통 취업특강, 관련 세미나 등 다수 특강
로로피아나(주)/현대백화점(미아점) 쟈스민회원 대상 패션, 컬러 특강

저서 『패션직무능력향상』, 『패션머천다이징의 모든 것(패션MD산업기사 완전정복)』
    『패션샵매니저』, 『비주얼머천다이저』, 『패션 비주얼머천다이저 VMD』
    『컬러리스트 한권으로 끝내기(실기)』, 『고객만족경영(CS) 직무능력향상』

패션/유통 비즈니스 & 패션센스 2권

Fashion/Distribution Business & Fashion Sense

강수경, 사공수연 편저

본 책에 수록된 쿠폰은 동영상 강의 할인 쿠폰입니다.

▶ 강의 이용안내

시스컴의 동영상 강의는 시스컴 교재로 진행되며, 보다 안정된 화면과 편리한 기능을 통해 수험생들이 편안하게 시청할 수 있도록 전 과정이 자체 제작된 강의입니다.

▶ 강의 수강절차

❶ 시스컴 회원 가입 ➡ ❷ 나의 공간 ➡ ❸ 쿠폰 인증번호 등록 ➡
❹ 강의 선택 ➡ ❺ 쿠폰을 사용하여 수강료 결제 ➡ ❻ 강의 시청

쿠폰 관련 문의 : 02) 2026-6883 (내선 115)

패션/유통 비즈니스 & 패션센스 2권

인쇄일 2012년 1월 1일 초판 1쇄 인쇄
발행일 2012년 1월 5일 초판 1쇄 발행
지은이 강수경, 사공수연
발행인 송인식
발행처 시스컴 출판사

주소 서울시 금천구 가산동 리더스타워 1307호
홈페이지 www.siscom.co.kr
E-mail master@siscom.co.kr
전화 02.2026.6881
FAX 02.2026.6882
등록 제17-269호
판권 시스컴 2012
정가 35,000원
ISBN 978-89-6009-461-1 13630

머리말
Preface

"기업의 성공 여부는 인재에 달려있다"

'준비된 인재를 어떤 기준으로 뽑을 것인가' 라는 명제는 기업 입장에서 늘 따라다니는 과제이다. 점점 더 많은 패션기업이 내부교육을 통해 기업에 필요한 인재를 육성하는 데 힘을 쓰고 있으며, 패션기업에 입사하여 실무 적응력이 높은 핵심인재가 되기 위해서는 학점이나 외국어 실력 등 기본 스펙 외에 패션 유통 전반에 대한 기본 내용과 흐름을 읽는 통찰력이 필요하다. 사전에 그 분야에 대해 공부하고 분석하며 고민하는 노력은 입사 전에도, 입사 후에도 계속되어야 한다.

이에 다년간 패션기업과 유통업체 교육을 진행하면서 느낀 부분을 교재에 수록하게 되었다. 기존 패션 관련 자격증은 직군에 필요한 해당 전문 과목위주로 시험이 시행되고 있는 바, 본서에서는 패션 관련 기사/산업기사 국가자격증과 관련 민간자격증 과목을 토대로 패션/유통 관련 종사자라면 알아야 할 필수 내용을 카테고리화하여 예비 취업준비생 및 신입, 경력직 모두에게 도움이 되고자 하였다.

또한 점차로 일상생활과 직장 내 비즈니스 관계에서 패션에 대한 중요성과 영향력이 커지고 있어 패션분야에 종사하든 그렇지 않든 센스 있는 옷차림이 경쟁력을 좌우한다는 것에 이의를 제기할 사람은 없을 것이다. 그래서 현대 사회의 성공하는 이미지를 갖고자 하는 일반인을 위한 내용도 함께 구성하였으며 흥미위주의 가벼운 내용을 벗어나 패션에 대한 체계적인 지식 습득과 더불어 본인의 이미지 향상에 도움이 되도록 하였다.

Part 1은 패션을 이해하기 위해 가장 기본적으로 필요한 카테고리로서 패션 아이템 & 코디네이션, 패션 트렌드, 패션 브랜드 & 디자이너에 대한 내용이다.

Part 2는 패션 생활 전반에 있어 중요한 부분을 차지하는 컬러와 전체적인 이미지 완성에 필요한 헤어 스타일링 및 메이크업에 대한 내용이다.

Part 3은 패션 소재, 패션마케팅 & 머천다이징, 비주얼 머천다이징(VM), 패션/유통 실무용어에 대한 내용이다.

Part 1과 Part 3을 통해 패션/유통 비즈니스 TEST(Fashion/Distribution Business TEST)를 대비할 수 있으며, Part 1과 Part 2는 TOFAS(Test of Fashion Sense)를 대비할 수 있는 내용으로 구성되어 있다.

패션은 트렌디함을 생명으로 하는 만큼 본서도 지속적으로 업데이트하여 미흡한 점을 수정 보완해 나갈 것을 약속 드린다. 끝으로 출간까지 함께 수고해주신 시스컴 출판사에 감사드린다.

-편저자 씀-

패션/유통 비즈니스 TEST
(Fashion/Distribution Business TEST)

▶ 개요

■ 패션/유통 비즈니스 TEST(Fashion/Distribution Business TEST)란?

패션/유통 산업 직군에 대한 직무능력을 향상시키고 관련 지식 보유 정도를 객관적으로 평가해 줄 수 있는 지표로서 해당 업무 경쟁력 확보에 대한 인증 테스트로 활용할 수 있다.

패션/유통 핵심 컨텐츠로서 트렌드, 아이템, 마케팅 및 머천다이징, 비주얼 머천다이징, 브랜드, 소재, 실무용어 등 전반적인 항목에 대한 평가를 통해 21세기 패션강국으로 나아가기 위한 기본자질 함양을 위해 개발된 테스트이다.

■ 특성/의의

- 패션기업/유통업체의 신입 및 경력 사원 채용 또는 인사고과에 활용 가능한 테스트
- 다양한 패션/유통분야의 평가문항을 통해 관련지식의 폭과 깊이 측정
- 패션/유통 관련 취업 준비생들에게 필요한 패션 지식에 대한 객관적 평가 자료

▶ 실시 요강

- 시행시기 : 연간 3회 정기 시행
- 출제수 / 시험시간 : 80문항(7개 영역) / 80분
- 출제양식 : 4지 선다 / OMR 카드 기입식
- 합격기준 : 점수별 등급제(400점 만점 / 240점 이상 기준 – S, A, B, C, D level – 5등급제 / 절대평가)
- 응시료 : 30,000원
- 응시대상 : 제한 없음
- 성적유효기간 : 1년 6개월

▶ 검정과목 / 출제기준 *교재 해당 Part / Category 참조

Part	Category	과 목(영 역)	문항수	출제기준
Part 1	Category 1	패션 아이템 & 코디네이션	15문항	패션 관련 아이템, 디테일과 실루엣, 이미지별 스타일링, 체형별 스타일링
	Category 2	패션 트렌드	10문항	패션 정보, 패션 트렌드
	Category 3	패션 브랜드 & 디자이너	10문항	국내 브랜드 및 디자이너, 해외 브랜드 및 디자이너, SPA 브랜드 및 편집샵
Part 3	Category 6	패션 소재	10문항	패션 소재의 분류, 패션 이미지와 소재, 소재의 품질관리
	Category 7	패션마케팅/머천다이징	15문항	패션마케팅의 개념, 마케팅 믹스 전략, 패션 머천다이징
	Category 8	비주얼 머천다이징(VM)	10문항	VM의 개념 및 역할, 효과적인 VM 전략
	Category 9	패션/유통 실무용어	10문항	패션/유통 실무용어

▶ 시행처

CDCA 동아자격검정위원회
Committee for DongA Certification Approval

㈜프로에듀코리아 Tel) 02-312-1960~1

TOFAS
(Test of Fashion Sense)

▶ 개요

■ TOFAS(Test of Fashion Sense)란?

개인의 패션 감각(센스) 보유 정도를 객관적으로 평가해 줄 수 있는 지표로 널리 적용될 수 있을 뿐만 아니라 개인의 아이덴티티나 가치를 높여 경쟁력을 확보할 수 있는 범용화된 테스트로 활용할 수 있다.

패션 아이템 & 코디네이션, 패션 트렌드, 디자이너 및 브랜드, 패션 컬러, 헤어 스타일링 & 메이크업 등 전반적인 항목에 대한 평가를 통해 한국인의 패션감각을 신장시키기 위해 개발된 테스트이다.

■ 특성 / 의의

- 다양한 패션분야의 평가문항을 통해 일반인의 패션감각 이해 정도를 측정
- 성공하는 사회인을 꿈꾸는 예비 취업 준비생들에게 필요한 기본적 패션 센스에 대한 객관적 평가 자료
- 패션 감각이 요구되는 기업/업체의 신입 및 경력 사원 채용 시에 활용 가능한 일반적 테스트

▶ 실시 요강

- 시행시기 : 연간 3회 정기 시행
- 출제수 / 시험시간 : 60문항(5개 영역) / 60분
- 출제양식 : 4지 선다 / OMR 카드 기입식
- 합격기준 : 점수별 등급제(300점 만점 / 180점 이상 기준 – S, A, B, C, D level – 5등급제 / 절대평가)
- 응시료 : 20,000원
- 응시대상 : 제한 없음
- 성적유효기간 : 1년 6개월

▶ 검정과목 / 출제기준 *교재 해당 Part / Category 참조

Part	Category	과 목(영 역)	문항수	출제기준
Part 1	Category 1	패션 아이템 & 코디네이션	15문항	패션 관련 아이템, 디테일과 실루엣, 이미지별 스타일링, 체형별 스타일링
	Category 2	패션 트렌드	10문항	패션 정보, 패션 트렌드
	Category 3	패션 브랜드 & 디자이너	10문항	국내 브랜드 및 디자이너, 해외 브랜드 및 디자이너, SPA 브랜드 및 편집샵
Part 2	Category 4	패션 컬러	15문항	컬러와 톤의 이해, 컬러 코디네이션, 퍼스널 컬러
	Category 5	헤어 스타일링 & 메이크업	10문항	얼굴, 직업, 체형, 감성에 따른 헤어 스타일링 & 메이크업

▶ 시행처

Contents

Part 2

Category 4. 패션 컬러

1장 컬러와 톤의 이해

1절 컬러(Color)의 이해

1. 색의 3요소

(1) 색상(Hue)

① 색상은 색채의 색상환에서 위치를 표시하는 것으로 물리적으로는 빛의 파장의 차이를 말한다. 색상은 빛의 파장에 의해 다르게 보이는 빨강, 노랑, 녹색, 파랑, 보라 등의 구별이 되는 색으로 유채색에만 있다.

② 색상환에서 거리가 가까운 색은 색상차가 작다고 해서 유사색 또는 인근색이라고 하고, 거리가 비교적 먼 색은 색상차가 크다고 하며, 반대색이라고 한다. 거리가 가장 먼 정반대 쪽의 색은 서로 보색관계이다.

③ 색상의 기본색은 색채계에 따라 동일하지는 않으나 5가지 기본색과 5가지 중간색을 합한 10가지로 구성되며, 기본색상은 다음과 같다.

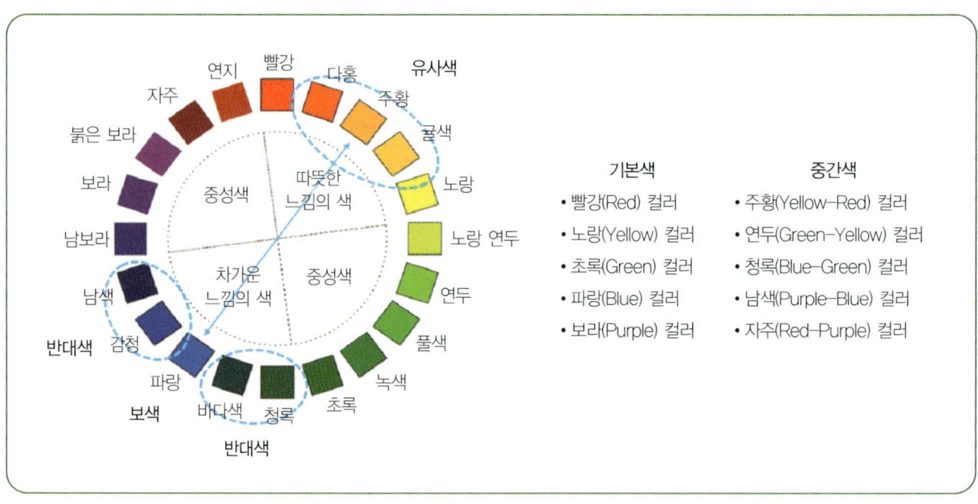

• 먼셀 색상환 •

(2) 명도(Value)

① 명도란 색의 밝고 어두운 정도를 말한다.

② 무채색과 유채색에 모두 있고, 명도의 표준은 백색, 회색, 흑색 등 무채색의 11단계로 표현되는데 일반적으로 명도척도(Value Scale)라고 불린다.

③ 최고 채도의 순색은 각기 다른 명도를 갖는다. 노랑이 가장 밝게 느껴지고, 다음은 주홍의 순서이며, 빨강과 초록은 중간 정도의 밝기이고, 보라와 파랑은 어둡게 느껴진다.

• 명도 •

(3) 채도(Chroma)

① 채도는 색의 선명한 정도로서 색의 맑고 탁한 정도를 말한다.

② 색의 순도라고도 하며, 색채의 강하고 약한 정도로서 진한 색과 연한 색, 흐린 색과 맑은 색 등은 모두 채도의 높고 낮음을 가리키는 말이다.

③ 색은 순색에 가까울수록 채도가 높으며, 다른 색상을 가하면 채도가 낮아진다.

④ 채도는 14단계로 구분되며 노랑과 빨강이 가장 채도가 높고 무채색이 많이 섞일수록 채도는 낮아진다.

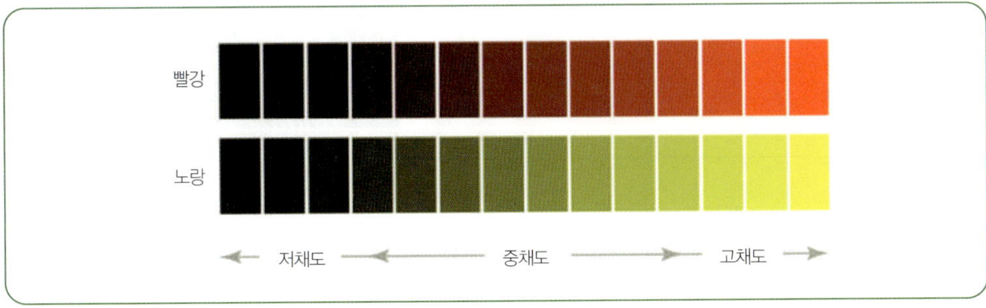

• 채도 •

2. 색의 3요소에 따른 배색

두 가지 이상의 색을 배합하는 것을 배색이라 하며 한 가지 색에서 느끼지 못한 새로운 느낌을 얻을 수 있다. 색의 3요소에 의한 배색(명도의 배색, 색상의 배색, 채도의 배색) 외에 톤의 배색 등이 있다.

(1) 색상에 의한 배색

① **동일색상 배색** : 선택한 색상에 의하여 배색 이미지가 좌우된다. 예를 들어 파랑을 선택했다면, 검정, 흰색, 회색 등의 무채색을 혼합하여 여러 색을 만들어 배색하는 것을 뜻한다. 조화로운 배색을 시도할 때 가장 쉽게 접근해 볼 수 있는 방법이며, 명도나 채도의 변화를 통해 풍부한 이미지를 표현할 수 있다.

• 동일색상 배색1) •

② **인접 · 유사색상 배색** : 색상환에서 가까이 자리하고 있는 색끼리의 배색을 말하며, 대체로 점잖은 느낌을 준다. 도드라지지 않지만 편안한 조화를 느낄 수 있는 반면, 사용된 색간의 차이가 크지 않아 밋밋한 느낌을 줄 수 있다.

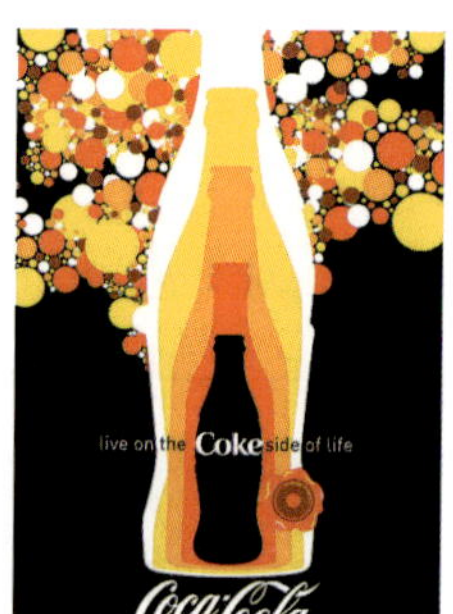

• 유사색상 배색2) •

---

1) 이미지출처 : http://blog.naver.com/gunji69, http://blog.naver.com/tndl1209
2) 이미지출처 : http://blog.naver.com/sungeun000, http://blog.naver.com/tndl1209

③ **중차색상 배색** : 색상환에서 두 색의 관계가 90° 에 가까운 색의 배색으로 개성적인 이미지를 연출할 수 있다. 그러나 초보자의 경우 애매하고 다부지지 못한 느낌을 주지 않도록 주의가 필요한 배색이기도 하다.

④ **대조색상 배색** : 대조색상의 배색은 기준색으로부터 120°, 135°, 150° 상의 색과의 배색이다. 색상이 완전히 대립관계에 있으므로 매우 강하고, 자극적인 느낌을 전달한다.

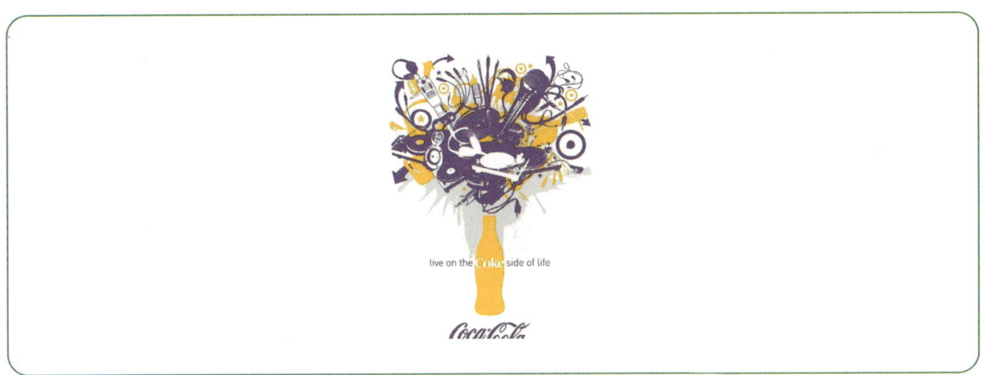

• 대조색상 배색3) •

⑤ **보색 배색** : 보색이나 보색에 가까운 색끼리의 배색이다. 색상환에서 보면, 서로 마주보는 180° 에 위치한 색과의 조합을 의미한다. 화려하고 강하며 생동감을 준다.

• 보색 배색 •

(2) 명도에 의한 배색

명도에 의한 배색은 동일색상, 유사색상 배색 시 명도차를 두어 배색하는 방법을 말한다. 명도는 색의 밝고 어두움의 정도를 뜻하는데, 배색 효과에 있어 가장 중요하게 지각되는 요소라고 할 수 있다. 일반적으로 명도차가 큰 배색은 명료한 이미지를, 명도차가 작은 배색은 모호한 이미지를 전달하게 된다. 따라서 동일명도의 배색은 눈에 띄지 않는다. 고명도의 배색은 가볍고 부드러운 이미지를 주며, 저명도의 배색은 무겁고 차가운 이미지를 준다.

---

3) 이미지출처 : http://blog.naver.com/sungeun000

① **동일명도 배색** : 동일명도의 배색은 은은하고 온화한 인상을 줄 수 있으나 눈에 띄는 배색을 이루기는 어렵다.
그러므로 색상과 채도의 차이로 변화를 주어 밝고 경쾌한 느낌을 주도록 한다.

㉠ **고명도 – 고명도** : 밝고 경쾌한 느낌 **예** 노랑 – 연두

㉡ **중명도 – 중명도** : 변화가 적고 단조로운 느낌

㉢ **저명도 – 저명도** : 무겁고 어두운 느낌 **예** 검정 – 보라

• 동일명도 배색 •

② **명도차가 작은 배색**

• 명도차가 작은 배색(명도차 1~2) •

③ **명도차가 중간인 배색**

㉠ **고명도 – 중명도** : 경쾌하고 비교적 밝은 느낌

㉡ **중명도 – 저명도** : 다소 어두우나 안정된 느낌

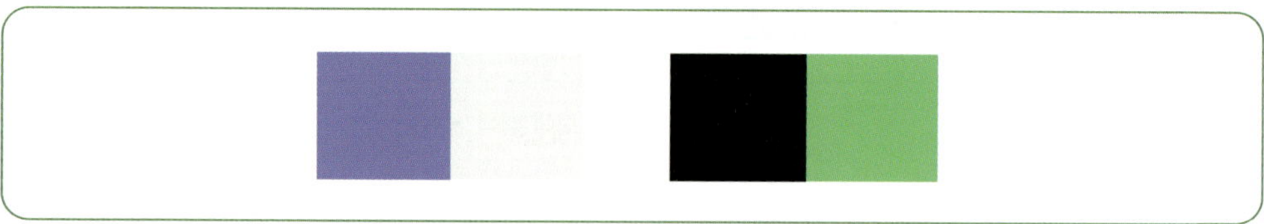

• 명도차가 중간인 배색(명도차 2.5~3.5) •

④ **명도차가 큰 배색**

㉠ **고명도 – 저명도** : 명확하고 눈에 잘 띄며 명쾌한 느낌 **예** 노랑 – 보라

㉡ **무채색 – 유채색** : 채도의 도움으로 선명해 보임 **예** 노랑 – 검정

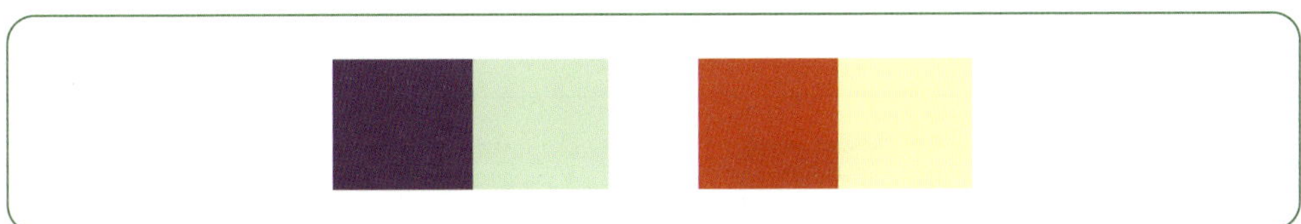

• 명도차가 큰 배색(명도차 4~11) •

▶ 대조명도 배색

명도차가 크며, 개운하고 뚜렷한 배색이다. 명확하고 눈에 띄는 효과를 기대할 때 사용할 수 있다.

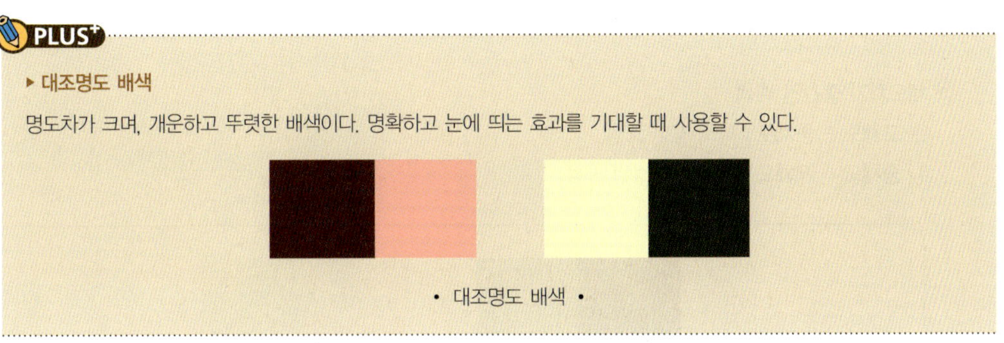

• 대조명도 배색 •

⑶ 채도에 의한 배색

채도의 배색은 배색의 조화, 부조화를 좌우하는 중요한 요소로 부드럽고 강한 이미지, 수수하고 화려한 이미지를 표현하는 중요한 결정요소이다.

① **동일채도 배색** : 채도가 같은 색을 조합한 것으로 동일채도에서 색상차나 명도차를 두어 선명한 느낌을 강조할 수 있다. 고채도 색끼리의 배색은 매우 화려하고 강하며, 저채도 색끼리의 배색은 무채색에 가까운 배색으로 부드럽고 온화하며 수수한 느낌을 준다.

　㉠ **고채도 − 고채도** : 자극적이고 강하며 화려하고 싱싱한 느낌 **예** 빨강 순색 − 노랑 순색

　㉡ **중채도 − 중채도** : 안정감 있는 느낌

　㉢ **저채도 − 저채도** : 점잖고 약하며 검소하고 차분한 느낌 **예** 보라 탁색 − 파랑 탁색

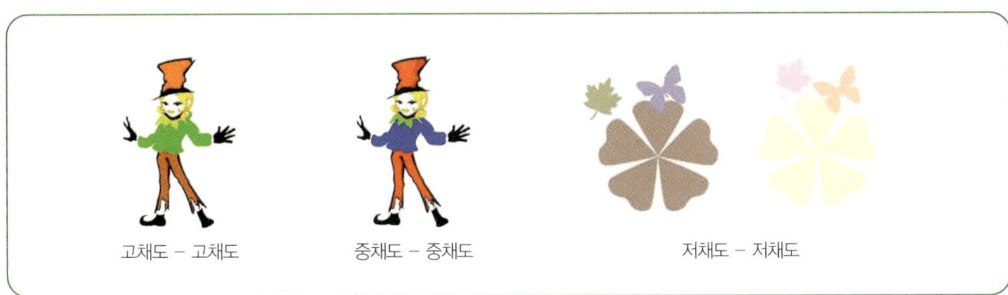

고채도 − 고채도　　　중채도 − 중채도　　　저채도 − 저채도

• 동일채도 배색 •

② 채도차가 작은 배색

• 채도차가 작은 배색(채도차 2~3) •

③ 채도차가 중간인 배색

   ㉠ 고채도 – 중채도 : 다소 강한 느낌

   ㉡ 중채도 – 저채도 : 점잖고 안정된 느낌

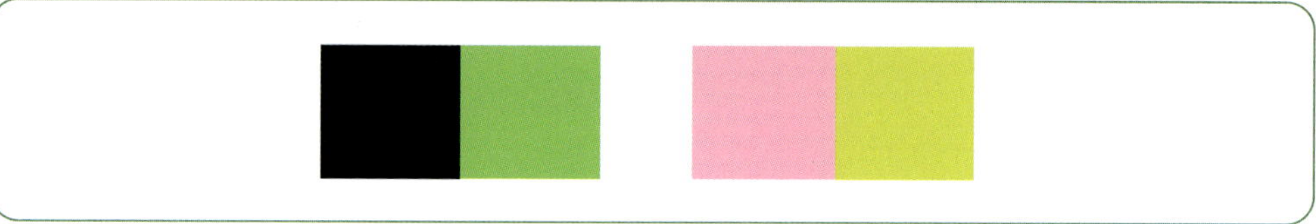

• 채도차가 중간인 배색(채도차 4~6) •

④ **채도차가 큰 배색** : 선명하고 산뜻함, 독특하고 개성 있는 느낌(고채도 – 저채도)

   예 빨강 순색 – 빨강 탁색 / 파랑 순색 – 노랑 탁색

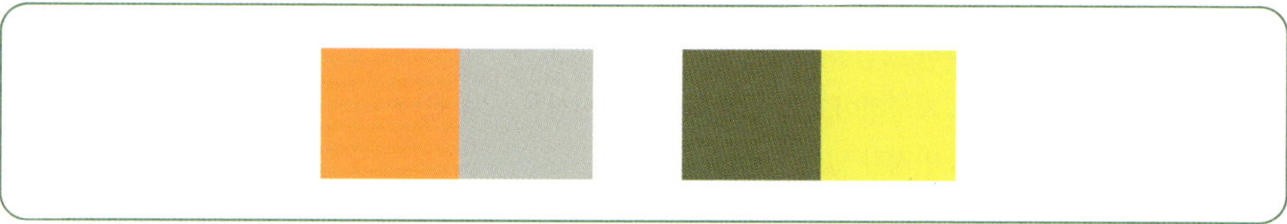

• 채도차가 큰 배색(채도차 7~9) •

⑤ **대조채도에 의한 배색** : 대조채도의 배색은 채도가 큰 배색으로 예를 들면, 순색과 탁색, 순색에 가까운 색과 무채색끼리의 배색을 의미한다. 유쾌하고 활기찬 느낌을 준다.

• 대조채도 배색 •

2절 톤(Tone)의 이해

1. 톤의 종류

톤이란 명도와 채도의 복합개념을 말하는 것으로 동일한 색상에서 색의 밝고 어두움, 진하고 흐림, 강약 등에 따른 차이를 말한다.

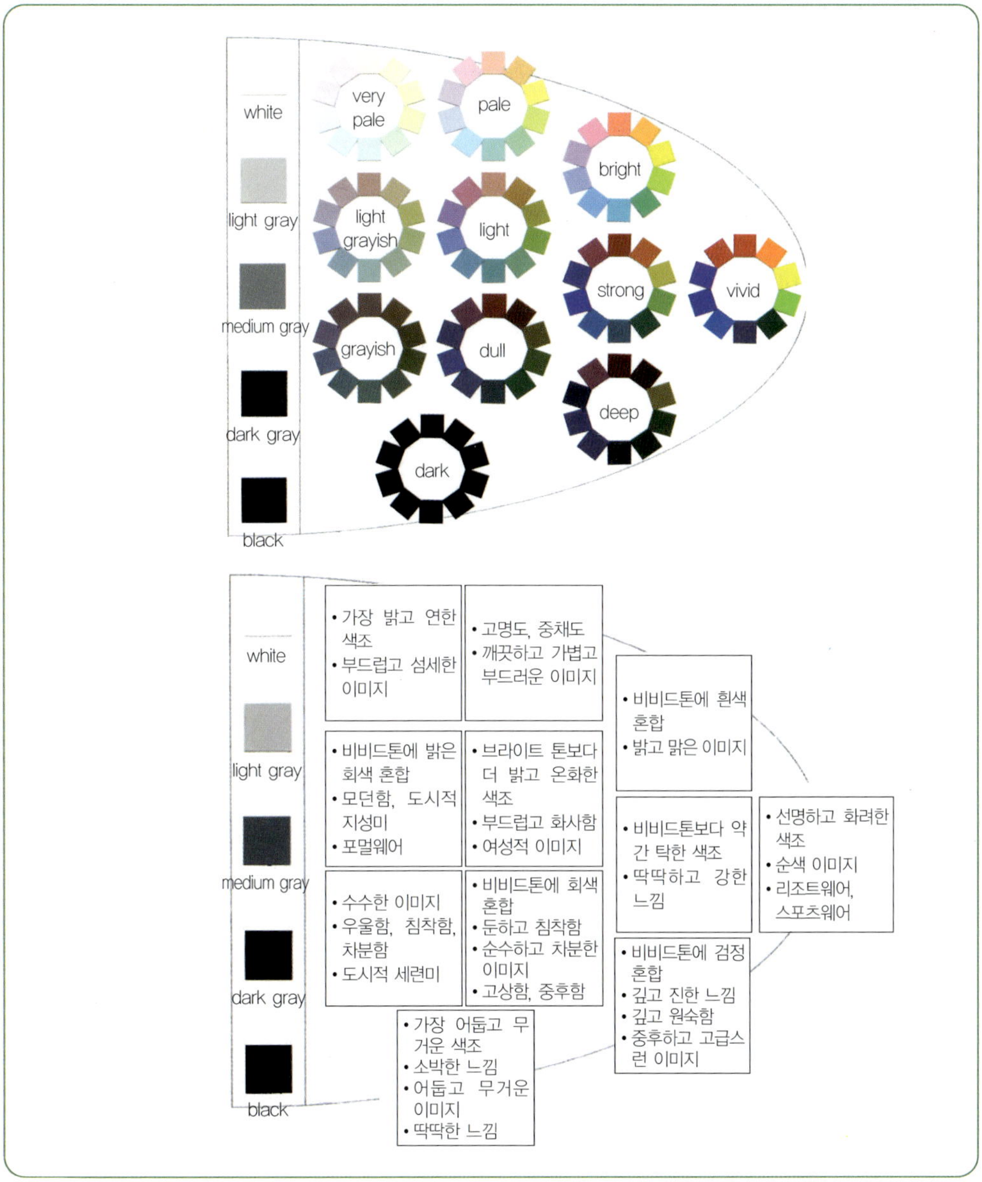

• 톤의 종류와 이미지 •

(1) 비비드 톤(Vivid Tone)

① 채도가 가장 높아서 선명하고 화려한 색조
② 색을 통한 대담한 표현과 자유분방함을 강조하는 스타일에 적당
③ 눈에 잘 띄는 색이므로 자극적인 메시지를 전달하는데 효과적
④ 리조트웨어, 스포츠웨어에 활용

(2) 스트롱 톤(Strong Tone)

① 비비드한 원색에서 약간 선명도가 떨어지고 탁한 기운이 있는 색조이다.
② 딱딱하고 강한 느낌을 주는 톤에 속한다.

(3) 브라이트 톤(Bright Tone)

① 순색의 비비드 톤에 흰색을 약간 혼합한 밝고 맑은 색조
② 보는 사람에게 꿈과 희망을 주는 효과

(4) 라이트 톤(Light Tone)

① 브라이트 톤보다 조금 더 밝고 온화한 색조, 파스텔 톤
② 인상이 부드럽고 화사해 보이도록 함
③ 산뜻하고 고우며 여성적인 이미지를 표현하는데 효과적

(5) 페일 톤(Pale Tone)

① 유채색의 톤 중에서 가장 밝고 연한 톤
② 깨끗하고 부드러우며 가볍고 섬세한 이미지를 표현하는데 사용

(6) 베리 페일 톤(Very Pale Tone)

① 베리 페일 톤은 유채색의 톤 중에서 가장 밝고 연한 톤이다.
② 유아복 등 부드러우며 섬세한 이미지를 표현하는데 사용된다.

(7) 덜 톤(Dull Tone)

① 비비드 톤에 그레이가 가미된 중간 색조
② 색의 느낌이 강하게 드러나지 않아 둔하고 침착한 느낌
③ 색이 다운되어 수수하고, 평온한, 점잖은, 차분한, 내추럴 이미지 표현
④ 고상하고 중후한 느낌

(8) 라이트 그레이시 톤(Light Grayish Tone)

① 비비드 톤에 밝은 그레이가 가미된 색조
② 색이 모던하면서 도시적인 지성미로 차분한 포멀웨어 디자인에 적합

⑼ 그레이시 톤(Grayish Tone)

① 화려함보다는 우울하고, 침착하며 차분함을 잘 표현하는 색조
② 색에서 느껴지는 수수함이 누구에게나 어울리는 색
③ 무난하면서 도시적인 세련미를 대표하는 대중적인 톤

⑽ 딥 톤(Deep Tone)

① 순색에 블랙이 섞여 어두워진 톤
② 비비드 톤보다 명도, 채도가 약간 낮아서 깊고 진한 느낌을 주는 색조
③ 색이 묵직하고 강한 것이 특징
④ 깊고, 충실하며, 원숙한 느낌을 주는 중후하고 고급스러운 이미지 표현

⑾ 다크 톤(Dark Tone)

① 블랙이 섞인 색으로 가장 어둡고 무거운 색조
② 화려함이 없고 소박한 느낌
③ 어둡고 무거운 이미지를 표현하여 딱딱한 느낌을 주는 남성색

톤 이름	기호	의미	이미지
White	W	흰색	밝은, 깨끗한, 담백한, 가벼운, 청결한, 차가운, 신선한, 소박한
Light Gray	ltGy	밝은 회색	담백한, 점잖은, 조용한, 약한
Gray	Gy	회색	수수한, 어른스런, 소극적인, 탁한, 스모키한, 외로운, 평범한
Dark Gray	dkGy	어두운 회색	수수한, 우중충한, 무거운, 딱딱한
Black	Bk	검정색	강한, 어두운, 무거운, 딱딱한, 고급스러운, 세련된, 엄숙한
Pale	P	흐린 색	부드러운, 로맨틱한, 얇은, 친밀한, 여성적인, 옅은, 가벼운, 귀여운, 파스텔풍의
Light Grayish	Ltg	밝은 회색을 띠는 색	간소한, 약한, 수동적인, 소극적인, 담백한, 온순한, 밝은 잿빛의, 침착한, 조용한
Grayish	G	회색을 띠는 색	정적인, 탁한, 고풍스런, 쓸쓸한, 수동적인, 멋진, 잿빛의, 점잖은
Dark Grayish	Dkg	어두운 회색을 띠는 색	안정적인, 실용적인, 보수적인, 침착한, 음울한, 칙칙한, 드넓은, 어두운 잿빛의, 무거운, 딱딱한, 남성적인
Light	Lt	엷은 색	클래식한, 침착한, 평범한, 온순한, 평온한, 어린애 같은, 즐거운, 신선한, 얇은
Dull	D	둔탁한 색	내추럴한, 스포티한, 둔한, 차분한, 무딘, 적막한, 칙칙한, 무난한, 중간색적인
Dark	Dk	어두운 색	중후한, 늙은, 안전한, 강한, 딱딱한, 남성적인, 무거운, 어두운, 어른스러운, 튼튼한, 원숙한
Bright	B	밝은 색	온화한, 산뜻한, 싱싱한, 젊은, 건강한, 순수한, 감미로운, 밝은, 건강한, 명랑한, 화려한
Strong	S	강한 색	강한, 동적인, 정열적인
Deep	Dp	진한 색	맛이 깊은, 전통적인, 원숙한, 충실한, 상념적인, 지루한, 짙은, 충실한
Vivid	V	선명한 색	자극적인, 강한, 활동적인, 파격적인, 생생한, 자유로운, 적극적인, 맑은, 신선한, 화려한

• 톤의 기호 · 의미 · 이미지 언어 •

2. 톤에 의한 배색

(1) 동일 톤에 의한 배색

명도의 차이는 있어도 채도가 같기 때문에 조화가 쉽고 통일감을 얻을 수 있으며, 색상을 많이 사용하는 다색배색도 가능하다.

• 동일 톤에 의한 배색 •

---

4) 사진출처 : http://www.blankandcables.com
http://www.color21c.co.kr

(2) 유사 톤에 의한 배색

명도는 다르나 채도가 유사하기 때문에 동일 톤의 배색과 같이 조화로움을 연출할 수 있다.

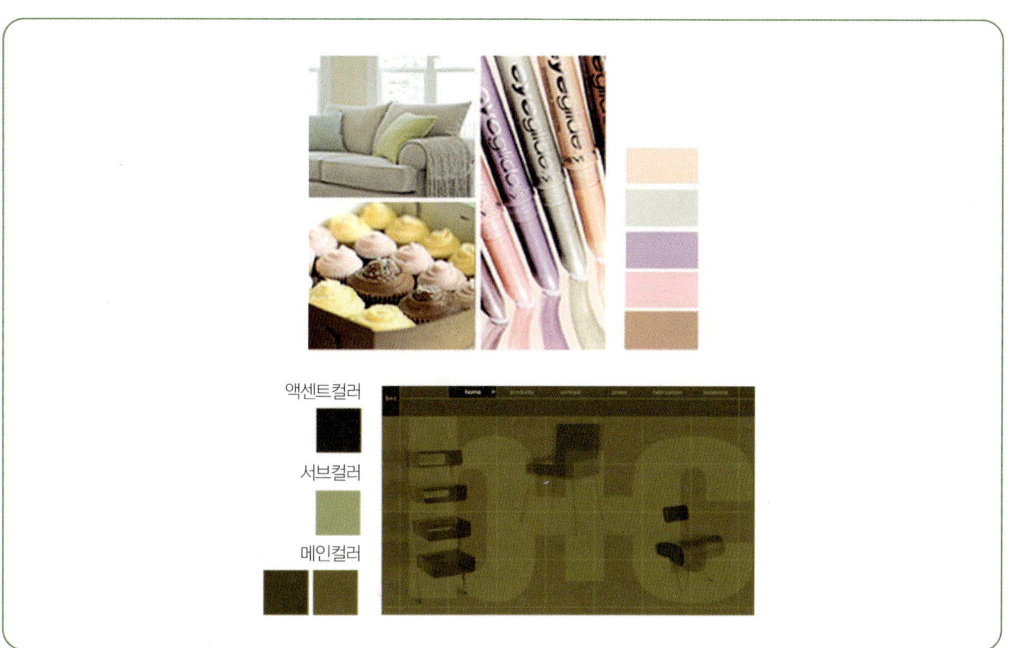

• 유사 톤에 의한 배색4) •

(3) 대조 톤에 의한 배색

명도나 채도에 큰 변화가 있으므로, 분명한 느낌을 강조할 때 유용하게 쓰인다.

• 대조 톤에 의한 배색5) •

---

5) 사진출처 : http://www.voguegirl.com

3절 감성 이미지 컬러

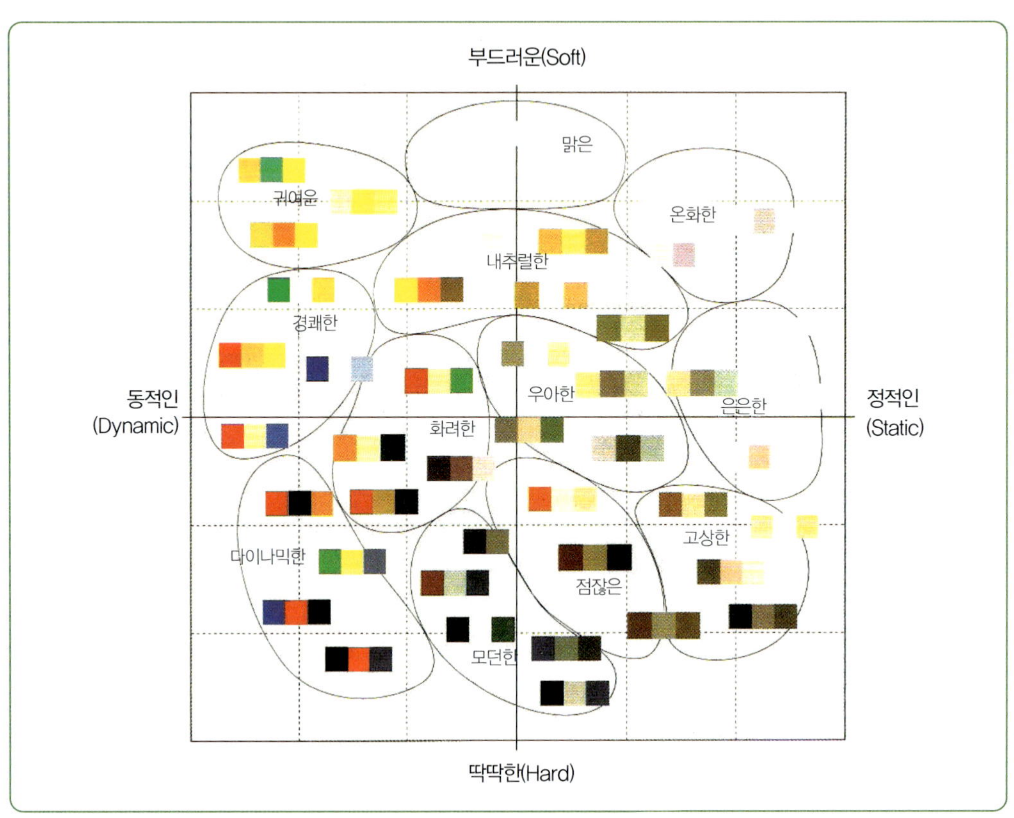

• 이미지에 따른 컬러 스케일6) •

1. 로맨틱(Romantic)

로맨틱은 '공상적', '낭만적', '환상적', '부드러운', '사랑스런', '온화한', '여성적인', '감미로운' 이미지가 포함되어 있다. 화사하고 사랑스러운 소녀의 분위기와 단정하고 정숙한 여성의 이미지로 장식적인 면이 강조된 스타일로 표현될 수 있다. 또한 동화의 세계처럼 감미롭고 부드러운 분위기에 대한 동경을 표현한다. 페일 톤, 라이트 톤, 브라이트 톤 등 고명도 색조의 연한 핑크, 베이지, 오렌지, 민트, 라벤더 등 유사색을 선택하여 배색하면 로맨틱한 이미지를 표현할 수 있다.

---

6) 「어떤색이 좋을까? color combination」 IRI색채연구소 저, 영진닷컴(2011)

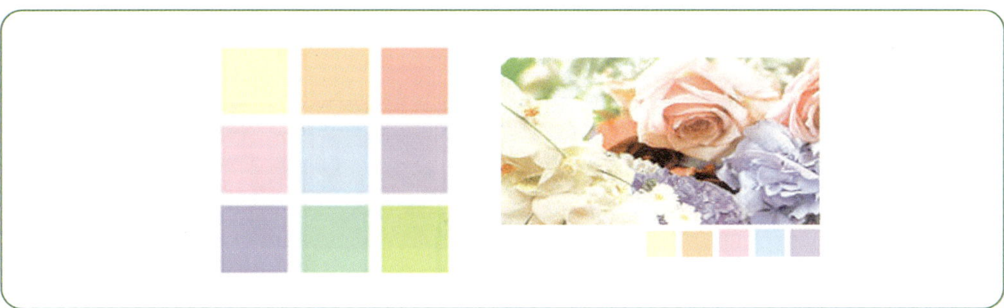

• 로맨틱 배색과 이미지 •

2. 프리티(Pretty)

프리티는 '명랑한', '사랑스러운', '아기자기한', '달콤한' 이미지가 포함되어 있다. 귀엽고 달콤하며 소녀적인 이미지로 다양한 색상의 화사하고 부드러운 배색으로 이루어진다. 빨강, 노랑 등의 색상에 핑크, 보라 계열의 배색으로 로맨틱보다는 좀 더 화려한 이미지를 가진다. 빨간색, 주황색, 노랑색, 연두색 같은 난색 계열의 선택으로 유아 및 아동 대상 상품이나 어린 감성을 가진 키덜트 족 상품에 많이 사용된다.

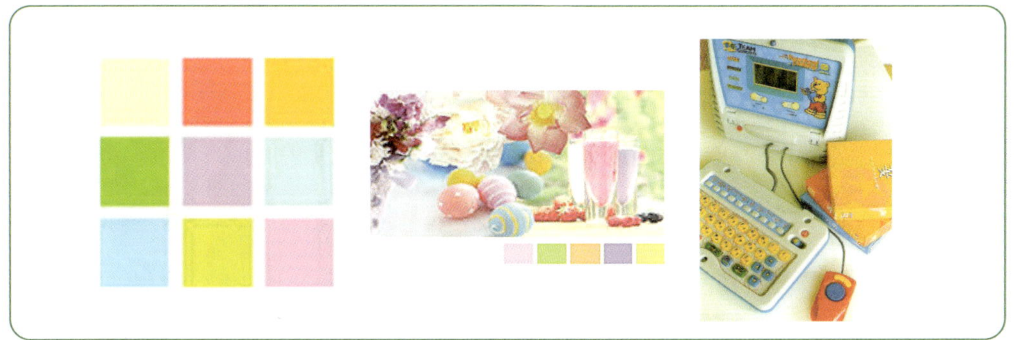

• 프리티 배색과 이미지 •

3. 클래식(Classic)

클래식은 '고전적인', '전통적인', '보수적인' 등의 사전적 의미가 있다. 오랜 세월동안 손에 익숙해지고 사용되어진 느낌으로 깊은 격조감이 내재되어 있는 분위기를 뜻하며 전통성과 윤리성을 존중하고 풍요로움을 추구하는 여유 있는 사람들에게 선호되는 이미지이다. 원숙미와 성숙미가 돋보이는 고전적이고 화려한 느낌이다. 딥 톤, 다크 톤 등을 중심으로 명도대비는 약하게 표현하고, 차분하고 깊이 있는 짙은 감청색, 버건디, 카멜, 브라운, 그레이 등 깊이감이 있는 어두운 색조가 어울린다. 여기에 골드를 사용하면 기품과 우아함을 줄 수 있다.

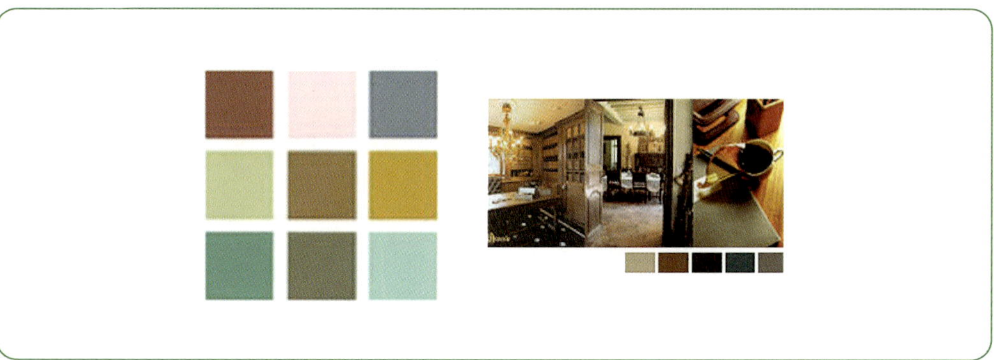

• 클래식 배색과 이미지 •

4. 엘레강스(Elegance)

사람의 품위를 표현하는 말로 엘레강스는 '기품 있는', '우아한', '여성적인', '고상한', '세련된' 등의 뜻이다. 고급스런 소재를 사용하여 여성적인 아름다움을 부각시키며, 화려한 장식이나 꾸밈없이 간결하고 세련된 분위기를 연출할 수 있다. 핑크, 퍼플, 베이지, 그레이 등이 많이 사용되며, 회색을 띤 우아한 색조가 특징이다. 비비드 톤, 페일 톤, 브라이트 톤, 덜 톤, 라이트그레이시 톤, 그레이시 톤의 6톤에서 3개 이상의 톤으로부터 주로 핑크, 보라 중심의 색을 선택하여 배색하면 엘레강스한 이미지가 된다.

• 엘레강스 배색과 이미지 •

5. 모던(Modern)

모던은 '현대적인', '도시적인', '합리적인', '이지적인', '기계적인', '전문적인' 등의 느낌으로 진보적인 스타일이다. 매우 서구적이고 산뜻한 디자인으로 하이테크한 감각도 모던함의 특징이다. 화이트, 블랙 등의 무채색과 블루계의 다크 톤 또는 블루를 중심으로 한 이미지 색이 많다. 붉은색, 청색계열의 비비드하면서 글로시한 색상을 포인트 색으로 사용한다.

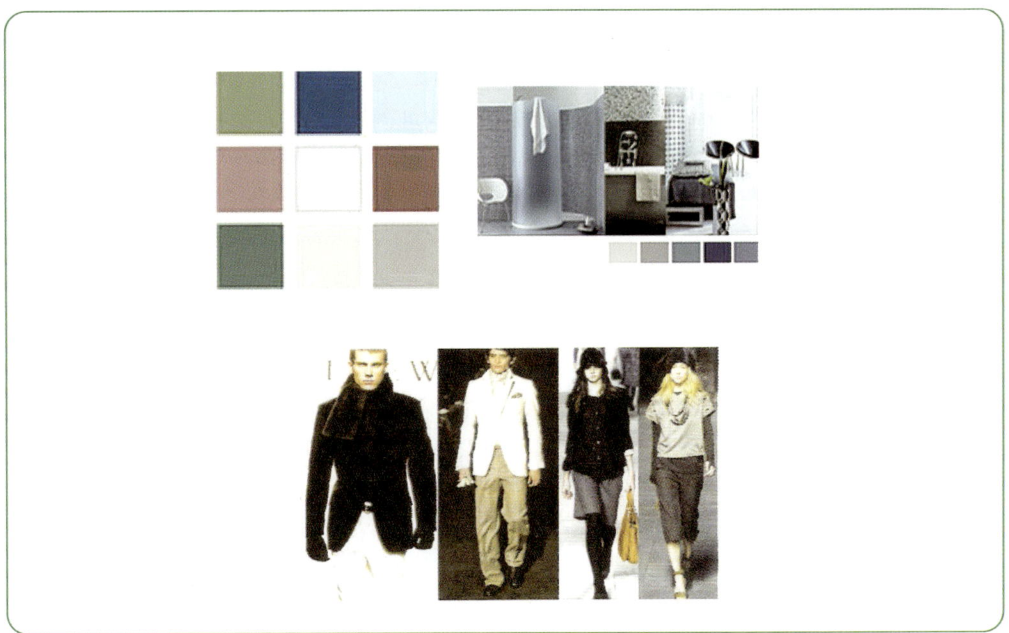

• 모던 배색과 이미지 •

6. 캐주얼(Casual)

캐주얼이란 '젊은', '유쾌한', '개방적인', '율동적인', '명랑한' 느낌의 고루하지 않고 자유분방한 이미지를 말한다. 스마트한 이미지, 밝고 건강한 이미지, 활동적이고 역동적인 이미지에 속도감 있는 감각, 색채가 화려한 인상 등을 강조한 이미지가 효과적이다. 색상은 고채도의 맑고 대비가 강한 색이 중심이 되며 부드럽고 청명한 색 또는 화려한 톤의 배색도 잘 어울린다. 단, 많은 수의 색상을 사용하면 오히려 이미지를 망칠 수 있으므로 2~3가지 색상으로 한정시켜 젊고 밝은 느낌으로 정돈하는 것이 효과적이다.

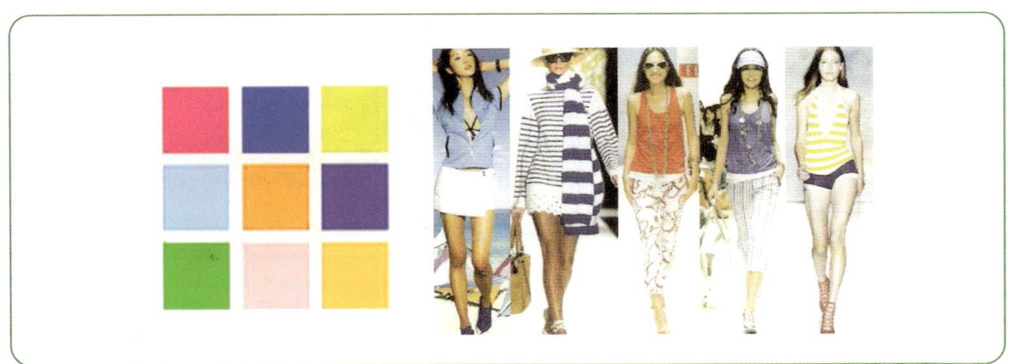

• 캐주얼 배색과 이미지 •

7. 내추럴(Natural)

내추럴은 자연이 포용하고 있는 '정다움', '온화함', '편안함', '친근함' 등을 표현한 것이다. 자연 지향적이고 과장됨이나 인공적인 요소가 가미되지 않아 소박하고 부드러우며, 계속 보아도 싫증나지 않는 것이 내추럴 이미지의 기본이다. 자연의 이미지를 그대로 살린 흙이나 나무로 만들어진 공예품이라든가 도기, 나뭇결을 살린 가구 등을 그 예로 들 수 있다. 또 풀이나 나뭇잎 패턴으로 물들인 이미지에서 느낄 수 있는 소박하면서도 손으로 직접 만든 듯한 느낌을 주는 것을 말한다. 흙, 식물 등 자연에서 볼 수 있는 부드러운 톤의 베이지, 황록계열이 중심색으로 비교적 대비가 적은 차분한 느낌의 배색이 된다. 보라색 계열은 주위의 톤을 맞추면 포인트 색으로 사용할 수 있다.

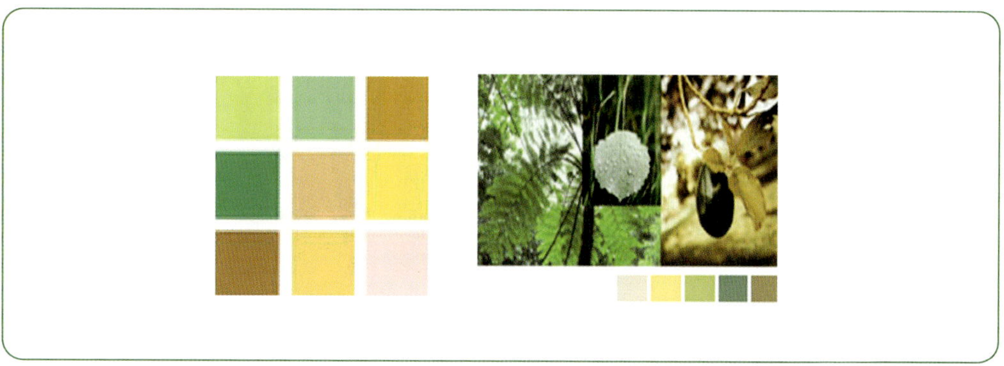

• 내추럴 배색과 이미지 •

8. 다이나믹(Dynamic)

다이나믹은 '활동적인', '야성적인', '열렬한' 느낌을 표현한 것으로 강렬하고 대담하며 파워풀한 이미지의 표현이다. 비비드 톤 중심의, 화려하며 동적인 색을 중심으로 배색하는 것이 포인트이다. 원색적인 색상과 대비 톤의 차이를 통해 표현한다.

• 다이나믹 배색과 이미지 •

9. 고저스(Gorgeous)

고저스는 '호화로운', '원숙한', '오래된' 느낌을 표현한 것으로 딥 톤, 다크 톤의 블랙, 골드, 레드 등의 화려하고 깊이감 있는 컬러들을 중심으로 배색한다.

10. 댄디(Dandy)

댄디는 '침착한', '격조 있는', '남성다운', '위엄 있는' 느낌의 컬러 배색이다. 무거운 다크 톤 중심의 색조로, 다크 그레이, 다크 브라운계의 중후한 느낌이 중심이 된다.

11. 에스닉(Ethnic)

에스닉은 '이국풍의', '이국적인' 의미가 포함되는 이미지로 원래는 미술, 공예품, 복장이나 용모 등의 양식과 분위기에 쓰이는 말이다. 에스닉 스타일은 유럽 이외의 세계 여러 나라 민속의상과 민족 고유의 직물, 염색, 공예 등에서 영감을 얻어 디자인한 것으로 종교적 의미가 가미된 토속적이며 소박한 이미지의 패션이다. 에스닉에서는 주로 적색계열과 난색계열이 많이 사용되며 덜 톤, 딥 톤의 색조가 지배적이다.

2장 컬러 코디네이션

1절 기본 컬러 이미지와 코디네이션[7]

1. 빨강(Red)

(1) 이미지 언어

체력, 건강, 생명력, 열정, 외향적, 적극적, 행동적

(2) 컬러 성격

① 강렬하고 선동적, 화려한 사람들의 장식품, 혁명을 꿈꾸는 사람들의 깃발
② **강조와 부각** : 어느 컬러와 배색하여도 분명한 자기 색을 드러냄

(3) 기본 코디

① **비비드 컬러 배색** : 파랑, 초록 등의 반대색이 명쾌한 느낌을 주면서 빨간색을 강조
② **파스텔 컬러 배색** : 자연스러운 매치가 어려우므로 액센트 컬러로 사용
③ **딥 컬러 배색** : 엘레강스한 분위기
④ **내추럴한 컬러 배색** : 부드러운 인상

• 빨강 컬러 이미지 •

---

7) 사진출처 : 스타일닷컴 www.style.com

2. 주황(Orange)

(1) 이미지 언어

원기, 적극, 희열, 활력, 만족, 유쾌, 건강, 따뜻함, 약동, 풍부

(2) 컬러 성격

① **침샘을 자극하는 힘** : 식욕을 돋워주는 효과

② 따뜻하고 즐거운 이미지

(3) 기본 코디

① **검정색 배색** : 모던한 연출, 이때 전체적인 느낌이 무거워 보인다면 흰색과 함께 코디

② **그레이 배색** : 탁해 보이므로 코디에 주의

③ **비비드 컬러 배색** : 반대색인 보라색과 매치하면 개성 있어 보이고, 녹색계열과도 잘 매치

④ **딥 컬러, 내추럴 컬러 배색** : 비교적 자연스럽게 매치

• 주황 컬러 이미지 •

3. 노랑(Yellow)

(1) 이미지 언어

희망, 광명, 명랑, 유쾌, 대담함, 빛남, 부드러움, 따뜻함, 다정함, 감미로움

(2) 컬러 성격

① 밝고 가벼운 이미지

② 배색하기 어려운 컬러(배색할 컬러의 색상과 색조 선택에 주의)

(3) 기본 코디

① **검정, 흰색, 그레이 배색** : 모던하고 경쾌한 인상(회색과 배색하는 것이 가장 세련)

② **블루 계열 배색** : 시원한 여름 배색

③ **적색 계열 배색** : 팝(Pop)한 인상

④ **파스텔 컬러 배색** : 잘 어울리며 그 중에서도 블루 계열이 최상의 코디

⑤ **내추럴 컬러 배색** : 색감이 비슷해서 온화하고 부드러운 인상

• 노랑 컬러 이미지 •

4. 연두(Yellow-Green)

(1) 이미지 언어

친애, 젊음, 신선함, 자연, 초여름, 유아, 새싹, 희망

(2) 컬러 성격

① 산뜻하고 또렷한 이미지의 배색에 포인트를 주는 컬러

② 여리고 맑은 자연의 컬러

(3) 기본 코디

① 검정, 흰색, 그레이와 매치하는 것이 기본

② 주장이 강한 색이므로 두 가지 색으로 배색하는 것이 효과적

③ 주황색과 잘 어울림

④ 퍼플 계열 배색 : 개성 있는 연출

⑤ 내추럴 컬러 배색 : 에스닉한 이미지

| Blugirl | Christian Dior | Burberry Prorsum | Anna Sui | Valentino |

• 연두 컬러 이미지 •

5. 올리브 그린(Olive-Green)

(1) 이미지 언어

냉정, 평정

(2) 컬러 성격

이지적이고 지성적인 느낌, 자연의 컬러

(3) 기본 코디

① 검정, 흰색과는 무난하게 매치되고 회색과의 매치는 지나치게 차가운 인상을 주게되므로 주의
② 비비드 톤이나 딥 컬러와 잘 어울리는 색상
③ 난색 계열 배색 : 경쾌한 느낌
④ 한색 계열 배색 : 샤프함 강조
⑤ 내추럴 톤 배색 : 검은색으로 액센트

• 올리브 그린 컬러 이미지 •

6. 파랑(Blue)

(1) 이미지 언어

차가움, 심원, 명상, 냉정, 영원, 성실, 바다, 하늘과 물의 상징, 깨끗함, 신선함, 젊음, 희망, 청결

(2) 컬러 성격

① 세계 어디에서나 사람들이 좋아하는 컬러
② 이지적이고 맑은 느낌

(3) 기본 코디

① 흰색과의 매치가 베스트, 어떤 색과도 비교적 매치하기 쉬운 색상
② 비비드 컬러 배색 : 노랑색, 빨강색이 특히 잘 매치
③ 파스텔 컬러 배색 : 명도 차이가 있어 비교적 잘 매치
④ 딥 컬러나 내추럴 컬러 배색 : 깊이 있고 엘레강스한 인상

| Amaya Arzuaga | Amaya Arzuaga | 3.1 Phillip Lim | Costume National | Blugirl |

• 파랑 컬러 이미지 •

7. 군청(Navy)

(1) 이미지 언어

숭고, 냉철, 심원, 무한, 영원, 신비, 신뢰

(2) 컬러 성격

① 차갑고 거리감을 주는 컬러
② 딱딱하고 고상한 중년의 이미지
③ 무겁고 깊이 있는 느낌
④ 신뢰감과 세련된 느낌

(3) 기본 코디

① 색감이나 밝기의 차이로 조금씩 인상이 바뀌긴 하지만 배색 포인트는 동일
② 흰색과의 매치가 가장 이상적
③ 회색 배색 : 트래디셔널한 배색으로 품위 있는 이미지 연출
④ 검정색 배색 : 주의를 요함(미묘한 색차이로 부조화)
⑤ 비비드 톤, 파스텔 톤, 딥 톤 컬러 배색 : 반대색을 중심으로 배색
⑥ 내추럴 톤 컬러 배색 : 베이지색과 잘 매치

| Diane von Furstenberg | Proenza Schouler | 장광효 | General Idea | Christian Dior |

• 군청 컬러 이미지 •

8. 마젠타(Magenta)

(1) 이미지 언어

애정, 연정, 창조적, 심리적, 정서적

(2) 컬러 성격

① 특이함, 예술가의 색
② 도도함과 우아한 이미지

(3) 기본 코디

① 배색에 따라서 화려해 보이기도 하고, 캐주얼한 인상을 주기도 함
② 검정색, 흰색 배색 : 모던하고 샤프한 인상
③ 녹색 계열 배색 : 이국적인 분위기
④ 주황색 배색 : 캐주얼한 인상
⑤ 내추럴 컬러 배색 : 검은색으로 포인트

| Alberta Ferretti | Alberta Ferretti | Anna Sui | Burberry Prorsum | Fendi |

• 마젠타 컬러 이미지 •

9. 베이지(Beige)

(1) 이미지 언어

온화함, 유연함, 편안함, 융통성

(2) 컬러 성격

무난하고 세련된 느낌

(3) 기본 코디

① 모노톤과 기본적으로 가장 무난한 코디
② 겨울에 활용하면 고급스럽고 세련되어 보이는 컬러 코디네이션
③ 비비드 톤 컬러 배색 : 너무 강렬한 색보다는 조금 억제된 색상이 매치

• 베이지 컬러 이미지 •

10. 갈색(Brown)

(1) 이미지 언어

외로움, 쓸쓸함, 대지, 부드러움, 아늑함, 우아함

(2) 컬러 성격

차분하고 수수한 느낌

(3) 기본 코디

① 붉은기나 노란기가 강하지 않은 색을 배합하는 것이 좋음

② 검정색과의 매치 시, 밝은 색을 플러스 해주는 것이 좋음

③ 갈색과 흰색은 잘 매치되지만, 회색과의 매치는 탁해 보이기 쉬우니 주의

④ 비비드 톤과의 매치도 자연스러우며 파스텔 컬러에서는 연한 색이 잘 어울림

⑤ 딥 컬러나 내추럴 컬러와 좋은 코디

| Vivienne Westwood | 3.1 Phillip Lim | Vanessa Bruno | hexa by kuho | Jean Paul Gaultier |

• 갈색 컬러 이미지 •

11. 분홍(Pink)

(1) 이미지 언어

낭만, 설레임, 청춘, 애정, 부드러움, 섬세함

(2) 컬러 성격

여성스럽고 사랑스런 느낌

(3) 기본 코디

① **검정색 배색** : 성숙한 이미지

② **흰색 배색** : 신선한 이미지

③ **회색 배색** : 고급스럽고 품위 있는 이미지

④ **비비드 컬러 배색** : 블루 계열 이외에는 주의

⑤ **파스텔 톤 컬러 배색** : 톤이 비슷해서 매치 용이

⑥ **내추럴 컬러 배색** : 부드러우면서 캐주얼한 분위기

• 분홍 컬러 이미지 •

12. 하양 · 회색 · 검정(White · Gray · Black)

(1) 이미지 언어

① **하양** : 순수, 청결, 소박, 순결, 정직, 독립, 빛의 상징, 희망, 숭고함, 상쾌
② **회색** : 겸손, 우울, 중성, 점잖음, 우아함, 수수함, 보수적, 신뢰감(진한 그레이 : 힘과 권력)
③ **검정** : 세련됨, 죽음, 공포, 권위, 허무, 절망, 침묵, 불안, 밤, 영원, 신비

(2) 컬러 성격

① **하양** : 깨끗하고 순수한 느낌
② **회색** : 시크하고 세련된 도시 감성 느낌
③ **검정** : 강하고 엄숙한 느낌, 도시적 세련미

(3) 기본 코디

① 하양과 검정은 대부분의 색과 잘 어울리는 기본색(단, 톤 매치에는 주의)
② **하양** : 너무 흐린 파스텔 컬러와는 부조화
③ **검정** : 다크 컬러와 부조화
④ **회색** : 파스텔 컬러와는 잘 매치, 비비드 컬러와는 부조화, 내추럴 컬러와도 명도에 주의해서 난색 계열로 매치

| Celine | Elie Saab | Amaya Arzuaga | Amaya Arzuaga | Amaya Arzuaga |

• 하양 · 회색 · 검정 컬러 이미지 •

2절 패션 컬러 코디네이션 실습

1. 컬러 코디네이션

(1) 정의

패션에 있어서 색채의 비중은 대단히 크고, 특히 시각에 호소하는 힘이 강하므로 상품의 성격이나 유행의 경향, 이미지 등을 표현하는 효과가 크다. 컬러 코디네이션이란 두 가지 이상의 색상으로서 서로 돋보이게 하거나, 조화시킴으로써 전체적인 효과를 상승시키는 것을 의미한다.

(2) 톤 온 톤(Tone-on-Tone) 코디네이션

① 톤을 겹친다는 의미, 동색계의 농담배색이라고 불림
② 동일 색상에서 톤의 명도차를 비교적 크게 둔 배색(색상은 같고 톤이 다른 배색)
③ 전체적으로 안정적이며 편안한 느낌, 눈의 피로도 감소
④ 색상은 동일색상이나 유사색상의 범위 내에서 선택 ⓔ 밝은 베이지 + 어두운 갈색

• 톤 온 톤 배색 •

• 톤 온 톤 코디네이션 •

(3) 톤 인 톤(Tone-in-Tone) 코디네이션

① 톤은 같지만 색상이 다른 배색

② 동일 또는 유사 톤의 조합에 의한 배색

③ 톤과 명도의 느낌은 거의 일정하게 하면서 색상을 다르게 하는 배색방법

④ 부드럽고 온화한 효과 연출

• 톤 인 톤 배색 •

• 톤 인 톤 코디네이션 •

(4) 그라데이션(Gradation) 코디네이션

① 색상, 명도, 채도의 단계적 변화를 일정한 순서에 의하여 배색하는 방법

② 리듬감, 약동감, 통일감을 주는 배색

③ 그라데이션(Gradation)은 서서히 변하는 것, 단계적 변화란 의미

④ 그라데이션 효과 : 색채의 계조 있는 배열에 따라 시각적인 유목성을 주는 것

⑤ 3색 이상의 다색 배색에서 그라데이션 효과를 나타냄

• 그라데이션 배색 •

• 그라데이션 코디네이션 •

(5) 액센트(Accent) 코디네이션

① 강조하고 싶은 부분에 시각적 초점을 집중시키는 배색
② 단조로운 배색에 대조색을 소량 덧붙임으로써 전체 상태를 돋보이도록 하는 배색기법
③ 액센트 컬러로 대조적인 색상이나 톤, 의외성이 있는 색을 사용함으로써 강조점 부여
④ 액센트 컬러는 배색 전체의 효과를 짜임새 있게 하는 것으로 색상, 명도, 채도, 톤의 각각을 대조적으로 조합함으로서 가능
⑤ 전체가 평범하고 대조한 배색에 대하여 큰 변화를 준다든가, 부분을 한층 강하게 하여 시선을 집중시킬 수 있는 효과

• 액센트 배색 •

• 액센트 배색 코디네이션 •

⑹ 콘트라스트(Contrast) 코디네이션

① 면적의 비가 유사하면서 강한 대비를 이루는 배색

② 강렬하고 선명함, 자극적이고 화려한 느낌

③ 명도차에 의한 블랙&화이트, 보색대비가 대표적

④ 싫증을 빨리 느끼고 자칫 촌스럽게 보일 수 있음

⑤ 사용하는 보색은 2~3가지로 제한

• 콘트라스트 배색 •

• 콘트라스트 배색 코디네이션 •

PLUS⁺

▶ 콘트라스트(Contrast)에 따른 이미지 연출

콘트라스트는 색상 대비, 명도 대비, 채도 대비를 모두 혼합한 것으로 크게 세 가지로 나눌 수 있다. 블랙과 화이트처럼 색 대비가 선명하면 하이 콘트라스트(High Contrast), 블랙과 브라운처럼 약간 대비를 이루면 미디엄 콘트라스트(Medium Contrast), 거의 대비가 없으면 로우 콘트라스트(Low Contrast)라고 한다.

하이 콘트라스트의 경우, 적어도 상의에서는 머리색과 피부톤만큼 대비가 되도록 연출해야 한다. 즉, 한 가지 단색으로만 옷을 입으면 안 된다.

여자의 경우 한 벌로 이루어진 정장을 입더라도 스카프를 매든가 코사지를 달든가 해야 한다. 개화기 신여성들의 단발 머리에 흰 저고리, 길이가 짧은 검은 치마는 하이 콘트라스트에 해당하며 흑백의 강렬한 대조를 통해 전통에 구애되지 않는 신여성의 독립심과 강함을 보다 강조하는 효과를 거두었다.

우리나라 사람들은 머리색이 검기 때문에 로우 콘트라스트는 거의 없는데, 특히 우리나라 남자들의 대부분은 하이 콘트라스트이다.

미디엄 콘트라스트의 가장 큰 특징은 어떤 컬러를 배합해도 모두 잘 소화하기 때문에 컬러를 자유롭게 쓸 수 있다는 점이다. 반면 로우 콘트라스트는 단색을 입으면 좋다. 여름에 염색을 많이 하는 이유는 여름 컬러가 겨울 컬러보다 더 화려하기 때문이다. 하이 콘트라스트일 때보다 머리색이 좀 옅어져서 미디엄 콘트라스트 정도가 되면 화려한 여름옷을 입어도 촌스럽지 않게 보일 수 있다. 온화한 이미지를 내고 싶을 때에는 미디엄 콘트라스트를 선택하고 사선 패턴만 배제하면 된다.

하이 콘트라스트 연출은 카리스마 넘치고 강인하고 능력 있고 똑똑하고 샤프한 인상을 줄 수 있다. 집중과 주의를 끌수 있는 반면, 지나치게 냉정해 보이거나 독립적으로 보일 수 있다.

반면 미디엄 콘트라스트 연출은 부드럽고 따뜻하며 온화하고 친절한 이미지를 나타낼 수 있다. 하지만 절대 똑똑해 보이지는 않는다.

오늘 프레젠테이션을 한다면? 내가 주인이 되는 프레젠테이션과 상품을 돋보이게 하는 프레젠테이션으로 나눌 수 있다. 전자는 내가 돋보여야 하므로 하이 콘트라스트로, 후자는 나보다 상품이 더 돋보여야 하므로 미디엄 콘트라스트로 연출하면 된다. 면접 볼 때도 면접자가 다섯 명이 한꺼번에 들어가면 하이 콘트라스트, 1 : 1 면접이거나 면접관이 여러 명일 때는 미디엄 콘트라스트를 쓰면 좋다.

색채학에서 가장 빠르고 쉽게 이미지를 창출할 수 있는 방법이 바로 이 콘트라스트 기법이다. 콘트라스트 연출법을 잘 활용하기 위해서는 추구하는 이미지를 정확히 알고 있어야 한다.

(7) 리피티션(Repetition) 코디네이션

① 리피티션(Repetition)은 '반복'이라는 뜻

② 2색 이상을 사용하며 일정 질서에 의해 반복, 일체감 및 통일감을 표현

③ 반복에 의해 리드미컬한 조화를 이룰 수 있는 반면 자칫 산만해보일 수 있음

④ 일부의 면적에만 집중 사용하거나 다른 배색기법을 접목시켜 산만함을 피하는 것이 효과적

⑤ 체크무늬, 조각보, 타일 등에서 흔히 볼 수 있음

• 리피티션 배색 •

• 리피티션 배색 코디네이션 •

(8) 세퍼레이션(Separation) 코디네이션

① 유채색의 배색 사이에 무채색을 하나 끼워 넣어 서로의 색상이 잘 조화되게 하는 배색

② 아이템에 의한 배색보다는 직물 자체의 색상 배색이 주를 이루는 경우가 많음

③ 분리색으로는 주로 검정, 흰색, 은색, 금색의 제3색을 삽입

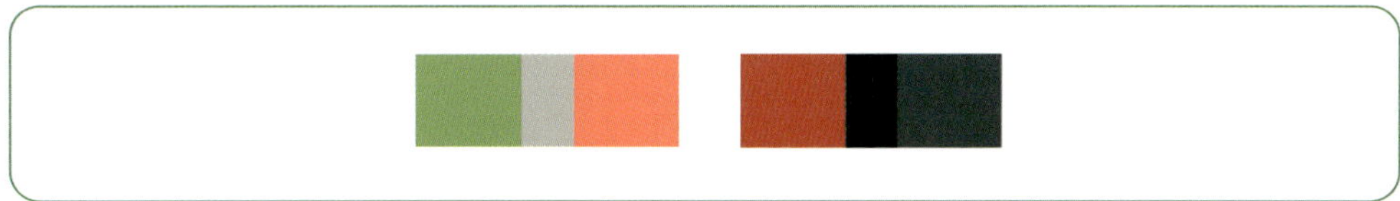

• 세퍼레이션 배색 •

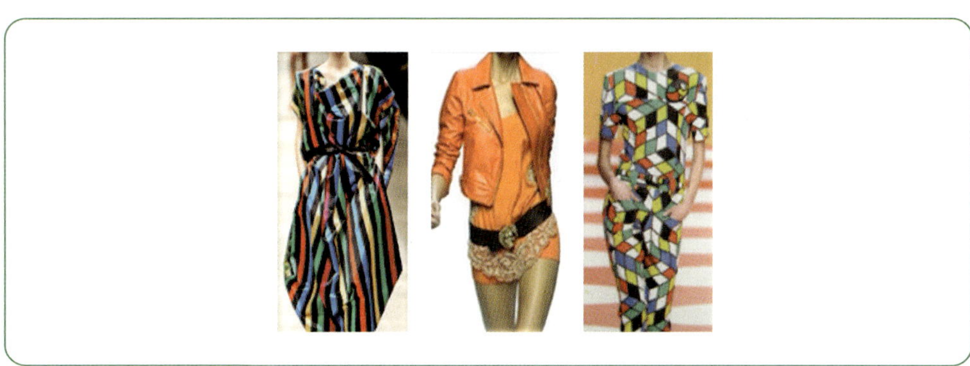

• 세퍼레이션 배색 코디네이션 •

(9) 도미넌트(Dominant) 코디네이션

① 도미넌트는 '우세', '지배'의 의미, 주조색 코디네이션

② 많은 색을 사용하는 경우 산만한 느낌을 피하기 위한 목적으로 지배적인 색상을 사용함

③ 여러 가지 색상을 이용할 경우 주된 지배색을 사용하여 전체적인 통일감과 조화를 만드는 배색

• 도미넌트 배색 •

• 도미넌트 배색 코디네이션 •

⑩ 트리코롤(Tricolore) 코디네이션

① 이탈리아(녹 · 백 · 적)나 프랑스(청 · 백 · 적) 국기 등에서 볼 수 있는 3색을 이용한 배색

② 융통성이 있고 분명한 표현이 특징

• 트리코롤 배색 •

• 트리코롤 배색 코디네이션 •

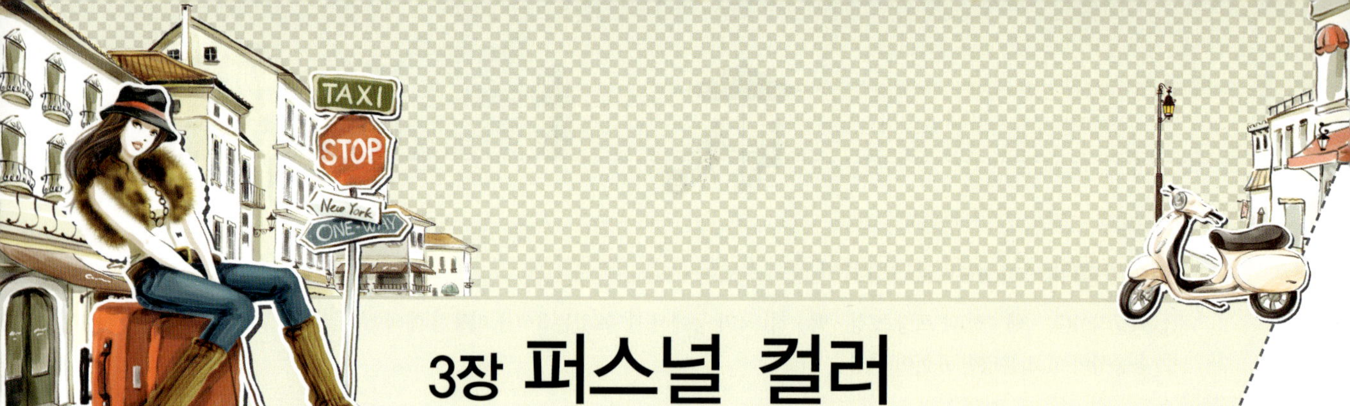

3장 퍼스널 컬러

1. 퍼스널 컬러의 개념

(1) 정의

각각의 개인은 피부, 모발, 눈동자 등 고유의 독특한 색을 지니는데, 저마다 타고난 컬러를 강조하고 또한 개성을 파악하여 잘 조화를 이룰 수 있는 색을 가리켜 '퍼스널 컬러(Personal Color)' 라고 한다.

컬러에 따른 이미지 연출은 각 개인의 신체색상(피부색, 머리카락 색, 눈동자 색)에 따라 어울리는 색을 진단하고, 그에 따른 컬러 유형, 이미지, 스타일을 분석, 개인에게 어울리는 색과 어울리지 않는 색을 구분하여 이미지 연출을 색채 중심으로 구분하는 것을 의미한다.

(2) 퍼스널 컬러 진단의 목적

자신의 얼굴 피부색에 어울리는 컬러 타입은 컬러 이미지와 스타일을 분석하는 외적인 면과 자신의 심리 상황, 건강상태, 라이프스타일과 색채 환경을 구성하여 힐링 컬러를 분석하는 내적인 면 등을 고려한 후 가장 좋은 컬러를 선택하는 방법이다.

2. 퍼스널 컬러의 선택

(1) 퍼스널 컬러의 효과

퍼스널 컬러를 통해 외모의 긍정적인 개선을 할 수 있으며, 그에 따라 심리적, 정서적 자신감과 안정을 얻게 되는 등 보다 나은 본인의 이미지 개선을 통하여 적극적이고 긍정적인 방향으로 자신의 능력을 극대화할 수 있다.

요하네스 이텐은 학생들을 지도하는 과정에서 각자 자신들이 타고난 색을 보완하는 색으로 된 옷을 입고 있다는 사실을 깨닫고, 사람마다 눈동자색이나 피부색, 머리색과 특별히 잘 어울리는 색이 있다고 처음으로 주장하였다. 그는 신체의 색이 사계절의 색(4계절 이미지)과 유사한 점이 많다는 것에 주목하고는 사람들을 계절별 색에 따라 분류하는 색채분석 방법을 고안하여 세계 곳곳에서 퍼스널 컬러의 개념을 연구하고 있다.

퍼스널 컬러 패턴은 사람과 색과의 관계를 통한 색채 조화로 개성을 부각시키고 개인의 이미지를 연출하는 방법으로 활용되는 색채조화의 실천활용학 중 하나로 끊임없이 변화한다. 퍼스널 컬러뿐만 아니라 모든 색이 상대적이며 또한 빛, 주변환경, 의상, 화장품, 나이, 건강상태, 피부상태 등 여러 가지 요소에 따라 달라진다. [8]

---

8) 자료출처 : 메이크업 & 코디네이션

(2) 퍼스널 컬러 진단 방법

컬러를 대고 본인에게 잘 어울리는 색상의 계열 그룹을 분석한다. 일반적으로 염색된 천을 사용하는데 이것을 테스트 컬러라고 한다. 때로는 색지 위에 손을 올려놓고 자신의 눈으로 식별하기도 한다. 보통 쿨 타입과 웜 타입의 색지를 준비한다.

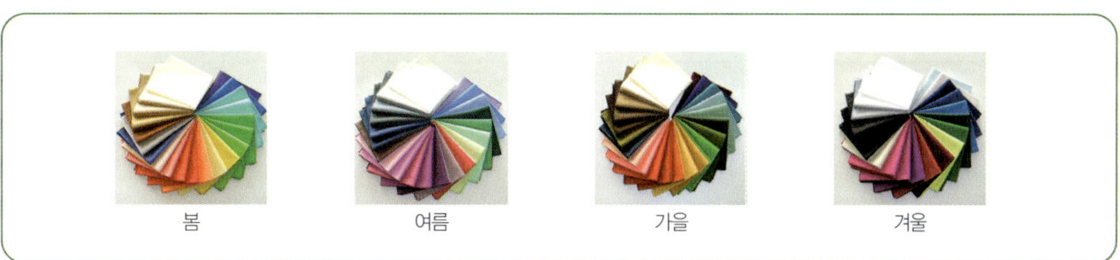

• 퍼스널 컬러 진단 색지[9] •

2절 계절 타입별 퍼스널 컬러

1. 계절별 컬러 유형

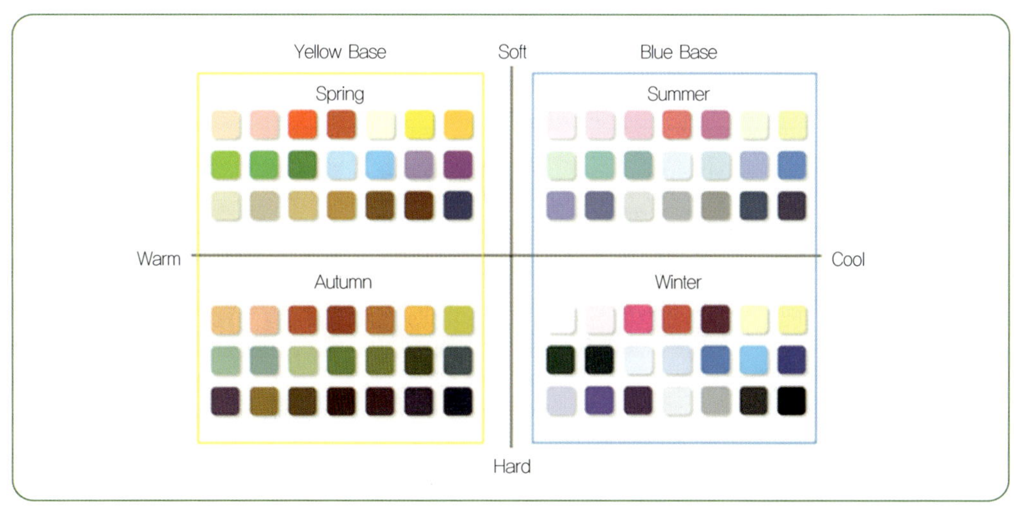

• 계절별 컬러[10] •

---

9) 사진출처 : http://blog.naver.com/kymassi?Redirect=Log&logNo=120102007162
10) 자료출처 : 컬러즈 http://www.coloz.co.kr 수정 보완

(1) 봄(Spring) 타입 컬러

① 컬러의 특징

　㉠ 생명력과 에너지가 느껴지는 노란색을 베이스로 지닌 밝고 화사한 색

　㉡ 깨끗함, 맑음, 밝음의 특징을 지닌 따뜻한 색

　㉢ 생기발랄하고 활기 넘치는 젊은 이미지, 신선한 이미지, 귀엽고 경쾌한 이미지

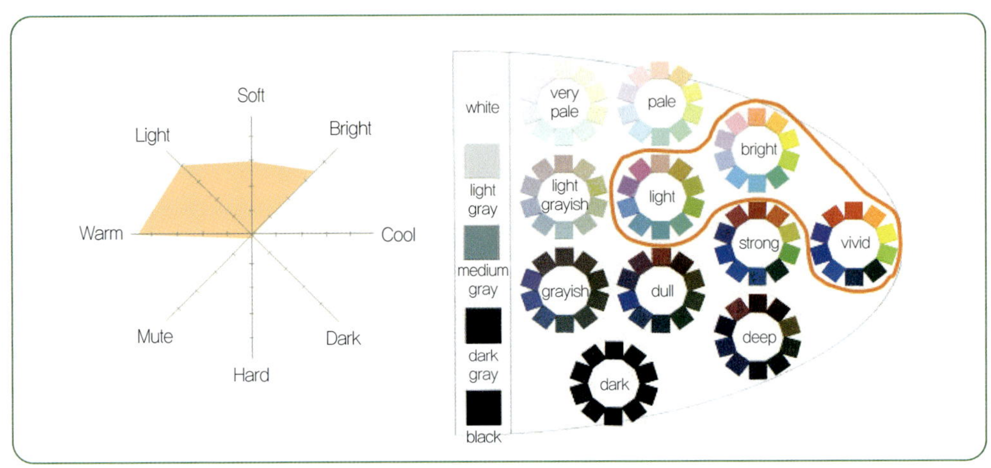

• 봄 컬러의 감성 스케일과 톤 •

② 어울리는 색상

　㉠ 선명하고 부드러우면서 중명도 이상, 중채도 이상의 밝은 톤 그룹

　㉡ 선명한 비비드 색과 밝은 파스텔 색이 주

　㉢ 연두색 계열, 코랄 핑크, 연어색, 피치 등 연산호색, 복숭아색, 주황색을 중심으로 노란색이 가미된 색

• 봄 컬러[11] •

---

11) 이미지출처 : KMK 색채 연구소 http://www.color21c.co.kr
　　보보스컬러 http://www.boboscolor.com

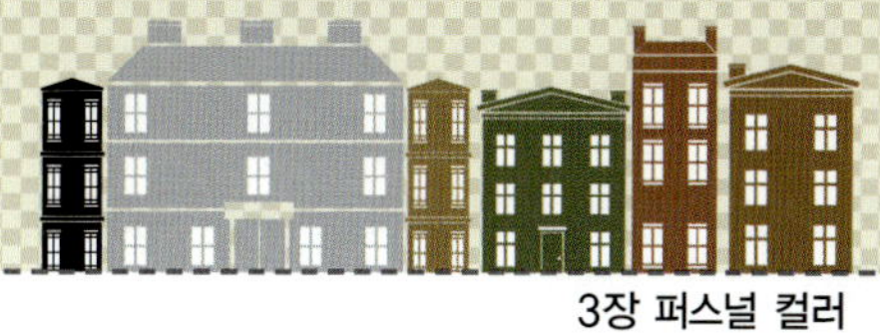

③ 피해야 할 색상

  ㉠ 흰 빛과 푸른빛을 지닌 차가운 색, 무겁고 칙칙한 색

  ㉡ 빛이 바랜 흐린 색, 강하고 짙은 무거운 색

  ㉢ 검정색, 흰색, 청회색, 청색, 은색, 와인색, 네이비, 카키, 마젠타 레드 계열, 버건디 등

(2) 여름(Summer) 타입 컬러

① 컬러의 특징

  ㉠ 흰색과 파란색을 기본 바탕색으로 하는 모든 계열의 색

  ㉡ 부드럽고 흐린 파스텔 톤과 내추럴한 색, 중간 톤이 주

  ㉢ 파우더(Powder) 느낌의 불투명함을 지님

  ㉣ 저채도의 로즈와 회색이 가미된 색이 주

  ㉤ 부드럽고 오래되어 낡은 듯한 빛을 지닌 시크한 이미지를 지닌 색

  ㉥ 여성스럽고 낭만적인 이미지, 엘레강스한 이미지, 시크한 이미지

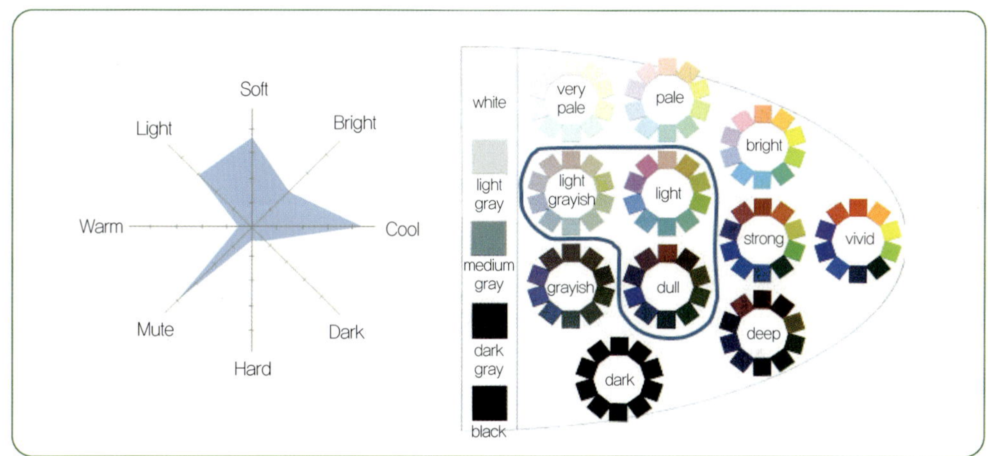

• 여름 컬러의 감성 스케일과 톤 •

② 어울리는 색상

  ㉠ 핑크색 계열의 튀지 않는 파스텔 계열, 흰색을 기본으로 밝고 가벼운 회색이나 흰색 계열

  ㉡ 파랑을 기본 톤으로 한 차가운 색상

  ㉢ 중명도 이상, 중채도 이하의 색

  ㉣ 핑크색, 연하늘색, 화이트 베이지, 연블루 계열, 연회색 계열, 연보라 계열

대표적인 색(point color)

1 2 3 4 5

• 여름 컬러12) •

③ **피해야 할 색상**

　㉠ 지나치게 선명하고 강한 색, 원색

　㉡ 너무 어두운 색, 반사적인 색

　㉢ 검정색, 퓨어 화이트, 금색, 오렌지색, 노란색, 옐로 베이지, 옐로 그린, 네이비, 마젠타 등

(3) 가을(Autumn) 타입 컬러

① **컬러의 특징**

　㉠ 황색을 기본 바탕색으로 하는 모든 계열의 색

　㉡ 톤이 낮으면서 부드럽고 차분한 색

　㉢ 가을 들녘의 풍성하고 차분한 이미지

　㉣ 따뜻하고 부드러운 이미지, 친근감과 편안함을 주는 이미지

　㉤ 자연스럽고 고전적, 여성스러운 이미지

　㉥ 고저스하고 클래식한 이미지, 에스닉한 이미지

---

12) 이미지출처 : KMK 색채 연구소 http://www.color21c.co.kr
　　　보보스컬러 http://www.boboscolor.com

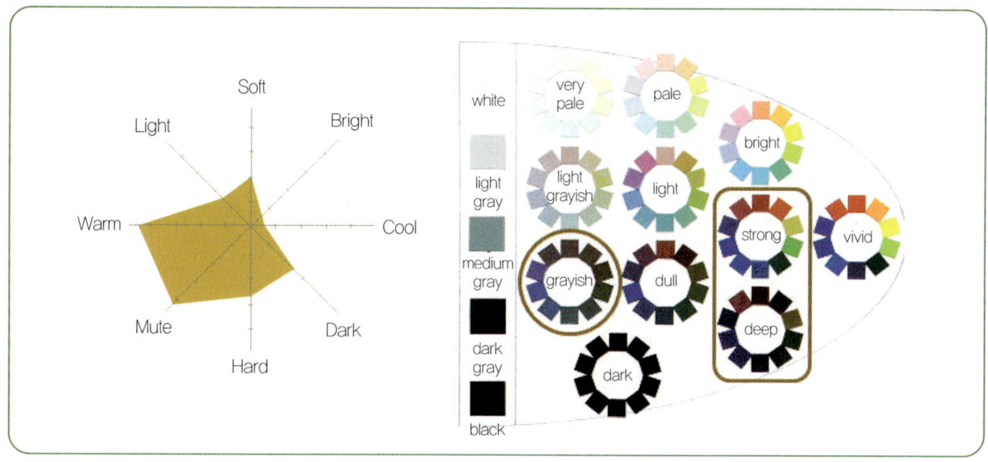

• 가을 컬러의 감성 스케일과 톤 •

② 어울리는 색상

　　㉠ 황색빛의 골드를 베이스로 한 자연스럽고 차분한 계열

　　㉡ 중명도 이하, 저채도의 탁한 색

　　㉢ Deep Brown, 빛바랜 녹색, 저채도의 노란색

　　㉣ 골드빛의 노랑, 빨강, 브라운, 구리빛, 카멜, 카키, 갈색, 올리브 그린 등

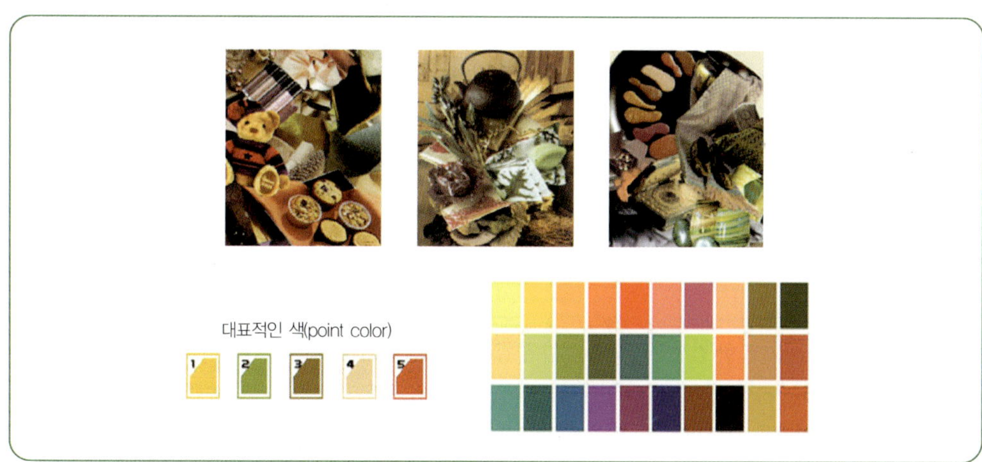

• 가을 컬러13) •

---

13) 이미지출처 : KMK 색채 연구소 http://www.color21c.co.kr
　　　　　　　　보보스컬러 http://www.boboscolor.com

③ 피해야 할 색상

㉠ 차가운 톤 계열, 반사되듯이 선명한 색

㉡ 선명한 원색, 흰 빛이 많이 가미된 페일 톤, 비비드 톤

㉢ 은색, 청회색, 청보라색, 비비드한 색 등

(4) 겨울(Winter) 타입 컬러

① 겨울 타입 컬러의 특징

㉠ 푸른색과 검정색을 기본 바탕색으로 하는 모든 계열의 색

㉡ 주로 밝고 짙은 색의 선명한 대비로 전체적으로 깨끗한 이미지 형성

㉢ 선명하고 차가운 원색으로 모던하면서도 화려한 이미지

㉣ 강하면서도 가라앉은 느낌, 도회적이며 세련된 이미지의 컬러군

㉤ 댄디한 이미지, 다이나믹한 이미지

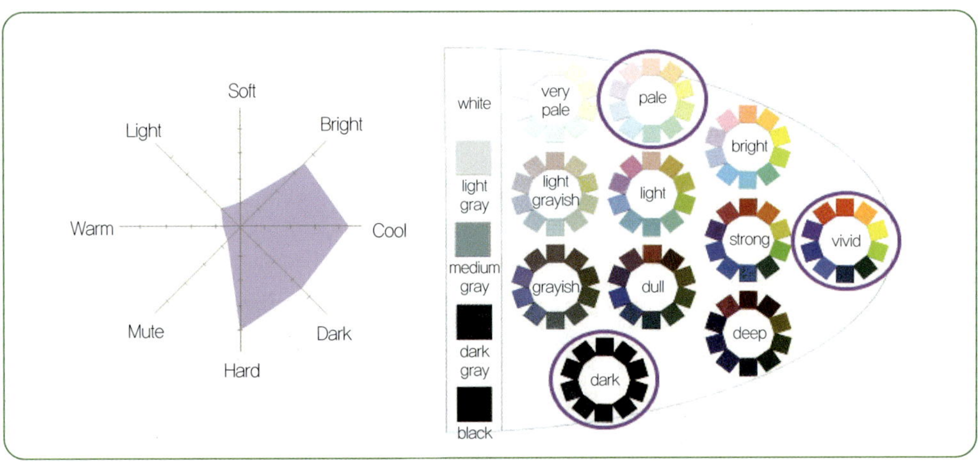

• 겨울 컬러의 감성 스케일과 톤 •

② 어울리는 색상

㉠ 파랑을 베이스로 한 검정과 흰색이 혼합된 컬러 계열

㉡ 고명도 또는 저명도, 저채도의 선명하고 어두운 톤이 주

㉢ 와인색, 자주색, 네이비 블루, 청블루, 청회색, 청보라 등

대표적인 색(point color)

• 겨울 컬러14) •

③ 피해야 할 색상

　㉠ 탁하고 희미한 색, 불투명한 색, 중간색

　㉡ 따뜻한 색, 불투명한 파스텔 톤, 주황 계열의 브라운 톤, 카키 계열 등

2. 계절 타입별 신체색상

(1) 봄 타입

① 피부색

　㉠ 얼굴의 혈색이 좋으며 안색이 밝고 환하다.

　㉡ 나이보다 젊어 보이는 스타일이다.

　㉢ 피부색은 매끄럽고 윤기가 나며 희거나 아이보리, 갈색 피부 톤에 노란기가 돈다.

　㉣ 투명하면서 섬세한 피부 결이 돋보이지만 햇볕에 노출되면 곧 타버리는 타입이기 때문에 얼굴에 기미 같은
　　잡티가 생기기 쉽다.

② 헤어(Hair) & 아이(Eye)

　㉠ 머리카락은 대체로 눈동자 색과 비슷한 밝은 갈색이다.

　㉡ 눈이 반짝거리며 생기가 있으며 귀여운 이미지이다.

---

14) 이미지출처 : KMK 색채 연구소 http://www.color21c.co.kr
　　보보스컬러 http://www.boboscolor.com

• 봄 타입의 피부와 헤어 •

③ 메이크업

㉠ 눈(Eye) : 아이보리색이나 베이지의 베이스에 컬러풀한 색으로 포인트를 준다.

㉡ 볼(Cheek) : 피치 계열로 내추럴함을, 오렌지 계열로 건강한 느낌을 살린다.

㉢ 입술(Lip) : 글로스의 물기를 머금은 듯한 느낌으로 생기 있고 귀여운 느낌을 준다.

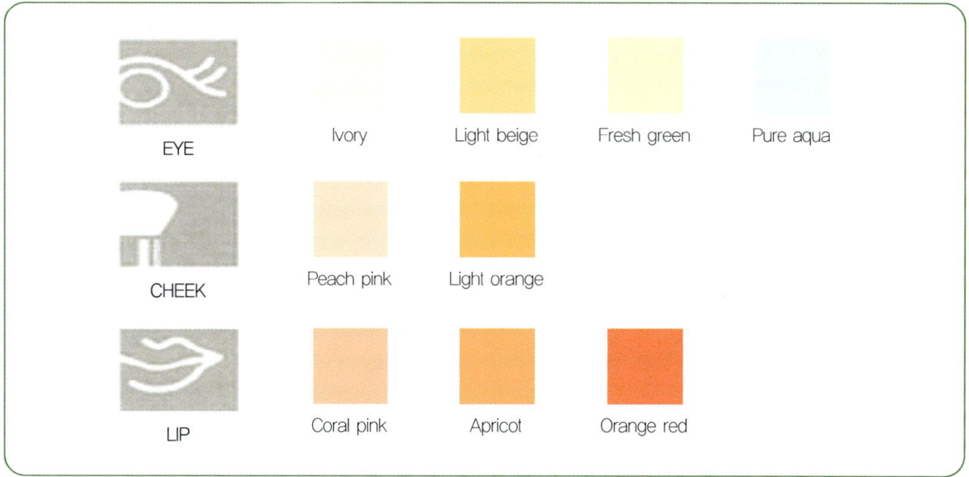

• 봄 타입의 메이크업 •

(2) 여름 타입

① 피부색

㉠ 여름사람의 피부색은 복숭아빛이나 핑크색이 살짝 돌고 불투명하다.

㉡ 피부색이 전체적으로 고르지 않아 얼룩져 보이는 피부도 있다.

㉢ 햇볕에 잘 타지 않고 탔다고 해도 붉어졌다가 며칠이 지나면 곧바로 원래의 피부색으로 돌아온다.

㉣ 얼굴이 금세 빨개지며 우리나라 사람에게 가장 많은 타입이다.

② 헤어(Hair) & 아이(Eye)

㉠ 머리카락은 소프트한 검정빛을 띠며 전체적으로 탄력이 없고 부스스한 타입이다.

㉡ 눈매가 부드럽고 온화하며 여성스럽고 우아한 이미지이다.

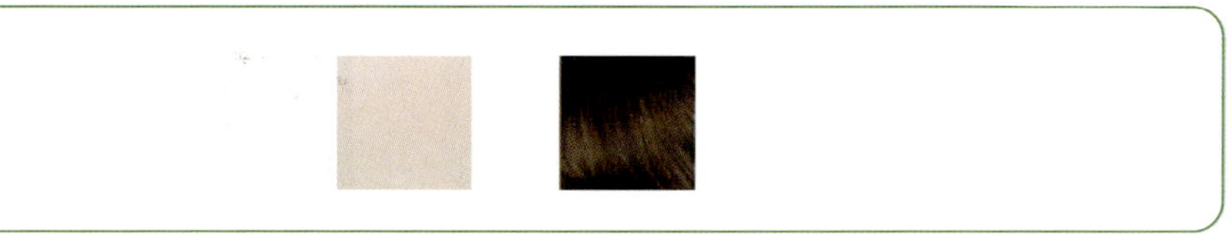

• 여름 타입의 피부와 헤어 •

③ 메이크업

   ㉠ 눈(Eye) : 블루 계열로 산뜻하게, 핑크 계열로 화려하게, 퍼플 계열로 엘레강스하게 표현한다.

   ㉡ 볼(Cheek) : 볼의 붉은기를 그대로 포인트로 하거나 로즈 계열의 베이지를 더한다.

   ㉢ 입술(Lip) : 오렌지 계열보다 핑크 계열을 사용하며 글로스는 피하는 것이 좋다.

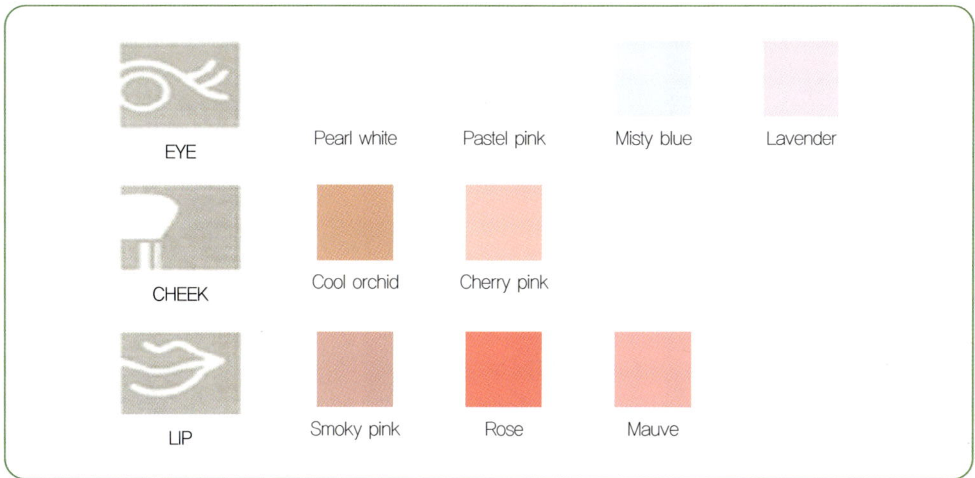

• 여름 타입의 메이크업 •

(3) 가을 타입

① 피부색

   ㉠ 피부색은 따뜻한 느낌을 주고 윤기가 없이 푸석푸석하다.

   ㉡ 햇볕에 잘 타고 얼굴의 혈색도 좋지 않다.

   ㉢ 볼은 붉은기가 별로 없고 아프면 어두운 녹색빛이 난다.

② 헤어(Hair) & 아이(Eye)

   ㉠ 두피색은 탁한 노란빛을 띤다.

   ㉡ 깊고 차분한 눈매에 성숙한 이미지로 신뢰감이 든다.

   ㉢ 눈동자색은 회색빛을 띠는 갈색이다.

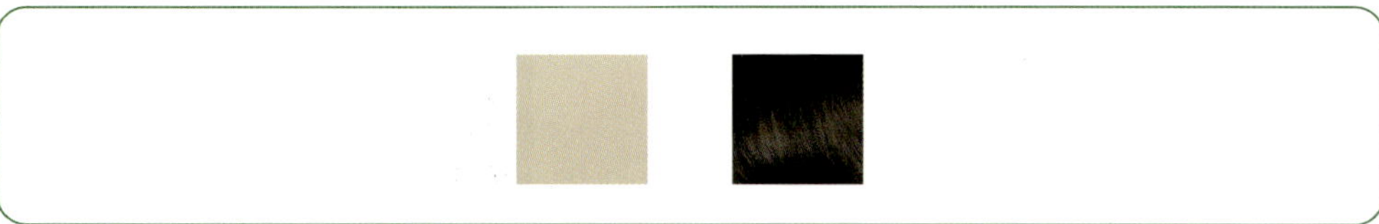

• 가을 타입의 피부와 헤어 •

③ 메이크업

  ㉠ 눈(Eye) : 브라운 계열을 기본으로 하며 아이라인은 짙고 굵게 표현한다.

  ㉡ 볼(Cheek) : 차분한 오렌지 계열의 컬러로 자연스러운 혈색을 띠게 하며, 로즈 계열은 피한다.

  ㉢ 입술(Lip) : 아이섀도 색상보다 한 단계 진한 색상으로 짙은 레드 혹은 벽돌색을 선택한다.

• 가을 타입의 메이크업 •

(4) 겨울 타입

① 피부색

  ㉠ 피부는 푸른기가 돌며 윤기가 많고 투명하며 노란기도 많다.

  ㉡ 햇볕에 비교적 잘 타고 원래 색으로 돌아오는데도 오랜 시간이 걸린다.

  ㉢ 피부에 기미, 주근깨가 잘 생기고 햇볕에 타며 황동색으로 변한다.

  ㉣ 주로 동양인과 흑인에 많다.

② 헤어(Hair) & 아이(Eye)

  ㉠ 머리카락은 새까만 검정색을 띠며 굵기가 굵은 편이고, 윤기가 난다.

  ㉡ 눈동자가 또렷하고 도시적이며 카리스마가 있다.

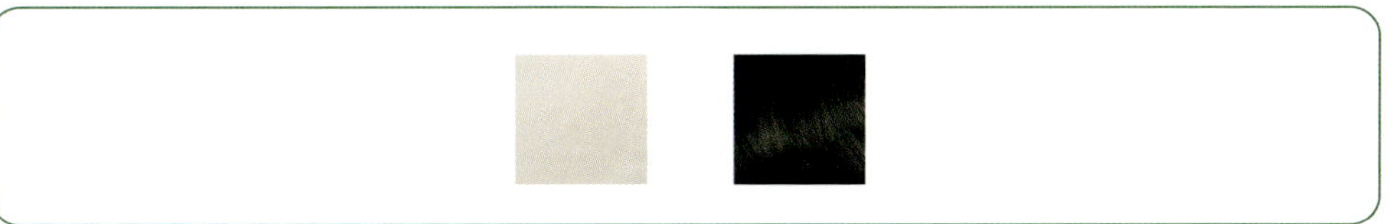

• 겨울 타입의 피부와 헤어 •

③ 메이크업

ㄱ 눈(Eye) : 아이라인만 해도 괜찮으며 색을 넣는 것은 피한다.

ㄴ 볼(Cheek) : 볼의 붉은 기운이 강할 경우에는 조절하여 자연스러운 혈색을 더한다.

ㄷ 입술(Lip) : 와인계열의 레드를 입술에 적당량 발라 윤기를 주고 글로스는 피하는 것이 좋다.

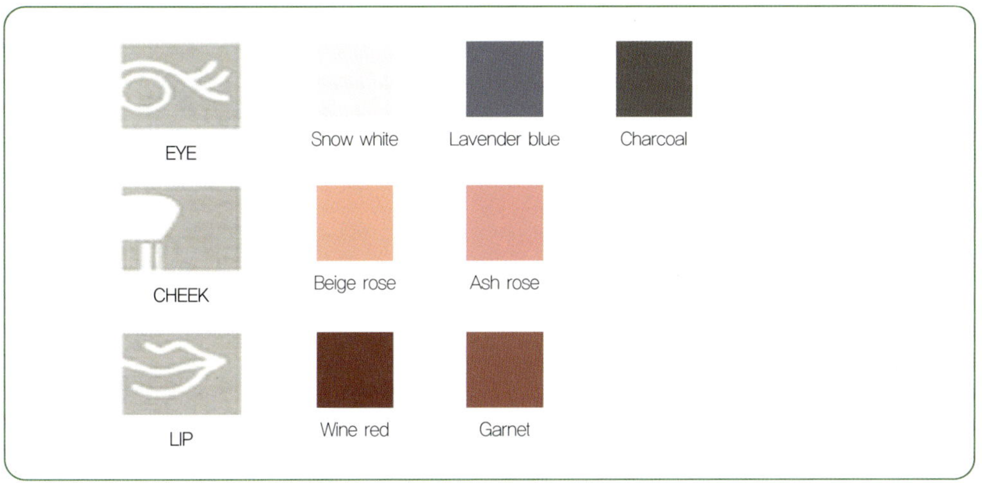

• 겨울 타입의 메이크업 •

패션/유통 비즈니스 & 패션센스
(Fashion/Distribution Business & Fashion Sense)

Category 5. 헤어 스타일링 & 메이크업

1장 얼굴에 따른 헤어 스타일링 & 메이크업

1절 얼굴형에 따른 헤어 스타일링 & 메이크업

1. 얼굴형에 따른 헤어 스타일링

(1) 계란형

① 특징
- ㉠ 예로부터 가장 이상적이며 표준이 되는 얼굴형으로 어떤 헤어 스타일도 잘 어울린다. 때문에 다른 타입의 얼굴형을 수정하는데 있어서 그 기준이 된다. 단정하고 깔끔한 얼굴형으로 섬세하고 다소 날카로운 느낌도 지닌다.
- ㉡ 계란형 얼굴의 비율은 세로가 가로의 약 1.5배이고 이마가 턱보다 약간 넓다. 이마와 얼굴의 아랫부분이 균형을 이루므로 그 윤곽을 가리지 말고 그대로 살려주는 것이 좋다.

② 헤어 스타일링
- ㉠ 보이시하고 깔끔한 컷, 보브 스타일의 숏 컷, 내추럴한 컬이 있는 긴 웨이브 헤어 등 대부분의 헤어 스타일을 무난하게 소화할 수 있지만 같은 계란형이라도 이목구비와 턱, 이마 등에 따라 다소 차이가 있으므로 자신의 장점을 부각시키는 스타일링을 선택한다.
- ㉡ 가르마를 탈 경우에는 특히 7 : 3 정도의 비율로 하는 것이 좋다.
- ㉢ 약간 둥근 느낌을 주는 계란형은 턱선이 조금 둥글기 때문에 부드러운 컬이 어울리고 키가 큰 계란형의 경우 다소 무거운 느낌을 줄 수 있으므로 염색을 통해 밝은 느낌을 주도록 한다. 귀염성을 지닌 계란형은 턱선이 매끈하기 때문에 올림머리나 한 곳에 포인트를 주는 스타일링이 적합하다.
- ㉣ 단발머리를 할 때에는 무거운 느낌이 나는 컷으로 무게감을 실으면 얼굴을 좀 더 샤프하게 만들어주며 면적이 작아보이는 효과를 줄 수 있다. 다소 무거운 느낌의 뱅 헤어 역시 얼굴을 작아보이게 하므로 한번쯤 도전해보도록 한다.

> **PLUS⁺**
>
> ▶ 네크라인
>
> 어떤 네크라인이든 무난하게 어울리지만 깊은 V네크라인 같은 세로로 긴 네크라인은 얼굴이 다소 길어보이므로 주의하여 선택하도록 한다.
>
> ▶ 귀걸이
>
> 후프, 큰 타원형 등 입체적으로 볼륨 있고 면적이 넓은 귀걸이가 좋다. 반면 주렁주렁 길게 늘어지거나 달랑거리는 귀걸이는 피하는 것이 좋다.

(2) 동그란 형

① 특징

㉠ 양쪽 뺨의 거리가 계란형의 길이보다 길고 동그스름한 형으로 귀엽거나 동안인 느낌을 많이 주는 스타일이다.

㉡ 사랑스럽고 따뜻한 인상을 주지만 이마, 뺨, 턱이 둥글어 얼굴 생김새가 납작하고 재미없어 보일 수 있다.

㉢ 뺨이 포동포동해 보이며 광대뼈는 분명치 않고 뺨의 면적이 크기 때문에 이목구비가 예뻐도 다소 둔하고 답답해 보이거나 얼굴이 커 보일 수 있다.

㉣ 지적이거나 세련된 느낌을 주기가 힘들기 때문에 얼굴을 길게 보이는데 중점을 둔다.

② 헤어 스타일링

㉠ 앞머리를 옆으로 살짝 넘겨주거나 가르마로 시원하게 이마를 보이는 등 헤어 스타일을 세로로 분산시켜서 얼굴이 살짝 길어 보이게 연출한다.

㉡ 턱 아래부터 웨이브가 시작하던지 끝 부분에 살짝 웨이브가 들어가는 볼륨이 살짝 들어간 긴 웨이브 펌 등 윗머리는 세우고 옆머리는 붙여 볼륨감을 줄이면 얼굴형이 세로로 길어 보이는 효과로 둥근 윤곽이 커버된다.

㉢ 스트레이트 롱 헤어라면 모근 부분과 특히 정수리 부분에 드라이어로 볼륨을 주고 양쪽 사이드로 떨어지는 머리카락으로 양 턱을 자연스럽게 커버할 수 있도록 연출한다. 짧은 스타일의 경우, 헤어 끝 부분에 웨이브를 넣거나 브레이드 스타일을 응용해 깜찍한 느낌을 강조한다.

㉣ 컬이 굵은 웨이브 스타일의 헤어로 양쪽 앞머리를 살짝 내리고 반머리로 묶는 스타일로 톱 부분을 중점적으로 높여주면 둥근 얼굴을 커버할 수 있다.

㉤ 턱 끝 선에 맞춰진 보브 헤어 스타일이나 길이 상관없이 얼굴 앞쪽으로 길어지는 형태의 헤어 스타일도 어울리며 머리의 길이는 어깨에 닿을 정도가 좋다. 단, 심한 레이어드 컷은 피하는 것이 좋다.

㉥ 앞머리를 할 경우에는 볼륨이 있는 긴 앞머리가 가장 어울리며 앞머리를 모두 내리는 것 보다는 얼굴이 드러나도록 자연스럽게 앞머리를 올리거나 넘기도록 한다.

㉦ 5 : 5 가르마와 뱅 헤어, 전체적으로 볼륨이 있는 펌 특히 옆머리의 볼륨을 강조하는 양옆으로 퍼지는 형태는 피해야 한다. 머리가 긴데다 지나치게 볼륨을 주게 되면 오히려 얼굴이 커보이고 실루엣 자체를 둥근 것으로 연출하면 결점을 강조하게 된다.

PLUS⁺

▶ 네크라인

얼굴이 둥글기 때문에 라운드 네크라인은 피해야 하며 세로선이 시원한 느낌을 주고 얼굴을 길어 보이게 하는 V네크라인이나 테일러드 칼라가 잘 어울린다.

▶ 귀걸이

둥근 얼굴에는 큰 사이즈의 귀걸이가 밸런스를 주는데 드라마틱한 곡선을 강조하는 각진 디자인은 둥근 얼굴을 가냘프게 보이게 하고 넓고 달랑거리거나 길게 늘어지는 형태가 얼굴형을 길게 보이도록 한다. 작고 얇은 것은 피하고 볼륨 있는 것을 선택하는 것이 핵심이다.

(3) 긴 형

① 특징

㉠ 광대뼈가 거의 없고 턱 라인에서 이마까지 길이가 보통 스타일에 비해 길다.

㉡ 이마가 길던지 턱이 긴 얼굴형이 있으며 다소 야위어 보이고 지루한 느낌을 줄 수 있다.

㉢ 가냘프게 보인다는 장점이 있지만 나이 들어 보이는 인상이 될 수 있다.

㉣ 사각형이 길쭉하게 된 형으로 듬직하게 골격이 잡혀 있는 얼굴로 강한 개성을 가진 얼굴이므로 대담하고 화려한 이미지로 개성을 살려주는 것도 좋다.

② 헤어 스타일링

㉠ 생머리보다 웨이브 스타일이 더 잘 어울리는데 굵고 탄력 있는 웨이브를 이용하여 시선을 좌우로 분산시켜준다.

㉡ 얼굴을 감싸는 듯한 헤어 스타일로 앞머리에 볼륨감을 주어 둥근 실루엣이 되도록 하며 앞머리는 옆머리와 맞춰 길게 연출한다.

㉢ 헤어밴드나 헤어 핀 등 데코레이션으로 시선을 분산시키는 것도 좋고 볼 쪽의 볼륨을 강조해서 전체적인 인상을 완만하게 해준다.

㉣ 앞머리는 길게 내려주고 앞머리로 이마를 살짝 커버해 얼굴이 짧아보이도록 연출하거나 귀여운 느낌을 주는 뱅 스타일 앞머리로 이마를 가려준다.

㉤ 머리 길이는 가슴 선을 넘지 않는 것이 좋다. 볼륨감이 없는 같은 길이의 스트레이트 헤어 스타일은 세로선이 강조되므로 피해야 하며 특히 톱 부분에 볼륨을 주지 않아야 한다.

PLUS⁺

▶ 네크라인

계란형과 비슷하지만 길이가 길기 때문에 V네크라인은 피해야 한다. 라운드 네크라인과 보트 네크라인 또는 터틀네크나 네크라인을 부드럽게 감싸주는 의상 스타일이 좋다.

▶ 귀걸이

원형이나 (포인트를 가진) 삼각형, 사각형의 귀걸이가 시각적으로 수직과 밸런스를 이루어 얼굴을 넓게 보이게 하므로 곡선형의 폭이 넓은 것이 좋다. 특히 입체감이 있는 삼각형은 얼굴을 둥글게 채워준다. 밋밋한 것이나 한 줄로 늘어지는 형의 귀걸이는 얼굴을 더욱 길게 보이게 하므로 피하는 것이 좋다.

---

(4) 사각형(각진 얼굴형)

① 특징

㉠ 양쪽 광대뼈 길이와 이마에서 턱 라인 길이가 거의 동일하고 얼굴 폭과 길이가 비슷하며 광대뼈와 턱 부분에 각을 가지고 있는 형태이다.

㉡ 이마가 넓고 각이 졌으며 광대뼈는 납작하여 눈에 띄지 않고 뺨은 포동포동하다.

㉢ 외국에서는 섹시하고 매력 있는 스타일로 여겨지지만 카리스마와 강인함이 느껴져 차갑고 강한 이미지로 자칫 고집스러워 보일 수도 있다.

㉣ 개성이 강해 보이는 단점이 있으나 개성을 최대로 살려 자기주장이 뚜렷한 스타일로 연출하는 것이 좋다.

② 헤어 스타일링

ㄱ 자연스러운 웨이브를 통해 부드러운 느낌을 강조하고 옆 턱 라인을 양쪽 헤어로 커버해준다.

ㄴ 모발 길이를 턱선 위로 그라데이션 되는 형태로 자른 후 광대와 볼 쪽에 볼륨을 주어 시선을 분산시킨다. 각이 있는 턱 선에 볼륨감을 주면 각진 턱을 더욱 강조하게 된다.

ㄷ 한쪽은 자연스럽게 귀 뒤로 넘기고 다른 한쪽은 헤어로 약간 커버해주는 비대칭적인 형태는 사각형의 얼굴을 보완하여 세련되게 연출할 수 있다.

ㄹ 단발을 원할 때는 층이 적당히 있는 긴 컷의 단발이 좋고 얼굴 전체를 드러내는 짧은 컷보다는 턱 선을 살짝 넘어가는 정도가 가장 좋다.

ㅁ 앞머리는 옆 가르마를 타서 자연스럽게 연출하고 둥글게 잘라 웨이브를 살짝 넣어 컷 라인을 부드럽게 마무리한다. 강한 인상이 되기 쉬운 형이므로 머리의 어느 부위에든 컬이나 웨이브를 주어야 한다.

ㅂ 스트레이트로 긴 생머리나 숏 컷, 뱅 헤어 앞머리, 전체를 다 묶는 스타일, 머리 전체에 볼륨을 넣은 사각형의 실루엣은 웨이브에 상관없이 각진 인상을 매우 두드러져 보이게 한다. 또한 너무 층이 많은 샤기 컷이나 턱 선보다 짧은 숏 컷 스타일은 각진 턱을 더 강조하므로 피해야 한다. 각진 부분을 머리칼로 숨기는 것은 목덜미에 볼륨을 주어 오히려 사각형이 눈에 띄게 한다.

PLUS⁺

▶ 네크라인

시원하게 보이는 V네크라인이나 U네크라인이 좋다. 얼굴이 답답해 보일 수 있는 보트 네크라인이나 사각형인 얼굴을 부각시킬 수 있는 스퀘어 네크라인도 피해야 한다.

▶ 귀걸이

작은 것보다 큰 사이즈의 귀걸이가 사각형의 얼굴에 밸런스를 준다. 길고 밑이 넓은 것보는 큰 타원형이 효과적이며 드롭 형태의 둥근형과 부착형 귀걸이도 깔끔하게 잘 어울린다. 크고 네모난 귀걸이는 얼굴을 더욱 크게 보이게 하므로 피해야 하며 입체감이 있는 것보다는 밋밋한 것이, 귓불보다 지나치게 크지 않은 버튼 스타일이 좋다.

(5) 삼각형

① 특징

ㄱ 이마가 좁고, 얼굴 윗부분에 비해 아랫부분의 살집이 좋고 볼륨이 있는 것이 특징이다.

ㄴ 비교적 살찐 사람에게 많은 형으로 여성스럽고 부드러운 느낌을 주지만 넉넉하고 푸근한 스타일로 나이보다 성숙해보여 자칫 늙어 보일 수 있다.

② 헤어 스타일링

ㄱ 이 스타일의 사람들 대부분이 머리로 얼굴을 가리고 싶어 하지만 역효과를 내는 경우가 많다. 가볍게 컷하거나, 얼굴선을 따라 웨이브를 주는 편이 오히려 얼굴형의 결점을 감출 수 있는 방법이다.

ㄴ 관자놀이 주위에 볼륨감을 주거나 턱 선에서 가늘어지는 헤어 스타일은 턱을 가늘게 보이게 한다.

ㄷ 옆 가르마나 층이 많이 진 머리는 얼굴 윗부분을 강조하여 균형을 잡아주며 포인트를 머리 윗부분에 두면 볼의 폭을 커버함과 동시에 이마가 넓게 보인다.

ㄹ 머리를 귀 뒤로 넘기면 눈으로 주위를 끌게 되어 눈 주위를 넓게 보이도록 하여 밸런스가 맞게 된다.

ⓜ 좁은 이마를 가리기 위해 길고 무겁게 떨어지는 헤어라인으로 시선을 모으는 스타일이나 머리 윗부분을 너무 많이 높이 세우는 것은 어둡고 나이가 들어보이게 한다.

ⓗ 옆머리가 붙는 스타일이나 턱 선과 동일하게 떨어지는 일자 단발, 무겁게 떨어지는 헤어라인은 사각턱을 더욱 강조한다.

PLUS⁺

▶ 네크라인

셔츠 칼라는 각을 맞추고 부드럽고 균형을 잡아주기 때문에 삼각형 얼굴형에 이상적이며 숄 네크라인이나 U네크라인도 어울린다.

▶ 귀걸이

길고 가는 드롭형은 시선을 끌어 얼굴 쪽 시선을 분산시켜 준다.

(6) 역삼각형

① 특징

㉠ 턱이 두드러지게 돌출되어 있고 광대뼈는 높은 곳에 위치하는 이마가 넓고 턱은 좁은 형

㉡ 볼에서 턱에 걸친 선이 뾰족해서 턱 선이 가늘고 아름다운 반면 날카로운 느낌을 주고 냉정하면서도 쓸쓸해 보인다. 따뜻함이 부족하고 빈약한 인상으로 보일 수 있다.

㉢ 양 볼이 홀쭉하게 들어가고 길이가 긴 역삼각형의 얼굴은 피곤하고 나이 들어 보이는 경향이 있다.

② 헤어 스타일링

㉠ 턱 선의 아름다움을 살리면서도 웨이브로 부드러움을 더하도록 한다. 양 옆머리는 볼륨을 주고 앞머리는 가는 컬을 많이 붙이고 커브를 두어서 커트하여 전체적인 스타일을 청초한 분위기로 만들어 준다.

㉡ 볼륨감을 살린 올림머리나 단발 웨이브 헤어 스타일이 좋다.

㉢ 정수리 부분에 볼륨을 넣기보다는 사이드와 뒤통수 부분을 강조하는 것이 얼굴 윤곽을 동그랗게 만드는데 효과적이다.

㉣ 소프트하고 둥근 형태로 자른 후 웨이브를 넣어 풍성하고 탄력 있게 연출하거나 앞머리를 내려 얼굴 길이를 짧아 보이게 할 수 있다.

㉤ 둥글고 작은 쪽 진 머리를 일컫는 번(Bun) 헤어를 통해 얼굴에 활력을 더하는 것도 좋다.

PLUS⁺

▶ 네크라인

뾰족한 턱 때문에 날카로운 인상으로 보일 수 있기 때문에 곡선으로 커버해 주는 것이 좋다. 라운드 네크라인과 보트 네크라인 드레이프 칼라가 잘 어울린다.

▶ 귀걸이

작은 사이즈의 원형이나 큰 타원형, 긴 귀걸이는 얼굴을 부드러운 라인으로 만들어준다. 아래가 넓거나 곡선의 너울거리는 귀걸이가 특히 잘 어울리며 끝이 뾰족하거나 얇은 형태의 귀걸이는 얼굴을 더욱 날카롭게 보이게 하므로 피하는 것이 좋다.

2. 얼굴형에 따른 메이크업

(1) 계란형

① 포인트 : 계란을 반대로 세운 듯한 얼굴로 헤어 스타일과 마찬가지로 어떤 메이크업이라도 무난하게 소화해낼 수 있다.

② 메이크업

ㄱ 피부 : 얼굴형의 곡선을 살려서 볼륨감을 주며 음영을 넣거나 과장할 필요없이 자연스럽게 얼굴형을 살려주면 된다. 하이라이트를 할 경우에는 이마에 가로방향으로 길게 해준다.

ㄴ 눈 : 눈썹을 기본형에서 조금만 포인트를 주어 눈썹산을 만들어 준다. 섀도는 눈꺼풀 중앙에서 시작하여 눈의 바깥쪽 윗부분까지 색을 펴 발라주며 눈매를 또렷하게 하기 위해 아이라인을 약간 진하게 그려준다.

ㄷ 입술 : 입술을 채워주듯이 발라준다.

ㄹ 볼 : 화사한 컬러의 블러셔를 애플존에 동그랗게 발라 볼륨이 없는 얼굴을 강조한다.

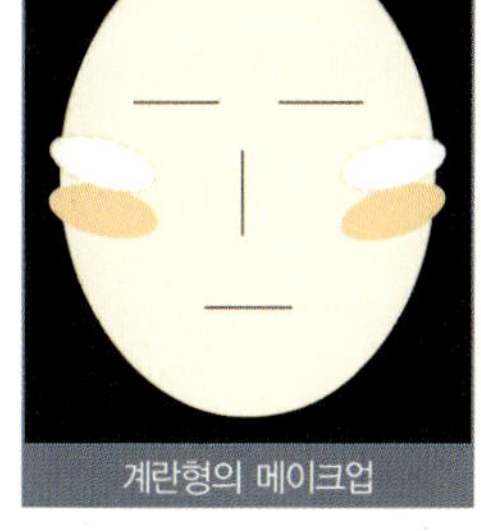

계란형의 메이크업

▶ 애플존

눈가에서 광대뼈를 포함한 볼 부위로, 웃을 때 볼록 튀어나오는 부분

(2) 동그란 형

① 포인트 : 볼에서 턱까지 부드럽게 부풀어 있는 얼굴로 귀여워 보인다. 건강하고 친숙한 느낌을 주며 동안인 경우가 많다. 둥근 느낌을 강조하지 말고 세로의 길이를 강조하는 느낌으로 메이크업한다.

② 메이크업

ㄱ 피부 : 피부는 희고 곱게 표현하며 코가 길어보이도록 코 선을 따라 하이라이트를 준다. 얼굴 이외의 부분에는 쉐이딩을 넣어 얼굴 전체를 갸름하게 보이도록 한다. 특히 밝은 색 컨실러를 이용해 T존 부위와 눈 밑에 하이라이트를 주면 입체감이 생겨 콧날이 날카롭고 볼이 수축되 보이는 효과를 얻을 수 있다.

ㄴ 눈 : 눈썹은 짙은 회색이나 밤색으로 일자형이나 치솟는 분위기로 그려준다. 아치형으로 눈썹을 그리게 되면 얼굴이 더 동그랗게 보일 수 있으니 주의하자. 따뜻하고 엷은 색 섀도를 눈두덩이에 발라주고 진한 색으로 쌍겹부위를 덧칠해준다. 짙은 브라운이나 검정색으로 아래, 위 모두 아이라인을 확실히 그리는데 눈꼬리로 갈수록 진하고 길어지는 캣 아이메이크업으로 눈매를 강조한 뒤 마스카라를 진하게 발라준다. 눈앞머리 쪽에도 펄이 섞인 화이트 섀도로 포인트를 주면 눈매가 커 보이는 효과가 있다.

ㄷ 입술 : 연한 핑크색을 이용하여 귀엽고 사랑스러운 이미지를 살리도록 하는데 작게 그리는 것이 포인트로 윗입술을 각지게 그리면 오똑한 느낌이 강조되어 전체적으로 계란형으로 보일 수 있다. 글로시한 것보다 진한 컬러의 매트한 립스틱을 선택해 둥근 턱 선으로부터 시선을 분리시킨다.

ㄹ 볼 : 광대뼈 밑에서 세로의 길이를 강조하듯 사선으로 블러셔를 발라 주면 얼굴이 갸름해 보인다.

동그란 형의 메이크업

(3) 긴 형

① **포인트** : 긴 형은 이마에서 턱까지 길이가 긴 얼굴이 특징으로 차분하고 정적이며 얌전한 느낌을 준다. 때문에 전체적으로 가로의 느낌이 들도록 터치하여 자칫 나이 들어 보이는 외형을 커버해준다.

② **메이크업**

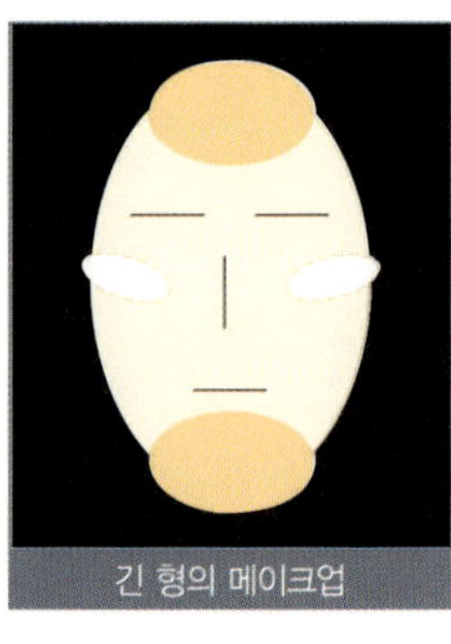

긴 형의 메이크업

  ㄱ **피부** : T존은 밝은 파운데이션으로 표현하고 베이스보다 한 단계 어두운 파운데이션을 이용해 이마와 턱 부분에 음영을 주어 얼굴이 넓어 보이게 한다. 양 볼에는 음영을 넣지 않는다.

  ㄴ **눈** : 눈썹을 일자형의 직선으로 그리면 얼굴을 짧아 보이게 하며 검은색보다는 진한 갈색이 좋다. 연한 색으로 베이스 섀도를 깔고 짙은 톤의 아이섀도를 눈꼬리 쪽에 발라 포인트를 준다. 아이라인 역시 눈 꼬리 쪽으로 길게 빼서 그리도록 한다.

  ㄷ **입술** : 부드러운 곡선의 느낌으로 옆으로 자연스럽게 늘려서 둥글게 그려주는데 너무 크거나 둥글게 그리지 않고 가로선의 느낌으로 그려준다.

  ㄹ **볼** : 갈색 톤이나 오렌지 톤으로 광대뼈를 중심으로 가로로 폭넓게 발라주고 얼굴 위쪽과 턱 밑에도 가로 방향으로 발라준다.

(4) 사각형

① **포인트** : 넓고 턱이 길고 볼 라인이 직선적인 얼굴형으로 쾌활하며 다이나믹한 이미지와 건강하면서도 이지적인 분위기를 풍긴다. 튀어나온 양쪽 턱 부위와 이마 양 끝에 음영을 주어 전체적으로 인상을 부드럽게 한다. 각진 얼굴형에 진한 쉐이딩은 턱 라인을 오히려 강조할 수 있고 너무 진하게 표현되지 않도록 주의한다.

② **메이크업**

사각형의 메이크업

  ㄱ **피부** : 건강한 피부색을 표현하는데 중점을 둔다. 베이스 메이크업 단계에서 약간 어두운 톤의 파운데이션을 사용하여 각진 부분에 음영을 넣고 파우더로 정리한다. 중앙 부분은 밝은 피부색으로 두며 눈가 전용 컨실러로 어두운 곳을 밝히는 정도로 마무리한다.

  ㄴ **눈** : 눈썹 앞머리는 자기 눈썹을 살려주고 끝을 넓게 그려주며, 둥글게 하여 완만한 느낌이 들게 해준다. 아이섀도는 부드럽게 음영을 주면서 자연스럽게 그라데이션 해주는데 눈썹꼬리와 직선이 되도록 하며 눈꼬리 쪽을 강조하여 약간 치켜 올린 모양으로 연출한다.

  ㄷ **입술** : 누드계열이나 오렌지색의 립글로스로 투명하게 표현하고 폭을 넓게 하여 볼륨을 주고 길이는 짧게 한다.

  ㄹ **볼** : 블러셔는 매트한 느낌의 핑크나 갈색톤으로 선택하는 것이 좋다. 입술 끝에서 귀를 향해 폭넓게 발라주는데 광대뼈에서 시작하여 사이드로 갈수록 흐려지게 터치한다. 광대뼈에서 턱 끝을 향해 길게 블러셔를 그려주면 턱이 둥글어 보이는 효과를 얻을 수 있다.

(5) 삼각형

① **포인트** : 이마보다 볼, 턱 부분이 넓은 것이 특징으로 넉넉해 보이고 여성스러우며 부드러운 이미지를 보이지만 둔해 보이고, 나이가 들어 보이는 단점이 있다. 때문에 턱의 양끝 부분을 진하게 하며 이마 부분은 엷게 균형 있어 보이게 하는 것이 좋으며 전체적으로 얼굴이 부해 보이지 않도록 한다.

② **메이크업**

　㉠ **피부** : 하관이 넓기 때문에 이마 양쪽 부분과 콧등, 뺨에는 밝게 하이라이트를 주어 강조하고, 뺨 중간에서 턱까지 쉐이딩을 주어 얼굴 아래 부분이 좁아 보이도록 보완한다.

　㉡ **눈** : 눈썹은 실제 눈썹보다 눈썹산을 약간 멀게, 눈의 크기와 상관없이 크게 그린다. 단, 색상은 진하지 않게 브라운 톤으로 하여 인상을 부드럽게 만들어 준다. 차가운 인상을 보완하기 위해 브라운이나 오렌지 등의 따뜻한 컬러의 섀도를 선택하는 것이 좋다.

　㉢ **입술** : 라인은 둥글게 그리고 베이지나 핑크색을 이용하여 화사하게 표현해준다. 자연스러운 표현을 위해 립글로스를 덧발라 마무리한다.

　㉣ **볼** : 블러셔는 자연스러운 색감을 주는 정도로만 사용한다.

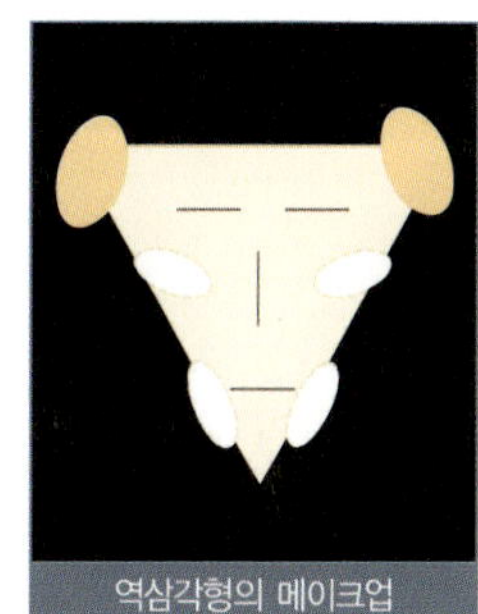

삼각형의 메이크업

(6) 역삼각형

① **포인트** : 이마는 넓고 튀어 나왔으며 귀 밑부분부터 턱뼈까지 삼각으로 뾰족하다. 아시아인에게 많은 형으로 섬세하고 이지적이며 청순한 느낌을 풍긴다. 내추럴 메이크업은 소녀의 이미지를, 진한 메이크업은 모던한 이미지를 연출할 수 있다. 넓은 이마는 음영을 주어 좁아 보이게, 뾰족한 볼과 턱은 곡선을 살려 볼륨감을 주는 것이 포인트로 얼굴형 수정으로 전체의 밸런스를 유지하되, 가로로 길게 늘려 그리지 않도록 주의한다.

② **메이크업**

　㉠ **피부** : T존과 눈 밑에는 하이라이트를 준다. 하이라이트를 사용할 때는 이마에 가로 방향으로 길게 하고, 광대뼈에는 사용하지 않는다. 이마와 머리카락이 연결되는 부분과 턱 아래쪽에는 한 톤 어두운 파운데이션이나 파우더를 사용해 쉐이딩을 해준다.

　㉡ **눈** : 부드럽고 밝은 색상의 섀도를 눈두덩이에 넓게 펴발라 귀여운 느낌을 준다. 중간 베이지로 윗눈꺼풀을 직선의 느낌으로 칠하고, 초콜릿색이나 짙은 보라색으로 포인트를 준다. 눈썹은 진회색으로 눈썹길이의 1/2에 눈썹산을 그린다거나 눈썹산을 둥글게 처리하여 준다.

　㉢ **입술** : 연갈색으로 입술선을 깔끔하게 그린 뒤 짙은 밤색 립스틱으로 채워준다. 길이와 넓이를 늘려 그리면 입술이 좁아 보이는 것을 막아준다. 매트한 것보다 블링블링하고 글로시한 제품으로 도톰하게 연출하는 것이 좋다.

　㉣ **볼** : 블러셔는 광대뼈 약간 위쪽에 눈동자 바깥부분부터 좁게 발라준다. 밝고 화사한 컬러의 블러셔로 애플존을 동그랗게 강조함으로써 볼륨을 넣어주어도 좋다.

역삼각형의 메이크업

PLUS⁺

▶ 눈썹선과 입술선에 따른 이미지[1]

선의 종류		모양	이미지
눈썹선	표준 눈썹		고상한, 산뜻한, 귀여운
	올라간 눈썹		개성적인, 강한, 활동적인, 고집스런
	아치형 눈썹		여성적인, 요염한, 우아한, 화려한, 노숙한
	각진 눈썹		지적인, 섬세한, 단정한, 세련된, 어른스러운
	직선적인 눈썹		젊은, 남성적인, 시선한
입술선	스트레이트		강함, 세련된, 경쾌한, 지적인, 섬세한
	아웃커브		성숙한, 정열적인, 여성스러운, 섹시한
	인커브		명랑한, 젊은, 귀여운

2절 얼굴 피부 톤에 따른 헤어 컬러

1. 피부톤에 따른 헤어 컬러

(1) 하얀 피부

① 하얗고 밝은 피부를 가진 사람은 대부분 어떤 컬러를 해도 잘 어울린다.

② 따뜻한 라이트 브라운 정도로 선명도를 약하게 해 염색하면 좋다.

③ 브라운과 블랙계열로 염색하면 하얀 피부가 더욱 강조된다.

④ 너무 선명한 컬러로 염색하면 안색이 더 창백해 보일 수 있다.

⑤ **Best** : 라이트 브라운

---

1) 자료출처 : 「패션스타일리스트」 이현미 · 박송애 · 김현량 · 김영란 · 정애리 · 정우진 공저, 시대고시기획(2008, 354p)

(2) 검은 피부

① 무거워 보이지 않도록 적당히 밝은 컬러를 선택한다.

② 오렌지계열 또는 회색이 가미된 밝은 적색이나 골드 브라운이 좋다.

③ 카키나 애시계열은 까만 얼굴이 더 어둡고 칙칙하게 보일 수 있으므로 피하도록
한다.

④ BEST : 골드 브라운

검은 피부의 헤어 컬러

(3) 붉은 피부

① 얼굴의 붉은기를 눌러줄 수 있는 다운되는 컬러를 선택하는 것이 좋다.

② 카키나 잿빛이 살짝 도는 애시계열의 컬러가 붉은 얼굴에 잘 어울린다.

③ 블루블랙이나 딥블루블랙이 좋다.

④ BEST : 카키 브라운

붉은 피부의 헤어 컬러

(4) 노란 피부

① 붉은기가 도는 쿠퍼계열의 컬러나 카키계열의 컬러로 선명하게 염색하는 것이
어울린다.

② 얼굴색이 묻히는 노란계열의 컬러나 옐로 브라운 컬러는 얼굴과 머리의 경계선
이 사라져서 머리가 전체적으로 커 보일 수 있으므로 피하도록 한다.

③ BEST : 쿠퍼 레드

노란 피부의 헤어 컬러

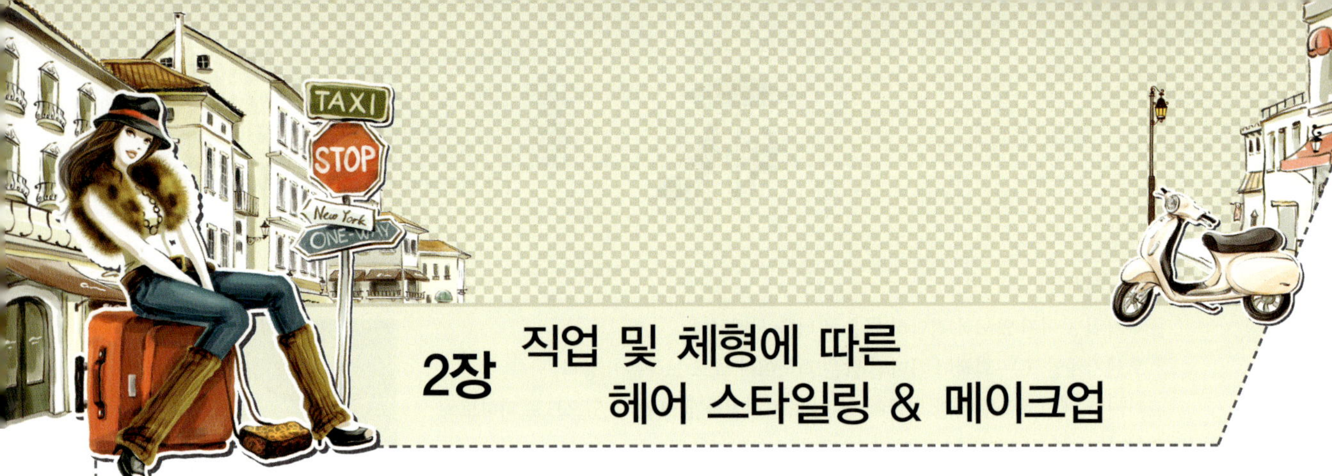

2장 직업 및 체형에 따른 헤어 스타일링 & 메이크업

1절 직업별 헤어 스타일링 & 메이크업

1. 비서직 · 사무직

(1) 헤어 스타일링

① 자연스런 우아함이 포인트
② 단정해 보이되 무거워 보이는 것은 피하도록 한다.
③ 어깨 길이의 굵은 웨이브, 튀는 스타일보다 포인트가 될 만한 헤어 소품 이용, 단발 롤 스트레이트, 긴 머리의 경우 산뜻하게 뒤로 묶는다(아래로 묶은 포니테일).

(2) 메이크업

① 메이크업을 할 때는 옷이나 스카프 색상에 맞춰 아이섀도나 립스틱 색상을 통일한다.
② 전체적으로 차분하고 단정한 느낌의 브라운 메이크업 계통이 잘 어울린다.
③ 베이지 톤의 세미 매트 타입 파운데이션을 발라 깔끔하고 정돈된 느낌을 준다.
④ 하이라이터는 생략하거나 펄 감이 가벼운 것을 사용한다.
⑤ 눈 화장은 화려하지 않고 튀지 않는 색감을 이용한다.
⑥ 브라운이나 베이지를 바탕색으로 하여 매트하고 탁한 오렌지, 핑크, 블루 등 중간 계열 색을 포인트로 바른다.
⑦ 깔끔하고 정돈된 이미지를 보여주기 위해서 아이라인은 그려주되 짙은 브라운 섀도나 젤 타입 라이너로 윗 속 눈썹 라인만 또렷하게 표현한다.
⑧ 립 라인은 분명하게 하고, 약간은 매트한 느낌의 립스틱을 선택하여 사무적인 느낌을 준다. 립글로스보다 립스틱이 좋다.
⑨ 볼은 오렌지 브라운으로 살짝 터치해 피부에 화사함을 부여해준다.
⑩ 심플하면서도 포인트 있는 메이크업을 하되 유행 스타일을 지나치게 따라하지 않는다.

2. 판매직 · 서비스직

(1) 헤어 스타일링

① 중간 길이 헤어, 드라이 펌 등 볼륨감 있게 연출, 깨끗하고 밝은 스타일, 가벼운 샤기 컷, 웨이브가 살아있는 스타일

② 고객과 Eye Contact에 부담이 되지 않도록 머리카락으로 얼굴을 가리거나 앞머리를 길게 내려 눈을 가리지 않도록 주의한다.

(2) 메이크업

① 환하고 빛나는 느낌으로 파스텔 톤, 뉴트럴 톤(중간 계열) 위주로 여성스럽고 편안한 느낌을 강조한다.

② 두껍지 않게, 투명한 느낌이 나는 리퀴드 파운데이션을 이용해서 인위적이지 않은 자연스러움을 표현하는 것이 좋다(밝고 약간 핑크 톤이 도는 파운데이션을 바른다).

③ 눈 밑과 팔자 주름은 커버하고 이마와 뺨에는 넓게 하이라이터를 바른다.

④ 아이섀도는 핑크, 민트 그린, 파스텔 블루 등 파스텔 톤으로 터치하며 인위적인 아이라인은 피하고 마스카라로 눈매를 살린다.

⑤ 눈썹은 둥글고 부드러운 갈매기 형으로 술을 살려 그린다.

⑥ 진하고 야한 색감은 피하고 핑크, 산호색, 따뜻한 베이지 계통의 립글로스를 둥글고 가볍게 바른다.

⑦ 핑크나 복숭아색 블러셔를 뺨 앞부분에 가로 혹은 동그란 모양으로 부드럽게 표현한다.

3. 마케팅 · 세일즈

(1) 헤어 스타일링

① 깔끔하고 정돈된 스타일에 초점을 맞춘다.

② 활동적인 직업이므로 손질하기 쉬우면서, 너무 강한 느낌이 들지 않는 어깨 길이의 부드러운 레이어드 컷 스타일이나 보브 컷(단발), 올백 포니테일, 정수리를 살린 숏 컷이 좋다.

③ 턱 라인을 따라 레이어드 커팅을 하여 얼굴선이 날렵해 보이면서 가볍게 느낌을 살린다.

④ 짙은 브라운 컬러의 염색은 전체적으로 튀지 않으면서도 세련된 느낌을 준다.

(2) 메이크업

① 색감이나 질감보다 명암과 선을 강조하는 것이 효과적이다.

② 커버력 있는 파운데이션과 파우더를 사용해 매트하고 깔끔한 피부를 만든다.

③ 이마와 콧날, 광대뼈 앞부분에 하이라이트를 주어 윤곽을 또렷하게 살린다.

④ 눈 화장은 색감을 배제하고 아이라인을 또렷하게 살린다.

⑤ 눈썹은 직선으로 올라갔다 눈동자 뒤에서 날렵하게 꺾어지게 힘 있게 그린다. 눈꼬리와 입꼬리는 살짝 올려 그린다.

⑥ 선명하고 붉은 계열의 립스틱으로 자신감과 활동성을 표현하면 좋다.

4. 전문직 · 프리랜서 · 예술계통

(1) 헤어 스타일링

① 카리스마를 느낄 수 있는 스타일이 적당하다.

② 트렌디하면서 개성 있는 스타일, 엑스트라 롱 헤어, 일자 뱅, 좌우 비대칭 컷

③ 투톤으로 염색하면 헤어 스타일링에 따라 개성적인 연출이 가능하다. 전체적으로 밝은 갈색으로 염색하고 부분적으로 짙은 와인색으로 염색한다.

(2) 메이크업

① 약간은 화려하고 튀어 보이는 스타일로 개성을 부각시키는 것이 좋다.

② 피부는 글로시하게 또는 매트한 스타일로 표현한다.

③ 약간 핑크 톤이 함유된 파운데이션을 사용해서 화사한 느낌의 피부 톤을 표현하면 좋다.

④ 원 포인트 메이크업(눈과 입 어느 한 부분에 강한 포인트)이 어울린다.

⑤ 세미 스모키 메이크업은 또렷한 인상을 줄 수 있고 개성 있는 연출이 가능하다.

⑥ 두껍게 아이라인만 강조하거나 컬러풀한 아이섀도, 펄 등을 이용하는 것도 좋다.

⑦ 다양한 스타일의 속눈썹을 이용하는 것도 독특한 연출법이 될 수 있다.

⑧ 눈 밑에 반짝이는 제품을 살짝 발라 화려함을 더하는 것도 좋다.

⑨ 립 라인보다 색감을 강조하는 것이 좋다.

⑩ 레드나 와인 톤의 립 라인을 그려주고 같은 톤의 색감을 이용해 입술 안쪽을 채워준다.

⑪ 블러셔는 크림 타입이 좋고 브론저로 조금 강하게 얼굴 윤곽선을 살려 섹시한 느낌을 살리는 것도 좋다.

5. 금융 · 재무

(1) 헤어 스타일링

① 복잡하고 정교한 수치를 다루는 만큼 전문가적인 이미지를 어필하는 것이 중요

② 프로페셔널한 카리스마와 신뢰감을 풍기는 숏 컷이 적당

(2) 메이크업

① 스모키 메이크업을 비롯한 짙은 색조화장보다는 포인트가 없는 내추럴 메이크업이 정석이다.

② 민첩하고 성실한 이미지를 남기기 위해 심플하면서도 포인트 있는 메이크업을 한다.

③ 밝고 깨끗한 느낌의 피부 톤에 눈매를 또렷하게 표현한다.

④ 유행 스타일을 지나치게 따라하지 않는다.

6. 기타

(1) 창의적 전문직

① 화려하고 대담한 스타일의 헤어 스타일링과 메이크업

② 평범하기 보다 개성적인 헤어 스타일링

(2) 보수적 직업군

내추럴 단발 웨이브, 웨이브 있는 상고형 스타일 등의 헤어 스타일링과 내추럴 메이크업

(3) 교직, 카운셀링

① 인위적인 웨이브나 부스스한 펌보다는 단정한 이미지를 연출할 수 있는 자연스러운 헤어 스타일링과 부드럽고 부담 없는 메이크업이 적합하다.
② 메이크업을 화려하게 하면 시각적으로 부담스러워 보일 수 있고, 너무 안 하면 자칫 성의 없어 보일 수 있다.
③ 자신의 피부색에 맞는 파운데이션으로 자연스럽고 깔끔한 인상을 풍기는 것이 좋다.
④ 딱딱하지 않고 생기 있어 보이기 위해 가볍게 볼터치를 하는 것도 좋다.

(4) 자영업

선이 깨끗한 레이어드 컷 스타일, 얼굴을 살짝 덮는 컷 스타일, 롱 웨이브가 적당하다. 단, 너무 어리거나 화려한 스타일은 피한다.

2절 체형별 헤어 스타일링

1. 키에 따른 헤어 스타일링

(1) 키가 작은 체형

① Best : 시선을 위로 분산시키고 신체 중심을 올려주는 어깨 위로 떨어지는 짧은 헤어 컷이나 단발, 목선이 드러나도록 올려서 위로 묶는 업 스타일
② Bad : 긴 머리를 허리까지 길게 늘어뜨리는 헤어

(2) 키가 큰 체형

① Best : 신체 중심을 분산시키는 귀 아래로 떨어지는 헤어 길이로 긴 생머리와 짧은 숏 컷이 잘 어울린다.
② Bad : 키가 큰 사람은 어떤 스타일도 무난하게 소화할 수 있지만 큰 키가 콤플렉스라면 목선이 드러나는 짧은 컷이나 긴 생머리는 피해야 한다.

2. 몸매에 따른 헤어 스타일링

(1) 통통한 체형

① Best : 가볍게 머리숱을 친 보브 컷, 샤기 컷으로 머리카락의 부피감을 줄여주거나 앞머리를 내어 귀여운 인상을 준다.

② Bad : 굵은 웨이브는 전체적으로 풍만한 느낌을 준다. 목선을 넘어가는 헤어 스타일은 답답해 보일 수 있으므로 주의한다.

(2) 마른 체형

① Best : 풍성한 느낌을 주는 굵은 웨이브, 따뜻한 느낌이 나는 붉은색이나 밝은 계열 헤어 스타일

② Bad : 긴 머리와 생머리는 착 가라앉는 느낌으로 마른 몸을 더욱 말라보이게 한다. 차가운 느낌의 블랙과 청색 계열의 헤어 역시 피하도록 한다.

3. 체형별 헤어 스타일링 실제

(1) 키 크고 뚱뚱한 체형

① Best : 여성적이고 산뜻한 느낌의 단순한 헤어, 어깨 길이의 단정한 스트레이트가 어울린다.

② Bad : 강한 웨이브, 스포츠형의 헤어스타일이나 지나치게 긴 생머리는 체형을 강조하므로 피하도록 한다.

(2) 키 크고 보통 체형

① Best : 가장 이상적인 체형으로 긴머리의 스트레이트, 굵은 웨이브, 숏 컷 등 모든 스타일이 어울린다.

② Bad : 어중간한 길이의 단발이나 가는 웨이브의 롱 스타일은 키를 작아보이게 한다.

(3) 키 크고 마른 체형

① Best : 날카롭고 길어 보이는 이미지를 커버할 수 있는 롱 웨이브가 가장 잘 어울린다. 또한 보브 단발이나 레이어드 스타일 역시 볼륨감을 줄 수 있어 적합하다.

② Bad : 숏 스타일의 스트레이트 헤어, 뒷머리가 짧은 상고단발, 지나치게 긴 생머리도 피하도록 한다.

(4) 키 작고 뚱뚱한 체형

① Best : 업 스타일로 시선을 위로 유도하도록 하며 짧은 단발이나 중간 길이의 얼굴 주위에 나부끼는 숏 스트레이트가 좋다. 위로 묶은 포니테일 스타일, 보브 스타일과 앞머리를 길게 내린 숏 컷도 잘 어울린다.

② Bad : 목선을 넘어가는 헤어스타일은 답답해 보이며, 긴 머리는 작은 키를 강조하므로 피하는 것이 좋고 웨이브가 강한 스타일은 몸매를 더욱 부하게 만든다.

(5) 키 작고 보통 체형

① Best : 키가 크고 보통 체형과 마찬가지로 이상적인 체형으로 어떠한 스타일도 무난하게 어울린다. 단, 키를 좀 더 커보이게 하고 싶다면 스타일을 작게 하고 앞머리와 윗부분에 볼륨을 주면 된다. 앞머리가 긴 일자 단발이나 짧은 단발, 윗부분에 볼륨감이 있는 컷이 좋다.

② Bad : 굵은 웨이브 단발 펌이나 일자형 스트레이트는 키를 작아 보이게 한다.

(6) 키 작고 마른 체형

① Best : 볼륨감을 주어 왜소한 체형을 보완하도록 한다. 목선이 드러나는 숏컷, 업 스타일, 단발 웨이브, 앞머리가 긴 숏 컷이 적당하다.

② Bad : 숱이 적은 롱 스트레이트 헤어나 지나치게 강한 웨이브의 숏 컷은 피한다.

3장 감성별 이미지에 따른 헤어 스타일링 & 메이크업

1절 감성별 이미지에 따른 스타일링

1. 로맨틱 · 페미닌 스타일

(1) 헤어 스타일링

① 양 갈래로 묶는 스타일
② 긴 머리 또는 물결모양 웨이브
③ 머리핀, 리본 등 헤어 액세서리 활용

(2) 메이크업

① 순수하며 화사하게 연출
② 생기발랄한 소녀 분위기
③ 자연스러운 눈썹
④ 핑크빛 볼
⑤ 체리나 복숭아 색상의 립스틱

2. 엘레강스 · 엘리건트 스타일

(1) 헤어 스타일링

① 소프트한 웨이브
② 가볍게 묶거나 업 스타일로 연출

(2) 메이크업

① 흐트러짐 없이 깔끔한 연출
② 아치형의 눈썹으로 다소 길고 부드럽게
③ 핑크계와 브라운, 퍼플계의 섀도
④ 로즈컬러의 립스틱

3. 클래식 · 트래디셔널 스타일

(1) 헤어 스타일링

① 고전적, 전통적 예식과 격식에 어울리는 스타일
② 비교적 단순하고 유행의 변화가 많지 않은 스타일
③ 옆 가르마의 단발 스트레이트 스타일

(2) 메이크업

① 차분하고 자연스러우며 깊이 있는 중후함으로 연출
② 직선적인 느낌의 눈썹
③ 베이직하고 편안한 인상을 주는 브라운 계열 섀도
④ 직선적이고 매트한 느낌으로 입술윤곽을 확실히 나타냄
⑤ 도시적인 모던함을 강조해주는 브라운과 붉은 와인계열의 립스틱

4. 내추럴 스타일

(1) 헤어 스타일링

① 소프트 웨이브의 롱 헤어

② 브레이드 스타일 또는 땋은 후 풀기

③ 가볍고 부드러운 질감

④ 약간 헝클어진 듯한 스타일로 연출

(2) 메이크업

① 차분하고 자연스럽게 연출

② 맨얼굴에 가까운 메이크업

③ 인위적인 느낌 없도록 테크닉 절제

④ 자연스러운 눈썹과 엷은 핑크빛 립글로스

5. 에스닉 스타일

(1) 헤어 스타일링

손쉽게 천으로 감아올리는 등 민족 고유의 스타일

(2) 메이크업

① 내추럴한 베이지 계열
② 원 톤 메이크업
③ 민족고유의 메이크업

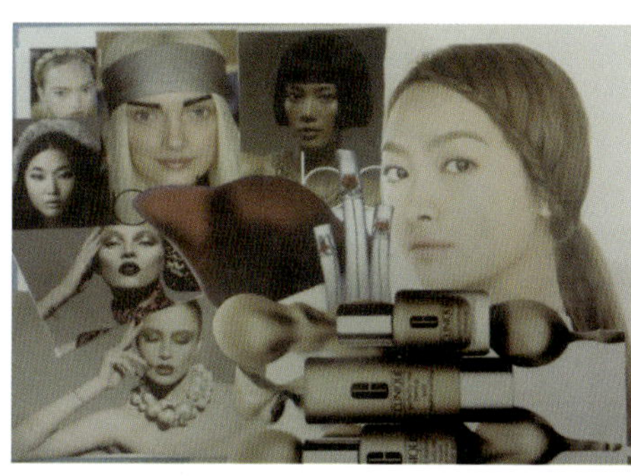

6. 캐주얼 · 스포티 스타일

(1) 헤어 스타일링

① 짧고 경쾌한 숏 컷 스타일
② 베이스볼 캡이나 선 캡으로 연출
③ 왁스나 무스를 사용하여 위로 향하게 스타일링

(2) 메이크업

① 발랄하고 시원한 느낌으로 연출
② 자연스러운 눈썹
③ 오클계 파운데이션 사용
④ 베이지 섀도
⑤ 밝은 색 오렌지나 내추럴한 브라운계 립스틱

7. 모던 스타일

(1) 헤어 스타일링

① 보브 스트레이트
② 직선적인 숏 컷 스타일

(2) 메이크업

① 굵고 짙게 그린 눈썹
② 선명한 아이라인으로 눈매 강조
③ 펄이 섞인 섀도
④ 딥 레드 등 어두운 컬러의 립스틱

8. 매니시 · 댄디 스타일

(1) 헤어 스타일링

① 핀컬 웨이브의 숏 컷 헤어
② 젤이나 무스를 사용한 올백 스타일 등 깔끔한 스타일
③ 짧은 롤 스트레이트

(2) 메이크업

① 세련되고 강하며 깔끔한 메이크업
② 굵고 직선적인 눈썹
③ 브라운계열의 섀도
④ 눈매를 크고 굵게(강인한 남성 이미지)
⑤ 브라운 또는 와인 컬러의 립스틱

Part 3

패션/유통 비즈니스 & 패션센스
(Fashion/Distribution Business & Fashion Sense)

Category 6. 패션 소재

1장 소재의 기본적 이해

1절 섬유(Fibers)

특정한 용도나 이미지에 맞는 소재를 선정하기 위해서는 소비자의 입장에서 소재의 성능을 우선적으로 파악하고, 동시에 생산자가 필요로 하는 성능을 함께 고려하여야 할 것이다. 옷감은 여러 가지 성능에 의하여 고유의 특성을 나타내고, 표현할 수 있는 스타일이 한정되므로 의복의 용도가 결정되면 적합한 소재는 한정된다고 볼 수 있다. 섬유의 조성, 실의 구조, 직물의 조직, 색, 가공 등은 옷감에 있어서 고려해야 하는 중요한 요소들이다. 이 요소를 통해 옷감의 외관, 쾌적성, 내구성, 안정성, 관리 편이성 등의 성능이 결정되고 최종 용도에 따라 이들 성능이 요구되는 정도가 다르며, 이들 다양한 요인에 의하여 다양한 느낌의 소재가 개발될 수 있다. 섬유로부터 옷감을 만들었을 때 소비자의 만족도를 높이기 위해서는 촉감이 좋고 구김이 덜 가며 흡습성과 내약품성이 있고, 가볍고 따뜻함은 물론, 광택이 좋아 아름답고 백도(Whiteness)가 높아 원하는 색으로 염색하기 쉬워야 한다.

1. 섬유의 성질

(1) 색

아름다운 색상을 표현하기 위한 다양한 염색은 옷감의 필수조건이다. 염색성은 섬유의 화학적 조성과 내부구조에 의존한다. 화학적으로 섬유가 염료와 반응할 수 있는 원자단과 섬유의 내부에 염료를 흡착할 수 있는 공간을 가지고 있어야 한다. 즉 비결정 영역이 많을수록 섬유 내부에 수분이나 염료가 차지할 수 있는 공간이 생기게 되며 일반적으로 수분을 잘 흡수하는 친수기가 염료와도 반응을 잘 하므로 친수성의 섬유가 염색이 잘 된다. 섬유의 종류별로 염료와 친화성이 다르므로, 염료의 종류가 다를 때 같은 색의 염료라도 서로 다른 색으로 보일 수 있으며, 다른 색으로 표현되기도 하므로 소재에 적합한 염료를 선택해야 원하는 색상을 효율적이고 내구적으로 얻을 수 있다.

(2) 광택

섬유의 단면과 측면에 따라 달라지는 옷감의 광택은 표면에서 반사되는 빛의 양에 따라 결정된다. 양모와 같은 천연 섬유는 꼬임이 있거나 스케일이 있어서 빛이 산란되어 광택이 적은 편이다. 인조섬유는 제조과정에서 단면의 모양을 바꾸거나 무광택제를 처리하여 광택을 조절할 수 있다. 실의 구조나 꼬임의 정도, 가공, 직물조직 등에 의해서도 광택이 달라진다.

(3) 질감

시각과 촉감에 의해서 결정되는 질감은 직물 표면의 특성을 뜻하는 것으로 매끄럽거나 거칠다는 등으로 표현한다. 천연 섬유는 모양과 길이가 다양하므로 직물로 짰을 때 인조섬유로 짠 직물보다 풍부하고 다양한 질감을 가진다. 그러나 최근에는 신 합섬의 개발로 다양하게 만든 단면에 여러 가지 가공처리를 하여 독특한 질감들을 많이 표현하고 있다. 실, 가공, 직물조직 등에 의해서 질감은 크게 달라질 수 있다.

(4) 태

태란 직물의 물성에서 비롯된 촉감이나 모양을 종합적으로 표현한 것이다. 직물의 태는 외관이나 용도를 결정짓는 중요한 요인이나, 주관적인 감각이므로 이를 정량화하기가 매우 어렵다. 직물을 엄지와 다른 손가락들 사이에 놓고 문지르거나 쥐면서 받는 느낌을 평가할 수도 있고, 피부 표면에 문지르면서 받는 감각으로도 평가하기도 한다. 태를 평가하는 방법으로 널리 사용되고 있는 KES(Kawabata Evaluation System)는 인장, 굽힘, 전단, 압축, 표면 특성, 무게 및 두께와 같은 역학적 성질과, 전문가에 의해 선정된 감각 표현 용어에 의하여 평가된 주관적 평가치와의 상관관계를 통하여 태를 평가하고 그 직물이 용도에 적합한 성질을 가졌는지를 알아보는 방식을 사용한다.

(5) 필링

섬유가 직물 표면에 구슬모양으로 뭉쳐서 외관을 해치는 현상을 필링이라고 하며 이러한 현상은 의복의 오랜 기간 착용에 의한 마찰로 인해 발생하게 된다. 모든 섬유는 마찰에 의해 필(Pill)을 만드나 약한 섬유는 떨어져 나가고, 강한 섬유는 남아서 뭉쳐져 있기 때문에 나일론과 같이 강인한 합성 섬유에서 잘 생긴다.

(6) 피복성

피복성은 섬유의 내부구조와 단면 형태에 따라 크게 달라진다. 천연 섬유는 피복성이 우수하고, 원형단면을 가진 인조섬유는 투명하여 내부까지 비쳐 보이므로 단면을 변형시키거나 텍스처사 등으로 만들어 피복성을 향상시킬 수 있다. 옷감을 투과하는 빛의 양으로 결정되는 피복성(Covering Property)은 옷감이 불투명하여 인체를 가려주는 성질을 가지고 있으며 주로 단위길이당 실의 올 수 즉, 밀도에 의하여 피복성의 효능이 결정된다.

(7) 내구성

내구성이란 적당한 사용 기간 동안에 원래의 성능과 특성을 유지하는 것이라고 할 수 있다. 내구성은 여러 가지 요인에 의해 결정되므로 의복의 용도와 기호에 따라 내구성의 우선순위를 결정하여 선택하고 이를 감수하게 되는 것이다.

(8) 강신도

섬유는 제품으로 제작되는 과정에서 기계적 작용과 장력에 견디어야 할 뿐 아니라 사용되는 동안에도 충분한 내구력이 있어야 한다. 내구력이란 섬유 제품이 여러 가지 외부로부터 받는 여러 가지 작용에 대한 저항성을 말한다. 일정한 굵기의 섬유가 끊어지는데 필요한 힘을 '강도' 라 하며, 섬유의 강도를 나타내는 방법으로는 인장강도, 굴곡강도, 마찰강도 등이 있으나 일반적으로 인장강도(g/d 도는 kg/mm^2)로 표시한다. 피복용으로 쓰이는 섬유는 최소한 2.5g/d의 강도가 필요하고 작업복이나 산업용 재료로는 7~8g/d의 강도를 가져야 한다. 천연 섬유 중에서는 견

의 강도가 가장 크며, 인조섬유 중에서는 나일론의 강도가 가장 크다.

섬유가 끊어질 때까지 늘어난 길이를 '신도'라 하며, 백분율로 표시한다. 일반적으로 습윤 시 신도는 건조 시보다 크다.

섬유의 강도와 신도는 대기의 습도에 따라 변화하므로 표준상태(온도 20℃, 습도 65%)에서 시험해야 한다.

섬유의 강인성[1]

섬유	강인성(g/d)	섬유	강인성(g/d)
면	0.17	아세테이트	0.24
아마	0.04	나일론	0.86
견	0.68	폴리에스테르	0.60
양모	0.35	아크릴	0.53
레이온	0.21	올레핀	0.22

⑼ 쾌적성

쾌적감이란 개인의 생리적, 심리적인 성향에 의해 좌우되는 주관적인 느낌으로 개인의 차이가 크므로 소비자의 입장에서 보는 신중한 선택이 필요하다. 옷감의 쾌적성은 용도에 따라 요구되는 정도가 다르며 개인의 선호도에 따라서도 달라진다. 쾌적감에 영향을 미치는 요인으로는 질감, 촉감, 보온성, 흡수성, 중량, 공기 투과도 그리고 옷감의 부드러운 정도 등이 있다.

⑽ 안전성

의류 소재는 인체의 생명이나 생리작용에 미치는 영향뿐만 아니라 화재나 충격 등의 극단적인 환경에서 인체를 보호할 수 있는 안전성이 요구되기도 한다. 최근에는 인체의 건강과 안전에 관해 더욱 관심이 높아지고 있으며 안전성은 일반 의복에서보다는 특수한 환경에서 착용하는 특수 기능복의 경우에 특별히 더 요구된다.

⑾ 관리 편이성

섬유 재료를 세탁하거나 보관하는 중에 성질이나 형태의 변화가 적게 일어나서 세탁이나 보관이 간편함을 말하며, 의복관리에 따른 실용적인 면에서 볼 때 섬유 재료의 성능을 결정짓는 중요한 요인 중의 하나가 된다. 관리의 편이성은 섬유 재료의 종류, 실과 직물의 구조, 염색과 가공 등에 영향을 받는다. 의류 제품에는 법적으로 취급주의 표시를 붙이도록 하여, 소비자가 적절한 관리방법을 알 수 있게 되어 있으며 취급주의 표시에는 섬유의 혼용률과 세탁 및 건조 방법 등이 표시되어 의류 제품을 오래도록 새 것 같이 사용할 수 있도록 도와준다. 내세탁성은 섬유의 방오성(Soil Release Property), 내수성이나 유기용제에 대한 내성, 세제나 표백제 등과의 작용, 형태 한정성 그리고 변·퇴색 등과 관련이 있다.

---

1) 「피복재료학」 김성련 저, 교문사(2000)

⑿ 환경 친화성

최근 환경의 변화와 생태계에 대한 소비자의 관심이 고조되면서 쾌적한 환경을 만들기 위한 소재의 개발이나 섬유제품이 환경에 미치는 영향 등이 중요한 문제로 대두되고 있다. 일반적으로 환경 친화성 섬유(EITP ; Environmentally Improved Textile Products)란 생산이나 제조 과정에서 환경에 유해한 물질을 생성하지 않거나 사용 과정 중이나 사용 후에 천연자원을 고갈시키지 않는 섬유를 의미한다. 예를 들면 재생섬유소 섬유인 리오셀(Lyocell)이나 농약을 사용하지 않고 재배한 유기재배 면, 천연착색 면, 천연염료로 염색된 직물, 재생한 재료로 만든 섬유 등을 들 수 있다. 그 밖에 폐기되었을 때 환경의 신진대사 사이클에 따라 분해되어 자연에 환원됨으로써 환경을 오염시키지 않는 환경 분해성 섬유, 환경오염원을 감소시키거나 오염된 환경을 정화할 수 있는 기능을 가진 섬유 등을 들 수 있다.

2. 섬유의 분류

섬유(Fibers)는 실이나 직물, 편성물 등을 만드는 기본 재료로서 천을 만드는데 적합한 장력과 유연성 등을 지니며 실을 만들기에 충분한 포합성(섬유가 서로 얽히는 성질)을 지닌 긴 선상물질이다. 섬유는 크게 천연 섬유와 화학 섬유로 구분되며, 천연 섬유는 그 원료의 성분에 따라 셀룰로오스, 단백질, 광물성 등으로 나누어 구분한다. 화학 섬유 중 자연에서 얻어진 목재펄프나 우유, 콩, 옥수수 등의 식용단백질, 해조류 등을 화학약품에 용해시켜 화학방사과정을 거친 것을 재생 섬유라 한다. 반면, 합성 섬유는 원료부터 화학적으로 중합하여 이를 화학방사한 것이다. 이상의 섬유는 유기화합물을 원료로 하나, 그 밖에 천연의 광물이나 유리, 금속 등을 이용하여 만든 무기섬유가 있다.

• 천연 섬유의 종류2) •

2) 「패션소재기획」 김정규 · 박정희 저, 교문사(2008)

천연 섬유(Natural Fibers) : 직접 자연계에서 얻어지는 섬유

식물성 섬유 (셀룰로오스, Cellulosic Fibers)	• 종모 섬유(종자에서 분리) : 면, 케이폭(Kapok) • 인피 섬유(삼의 줄기에서 분리) : 아마, 저마, 대마, 황마 • 엽맥 섬유(삼의 잎에서 분리) : 마닐라마, 사이잘(Sisal) • 과실 섬유(열매에서 분리) : 야자 섬유
동물성 섬유 (단백질, Protein Fibers)	• 견(Silk) 섬유 : 가잠견(True Silk), 야잠견(Wild Silk) • 모(Wool) 섬유 : 면 양모(Sheep Wool), 산 양모(Goat Wool) • 헤어(Hair) 섬유 : 염소, 낙타, 토끼 등의 동물의 털
광물성 섬유	석면(Asbestos) 천연 섬유 중 무기질로 이루어진 것

(1) 식물성 섬유(셀룰로오스 섬유)

천연 섬유 중에서 식물에서 얻는 섬유를 총칭하며 셀룰로오스 섬유라고도 한다. 종자모 섬유(種子毛 纖維)와 인피 섬유(靭皮纖維)로 구분할 수 있다.

종자모 섬유는 우리말로 씨앗털 섬유라 할 수 있는데 목화는 스스로의 씨앗을 보호코자 씨앗 주변에 솜털을 발생시켜 씨앗이 강한 햇볕에 말라버리거나 비가 내릴 때 썩지 못하게 보호한다. 이러한 목화를 따다가 씨앗을 제거한 후 솜털을 섬유로 사용하므로 면섬유를 종자모 섬유라 하게 된 것이다.

인피 섬유는 보통은 껍질 섬유라고 하는데 대마, 아마, 저마, 황마 등이 있다.

① 면 섬유(목화, Cotton) : 면은 가장 널리 사용되고 있는 실용적이고 위생적인 소재이다. 면은 과거 미국이 주요 생산국으로서 세계 총 생산량의 약 1/3까지 차지하였으나, 러시아, 중국, 인도, 파키스탄 등 여러 나라에서 생산량이 증가되어 미국이 면 생산에서 차지하는 비중은 상대적으로 줄어들고 있다. 우리나라의 면 생산은 해방 전에는 연간 4만 5천톤까지 생산하였으나 1945년 이후 날로 그 경작면적이 줄어들어 지금은 수요의 대부분을 수입에 의존하고 있다. 면은 목화나무에서 성장한 면화의 종자로부터 섬유를 분리하여 얻은 섬유이다. 원산지를 기준으로 품종을 정하며, 면의 품질은 섬유장이 기준이 되어 섬유장이 길수록 고급에 속한다. 면 섬유가 들어간 제품이나 면 혼방 제품에는 코튼마크를 부여한다. 합성 섬유와 혼방하거나 여러 가지 기능성 가공(머서화 가공으로 촉감과 광택을 개선, 방추가공으로 구김 정도를 줄이는 등)으로 단점을 개선하여 점차 그 쓰임새를 넓히고 있다.

• 코튼마크 •

면의 성능과 관리방법 및 용도

성능	외관	색상	표백에 의해 아주 흰 색상을 가지기도 하고, 염색이 간편하므로 다양한 색상의 표현이 가능하다.
		광택	일반적으로 광택이 적은 편이나 아주 가늘고 긴 섬유로 짠 고급 면직물은 우아한 광택을 가진다.
		의복 외관	광택도 적고 섬유가 비교적 강직한 편이므로 장식적인 분위기보다는 캐주얼한 멋을 낸다. 정전기가 잘 생기지 않아 옷감끼리 또는 피부에 부착되는 일이 적다.
	쾌적성	수분 특성	흡습성이 좋아 쾌적한 섬유에 속하는 면은 물에 의해 팽윤이 잘 되므로 피부 표면에서 발생하는 땀을 흡수하여 이를 섬유나 실 사이를 통하여 쉽게 전달할 수 있다.
		촉감	실에 꼬임을 많이 주지 않고, 느슨하게 짠 면직물은 부드럽고 풍부하며, 방적사이므로 보송보송하고 비교적 따뜻한 촉감을 가지고 있으나, 건조속도는 느리므로 소수성의 합성 섬유에 비하여 섬유가 축축한 느낌을 줄 수 있다.
	관리 편의성		섬유가 친수성이므로 흡수성이 커서 수용성의 오구나 유색물질이 섬유에 쉽게 착색되나 물세탁에 의해 제거가 용이하다. 알칼리에 강하므로 중질세제로 세탁해도 손상이 없다. 특히, 물에 젖으면 강도가 증가하므로 물세탁을 반복하여도 섬유가 쉽게 약해지지 않는다. 단, 수지가공된 직물은 염소계 표백제를 사용하지 않는 것이 좋다.
관리 방법			• 면은 특별히 가공된 것이나 아주 짙은 색으로 염색한 것을 제외하고는 알칼리 세제를 사용하여 높은 온도로 세탁하는 것이 가능하며, 다리미의 가장 높은 온도에서 다릴 수 있다. • 일반 세탁물은 모든 온도 물세탁이 가능, 180~210℃로 다림질, 기계건조를 할 수 있음, 드라이클리닝 가능 • 백색물은 95℃ 세탁 가능, 염소 표백 가능, 180~210℃로 다림질 가능, 기계건조를 할 수 있음, 드라이클리닝 가능 • 짙은 색 직물은 고온 세탁 및 알칼리 세제 사용은 피하는 것이 좋음, 180~210℃로 다림질 가능, 기계건조를 할 수 있음, 드라이클리닝 가능 • 수지가공 직물은 고온 세탁 및 알칼리 세제 사용은 피하는 것이 좋음 • 염소계 표백을 사용하면 황변의 원인이 되므로 피하는 것이 좋음 • 헝겊을 덮고 다림질 • 약하게 탈수
용도			수건, 속옷, 운동복, 면티, 면양말, 침구류, 이불솜, 커튼 등 광범위한 피복 재료로 사용될 뿐 아니라 침구류를 포함한 장식용이나 위생 산업용으로 사용된다. 면섬유가 주로 사용된 직물로 광목, 융, 타올(수건에 쓰이는 천), 데님(청바지의 천), 코듀로이(골덴), 우단 등이 있다.

② 아마 섬유 : 인피 섬유(Bast Fibers)중에서 가장 많이 알려진 것으로 아마 식물(Flax Plant)로부터 얻어지며, 천으로 사용하기 이전에는 바구니를 만드는 데 먼저 사용하였다. 스위스 호반에서 발굴된 아마 섬유는 7000년 이상 된 것으로 추측되는데, 인류가 재배한 섬유로는 역사가 가장 오래된 것으로 보인다. 폴란드, 아일랜드, 벨기에, 중국, 프랑스, 스페인, 이탈리아, 이집트, 구소련 지역에서 많이 생산하고 있다.

아마의 성능과 관리방법 및 용도

성능	외관	색상	표백하지 않은 아마 섬유는 크림색부터 암갈색을 가지는 것까지 있다. 침지과정을 어떻게 했는가에 따라 색상이 달라진다.
		광택	합성 섬유보다는 거칠지만, 면에 비하면 표면이 매끄럽고 견과 같은 광택이 있다. 타포(Beetling) 과정을 거치면 광택이 향상될 수 있다.
		의복 외관	결정과 배향이 발달하여 초기 탄성률이 매우 크고 섬유가 강경하여 의복으로 만들었을 때 전체적으로 모양이 뻣뻣하고 촉감이 거칠다.
	쾌적성	수분 특성	면보다 흡습성이 크고, 물을 흡수하는 성능도 우수하며 건조속도도 빠르다.
		보온성	열전도율이 높고, 촉감이 차서 시원한 섬유이다.
		촉감	촉감이 뻣뻣하고 차다.
	관리 편의성		표백제 사용에 주의가 필요하며, 세제 중 형광증백제에 의하여 원래의 담황색이 변할 수 있다. 물세탁에 의해 섬유다발이 해리되고 수축하므로, 의복의 경우는 드라이클리닝을 하는 것이 바람직하다. 탄성회복률이 매우 낮아서 구김이 잘 생기고 잘 펴지지 않는다. 따라서, 합성 섬유와 혼방하여 사용하거나 구김 자체를 멋으로 여기기도 한다. 해충에 의한 침식은 적으나, 습하고 따뜻하게 보관하면 곰팡이나 균이 잘 생긴다. 결정과 배향이 발달한 데 비해 생분해 속도가 면보다 빠른데, 이는 비셀룰로오스분이 많기 때문으로 여겨진다.
관리 방법			습윤 시 강도가 20% 증가하므로 내수성이 큰 편이지만, 물세탁에 의해 단섬유들을 결속하고 있는 펙틴질이 빠져나가면서 고유의 뻣뻣한 태가 없어지므로 드라이클리닝을 하는 것이 의복의 형태를 그대로 유지할 수 있다. 만약 물세탁을 할 경우에는 강한 기계력을 가하지 말고 중성세제를 사용하여 저온에서 세탁하는 것이 바람직하다.
용도			열전도율이 높고 시원해서 특히 여름용 의복으로 선호되고 있다. 원료가 한정적이고 재배 및 생산하는 과정에서 많은 노동을 필요로 하므로 비교적 고가이다. 따라서, 단독으로 사용하면 구김이 잘 가고 가격도 너무 비싸 다른 섬유와 혼방하여 많이 사용한다. 구김이 잘 가는 단점은 방추가공을 하거나 합성 섬유와 혼방, 강연사나 크레이프 직의 사용으로 개선할 수 있다. 또한, 최근에는 합성 섬유에 의마가공을 하여 마와 같은 외관을 한 합성 섬유 직물들을 개발하여 패션소재로도 많이 사용하고 있다. 린넨은 면이 널리 사용되기 이전부터 가정용 직물이나 실용적인 의복, 텐트나 범포 등으로 사용되어 왔으며, 아주 가는 섬유로 만들어 얇고 비치는 천에 사용되는가 하면 굵고 성긴 직물에 이르기까지 다양한 소재로 쓰이고 있다.

PLUS⁺

▶ 마 섬유

아마(Linen 또는 Flax) 섬유 외에도 우리나라에서 모시라고 불리는 저마(Ramie), 삼베로 불리는 대마(Hemp) 등은 모두 셀룰로오스를 주성분으로 하는 인피 섬유에 속한다. 모시 섬유는 표백에 의해 백색을 가질 수 있으며 마 섬유 중에서는 섬세한 편이므로 여름용 고급의류나 내의, 한복감 등으로 많이 사용된다. 대마 섬유는 특히 거칠고 뻣뻣하므로 일상복에는 많이 사용되지 않으나, 상복이나 수의 등으로 많이 이용되고 있다. 이들은 섬유 외관에 다소 차이는 있으나, 대부분의 특성이 아마와 유사하며 관리 요령도 아마와 같다.

(2) 동물성(단백질) 섬유

천연 단백질 섬유에는 양모, 에어섬유나 견 섬유 등이 있으며 동물의 털이나 분비물에서 얻는 이들은 최상급의 옷감이 된다.

① 견 섬유 : 견은 중국에서 처음 생산되었는데 우리나라에 양잠업이 전래된 것은 고조선 시대로 알려져 있으며 삼한 시대에 양잠이 널리 보급되었다고 한다. 이후 지금까지 견 섬유는 가장 우아한 섬유로 꼽히고 있다. 제1차 세계대전 후 합성 섬유의 출현과 견의 주요 생산국이었던 일본, 이탈리아 등이 공업국가로 성장함에 따라 견의 생산은 극히 저조하였으나, 근년에 와서 고급 섬유로서 견의 특성이 재확인됨에 따라 1970년대 이후 그 수요가 증대되고 있다. 누에고치 한 개로부터 얻어지는 견 섬유의 길이는 1,000~1,500m 정도 이며, 국제 견업(ISA)의 고급 순견제품의 품질표시로 실크마크가 있다.

• 실크마크 •

견의 성능과 관리방법 및 용도

성능	외관	색상	백색에 가까운 황색 또는 엷은 크림색 등이 있다.
		광택	'섬유의 여왕'으로 불릴 정도로 매우 우아하고 아름다운 광택을 가진다. 이는 고유의 삼각 단면을 가진 장섬유에서 오는 것으로 추정하고 있다.
		의복 외관	드레이프성이 우수하고 광택이 특별히 아름다워 고급스럽고 장식적인 느낌을 준다.
	쾌적성	수분 특성	친수성의 필라멘트 섬유이므로 수분율이 비교적 높을 뿐만 아니라, 액체 상태의 물도 잘 흡수하며 젖은 느낌을 주지 않는다.
		촉감	견직물은 매우 매끄럽고, 섬유가 가늘어서 섬세한 느낌을 준다. 섬유끼리 부딪치면 산뜻한 소리가 나서 쾌적감을 더해주며 촉감도 아주 뛰어나다.
	관리 편의성		친수성의 필라멘트 섬유이므로 때가 잘 타지 않는다. 알칼리에 약하나 산에는 비교적 잘 견딘다. 땀과 피지에 의해 약해지고 얼룩이 생기기 쉬우므로 자주 세탁하는 것이 좋다. 습윤 강도는 건조 시에 비해 30% 정도 감소한다. 레질리언스가 좋아 쉽게 구겨지지 않고, 구김이 잘 펴진다. 물세탁이나 드라이클리닝에 의해서 잘 수축하지 않는다. 곰팡이나 균에 대해서는 비교적 안정하며, 해충에 의해 침식되는 일은 양모보다 적다. 150℃ 이상에서 황변되고, 170℃ 이상에서는 분해되므로 내열성이 약한 편이라고 볼 수 있다.
관리 방법			드라이클리닝을 하는 것이 바람직하며, 물세탁을 하는 경우에는 중성세제를 사용하여 가볍게 주물러 빠는 것이 좋다. 염소계 표백제를 사용할 수 없으며, 땀, 물 속의 철분, 자외선 등에 의해서 쉽게 황변이 되므로 각별한 주의를 필요로 한다. 다림질은 150℃ 이하에서 하는 것이 안전하다.
용도			견은 아주 얇고 비치는 속옷으로부터 무거운 벨벳에 이르는 직물이나 편성물로도 사용된다. 드레스, 블라우스, 란제리, 슬랙스(Slacks), 한복감, 스카프, 넥타이, 커튼, 자수실 등 그 용도가 아주 다양하다. 견은 가격이 비싸고 관리가 용이하지 않으므로 실용적인 용도보다는 장식적인 용도에 많이 사용한다. 그러나 견방사는 광택이 덜 우아하고 뻣뻣하여 하급품의 의복 소재로 사용하며, 실내장식용 직물로 사용하여 특이한 아름다움을 표현하기도 한다.

② 양모(Wool) 섬유 : 면양의 털을 양모라 하며, 다른 동물에서 얻은 헤어 섬유와 구분한다. 면양은 따뜻한 지방을 중심으로 사육하고 특히 유럽과 오스트레일리아 등이 사육에 적당한 조건을 갖추고 있다. 이에 반하여 발상지인 아시아 제국은 사육이 적당하지 않아 발전이 뒤지고 있다. 양모의 세계 생산고는 최근 300만 톤 내외로 그 중 약 30% 내외가 오스트레일리아에서 생산되고 있고 뉴질랜드, 아르헨티나, 중국, 구소련 등이 주요 생산국으로 되어 있다. 면 양모(Sheep Wool), 산 양모(Goat Wool)가 있으며 양의 털이 원료이다. 양모는 고가의 섬유인 관계로 경제적인 측면을 고려하여 뉴 울(New Wool)을 죽은 양모의 모피로부터 약물이나 균을 사용하여 뽑아낸 양모(스킨 울, Skin Wool)와 섞어 사용하거나 사용된 털옷으로부터 재생된 양모인 재생모를 이용하기도 한다. 따라서 국제양모사무국(IWS ; International Wool Secretary)에서는 울마크로서 양모의 혼합률과 품질을 제시하고 보증한다.

양모의 성능과 관리방법 및 용도

성능	외관	색상	면양의 품종에 따라 크림색을 띤 백색, 밝은 베이지, 황색, 갈색, 검은색 등 다양한 색을 띤다.
		광택	표면에 스케일이 있고, 거칠며 광택은 낮은 편이다. 광택은 면양의 종류, 몸의 부위별, 면양이 사육된 조건, 생산 조건 등에 따라 다르다.
		의복 외관	부드럽고 유연하며 아주 이상적이고 우아한 태를 낸다. 염색성이 우수하여 다양한 색을 표현할 수 있으나 강한 표백이 어려우므로 순백색을 나타내기는 어렵다.
	쾌적성	수분 특성	양모는 친수기가 많고 비결정 부분이 많아 섬유 중에서 흡습성이 가장 우수하지만, 표면에 소수성의 스케일 층을 가지고 있어서 수분을 많이 흡수하여도 별로 젖은 감을 주지 않는다.
		보온성	섬유 자체의 열전도율이 낮고, 섬유가 권축을 가지므로 공기를 많이 함유하여 보온성이 매우 우수하다. 특히, 기온이 낮고 습한 곳에 노출되었을 때 흡습하면서 발열하므로 찬 느낌을 덜 받아 따뜻한 느낌을 주는 소재이다.
		촉감	램스울이나 메리노 양모는 매우 부드럽고 섬세하지만 잡종 등의 면양에서 얻은, 털이 굵은 양모는 거칠고 뻣뻣하다.
	관리 편의성		친수성 섬유이지만 표면이 거칠기 때문에 때나 먼지를 비교적 잘 흡착한다. 세탁할 때 스케일 층이 엉키는 축융성이 있으므로 가능하면 드라이클리닝을 하거나 손으로 가볍게 주물러 세탁한다. 천연 섬유 중에서 탄성회복률이 가장 높고 레질리언스가 가장 우수하여 구김이 잘 생기지 않는다. 축융성이 있어서 옷이 잘 수축하지만, 축융가공을 하면 힘 있는 옷감이 된다. 단백질 섬유이므로 해충이 쉽게 침식하여 보관이 불편하다. 습한 곳에 두면 곰팡이도 생길 수 있다. 열에 약하므로 약한 열로, 헝겊을 덧대고 다리는 것이 안전하다.
관리 방법			양모의 표피층에 있는 스케일이 방향성을 가지고 있어 축융의 우려가 있어 세탁 시 세제의 선택(반드시 중성세제 사용), 기계적 마찰, 세탁액의 온도에 유의해야 한다. 물세탁이 가능하지만 보통 드라이클리닝이 안전하다. 물세탁 시 꼭 중성세제(울샴푸 같은 세제)를 사용하고 미지근한 물(30℃로 유지)에서 비벼 빨지 않아야 한다. 그늘에서 건조하고 다림질할 경우 열에 의해 섬유가 바삭해지기 쉽고 부서지므로 수분을 공급하면서 온도 150℃이하에서 해야 한다. 보관할 때에는 방충제(나프탈렌 종류)를 사용하는 것이 해충의 피해를 막을 수 있다.
용도			양모는 보온성이 우수하므로 주로 추운 계절용 의복에 많이 사용된다. 방한용 코트, 스웨터, 신사숙녀용 수트로 많이 사용되며, 순모 제품으로 또는 다른 섬유와 혼방하여 쓰인다. 양모는 섬유의 종류가 여러 가지가 있고, 조직을 다양하게 하므로 독특하고 우아하여 다른 섬유가 흉내 낼 수 없는 실루엣과 태를 가진 옷을 만들 수 있다 . 양모 중에서 비교적 거칠고 레질리언스가 우수하며 내구성이 있는 것은 카펫에 많이 쓰이고, 실에 꼬임을 많이 주어 치밀하고 균일하게 짜면 실내장식용 직물로 사용하여도 어느 정도 내구성을 가질 수 있다. 또한, 가볍고 따뜻하며 방염성이 있기 때문에 담요로도 많이 쓰인다. 또 최근에는 새로운 특성이 부여된 모직물의 생산이 늘고 있다.

PLUS⁺

▶ 양모 섬유의 펠트

양모 섬유의 표면에 한 방향으로 스케일이 있어 서로 마찰할 경우 섬유가 서로 엉키어 풀리지 않는다. 이를 축융이라 하며 이러한 성질을 이용하여 두터운 층을 만드는 것을 펠트라 한다. 특히 마찰 시 비눗물을 적시거나 가열할 경우 축융의 속 정도를 향상시킬 수 있다.

▶ 권축

섬유에 길이 방향으로 파상형태의 굴곡이 형성되어 있는 것을 말한다. 권축이 있는 섬유일수록 방적성, 레질리언스, 마찰강도, 투습성, 통기성이 우수하다. 또한 굴곡사이에 함기량을 높여 보온성을 향상시킨다. 권축이 없는 재생합성 섬유의 경우 인공적으로 권축성을 부여할 수 있다. 양모 섬유의 권축의 원리는 섬유 내 오르토(Ortho)섬유와 파라(Para)섬유의 흡습에 의한 팽윤정도 차이 때문인데 섬유의 외측에 위치한 오르토 내섬유가 파라 내섬유보다 흡수율과 팽윤도가 크기 때문에 건조 시 신축기가 달라지는 생리적 작용을 하여 모 섬유의 권축의 원인이 된다.

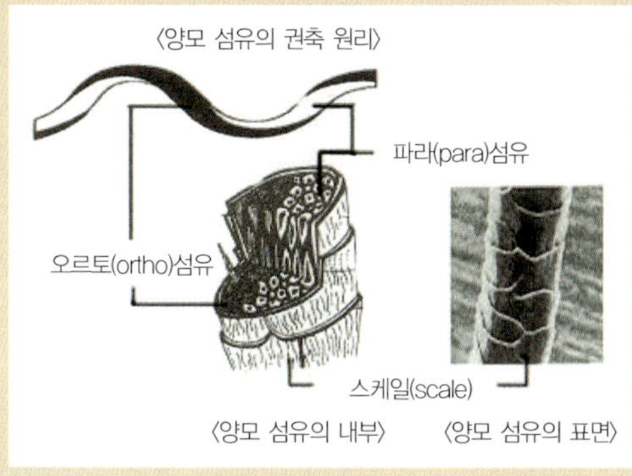

③ 헤어(Hair) 섬유 : 동물의 털은 외부로부터 보호해주는 역할을 하는 길고 거친 털(Outer Hair)과 그 속에 길이가 짧고 부드러운 털(Undercoat)로 이루어져 있다. 면양으로부터 얻어진 섬유는 양모 섬유(Wool)라 하며, 면양이 아닌 다른 동물의 털로부터 얻어진 섬유는 헤어 섬유라 한다.

모든 헤어 섬유는 캐시미어, 비큐나, 라마 등과 같이 털을 제공하는 동물의 이름을 반드시 사용하게 되어 있으며(Fur Products Labeling Act Of 1951), 원산지 국가를 표시하도록 되어 있다.

㉠ 구아나코(Guanaco) : 사나운 야생의 구아나코로부터 얻는 섬유로서 비큐나보다는 덜하지만 희귀하여 가격이 비싸다. 부드럽고 섬세하며, 적갈색을 띤다. 알파카와 성능이 비슷하다. 고급 의류용으로 쓰인다.

㉡ 낙타모(Camel's Hair) : 중앙아시아의 사막에 서식하는 쌍봉낙타로부터 저절로 탈락되는 것을 얻은 섬유이다. 내섬유(Cortex)와 모수가 색을 띠고 있어 섬유가 엷은 갈색 내지는 짙은 갈색이다. 표백에 의해 색이 없어지지 않으므로 천연의 색을 그대로 사용하거나 짙은 색으로 염색하여 사용한다. 모아진 털 중의 30% 정도는 길이가 짧고 가느다란 솜털로 부드럽고 가벼우며 헤어 섬유 중 가장 보온성이 탁월하다. 속털은 코트, 수트, 스웨터 등 보온용 고급의류로 사용하며, 겉털은 벨트, 심지, 매트 등에 쓰인다.

㉢ 라마(Lama) : 안데스 산맥에서 사육되는 동물에게서 얻은 것을 말한다. 가늘고 섬세하며 광택이 좋은 섬유로 알파카와 비슷하다. 색상은 주로 흑색이나 갈색이지만, 가끔 밝은 색도 있다. 알파카나 낙타모보다 다소 약하다. 장식적인 숄, 판초 등에 많이 쓰이고, 혼방하여 코트, 수트, 드레스 등에 사용하기도 한다.

ⓡ 모헤어(Mohair) : 앙고라 염소에서 얻는다. 남아프리카, 미국 등지에서 많이 생산된다. 피모는 백색이며 광택이 있는 양질의 울이다. 강도가 우수하나 권축이 없어 축융성이 매우 낮으므로 방적성이 부족하다. 광택이 강한 장점을 활용할 수 있는 용도에 많이 쓰이며, 고급 수트, 카펫, 첨모 직물, 실내장식용 직물 등에 사용된다.

ⓜ 비큐나(Vicuna) : 안데스 산맥의 고지대에 서식하는 사나운 동물에서 얻는 것으로 죽여야만 털을 얻을 수 있다. 섬유가 매우 섬세하고 부드러우나, 페루 정부에서 보호동물로 지정하여 숫자를 제한하므로 소량밖에 얻을 수 없다. 모섬유 중에서 가격이 가장 비싸다. 최고급 의류 또는 사치품에 제한된다.

ⓗ 알파카(Alpaca) : 남아메리카의 서부 안데스 산맥 고지대에서 사육되는 동물이며 페루, 볼리비아, 에콰도르, 아르헨티나가 원산지이다. 가축화된 낙타과 포유동물의 털로 양털과 비슷하나 다소 거칠며, 중간 굵기의 양털보다는 강하다. 빛깔은 연한 갈색에서 어두운 갈색까지의 색깔과 회색·흑색·백색·흑백 얼룩 등 다양하며 털이 가볍고 열 차단 효과가 뛰어나 코트류, 파카, 침낭, 고급옷의 걸감으로 쓰인다.

ⓢ 캐시고래(Cashgora) : 뉴질랜드에서 야생의 캐시미어 염소와 앙고라 염소를 교배하여 얻은 것이다. 속털이 주로 쓰이는데, 모헤어와 유사하지만 더 가늘다. 광택은 낮은 편이나, 촉감이 부드럽고 염색이 잘 되며, 튼튼하다. 편성물, 담요, 야드 단위로 파는 직물이다.

ⓞ 캐시미어(Cashmere) : 인도, 중국, 티베트 지역의 히말라야 산맥에 사는 캐시미어 산양에서 얻으며, 이란, 이라크 등지에서도 사육된다. 평직 또는 능직으로 만들고, 제직한 후 축융, 기모(起毛)하여 털의 결을 한쪽으로 가지런히 눕혀서 광택을 낸다. 동물성 섬유 중 가장 섬세하고 부드러워서 최고급 섬유평가로 최고가에 거래되고 있다. 촉감이 매우 부드럽고, 보온성이 크며 가볍기 때문에 스웨터, 코트, 양복, 숄, 머플러지 등으로 사용되는 고급 방모직물이다.

ⓩ 토끼털(Rabbit Hair) : 앙고라 토끼로부터 얻어지며, 프랑스, 이탈리아, 일본, 미국 등지서 주로 생산한다. 털 빛깔에 따라 십 수 종의 내부종이 있는데 그 중에서도 백색이 상품가치가 가장 높다. 수질부에 공동이 있으므로 섬세하고 가벼우며 보온성이 뛰어나나 섬유장이 짧아 다른 모섬유와 혼방하여 쓰인다. 장식적인 용도로 많이 쓰이며, 나일론이나 양모와 혼방하여 스웨터, 장갑 등으로 짜거나 직물로 쓰기도 한다.

(4) 인조/화학 섬유(Manmade, Manufactured/Chemical Fiber)

인조 섬유는 그 역사가 오래되지 않았다. 19세기에 이르러 인조 섬유가 개발되기 시작하였으며, 천연자원의 한계, 인구의 증가, 그리고 섬유생산의 발달에 따른 용도의 확대로 섬유의 수요가 급격히 증가되면서 새로운 섬유 자원인 인조 섬유가 발전하게 되었으며 오늘날 다양한 종류의 인조 섬유를 사용할 수 있게 되었다. 인공적으로 물리화학적 공정을 거쳐 섬유 상태로 만들어낸 섬유로서 화학 섬유라고도 한다.

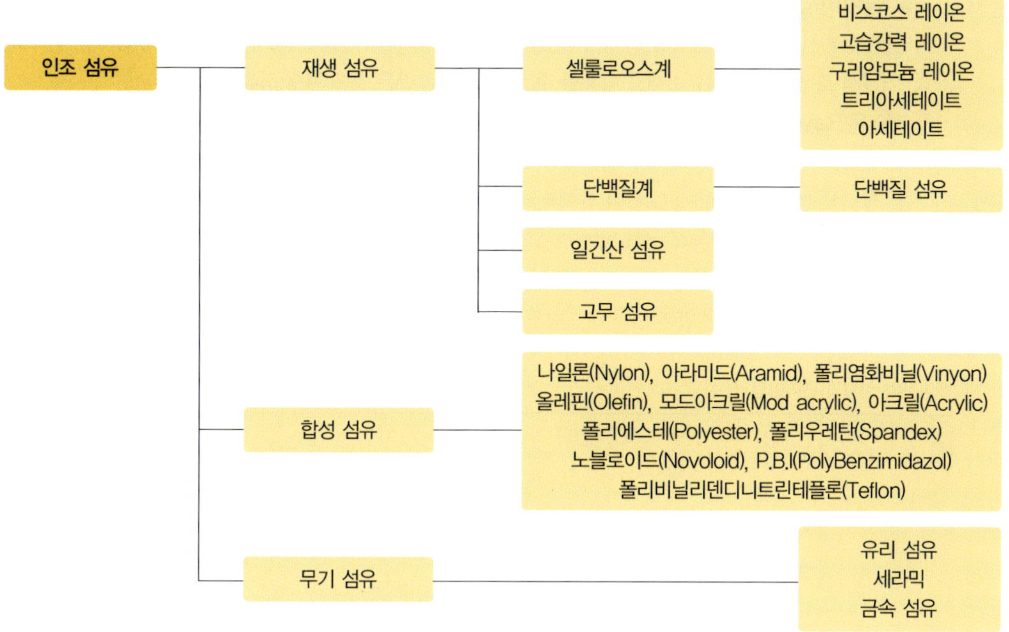

• 인조 섬유의 종류3) •

인조/화학 섬유(Man-Made Fibers or Chemical Fibers)

재생 섬유(Regenerated Cellulosics)		• 셀룰로오스 재생섬유 : 레이온(Rayon) • 단백질계 : 우유, 대두, 낙화생, 어육 등의 단백질에서 재생 • 알긴산 : 해조류에서 재생 • 고무 섬유
합성 섬유(Synthetic Fiber)	축합중합체 섬유	분자 간 결합 시 작은 분자가 제거되는 축합반응으로 형성 • 폴리아미드(Polyamid Fiber) : 나일론 • 폴리에스테르(Polyester Fiber) • 폴리우레탄(Polyurethane) : 스판덱스(Spandex), 라이크라(Lycra)
	부가중합체 섬유	단위체를 직접 가하는 부가반응으로 형성 • 아크릴, 모드 아크릴(Mod Acrylic) • 폴리염화비닐(Vinylon) • 폴리염화비닐리덴(Saran) • 폴리비닐리덴니트릴(Nytril) • 폴리사불화에틸렌 • 올레핀(Olefin)
무기 섬유(Inorganic Fiber)		암석 섬유, 금속 섬유, 탄소 섬유, 암면 섬유
반합성 섬유(Semi-synthetic Fiber)		아세테이트, 트리아세테이트

3) 「패션소재기획」 김정규 · 박정희 저, 교문사(2008)

① 재생 섬유(Regenerated Cellulosics) : 천연 섬유 중에서 길이가 너무 짧아 직접 의류소재로 이용하기가 부적당한 것과 전혀 섬유의 형태를 가지지 않았으나 화학구조상 섬유를 만들 수 있는 천연중합체를 원료로, 화학적, 기계적 조작을 거쳐 의류소재로 이용할 수 있는 섬유로 만든 것을 재생 섬유라 한다.

㉠ 레이온(Rayon) : 재생 셀룰로오스(천연고분자물질)를 주성분으로 한 인조 섬유인 초기의 레이온은 면 린터나 목재 펄프와 같이 섬유장이 너무 짧아서 직접 섬유로 쓸 수 없는 것만을 사용하였다. 샤르도네는 누에들이 먹는 뽕나무 펄프를 화학약품을 녹여 용액으로 만들고 작은 구멍이 있는 금속판을 통해 밀어 넣어 기다랗고 가는 섬유를 뽑을 수 있었는데 이를 인조 견(Artificial Silk)이라 하였다. 1924년에 이르러 재생섬유소 섬유를 레이온(Rayon)이라고 부르게 되었으며, 섬유를 만드는 원료나 방법도 많이 개선되었다. 제조방법에 따라 종류가 나눠지는데 비스코스법에 의한 비스코스 레이온, 구리 암모늄법에 의한 구리 암모늄 레이온이 있다.

레이온의 성능과 관리방법 및 용도

성능	외관	색상	일반적으로 색상은 백색이다.
		광택	광택이 강한 편이며, 무광택제를 처리하여 광택을 감소시킨다. 광택의 정도에 따라 'beight', 'semi-dull', 'dull' 등으로 나뉜다.
		의복 외관	매끄럽고 광택이 있을뿐만 아니라 비중이 커서 드레이프성과 우아한 태를 가지며, 염색성이 우수하여 선명하고 고운 색상으로 염색된다.
	쾌적성	수분 특성	면보다 수분율이 높아서 땀을 잘 흡수하여 쾌적한 느낌을 준다.
		비중	꽤 무거운 편이나 주로 얇은 직물을 사용하므로 실제로는 덜 무겁게 느껴진다.
		촉감	아주 매끄럽고 부드러우며, 정전기가 잘 발생하지 않는다.
	관리 편의성		• 친수성이고 표면이 매끄러워 물에서 때가 잘 빠진다. • 약품에 대한 저항력이 면보다 약하다. • 수분을 흡수하면 팽윤하여 강도가 크게 떨어진다. • 탄성과 레질리언스가 좋지 못하여 구김이 많이 간다. 그러나 고강력 레이온은 구김이 덜 생긴다. 팽윤에 의한 수축이 심하다. • 곰팡이나 세균 등이 잘 번식하며, 반대좀(Silver-fish)의 침식을 잘 받는다. • 분해온도는 260~300℃이며, 안전 다리미 온도는 180℃이다. • 중합도가 낮고 비결정 부분이 많아 더욱 생분해가 잘 된다. 땀을 잘 흡수하고 쾌적하여 속옷으로 많이 쓰인다.
관리 방법			물세탁에 의해 수축이 일어나고 물속에서 강도가 떨어지는 단점이 있으므로 드라이클리닝을 하는 것이 바람직하지만 물세탁을 하는 경우에는 기계력을 세게 가하지 말고 약알칼리성 세제를 사용하는 것이 좋다. • 일반 레이온 : 드라이클리닝, 중성세제를 사용한 손세탁, 다리미 온도 180℃, 텀블드라이 하지 말 것 • 강력 레이온 : 드라이클리닝, 손세탁 또는 약한 코스, 텀블드라이 하지 말 것 • 폴리노직 레이온 : 텀블드라이 하지 말 것 • 라이오셀 : 드라이클리닝 또는 마일드코스, 비비거나 텀블드라이 하지 말 것
용도			레이온은 강한 광택을 가지므로 주로 장식적으로 많이 쓰이며, 흡습성이 우수하고 촉감이 좋아 란제리, 스포츠웨어, 수트 안감, 니트 제품 등에 많이 쓰인다. 그 외에 실내 장식용 직물로도 쓰인다. 흡수성도 우수하여 일회용 또는 내구성 부직포, 일회용 흡수재로도 적합하다. 강력 레이온은 산업용 섬유로 쓰이기도 한다. 라이오셀은 주로 치밀하게 짠 직물에 많이 사용하였으나 수지가공에 의해 피브릴이 생기는 현상을 줄임으로서 니트웨어 등 다양한 용도로 쓰일 수 있게 되었다.

PLUS+

▶ 레이온의 종류

• 비스코스 레이온(Viscose Rayon) : 레이온이란 주로 비스코스 레이온을 말하며, 목재 펄프를 수산화나트륨 용액에 침지하고 황화 과정을 거쳐 방사한 뒤 황산 등을 포함하는 응고액을 통과시켜 셀룰로오스로 재생한 섬유를 말한다.

• 강력 레이온(High-tenacity Rayon) : 비스코스 레이온과 같은 원리를 이용하여 방사하지만 방사 속도를 느리게 하고 연신속도를 크게 하여 결정성과 배향성을 향상시킨 레이온을 말한다.

• 폴리노직 레이온(Polynosic Rayon) : 제조원리는 강력 레이온과 같지만 중합도가 높고 결정과 배향이 발달할 뿐만 아니라 피브릴이 형성된 레이온으로 성질이 면에 가까워 면의 대용으로 많이 쓰인다.

• 구리암모늄 레이온(Cuprammonium Rayon), 큐프라 : 황산구리, 암모니아, 가성소다의 혼합용액에 셀룰로오스를 용해시켜 만든 레이온으로 큐프라(Cupra) 또는 벰베르그(Bemberg)라고도 한다. 가늘고 광택이 좋아 견처럼 아름답지만 생산단가가 높다.

• 텐셀(Tencel) : 천연 섬유소계 섬유로서 "High Tenacity cellulose Fiber"에서 이름을 딴 상품명이다. Lyocell계 섬유로서 최근 30여 년 동안 개발된 섬유 중 가장 성공적인 섬유로 평가되고 있고 천연 섬유의 특성을 갖추면서 폴리에스터와 유사한 강도 및 습윤 시 강력저하가 적고, 직물의 탄력성, 드레이프성, 가공성 등이 우수하다. 타 섬유와 혼합하여 직물 및 니트류로 이용하고 있으며, 섬유관련 업체에서 고부가가치제품으로 기대되고 있다.

ⓛ 단백질 섬유 : 우유의 카제인, 콩의 단백질, 옥수수나 땅콩의 단백질 등 여러 가지 단백질을 가성소다나 암모니아 수용액에 녹이고, 황산성의 액 속에 압출하여 만든다.

② 반합성 섬유(Semi-synthetic Fiber)

㉠ 아세테이트(Acetate)와 트리아세테이트(Tri-acetate) : 제1차 세계대전 중 비행기 날개의 도포용으로 사용되었으나, 대전 후 그 용도가 없어지자 실용적인 섬유로 개발하게 되었으며 영국에서 인조 견사로 개발되었다. 1924년 당시에는 섬유소로 다시 재생된 섬유와 초산섬유소 섬유를 모두 포함하는 의미로 사용되었으나, 1953년에 FTC에서 아세테이트(Acetate)와 트리아세테이트(Tri-acetate)를 레이온과 구분하였다. 아세테이트의 원료는 셀룰로오스 섬유로서 면 씨앗에서 분리한 잔털의 린터(Linter)와 목재 펄프이다. 아세테이트는 아름다운 광택과 부드러운 촉감을 가지고 있으므로 견 섬유 대용으로 많이 쓰이며 또 견이 갖지 못한 열가소성, 형태안정성 등이 있어서 의류용으로 다양하게 쓰이고 있다. 트리아세테이트(Tri-acetate)는 아세테이트보다 더욱 견에 가까운 성질을 지니고 있으며 합성 섬유와 같이 미끈거리지만 열가소성이 우수하여 주름 스커트, 블라우스 등에 열처리가 가능하고, 형태안정성도 좋아 그 용도가 다양하다.

PLUS+

▶ 아세테이트 취급주의 표시

드라이클리닝, 손세탁 가능, 젖었을 때 비틀어 짜지 말 것, 표백력이 온화한 표백제를 사용, 아세톤에 용해되므로 주의

▶ 트리아세테이트 취급주의 표시

손세탁이나 기계세탁 가능, 레이온과 비슷한 온도에서 다림질, 드라이클리닝, 표백력이 온화한 표백제를 사용

아세테이트와 트리아세테이트의 성능과 관리방법 및 용도

성능	외관	색상	원래 염색한 것을 제외하면 주로 백색을 띤다.
		광택	광택이 강하고 특이하다.
		의복 외관	초기 탄성률이 낮아 유연하고 드레이프성이 좋다.
	쾌적성	수분 특성	아세테이트는 셀룰로오스의 친수기를 일부 잃어버렸으므로 레이온보다 흡습성이 낮다. 트리아세테이트는 친수기가 모두 소수기로 치환되었으므로 흡습성이 더욱 낮다.
		비중	면이나 레이온보다 비중이 낮아 가볍다.
		촉감	부드럽고 매끈하며 레이온보다는 약간 미끈미끈하고 합성 섬유보다는 산뜻한 촉감을 가진다.
	관리 편의성		• 산에 약하며 알칼리를 접하면 아세테이트의 특성을 상실한다. • 드라이클리닝 용제에 안정하며, 아세톤, 클로로포름 등에 용해된다. • 습윤 강도도 매우 낮고, 구김이 잘 생기지 않는다. • 아세테이트는 세탁 후 다소 줄어드는 경향이 있으며, 트리아세테이트는 별로 수축하지 않는다. • 곰팡이나 해충에 잘 침식되지 않는다. • 아세테이트나 트리아세테이트 모두 열가소성 섬유이며, 아세테이트는 열에 약하므로 130℃ 이하에서 다려준다. • 트리아세테이트는 열에 덜 민감하나 생분해성이 떨어진다.
용도			아세테이트는 새틴이나 브로케이드 등 특이한 광택을 나타낼 수 있는 장식적인 조직으로 많이 짜이며, 실내 장식용 직물 등으로 사용된다. 트리아세테이트는 특별한 형태를 열로 고정하여 장식이 필요한 용도에 많이 쓰인다. 주름 치마, 러플 장식 등의 의복에 주로 사용되며, 침구용 직물로도 적합하다.

③ **합성 섬유(Synthetic Fiber)** : 최초로 합성 섬유의 개발 가능성을 제안한 독일의 스타우딩거(Staudinger)는 섬유를 만드는 분자는 선상중합체라는 것을 밝혔으며, 1940년대에 이르러 나일론, 폴리에스테르 등의 새로운 합성 섬유들이 등장하게 되었다. 석유를 구성하는 고분자를 인공적으로 합성한 뒤 방사(紡絲)하여 섬유화한 것으로 합성고분자 종류에 따라 폴리에스테르계 · 폴리아크릴로니트릴계 · 폴리아미드계 · 폴리염화비닐계 · 폴리우레탄계 · 폴리올레핀계 · 폴리플루오로에틸렌계 등 여러 종류가 있다. 이들 합성고분자는 대부분 고온에서 융해되는 열가소성을 가지므로 용융방사법을 사용하여 고속 · 고능률로 섬유화 한다. 방사 공정에 따라 인공적으로 다른 성질을 부여하여 특수효과(단면 변화, 인공 권축 등)를 낼 수 있다.

㉠ **나일론(폴리아미드계 섬유)** : 석탄이나 석유를 원료로 만든 폴리아미드계 합성 섬유인 나일론은 1935년 캐로더스(Carothers, W.H)에 의해 탄생했다. 실크 스타킹 대체를 위한 섬유 개발 중 나일론 66을 합성하는 데 성공하였으며, 발명 당시 '석탄과 물과 공기로 만들어진 거미줄보다 가늘고 실크보다 아름답고 강철보다 강한 섬유'라고 발표되고, 전 세계가 가늘고 질긴 섬유의 개발에 찬사를 아끼지 않았을 정도로 20세기 섬유산업에 가장 큰 발명 중에 하나였다. 미국 듀퐁(Dupont)사는 1938년 풀패션 스타킹으로 시판을 시작하며, 합성 섬유의 새 시대가 열리게 되었다. 나일론이라는 명칭은 듀퐁사에서 개발한 폴리아미드 섬유이나, 듀퐁사는 이를 상표로 등록하지 않고 누구나 사용할 수 있도록 일반명사화 하였다. 나일론은 인장 강 · 신도가 모두 높아, 일반 섬유 중에서 강인성이 가장 크고, 특히 마모 강도가 좋은 매우 질긴 섬유이다. 또한, 방사조건에 따라 다양한 형태의 섬유를 제조하는 것이 가능하므로 그 용도가 매우 광범위하다.

나일론의 성능과 관리방법 및 용도

성능	외관	광택	일반 나일론은 강한 광택을 띤다. 삼각 단면 나일론은 광택이 더욱 강해 견과 유사하다.
		의복 외관	초기 탄성률이 낮아 지나치게 유연하기 때문에 의복의 형체를 유지해주지 못하므로 직물보다 편성물용으로 적합하다. 유연하지만 낮은 비중으로 드레이프성이 우수하지 못하다.
	쾌적성	수분 특성	천연 섬유보다 흡습성이 낮아 땀을 잘 흡수하지 못하는 편이지만, 다른 합성 섬유보다는 우수하다.
		비중	천연 섬유나 폴리에스테르에 비해 가볍다.
		촉감	부드럽고 미끈미끈한 느낌을 준다.
	관리 편의성		• 소수성 섬유이므로 기름에 쉽게 오염되고, 잘 제거되지 않으며 축적되어 점차로 색이 탁해진다. • 세탁 후에 쉽게 건조되는 장점이 있다. 그러나 세탁할 때 다른 직물에 이염되는 현상이 심하여 주의를 요한다. • 다른 합성 섬유와 마찬가지로 약품에 잘 견딘다. • 탄성회복률과 레질리언스가 우수하여 구김이 잘 생기지 않는다. • 해충이나 균의 침식을 잘 받지 않아 보관이 편리하다. • 내열성이 좋지 못하므로 150℃ 이하로 다리는 것이 안전하다. • 나일론은 반복 단위가 짧고 규칙적이어서 결정화도가 높으므로 생분해가 상당히 어렵다.
관리 방법			관리가 편리한 섬유이나 지용성 오구에 오염이 잘 되므로 오염된 상태로 오래 두지 않아야 하며, 오염이 심한 경우에는 용매로 오구를 먼저 제거한 후에 세탁하는 것이 좋다. • 유색 나일론 : 기계세탁 가능, 텀블드라이 가능, 나일론 66은 200℃, 나일론 6은 150℃ 이하에서 다려준다. • 흰색 나일론 : 다른 세탁물과 분리하여 세탁할 것
용도			• 나일론은 폴리에스테르 다음으로 자주 활용된다. • 주로 스타킹, 란제리, 스웨터, 양말 등의 편성물과 스포츠웨어, 레저복으로도 많이 사용된다. • 최근에는 의류용 직물로도 점차 많이 사용되고 있으며, 강도가 크고 표면이 매끄러워 재봉사로도 적합하다. • 열가소성을 이용하여 텍스처사 등의 장식사로 만들기도 한다. • 면이나 양모 등 다른 섬유와 혼방하여 구김을 방지하고 마모에 잘 견디도록 한다. • 의류용 섬유 외에 산업용으로는 타이코드, 벨트 등 큰 강도를 필요로 하는 곳에 이용되기도 한다.

CATEGORY 6

패션 소재

ⓛ 폴리에스테르(Polyester Fiber) : 영국의 윈필드(Whinfield J.R)와 딕슨(Dickson I.T)은 폴리에스테르에 방향족 화합물을 도입함으로써 융점이 높아져서 섬유로 사용이 가능한 폴리에스테르를 개발하는데 성공하였으며, 'Terylen'이라는 상품명으로 대량생산을 시작하였다. 폴리에스테르는 여러 가지 장점이 많아 급속도로 발전하였으며, 현재 인조 섬유 중에서 가장 많이 사용되는 피복 재료로 전 합성 섬유 생산량의 50% 이상을 차지하고 있다. 폴리에스테르는 스테이플로도 많이 생산되는데 면과 초기 탄성률이 비슷하므로 혼방하여 가장 많이 쓰이는 직물 중 하나이다. 폴리에스테르는 실용적이기는 하지만 광택이 너무 강하고 촉감이 미끈미끈 하므로 알칼리로 섬유 표면을 부분적으로 용해하여 많이 사용하고 있다. 또한 제조과정에서 다양한 가공을 하여 천연 섬유와 같은 외관을 가지는 것이 많아 다양한 모양으로 생산되고 있다.

폴리에스테르의 성능과 관리방법 및 용도

성능	외관	광택	처리를 하지 않은 폴리에스테르는 광택이 강하지만, 무광 처리를 하거나 알칼리 감량가공 등을 하여 광택이 줄어든 것을 많이 사용한다.
		염색성	제조공정에 따라 다양한 형태와 촉감을 가진 섬유로 만들 수 있다. 형체를 유지하는 성능이 있으므로 의류소재용 직물로 가장 적합하다.
	쾌적성	수분 특성	흡습성은 아주 낮지만 흡수성은 우수하다. 모세관을 증가시키면 흡수력이 더욱 향상된다.
		비중	적당한 드레이프성을 가지고, 양모나 견과 비슷하며, 나일론보다 무겁다.
		촉감	미끈미끈한 촉감을 나타내지만, 알칼리 감량가공 등을 하면 촉감이 개선된다.
	관리 편의성		• 기름때에 잘 오염되고 잘 빠지지 않는다. • 약품에 대한 저항성이 좋은 섬유 중의 하나이다. • 세제 및 드라이클리닝 용매에 손상을 입지 않는다. • 물에 젖어도 강도가 감소하지 않으므로 실용적이다. • 탄성회복률이 크고 레질리언스가 우수하다. • 구김이 거의 가지 않는다. • 해충이나 균에 의해 손상되지 않지만, 가공제나 오구 등의 이물질이 있을 때는 균의 침식을 받기도 한다. • 열가소성이 있어서 형태를 원하는 대로 고정할 수 있으며, 세탁에 의해 변하지 않는다. • 분자 구조가 규칙적이고 결정이 발달하여 생분해가 잘 되지 않는다.
관리 방법			세탁 후 쉽게 마르고 구김이 생기지 않아 다림질이 필요 없다. • 일반 폴리에스테르 : 기계세탁 가능, 텀블드라이 가능 • 날염 폴리에스테르 : 날염 시 사용한 안료의 고착제가 드라이클리닝 용매에 의해 용해될 수 있으므로 주의를 필요로 한다.
용도			현재 의류소재로 가장 많이 사용하는 인조 섬유로 천연 섬유와의 혼방뿐 아니라 여러 섬유 가공이 가능하여 신사, 숙녀, 아동복, 유니폼 등의 의복지에 많은 보급이 이루어졌으며 그 수요는 점차 확대되고 있다. 탄성과 레질리언스가 우수하여 솜, 이불, 방한복으로 내일광성이 우수하여 야외용 제품이나 커튼, 열가소성이 우수하여 워시앤드웨어(Wash And Wear)용 제품에 이용한다. 그 밖에 산업용으로 타이어 코드, 호스, 여과 필터 등 여러 분야에서 사용되고 있다.

ⓒ 아크릴(Acrylic) : 1950년에 미국 듀퐁(Dupont)사에서 Orlon이라는 상품명을 가진 아크릴 섬유 생산을 시작한 뒤 세계 각국에서 생산되고 있다. 레이온이나 나일론이 인조 견에 비유되는데 비해, 아크릴은 인조 모에 비유된다고 볼 수 있다. 아크릴은 나일론, 폴리에스테르와 함께 3대 합성 섬유로 세계 합성 섬유 생산량의 약 98%를 차지하고 있으며, 아크릴과 모드아크릴로 나뉜다. 아크릴은 가볍고, 촉감이 부드러워 울(Wool)에 가까운 느낌을 주기때문에 울대용으로 많이 활용된다.

아크릴의 성능과 관리방법 및 용도

성능	외관	광택	주로 광택을 줄여서 사용하며, 권축을 주어 사용하는 경우가 많으므로 광택이 더욱 감소한다.
		염색성	염색이 어려운 편이며, 제3의 단량체를 첨가하여 특별히 산성염료나 염기성 염료에 대한 염색성을 향상시킨 것들도 있다.
	쾌적성	수분 특성	흡습성이 낮으며, 이점이 양모와 대조되는 점이다.
		비중	벌크 가공을 많이 하므로 가벼운 느낌을 준다.
		촉감	부드러우며 벌크 가공을 한 것은 푹신한 느낌을 준다.
	관리 편의성		• 산과 알칼리에 대한 내성이 우수하며, 모든 드라이클리닝 용매와 표백제에 안정하다. • 물에 젖으면 강도가 다소 떨어지고 신도는 증가하지만 변화가 없으므로 물세탁이 가능하다. • 구김이 잘 생기지 않는다. • 해충이나 균이 잘 생기지 않는다. 안전한 다리미 온도는 150℃이다. • 열에 대한 준안정한 성질을 이용하여 벌크 가공을 하거나 인조 모피를 만드는데 이용한다. • 분자구조가 규칙적이고 결정화도가 높으므로 거의 생분해가 일어나지 않는다.
관리 방법			아크릴 섬유는 물빨래를 할 수 있다. 이 때에는 제품에 붙어 있는 취급 요령을 따르며, 일반적으로 직물은 세탁기를 사용할 수 있으나 편성물은 필링이 생기기 쉬우므로 손세탁이 안전하다. 원심탈수도 가능하나 편성물은 장시간의 탈수에 의해 필링이 생길 수 있으므로 주의하여야 한다. 세제는 약알칼리성 세제를 사용하는 것이 좋다. 물에 의해 크게 약해지지 않으므로 물세탁이 가능하지만, 제품에 따라 공중합된 성분이 다르므로 취급주의 표시를 따르는 것이 바람직하다. • 아크릴 직물 : 기계세탁 가능, 드라이클리닝 가능, 텀블드라이, 150℃ 이하에서 다려준다. • 아크릴 편성물 : 손세탁(필링이 생길 수 있음), 드라이클리닝 가능(모든 용제)
용도			• 가볍고 촉감이 부드러우며, 워시앤드웨어성이 좋고 따뜻하다. • 양모보다 가벼워서 양모가 사용되던 곳에 주로 사용한다. • 벌크 가공된 아크릴사는 편성물에 적당하다는 것이 인정되어 양모 대용으로 스웨터, 겨울 내의 등의 편성물 그리고 모포에 많이 사용된다. • 우리나라에서는 카펫, 커튼, 의자 커버 등 실내장식에 많이 사용된다. • 내일광성이 섬유 중에서 가장 좋아서 옥외에 사용되는 텐트, 차양, 인조 잔디 등에 사용된다.

ⓔ **폴리프로필렌** : 올레핀 섬유에는 폴리프로필렌 섬유와 폴리에틸렌 섬유가 있으며, 폴리프로필렌이 열에 대한 안정성이 우수하여 훨씬 더 많이 쓰이고 있다.

폴리프로필렌의 성능과 관리방법 및 용도

성능	외관	광택	양초나 비닐과 같은 광택을 가진다.
		염색성	주로 원액염색을 하며 견뢰도는 우수하나 색상 표현이 제한적이다.
	쾌적성	수분 특성	수증기 상태의 수분을 거의 흡수하지 않으나 액체 상태의 물에 대해서는 우수한 심지흡수력을 가지므로, 가는 필리멘트사로 만들면 물을 잘 흡수할 수 있다.
		비중	아주 가벼우며 소량의 재료로도 부피가 큰 섬유를 만들 수 있어 경제적이다.
		촉감	미끈미끈하고 끈적한 느낌을 준다.
	관리 편의성		산이나 알칼리에 대한 내성은 좋은 편이나 퍼클로로에틸렌은 사용하지 않는 것이 좋다. 물에 의해 강도가 저하하지 않으며, 드라이클리닝 용매에는 주의를 요하므로 물세탁을 하는 것이 좋다. 나일론이나 폴리에스테르보다 레질리언스는 떨어지지만 최근 방추성이 향상되고 있다. 해충이나 균에 침식을 받지 않는다. 다림질을 하지 않는 것이 안전하다. 열안정제를 처리하지 않으면 변형이 쉽게 일어난다. 결정성이 높고 친수성이 낮아 거의 분해가 일어나지 않는다.
관리 방법			취급이 간편한 섬유이며, 때가 잘 타지 않는다. 드라이클리닝 보다 물세탁을 하는 것이 바람직하다. 자연건조에도 쉽게 마른다. 다림질은 아주 낮은 온도에서 하는 것이 좋다.
용도			다른 합성 섬유에 비해 섬유를 염색하기가 어려워서 방사원액에 염료를 혼합하는 원액염색을 많이 하는데, 여러 가지 색의 섬유가 소량씩 필요할 때 경제적이라는 장점이 있다. 원액 염색이 된 섬유는 견뢰도가 우수하여 카펫용이나 실내장식용 직물로 많이 사용된다. 흡습성이 낮고 강도가 높아 옥외용 직물로도 적합하지만 일광에 잘 견디지 못하므로 자외선 차단제 등을 처리해 주어야 한다. 수분 흡수력이 우수하여 일회용 기저귀에도 많이 쓰인다. 또한 열절연성이 우수하여 장갑, 신발, 충전제 등으로도 사용되고 있다. 의류소재는 주로 방적사로 만들어 쓴다.

ⓜ **폴리우레탄(Polyurethane)** : 폴리우레탄 섬유는 분자 간 코일모양으로 얽힌 가교결합의 고무상태의 탄성체로 크게 늘어날 때 분자가 서로 미끄러져 변형되는 것을 방지하고 있어 밖에서 작용한 힘이 사라지면 빨리 완전하게 본래의 길이로 돌아간다. 따라서 고무와 같이 신축성이 있으며, 고무보다 강하기 때문에 가는 실로 만들 수 있다. 폴리우레탄 섬유는 미국 듀퐁사의 상표 라이크라(Lycra)가 압도적인 비율을 차지하고, 그 외에 독일, 일본 등이 선발 생산국이지만, 최근 한국을 비롯해 동남아시아 제국의 신설·증설이 빠르게 나타나고 있다.

- 라이크라(Lycra) : 1958년 미국의 듀퐁(Dupont)사에서 개발했고 뒤이어 여러 회사에서 폴리우레탄을 주성분으로 하고 신축성이 큰 섬유인 스판덱스(Spandex)가 생산되기 시작했다. 일반 스판덱스에 비해 품질이 우수하여 원 길이의 7배까지 늘어나는 신축성과 우수한 탄성회복력으로 이너웨어(Inner Wear)는 물론 천연고무에 비해 마모강도와 마찰강도가 좋고 가볍고 촉감이 좋아 스트레치 패션소재로서 스타킹, 타이즈, 수영복, 티셔츠, 스웨터, 싸이클링복 등 고신축성 니트 및 직물에 널리 사용된다. 특히 1990년대 후반부터 몸의 실루엣을 그대로 드러내는 밀착 소재로서 피복 전반에서 크게 유행하고 있다.

- 스판덱스(Spnadex) : 실온에서 원래 길이의 두 배 이상으로 늘어났다가도 힘을 제거하면 원래 상태로 회복이 되는 탄성 섬유는 여러 번 반복하여 힘을 가하여도 이러한 성질이 상당기간 동안 유지되는 섬유를 말한다. Tg가 매우 낮으므로 실온에서 변형이 가능하다. 이러한 탄성 섬유는 스판덱스(Spandex), 고무, 애니덱스(Anidex), 일레스토에스테르(Elastoester)로 구분되는데, 이니덱스는 더 이상 생산되지 않으며, 가장 최

근에 개발된 일레스토에스테르는 일본에서 생산되고 있다. 이중에 스판덱스는 최소한 85% 이상의 폴리우레탄(Segmented Polyurethane)을 함유하는 섬유형성 고분자로 만들어진 합성 섬유이다.

(5) 신소재 직물(기능성 직물)

① 고감성 소재 종류

㉠ 견의 특성을 살린 소재(Silk Like, New Silky) : 견의 광택과 촉감을 실현하기 위해 부드러운 드레이프성과 Silk Like한 외관을 갖는 기술로 1980년대 후반에 새롭게 등장한 '신합섬'은 섬유표면변화, 단면형태변화, 섬유형태변화 기술 등이 복합적으로 적용되면서 개발된 New Silky한 외관의 소재이다.

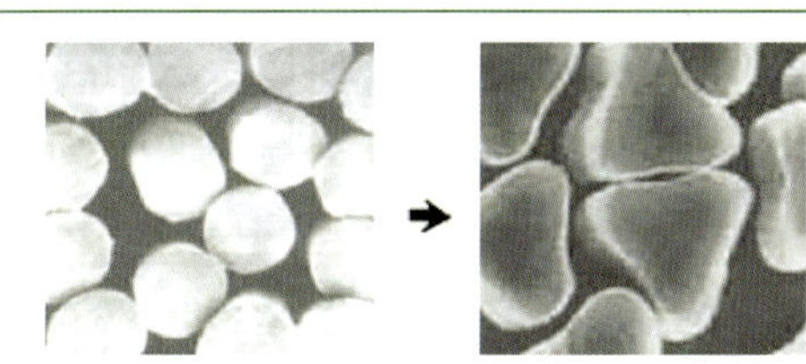

• 이형단면섬유 : 견과 같이 광택 및 부드러운 촉감을 주며 단면모양의 변화에 따라 종래의 둥근 단면에서는 얻지 못하던 광택, 태를 얻을 수 있다.

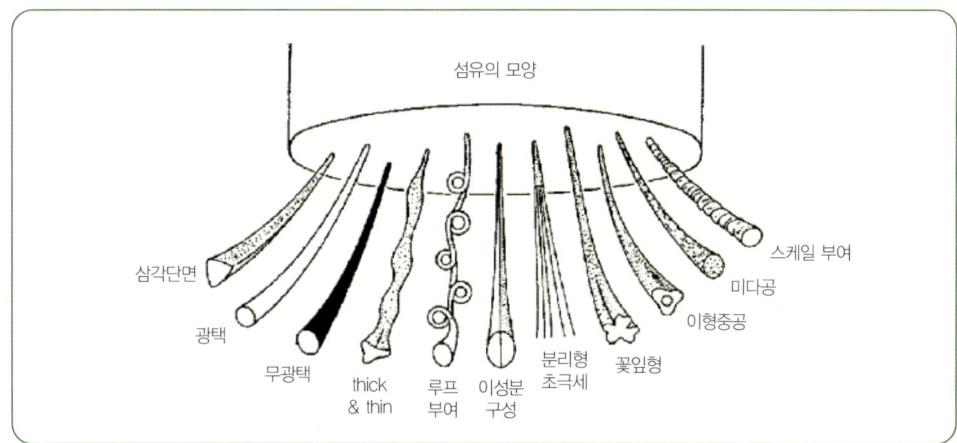

• 이수축 혼섬 소재 : 부풀림을 내기 위하여 열수축률이 다른 두 가닥의 실을 혼합(이수축혼합사) 제직 → 열처리 → 고수축 섬유 쪽이 줄어들면서 저수축 섬유는 늘어짐 → 부풀림 있는 직물

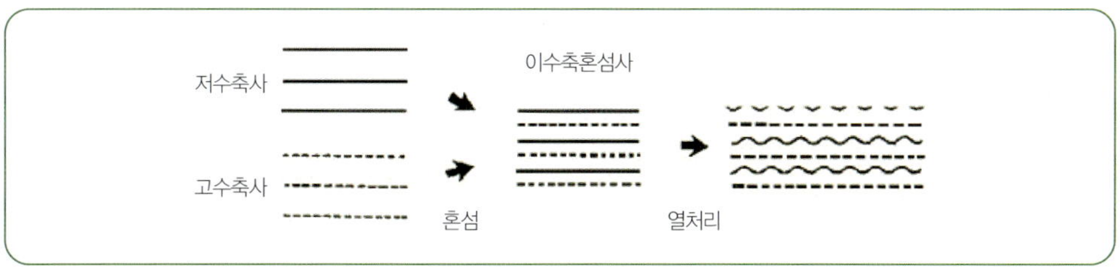

ⓛ 면의 특성을 살린 소재(Cotton Like Fabric) : 면의 가장 큰 장점인 흡습, 흡한을 모방하여 섬유 표면에 미세한 구멍을 형성시키는 섬유개질 기술을 바탕으로 흡한 기능을 부여하여 면과 같은 쾌적함을 부여한 소재이다.

ⓒ 모의 특성을 살린 소재(Wool Like Fabric) : 양모의 내추럴한 외관과 고 벌키성, 탄력 있는 촉감, 부피감과 부드러움을 실현하는 기술로 모의 특성을 살린 소재이며 1960년대 폴리에스터 섬유에 가연가공법으로 모 섬유의 권축과 같은 기능을 부여하면서 활용되고 있다.

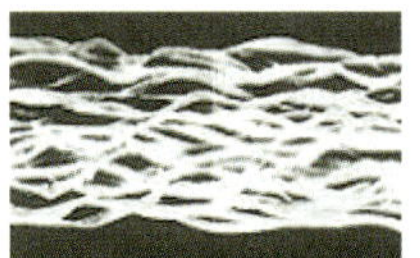

ⓡ 마의 특성을 살린 소재(Linen Like Fabric) : 마의 특성을 살린 소재로 청량감을 추구하며, 폴리에스터 가연가공공정으로 S, Z 꼬임을 교대로 갖게 되는 실로 파삭파삭함을 갖는 마 섬유 같은 실이 만들어진다.

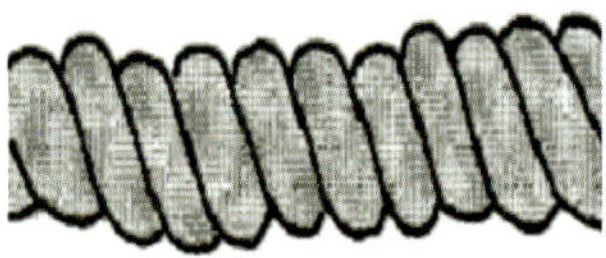

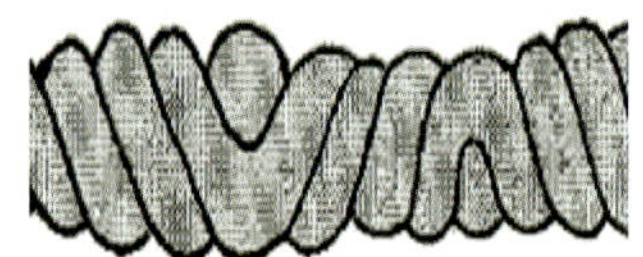

ⓜ 가죽의 특성을 살린 소재(Leather Like Fabric) : 가죽 및 모피의 특성을 살린 소재로 자연보호, 동물보호 운동의 영향으로 천연 피혁에 없는 단점을 보완하여 의류용 이외의 분야에서도 사용한다(자동차용 내장재, 가구, 잡화 등). 가죽의 특성을 살린 신소재로 일반적인 가죽제품인 나빠 타입(Nappa Type)과 가죽뒷면을 깎아 기모를 낸 스웨이드 타입(Suede Type)이 있다.

- 인조 가죽 : 인조 스웨이드용보다 더 가는 초극세 섬유(0.1-0.001D)를 사용 → 표면평활성/내굴곡성이 좋은 부직포 제조 + 폴리우레탄 매우 얇게 코팅
- 최근 : 천연 콜라겐 섬유의 매우 미세한 섬유분말 등 천연 단백질을 수지층에 혼합, 코팅

ⓗ 스트레치 소재(Stretch Fabric) : 스트레치 소재는 신축가공사, 스판덱스 섬유 또는 직·편물로 만들 수 있다. 스트레치 소재의 대표적인 스판덱스는 고무대용이나 Fit 소재로 개발

② **기능성 소재**

㉠ 흡한속건 소재(쿨맥스 등) : 쿨맥스는 미국의 듀퐁사에서 개발한 흡한속건 소재로 면과 같은 부드러움과 린넨과 같은 청량감을 지닌 소재로 면보다 약 14배 정도 빠르게 땀을 흡수, 체외로 발산시키므로 통풍성이 뛰어나다. 흡한속건이란, 땀을 흡수하여 빨리 방출해내 피부가 끈적거림 없이 쾌적한 상태를 유지하는 기능이다.

㉡ 투습·방수 소재(고어텍스, 하이포라 등) : 고어텍스는 듀퐁사에서 개발된 투습방수포로 현재는 고어텍스사

에서 생산하고 있으며 고어텍스는 방수, 방풍, 투습성이 뛰어난 기능성 소재로 '숨쉬는 원단'이라 할 수 있다. 기름, 땀, 온도에 별 영향을 받지 않고, 외기와의 온도 차이로 인한 수분을 자체 흡수하거나 배출할 수 있다.

지난 해 말 남극 세종기지 대원들이 조난당했다가 극적으로 구조될 당시 대원들이 입고 있었던 방한복, 장갑, 신발이 모두 고어텍스로 만들어져 세간의 주목을 받았을 정도로 고어텍스는 극한 상황일수록 더 진가를 발휘한다. 고어텍스는 주로 등산복을 비롯해 겉옷으로 알려져 있지만, 각종 전투복, 특수복에도 널리 쓰이고 있다. 하이포라는 국내 최초[(주)코오롱]로 개발된 투습·방수원단이며 풍부한 두께감과 부드러운 촉감으로 스키, 스노우보드, 등산 재킷 등에 폭넓게 사용되고, 최근 하이포라-플러스라 하여 특수 천연 단백질을 투습·방수소재에 도입시켜 안감 없이 그대로 사용할 수 있어 합성수지 등에 알레르기가 있는 특수 체질의 사람들도 착용이 가능하다.

ⓒ 고강도 소재(나일론 방향족 섬유(아라미드 섬유, 케블라, 코듀라 등) : 코듀라는 미국의 듀퐁사에서 개발한 고강도 소재로 원사에 공기를 투입한 고강력 나일론사로 방적사와 같은 외관과 뛰어난 내구성을 갖는다. 코듀라는 코뿔소의 질감과 토끼의 부드러움을 의미하며 가볍고 질감이 부드러우면서도 내구성이 우수하고, 다양하고 선명한 색상 및 고급스러운 스타일 연출이 가능하다. 또 일광 견뢰도가 우수하여 장시간 사용 후에도 변색이 잘 되지 않는다. 주요 용도로는 가방뿐만 아니라 의류 및 가구에 이르기까지 다양하게 사용되고 있다.

ⓔ 발수·발유 방오성 소재(테프론 등)

- 발수가공 : 발수제로 화학반응 시키거나 직, 편물 표면에 코팅한 것
- 발수가공제 : 피리딘계, 실리콘 수지계, 불소화합물-발수, 발오, 방오 가공
- 테프론 : 자연 모방 발수소재로 미국의 듀퐁사에서 개발한 방오, 방수, 방유, 코팅제로 테프론 코팅 원단을 가리키기도 한다. 울, 면, 실크, 린넨, 니트, 혼방 원단, 합성 섬유, 가죽, 가구용 원단 등에 다양하게 적용할 수 있으며, 본래의 색상, 촉감을 그대로 유지시키면서 통풍성을 제공한다. 원단에 스며든 오염 물질이 흔적 없이 일반 세탁이나 드라이클리닝 시 제거된다. 테프론 가공은 주방용품인 프라이팬에도 적용되어 널리 알려져 있다.

ⓜ 자외선 차단 소재 : 자외선이 인체에 미치는 영향 중 가장 대표적인 것은 피부장애, 특히 피부암이다. 자외선은 남쪽으로 갈수록 많아지므로 북반구보다는 남반구에서 피부암 발생률이 높다. 피부암 외에도 기미, 주근깨, 주름살, 피부종창, 백피병, 페닐케톤 요증 등을 일으킨다. 다음으로 결막염, 각막염 등으로 인한 시력장애가 일어나고 자외선이 반복적으로 수정체에 들어가면 만성 백내장도 일으킨다. 자외선 차단 상품은 화장품으로 먼저 개발되어 상품화되었으며, 섬유에 자외선 차단 기능을 부여하는 방법으로는 일반적으로 자외선 차단제를 원사에 혼입하는 방법, 자외선 차단제를 흡착, 코팅하는 후가공법이 사용되고 있다.

ⓗ 방향가공 소재 : 직·편물에 향기를 부여하는 가공으로 향기를 지속적으로 유지하기 위하여 마이크로 캡슐이라는 수㎛에서 수백㎛ 사이의 매우 작은 용기에 향기 성분인 방향물질을 담는 기술이 개발되면서 생산된 소재이다. 방향가공 소재는 합성 섬유 제조 시 방사원액에 방향물질을 첨가하여 만든 실로 제직·편성하여 만들거나 방향물질을 포함한 마이크로 캡슐을 섬유표면에 부착하여 착용 시 마찰이나 시간이 경과하면서 서서히 향이 베어 나오도록 하는 소재이다.

ⓢ 항균, 소취 소재 : 생활수준의 향상과 더불어 고령화 시대에 접어듦에 따라 건강에 대한 관심이 점차 고조되고 있다. 이러한 건강 관련 수요에 맞추어 섬유산업에서도 의류의 건강 및 청결에 관한 연구가 활발해졌으며

이를 실현하기 위해 개발된 소재가 항균, 소취 소재이다. 항균, 소취 소재는 항균 및 소취기능을 갖는 기능제를 섬유에 표면처리하거나 섬유제조 단계인 방사원액 중에 포함시켜 방사하여 제조된 실로 제직, 편성하여 만든 소재로 최근에는 화학물질에 의한 항균, 소취소재와 함께 천연물질에서 추출된 성분으로 가공된 소재도 생산되고 있다.

- 위생가공 : 의복에서 미생물의 증식을 억제하는 항균성을 부여하는 가공
- 항균섬유 : 섬유의 곰팡이 발생 방지
- 소취섬유 : 땀, 기타오염에 의한 악취 방지
- SF마크 부여

2절 실(Yarn)

1. 실의 특성

패션의류의 품질 및 스타일 결정에 있어서 패션성의 판단 기준으로 소재를 얼마나 적합하게 사용했는지 또는 새로운 소재의 사용 여부가 있을 정도로 소재는 중요한 비중을 차지한다.

이러한 소재는 섬유, 실 그리고 원단과 밀접한 관계가 있다. 실은 패션소재를 만드는 기본요소이며, 섬유와 실의 특성과 이들 실이 만들어진 방법 및 짜인 형태에 따라 소재의 특성이 결정되게 되는데 실의 종류는 크게 일반사, 장식사, 특수사, 가공사로 구별할 수 있다. 패션성을 요구하는 소비자의 욕구에 유연한 대응을 하기 위해서는 섬유로부터 실, 실로부터 원단의 생산과정을 명확히 이해하여야 한다. 일반실의 정의는 섬유원료를 방사, 방적공정 또는 제사공정 등을 거쳐 섬유를 간추려 꼬임을 준 길이가 긴 섬유 다발을 의미한다. 실은 종류가 다양하므로 이것을 하나로 구분하기는 어렵지만 원료와 용도별, 섬유장별, 섬유의 가닥 수 및 꼬임 수별 가공방법별 등으로 분류할 수 있으며, 각 분류 방법에 따른 실의 특성을 알아야 제직, 편직공정 등에 적합하게 사용할 수 있다.

(1) 실의 꼬임

꼬임의 방향과 꼬임의 수는 실의 성질에 영향을 미치며, 꼬임 방식에 따라 합사, 케이블사, 코어사로 나눈다. 실의 형태 및 강도를 유지하며 특수 효과를 발현한다.

① 합사 : 2올 이상의 단사로 강도를 높이기 위해 사용된다.

② 케이블사 : 2합 이상의 합사로 만든다.

③ 코어사(Core Yarn) : 실의 중심부에 심성분을 넣은 복합사로 재봉사 등에 사용된다.

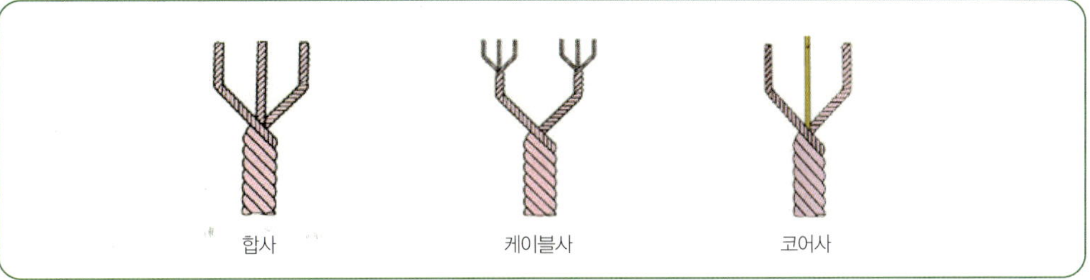

• 실의 꼬임 •

(2) 꼬임의 방향

실의 꼬임은 꼬임의 방향에 따라 우연(S자 꼬임), 좌연(Z자 꼬임)으로 나누어지며 실의 합연 시 꼬임 방향(상연)은 전 단계인 단사의 꼬임 방향(하연)과 반대가 된다.

① **우연(右撚)** : S자 꼬임(모사에 주로 쓰임)
② **좌연(左撚)** : Z자 꼬임(면사에 주로 쓰임)

(3) 꼬임 수

섬유의 원료, 실의 굵기, 실의 용도에 따라 다르다. 꼬임의 정도를 나타내기 위해 꼬임 계수(Twist Factor) 및 꼬임 각을 사용한다. 실의 꼬임 수를 나타내는 단위 중 TPI(Twists Per Inch)는 방적사에, TPM(Twists Per Meter)은 필라멘트사에 사용한다. 꼬임이 적으면 부드럽고 부푼 실이 되며 꼬임 수가 증가하면 실은 딱딱하고 까실까실해지며 광택이 감소한다.

(4) 실의 번수

실의 번수는 방식에 따라 텍스, 데니어, 미터번수 등으로 나누어지며 텍스번수가 국제적으로 표준화되어 있다.

① **텍스(Tt)** : 텍스는 1km당 무게를 나타내며 실이 가늘수록 번수가 작다. 예를 들어 20Tt란 1km의 실이 20g인 것을 말한다.

$$텍스(Tt) = 무게(g)/길이(kg)$$

② **데니어(Td)** : 데니어는 필라멘트사의 번수에 사용되며 실이 가늘수록 번수도 작다. 9km길이의 실의 무게가 1g일 때 이것을 1Td라 한다. 예를 들어 20Td란 9km의 실이 20g인 것을 말한다.

$$데니어(Td) = 9 \times 텍스(Tt)$$

③ **미터번수(Nm)** : 미터번수는 1g의 실이 가진 길이를 미터로 나타내며 실이 가늘수록 번수가 크다. 예를 들어 Nm20은 20m의 실이 1g인 것이다.

$$Nm = 길이(m)/무게(g)$$

(5) 실의 굵기 표시 방법

① **항중식** : 면이나 모사 등의 방적사에 사용하는 번수로서, S 또는 s(번수, Count)로 표시되며 실의 길이에 비례하고 부피에 반비례한다. 무게 기준으로 실의 굵기를 표시하며 영국식 번수법이 여기에 속한다.

② **항장식** : 견, 레이온, 합성 섬유의 필라멘트사에 사용하는 방식으로서 기호는 D 또는 d로 나타낸다. 길이를 기준으로 실의 굵기를 표시한다. 주로 필라멘트의 굵기 표시에 쓰인다.

PLUS⁺

▶ **바늘**

바늘의 앞과 뒤는 왼쪽 그림과 같으며 가정용과 공업용의 구분은 바늘 케이스에 HA OO호(가정용), DB OO호(공업용), DC OO호(공업용)로 표기되어있으며 가정용의 경우 바늘의 머리 부분이 한쪽 면은 둥글게 또 다른 면은 평면으로 구성이 되어 있으며 공업용의 경우 머리 부분 전체가 아래 그림처럼 둥근 모양으로 되어 있다. 바늘 사용 시에는 원단과 실의 굵기에 따라 선택하여 사용하여야 한다.

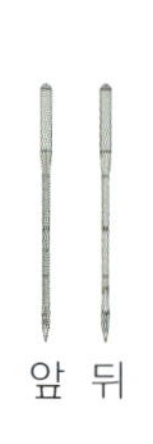
앞 뒤

원단두께	바늘	실	원단종류
아주 얇은 원단	9	면사 80~120	실크, 시폰, 보일
얇은 원단	11	면사 60~80	새틴, 테프터
보통 두께의 원단	14	면사 50~80	면, 자카드, 트윌
두꺼운 원단	16	면사 40~50	골덴, 개버딘, 벨벳
아주 두꺼운 원단	18	면사 30~40	누비원단

2. 실의 분류

(1) 원료 및 용도에 의한 분류

원료의 종류에 따라 크게 순사(Pure Yarn), 혼방사(Blended Yarn), 교연사(Combined Yarn) 등으로 분류하며, 순사의 명칭은 원료의 이름으로 하며 혼방사는 사용된 원료명 및 혼용률로 표기하는 것이 일반적이다. 실은 각각의 독특한 특징에 따라 만드는 방법이 다르며 용도별로 이름 또한 다르다.

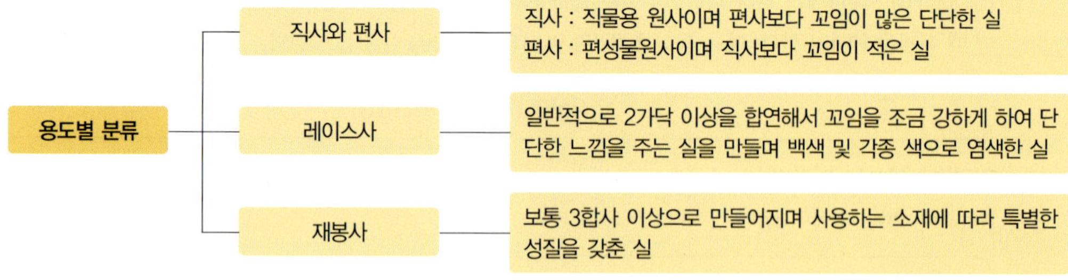

• 용도에 의한 실의 분류[4] •

---

4) 「패션소재기획」 김정규 외, 교문사(2008)

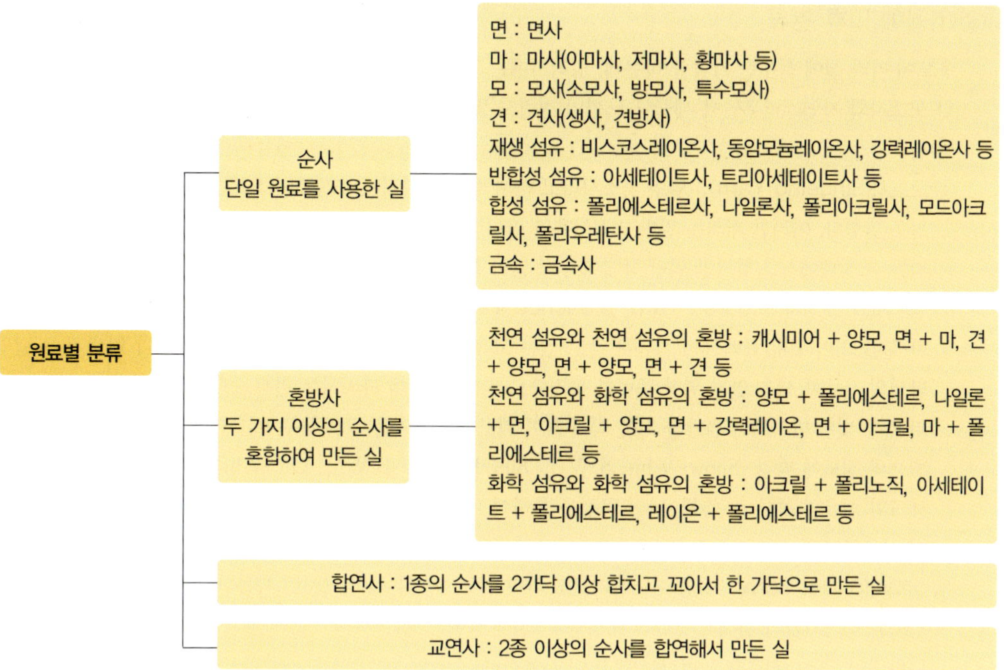

• 원료에 의한 실의 분류[5] •

(2) 섬유장에 의한 분류

실의 제조방법으로는 방적과 방사로 분류할 수 있다. 섬유에는 그 길이에 따라 길게 연속된 필라멘트(Filament)와 길이가 짧은 스테이플(Staple)로 나누고 있는데, 모두 몇 올씩 합쳐서 사용하기 편리하고 알맞은 굵기의 실로 만든다. 섬유에서 실로, 섬유의 배향성을 증가시키고 꼬임을 주어 실을 만드는 공정을 방적이라 하며 천연 섬유 또는 화학 섬유의 짧은 섬유를 모아 꼬임을 가하여 만드는데 이렇게 만들어진 실은 단섬유사 또는 방적사라 한다. 또한 인조 섬유 제조 시 사용되는 공정은 방사라 하며 고분자용액이나 용융물을 액체 상태로 만들어 작은 구멍을 통해 압출하여 연속적인 장섬유 형태로 생산이 된다. 이 방법으로 만든 실을 필라멘트사라고 한다.

① **방적사** : 방적사는 필라멘트사보다 부피감을 주어 따뜻한 원단을 만드는 데 사용되며 일반적으로 매끄럽지 못한 표면감으로 깨끗한 질감을 표현하기가 어렵다. 사용하는 원료에 따라 면방적, 모방적, 마방적, 견방적, 혼방적, 스테이플 방적 등으로 구분되며 이러한 방적법은 그 방법에 있어서는 유사하나 사용되는 설비는 섬유의 특성에 따라 달라진다.

② **필라멘트사** : 실크와 같이 매끈하게 이음이나 꼬임이 없는 긴 형태로 장섬유라고도 한다. 실크 또는 화학 섬유 모두가 재료가 될 수 있으며 장섬유의 매끄러운 특성으로 많은 광택과 차가운 질감 등을 부여, 매우 튼튼하고 필링이 잘 생기지 않는 특성을 지녔다. 필라멘트 섬유는 천연 섬유인 견 섬유와 인조 섬유가 있으며, 필라멘트사는 스테이플 섬유를 기계적으로 조합하여 제조하며 방적구의 숫자에 따라 모노 필라멘트와 멀티 필라멘트로 나눈다.

---

5) 「패션소재기획」, 김정규 외, 교문사(2008)

(3) 가공에 따른 분류

용도에 따라 실에 특수한 가공을 하는데, 방적사에는 털을 태워 외관을 깨끗하게 정리하여 필링이 생기지 않도록 한 모소사와 자연스러우면서 깨끗한 느낌의 정련사 및 표백사 그리고 부드러움과 아름다운 광택의 실켓사 등이 있다.

① 모소사(Singeing Yarn) : 일명 가스사라고 하며 실이 상하지 않도록 고속으로 털을 태워 깨끗한 외관을 만든 실을 말한다. 이러한 처리는 일반 방적사뿐만 아니라 필링이 우려되는 혼방사와 견방사 등에는 필수적이다. 처리는 실 상태에서도 하지만 원단 상태에서 더 많이 실시된다.

② 정련사와 표백사(Scoured Yarn, Bleached Yarn) : 정련사는 실에 붙어 있는 오염물질 등 불순물을 제거한 실을 의미하며, 표백사는 섬유가 갖고 있는 고유의 색을 제거시켜 순백의 색을 얻거나 염색 또는 날염에서 담색의 산뜻한 색을 얻기 위한 준비를 목적으로 한다. 경우에 따라서는 현광표백제를 사용해서 섬유 표면에서 더 많은 빛이 반사되어 원단을 더욱 희게 하여 깨끗하고 차가운 질감을 부여한다. 패션업체 및 소재기획자들은 백색의 정도에 따라 'Snow-White(S/W)', 'Bleach-White(B/W)', 'Off-White(O/W)' 로 구분하며 소재 트렌드와 섬유의 종류 및 염색, 날염 공정을 통하여 나타내고자 하는 색상 이미지에 적합한 백색 정도를 선택하여 사용한다.

③ 실켓사(Sillket Yarn) : 일명 머서화라고도 하며 면 및 마섬유에 실크처럼 아름다운 광택을 표현하고 염색성 및 강력을 증가시키기 위해서 알칼리 처리를 한 실을 말한다. 일반사 및 모소사보다도 광택 및 심색 효과를 충분히 나타내어 고급스러움을 표현하는 데 많이 사용한다.

④ 스트레치사(Stretch Yarn) : 섬유 자체의 신축성이 큰 실로 '폴리우레탄사' 를 말한다.

⑤ 벌키사(Bulky Yarn) : 연신된 스프(SF)와 미연신 스프의 혼방사를 열탕에 넣어 수축의 차를 이용하여 만든 것으로, 신축성은 없으나 벌키성이 있어 독특한 촉감을 나타낸다.

⑥ 텍스처사(Textured Yarn) : 장섬유의 텍스처사는 천연 섬유를 지향하고자 하는 소비자의 욕구에 부응하기 위해 장섬유에 코일, 크림프, 루프 등의 모양을 만들어 여러 가지 표면 변화와 신축성 등을 준 실을 말한다. 화섬제조업체가 직접 제조하는 텍스처 가공사는 PTY(Produce Textured Yarn)라 부르며 통상적으로 연사업체가 제조한 것은 TTY(Throwster Textured Yarn)라 부른다. 가공방법에 따라 다양한 촉감을 나타낼 수 있다.

> **PLUS⁺**
>
> ▶ **텍스처사를 사용한 원단 및 의복의 특징**
>
> 방적사가 나타내는 것과 유사한 표면 특성을 가지며 표면적 차이 때문에 일반 필라멘트사보다 부피감이 크고 광택이 적어 온화한 질감을 부여한다. 필링과 주름이 잘 생기지 않고 형태의 변화가 적다. 우수한 피복성과 어느 정도의 신축성이 있는 스타일의 전개가 가능하다.

⑦ 장식사(Fancy Yarn) : 패션성을 부여하여 제조된 실을 장식사 또는 의장사라고 한다. 장식사는 실의 굵기, 색상, 섬유의 종류, 꼬임 수 등이 각기 다른 실을 여러 가지 방법으로 꼬임을 주어 일반 단순사에서 볼 수 없는 표면적 효과와 시각적인 효과를 낸다. 일반적으로 두 계통으로 분류하며, 구슬모양의 놉 계통 실과 고리 모양의 루프계통으로 나눈다. 장식사는 방적공정 중에서나 보통 연사기 또는 특수 연사기로 만들어지며, 그 종류도 대단히 많다.

ⓐ 넵사(Nep Yarn) : 기본이 되는 실과 다른 색상의 섬유덩어리나 솜덩어리가 군데군데 점으로 뭉쳐 있는 실이다. 넵의 색상에 따라 복고풍에서부터 로맨틱하거나 에스닉한 이미지까지 다양한 연출이 가능한 실이지만 주로 홈스펀 같은 내추럴풍 소재에 많이 사용된다.

ⓑ 켐피사(Kempy Yarn) : 주로 백색으로 각질화된 짧은 모사를 중간중간 끼워 넣은 실로 캐주얼풍의 외관의 효과만 주기도 한다.

ⓒ 슬럽사(Slub Yarn) : 부분적으로 실이 굵어져서 고임 수가 적거나 거의 꼬여져 있지 않은 부분이 있는 것을 슬럽(Slub)이라 한다. 실의 곳곳에서 섬유 덩어리가 길고 굵은 줄로 나타나며 거친 듯 하면서 자연스러운 멋을 나타내는 무늬실로 벌키한 느낌과 촉감을 주지만 접촉면이 넓어 오염되기 쉽다.

ⓓ 놉사 또는 노트사 : 심지실의 주위에 얽힌 실을 말아 붙여 적당한 간격으로 작은 구슬 모양을 나타낸 실로 이 실을 사용한 소재는 볼록한 모양이 나타나서 독특한 효과가 있으나 내마모성이 약하다. 주로 내추럴한 캐주얼풍에 많이 사용된다.

ⓔ 루프사(Loop Yarn) : 표면에 루프(Loop) 모양을 나타내는 무늬실로서 루프의 크기, 루프의 분포에 따라 여러 가지 효과를 낸다. 착용시 뜯김 연상이 일어나므로 각별히 주의하여야 한다. 종류에는 브클레, 라티네, 김프, 스날 등이 있다.

ⓕ 셔닐사(Chenille Yarn) : '샤넬사' 라고도 부른다. 컷파일사로 솜털이 많고 부드러우면서도 보송보송한 실로 로맨틱하면서 고급스러운 멋을 내는 의류용과 인테리어용 소재로 주로 사용한다.

ⓖ 담담사(Tam-Tam Yarn) : 루프 장식사의 루프 현상을 커트하여 실 표면에 깃털 모양으로 이루어진 실로 귀족스러운 특수모의 효과를 주지만 마찰에 의한 털 빠짐 현상에 각별히 주의하여야 한다.

ⓗ 이색연사(Grandrelle Yarn) : 색이 다른 단사를 두 가닥 혹은 세 가닥을 합연한 장식사의 일종으로 제스퍼라고도 한다. 이 실은 멀티 색상을 표현하기 때문에 사용한 실의 색상 조화에 따라 여러 가지 분위기를 낼 수 있다.

ⓘ 나선사(Spiral Yarn) : 심지실의 주위에 굵은 실을 나선(Spiral)모양으로 감아 놓은 실로 신축성이 좋아서 적절한 장력으로 제직하게 되면 벌키성이 있는 동절기용 니트 소재 및 텍스처감을 나타내는 데 많이 사용한다.

ⓙ 깃털사(Feather Yarn) : 심사를 2~3가닥 가지런히 놓고 그것을 하나로 묶어 컬(Curl)부터 새기(Shaggy)의 모양까지 다양한 실을 만들 수 있다. 그리고 깃털(Feather)의 모양에 따라 여러 가지 이미지를 부여한다.

CATEGORY 6 패션 소재

2장 패션 소재의 분류

1절 직물(Woven Fabric)

직물(織物)은 날실과 씨실이 직각을 이루면서 짜인 옷감으로, 직포(織布)라고도 한다. 직물의 짜임새는 옷감의 강도·촉감·내추성·보온성·통기성 등과 관련이 있다. 원료에 따라 견직물, 모직물, 마직물, 면직물 등으로 나뉜다. 직물은 그 용도·재단 방법에 따라 '폭'이 결정되고, 또 그 가공·취급·유통상 '필'이라는 단위길이가 주어진다. 옷감으로서 뿐만 아니라 새로운 직물의 개발 및 용도개발에 따라 실내장식용·의료용·운송용·산업자재용 등 그 용도가 소비재로부터 생산재로까지 확산되고 있다. 옷감으로서의 직물은 보온·흡습·유연·탄력 등 착용상 기능성을 지녀야 함은 물론이고 패션의류로서의 심미성도 아울러 갖추어야 한다는 것이 현대적인 개념이다. 또한, 옷감으로서의 직물에 대한 여러 가지 염직기술과 가공기술이 다양하게 발달되어 그 부가가치를 한층 높이고 있다.

직물은 실의 교차방법에 따라 강도가 결정되며, 이러한 직물의 성질은 실의 종류 또는 직물조직에 따라 다양하게 변화되어 독특한 특징을 만들어낸다. 직물의 명칭은 산지명·창시자명·생산회사명·가공방법 등을 붙여 여러 가지로 불리고 있다. 직물은 섬유의 종류, 실을 만드는 방법, 굵기, 꼬임, 밀도 등에 의해서 또는 염색이나 가공에 의해서 폭, 무게, 조밀도, 무늬가 다양한 종류의 직물을 만든다. 또한, 섬유의 종류에 따라 면직물·마직물·모직물·견직물 그리고 혼방직물·교직물 등, 용도에 따라 옷감(복지)·안감(이지)·이불감·기저귀감 그리고 벽걸이용포·깔개용포·포장용포·보강용포·여과포·범포 등, 의장과 조직에 따라 무지직물·줄무늬직물·날염직물·문직물·자수직물·타월직물, 벨루어직물·익직물 등, 염색단계에 따라 선염직물·후염직물 등으로 분류한다.

- 직물이란 경사와 위사가 직각으로 교차한 피륙을 말한다.
- 경사(날실)는 직물의 길이 방향의 실로 일반적으로 정상적인 원사를 사용하지만 위사에 비해 꼬임이 많고 실에 풀을 먹여 사용한다.
- 위사(씨실)는 경사에 대하여 직각으로 교차되어 있는 실로서, 경사에 비하여 일반적으로 굵고 꼬임이 적은 것을 사용한다.
- 직물에서는 위사 쪽이 경사 쪽에 비해서 약하지만 신축성이 크다.
- 경사가 위사에 비하여 꼬임을 많이 가졌으므로 경사방향이 위사방향보다 강직하다.
- 직물의 수축은 경사방향에서 현저하게 나타난다.
- 직물에 따라서는 장식사를 사용하기도 한다.

1. 직물의 삼원조직

대부분의 직물은 다음의 평직(Plain Weave), 능직(Twill Weave), 수자직(Satin Weave, 주자직)의 삼원조직과 이들 조직의 반복, 배합, 변형으로 구성된다. 이러한 삼원조직을 기초로 변화시키고 다시 혼합하여 유도한 조직들로 여러 가지 조직의 소재 표면에 다양한 텍스처감을 부여하여 패션성을 가미한 소재기획을 가능하게 하고 있다.

(1) 평직(Plain Weave)

① **특징** : 가장 간단하고 보편적인 조직으로, 위사(씨실)가 경사(날실)의 위와 아래를 한 올씩 교대하면서 통과한다. 교차점이 많아 광택이 적지만, 표면과 이면이 같고 조직이 간단하고 튼튼하며, 마찰에 강하고, 실용적인 직물로 날염, 마무리 가공 등 표면 디자인에 적합한 조직이다. 조직의 단순성을 보완하기 위해 실의 굵기, 꼬임의 정도, 색상, 원료 차이를 두어 패션성을 나타내기도 한다. 평직물은 경·위사가 표면에 나타나는 상태에 따라 균형평직, 불균형평직, 바스켓직으로 구분되며, 강하고 실용적이기 때문에 다양하게 쓰이나 광택이 적고 구김이 잘 생긴다.

② **종류** : 거즈(Gauze), 보일(Voile), 시폰(Chiffon), 니논(Ninon), 광목, 옥양목, 오간디(Organdy), 홉색(Hopsack), 조젯(Georgette), 포플린(Poplin), 머슬린(Muslin), 브로드클로스(Broadcloth), 보일(Voile), 트로피칼(Tropical), 태피터(Taffeta), 캘리코(Calico), 샴브레이(Chambray), 바티스트(Batiste), 홈스펀(Homespun) 등이 있다.

(2) 능직(Twill Weave)

① **특징** : 대각선 방향으로 연결된 선 즉, 사문선(능선)이 나타나서 사문직이라고 한다. 능선의 방향에 따라 좌능직과 우능직으로 구분한다. 직물 표면에 뚜렷한 사선의 능선이 나타나는 조직으로 각 경사 또는 위사가 오른쪽이나 왼쪽으로 하나씩 연속적인 교차를 하여 둘이나 그 이상의 위사 또는 경사를 건너서 부상하여 사선을 형성한다. 능선의 각도가 다양하여 평직보다 실의 밀도를 크게 할 수 있고 두께감 있는 직물을 만들 수 있다. 이러한 능선의 방향에 따라 크게 양면능직, 편면능직, 변화능직으로 분류한다.

ㄱ **양면능직** : 직물의 표면에 같은 양의 경·위사가 노출되어 있어 능선의 방향만 다르고 표리가 같다.

ㄴ **편면능직** : 경위사의 양과 능선의 방향이 달라 앞뒤가 다르게 나타나며, 앞에 경사가 많이 나타나면 경능직, 위사가 많이 나타나면 위능직이라고 한다.

ㄷ **변화능직** : 능직의 조직점을 가감하거나 다른 조직과 배합하거나 능선의 방향을 바꿔준 것이다.

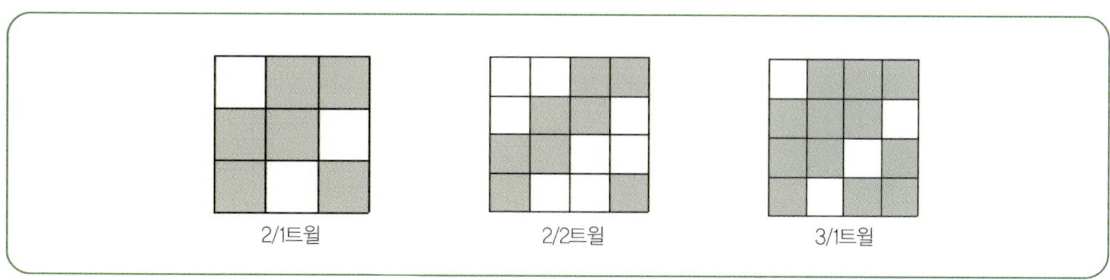

② **종류** : 서지(Serge), 플란넬(Flannel), 개버딘(Garbardine), 데님(Denim), 치노(Chino), 트윌(Twill), 헤링본(Herringbone), 하운드 투스(Hounds Tooth), 글렌 플레이드(Gren Plaid), 트위드(Tweed), 슈러(Surah) 등이 있다.

(3) 주자직(Satin Weave)

① 특징 : 경사와 위사가 드물게 교차하고 경사 또는 위사가 길게 연속하여 표면에 부상하는 조직으로 단위 위사 방향을 기본으로 하여 단 한 군데만 교차점을 갖는 조직이다. 경사와 위사에 조직점을 최소한 작게 하면서, 분산시켜 직물 표면에 경사나 위사만 드러나게 짠 직물로 견과 필라멘트사를 사용하여 표면에 경사가 돋보이게 만든 것을 경주자직(Satin)이라 하며 대부분의 수자직이 이에 속한다. 반면 면과 같은 방적사를 사용하여 표면에 위사가 돋보이는 것은 위주자직(Sateen)이라 한다. 삼원직물 중 직물촉감이 부드럽고 광택이 많이 있으며, 실 사이에 공간이 없어 두꺼운 겨울용 소재로 많이 사용된다. 내구력이 약해 표면 손상이 우려되는 조직으로, 이러한 조직점을 적절하게 배치함으로서 표면에 다른 무늬효과를 줄 수 있으며 약한 내구성을 보완시킬 수 있다. 견과 유사한 직물은 수자직이 많다.

② 종류 : 베네샨(Venetian), 새틴(Satin), 목공단, 도우스킨(Doeskin) 등이 있다.

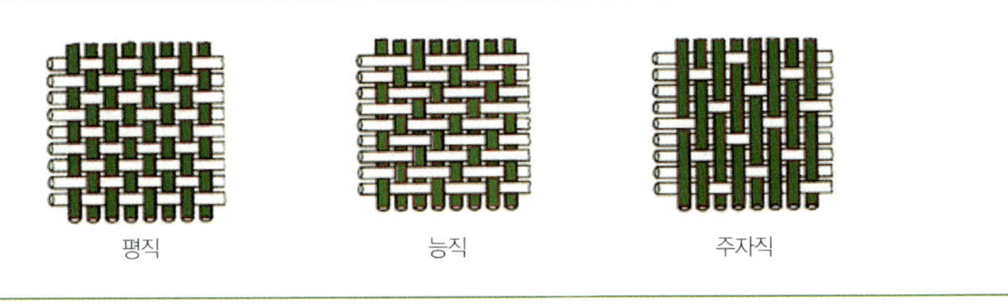

| 평직 | 능직 | 주자직 |

• 직물의 삼원조직 •

(4) 변화직

① 이중직물(Double Weave Fabric) : 일반 직물은 경·위사가 한 겹으로 교차되어 있으나 이중직은 경위 어느 한쪽 또는 양쪽이 모두 이중으로 교차되도록 제직한다. 두꺼운 직물이나 양면직물 또는 특수한 문직물을 만들 수 있다. 두 겹의 직물 효과로 보온성이 크게 향상된다. 앞뒤가 다른 직물(리버서블, Reversible)을 만들 수 있으므로 실용성과 장식성을 동시에 만족시킬 수 있다.

　㉠ 경이중직 : 경사가 이중으로 되고 위사가 한 겹으로 교차된 것으로 피케(Pique)가 있다.

　㉡ 위이중직 : 위사가 이중으로 되고 경사가 한 겹으로 교차된 것으로 베드포드코드직(Bedford Cord)이 있다.

PLUS⁺

▶ 베드포드코드직(Bedford Cord)

위이중직을 이용하여 세로방향으로 이랑효과를 낸 직물이다.

▶ 피케(Pique)

장력을 많이 준 접결 경사에 의해 가로방향으로 여러 가지 형태의 이랑효과가 나타난 직물이다. 두둑을 강조하기 위해 두둑에 심을 넣기도 한다. 일부 지방에서는 경사방향의 두둑을 나타내는 직물도 피케라 부른다.

② 문직물 : 직물에 무늬를 표현하고자 하는 직물로 기본조직의 교차법을 변화시켜 구조상의 무늬가 생기게 한 직물로 도비직물과 자카드 직물이 있다.

　㉠ 도비직물(Dobby Weave Fabric) : 도비 직기를 사용하여 비교적 간단한 무늬를 놓은 직물이다. 직물에 비교적 작은 무늬가 나타나며 특히 작은 무늬나 바둑무늬 표현에 많이 이용된다. 보통 일완전 조직이 반복해서 나타나 무늬에 따라 여러 가지 이름이 붙는다.

　　• 버즈아이(Bird's Eye) : 중앙에 새눈과 같은 점이 보이는 조그만 다이아몬드형 부상직물이다. 경·위사에 색상차가 큰 실을 이용하면 교차부분에 반점무늬가 나타난다.

　　• 와플클로스(Waffle Cloth) : '봉소직'이라 하며 허니콤(Honey Comb)조직으로 경·위사가 표리에 부상하여 표면에 벌집모양의 요철효과가 나타난다. 유연하며 부드럽고 수분을 잘 흡수하여 타올이나 침구에 많이 이용된다.

　　• 허커백(Huck Back) : 평직을 기초로 조직점을 가감하여 봉소직의 효과를 낸 직물이다. 실의 일부가 부상되어 있으므로 물을 잘 흡수하여 수건 등에 자주 이용된다.

　　• 도티드 스위스(Dotted Swiss) : 바탕직물 위에 다양한 색의 실로 무늬를 내기 위해 덧사(Extra Yarn)를 써서 제직한다.

| 버즈아이 | 와플클로스 | 허커백 | 도티드 스위스 |

• 도비직물 •

　㉡ 자카드 직물(Jacquard Weave Fabric) : 19세기 초 자카드 직기를 발명한 프랑스인 조셉 마리자카드의 이름에서 유래하였으며 펀치카드가 있는 자카드 직기를 사용하여 크거나 복잡한 무늬, 곡선무늬가 나도록 제작된 직물이다. 큰 무늬 디자인이나 곡선을 포함하는 문양이 많으며, 자카드 직기로 짜인 직물에는 평직, 능직 또는 수자직 바탕에 능직이나 수자직의 부상된 부분으로 무늬가 표현된다.

　　• 다마스크(Damask) : 경사에는 무연사를, 위사에는 강연사를 사용하여 경수자와 위수자를 배합, 무늬를 나타낸 두꺼운 직물이다. 무늬는 브로케이드에 비해 평평하며 겉과 안을 모두 사용가능하다. 견 이외에 면, 모, 아마 등도 이용한다. 드레스, 블라우스, 실내장식에 이용된다.

　　• 브로케이드(Brocade) : 평직, 능직, 수자직 등의 바탕에 수자직 또는 능직으로 무늬를 나타낸 호화스러운 직물로 위이중직을 많이 사용한다. 무늬가 부상되어 있고 표리가 다르므로 양면을 사용하지 못한다. 원래는 견사가 사용되었으나 현재는 면사를 비롯한 여러 가지 섬유사로 만들어지고 있다. 여성복, 드레스, 실내장식용, 침구류에 많이 이용된다.

　　• 양단 : 바탕은 경수자직이며 무늬는 능직, 위수자직, 평직으로 나타낸다. 이중직 또는 삼중직으로 제직한다. 브로케이드의 일종이고 색수(오색단, 삼색단)나 문양(석류단, 운문단)에 따라 여러 명칭이 붙는다. 현재는 견 이외에 합성 섬유로도 제직되며 한복과 침구에 이용된다.

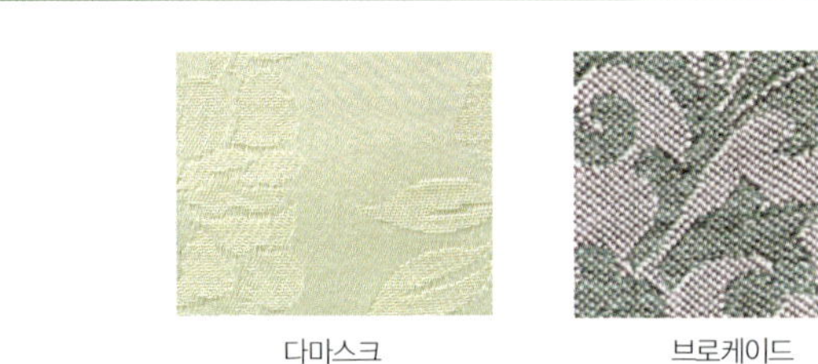

| 다마스크 | 브로케이드 | 양단 |

• 자카드 직물 •

③ **파일 직물(Pile Weave Fabric)** : 바탕직물 위에 섬유를 세운 입체적인 직물로 심어지는 실을 파일 또는 첨모라고 불러 첨모직이라고도 한다. 형태에 따라 루프 파일과 컷 파일로 나뉘며 파일직물을 만드는 방법에는 제직, 편성, 터프팅(Tufting)이 있다.

㉠ **제직파일 직물(Woven-Pile Fabric)** : 파일사의 종류에 따라 위파일 직물과 경파일 직물이 있다.

- **위파일 직물** : 바닥위사, 파일위사와 바닥경사로 이루어진 위이중직의 일종으로 경사, 위사에 위파일사를 써서 파일사를 바탕 위로 부상시켜 얻는 직물이다. 경사를 잡아당기면 파일위사가 걸려서 딸려 나오는 특징이 있으며 바닥포가 능직일 경우 더 치밀한 파일직을 얻을 수 있다. 섬유 조직이 솟아있어 눌러보면 푹신한 느낌을 주며, 손으로 쓸면 기모의 방향에 따라 색이 다르게 보이기도 한다. 보온성, 내구성, 세탁성이 우수하나 파일 특성상 정전기 발생이 많다.
  - 우단(Velveteen) : 파일위사를 중앙에서 잘라 짧은 파일이 표면에 고르게 분포되도록 한 위파일직이다. 면이나 기타 방적사로 만들며 보온성이 우수하여 코트나 실내장식용으로 사용된다.
  - 코듀로이(Corduroy) : 골덴이라고도 한다. 위파일로 경사방향의 이랑을 나타낸 면직물로 이랑의 폭은 대부분 2~3mm이며 두꺼우면서도 부드럽고 보온성이 우수하다. 바지, 작업복, 레저복에 이용한다.

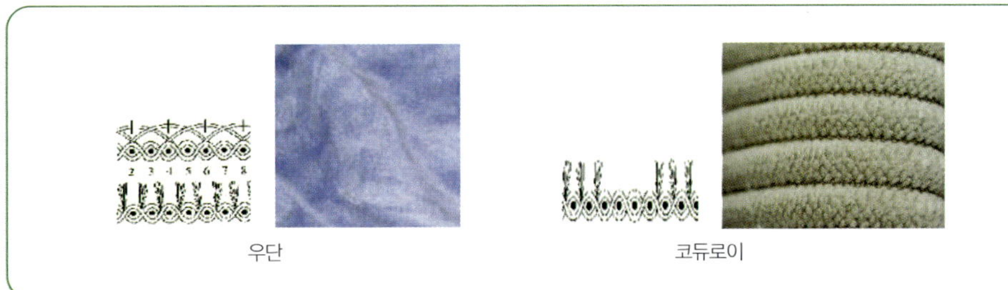

| 우단 | 코듀로이 |

• 위파일 직물 •

- **경파일 직물** : 위파일직과는 반대로 경사 속에 파일사를 넣고 제직하여 직물 표면에 파일 효과를 나타낸 것으로 제직방법에는 철사법, 이중직물법, 경사장력법이 있다. 보통 필라멘트사를 사용하여 부드러운 것이 특징이다. 벨벳, 벨루어, 플러쉬 등이 있다.
  - 벨벳(Velvet) : 짧은 길이의 파일직이다. 파일사로 견, 레이온, 아세테이트, 나일론 등의 필라멘트사가 사용되므로 광택이 우수하다. 빌로드(Veludo)라 하며 한 뭉치의 양털 또는 심은 털을 뜻하는 Vellus에서 유래하였다. 파일길이가 긴 것은 플러시(Plush)라 하며 인조 모피와 유사하다.

벨벳   벨루어

• 경파일 직물 •

ⓛ **터프트 파일 직물** : 터프팅은 바탕직물에 파일을 심어 파일직물을 만드는 공정으로서 바탕직물은 직물, 편성물 또는 웹(Fiber Web)일 수 있다. 터프팅은 매우 빠른 공정이고 비용이 적게 든다. 카펫 제조에 많이 사용되며 모피와 유사한 터프트 파일직물은 코트에 사용된다.

ⓒ **플로크 파일 직물** : 지포 위에 짧은 섬유(섬유부스러기, Flock)를 접착제로 식모하여 얻은 직물로 표면이 벨벳이나 스웨이드와 비슷하다. 보통 플로크사로 값이 싸고 절단하기 쉬운 레이온이 주로 사용되나 아크릴, 올레핀, 폴리에스테르도 이용가능하다. 그러나 플로킹 섬유는 권축이 없는 일직선이어야 하며 섬유길이가 증가하면 직물표면에 똑바로 설 수 있도록 굵기도 증가해야 하므로 합성 섬유가 이용된다. 바닥포로는 편성물, 직물, 부직포 등 다양한 쓰임새가 가능하다. 주로 실내장식, 드레퍼리 직물, 담요, 벽지, 공기필터 등에 이용된다. 접착제로는 수용성 아크릴이 대부분이며 드라이클리닝에 의해 접착제가 용해될 수 있으므로 접착제가 손상되지 않는 저온 세탁을 해야 한다. 플로킹 파일은 산포진동법과 고압전기 장법이 있다.

PLUS⁺

▸ **컷 파일(Cut Pile)**

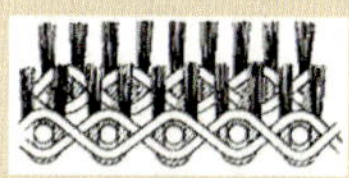

직물이나 니트의 짜기 조직이나 엮기 조직에서 생긴 고리를 잘라서 세운 보풀로 털처럼 심어져 있다.

▸ **루프 파일(Loop Pile)**

단면이 절단되지 않고 연결되어 있는 것으로 고리 형태로 심어져 있다.

④ **크레이프직(Crepe)** : 'Crinkle'을 의미하는 크레이프는 능직수자직 변화조직에 조직점을 가감하거나 다른 두 가지 이상의 조직을 배합하여 불규칙하게 보이도록 만든 직물로 직물의 표면이 평활하지 않고 오톨도톨하여 특별한 감촉을 주는 '축면직물'을 칭하며 '지지미'라고도 한다. 제직방법에 따라 종류가 나뉘고, 표면이 깔깔하다. 신축성, 드레이프성, 방추성이 우수하여 구김이 덜 가는 실용적인 직물이며 직물의 밀도가 낮으면 더 수축하여 크링클의 양이 많아진다. 그러나 세탁에 의해 크게 수축되는데 특히 크레이프사를 사용한 쪽이 더 줄어들기 때문에 드라이클리닝을 권장하며 취급 시 주의를 요한다.

㉠ **시어서커(Seersucker)**
  • 제직 시 장력의 변화를 이용한 직물

- 몸에 붙지 않아 여름옷이나 파자마, 운동복 등에 많이 이용
- 열처리에 의해 수축되는 성질을 갖는 열가소성사를 이용하기도 함

ⓛ 아문젠(Amunzen)

- 조직의 변화로 표면에 요철효과를 준 직물
- 신축성이 적으며 구김이 잘 가지 않아 양복감, 손수건, 넥타이로 이용

ⓒ 엠보싱(Embossing)

- 천의 표면에 삼차원적인 디자인을 압력을 주는 엠보싱 가공을 이용한 직물
- 열가소성 섬유의 경우에 형태를 유지하기 위해 열 고정을 하여 요철무늬를 보호

ⓔ 조젯(Georgette)

- 경·위사 모두 강연사를 사용하여 S, Z연사를 두 올씩 교대로 투입한 경위 크레이프직의 대표적 직물
- 평직으로 제직한 후 크레이프 가공을 하여 만든 직물
- 시폰보다는 두꺼우나 경량직물로 주로 견 또는 레이온사로 직조
- 베일, 여름용 부인복, 커튼에 이용

ⓜ 크레이프 드신(Crepe Dechin)

- 경사에 무연사 또는 약연사, 위사에 S연과 Z연의 강연사를 사용하여 두 올씩 교대로 투입하여 평직으로 제직한 직물
- 광택, 드레이프성, 촉감 우수
- 새틴 백 크레이프 : 광택이 없는 쪽(크레이프)을 표면으로 한 경우

ⓗ 플리세(Plisse)

- 가공효과를 이용하여 면직물에 수산화나트륨 처리로 부분의 수축효과를 주어 무늬(식서방향으로 고른 줄무늬)를 나타낸 직물
- 블라우스, 파자마 등에 이용하며 주름은 영구적이나 직조상태나 습윤 상태에 따라 요철무늬가 펴지기도 하므로 내구성이 낮음

• 크레이프직 •

⑤ 익직물(Leno) : 사직과 여직을 말하며 실의 밀도가 작고 공간이 많아도 실이 미끄러지지 않고 공간유지를 하는 장점이 있다. 통기성이 좋아 주로 여름철 의복, 모기장, 커튼으로 이용되고 있으나 최근에는 조직에 변화를 준 반투명의 유연한 옷감을 개발하여 쓰임새가 늘어가고 있다. 세탁은 드라이클리닝이 좋으나 부득이 집에서 세탁할 때에는 살살 비벼서 손빨래 한다.

    ㉠ 사직(Plain Gauze) : 두 경사(지경사와 익경사)가 위사를 얽어매어 만든 공간이 많은 직물로 '거즈직' 이라고도 하며 무늬 없는 사직은 '순인' 이라 한다. 평직과 사직을 배합하여 되는 경우 '변화 사직' 이라 하며 갑사, 숙고사, 생고사, 진주사 등이 있다.

    ㉡ 여직(Fancy Gauze) : 위사 3올 또는 그 이상의 위사마다 경사가 얽어가는 조직으로 평직과 사직이 일정한 간격으로 배합한 것이다. 표면에 가로줄 무늬가 나타나며 위사의 올수에 따라 3, 5, 7월려 등으로 구분된다. 대표직물로 항라가 있으며 생사로 촘촘히 짠 것은 당항라, 중간에 무늬가 있는 것은 문항라라고 부른다. 견 외에 나일론, 폴리에스테르 등도 사용된다.

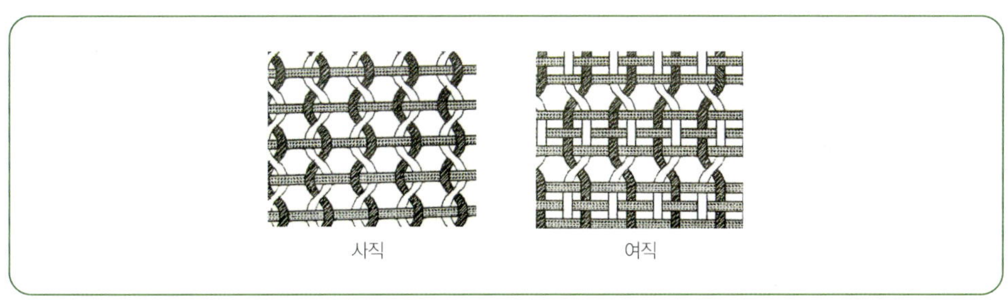

• 익직물 •

2. 직물 가공의 종류

(1) 광택을 증진시키는 가공

직물의 외관을 변형시키는 중요한 요소인 광택은 만들어진 옷의 이미지에 큰 영향을 준다. 광택은 빛의 반사량에 의해 결정되며 그 크기는 직물의 표면 형태에 따라 달라진다.

① 캘린더 가공(Calendering)

    ㉠ 직물을 롤러 사이로 통과시켜, 다림질하여 평면을 평활하게 하는 가공

    ㉡ 표면이 매끄럽고, 압축에 의해 직물 조직을 치밀하게 하고, 광택을 개선하는 효과

    ㉢ 광택을 부여하는 일반 가공과 외관의 무늬를 부여하는 특수 가공으로 구분

    ㉣ 엠보싱 가공(Embossing) : 금속롤러에 형을 파서 직물에 누르는 가공

    ㉤ 친즈 가공 : 합성수지에 침지한 원단을 캘린더링한 가공

    ㉥ 모아레(Moire Calendering) 가공 : 원단 표면에 파도치는 물결무늬를 부여하는 가공

    ㉦ 슈라이너 가공(Schreiner Calendering) : 면직물에 견의 광택과 촉감을 부여하는 가공

② 시레 가공(Cire Finish)

    ㉠ 캘린더 가공의 일종(광택 방수가공)

    ㉡ 직물을 뜨거운 롤러로 눌러 다림질한 것과 같은 윤기가 흐르게 하는 가공

    ㉢ 수지나 발수제를 코팅한 후 캘린더링

③ 모아레 가공(Moire Finish)

　　㉠ 캘린더 가공의 일종

　　㉡ 두 겹의 직물을 캘린더 롤러 사이로 열, 수분, 압력을 주면서 통과시켜 줄무늬 효과를 부여

④ 글레이즈 가공(Glazing)

　　㉠ 마찰 캘린더라고 하는 특수 캘린더를 사용하여 직물에 고도의 광택을 지닌 매끈한 표면효과를 부여하는 가공

　　㉡ 일반적으로 면제품에 행해짐

⑤ 머서화 가공(Mercerization)

　　㉠ 면제품의 광택, 염색성, 강도, 치수안정을 향상시키는 가공

　　㉡ 견과 같은 광택이 난다고 하여 실켓 가공이라고도 함

　　㉢ 실이나 직물을 수산화나트륨 수용액으로 상온에서, 장력을 주어 처리하면 강도가 15~30%정도 증가

　　㉣ 수산화나트륨 농도와 처리 시간에 따라 얻어지는 성질 다양

⑥ 슈라이너 가공(Schreinering)

　　㉠ 면직물에 광택을 부여하기 위해 행하며, 면공단, 면이탈리안 등에 이용

　　㉡ 머서화 가공한 면직물에 더 효과적으로 광택 부여 가능

⑦ 타포 가공(Beetling)

　　㉠ 1분에 300~400번 나무망치로 두들기는 공정

　　㉡ 광택을 증가시킴

(2) 질감, 촉감을 변형시키는 가공

직물에 중량감을 부여하거나, 직조구조가 잘 보이게, 또는 보이지 않게 하는 일련의 가공이 여기에 속한다고 볼 수 있다.

① 클리어컷 가공

　　㉠ 소모직물 표면이 깨끗하고 뚜렷하게 보이도록 표면의 털을 모두 제거하는 가공

　　㉡ 털깎기나 태우기 공정을 통해 표면을 매끄럽게 하고 광택을 부여하는 가공

② 기모 가공(Napping)

　　㉠ 작은 갈고리가 달린 기계를 이용하여 잔털을 일으키는 가공

　　㉡ 기모기로 섬유의 끝을 끌어올려 직물이나 편성물의 표면에 잔털을 일으켜 세우는 공정

③ 피치스킨 가공

　　㉠ 작은 기모를 일으켜, 복숭아 잔털 같은 느낌이 나도록 하는 가공

　　㉡ 소프트한 촉감과 풍부한 표면감을 부여함

④ 알칼리 감량 가공

　　㉠ 폴리에스터 직물을 알칼리 용액으로 처리하면 표면이 용해되어 새로운 특성 부여

　　㉡ 폴리에스터는 이지케어성이 장점이나 태가 나쁘고, 흡습성이 낮아 정전기가 발생하고, 오염흡착의 문제점이
　　　　있어 개선을 위해 알칼리 감량 가공을 함

⑤ 효소가공

　　㉠ 셀룰라아제 효소를 사용하여 셀룰로오스의 강직(Stiff)한 성질을 개선

　　㉡ 셀룰로오스 섬유를 분해하는 가공

(3) 표면을 변형시키는 가공

직물의 외관은 여러 가지 기계적 화학적 방법에 의해 변형시킬 수 있다.

① 엠보싱 가공(Embossing)

  ㉠ 캘린더 가공의 일종(금석 Bowl면에 문양조각)

  ㉡ 직물을 요철 있는 캘린더 사이로 통과시켜, 표면에 요철감 있는 입체적인 무늬가 나타나도록 하는 가공

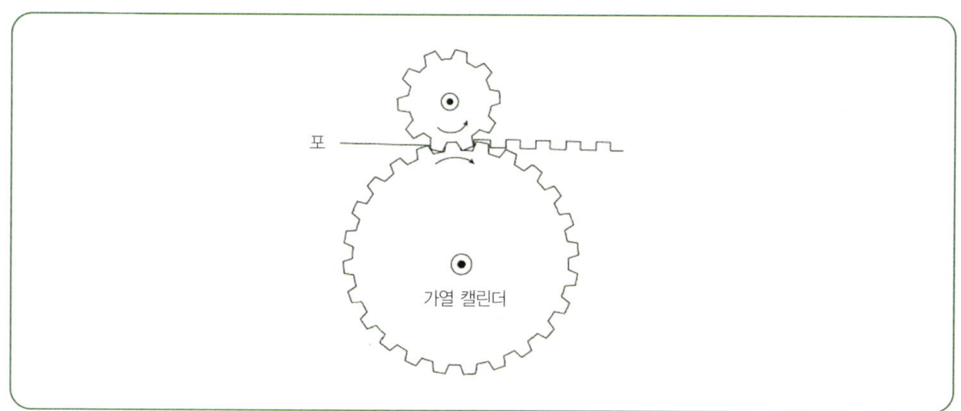

② 플리세 가공(Plisse Finish) : 직물을 수축시키는 산 또는 알칼리를 부분적으로 프린팅하면 우글쭈글한 줄무늬가 생겨 시어서커와 같은 외관을 나타내도록 한 가공

③ 파치멘트 가공(Parchimentizing)

  ㉠ 면직물을 산 처리하면 빳빳해지면서 투명한 효과를 내는 가공

  ㉡ 직물에 내산성물질을 코팅한 후 산 처리 하면 코팅부분은 불투명, 산 처리 부분은 아주 투명해짐

④ 열고정 가공(Heat-setting)

  ㉠ 폴리에스테르, 나일론 등 열가소성 섬유에 열을 가하여 영구적인 주름을 부여하는 과정

  ㉡ 엠보싱과 주름잡기에 의해 새로운 질감을 부여함

⑤ 번아웃 가공(발식, 오팔 가공)

  ㉠ 화학약품에 대한 용해도가 서로 다른 교직물에서 한쪽 섬유만을 용해시키는 약품을 프린팅한 후 열처리하면, 투명한 문양을 나타내는 가공

  ㉡ P/C, P/R(또는 아세테이트나 트리아세테이트) 직물, 니트뿐 아니라 기모나 파일제품에도 응용

⑥ 가먼트 워싱 가공(스톤워싱 가공) : 데님의류에 약간 바랜듯한 외관을 부여하기 위해 미리 워싱하는 가공

⑦ 플로크 가공(Flocking)

  ㉠ 직물표면에 접착제를 바르고 분말화된 섬유(플로크, Flock)를 부착하는 가공

  ㉡ 식모 가공이라고도 함

2절 편성물

편성물은 한 올 또는 두 올 이상의 실로 고리(Loop)를 만들고 그 고리에 새로운 고리를 형성하면서 서로 얽히어 만들어진 피륙을 말한다. 메리야스 또는 니트(Knit)라고 하며 메리야스라는 말의 어원은 에스파냐어 메디아스(Medias) 또는 포르투갈어인 메이아스(Meias)에서 유래되었다. 이는 영어에서 양말이라는 뜻의 호스(Hose) 또는 호저리(Hosiery)에 해당된다. 포에 경사나 위사가 없는 대신 편성코의 수직열(경방향)을 웨일(Wale)로 수평열(위방향)을 코스(Course)로 표시한다. 단위길이 당 바늘의 수로써 편조직의 섬도는 편침 수(Gauge or Cut)로 나타내며 편침 수가 많을수록 포는 더 섬세하지만 편성물의 종류에 따라 기준이 되는 단위는 달라진다.

형성하는 루프의 배열방법에 따라 위편과 경편으로 나누어지며 위편은 횡편(Flat Knitting)과 환편(다이마루, Circular Knitting)으로 분류된다. 편성기는 횡편기(Flat Knitting Machine)와 환편기(Circular Knitting Machine)가 있다.

니트 소재는 기계의 종류에 따라 생지 상태로 생산하기도 하고 완제품으로 생산하기도 하므로 니트 소재 생산업체는 생지 생산업체, 완제품 생산업체로 구분한다.

1. 편성물의 특징과 용도

(1) 편성물의 특징

① 자유로운 신축성

　㉠ 편성물은 고리로 구성되어 있으므로 섬유와 실의 움직임이 자유로워 외력에 의해 다양한 모양으로 변형이 가능하다.

　㉡ 위편성물은 100~200%, 경편성물은 40~100%의 신도로 일반직물의 신도(10~20%)보다 크므로 활동이 자유롭고 편안한 의복을 만들 수 있다.

　㉢ 높은 신축성은 유연성을 주지만 착용과 세탁으로 외관이 쉽게 망가질 수 있다.

② 함기성

　㉠ 직물에 사용되는 실에 비해 꼬임이 적어 자유자재의 굴곡이 가능하므로 다공성을 지닌다.

　㉡ 구조의 특성상 편성물의 함기율은 80% 이상으로 일반직물의 함기율(50~70%)보다 크므로 보온성, 투습성, 통기성이 우수하다.

③ 자유 성형성

　㉠ 스웨터, 장갑, 양말 등과 같이 원하는 모양으로 직접 편성하는 풀 패션(Full Fashion)이 가능하다.

　㉡ 저지(Jersey)와 같이 일반 직물처럼 재단하고 봉제할 수 있는 원단으로도 성형이 가능하다.

④ 필링

　㉠ 섬유나 실이 편물로부터 빠져 나와서 옷감의 표면에 뭉쳐 섬유의 작은 방울을 형성하는 것을 말한다.

　㉡ 조직이 성겨서 실의 자유도가 크고 마찰강도나 신도가 커서 끊어지지 않을 때 또는 실의 꼬임이 적을 때 많이 발생한다.

　㉢ 세탁 시의 강한 마찰이나 교반 등의 기계적인 힘도 필링과 보풀의 원인이 된다.

(2) 편성물의 용도

편성물은 기계에서 성형이 가능하고 신축성이 좋기 때문에 양말, 장갑, 스웨터에 일찍부터 애용되어 왔다. 내의류, 스포츠, 레저용 경량의료(衣料)로서의 용도가 많을 뿐 아니라, 20세기 후반 초기부터 이른바 저지(Jersey)가 출현하여 종래 직물이 독점적으로 차지하고 있던 외의(外衣) 분야에도 많이 진출하고 있다. 이와 같은 의류 이외에도 용도가 많고 앞으로 개척의 여지가 많다. 인테리어용 커튼, 침구로부터 농업, 운수용의 자루, 산업재료로는 자동차 시트, 전기절연물, 비닐제품 보철재, 의료용(醫療用)으로는 붕대, 인조혈관 보철재, 신장투석(腎臟透析) 필터 등 특수한 용도에 이르기까지 응용의 범위는 더욱 확대되고 있다.

2. 편성물의 조직

(1) 위편성물의 구조

실이 좌우로 왕래하면서 고리를 형성해 나가거나 원형으로 돌면서 고리를 형성하는 것을 위편성물이라 한다. 즉 한 가닥의 날실이 천의 가로방향으로 여러 개의 바늘에 차례로 공급되어 코를 형성해 나가며 같은 실에 의한 코의 열(列)이 전자는 가로방향으로 가지런히 연속하여 짜인다. 위편성물은 함기량이 많고 가벼우면서 구김이 잘 가지 않지만, 형태 안정성이 다소 떨어지고 코가 끊기면 올이 풀리기 쉽다. 위메리야스에는 코의 열이 나타나는데, 가로방향의 열을 코스(Course), 세로방향의 열을 웨일(Wale)이라고 한다. 이들 코스와 웨일이 서로 접결(接結) 또는 교차되어 면체(面體)로서의 천이 완성된다. 코의 연결 방식에 따라 단면으로 평편, 고무편, 펄편이 있으며 양면으로 인터록편, 응용편으로 레이스편과 자카드편으로 나누어진다. 위편성물은 스웨터, 내의, 양말 등의 직조에 이용된다.

① 평편(Jersey)
ㄱ 1열의 편침을 써서 한 방향으로 코를 형성한 가장 기본적인 편성조직
ㄴ 표리의 구별이 뚜렷하고 직물의 두께가 실의 2배 정도로 두꺼움

② 고무편(Rib)
ㄱ 평편에서 표면의 웨일이 하나(1×1) 또는 둘 씩(2×2) 표리에 교대로 나타나는 조직
ㄴ 두터운 편성물, 큰 신축성

③ 펄편(Purl)
ㄱ 코스가 한 줄 씩 표리에 교대로 배열되고 표리가 모두 평편의 이면과 비슷한 외관을 가짐
ㄴ 겉과 안이 같고 두꺼우며 상하의 신축성이 좋고 포근한 느낌을 줌

④ 인터록(Interlock)
ㄱ 양면편으로 2매의 1×1 고무편을 복합한 것, 표리 동일
ㄴ 신축성이 적고 형태안정성이 우수하여 구김이 적고 직물과 같이 취급이 가능
ㄷ 양복, 코트감, 셔츠, 수영복에 주로 사용

⑤ 레이스편 : Loop Transfer로 코를 결 웨일의 코와 합쳐서 걸어 편성하는 조직

⑥ 자카드편
ㄱ 여러 색의 복잡한 모양을 표현하는 조직
ㄴ 이면을 보면 여러 가지 색상의 실이 복합적으로 섞여 있음

평편	고무편	펄편
인터록	레이스편	자카드편

• 위편성물의 구조 •

(2) 경편성물의 구조

경편성물은 직물과 같이 배열된 날실을 바늘로 엮어서 편성하는 것을 말한다. 즉 씨실 빔에서 송출된 여러 가닥의 씨실이 각각 대응하는 바늘에 일시에 공급되어 코가 형성되는 것으로 고리의 형성이 세로방향의 지그재그 형으로 연속된다는 점이 위편성물과 다르다. 실이 세로방향으로 코를 만들면서 진행하므로 편성물의 폭에 해당하는 수의 경사를 필요로 한다. 경편의 앞면은 위평편의 앞면과 유사하나 뒷면은 다르다. 경편성물은 위편성물에 비해 신축성이 적으나 올이 쉽게 풀리지 않는 장점이 있으며, 모든 바늘이 동시에 코를 만들어 편성 속도가 매우 빠르다.

① 트리코트(Tricot)

　㉠ 마찰, 파열, 인장강도 등이 높고, 형태 안정성 및 탄성 우수

　㉡ 아세테이트, 트리아세테이트, 나일론, 폴리에스테르 섬유 등이 많이 사용됨

　㉢ 경편성물 중 가장 많이 쓰이는 편물

　㉣ 구김성이 적고 흡수성, 통기성이 좋음

　㉤ 부드러운 느낌을 주므로 블라우스와 란제리에 사용

② 라셀(Raschel)

　㉠ 표면은 트리코트와 같으나 이면에는 대각선 형태를 이룸

　㉡ 표면에는 코가 두드러진 세로 줄무늬가 나타남

　㉢ 트리코트보다 조직이 균일하고 신축성이 우수

　㉣ 수영복용의 파워네트, 내의용 보온지, 머리망 또는 어망지 등에 사용

③ 밀러니즈(Milanese)

　㉠ 균일한 조직으로 내구성이 우수하며 올이 풀리지 않음

　㉡ 매끄러운 표면, 큰 신축성

　㉢ 레이스 장갑, 란제리에 사용

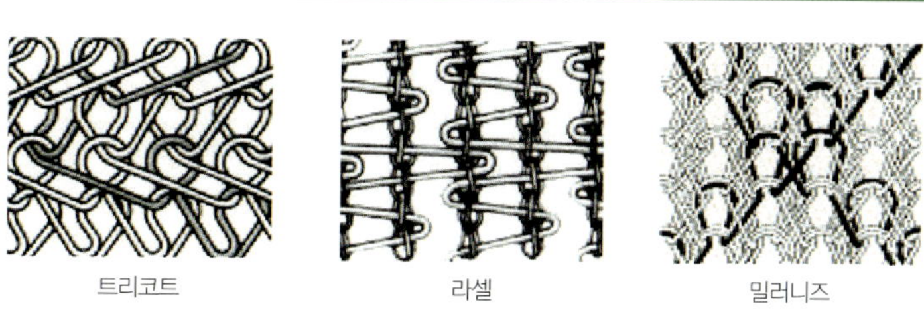

• 경편성물의 구조 •

3절 펠트와 부직포

1. 펠트(Felt)

(1) 펠트의 정의

① 양털이나 그 밖의 짐승의 털을 원료로 하여 습기, 열, 압력을 가하여 만든 것

② 양모와 다른 섬유와의 혼합섬유를 가온압축하(加溫壓縮下)에서 문지를 때, 양모의 축융성에 의해 섬유가 얽혀서 된 매트 상태의 피륙

③ 모자, 칠판지우개, 깔개, 실내화, 당구대의 덮개, 양탄자 등으로 사용

(2) 펠트의 특징

① 압축에 대한 탄력성, 보온성, 흡습성이 우수하다.

② 가장자리가 풀리지 않은 장점으로 수공예 재료로 사용된다.

③ 탄성이 크고, 충격흡수, 흡음, 단열성으로 산업용의 보온재, 흡습제, 절연제, 충전재 등으로 사용된다.

④ 인장이나 마찰에는 약하고 신축성이 없으며, 뻣뻣하고 드레이프성이 부족한 단점을 갖고 있다.

⑤ 모자, 장식 등으로 사용하며 용도가 한정되어 있다.

2. 부직포(Non-woven Fabric, Fiber Web)

(1) 부직포의 정의

① 방적이나 제직에 의하지 않고 섬유집합체 또는 필름을 물리적, 화학적 수단에 의하거나 적당한 수분이나 열로써 섬유 상호간을 결합시킨 것

② Web 또는 Sheet상의 섬유집합체를 토대로 하여 이것을 결정체로 결합시키거나 열가소성 섬유를 이용하여 섬유간 결정을 강하게 한 것

③ 천연, 화학, 유리, 금속 등 각종 섬유를 실의 공정을 거치지 않고 상호간의 특성에 따라 엉키게 하여 Sheet 모양의 Web을 형성, 이를 기계적 또는 물리적인 방법으로 결합시켜 만든 구조

(2) 부직포의 특징

① **여과성** : 섬유와 수지의 결합으로 인한 다공성 구조의 필터 적용으로 우수한 통기성 및 여과성

② **보온성** : 다공성 구조에 의한 공기층 형성으로 가볍고 보온성 우수

③ **성형성** : 열 성형이 용이하여 우수한 후가공성을 지님(미세한 곡면을 가진 입체적 성형 가능)

④ **쾌적성** : 부드러운 촉감으로 인한 쾌적한 감각

⑤ **흡수성** : 다공성 구조에 의한 높은 흡수 및 보수성

⑥ **절연성** : 다양한 형태의 절연재로 가공 가능

⑦ **방전성** : 정전기를 발생하거나 제거하는 것이 가능(대전처리 및 대전방지처리 용이)

⑧ **견뢰성** : 세탁, 땀, 열, 자외선에 의한 변색 및 변형이 적음

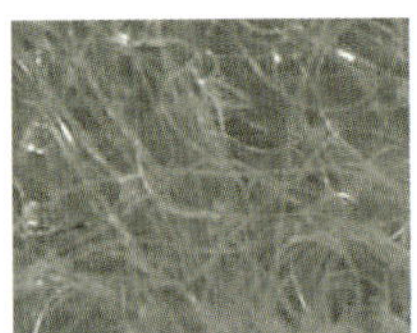

펠트　　　　　　　　　부직포

(3) 섬유의 종류에 따른 부직포의 종류[6]

① **면부직포** : 면섬유는 접착제 방식에 용이하나 항상 타 섬유와 혼합하여 제조

② **마부직포** : 특수용도(마룻바닥재료, 가구의 충전제)로 많이 사용

③ **나일론부직포** : 마모가 흔한 곳에 주로 사용되며 극세사 제품은 합성피혁제조로 이용

④ **폴리에스터부직포** : 모든 용도에 사용, 우수한 탄성력으로 형태 안전성이 좋고, 내후, 내일광성이 좋음

⑤ **노맥스부직포** : 고온, 방사선, 강산성에 강함

⑥ **이성분섬유부직포** : 두 성분의 섬유를 이용한 포로 성분율이나 배열, 굵기에 따라 포의 성질이 결정

⑦ **Side By Side 섬유부직포** : 권축섬유를 사용하여 부피감을 증가시킴

⑧ **코어ㆍ스킨 섬유부직포** : 폴리에스테르 심에 나일론으로 커버한 포 권축 형성, 강도 향상, 형태안정성과 염색성을 높임

⑨ **본딩섬유** : 섬유의 용해나 용융점을 이용한 제조로 타 섬유와 혼합하여 고온 또는 저온의 물에서 부분적으로 녹아들어가면서 접착제 역할을 함

---

6) 「패션 스타일리스트」 이현미 외, 시대고시기획(2010)

(4) 제조방법에 따른 부직포의 종류[7]

① 축융직물
- ㉠ 모섬유 이용
- ㉡ 펠트제조법과 동일
- ㉢ 압축에 대한 탄력이 있으나 레질리언스가 떨어지고 인장과 마찰에 약함
- ㉣ 펠트와 용도 동일

② 니들펀칭
- ㉠ 웹을 접착하는 과정에서 침포를 이용한 것
- ㉡ 형태가 안정되지 못하며 약함
- ㉢ 필터, 마스크 등에 사용

③ 접착포
- ㉠ 두 가지 이상의 천을 접착시켜 준 것
- ㉡ '라미네이트천' 이라고도 함
- ㉢ 주로 양질의 부직포를 얻기 위해 사용

④ 누비천
- ㉠ 직물 양쪽 사이에 매트나 스펀지를 삽입시켜 봉제를 통해 봉합시킨 것
- ㉡ 겉옷이나 침구류에 많이 사용

⑤ 스티치 직물
- ㉠ 스티치를 응용한 기술로 실이나 섬유집합체를 봉제방식을 통해 천을 만드는 것
- ㉡ 기술법에 따라 말리모, 말리풀, 말리왓이 있음

4절 가죽과 모피

1. 가죽(Leather)

여러 가지 동물들의 가죽으로 만든, 유연하면서도 비교적 튼튼한 재료를 일컫는다. 대부분의 경우 콜라겐으로 이뤄져 있는데, 이것은 자연에서 흔히 볼 수 있는 폴리머 재료로서 기본적인 면에서는 인공적인 플라스틱과 유사하다고 볼 수 있다. 그러나 우리가 즐겨 입는 가죽 옷에 쓰이게 될 가죽 재료를 소비자들의 욕구를 충족시켜 주는 제품으로 만들기 위한 처리 단계는 무두질로부터 시작해서 '미세 가공 처리' 까지의 긴 과정이라고 할 수 있다. 즉, 동물에게서 벗겨 낸 피부, 가죽에서 털을 제거하고 무두질한 제품을 '유피' 라 한다. 무두질을 하지 않은 생피(生皮)에서 유피까지 포함하여 피혁(皮革)이라고 총칭한다. 모피(毛皮)는 털이 붙어 있는 채로 무두질한 것으로서, 넓은 뜻

---

7) 「패션 스타일리스트」 이현미 외, 시대고시기획(2010)

으로는 피혁에 포함된다. 처음에는 가공도가 낮은 생피에 가까운 것이 사용되었으나, 차츰 약품으로 무두질하는 방법이 고안되어 용도에 따른 성질의 유피가 만들어졌다.

(1) 가죽의 특징 및 보관법[8]

① 장단점

장점	단점	
• 인장, 인열강도가 우수함 • 신장율/내굴곡성이 적당함 • 순응성이 있음 • 통풍성 및 차단성이 있음 • 열처리 및 보온성이 있음 • 표면이 아름답고 내구성이 있음 • 염색 가공이 용이함	• 면적이 한정되어 있음 • 표면의 균일성이 없음 • 내수성이 약함 • 건조 시 수축됨 • 곰팡이 발생이 용이함 • 알칼리(Alkali)성에 약함	

② 가죽의 보관 및 관리법

㉠ 물이 묻거나 비에 젖은 경우에는 마른 수건으로 눌러 물기를 제거한 후 통풍이 잘되는 그늘에서 말려 준다.

㉡ 액체 성분으로 더러워졌을 경우 바로 흡수성이 좋은 거즈나 기름종이 등으로 가볍게 두드려 닦아낸다.

㉢ 먼지가 묻었을 때는 마른 수건 또는 브러쉬로 가볍게 털어 주고 세탁은 반드시 가죽전문점에 맡긴다.

㉣ 마찰 또는 기름에 의해 오염되었을 경우에는 크림 또는 액상류의 가죽전용 클리너로 닦아주면 제거되므로 벤젠이나 신나는 절대 사용하지 않는다.

㉤ 착용 후 가죽전용크림으로 손질하며 온도, 습도가 낮고 통풍이 잘되는 그늘진 곳에 보관한다.
옷걸이에 걸 때는 바르게 걸어 비틀림이나 늘어남을 미리 방지하고 보관 시 겹쳐두지 않는다.

㉥ 헤어스프레이, 무스 등의 화학성 물질과 반응을 일으켜 변질되는 경우가 있으므로 직접분사로 가죽에 닿지 않도록 주의한다(핸드백, 숄더백 등과의 마찰로 인해 닳거나 벗겨질 수 있으므로 주의).

㉦ 세무나 누벅 등의 제품은 피부와 직접 닿는 목 부위나 손목 안쪽 부위에 때가 심할 수 있으므로 주의한다.

㉧ 세무나 누벅류는 손으로 비벼 부드럽게 한 후 구두 솔 또는 스펀지로 여러 번 문질러 결을 재생시켜 주어야 하며, 이 과정에서 웬만한 얼룩은 제거된다.

㉨ 가죽을 빨리 건조시키기 위해서 열을 가하거나 다리미를 사용하는 일은 절대 피한다(가죽은 단백질로 이루어져 있으므로 급격하게 열을 가하면 딱딱해지거나 수축해서 원상복귀가 힘들다).

㉩ 말린 후 딱딱해진 부분이 있으면 손으로 살짝 주물러 펴주며 가죽 전용 클리너를 옅게 발라준다.

㉪ 가방이나 벨트, 장갑 등을 보존할 시에는 먼지를 닦아주고, 가죽 보호용 크림을 천으로 구석구석 닦은 후, 충분히 건조시켜 모양이 변하지 않게, 방습 방충제를 넣어서 비닐봉지에 밀봉보관 하며, 종종 꺼내서 상기의 내용을 반복해줘야 한다.

---

8) 자료출처 : www.leathercrafttool.co.kr 재구성

PLUS⁺

▶ **가죽 부위별 성질**

동물의 몸은 부분에 따라 가죽의 성질이 다르다. 허리 부분은 공격당하기 쉬운 부분으로, 신축은 필요가 없기 때문에 섬유는 두껍고, 질기며 강하다. 배 부분은 공격으로부터의 위험이 적고 위장의 팽창으로 인해 연하고 신축성이 뛰어나며, 가슴 부분은 호흡을 위해 신축성이 필요하다. 가죽은 일반적으로 척추방향으로 잘 늘어난다.

▶ **가죽의 구입**

가죽은 외국에서는 10cm×10cm = 1대쉬로 판매하고, 국내에서는 30cm×30cm = 1평으로 판매하고 있다. 두께에 따라 가격이 다르고, 같은 통가죽이라도 원산지 및 제조회사 등에 따라 가격은 달라진다.

(2) 원피에 따른 구분

① **우피(牛皮)** : 우피는 수요가 가장 많고 일반적인 가죽으로, 섬유조직이 세밀하게 발달하여, 견고하고 품질이 우수하다. 성우피는 망양층이 발달하여 두껍고 질기며, 주로 구두의 바닥가죽 · 갑피 · 가방 · 가구 · 공업용 벨트 등에 사용된다. 자우피는 은면의 결이 곱고 아름다우며 카프 스킨(Calf Skin)이라 하는데 주로 구두의 갑피 · 핸드백 · 장갑 기타 의료용으로 사용된다. 또한, 우피의 종류에는 송아지 스킨, 카우 하이드, 스티어 하이드, 옥스 하이드, 불 하이드, 국내산 생피 등 다양한 종류가 있는데 소의 종류, 무게, 연령에 따라 구분된다. 섬유는 다소 무겁다는 단점이 있지만 질기고 균일하고 강인하다는 장점이 있어 의류용, 가방, 신발 등 다양하게 사용된다.

　㉠ 카프 스킨(Calf Skin) : 생후 6개월 이내의 가죽으로 섬유가 매우 섬세한 최상의 가죽이다.

　㉡ 키프 스킨(Kip Skin) : 생후 1년 이내의 가죽으로 카프보다 조금 두껍다.

　㉢ 카우 하이드(Cow Hide) : 생후 2년 정도 된 성우의 가죽으로 섬유는 다소 거칠다.

　㉣ 스티어 하이드(Steer Hide) : 생후 3~6개월 사이에 거세한 성우로 가장 많이 사용된다.

　㉤ 불 하이드(Bull Hide) : 생후 3년 이상의 성우 가죽으로 가죽이 두껍고 질기다.

② **양피(羊皮)** : 시프 스킨(Sheep Skin)이라고 하며, 가볍고 윤기가 나면서 부드러운 것이 특징으로 다른 가죽에 비해 강도가 약하지만 유연성이 풍부하고 신축성이 좋다. 양은 헤어 타입(Hair Type), 울 타입(Wool Type) 및 모피용으로 구분한다. 헤어 타입은 얇은 원피를 필요로 하는 스웨이드(Suede) 생산에 이용되고 울 타입은 양모를 제거한 후 가공하여 이용하는데 얇고 촉감이 좋아 의류용으로 주로 쓰인다. 산양피(山羊皮)는 고트 스킨(Goat Skin), 자산양피(子山羊皮)는 키드 스킨(Kid Skin)이라고 하며, 양피보다 튼튼하고 은면의 모양이 아름답다. 특히 자산양피는 독특한 은면 모양을 갖는데 용도는 양피와 같고 고급 구두와 핸드백 등에 사용된다.

③ **돈피(豚皮)** : 가죽 표면에 모공이 보이며, 허리 부분이 세밀하고 질기다. 조직의 부위 차가 심하여 우피보다는 품질이 떨어진다. 유피로 되는 것은 지방분이 많은 망양층을 제외한 요철(凹凸)이 많은 유두층 뿐이며 양면 가죽 · 의료용으로 사용한다. 코팅 가공한 나빠(Nappa) 제품은 다소 뻣뻣한 느낌 때문에 주로 원단 자체에 모를 내어 사용하는 스웨이드(Suede) 원단이 주로 사용된다. 부위별 색상의 차이가 심하고 무거운 것이 단점이나 가죽 자체의 가공이 쉽고, 가격이 저렴한 장점이 있다.

④ **마피(馬皮)** : 전체적으로 조직은 거칠지만, 엉덩이 부분의 망양층은 세밀하고 아름다워 코도반(Cordovan)이라고 불린다. 여름철에 생산이 된 것보다 겨울철의 것은 두껍고 털이 길어 그레인(Grain) 손상이 적어 가치가 높다. 섬유조직은 거칠고 마찰에 약하지만, 섬유가 치밀하고 탄성이 풍부하며 튼튼하여 내구성이 양호하다. 양면 가죽이나 갑피 등으로 사용된다.

⑤ **물소피(Buffalo)** : 섬유조직은 거칠고 가죽이 두꺼우며 외관이 좋지 않아 의류용으로는 부적합하다.

⑥ **염소피** : 조직 자체가 치밀한 탄력성과 신축성이 있어 가죽이 얇고 표면이 아름다우며 내구성이 좋으나 면적의 평균 평수가 작은 것이 단점이다. 보통 구두에 주로 사용한다.

⑦ **파충류피** : 악어피, 도마뱀피, 뱀피가 속한다. 섬유다발은 은면과 평행하여 규칙적으로 바르게 정렬되어 딱딱한 성질이 있다. 가죽은 튼튼하고 내구성이 양호하며 구두의 안창, 벨트, 지갑, 고급가방, 핸드백에 사용된다.

⑧ **사슴 가죽** : 조직이 거칠며 유두층을 제외시켜 장갑 · 의료 등에 사용한다.

⑨ **캥거루 가죽** : 조직이 비교적 잘 발달하여, 얇고 유연하므로 구두 갑피에 사용된다.

⑩ **타조 · 악어 · 도마뱀 · 뱀 등의 가죽** : 제각기 독특한 은면 모양이 있으며, 가방이나 핸드백 · 장식품 등에 사용된다.

⑪ **식물타닌 유피** : 내열성은 떨어지지만, 마멸(磨滅)에는 강하고, 성형성(成型性)이 좋아 구두 바닥가죽 · 마구(馬具) · 가방 · 벨트 · 가죽수예 등에 사용된다.

⑫ **유유피(셈 가죽 등)** : 아주 유연하고 흡수성 · 흡유성(吸油性)이 크며 세탁이 가능하다. 렌즈닦개 · 가솔린 거르개 등에 사용된다.

⑶ 가공방법에 따른 구분

동물의 종류와 제혁 처리에 따라 여러 종류의 가죽으로 나누게 된다. 종류마다 독특한 특성을 지니고 있어 사용 목적도 달라진다.

① **나빠/나빨란(Nappa/Nappalan)** : 가장 널리 쓰이는 일반적인 가공법으로, 가죽 표면을 코팅 처리하여 원피의 내구성이 좋아 질기면서도 터치 또한 매우 우수한 실용적인 가공법이다. 가죽의 결이 있는 쪽의 털을 박피한 면에 피막을 입히거나(피그먼트 처리) 부드럽게 밀랍 수지로 마무리한 매끄러운 가죽을 말한다. 오염에 강하고 약간의 물기가 묻어도 잘 스며들지 않는 특징으로 다습, 스모그 현상이 심한 지역의 방한용으로 좋다. 반면, 다소 뻣뻣한 점이 있어 섬세하지 못하다는 것이 단점이다.

② **누벅(Nubuck)** : 가죽의 겉면에 모를 내어 매우 부드럽게 가공한 것으로 가죽의 털이 있던 면의 털을 제거한 후 그 면을 아주 고운 샌드페이퍼로 문질러서 버핑(Buffing)하여 기모를 위로 일으켜 만든 가죽이다. 일어난 기모 상태는 세무보다 고우며 흠집을 커버할 수 없으므로 최상급의 원피만을 사용한다. 양가죽과 소가죽으로만 만들며 가죽이 부드럽고 고급스러운 색감에 디자인이 좋다. 가공 자체가 고급스러운 방법이라 원단 자체의 질감이 매우 부드럽고 유연한 것이 장점이다. 오염에 약하고 세탁력이 좋지 않으며, 가격이 비싸다는 것이 단점이다. 최근에는 방수, 발수 가공하여 수분흡수를 방지하고 있다.

③ **스웨이드(Suede)** : 가죽의 뒷면에 모를 내어 겉면으로 사용하는 것을 스웨이드라고 하며, 표면을 샌드페이퍼로 갈아 기모시켜 아주 자잘한 털이 있는 것으로 감촉이 좋고 야들야들하다. 가볍고 부드러우면서도 가격이 저렴한 것이 장점이고, 코팅되어 있지 않아 세탁이 어렵고 오염에 약하며, 얼룩이 생기기 쉬워 세심한 관리가 요구된다. 또한, 가공상 어려움으로 이색이 있을 수 있다는 것이 단점이다. 스웨이드로 쓰이는 가죽으로는 우피(牛皮)와 돈피(豚皮)가 있다.

④ **마블(Marble)** : 은면을 버핑하여 가공한 가죽으로 주로 소가죽을 사용한다. 적게 기모하여, 기모가 거의 없는 것은 보통 올드마블(Old Marble)이라고 한다. 가죽이 부드러우나 수분이 쉽게 흡수되고 약한 것이 결함이다.

⑤ **말보로(Malboro)** : 가죽 표면을 깎아 기모를 낸 후 오일 처리를 하여 자연스럽고 고급스러운 느낌을 주는 소재이다. 오염이 잘 되고 세탁이 어려운 단점이 있으나 부드럽고 가벼워 착용감이 뛰어난 소재이다.

⑥ 아닐린(Aniline) : 아닐린 염료로 은면을 투명하게 만든 뒤 후처리제 처리한 가죽으로 불투명 물질로 도장된 가죽과 구별된다. 생산량이 적으며 거의 염료만으로 색상을 갖게 한 가죽으로 고급의류용으로 사용된다.

⑦ 엠보혁(Embossed) : 표면에 변화를 주기 위해 형틀에 눌러 가공한 가죽으로 원하는 여러 가지 형태로 가공이 가능하며 패션성 제품을 만드는데 사용된다. 이 가죽은 고열의 엠보싱으로 경화된 가죽을 부드럽게 하기 위하여 밀링을 많이 한 후에 의류용으로 사용한다.

⑧ 프린트혁(Printed) : 엠보혁처럼 원하는 대로 프린트 가공하여 패션제품을 만드는데 사용된다. 주로 돈피를 나빠(Nappa)나 스웨이드(Suede)로 가공하여 중 · 저가품생산에 이용한다.

⑨ 슈렁큰(Shrunken) : 가죽을 약품으로 자연 수축시켜서 원단의 표면에 무늬효과를 준 것으로 수축이 되어 옷이 두껍고 무거운 것이 단점이다. 수축으로 가죽 자체의 흠집을 커버할 수 있으므로 고급 가죽을 사용하지 않는 실용적인 가죽의류이다.

⑩ 스프리트(Split) : 가죽의 가장 겉면을 사용하여, 양면에 모가 나 있는 가죽으로 가죽의 가장 겉면을 사용하기 때문에 가격이 저렴한 것이 장점이고, 가죽의 두께가 두꺼워 무겁고 뻣뻣한 것이 단점이다.

⑪ 토스카나(Toscana) : 이탈리아 토스카나 지역에 사는, 6개월 미만의 새끼를 전혀 낳지 않은 산양의 가죽을 이용해 만든 가죽을 말하며, 어린양의 원피를 털과 함께 가공한 것으로, 털이 달린 부분을 옷의 안쪽으로 사용하고 이면을 나빠 혹은 세무 처리한 것으로 가죽 안쪽을 가공하여 겉면으로 사용하고, 털이 달린 겉면이 안쪽으로 사용되므로, 방한이 매우 좋으면서도 포근한 감촉을 느낄 수 있다. 무스탕과 달리 자연 털을 그대로 가공하므로 털 길이가 긴 것이 특징이고 무스탕보다 가볍고 착용감이 좋으나 세탁성이 떨어지는 단점이 있다.

⑫ 무스탕(Double Face) : 생후 6개월에서 1년 정도 된 '스페인 Entrofino양', '호주 Merino양'의 털을 Cutting(12~18mm)하여 안쪽으로 사용하고, 가죽 뒷부분을 나빠 등의 방법으로 가공하여, 겉면으로 사용해 만드는 제품을 무스탕이라 통칭한다. 생후 1년 전후의 양가죽을 가죽과 털 양면을 그대로 가공한 가죽으로 가죽과 털이 붙어 있는 자연 상태에서 가죽표면을 세무로 기모하고 털을 깎아내는 처리과정을 거쳐 토스카나보다 가죽이 얇고 부드러운 것이 특징이다. 무스탕은 털 부분을 깎아 그대로 사용하지만 토스카나는 가죽표면을 깎지 않고 나빠 혹은 세무로 가공한다는 차이가 있다. 품질이나 가격은 어린양의 나이나 원산지에 따라 크게 달라진다.

(4) 합성 피혁 · 인공 피혁

천연 가죽은 '표피'와 유두층과 망상층으로 이루어진 '진피'로 구성되어 콜라겐 섬유가 얽힌 구조체이다. 이러한 구조를 만들어 내는 것을 목표로 하여 20세기에 다수의 개발이 이루어져 왔다. 이러한 제1단계는 은부 천연 피혁의 표면의 재현이며 옛날에는 질소화면 레저, 고무 부착 원단 등의 표면에 압형하여 인조 피혁으로 했다. 그 후 고분자 화학의 발달에 의해서 1950년 이후에 염화비닐, 나일론, 우레탄 등의 각종 수지, 가공 방법이 개발되었다. 피막에 대해서도 스펀지 구조를 가지는 것, 다공질로 투습성을 가지는 합성 피혁도 탄생했다. 천연 피혁에 대한 도전의 제2단계는 듀퐁사에 의한 인공 피혁 '코르팜'의 개발이다. 니들 펀치하여 섬유를 3차원으로 얽힌 특수 부직포를 기재로서 사용하여 천연 피혁의 콜라겐 섬유의 교락 구조를 재현했다. 또 은면을 형성하는 도막층에는 우레탄 미다공막으로 투습성을 얻는 것이었다. 일본에서도 1960년대에 인공 피혁의 생산이 개시되었지만 착용감, 내구성 등에서 구라레를 제외하고 철수했다. 제3단계는 1970년대 이후 일본에서 탄생한 극세 섬유를 사용한 인공 피혁이며 표면을 기모한 스웨이드조 인공 피혁은 표면 구조, 단면 구조 모두 천연 피혁 스웨이드를 닮은 구조로 되어 있다.

인공 피혁과 합성 피혁 모두 천연 피혁의 곱슬 주름, 광택을 재현하고 있기 때문에 표면 외관의 차이는 없다. 이면, 단면을 보면 합성 피혁에서는 직·편물을 볼 수 있지만 인공 피혁은 천연 피혁과의 차이가 적고 천연 피혁에 준거한 구조이다. 최근의 은부 제품에서는 기재층에 밀도 구배를 가져 한층 더 막층이 얇아지고 있기 때문에 거의 천연 피혁과 차가 없는 구조가 되어 있다.

이러한 합성, 인공 피혁은 초극세 섬유를 이용한 얇은 직물이나 편성물에 폴리우레탄이나 폴리염화 비닐의 수지 피막을 입힌 것으로 천연 피혁과도 흡사한 투습성을 지니게 된다. 통기성과 보온성은 부족하지만 방수성이 우수하여 비에 젖어도 튼튼함을 유지하므로 손쉽게 비즈니스 정장에 사용된다. 가벼운 오염은 고무지우개로 제거할 수도 있으며 드라이클리닝은 피하고 중성세제에 적셔서 짠 걸레나 수건으로 닦고 그늘에서 말린다. 천연 가죽에 비해 관리가 편하다.

합성 피혁은 인공 피혁에 비해 가공 공정이 적고 기재의 직·편물도 인공 피혁에 비해 염가이지만 단면으로부터 기재의 실의 풀림이 발생하거나 천연 피혁 제품의 가공 시에 실시되는 박피 가공을 할 수 없는 결점이 있다.

합성 피혁과 인공 피혁 모두 공업 생산으로 안정된 품질의 제품을 얻을 수 있기 때문에 광폭으로 균질한 제품이 요구되는 자동차 시트, 가구 등의 사용량이 증가하고 있다.

① **합성 피혁** : 직물·편물에 천연 피혁의 외관을 갖는 고분자 막을 붙인 것이 합성 피혁이다. 기재에 대해서도 당초는 두꺼운 천의 직물이 주체였지만, 의류용도 등에서는 유연성을 얻기 위해 편물을 사용하는 것이 많다. 또, 감촉의 소프트감을 내기 위해 기모품을 사용하는 예도 있어 기재에 사용하는 섬유 종류, 조직, 기모, 수축 처리, 수지가공 등 최종 제품의 요구에 맞추어 개질되고 있다.

  ㉠ **제조방법** : 표면막의 형성에는 직접 기재에 나이프 코터, 리버스 롤 코터, 그라비아 코터 등으로 고분자 용액을 도포하는 방법과 미리 천연 피혁의 곱슬 주름 모양을 붙인 이형지 상에 고분자 막을 형성시키는 전사법 또는 고분자를 캘린더 롤로 혼합, 혼련하여 막을 만들어 형압하는 캘린더법이 있고 이들은 막을 만든 후 기재와 접착시키게 된다. 전자의 방법에서는 막을 형성한 후 엠보스 롤 등에 의해 곱슬 주름 부여가 필요하다. 전사법에서는 천연 피혁의 외관의 재현은 용이하지만 이형지에 코스트가 든다. 도포된 고분자 용액의 용제를 건조해 증발시켜 고체화 시키는 '건식법'과 고분자의 비용제 중에서 이러한 고분자를 응고시키는 '습식법'이 있다. 습식법에서는 유연하고 투습성이 있는 막을 얻을 수 있으므로 고급 합성 피혁에는 습식법이 많다.

  ㉡ **용도** : 합성 피혁의 최대 용도는 의류용이지만 구두, 가방, 벨트, 장갑 등에도 사용되고 있다. 인공 피혁의 최대 용도는 은부, 스웨이드를 붙인 구두 용도이며 의류 용도는 패션의 물결 외에 양적 확대는 볼 수 없다. 자동차 등 차량의 고급화에 수반해 인공 피혁이 확대하고 있다. 장갑, 가방 등의 잡화도 용도로서 전부터 있지만 인공 피혁의 특수 용도로서 IC 기반, 실리콘 웨이퍼의 연마포, 하드 디스크의 텍스쳐링용 크로스 등 엘렉트로닉스 관계에 대한 수요도 확대하고 있다.

② **인공 피혁** : 인공 피혁은 미국 듀퐁사에 의해서 기본 구조를 나타내고 그 후 일본 회사에 의해서 완성된 기술이다. 인공 피혁의 제조 기술은 특수 섬유 제조 기술, 3차원 시트화 기술, 폴리우레탄 등 고분자 화학과 그 응용 기술, 제막, 기모, 염색 기술 등의 복합된 기술력과 이들을 지지하는 설비, 기기 기술이 필요하고 특허의 벽도 있어 일본이 독점적으로 생산해 왔다. 1990년대에 들어 특허가 소멸되며 한국, 대만, 중국의 극동지역에서 인공 피혁의 생산이 시작되었다. 이러한 지역에서의 인공 피혁은 은부 타입이 70~95%로 대부분이며 일본에서는 인공 피혁으로 극세 섬유 사용 비율이 80%를 넘지만 중국, 한국, 대만에서도 극세 섬유를 사용하고 있는 비율이 서서히 확대되고 있다.

  ㉠ **정의** : 1997년 12월에 제정된 '잡화 공업제품 품질표시규정'에서는 인공 피혁을 '랜덤 3차원 입체 구조를

가지는 섬유층을 주로 한 기재에 폴리우레탄 또는 이것에 비슷한 성능을 가지는 고분자 물질을 함침시킨 것'이라고 정의하고 있다. 이 기재 위에 막을 부여하거나 표면을 기모함으로써 각종 인공 피혁이 만들어진다.

ⓛ 제조공정 : 인공 피혁에 사용되는 섬유는 극세, 다공 중공, 고수축 등 특수 섬유화가 진행되고 있다. 단섬유를 카드법으로 웹을 니들 펀치에 의해서 얽는다든가 또는 초지기에서 림 위에 섬유를 포집해 수류 교락시켜 3차원 입체 구조를 가지는 시트를 얻는다. 그 다음에 폴리우레탄을 함침시켜 인공 피혁의 기재를 제조한다. 천연 피혁의 '은부'에 대응하는 제막 가공(은면 형성)이나 '누벅', '스웨이드'에 유사하게 하는 버핑 가공(표면 기모) 기술을 적용해 인공 피혁을 제조한다.

- 인공 피혁용 특수 섬유의 제조
- 섬유의 3차원 교락 시트의 제조
- 탄성체의 부여
- 표면 가공(은면 형성 또는 기모, 염색)

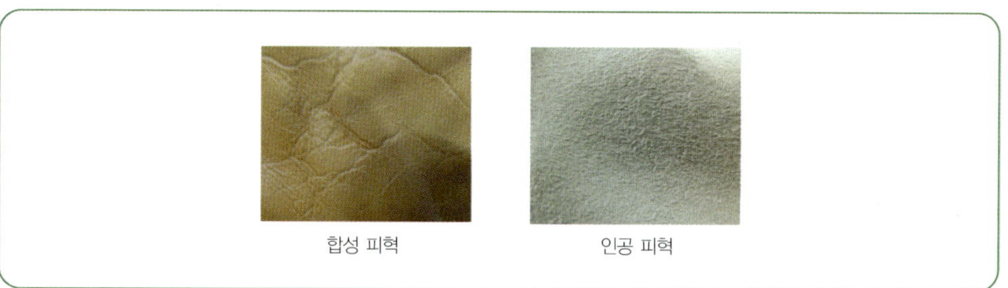

| 합성 피혁 | 인공 피혁 |

2. 모피

모피는 동물의 가죽을 벗길 때 털을 제거하지 않고 그대로 벗겨서 뒤집어 건조한 것이다. 동물의 털과 모피섬유가 붙어있는 가죽 부분으로 동물의 연수, 건강, 죽은 계절에 따라 품질이 달라진다. 모피제품은 색상과 결이 일정하고 광택이 우수하며 봉제선이 바르고 바늘땀이 너무 넓지 않은 것을 선택하여야 한다. 모피 안쪽 피혁의 탄닝 (Tanning, 모피 안쪽 피혁의 부패방지와 부드러움 및 촉감을 부여하는 처리과정) 처리한 후 모피와 피혁의 오일제 거 뒤 필요에 따라 표백하고 염색하는 과정을 거친다. 모피는 보온성, 내구성, 관리성이 우수하며 외관이 아름다워 실용성과 장식성을 함께 만족시킨다. 최근에 모피는 다양한 색상을 준 컬러모피나 장식을 위해 가공 처리함으로 패션성을 부각시켜 방한용이라는 기존의 관념을 탈피하고 여러 아이템으로 활용도를 넓히고 있다. 모피에는 족제 비과의 밍크, 세이블, 고양이과의 레오파드, 여우, 바다표범, 쥐과의 오포삼, 머스크 랫, 토끼 등의 척추동물이 사용되고 있다. 모피는 대부분 고가의 제품이라 관리에 세심한 주의를 요한다. 모피의 지방질에 먼지가 끼기 쉬우므로 착용 후 통풍이 잘 되는 곳에 널어 털어 주어야 하며, 털을 브러시로 빗는 것은 절대 금지하고 물기가 묻으면 흔들어서 털어낸 뒤, 옷걸이에 걸어 통풍이 잘 되는 그늘에서 말린다. 직사광선에 노출시키면 가죽이 산화되어 변색되므로 주의하여야 하며, 보관 시에는 항상 어깨 부분이 넓은 옷걸이를 사용하고 헝겊커버를 씌운 후 털이 눌리지 않도록 충분한 공간을 두어야 한다. 또한 온도와 습기를 조절할 수 있는 곳에 좀이 슬지 않도록 방충제와 함께 보관한다. 특히 습기 제거제는 필요한 양의 수분까지 몽땅 빼앗아 버리므로 주의한다. 장기간 보관 시에는 전문점에 의뢰하는 것이 안전하다.

(1) 모피의 종류

모피의 종류는 100종이 넘으며 특히 밍크, 여우, 토끼털이 주종이다. 가죽(피혁)과 마찬가지로 동물의 종류, 무두질 방법, 용도 등에 따라 분류된다. 같은 동물이라도 야생과 사육에 따라 모피의 성질에 차이가 있다. 모피는 산지, 성별, 품질, 크기별로 분류해서 가격이 결정되므로 제품 구입 시 모피에 대한 지식을 갖는 것이 중요하다.

① 밍크(Mink) : 족제비과에 속하는 소형 동물로 모피로 가장 많이 쓰이고 있다. 다양한 색상(약 40종)의 우아하고 풍부하며 탄력과 뛰어난 촉감의 털이 특징이다. 밍크는 야생 밍크(Wild Mink)와 사육 밍크(Ranch Mink)로 구분되며 최근에는 거의 사육 밍크가 사용되고 있다. 야생 밍크는 완전한 검정색은 찾아볼 수 없고 속 털에 밤색빛이 도는 것이 특징이며, 사육 밍크는 80여 년 전 캐나다에서 시작돼 현재 북유럽과 북미주 등지에서 널리 이루어지고 있으며 잡종 교배를 통해 순백색에서 검정색까지 40여종에 이르는 색이 나오고 있다. 주로 고가의 여성 외투로 사용된다. 야생 밍크가 양식 밍크보다 고가이며 색상이 더 좋다.

② 마틴(담비, Marten) : 족제비과의 모피동물로서 드레시한 취향을 나타내며 4가지 종류가 있다.

  ㉠ 세이블 : 털색은 황갈색에서 흑갈색까지 여러 가지이고 검정에 가까울수록 귀하고 소중하나 진흑색은 없다. 섬세한 솜털, 긴 털은 4~5cm로 매우 고르며 실크의 광택을 가졌다.

  ㉡ 아메리칸 마틴 : 엷은 갈색에서 진한 갈색의 치밀하고 가는 솜털에 긴 보호털이 있으며 세이블과 비슷하게 털끝을 염색한다.

  ㉢ 바움 마틴 : 엷은 갈색에서 진한 갈색까지 다양, 솜털은 가늘고 보호털은 실크의 광택이 있다.

  ㉣ 스톤 마틴 : 색은 청색기미가 있는 회색, 보호털은 색이 진하나 모질은 다른 마틴보다 못하다.

③ 여우(Fox) : 여우는 개과에 속하는 대표적인 모피동물로 털이 길고 우아하지만 코트를 만들 경우 체형이 작은 동양인에게는 부담스러운 소재라고 할 수 있다. 종류에 따라 카라, 카우스, 트리밍 등 의상 소품에 주로 이용되고 색상에 따라 은호, 적호, 청호, 백호 등으로 구분되며, 북반구산의 모피가 상질이다. 주로 캐나다, 소련, 북미, 스칸디나비아, 동유럽, 중국에서 사육하고 있다. 노르웨이산이 최고급품으로써 스톨이나 칼라, 목도리에 사용된다.

④ 토끼(Rabbit) : 가축화된 집토끼를 더욱 개량한 것이 모피용의 토끼다. 친칠라, 앙고라, 렉스 등이 있으며 색상도 다양하다. 털이 끊어지기 쉬운 것이 결점이지만 장모를 뽑거나 깎으면 내구성이 강하고 아름다운 소재가 된다.

⑤ 너구리(Raccoon) : 개과의 동물로 거칠고 자연적인 느낌을 준다. 후드 트리밍용으로 많이 쓰였으나 최근 와일드한 컬러가 유행하며 가격이 폭등하고 있는 추세다. 원산지에 따라 중국, 미국산이 있으며 꼬리에 링 형태의 반점이 있어 화려하고 아름답다.

⑥ 링크스(Lynx) : 북미·캐나다·아프리카·북러시아·북유럽에 서식하는 살쾡이로서 몸길이가 1~1.5m 정도이고 모피는 황갈색 혹은 회색 바탕에 검정이나 갈색 또는 흰 타원형 반점이 있다. 털색은 등 부분이 흰색에 가까운 금색과 적갈색이다. 전체적으로 털이 부드럽고 길며 특히 배 부분의 털 흐름이 희고 긴 것이 특징이다. 희소가치가 높은 고가의 모피로 꼽힌다.

⑦ 아스트라칸(Astrakhan) : 카라쿨은 '검은 호수'라는 의미로서, 아스트라칸은 카라쿨 종류인 양의 태아나 새끼 양의 모피를 가리킨다. 카라쿨종의 어린 양으로 러시아에서는 브하라, 미국에서는 페르시안 양으로 불린다. 털 흐름은 파형의 문양과 꼬불꼬불한 것이 특징이며 빳빳하고 오그라든 곱슬털에는 윤기가 있고 여러 가지 모양이 있다. 털색은 거의 검정이지만 10~15%는 회색이다.

⑧ 램(Lamb) : 생후 1년 이내의 어린 양의 모피, 가장 대중적인 모피로 종류도 풍부하고 가격대도 다양하다. 무

스탕용으로 사용하는 Merino, Entrefino 등을 말한다. 세계 각지에서 사육되고, 털의 김·중간·짧음을 살린 것과 털이 컬한 것, 혹은 러시안 브로드테일·아스트라칸·스와카라와 같이 털이 짧고 독특한 물결무늬를 가진 것 등이 있다. 딱딱한 장모를 뽑고 기털을 깎아서 사용한다. 가공된 모피는 부드러운 감촉과 함께 내구성이 뛰어나다.

⑨ 비버(Beaver) : 다람쥐과의 작은 동물로 장모가 딱딱하고 거친 느낌을 준다. 은재색의 미국산과 황갈색의 유럽산이 있으며 갈색으로 염색해 밍크 대용으로 사용하기도 한다.

⑩ 머스크랫(Muskrat) : 북미나 캐나다 등지의 물가에서 서식하는 사향뒤쥐를 말한다. 작은 집고양이 정도의 크기로 모피는 아주 질기다. 회색의 솜털과 길고 광택이 있는 암갈색의 보호털로 되어 있으며 부드럽다. 국내보다 일본의 모피상점에서 주로 취급하며 털이 부드럽고 밀집되어 있다. 색상은 회색이 강한 흰색이다.

⑪ 친칠라(Chinchilla) : 다람쥐과에 속하는 작은 짐승으로 남미의 안데스산이 가장 값비싼 것으로 유명하다. 원산지는 남미 안데스산맥의 페루, 볼리비아 지역이지만 북미, 유럽 등지에서 널리 사육되고 있다. 작은 토끼 정도의 크기로 국내에서 판매되는 모피 가운데 가장 고가로 취급되고 있다. 토끼와는 전혀 다른 종류로 솜보다 더 부드러운 털이 특징이며, 색상은 전체적으로 흰색과 쥐색의 뚜렷한 대비가 있는 것을 최상으로 친다. 털의 길이는 2~4cm 정도이며 드레시한 취향이 있으며 실크와 같이 섬세하고 부드럽다. 고가이지만 인조 친칠라 제품의 발명으로 폭 넓게 사용되고 있다.

(2) 인조 모피

천연 모피에 비해 가격이 10분의 1 정도로 저렴하면서도 가볍고 고급스러우며 관리가 용이해 인기를 끌고 있다. 밍크, 친칠라 등의 다양한 인조제품이 천연 모피의 외관, 촉감 등을 능가하도록 개발되고 있어 점차 아이템이 확대되고 있는 추세이다.

• 인조 모피 •

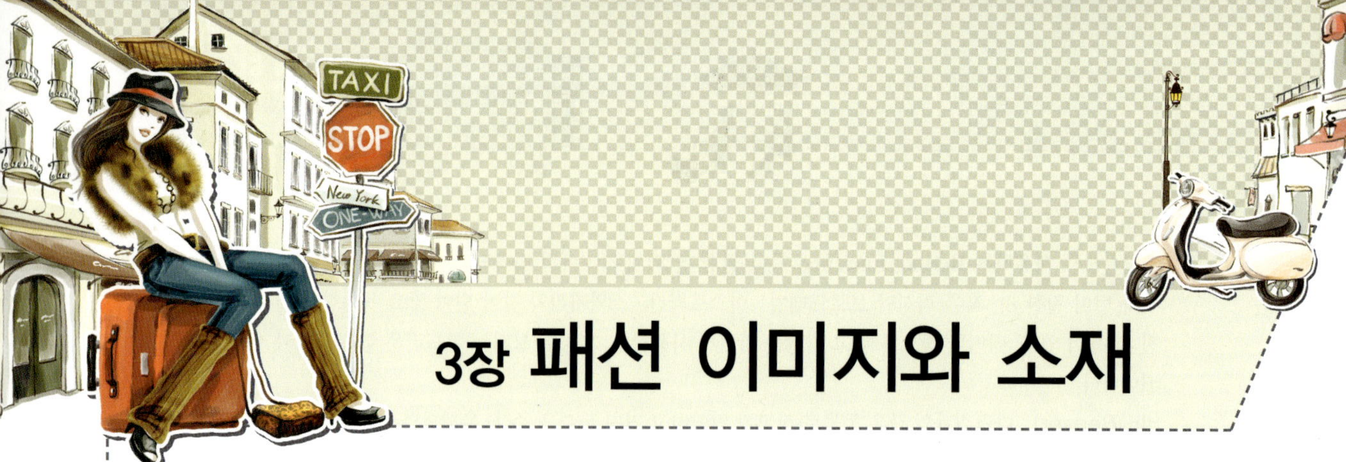

3장 패션 이미지와 소재

1절 패션 이미지에 따른 소재 및 색채 감성

(1) 페미닌(Feminine)

① 여성의 체형미를 살린 품위있고 우아하면서 정숙한 분위기를 가진 이미지

② 소재의 표면이 매끄럽고 부드러우면서 광택이 있는 소재로 여성스러운 무늬의 선택이 중요

③ 색상은 부드럽고 따뜻한 느낌의 연한 파스텔 색조나 따뜻한 느낌의 라이트 톤, 라이트 그레이시 톤의 활용이 효과적

④ 레이스, 오간자, 보일 등 얇고 비치는 소재, 물방울 문양, 꽃문양 등

(2) 로맨틱(Romantic)

① 꿈과 낭만을 쫓는 감성의 부드럽고 우아한 여성스러움과 환상적인 분위기, 소녀 취향의 낭만적인 이미지

② 유행에 좌우되지 않는 심플한 기본소재로 색상은 Very Pale, Light, Bright톤 등 고명도 색조의 연한 핑크, 민트, 라벤더 등과 같은 색을 선택하여 배색하면 로맨틱한 이미지를 표현할 수 있으며, 안정된 따뜻한 색상의 배색이 좋음

③ 영화같이 달콤한 느낌의 컬러풀한 얀(Yarn) 엠브로이더, 플로랄 패턴, 오팔가공의 소재, 시스루 시퀸 소재, 비즈나 리본 장식 활용

④ 브로우드, 앰브, 로더리, 머슬린, 파유, 멜튼, 조젯, 새틴, 벨벳, 아문젠, 평직, 부쳐, 린넨, 홉색, 태피타, 개버딘, 인조 모피 등

(3) 엘레강스(Elegance)

① 세련된, 우아한, 기품 있는 등의 의미의 성인 여성의 섬세하고 고상한 이미지

② 라이트 그레이시계의 분홍색, 보라색 등이 많이 사용되며, 회색을 띤 우아한 색조

③ 비비드 톤, 페일 톤, 브라이트 톤, 덜 톤, 라이트 그레이시 톤, 그레이시 톤의 6개 톤에서 3개 이상의 톤으로부터 색을 선택하여 배색하면 엘레강스한 이미지가 연출

④ 따뜻한 소모감촉, 기모 가공된 가벼운 울소재, 멜란지 트위드 계열의 소재

⑤ 하운즈투스 체크, 클래식한 패턴문양과 브로우드, 론, 오간자, 모피, 인조 가죽, 파유, 머슬린, 플란넬, 트위드, 저지, 태피터, 벨벳, 조젯 등 얇고 비치는 소재, 새틴, 라메 등

(4) 프리미티브(Primitive)

① 의복의 기본구조를 무시하면서 만든 것으로 지나친 조작과 의도가 엿보이지 않는 자연스러움을 가진 이미지
② 기계적인 매끄러움이 없으면서 수공예적인 느낌이 살아 있는 소재, 색상은 넓은 의미의 에콜로지 색상을 의미

(5) 에스닉(Ethnic)

① 각 나라에 전해오는 민속적인 문양이나 의복으로 자연스러우면서 소박함을 표현한 이미지
② 주로 적색 계열과 난색 계열이 많이 사용되며 나무, 모래, 바다 등 자연의 색, 인디고 블루 등 천연염색과 덜 톤, 딥 톤의 색조가 지배적
③ 특정지역의 민속풍에서 영감을 얻어 발전시킨 색상과 문양을 모티브로 한 소재와 천연소재(면, 마 거친 양모섬유), 아카트(Ikat), 사라사(Saraca) 등 민속적인 전통소재각국의 전통적 문양, 나뭇잎, 조개 등 자연 조형 문양

(6) 컨트리(Country)

① 자연, 교외, 전원이라는 뜻으로 자연스럽고 부드러우며 친근하면서 활동적이고 편안한 이미지
② 굵은 마직물과 코듀로이 직물, 영국풍의 타탄체크, 가죽 등의 소재
③ 색상은 따뜻한 느낌과 갈색 중심의 내추럴한 분위기 색상이 효과적

(7) 클래식(Classic)

① 고전적 또는 보수적 의미로 정통성을 바탕으로 침착성, 안정감, 품위 등의 이미지
② 유행에 좌우되지 않는 심플한 기본소재로 색상은 오랜 세월 동안 많은 사람에 의해 그 가치가 인정된 따뜻한 색상의 배색이 좋음
③ 개버딘, 캐시미어, 하운즈투스 체크, 타탄체크(Tartan), 펜슬 스트라이프(Pencil Stripe) 등
④ 버건디, 카멜, 네이비, 브라운, 그레이 등 깊이감 있는 어두운 색조가 어울리며, 여기에 골드를 사용하면 기품과 우아함을 줄 수 있음

(8) 모던(Modern)

① 현대적, 근대적이라는 의미로 합리적 의상, 현대적인 도시의 세련되고 기능적이며 차가운 느낌의 이미지
② 단순함에서 최소한으로 억제된 생략의 표현법을 사용하여 매끈한 재단을 중시하는 절제의 미를 추구
③ 기발한 디자인을 지적으로 승화시켜 예리하고 직선적 표현이 특징
④ 소재의 무늬가 있는 것보다는 단색 중심으로 전개하는 것이 좋음
⑤ 실험적인 하이테크감각의 새로운 소재군, 기하학 문양의 패턴
⑥ 후 가공된 소재군, 브로우드, 비닐론, 서어지, 개버딘, 폴리우레탄, 아문젠, 피케, 그로스그레인, 플라스틱류 등
⑦ 색상은 화이트, 블랙 등의 무채색과 블루계의 다크 톤 또는 블루를 중심으로 뉴트럴 톤, 청록, 파랑, 청자 등의 한색 계열, 은색과 금색 등의 색상

(9) 매니시(Mannish)

① 남성취향의 팬츠 수트에 소프트한 셔츠, 블라우스, 액세서리를 조합해서 여성적인 매력을 끌어낸 스타일

② 매니시한 소재의 무늬는 가는 줄무늬가 제일 잘 어울리며 고밀도의 기하학적인 헤링본 무늬도 효과적

③ 단순하며 간결한 소재부터 약간 거친 소재까지 멋스러움이 있는 소재

④ 체크와 스트라이프 패턴 중심의 화려하지 않은 기하학적 문양

⑤ 브로우드, 옥스퍼드, 플란넬, 색소니, 멜튼, 서어지, 개버딘, 트위드, 서어지 등

⑥ 색상은 검정색을 기본으로 다크 톤, 회색, 브라운, 네이비, 베이지, 카키 등

(10) 시크(Chic)

① 심플하면서 여성스러운 인상과 고급스러운 도시 감각적인 세련된 이미지

② 단순, 간결한 고품질의 소재, 평평하고 반들반들한 소재, 유연하며 얇은 소재군

③ 스트라이프문양 중심의 모던한 감성의 차분한 기하학 패턴

④ 브로우드, 파유, 머슬린, 론, 서어지, 새틴, 트위드, 아문젠, 부쳐, 피케, 개버딘, 트위드, 조젯 등

⑤ 단순하면서 부드러운 촉감의 소재로 회색, 검정색 등의 무채색 계열과 차분하면서 절제된 느낌의 색상이 좋음

(11) 팝(Pop)

① 내면의 아름다움보다는 면의 화려함을 중시하는, 유행에 민감한 현대적 이미지

② 적당한 저질스러움이 최상의 멋으로 나타날 수 있는 대담한 문양과 색상을 겸비한 소재가 효과적

(12) 고저스(Gorgeous)

① 원숙하면서도 화려한 여성미를 주는 이미지

② 실크, 벨벳, 모피 등의 고가의 전통적이고 고전적인 소재가 효과적

③ 색상은 빨간색 등과 같이 화려하면서 차분한 것이 좋음

(13) 아방가르드(Avant-Garde)

① 기성의 개념을 부정하고 전통을 배제하거나 해체를 위해서 새로운 것에 대한 혁신적인 유행을 창조하는 전위적 이미지

② 디자인상 의복구조의 획일화를 거부하는 것으로 소재로는 패치워크나 기하학적인 문양이 적합

③ 가죽, 합성 피혁, 금속제, 비닐소재, 그물소재 등

④ 뉴트럴 톤, 금색과 은색, 네온사인과 같은 인공적인 색상

(14) 액티브(Active)

① 밝고 건강한 이미지를 추구하는 감성

② 가볍고 편안한 기능성 소재, 중간정도의 평평한, 따뜻한 소재, 초극세사로 짜여진 치밀하고 견고한 소재군, 기하학 문양부터 추상 문양까지 다양함

③ 브로우드, 플란넬, 면, 개버딘, 데님 멜튼, 트위드, 니트, 피케, 신소재 등

2절 소재 감성 및 분류

1. 소재 감성 8축

소비자가 느끼는 실질적인 태는 시각, 촉각, 청각, 후감 외에도 심리적인 면을 포함한 종합적인 감각을 나타내고 있기 때문에 이를 극복하기 위해서 더 많은 노력이 계속되어야 한다.

보편적으로 사용하는 태의 표현 용어에는 부드러운, 매끈한, 나긋나긋한 등의 주관적인 내용을 나타내는 용어와 KES 시스템에서 객관적으로 정리된 용어 등 종류가 다양하다. 이와 같이 태와 관련한 수많은 용어들은 소재 머천다이저나 패션 디자이너 등의 전문가들이 주로 사용하는 대표적인 감성용어를 총체적으로 종합 정리하여 소재 감성별, 패션 상품 감성별, 소재 형상별로 분류하여 표현하는 경우가 많다.

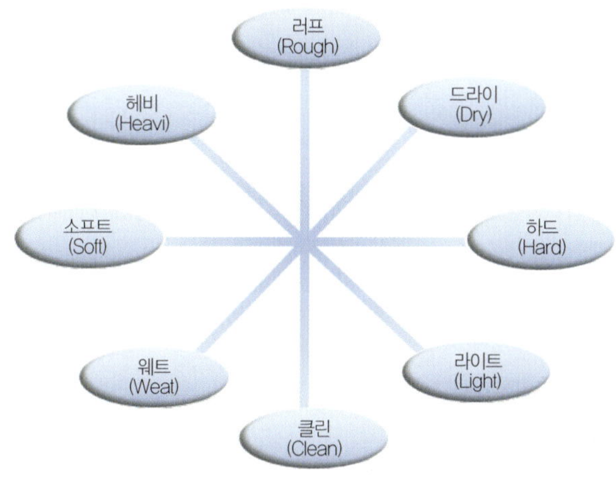

• 소재 감성 8축[9] •

① 러프(Rough) : 까슬까슬한, 거친, 울퉁불퉁한 등의 표면변화

② 클린(Clean) : 매끈매끈한, 섬세한, 평평한 등의 표면변화

③ 라이트(Light) : 얇은 편인, 꽤 얇은, 비치는 등의 표면변화

④ 헤비(Heavy) : 두꺼운 편인, 두껍다 등의 표면변화

⑤ 하드(Hard) : 단단하다, 뻣뻣하다, 딱딱하다 등의 표면변화

⑥ 소프트(Soft) : 실키터치, 보들보들한, 고운, 드레이프성이 있는 등의 표면변화

⑦ 드라이(Dry) : 습기가 없고 건조한, 마른, 사각사각한 등의 표면변화

⑧ 웨트(Wet) : 광택감이 있는 듯한, 광택이 있는, 촉촉한, 매끈한 등의 표면변화

---

9) 「패션소재기획」 김정규 · 박정희 저, 교문사(2008)

2. 소재 감성별 분류

소재 감성별 분류는 소재 표면 변화를 러프－클린(Rough－Clean), 헤비－라이트(Heavy－Light), 소프트－하드 (Soft－Hard), 웨트－드라이(Wet－Dry)의 8개 축으로 분류하며, 패션 상품 감성별 분류는 소재로 표현되는 상품 의 이미지를 분류하여 트렌디－베이직(Trendy－Basic), 페미닌－스포티(Feminine－Sporty)로 구분한다.

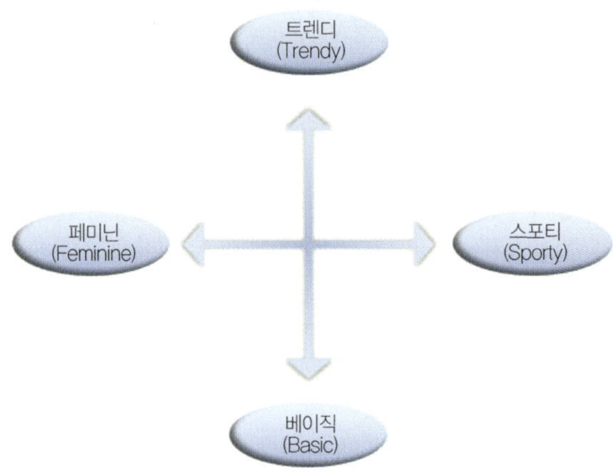

• 패션 상품 감성 축[10] •

① 트렌디(Trendy) : 시대적, 적극적인 감각

② 페미닌(Feminine) : 로맨틱한, 여성스러운 감각

③ 스포티(Sporty) : 활동적인, 실용적인 감각

④ 베이직(Basic) : 평범한, 전통적인 감각

PLUS⁺

▶ 소재 형상별 분류

소재의 표면 현상이 주는 섬유 종류별 분류로 실크조, 면조, 소모조, 마조, 레이온조, 화섬조로 구분하는 것을 의미한다.

종류	특징
실크조 (Silk-like)	부드러우면서 우아한 광택 타입
면조 (Cotton-like)	텁텁하면서 자연스러운 타입
소모조 (Worsted-like)	보송보송하고 따뜻하면서 부풀어진 타입
마조 (Linen-like)	거칠면서 불규칙한 타입
레이온조 (Rayon-like)	드레이프성이 좋으면서 품위 있는 광택 타입
화섬조 (Synthetics-like)	인위적인 광택과 차가운 느낌의 타입

---

10) 「패션소재기획」 김정규 · 박정희 저, 교문사(2008)

3절 패션 소재의 질감

질감은 보통 손으로 만지는 감각을 말하지만 패션 소재의 질감 중 촉각적인 질감은 시각적 전이를 통해 더욱더 효과적으로 지각된다. 미분화된 촉감을 다양한 이미지로 감각 전이하는 시각적 전이는 더욱 효과적으로 질감을 시각화하게 되는데 시각적 질감은 소재의 빛, 반사력, 광택과 표면 요철의 정도, 밀도 등에 의해 달라진다. 때문에 촉각에 비해 시각은 더욱 풍부한 이미지를 전달할 수 있다.

이에 패션 디자인 요소 중 색채와 소재의 특성을 고려한 패션 소재 이미지의 파악은 이미지와 디자인 요소의 상호작용과 이미지 구성을 파악할 수 있는 방법이며 아울러 패션 이미지 디자인 요소간의 결합에 의한 이미지 구성에 관한 자료로서 패션 제품 디자인 기획 시 참고할 수 있는 기초 자료가 된다.

1. 광택

(1) 광택의 특징

번들거리는 소재는 빛이 반사되는 표면 때문에 형태감이 더 두드러지며 커보이게 한다. 하지만 소재의 광택도가 클수록 반사되는 빛으로 인한 주름이나 요철감으로 감추려 했던 신체부위의 볼륨이 더 강조되는 부작용도 크다. 단색의 단조로운 정장에 광택 있는 소재의 이너웨어나 스카프 등의 액세서리를 활용하면 훌륭한 시각적 액센트로 착용자를 더 돋보이게 하는 효과를 줄 수 있다.

(2) 광택의 종류

① 부드러운 광택 : 직물 표면에 흐르는 듯 은은한 광택을 지녀 우아하며 섬세한 느낌을 주며 주로 여성복에 사용된다. 주로 견 섬유의 광택을 살린 라메(Rame), 브로케이드(Brocade), 새틴(Satin) 등의 소재가 속한다.

② 화려한 광택 : 수자직이나 금, 은사를 넣어서 짠 소재로 실크, 벨벳, 모케트(Moquette, 털이 긴 우단 종류) 같은 광택 있는 질감의 소재로 가능한 복잡하고 여러 무늬가 혼합된 패턴을 사용한다.

③ 금속적인 광택 : 직물 표면에 차가운 느낌의 강한 빛 반사가 나타나며 미래지향적 우주복이나 전위패션에서 많이 사용된다. 금, 은, 동사를 사용한 메탈릭 패브릭(Metallic Fabric), 메탈릭 레이스(Metallic Lace), 에나멜(Enamel), 래커 클로스(Lacquer Cloth), 비닐코팅 소재 등이 대표 직물이다.

· 광택 ·

2. 촉감

(1) 거친(Rough)

부피감이 있으며 표면이 거칠고 요철감이 있어 섬유의 특성에 따라 느낌이 다르게 나타난다. 홈스펀(Homespun), 트위드(Tweed) 등의 모직물은 따뜻한 느낌을 주며 면섬유의 바스켓 조직이나 인디언 헤드(Indian Head)는 시원한 느낌을 준다. 러프(Rough)한 느낌은 모직물의 거친 표면과 마섬유의 까슬까슬한 표면에서 느낄 수 있는 거친, 가공되지 않은 스포티한 느낌을 준다.

(2) 부드러운(Silky, Limp)

소프트(Soft)한 여성복에서 많이 볼 수 있으며, 가볍고 따뜻한 소재에서 느낄 수 있는 유연한 느낌이다. 페미닌풍으로 멜턴(Melton), 플란넬(Flannel), 카멜헤어(Camelhair), 앙고라(Angora) 등의 모섬유에서 효과를 얻을 수 있다. 실크와 같이 부드럽고 매끄러운 감촉으로 우아한 느낌이나 냉한감이 살짝 돈다.

늘어지고 부드러우며 나긋나긋하고 연약한 느낌(Wool Georgette)의 울 저지(Wool Jersey), 코튼 크레이프(Cotton Crepe), 실크조젯(Silk Georgette), 크레이프 드 신(Crepe De Chine) 등의 소재가 있다.

(3) 빳빳한(Stiff)

빳빳한 소재는 덜 유연하고 특유의 각이 지는 형태감을 만들어내는 성격으로 몸매의 자연스러운 연출에 적합하지 못하다. 각으로 생긴 큰 볼륨감은 보기에 따라 입은 사람의 체형을 더 크게 보이게 하는 경우도 생긴다. 하지만 작은 체형을 커버하거나 웨딩드레스처럼 볼륨감이 필요할 경우엔 더없이 훌륭한 소재이다. 영화 〈바람과 함께 사라지다〉에서 스칼렛 오하라의 '커튼 드레스'나 1950년대 유행했던 '푸들 드레스'에서 우리는 빳빳한 소재가 주는 긍정적인 효과를 느낄 수 있다. 딱딱하고 빳빳한 느낌은 의상의 형태를 유지하는데 도움이 된다. 수직 실크(Hand Silk)나 드레스 린넨(Dress Linen) 등이 있다.

(4) 바스락거리는(Crispy)

발랄, 상쾌한 느낌으로 신선하고 풀기 있는 천의 감촉이다. 식물성 천연 섬유로는 면 섬유의 론(Lawn), 포플린(Poplin), 케리코(Calico), 헤어 코드(Hair Code), 마 섬유로 드레스 린넨(Dress Linen), 행커치브 린넨(Handkerchief Linen)이 있다. 동물성 천연 섬유로는 견 섬유의 타프타(Taffeta), 모아레(Moire), 모 섬유의 울 포플린(Wool Poplin), 오토만(Ottoman), 트로피컬(Tropical), 샤크스킨(Sharkskin)이 여기에 속한다. 그 밖에 화학 섬유로는 아세테이트 버팔로, 아세테이트 타프타(Acetate Taffeta), 아세테이트 비라자이, 아세테이트 코드파인이 있다.

| 거친 | 부드러운 | 빳빳한 | 바스락거리는 |

• 촉감 •

3. 기타

(1) 무게감

시각적으로 느껴지는 중량감을 말한다. 기본적으로 섬유의 종류나 실의 두께에 따라 결정되지만 같은 실이라도 제직의 방법에 따라 중량감의 차이가 크다. 보통 초경량(비치는), 경량(가벼운), 중량(무거운)으로 분류하며 시즌별, 아이템별 소재 선택에 영향을 끼친다. 의류용 직물은 몸에 달라붙지 말고 자연스럽게 늘어뜨려질 정도의 기본적인 무게를 가지고 있어야 하는데 만약 너무 얇아서 움직일 때마다 몸에 밀착되어 휘감긴다면 흉하게 보인다. 또한 솔기가 비치고 포켓이 돌출되는 등 봉재 시 마감의 완성도가 떨어져서 전체적으로 의상의 퀄리티가 떨어진다.

시스루(See-Through)는 옷감을 통해 피부를 비쳐 보이게 하는 것으로 체형이 그대로 드러나 착용 시 신경을 써야 하지만 노출의 미를 유도할 수 있다. 비치는 소재라도 섬유의 종류에 따라 느낌이 다르게 나타나는데 면 오간디(Cotton Oragandie), 면 보일(Cotton Voile), 면 레이스(Cotton Lace)는 시원한 느낌을 주며 차이나 실크(China Silk), 실크 오간디(Silk Organdie), 실크 시폰(Silk Chiffon), 실크 레이스(Silk Lace)는 하늘하늘한 느낌으로 여성스럽고 드레시한 느낌을 준다.

(2) 볼륨감

시각적으로 느껴지는 볼륨감이다. 풍성함이 느껴질 정도의 볼륨감에서부터 빳빳함이 느껴지는 얇고 뻗치는 볼륨까지 다양하다. 직물 표면에 나타나는 볼륨감은 보는 사람의 시각에 따라 심리적 영향을 유도하므로 소재 선택 시 유의해야 한다. 두터운 니트류를 비롯하여 코듀로이 바지, 벨벳 등의 기모성 소재와 같이 푹신한 소재는 착용 시 함기율이 있어 우리에게 따뜻함을 선사하지만 부피감이 먼저 느껴지므로 자칫 뚱뚱하게 보일 수 있는 위험이 있다.

풍성한 느낌의 벌키(Bulky)는 부풀린 듯이 푹신푹신한 이미지로 주로 기모 섬유에서 효과를 얻을 수 있는데 기모의 볼륨에 따라 풍성한 느낌이나 따뜻한 느낌을 받는다. 모헤어(Mohair), 캐시미어(Cashmere), 아스트라칸(Astrakhan), 알파카(Alpaca), 벨벳(Velvet) 등이 여기에 속한다.

무게감

볼륨감

4장 소재의 품질관리

1절 품질보증

1. 품질보증의 개념

의류산업이 노동집약적 산업에 머물지 않고 지식집약형 산업으로 발전하기 위해서는 작업자의 경험에 의존하는 어림짐작이나 손대중에서 탈피, 원·부자재의 성질을 과학적인 방법으로 측정하고 측정된 데이터를 분석하여 최적화시키는 과학적인 품질관리가 필요하다. 품질은 특정의 사용목적에 따른 제품의 적합도를 의미한다. 의류제품의 품질관리는 원·부자재와 중간제품, 그리고 최종 완제품에 적용되는 일련의 검사를 통해서 이루어진다. 따라서 제품의 품질향상을 위해서는 적절한 품질검사 시스템의 활용이 요구된다.

(1) 품질보증의 사회적 의의

① **사회통념의 품질기준** : 평균적인 소비자 또는 일반적인 소비자가 갖는 기대 수준

② **최저기준보다 높은 수준으로 기준설정 필요** : 사내규격이나 품질마크제도(평균적인 소비자의 기대 수준 이상의 높은 10% 전후선, 소비자 불만족에 의한 분쟁 쇄신)

(2) 품질보증제도

품질보증제도는 상품의 품질, 안정성 확보 및 소비자 보호정책의 일환으로 품질보증의 활성화를 위한 제도적 장치를 말한다.

① 규격기준 설정의 기본적 단계

② 시험검사 등을 통한 적합성 평가

③ 승인(품질보증마크 부여)

④ 사후관리

(3) 품질보증마크

① **개념** : 국가나 단체가 규정한 품질기준에 합격한 상품에 대하여 국가나 단체가 이를 표시한 마크를 말한다.

② **Q마크** : 품질을 나타내는 Quality의 머리문자로 섬유, 전기 등의 분야에서 활용된다.

▶ 제품 분야별 Q 마크 부여기관

- 섬유, 직물 : FITI 시험연구원
- 의류, 봉제품 : 한국의류시험연구원
- 전기, 전자 : 한국전기전자시험검사소
- 화학제품 : 한국화학검사소
- 생활용품 : 한국생활용품시험검사소

2절 품질검사

품질검사는 제품의 설계 내역을 정확히 파악하고 점검함으로써 기획한 제품이 차질 없이 생산될 수 있도록 하는 설계내역 확인기능과 각 단계별로 발생할 가능성이 있는 결점을 수정 보완하게 함으로써 최종 제품의 품질이 일정 수준에 이르도록 하는 기능을 갖는다. 이와 같이 검사란 생산된 제품이 다른 공정 또는 소비자에게 제공되어도 좋은가 어떤가를 결정하는 활동으로, 품질보증 활동의 일부분으로 검사를 실시하고 있지만 검사만 철저히 한다고 해서 품질관리를 잘한다고는 할 수 없다. 즉, 검사를 했다고 품질이 좋아지는 것은 아니다. 이는 검사가 품질을 만드는 것이 아니며, 제품의 품질은 제조공정에서 그 제품을 만드는 시점에서 이미 결정되는 것이기 때문이다.

1. 품질검사방법

(1) 원 · 부자재 검사(Raw Material Inspection)

원 · 부자재의 입고 시 주문한 제품과 같은 것인지에 대한 확인, 수량, 사이즈, 결점 등을 검사한다.

(2) 공정 중 품질검사(In-Line Inspection)

품질의 문제점을 가능한 낮은 단계에서 제거하여 완제품의 불량률을 낮추고 품질관리 비용을 줄이는 것이 목적이다.

(3) 최종 완제품의 품질검사(Final Inspection)

소비자 관점에서 제품검사, 제품의 사이즈, 형태, 착용감, 부자재의 성능, 오염 여부, 솔기의 상태 등 제품이 판매될 때의 상품가치를 좌우할 수 있는 제품불량을 제조완성단계에서 하는 검사이다.

① **이화학 검사** : 섬유의 혼용률, 섬도 또는 번수, 강도, 세탁견뢰도, 염색견뢰도, 마찰견뢰도, 수축률, 포름알데히드 함유량, 방염성, 형태안정성 등에 대해 검사

② **치수검사** : 가슴둘레, 총길이, 소매길이, 어깨너비, 밑단둘레, 소매둘레, 손목둘레, 목둘레, 칼라길이, 허리둘레, 밑위길이, 바지길이, 엉덩이둘레 등의 치수를 검사

③ **외관검사** : 원단의 무늬나 결 맞춤, 시접, 접단, 접착심지, 봉사, 감침, 주름상태, 봉제상태, 부분품, 단추, 단추구 멍 등을 검사

④ **기능검사** : 원자재에 적절한 기능성, 심지, 봉사, 스냅, 단추 등과 같은 부자재의 작동여부 등을 검사

⑤ **라벨검사** : 품질표시 라벨의 적합성, 위치 및 부착방법의 적합성을 검사

2. 품질검사 기관

(1) 한국산업규격(KS)

한국의 광공업에 관한 국가규격으로 생산자, 판매자, 소비자 등의 심의에 의하여 제정된다. 표준화의 규격으로는 제품의 형태, 치수, 품질 등에 관한 제품규격과 시험, 분석방법에 관한 규격, 용어, 기호, 단위 등의 표기에 관한 규격으로 나뉘어 있다.

(2) JIS(Japanese Industrial Standard)

일본 공업규격화가 제정한 산업규격으로 규격에 따라 생산된 제품의 품질을 판정하여 적합한 경우에는 JIS 품질마크를 부여하고 있다.

(3) ASTM(American Society for Testing and Materials)

섬유제품을 포함한 모든 공산품의 자체적 기준을 보유하고 있는 세계적으로 가장 큰 기관으로 생산자, 사용자, 그리고 여러 관련분야의 연구원들로 구성되어 있다.

(4) AATCC(American Association of Textile Chemists and Colorist)

염색시험 연구기관으로서 많은 화학적인 실험방법들을 제시해주고 있으며 섬유제품의 실험에 관한 기술정보지인 TCC(Texile Chemistry and Colorists), Color Index 등을 출간하고 있다.

(5) ISO(International Organization for Standardization)

비정부기관으로서 각국의 전문인들로 구성된 여러 기술위원회로 이루어져 있다. 그중 TC38은 섬유제품 기술위원회로 섬유분야의 국제표준규격을 설정하는 역할을 하며 신뢰성을 줄 수 있는 시험 방법을 제시하기도 한다.

PLUS⁺

▶ **단계별 품질검사 내역**

- **자재발주** : 섬유, 밀도, 폭, 실 번수, 중량 가공
- **자재입고** : 직단, 오염, 이색, 규격, 수축률, 원단물성, 염색견뢰도, 세탁시험, 인장강도, 혼용률
- **생산** : 이색검단, 체크간격, 원단 결점, 기술요원 공정, 사양 및 설계내역 점검
- **완성** : 제품종합사양 내역 및 종합점검을 전수검사
- **물류입고** : 봉제, 품질표시, Tag 등 샘플링 검사
- **매장입고** : 다림질, 프레싱 상태, 오염, 실밥, 단추 등

3절 품질표시

1. 품질표시제도

(1) 품질표시제도의 의의

품질표시제도는 일반 소비자가 품질을 식별하기 곤란한 상품에 대해 품질관련 사항, 사용상 주의사항 등을 제조가 공업자나 수입업자에게 표시하도록 한 제도이다. 제조, 가공업자 및 수입업자는 소비자에게 상품정보를 제공함과 동시에 상품에 표시한 내용에 따라 책임을 지겠다는 의사표시를 하여야 하며, 제조, 가공, 수입업자의 책임성 강조와 소비자 보호에 기여하는 것을 목적으로 한다.

(2) 품질표시법

공산품의 품질향상과 소비자 보호를 목적으로 공산품에 대한 품질표시 제도를 규정하고 있다. 1967년 3월에 '공산품 품질관리법'이 제정되었고, 이 법이 공포된 후 6개월이 경과한 날로부터 실시되고 있다. 품질표시 기준과 방법은 규정된 법률에 의거하여 제품분야별로 고시하도록 되어 있다. 품질표시의 기준으로는 제품별로 성분표시, 성능표시, 규격표시, 용도표시, 취급표시 등이 있다. 또한 품질표시 중 공공을 해할 우려가 있거나, 소비자의 이익을 보호하기 위하여 필요한 것은 검사기관의 품질검사를 받는다.

2. 품질표시의 실제

(1) 섬유제품의 품질표시사항

① 실(섬유혼용률, 번수 또는 데니어, 길이 또는 중량)

② 원단(섬유혼용률, 취급상 주의, 길이 또는 중량, 폭)

③ 기성 신사복, 기성 숙녀복, 재킷, 잠바, 와이셔츠, 스커트, 드레스, 스웨터, 드레스 셔츠, 폴로 셔츠, 블라우스, 코트류, 중·고학생복, 아동복, 내의, 잠옷, 양말류, 작업복, 양탄자류, 수영복, 운동복(섬유혼용률, 취급상 주의, 치수)

④ 이불솜(섬유혼용률, 중량)

⑤ 다운의류, 이불, 요, 침낭(섬유혼용률, 취급상 주의, 길이 또는 중량)

⑥ 머플러, 스카프, 넥타이, 타올, 한복, 유아복, 타이즈, 장갑, 파운데이션류, 란제리류, 기타 의류제품(섬유혼용률, 취급상 주의)

(2) 섬유제품의 품질표시 방법

① 치수(호칭) 표시

㉠ 소비자가 상품의 내용을 충분히 이해하여 선택하고, 의류업계의 생산 활동을 원활하게 하여 국제규격(ISO, 국제표준화기구)에 부합되도록 의류제품에는 성분·성능·규격·용도·취급에 관한 사항, 사용상의 주의사항을 표시기준에 따라 표시하도록 되어 있다.

      ⓛ 의복의 경우 성분섬유, 사이즈, 취급표시기호, 제조회사 및 전화번호를 표기한다.

② **규격(사이즈표시)**

      ㉠ 현재 한국 산업 규격(KS)에는 의복에 적용되는 치수 체계를 크게 남성복 · 여성복 · 유아복의 세 가지로 나누어 적용하고 있다.

      ㉡ 남성복과 여성복은 가슴둘레, 엉덩이둘레, 허리둘레, 신장의 네 부위 치수를 기본 치수로 하며, 유아복은 신장만을 기본 신체치수로 한다.

      ㉢ 기타 셔츠류, 다운의류, 양말류, 드레스 셔츠, 브래지어, 모자의 규격 표시가 규정된다.

③ **사후관리**

      ㉠ 유통과정에서 정부기관이 품질표시 상품의 품질표시 사항을 확인, 단속하는 것

      ㉡ 대상

         • 미표시 : 표시상품임에도 불구하고 품질표시를 하지 않은 상품

         • 부적정 표시 : 제조자가 품질표시를 하였으나 표시사항이 표시기준과 방법에 맞지 않은 경우

         • 허위 표시 : 표시내용이 실제 표시한 품질의 내용과 일치하지 않는 경우

④ **성분표시**

      ㉠ 섬유의 조성표시는 겉감 · 안감 또는 충전재 등 각종 의류 제품에 사용된 모든 소재의 원료섬유와 혼용률을 표기해야 하고, 소재에 처리된 가공에 대한 정보도 정확하게 표기해 주어야 한다.

      ㉡ 의류제품의 혼용률 표시는 조성섬유 개개의 중량과 조성섬유 전체의 중량과의 비율을 백분율로 표시한다.

PLUS⁺

▶ **성분 표시의 예**

모 100%	모 50% 나일론 50%	나일론 60% 모 25% 레이온 15%
겉감 : 모 100% 안감 : 폴리에스테르 100%	경사 : 견 100% 위사 : 레이온 100%	나일론 40% 아세테이트 30% 기타 30%

---

⑤ **취급상의 주의표시(KS 취급표시기호 및 표시방법)**

      ㉠ 상품이 안전하게 판매되고 소비자가 믿고 사용할 수 있도록 취급에 필요한 정보를 제공하고자 한 것이다(우리나라는 KSK 0021에 규정).

      ㉡ 섬유제품 취급상의 주의 표시기호는 물세탁 방법, 염소 또는 산소표백 여부, 다리미질 방법, 드라이클리닝 여부, 짜는 방법, 건조 방법 등의 6종류로 구분되고, 이 중 각 의류 소재의 필요한 3종류 이상을 표시해야 한다.

• 물세탁 방법(부호 : 세탁물통)

기호	설명	기호	설명
95℃	물 95℃를 표준으로 세탁할 수 있음 삶을 수 있음 세탁기, 손세탁 사용 가능 세제 종류 제한 없음	60℃	물 60℃를 표준으로 세탁할 수 있음 세탁기, 손세탁 사용 가능 세제 종류 제한 없음
40℃	물 40℃를 표준으로 세탁할 수 있음 세탁기, 손세탁 사용 가능 세제 종류 제한 없음	약40℃	물 40℃를 표준으로 세탁할 수 있음 세탁기 약하게 사용 가능 약하게 손세탁 가능 세제 종류 제한 없음
약30℃ 중성	물 30℃를 표준으로 세탁할 수 있음 세탁기 약하게 사용 가능 약하게 손세탁 가능 중성세제 사용	손세탁 약30℃ 중성	물 30℃를 표준으로 세탁할 수 있음 세탁기 사용 불가 약하게 손세탁 가능 중성세제 사용
(물세탁 불가 기호)	물세탁 불가		

• 산소 또는 염소 표백의 여부(부호 : 삼각형)

기호	설명	기호	설명
염소 표백	염소계 표백제로 표백 가능	산소 표백	산소계 표백제 불가
염소 표백	염소계 표백제로 표백 불가	염소 산소 표백	염소, 산소계 표백제로 표백 가능
산소 표백	산소계 표백제로 표백 가능	염소 산소 표백	염소, 산소계 표백제로 표백 불가

• 드라이클리닝(부호 : 원)

기호	설명	기호	설명
드라이	드라이클리닝 가능 용제의 종류는 퍼클로로에틸렌 또는 석유계를 사용	드라이 석유계	드라이클리닝 사용 가능 용제의 종류는 석유계에 한함
드라이	드라이클리닝 불가		

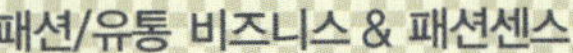

• 다림질 방법(부호 : 다리미)

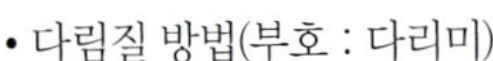

180~210℃	다리미의 온도 180~210℃로 다림질	180~210℃	헝겊을 덮고 온도 180~210℃로 다림질
140~160℃	온도 140~160℃로 다림질	140~160℃	헝겊을 덮고 온도 140~160℃로 다림질
60~120℃	다리미의 온도 80~120℃로 다림질	60~120℃	헝겊을 덮고 온도 80~120℃로 다림질
	다림질을 할 수 없음		

• 건조 및 탈수 방법

약하게	손으로 짜는 경우에는 약하게 짜고, 원심 탈수기인 경우는 단시간에 짬		짜면 안 됨
옷걸이	햇빛에 옷걸이에 걸어서 건조시킬 것	옷걸이	옷걸이에 걸어서 그늘에서 건조시킬 것
뉘어서	햇빛에 뉘어서 건조시킬 것	뉘어서	그늘에 뉘어서 건조시킬 것
	세탁 후 건조할 시 기계건조 가능		세탁 후 건조할 시 기계건조 불가능

(3) 섬유관련 품질마크

① 면 섬유 : 100% 우수한 순면제품의 품질을 보증하는 대한방직협회의 코튼마크(Cotton Mark), 미국면화협회의 100% 순면제품에 부여하는 품질보증마크(보조섬유 허용률 7%), 50% 이상 미국산 원면이 함유된 국내외원단 사용제품마크가 있다.

② 아마 섬유 : 서부유럽의 아마 생산업체가 제정하여 전 세계에 등록한 품질마크로 아마의 함량이 50% 이상인 제품에 사용하도록 지정하였다.

③ 견섬유 : 국제견업협회(ISA)가 견제품의 품질기준 향상과 유사 견 제품을 구별하여 소비자를 보호할 목적으로 제정한 고급 순견제품의 품질표시 마크(Silk Mark)이다.

④ 모 섬유 : 울마크는 100% 살아있는 건강한 동물의 털을 보증하는 표시로 염색성 및 강도가 높고, 착용 중 표면에 마찰에 의한 필링이 일어나지 않을 뿐 아니라 부자재나 봉제 역시 품질이 우수함을 나타내는 일종의 품질보증 표시이다.

  ㉠ 100% 울마크
- 국제양모사무국(IWS)의 양모제품 품질보증 마크(1964)
- 재생되지 않은 신모(New Wool) 99.7% 이상

  ㉡ 울마크블렌드
- 국제양모사무국(IWS)의 울혼방 제품에 대한 품질보증마크(1971)
- 재생되지 않은 신모(New Wool) 50% 이상

  ㉢ 울블렌드
- 울혼방 제품의 범위확대(1999)
- 재생되지 않은 신모(New Wool) 30% 이상 50% 미만

⑤ 골드다운마크(Gold Down Mark) : 섬유제품의 충전재인 오리털 및 거위털을 대상으로 우수 제품임을 보증하는 마크

• 품질표시마크 •

(4) 조성섬유의 혼용률 표시방법

① **혼용률** : 각 조성섬유 개개의 중량과 조성섬유 전체중량의 비율을 백분율로 표시한 것으로 세부 표시방법은 다음과 같다.

　㉠ 섬유의 명칭과 혼용률을 병기

　㉡ 섬유의 명칭은 통일문자 사용

　㉢ 한 종류의 섬유 혼용률이 80%를 초과하는 경우 '이상'이라 표시, 그 외 섬유는 명칭을 일괄기재하고 '미만'이라 표시

　㉣ 10% 미만 섬유가 2종 이상 포함한 경우 이들 섬유명칭을 일괄기재하고 혼용률을 합쳐서 표시하거나 '기타'로 표시

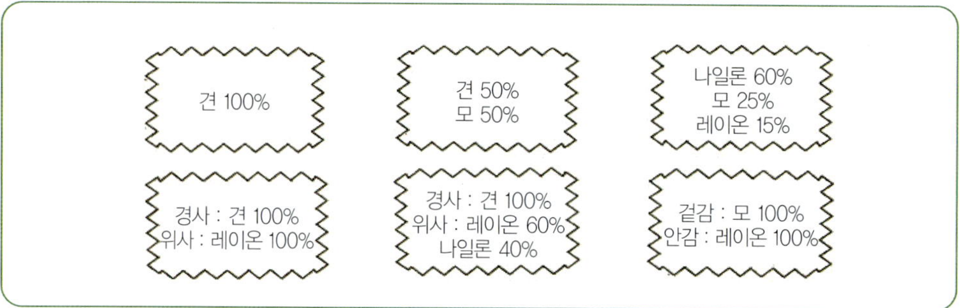

• 혼용률 표시 예 •

② 혼용률 오차의 허용범위

100%라 표시한 경우	혼방섬유
• 양모섬유 중 방모 : −5%	• '이상'이라 표시 : 0%
• 그 외의 양모섬유 : −3%	• '미만'이라 표시 : 0%
• 양모섬유 외 모든 섬유 : −1%	• 5의 정수배로 표시 : −5 ～ +5%
	• 그 외 제품 : −4 ～ +4%
	• 2% 이내의 차이로 순서가 잘못된 경우 실제 혼용률과 일치하는 것으로 인정

PLUS⁺

▶ **수축률 표시**

경사방향과 위사방향을 나타내는 문자와 각 방향의 수축률을 나타내는 수치를 병기

(5) 가공관련 품질마크

① 샌포라이즈(Sanforization) 가공 : 면, 마, 레이온 등의 직물에 있어서 세탁 후 줄지 않고 주름이 덜 가며 형태를 고정시키는 가공의 표시방법이다.

② 시로세트(Siro-set) 가공 : 모섬유의 주름이나 형태를 영구적으로 잡아주는 표시방법이다.

③ 스카치가드(Scotchgard) 가공 : 발수가공의 표시방법이다.

④ 위생사공(Sanitary Finishing) : 한국원사시험연구원의 위생가공 검사 기준 및 방법에 합격되고 철저한 품질관리를 유지하는 제품에 부여하는 마크로서 위생가공 효과, 효과의 내구성, 가공제의 안전성, 제품의 양호한 품질수준을 보증한다.

⑤ 무 포르말린 가공마크(Free Formalin Mark) : 유아동복, 내의, 양말 등 피부와 직접 접촉하는 섬유제품에 포르말린을 사용하지 않았거나 저포르말린 가공이 되어 있어 안전성을 보장하는 마크이다.

⑥ 굿헬스(Good Health) 마크 : 한국의류시험연구원이 항균, 방취 등의 위생가공한 우수한 의류 및 섬유제품, 기타 공산품에 부여하는 품질보증마크이다.

(6) 검사기관별 품질마크

① KS마크 : 한국산업규격의 약자로서 한국표준협회에서 KS규격이 제시하는 기준에 합격한 제품임을 인증하는 품질표시이다.

② Q마크 : 우수한 품질의 제품에 부착되며 국가공인시험검사기관(한국의류시험연구원, 한국원사시험연구원 등)에서 그 품질을 소비자들에게 추천, 권장, 보증한다는 표시이다.

> **PLUS⁺**
>
> ▶ 에콜로지 마크
>
> 섬유제품의 환경마크 제도는 섬유가 생태학적으로 무해한 조건에서 제조되는 것을 나타낸다. 다시 말해서 유해물질이 없고 물이 대기의 오염을 줄이며 물과 에너지의 소비를 최소화하는 등 환경을 오염시키지 않는 조건 하에서 생산된 것을 의미한다.

(7) 품질보증마크의 효과

① 기업의 측면 : 상품의 품질과 안정성에 대하여 소비자에게 인식, 판매촉진

② 소비자 측면

ㄱ 기업으로 하여금 품질관리와 생산, 유통의 효율성을 높여주는 계기

ㄴ 상품의 품질을 지속적으로 높이는 역할

ㄷ 생산, 판매한 제품에 대해서 기업이 책임지도록 하는 사후보증

Category 7. 패션마케팅 & 머천다이징

1장 패션마케팅의 개념

1절 마케팅의 정의 및 발전단계

1. 마케팅의 정의

(1) 사회적 개념

사회적 개념으로서의 마케팅이란 다른 사람과 함께 가치가 있는 제품과 서비스를 창조하고 제공하며 또한 자유롭게 교환함으로써 개인과 집단이 요구하고 필요로 하는 것을 그들이 획득할 수 있도록 하는 사회적 과정으로 정의될 수 있다.

(2) 관리적 개념

관리적 개념으로서의 마케팅은 제품을 판매하는 기술이라 정의할 수 있다. 미국마케팅학회(AMA ; America Marketing Association, 1995)는 마케팅관리(marketing management)란 개인의 목적과 조직의 목적을 충족시키는 교환을 조장하기 위해서 아이디어, 재화 및 서비스들의 개념, 가격결정, 촉진 및 유통경로를 계획하고 실행하는 과정이라 정의하고 있으며, 표적시장을 선정하고 우수한 고객가치를 창조하고 전달하며 커뮤니케이트 함으로써 고객을 확보·유지하며 또한 증대시키는 기술과 과학으로 인식하고 있다. 즉 기업이 제품을 팔기 위해서 고객의 욕구에 맞는 물건을 만들고 소비자가 살 수 있는 가격을 책정하여 유통시키고 거기에 판매촉진 활동을 하는 일련의 과정을 바로 마케팅이라 할 수 있다.

2. 마케팅의 발전단계

경제발전에 따라 시장의 수요와 공급 등 시장상황은 변화한다. 때문에 이에 대응하는 마케팅 정책 역시 변화를 거듭하게 되는데, 경제적·사회적 환경에 대한 마케터의 정책적 관점이나 입장을 마케팅관리이념 또는 마케팅관리철학이라 한다. 이러한 마케터의 관리철학은 시대적 환경변화에 따라 끊임없이 발전하고 있다.

또한 기업이 수행하는 마케팅 활동은 기업과 고객 및 사회에 영향을 미치게 된다. 따라서 마케터는 성공적인 마케팅 활동을 수행함으로써 고객의 욕구를 충족시키며 동시에 기업의 목적달성과 사회발전에 공헌하게 된다. 이 과정에서 마케터가 어느 부분에 더 많은 관심을 기울이느냐에 따라 지향하는 마케팅관리철학이 달라지는데 다음은 이러한 마케팅관리철학의 발전단계를 보여준다. 생산과 판매개념 중심의 기업중심적 마케팅관리철학에서 고객중심의 시장지향적 마케팅관리철학으로의 변천과정을 살펴보자.

마케팅관리철학의 발전단계[1)]

단계	개념	내용
1단계	생산 개념 (1900~1930년)	• 소비자는 제품이용 가능성과 저가격에만 관심이 있다. • 소비자는 경쟁제품의 가격을 잘 알고 있다. • 비가격 요인은 거의 중시하지 않는다. • 생산과 유통을 개선하여 능률을 높임으로써 비용을 낮추는 것이 고객확보의 주요 수단이다.
2단계	제품 개념 (1930년대)	• 소비자는 최고 품질의 제품을 구매한다. • 경쟁제품의 품질이나 성능을 잘 알고 있다. • 품질개선이 고객확보의 주요 수단이다.
3단계	판매 개념 (1930~1950년)	• 소비자는 대다수의 상품에 대해 구매저항을 하는 경향이 있다. • 기업은 여러 가지 자극으로 소비자들에게 보다 많은 구매를 유발할 수 있다. • 고객의 유지, 확보를 위해 강력한 판매조직이 필요하다.
4단계	고객지향적 개념 (1950~1960년)	• 소비자는 각기 다른 요구를 하게 되므로 세분시장으로 나눌 수 있다. • 자신의 욕구를 가장 잘 충족시킬 수 있는 제품을 구매한다. • 기업이 표적시장을 잘 선정하고 욕구 충족도가 높은 효과적인 제품을 개발하고 마케팅계획을 세워야 고객의 유지나 확보가 가능하다.
5단계	사회지향적 개념 (1970년대 이후)	• 소비자는 건강, 환경문제 등에 민감하며, 기업의 윤리적 측면 등을 고려하여 구매한다. • 기업은 좋은 생활을 제공하고 인간지향적인 사고와 함께 사회적 책임을 지는 방향으로 마케팅 활동을 전개할 수 있다.

(1) 생산 개념

생산 개념은 제품의 수요가 공급을 초과하는 상황에서 저렴한 제품을 보다 많이 생산하는 데 중점을 둔다. 기업은 수요가 공급을 초과하는 시장상황에서 별다른 마케팅 노력 없이도 높은 매출성장을 실현할 수 있었다.

(2) 판매 개념

소비자가 원하는 제품을 만들기보다는 기업이 만든 제품을 소비자에게 판매하는 것을 목표로 하는 것을 판매 개념이라고 한다. 대량생산에 의해 공급이 증가하고 유사한 제품을 생산하는 경쟁기업이 증가하면서 기업은 상당한 촉진노력과 판매활동을 하지 않고는 원하는 만큼 판매할 수 없게 되었다. 이에 패션기업들은 패션제품을 팔기 위해 막대한 양의 광고나 판매촉진 캠페인을 벌였으며, 누적된 재고로 많은 어려움을 겪기도 했다.

(3) 고객지향적 개념(마케팅 개념)

고객지향적 개념은 제품을 생산하기 전에 먼저 고객의 욕구를 파악하고 이에 부합되는 제품을 생산하여 고객의 욕구를 충족시키는 데 초점을 두고 있다. 마케팅 개념이라고도 하며, 고객지향성(Customer Orientation), 전사적 또는 통합적 노력(Integrated or Total Efforts), 고객만족을 통한 이익의 실현(Profit through Customer Satisfaction) 등을 주요 특징으로 한다.

---

1) 「패션머천다이징의 모든 것」 사공수연 외, 배움(2011)

(4) 사회지향적 개념(사회적 마케팅 개념)

사회지향적 개념 또는 사회적 마케팅 개념(Social Marketing Concept)은 사회 전체의 이익과 소비자의 욕구충족, 기업이윤의 추구를 모두 고려하여 마케팅 의사결정을 하는 관리철학이다. 이는 기업은 마케팅 활동의 결과가 소비자는 물론 사회 전체에 어떤 영향을 미치게 될 것인가에 대한 관심을 가져야 하며, 가급적 부정적인 영향을 미치는 마케팅 활동은 자제하여야 한다는 사고에 의해 시작된 것이다.

> **PLUS⁺**
>
> ▶ 그린마케팅(Green Marketing)
>
> 환경문제에 관심을 집중시키는 관리이념으로 기업의 마케팅 활동이 자원의 보존, 환경보호, 생태계 균형 등의 환경문제를 고려하여 궁극적으로 인간의 삶을 증진시키는데 공헌해야 한다는 생각의 자연친화적인 컨셉을 가지고 Promotion을 추진(자연주의, 에스프리)
>
> ▶ 에스프리(Esprit)
>
> 1960년대 미국 캘리포니아에서 세계평화와 정확한 자기표현이란 기업철학을 가지고 창업하였으며, 1990년대 이후 개인의 선택과 표현의 자유를 실현하기 위해 재활용 포장지 등 환경문제에 대한 대중적인 관심을 고취시키고 있음

2절 패션마케팅의 주요 개념

1. 패션마케팅

(1) 패션마케팅의 개념

패션마케팅이란 패션상품을 대상으로 한 마케팅 활동을 의미하며, 패션마케팅을 정의하기 위해서는 먼저 패션상품과 패션산업, 패션소비자에 대한 이해가 있어야 한다.

(2) 패션상품의 특성

① **짧은 제품수명주기** : 패션은 끊임없이 변화하므로 제품수명주기(Product Life Cycle)가 짧다. 패션상품은 시간이 지남에 따라 제품의 효용이 빠르게 감소하여 기능적 가치가 변화하지 않음에도 부가가치를 잃게 된다. 특히 패션확산 속도가 빠른 시기에는 상품의 수명가치가 더욱 짧아지며, 4계절이 뚜렷한 지역에서는 계절적인 요소에 따라서도 상품의 가치가 달라진다.

② **패션주기** : 패션상품은 패션주기의 단계에 따라 적절한 의사결정이 필요하다. 패션주기란 패션이 시장에 나온 후의 변화과정으로 새로운 스타일이나 패션형태가 시장에 소개된 이후 소수의 소비자들에 의해 채택되기 시작하면서 점차 이를 수용하는 소비자들의 수가 절정에 이른 다음 인기가 하락하여 시장에서 자취를 감추는 일련

의 과정을 일컫는다. 이러한 패션주기의 단계에 따라 적절한 마케팅 전략이 필요하다. 패션주기에 따른 단계별 특성은 다음과 같다.

ㄱ **소개기(도입기)** : 선도적 디자이너나 의류제조업체가 새로운 패션제품을 시장에 소개하는 단계
ㄴ **성장기** : 패션제품이 보다 많은 소비자들에게 급속히 수용되는 단계
ㄷ **성숙기** : 패션제품의 판매성장률이 둔화되는 단계
ㄹ **쇠퇴기** : 판매량의 감소로 패션이 시장에서 점차 사라져 가는 단계

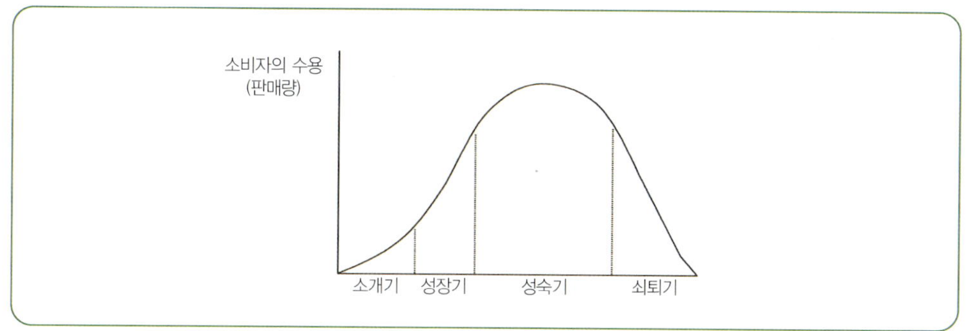

• 패션주기의 단계 •

③ 패션상품은 감각적 가치나 심리적 가치에 의해 부가가치가 높아지는 상품이다. 상품의 스타일이나 아름다움, 사회적 수용, 자기만족, 신분 상징성 등의 여러 가지 사회 심리적 기준에 의해 선택되며, 소비자의 취향이나 기호를 표현하는 상품으로 브랜드 이미지나 상품 이미지가 중요하다. 따라서 소비자들의 기호나 요구를 정확하게 파악하고 이를 상품에 반영하여 소비자들의 욕구를 충족시키는 것이 마케팅의 성공을 좌우한다.

2. 패션마케팅의 주요 개념

(1) 시장(Market)

시장이란 경제학적 측면에서 구매자와 판매자가 그들의 재화를 교환하려고 모인 장소라 할 수 있으며, 패션기업 측면에서는 패션제품이나 서비스를 구매할 능력을 갖춘 실제적 혹은 잠재적 고객들의 집합이라 정의할 수 있다. 이러한 패션시장의 유형을 살펴보면 개인적인 소비가 이루어지는 소비자시장, 제품의 생산을 목적으로 제품과 서비스를 구매하는 회사들로 구성된 산업재시장, 재판매를 하기 위해 제품과 서비스를 구매하는 유통업자들로 구성된 재판매업자시장, 소비자, 생산자, 재판매업자, 정부 등이 외국인이거나 외국기관일 경우의 국제시장 등으로 구분될 수 있다. 또한, 물질적인 것이나 어떤 사람이 점포에 쇼핑하러 가는 시장은 장소로서의 시장(Marketplace)이라 할 수 있으며, 디지털로서 어떤 사람들이 인터넷을 통해 쇼핑하는 것은 공간으로서의 시장(Marketspace)이라 할 수 있다.

(2) 필요(Needs), 욕구(Wants) 및 수요(Demands)

인간에게 있어서 무언가 결여된 느낌의 상태, 즉 기본적인 욕구 만족에 대한 결핍을 느끼고 있는 상태, 가장 원초적인 욕구를 '필요'라고 하며, 이러한 필요가 개인이 속해있는 문화 및 개성에 의해 구체화된 욕구, 즉 소비자가 느끼고 있는 필요를 구체적으로 만족시킬 수 있는 수단을 '욕구'라고 한다. '수요'는 특정제품이나 상표에 대한 욕구가 구매력과 구매의지에 의해 뒷받침될 때 창출될 수 있으며, 아무리 욕구가 크고 필요로 하는 사람의 수가 많다고 하더라도 욕구만 가지고는 수요가 창출되지 않는다.

(3) 제품(Product)

제품은 1차적 욕구인 니즈(Needs)와 2차적 욕구인 원츠(Wants)를 충족시킬 수 있는 유형의 제품이나 무형의 서비스를 모두 가리키는 말로 소유나 사용을 위해 시장에 제공되는 일체의 모든 것을 가리킨다.

패션마케팅 측면에서는 제품을 소비자의 변화에 대한 욕구와 자기표현의 욕구를 충족시킬 수 있는 것으로 정의하고 있으며, 유형의 제품은 의류 및 패션관련제품 등을 말하고, 무형의 제품은 서비스, 의류수선, 세탁, 미용, 피부관리 등을 말한다.

(4) 가치와 만족(Value & Satisfaction)

① **가치** : 소비자들이 가장 큰 만족을 제공하는 대안을 선택하는데 있어서 지침이 되는 개념으로 고객이 획득하는 것과 고객이 제공하는 것 간의 비율로써 정의된다.

$$\text{Value} = \frac{\text{Benefits}}{\text{Costs}} = \frac{\text{기능적 이점 + 감정적 이점}}{\text{금전적 비용 + 시간 비용 + 에너지 비용 + 심리적 비용}}$$

② **만족** : 제품에 대해 고객이 기대하는 효능에 좌우되는데, 효능이 기대에 일치하거나 초과된다면 구매자는 만족하게 되며 만족한 고객들은 반복구매를 하고, 그 제품에 대한 좋은 경험을 다른 사람에게 전달하므로 기업과 고객은 지속적인 관계를 형성하게 된다.

(5) 교환과 거래(Exchange & Transaction)

교환이 이루어지려면 거래가 필요하고 기업에게 무엇인가 이득이 되지 않으면 교환은 일어나지 않는다. 이러한 거래의 구성요소로 두 재화나 서비스가 있어야 하고 합의조건과 합의시기, 합의장소, 사회법규 등의 조건이 필요하다.

① **교환** : 어떤 사람으로부터 바람직한 것을 얻고, 그 반대로 무엇인가를 제공하는 행위를 말한다.

② **거래** : 교환의 측정단위로서 양 당사자 간의 가치의 교환을 말한다.

(6) 마케팅 경로(Marketing Channel)

마케팅 기업은 표적시장에 도달하기 위해 표적구매자로부터 메시지를 받고 전달하기 위한 의사소통경로(Communication Channel), 구매자와 사용자에게 물질적인 제품이나 서비스를 제시하고 전달하기 위한 유통경로(Distribution Channel), 잠재구매자와의 거래에 영향을 주기 위한 판매경로(Selling Channel) 등을 이용하게 된다.

(7) 공급체인(Supply Chain)

원료부터 최종 구매자에게 전달되는 구성부품이나 최종 제품에까지 뻗쳐 있는 보다 긴 경로를 나타내는 것으로 가치전달 시스템(Value Delivery System)을 나타낸다.

(8) 경쟁(Competition)

경쟁은 구매자가 고려하는 실제적이며 잠재적으로 경쟁이 되는 제공물 및 대체재 모두를 포함하며, 제품 대체 가능성의 정도에 기초하여 4개의 경쟁수준으로 구분될 수 있다.

① **상표경쟁** : 동일가격, 동일고객, 동일제품과 서비스를 제공하는 다른 기업들
② **산업경쟁** : 동일한 제품 또는 제품 계층을 제조하는 모든 기업들
③ **형태경쟁** : 동일한 서비스를 제공하는 제품을 제조하는 모든 기업들
④ **일반경쟁** : 동일한 소비자의 예산에 대해 경쟁하는 모든 기업들

(9) 마케팅 환경(Marketing Environment)

① **과업환경(Task Environment)** : 제공물을 생산·유통시키고 촉진하는데 관련되는 즉각적인 영향요인으로 구성되며, 주요 영향요인으로 기업, 공급업자, 유통업자, 판매상 및 표적고객을 들 수 있다.
② **광역환경(Broad Environment)** : 인구통계적 환경, 경제적 환경, 자연적 환경, 기술적 환경, 정치적·법적 환경 및 사회·문화적 환경으로 구성된다.

3절 마케팅 믹스 및 패션마케팅 전략

1. 마케팅 믹스(Marketing Mix)

(1) 마케팅 믹스의 정의

마케팅 믹스란 표적시장에서 효과적인 마케팅 목표의 달성을 위해 기업이 활용하는 마케팅 도구들의 집합을 의미하는데 필립 코틀러는 마케팅 믹스를 기업이 자사의 마케팅 목표를 추구하기 위해 사용하는 일체의 마케팅 수단이라 정의하기도 하였다. 이러한 마케팅 믹스는 고정적인 것이 아니라 기업이나 제품에 따라 달라지며 환경적 변화에 대응하여 수정된다. 특히 마케팅 믹스는 목표달성을 위한 마케팅 전략 도구로 통제가능한 변수 4P를 이용하는 전통적 마케팅 믹스와 기존의 4P에 3P를 추가한 확장된 마케팅 믹스로 구분한다.

(2) 전통적 마케팅 믹스

기업이 타깃시장에서 사용하는 마케팅 믹스의 도구로 통제가능한 변수 4P를 활용한다. 4P는 제품(Product), 가격(Price), 유통(Place), 촉진(Promotion)을 말하며, 마케팅 목표를 추구할 때 어떤 상품(Product)을, 어떤 가격(Price)

에, 어떠한 유통(Place) 경로를 통해, 소비자의 구매를 어떻게 촉진(Promotion)시킬 것인가에 대한 기업의 의사결정을 의미한다.

이러한 전통적 마케팅 믹스는 공급과잉, 생산자 주도 시장이 주류를 이루던 시절에 탄생한 개념으로 소비자를 중시하기보단, 다른 경쟁사 제품의 품질과 가격, 보다 빠르고 원가절감을 할 수 있는 유통망의 확보, 판매촉진을 위한 매체의 확보 등을 중시하였다.

① 제품(Product) : 제품, 제품구색, 제품이미지, 상표, 포장 등과 관련된 의사결정을 말한다.

② 가격(Price) : 제품가격의 수준과 범위, 가격결정기법, 판매조건 등을 결정하는 것을 말한다.

③ 유통(Place) : 유통경로를 설계하고 물류 및 재고 관리, 도매상 및 소매상의 관리를 위한 계획을 세우는 것을 말한다.

④ 촉진(Promotion) : 광고, 인적판매, PR, 판매촉진 등을 통해 고객이나 일반대중들에게 제품정보를 전달하고 구매하도록 설득하는 일에 관한 의사결정을 말한다.

PLUS⁺

▶ 4C

최근 마케팅의 패러다임 전환에 따라 마케팅 믹스를 4P가 아니라 4C의 개념으로 재해석해야 한다는 주장이 제기되기도 한다. 즉, 마케팅 믹스의 4P가 구매자의 관점이 아니라 시장의 판매자 관점만을 내포하고 있기 때문에 고객측면(구매자 입장)에서 제시되어야 한다는 것이다.

4P : 기업측면(판매자)		4C : 고객측면(구매자)	
Product	다양성, 품질, 디자인, 특성, 상표명, 포장, 크기, 서비스, 보증, 반품	Customer Value (Needs and Wants)	고객요구
Price	정가, 할인, 공제, 할부조건, 신용조건	Cost to the customer	고객에 대한 비용
Place	경로, 범위, 분류, 위치, 재고, 수송	Convenience	편의성
Promotion	판매촉진, 광고, 인적판매, 공중관계, 직접마케팅	Communication	커뮤니케이션

---

(3) 확장된 마케팅 믹스

전통적인 마케팅 믹스는 제조업을 기반으로 탄생한 것이므로 서비스 시장에서의 마케팅 믹스를 설명하는 데는 한계가 있다. 확장된 마케팅 믹스는 서비스 산업과 지식집약적 산업에 적합한 모델로 기존 4P에 과정(Process), 물리적 근거(Physical Evidence), 사람(People)의 통제가능한 3가지 변수를 추가시킨 모델이다.

① 과정(Process) : 프로세스는 고객관리 프로세스(Customer Management Processes), 즉 서비스가 수행되는 과정과 흐름을 말하며 고객의 대기관리, 고객접점 관리(MOT 관리) 등이 있다.

② 물리적 근거(Physical Evidence) : 내·외부환경, 서비스를 커뮤니케이션하고 수행하는 유형적 요소로 제품의 포장, 매장의 분위기, 종업원의 복장 등이 있다.

③ 사람(People) : 직·간접적으로 소비와 연결된 모든 인적요소를 말하며, 지식 노동자, 종업원, 경영진, 소비자 등이 이에 속한다.

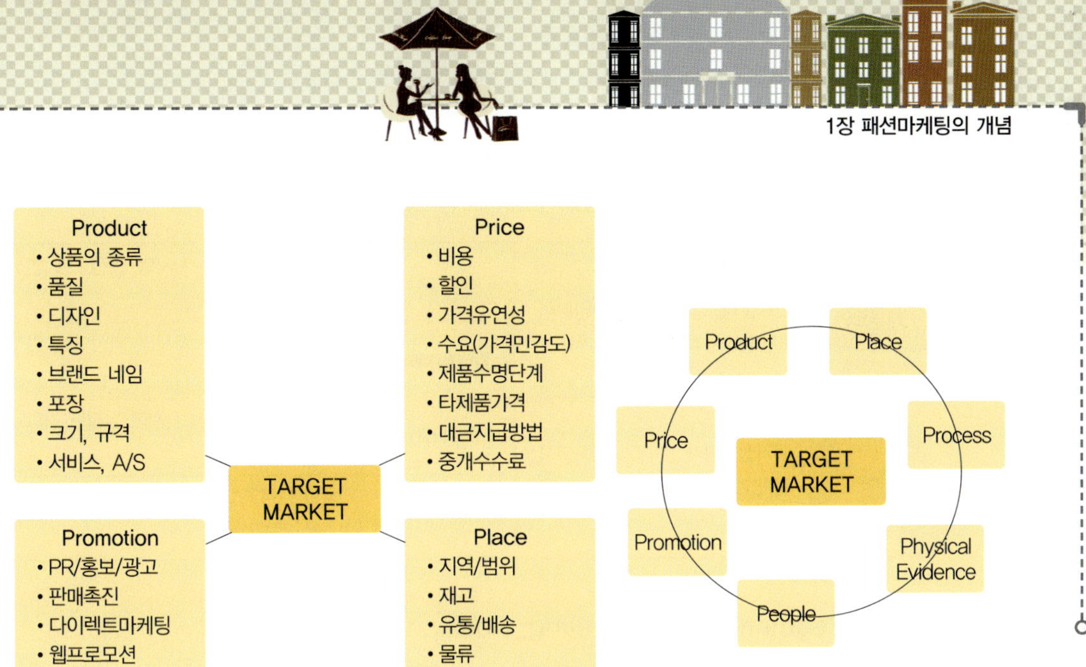

• 전통적 마케팅 믹스(4P)와 확장된 마케팅 믹스(7P) •

2. 패션마케팅 전략

전략(Strategy)이란 기업이 달성한 목표와 목표달성을 위한 기본 노선으로서 목표도달을 위해 수행할 행동(Activities)을 결정하고 이 행동을 위하여 필요한 자원을 분배하는 것으로, 전략적 마케팅은 패션기업이 성공하기 위해서 어떠한 마케팅 전략을 설정하고 이에 따라 마케팅 활동을 어떻게 수행할지를 모색하는 것이다.

(1) 사업 포트폴리오 전략

사업포트폴리오 전략이란 패션기업이 각 사업 단위별 목표할당과 자원배분을 결정하기 위해 포트폴리오 모형을 사용하여 현 사업부들의 위치와 성과를 분석·평가함으로써 장기적인 기업의 성장방향을 결정하는 전략으로, 상황분석을 통하여 분석된 다양한 마케팅 요소들을 한 눈에 이해할 수 있도록 하기 위해 실시하며 주로 P&O 분석과 SWOT 분석을 사용한다.

P&O 분석과 SWOT 분석을 통하여 도출된 분석, 평가 내용들은 마케팅 전략에 의해 계획을 제시하게 되는데, 마케팅 전략(Marketing Strategy)은 상품시장에서 어떻게 하면 경쟁적 우위(Competitive Advantage)를 확보하느냐가 핵심이며, 주어진 상품시장에 필요로 하는 시장위치(Market Position)를 확보하기 위한 사업부의 계획을 제시해 주는 내용이어야 한다. 이는 목적(Goal), 표적시장(Target Market), 핵심전략(Point Strategy), 마케팅 믹스(Marketing Mix)의 내용이 포함된다.

① P&O(Problems & Opportunity) 분석 : 상황분석을 통해 주요 핵심사항만을 강조하는 일종의 요약에 관한 내용 즉, 문제항목과 기회항목을 별도로 도출해 재정의하는 것을 말하며 SWOT 분석 방식에 비해 포괄적이고 거시적인 관점에서 환경 분석을 파악하는 것을 말한다.

② SWOT(Strength Weakness Opportunities Threat) 분석 : 해당시장의 마케팅 기회 분석과 내부의 경쟁력 분석을 통합해 종합적으로 환경을 분석하고 평가하는 것으로 주로 기업의 상황을 분석하기 위해 사용된다. SWOT 분석은 한정적이고 미시적인 시장분석에 많이 사용되며, 특히 경쟁적 강·약점에 분석의 초점이 맞춰진다.

SWOT 분석[2]

내부요인	고객분석, 경쟁사분석, 산업분석, 일반환경분석 등	Strength	경쟁사와 비교하여 자사의 강점으로 인식되는 내용
		Weakness	경쟁사와 비교하여 자사의 약점으로 인식되는 내용
외부요인	과거실적평가, 현재의 전략분석, 원가분석, 조직 및 인력평가 등	Strength	다양한 환경요소에서 자사에 유리한 기회요인으로 인식되는 내용
		Weakness	다양한 환경요소에서 자사에 불리한 위협요인으로 인식되는 내용

(2) STP 전략(Segmentation, Targeting, Positioning Strategy)

해를 거듭해 갈수록 국내 패션시장의 기업 간 경쟁은 치열해지고 있으며 소비자들의 욕구수준 또한 다양화, 고급화되어 가고 있다. 이에 패션기업은 어떤 방법으로, 어떻게 시장에 접근해야 하는가에 대한 효과적인 접근방법으로 STP 전략을 추진하고 있다. STP 전략이란 소비자들의 욕구상의 다양성과 차이점이 무엇인지를 파악하는 시장세분화(Segmentation)전략과 세분화된 고객집단 가운데서 어떤 소비자 집단을 목표고객으로 선정해야 하는지를 결정하는 표적시장 선정(Targeting), 설정된 목표시장의 고객에게 자사상표를 어떻게 차별적으로 자리 잡게 하는가를 결정하는 포지셔닝(Positioning)전략으로 이루어져 있으며 이들은 일관되고, 상호 보완적이며 연계성이 있기 때문에 STP 전략이라 한다.

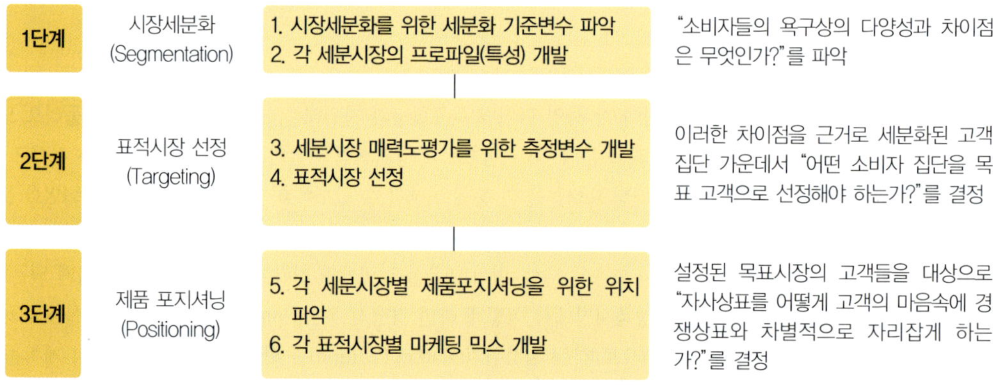

• STP 단계 •

특히, 표적시장 선정 및 확인 단계에서는 새로운 상품기획에 영향을 줄 수 있는 사회문화적, 경제적 환경요인 등을 점검하고 이에 따른 표적고객의 의식 변화를 주목해야 한다. 표적고객의 특성을 확인한 후에는 자사의 브랜드 및 패션이미지, 제품속성이 경쟁사들에 비해 어떻게 인식되고 있는지를 파악하기 위해 지각도(포지셔닝 맵)를 그려보는 것이 좋다. 이 브랜드 포지셔닝(Brand Positioning)을 통해 소비자가 생각하는 자사 브랜드의 위치를 파악할 수 있다.

---

2) 「패션머천다이징의 모든 것」 사공수연 외, 배움(2011)

AGE / RECEIPTION	Fashion Innovators	Early Adopters	Early Majority	Late Majority	Laggards
Mrs.					
Missy					
Young Adulty					
Young	자사위치				
Junior					

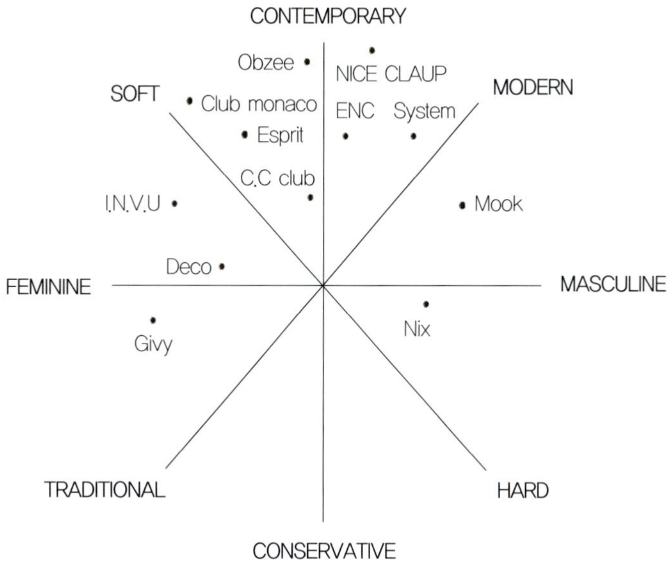

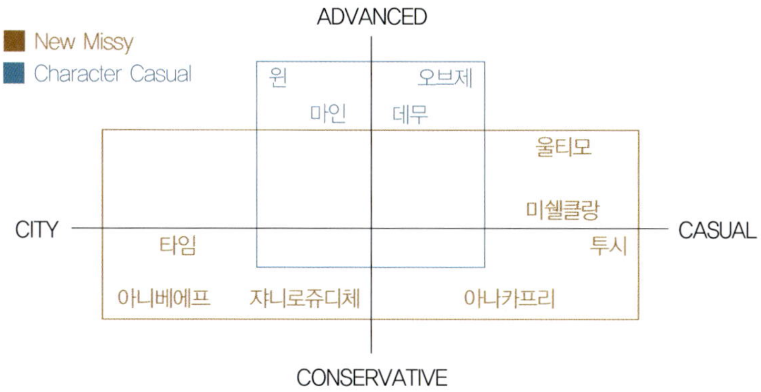

• 브랜드 포지셔닝 •

2장 마케팅 믹스 전략

1절 제품(Product) 전략

고객은 제품의 특성과 품질, 서비스, 가격을 기준으로 제품을 판단하기 때문에 제품은 마케팅 믹스 중 가장 중요한 요소이며 제품믹스, 제품계열, 상표 및 포장화와 표찰화 등에 관한 조정된 의사결정이 요구된다.

1. 패션제품의 분류

패션제품은 소비자의 패션욕구를 충족시켜 주는 구체적인 대상이다. 또한 여성스러운 이미지 표현을 원하는 소비자는 여성스러운 색조나 라인(Line)의 패션제품을 구입할 것이고 품위와 지위를 추구하는 소비자는 고품격을 상징하는 상표를 선택하기 때문에 패션제품은 물리적 요소뿐만 아니라 서비스, 장소, 품위, 이미지 등을 포함하고 있다.

제품은 여러 가지 방법으로 분류할 수 있으며 기준에 따라 다양하게 구분된다. 패션제품을 분류하는데 흔히 사용되는 방법에는 쇼핑습관에 의한 분류, 패션성의 정도에 의한 분류, 소매점포 상품구성을 위한 분류 등이 있다.

(1) 쇼핑습관에 의한 분류

① 편의품(Convenience Goods) : 편의품이란 자주 구매되고 소비자가 제품구매에 최소한의 노력만을 투입하는 제품이다. 사전 구매계획이나 정보탐색의 노력 없이 습관적으로 구매되는 편의품은 저렴한 편이며 소비자가 구입 전에 이미 충분한 제품지식이 있으므로 쇼핑에 많은 노력을 기울이지 않는다.

　　예 스타킹, 양말류, 간단한 속옷류, 의복의 기본 아이템, 싼 가격대의 액세서리류 등

② 선매품(Shopping Goods) : 소비자가 구매하기 전에 여러 점포를 방문하여 상표들의 가격, 품질, 디자인 등을 비교한 후 구매하는 제품으로 편의품보다 구매빈도가 낮고 상대적으로 가격이 높다. 소비자가 구입 전에 쇼핑시간과 노력을 투입하는 아이템으로 선매품을 구매하는 소비자들은 제품대안들을 비교하기 위해 여러 점포를 방문하므로 효과적인 점포내 디스플레이와 매력적인 디자인을 통해 소비자를 자사의 점포로 유인하는 것이 중요하다. 또한 기업은 광고를 통해 자사제품의 특징과 가격에 대한 정보를 알리거나 판매원 서비스를 강화하는 것이 중요하다.

　　예 대량생산으로 인해 대중화된 의복

③ 전문품(Specialty Goods) : 상표식별(Brand Identification)을 쉽게 할 수 있으며 우수한 품질과 독특한 특성을 보유하고 있는 제품이다. 전문품의 경우 브랜드 이미지가 제품구매에 중요한 영향을 미치게 되고 고객은 기대하는 제품을 찾기 위해 상당한 노력을 기울인다. 고객은 특정상표에 대한 충성도가 높아 다른 경쟁제품들을 비교하

지 않으며 자신이 원하는 상표를 찾아 먼 거리의 점포일지라도 기꺼이 방문한다. 따라서 전문품은 광범위한 유통이 중요하지 않으며 소수의 점포만으로 충분하고 잠재고객에게 점포의 위치를 알리는 판촉이 필요하다.

 샤넬, 프라다 등과 같은 유명 디자이너 브랜드의 제품, 고가의 모피코트 등

(2) 패션성의 정도에 따른 분류

① **베이직 제품** : 기능성이 강조되는 제품으로 스타일이 잘 변화하지 않는 일반적인 필수품이다. 베이직 제품은 유행의 변화에 크게 영향을 받지 않으며 꾸준하게 수요가 발생된다. 티셔츠나 양말, 내의 등이 이에 해당되는데 이들은 신체의 땀이나 겉옷을 보호하기 위한 기능적인 옷이다.

② **뉴베이직 제품** : 베이직 제품과 유행제품 사이에 존재하는 것으로 기존 베이직 제품에 약간의 트렌드를 가미하여 판매단계에서의 소구성을 높인 제품이라고 할 수 있다. 너무 트렌디한 제품을 원하지 않거나 무난한 베이직 제품에 흥미를 잃었지만 유행성을 너무 따르지는 않는 고객층을 위한 제품이라고 할 수 있다.

③ **트렌드 제품** : 트렌드 제품은 스타일이 자주 변화하며 심미적 측면에서 소비자의 흥미를 끄는 제품으로 반드시 필요한 것은 아니다. 패션성이 가장 강한 제품으로 심미적 가치가 중요하고 새로운 변화를 추구하는 소비자 욕구를 충족시키며 스타일, 색상, 소재의 독특함 때문에 구매한다.

<table>
<tr><td>베이직 제품</td><td>뉴베이직 제품</td><td>트렌드 제품</td></tr>
<tr><td>스타일 변화 없음
기능적
필수품</td><td>경우에 따라 변화
기능적 + 심미적</td><td>빈번한 스타일 변화
심미적
필수품은 아님</td></tr>
</table>

• 패션성 정도에 따른 분류 •

(3) 소매점포 상품구성을 위한 분류 – 시미주 시게루의 상품구성이론

① **중점제품** : 패션기업이 높은 매출액과 이익의 확보를 위하여 주력하는 제품으로 점포에서 상품회전이 높은 제품이다. 점포구성에서 주류를 이루며, 구매 재고관리, 진열, 판매 등에 집중적인 마케팅 노력이 투입된다. 트렌디한 스타일이 중점제품일 수도 있고 베이직한 스타일이 중점제품이 될 수도 있다. 유행성이 강조된 점포는 트렌드 제품이 주류를 이루고 클래식한 이미지가 강조된 점포는 베이직 제품이 주류를 이루게 된다.

② **보완제품** : 중점제품을 보완하는 제품으로 특수고객의 욕구를 만족시키거나 특정지역의 수요 혹은 특정 계절의 수요에 대응할 수 있는 제품을 말한다. 예를 들면 신사복 정장에서 큰 사이즈 또는 작은 사이즈의 고객을 위해 준비된 제품이거나 날씨변화로 인한 겨울의 장기화로 겨울옷에 대한 수요가 증가하게 됨에 따라 패딩조끼로 중점제품을 보완하는 경우이다.

③ **전략제품** : 기획상품이라고도 하며, 상표나 점포의 품위향상을 위한 고가격 제품이나 쇼윈도 디스플레이용의 제품을 말한다. 전략제품은 새로운 스타일의 디자인을 도입하기 위해 사용되기도 하며 장래의 중점제품이나 보완제품이 될 수 있는 후보제품이다. 또한 단기간에 이익을 극대화하기 위한 저가격의 제품이나 재고처리의 제품도 전략제품에 해당된다. 제조원가를 낮춰서 생산된 저가격대의 전략제품은 단기간에 매출액을 향상시키거나 소비자로 하여금 상표경험을 증가시킴으로써 상표인지도를 구축하는데 이용된다.

패션 제품의 분류[3]

기준	분류내용

상품기능별 분류
(Stock Assortment)
	• 기본상품(Regular Assortment Merchandise)
	  – 유행성이 강하지 않은 항상제품(Staples)
	  – 유행성이 강한 제품(Fashion Assortment)
	• 전략상품(Special Purpose Stock)
	  – 판매촉진 상품(Promotion Stock)
	  – 재고처리 상품(Clearance Stock)
	  – 점격 향상 상품(Prestige Stock)

상품구성에 의한 분류	• 중점제품 : 이익 확보를 위한 고회전 상품 • 보완제품 : 특수고객, 특수지역, 특수계절의 수요에 대응한 상품 • 전략제품 : 싼 가격의 판매촉진 상품, 전형적 계절상품, 초고가품, 점격 향상 제품
제품수명주기에 의한 분류	• 테스트마켓상품(육성상품) : 새로운 스토리 상품으로 점두에서 고객 반응을 테스트하기 위한 상품 • 런닝상품(성장상품) : 계속적으로 팔리고 있는 상품 • 피크상품(성숙상품) : 매출은 높으나 성장률이 둔화되고 있는 상품 • 슬리핑상품(쇠퇴상품) : 판매현상이 급속히 둔화되는 상품
패션사이클에 의한 분류	• 트렌드상품 : 패션을 가장 빨리, 많이 반영한 전략상품 • 뉴베이직상품 : 지난 시즌까지 트렌드 혹은 베이직 상품군, 어느 정도의 트렌드가 반영된 상품 • 베이직상품 : 트렌드와는 별로 상관이 없는 기본적인 상품군
의류의 부문별 분류	신사복/여성복/아동복/유아복/액티브 스포츠웨어/나이트 웨어/란제리/유니폼
아이템에 의한 상품 분류	Coat(half coat, long coat)/Suit/Jacket/One–piece Dress/Two–piece Dress/Blouse/Skirt/Pants/Shirt/Cardigan/Jumper/Jumper Skirt/Sweater/Ensemble/Vest/Cut&Sew/Knit
소비자의 연령에 의한 분류	• Baby : 0~2세 / • Toddler : 3~6세 • Child : 7~12세 / • Junior : 13~17세 • Teen : 17세 전후 / • Young : 18~22세 • Miss : 19~25세 / • Adult : 23~27세 • Missy : 28~37세 / • Mr's : 38~49세 • Silver Mr's : 50세 이상 • Youth group : 13~22세 / • New family group : 23~35세 • Missy group : 28~37세 / • Career woman group : 28~50세
소비자의 마인드에 의한 분류	• Young Mind : 젊고 자유로운 감각의 패션추구, 발랄한 이미지와 멋 추구 • Missy Mind : 자신에 어울리는 코디네이트 연출, 디자인, 품질 등 높은 수준추구 • Elegant Mind : 여성적이면서도 품위 있는 하이패션 추구, 젊어 보이는 것을 중시 • Character Mind : 도회적인 감각과 개성적인 패션추구, 고급스러운 이미지 강조 • Traditional Mind : 전통적이고 보수적인 이미지 추구, 고급스럽고 보수적인 이미지 강조 • Sports Mind : 활동적이고 밝으며 명랑한 이미지 추구, 연령무관, 라이프스타일 중시

---

3) 「패션머천다이징의 모든 것」 사공수연 외, 배움(2011)

이미지에 의한 분류	• Romantic : 여성적이면서 부드러운 이미지 • Feminine : 여성적이면서 우아한 이미지 • Sensitive career : 감각적으로 세련된 직장여성의 이미지 • Career Lycee : 아름답고 귀여운 직장여성의 이미지 • Pop Casual : 젊고 자유분방한 이미지 • Pret-a-couture : 고급 맞춤복 분위기가 나는 품위 있는 이미지 • Sporty Elegance : 스포티하면서도 엘레건트한 이미지 • Young Elegance : 젊고 여성스러운 이미지 • American Traditional : 아메리카의 전통적인 이미지 • Healthy Casual : 건강하고 발랄한 이미지
라이프 스페이스에 의한 분류	• Home Zone • Social Zone • Business Zone • Town Zone • Leisure & Sports Zone

2. 패키징(Packaging)

패키징이란 제품의 용기나 싸개를 디자인하고 제조하는 제반활동을 말한다. 하지만 패션제품에서의 패키지는 단순히 제품의 내용물을 보호하는 기능적 역할에 그치지 않고 브랜드 이미지를 형성하고 제품정보를 전달하는 커뮤니케이션 역할까지 수행하고 있다.

특히 패션제품에서는 브랜드의 쇼핑백이나 더스트백 역시 패키지에 해당하는데 구입한 제품을 담는 용도 이외에 추후 다른 용도의 가방으로 사용되기도 하여 제품 차별화의 주요수단이 되고 있다. 때문에 쇼핑백은 브랜드 로고, 의미 등의 구성요소를 고려하여 색상과 규격뿐만 아니라 브랜드 이미지를 잘 전달시킬 수 있도록 형태와 소재를 다양화하여 개발해야 한다.

▶ **패키징의 목적**
• 브랜드 이미지의 형성
• 제품 및 브랜드에 대한 정보전달
• 원활한 제품 수송
• 제품의 보호

3. 라벨링(Labelling)

라벨(표찰)은 패션제품에 부착되어 패키지의 일부를 구성하는 것으로서 단지 브랜드명만 기입되어 있거나 혹은 제품정보가 제공되는 경우도 있다. 의류제품의 경우는 두 종류의 라벨이 있다. 하나는 바코드(Barcode)와 함께 스타일 번호와 가격이 제시된 행택(Hang Tag)이다. 패션업체는 이를 판매시점에서 POS 시스템의 정보로 입력하거나 혹은 직접 회수함으로써 판매기록의 작성에 사용하며, 소비자 입장에서는 이를 통해 가격 등을 인지할 수 있다. 또 다른 하나는 의복 내 옆이나 뒤쪽에 부착된 것으로 사이즈, 섬유의 성분, 세탁법, 취급 시 주의사항, 제조업자, 제

조지 등의 표시를 통해 소비자에게 구체적인 제품정보를 제공해 준다. 이는 공산품 품질관리법에 의해 의무적으로 부착되는 것으로서, 소비자에게는 최종 선택과 의복관리에 중요한 정보를 제공하고 제조업체 입장에서는 소비자에게 책임 있는 제품생산이 이루어짐을 보증하는 수단이 된다. 이 외에도 섬유 및 직물의 품질을 보증하는 마크(Mark)가 있다. 의류제조업체가 아닌 섬유제품 검사의 전문기관이 섬유제품을 공정하게 검사하여 일정수준 이상의 제품에 마크나 라벨을 부착한다. 품질보증마크로는 의류제품의 경우 Q마크, 울마크, 코튼마크, 실크마크 등이 있으며, 최근에는 에너지 사용제품(승용차, 냉장고, 에어컨, 세탁기, TV, 컴퓨터, 보일러, 청소기, 가스레인지, 휴대전화기 등)의 경우 탄소성적표시제도(탄소라벨링)를 사용하도록 하여 상품 생산이나 유통과정에서 발생하는 온실가스 배출량을 공개하고 절감 노력을 한 제품에 인증마크를 부여하고 있다.

2절 가격(Price) 전략

1. 가격의 의미와 중요성

가격이란 상품이 소비자에게 판매(구매)되는 값으로서 화폐액으로 표시된 상품 또는 서비스의 가치를 말한다. 상품의 가격은 일반적으로 생산비용, 관리비용, 유통비용, 이익 등으로 구성되어 있으며, 상품에 있어서 가격은 상품 특성을 표시하는 중요한 요소의 하나이다.

이러한 가격은 마케팅 믹스 변수들 중에서 유일하게 수익을 결정하는 변수로 판매량에 직접적인 영향을 미치고, 궁극적으로 기업의 이익을 결정하는 매우 중요한 요인이므로 마케터는 여러 요인들을 고려하여 체계적인 가격결정을 내려야 할 것이다. 일반적으로 가격은 물리적 가치, 서비스, 브랜드 이미지, 점포 이미지, 품질보증 등의 욕구 충족혜택을 종합하여 결정한다. 또한 합리적인 가격결정은 표적 소비자가 기꺼이 지불하겠다는 가격(표적소비자의 가격민감도)을 조사하여 이를 반영하는 것이어야 한다.

가격의 등급

가격 등급		특징
Prestige Price	명성(품격)가	브랜드의 명성, 상품의 격을 상징하는 최고급품의 최고가
Better Price	고액가	벅차게 느껴지는 고액, 무리해야 지출할 수 있는 높은 가격
Volume Better Price	중·고가	중간대의 가격보다 약간 높은 수준의 가격, Moderate라고도 함
Volume Price	보통가, 중가	부담 없이 지출할 수 있는 중간대의 보통가격
Budget(service) Price	저가(서비스가)	아주 싼값, 낮은 가격, 대고객 서비스 차원의 실비가

2. 가격결정과정(Decision Process)

일부 제품은 관습적으로 가격이 책정되기도 하지만 신제품이나 새로운 유통경로의 도입 등으로 처음 가격을 결정해야하는 경우 신중하게 가격을 결정해야 한다.

특히 기업은 자사 제품의 품질과 가격에 따라 포지셔닝 위치를 선정하며 소비자들은 가격에 따라 상품을 등급화하는 경향이 있으므로 기업이 적절한 가격을 결정하기 위해서는 경쟁사와 제품뿐만 아니라 소비자 등 많은 요인을 고려해야 한다.

가격결정에 영향을 미치는 요인에는 제품의 품질, 원가, 디자인, 유통경로, 광고비, 판매지역, 경쟁제품, 영업력, 기업이미지, 서비스 정도, 목표 매출액 등이 있으며 다음과 같은 단계를 통해 제품가격을 결정한다.

> 가격결정 목표의 설정 → 수요의 추정 → 비용의 추정 → 경쟁제품과의 비교 → 가격의 결정

(1) 1단계 : 가격결정 목표의 설정

기업의 목표가 명확할수록 가격결정은 수월해지며 목표에 따라 결정되는 가격이 달라지기 때문에 가격결정의 목표를 명확하게 설정해야 한다.

> **PLUS⁺**
>
> ▶ **가격결정 관련 목표**
> - 기업의 존속
> - 단기 이익의 극대화
> - 초기 이익의 극대화
> - 시장점유율 확대
> - 제품 – 품질 선도자

(2) 2단계 : 수요의 추정

① **수요 곡선의 추정** : 가격을 결정하기 위해서는 수요 곡선을 대략적으로 추정할 수 있어야 한다. 과거의 가격 대안 및 수요에 대한 자료를 통계분석하는 방법과 가격변화에 따른 수요의 변화를 실험해 보는 방법, 예상 고객들을 대상으로 가격대안에 대한 반응을 조사하는 방법 등이 있다.

② **수요의 가격탄력성** : 탄력성이란 가격의 변화율에 대한 수요의 변화율을 말하는데 수요의 가격탄력성이 크다면 저가격으로 책정하여 수요를 크게 증가시킬 수 있다.

> **PLUS⁺**
>
> ▶ **수요의 가격탄력성이 증가하는 경우**
> - 대체품이 많은 경우
> - 구매자들이 가격이 높게 책정되어 있거나 낮게 책정되어 있는 것을 쉽게 인식하지 못하는 경우
> - 구매습관이 쉽게 변화할 수 있는 경우
> - 높은 가격에 대한 정당성이 충분하지 않아 타당하다고 보지 않는 경우

(3) 3단계 : 비용의 추정

원가는 제품의 생산과 유통 및 판매 등에 소요되는 비용을 충당하고 투입한 노력과 위험에 비추어 적정이익이 보장되는 가격을 의미한다. 수요는 기업이 제품에 부과할 수 있는 가격 상한선을 정하는 반면, 원가는 하한선을 정한다. 패션의류의 생산원가는 의복을 생산하는데 소요되는 총비용으로, 재료비, 노무비(임가공비), 제조경비(운용비)로 구성된다. 재료비는 직접재료비(원·부자재비)와 간접재료비(보조재료)로 구성되며, 노무비는 직접노무비와 간접노무비로, 운용비는 소요 에너지 비용, 수송비, 기계의 감각상각비 등을 포함하는데, 대체로 (재료비+노무비)×10% 정도가 제조경비로 책정된다.

또한 생산원가 및 예상 판매량과 제품가격간의 관계를 체계적으로 살펴보기 위해서 손익분기점 분석(Break-even Analysis)을 주로 이용한다. 손익분기점 분석이란 주어진 고정비와 변동비 수준 하에서 최소 투자비용만을 회수하는데(즉 순이익이 0이 되는데) 필요한 가격 및 매출수준을 검토하는 방법으로 다음과 같은 공식으로 구할 수 있다.

$$손익분기점(판매량) = \frac{고정비}{가격 - 단위당\ 변동비}$$

(4) 4단계 : 경쟁제품과의 비교

경쟁제품의 원가와 가격 및 가격에 대한 반응에 따라 기업은 자사제품의 가격을 결정할 수 있다. 자사제품이 경쟁제품보다 우수하면 높게 가격을 결정할 수 있지만 반대로 경쟁제품보다 떨어지는 경우 가격을 낮게 결정해야 한다.

(5) 5단계 : 가격 및 가격결정방법 결정

기업은 고객들의 수요, 비용함수, 경쟁사의 가격, 즉 3C(Customer, Cost, Competition)를 고려하여 가격을 결정해야 한다. 가격결정방법에는 원가가산법, 목표수익률 기준법, 경쟁자 기준법, 소비자의 지각된 가치 기준법 등이 있다.

① 원가가산법(Markup Pricing) : 가장 기초적이고 널리 사용되고 있는 방법으로, 제품원가에 일정률의 이익(Markup)을 가산해 가격을 결정하는 방법이다. 마진율은 일반적으로 계절적 품목, 특별품, 회전율이 낮은 품목, 재고비용과 취급비용이 높은 품목, 그리고 수요가 비탄력적인 품목 등이 비교적 높다.

② 목표수익률 기준법(Target Return Pricing) : 기업이 목표로 하고 있는 이익률을 달성할 수 있도록 제품가격을 결정하는 방법이다. 원가지향적 가격결정의 한 방법으로 표준수익률 가격법(Target Return Pricing)이라고도 한다.

$$가격 = 단위원가 + (목표수익률 × 투자액) ÷ 예상판매량$$

③ 경쟁자 기준법 : 경쟁사 가격을 기준으로 가격을 결정하는 방식으로 경쟁사와 동일한 수준 혹은 조금 낮거나 높도록 가격을 결정하는 방법이다. 원가가산법과 함께 많이 사용되며, 경쟁자 기준법에는 상대적 고가격전략, 대등가격전략, 상대적 저가격전략 등이 있다.

　㉠ 상대적 고가격전략 : 경쟁제품보다 높게 가격을 책정하는 전략으로 명성이 높은 기업이거나 독특한 특성을 지닌 제품일 경우 가능한 전략이다.

　㉡ 대등가격전략 : 자사의 비용이나 수요보다 경쟁사의 가격에 기초하여 가격을 책정하는 것으로 가격의 차지

비중은 그만큼 줄어들게 되므로 제품, 유통, 판촉 등의 다른 요소들에 집중해야 한다.

ⓒ 상대적 저가격전략 : 경쟁규범에서 크게 벗어난 가격수준으로 가격을 책정하여 시장점유율을 높이기 위한 전략으로 수요의 가격탄력성이 높거나 경쟁기업의 수가 많은 경우 효과적인 전략이다.

④ 소비자의 지각된 가치 기준법(Perceived-Value Pricing) : 고객이 지각한 제품의 가치를 기준으로 가격을 결정하는 방법이다. 지각적 가치는 그 제품의 성능에 대하여 구매자에게 이미지를 전달할 수 있는 경로, 품질보증, 고객지원, 공급자의 평판, 신뢰성, 존경 등과 같은 불확실한 속성 등 여러 요소로 구성된다. 따라서 기업은 구매자의 마음속에 지각적 가치의 전달과 향상을 위해 광고 및 판매원과 같은 마케팅 믹스에 비가격 변수를 많이 이용하고 있다.

⑹ 6단계 : 최종가격결정

최종가격을 결정하기 위해서 기업은 가격에 대한 마케팅 믹스 요소의 영향, 기업의 가격결정 전략, 가격에 대한 타 부서의 영향 등을 고려하여야 한다.

3절 유통(Place) 전략

1. 패션유통

패션유통이란 패션제품이 생산자로부터 소비자에게 도달할 때까지의 과정으로 제품의 단순한 전달이 아닌 편리한 장소에서 소비자가 원하는 물량, 품질, 가격으로 제품과 서비스를 공급함으로서 패션제품의 부가가치를 창조하는 것이다. 패션기업의 유통활동은 패션상품이나 서비스가 최종 소비자에 이르는 과정에 개입되는 다양한 구성원들 사이의 거래관계를 설계하고, 그에 따른 협상, 주문, 촉진, 물류, 금융, 대금결제 등과 같은 유통기능과 관련된 활동을 의미한다. 패션산업에서는 이러한 유통활동을 수행하는 조직들의 총체를 패션유통경로라 하며, 이들 조직들이 상호 유기적으로 연결되고 패션유통경로 시스템을 형성한다.

2. 패션유통경로

패션유통경로는 패션제품이 생산자에서 소비자까지 연결되는 채널로서 다양한 기능을 수행하는 여러 중간상(Intermediaries)으로 구성된다. 이러한 구성원에는 원·부자재업체(소재 및 부자재업체), 의류제조업체, 중간상(도·소매상), 소비자가 포함된다. 경로구성원들은 유통경로 상에서 서비스는 어느 정도로 제공할 것인지, 가격과 수량은 어떻게 결정할 것인지와 같은 마케팅 활동에 의사결정자로서 참여하게 된다.

패션유통경로는 다른 마케팅 믹스 수단과는 달리 한번 정해지면 쉽게 변경하기 어렵다. 즉, 제품, 가격, 광고, 판촉 등은 기업의 의지에 따라 상대적으로 쉽게 바꿀 수 있고 시장변화에 맞춰 탄력적으로 운용할 수 있는 반면 한번 결정된 유통경로의 구조를 변화시키는 데는 장기간의 시간과 막대한 자본, 그리고 유통구조 변화에 따른 공백 등이 발생할 수 있다.

(1) 유통경로의 유형

패션기업들은 제품의 특성, 표적고객의 특성, 기업의 마케팅 목표를 고려하여 유통경로를 선정해야 하며 선정된 유통경로의 유형에 따라 각각 다른 마케팅 의사결정이 이루어진다. 패션유통경로는 다음과 같은 경로유형에 의해 유통된다.

① **경로 1** : 제조업자가 직접 최종고객에게 판매하는 것으로 직접 마케팅경로라고 한다.

  예 방문판매, 인터넷판매, 홈쇼핑, 텔레마케팅 및 제조업자의 직매점 판매 등의 무점포 판매 형태

② **경로 2** : 패션의류유통에서 일반적으로 많이 볼 수 있는 유형으로, 소매점이 생산자와 소비자를 연결시키는 기능을 한다.

  예 대리점, 특약점, 직영점 등

③ **경로 3** : 전통적인 유통경로에서 나타나는 형태로 도매상과 소매상이 독자적으로 유통기능을 수행하여 재고부담과 주문기능을 행사하는 것이다.

  예 전국의 소매점을 대상으로 하는 재래시장

④ **경로 4** : 3개의 중간상이 포함되는 경우로 예를 들면 배급업자(Agent)가 의류를 해외 도매상으로부터 수입하여 국내 소매상에게 판매하고 소매상이 최종 고객에 의류를 재판매하는 경우이다.

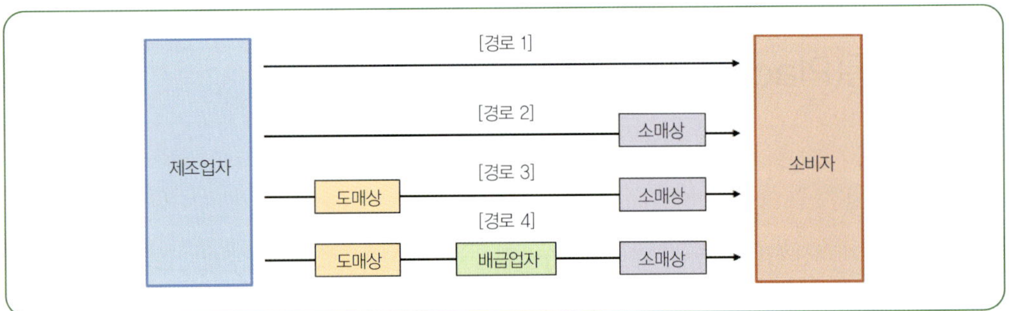

• 패션유통경로 •

(2) 패션유통경로의 특징

패션유통경로의 유형은 생산과 판매가 통합되느냐 분리되느냐에 따라 위탁사입제도, 위탁판매제도, 완사입제도로 나눌 수 있다. 그 중 우리나라 의류업체는 제조업체와 소매상간에 생산과 판매가 분리되어 있지 않은 위탁판매제도가 대부분을 차지하고 있다.

① **위탁판매제도** : 국내 대다수의 여성복, 캐주얼 등의 업체에서 많이 취하고 있는 형태로 기업체가 대리점주(소매판매업자)에게 판매를 위탁하고 대리점주에게 판매수수료를 지불하는 방식이다. 의류제조업체가 기획과 생산뿐만 아니라 판매에도 책임을 지는 형태로 대리점주는 상품이 다 팔릴 때까지 대금을 지불하지 않고, 팔다 남은 재고 상품은 기업체가 100% 회수, 판매된 상품에 대해서만 대리점주가 결제한다. 상품의 재고는 전량 제조회사가 책임을 지기 때문에 대리점주는 상품구매에 따른 위험부담이 적으나 마진은 완사입보다 낮다.

② **완사입제도** : 속옷업체나 제화업체에서 많이 채택하고 있는 유형으로 대리점주가 본사로부터 상품을 인수할 때 바로 대금을 결제하고, 재고 상품의 반품이 되지 않아 유통점이 책임을 지는 전문점의 매입 유형 중 하나이다. 상품구매에 따른 위험부담이 크지만 위탁 판매에 비해 대리점주의 마진이 40~50% 정도로 비교적 높다.

③ **위탁사입제도** : 위탁제와 사입제를 복합적으로 결합한 것으로 판매된 상품에 대해서만 결제를 하는 위탁제와는 달리 대리점에 입고된 제품에 대해 결제를 하는 것을 말한다. 즉, 대리점은 의류업체나 도매시장에서 상품을 인수받을 때 대금을 결제하고, 재고 상품은 본사에 100% 반품하여 매입 금액을 공제하는 매입유형으로 판매 이전에 미리 대금결제를 하기 때문에 대리점측도 자금 부담을 느껴 판매와 재고를 최소화하려는 장점이 있다.

패션유통경로 유형별 장단점[4]

종류	장단점	제조회사	패션 소매상
위탁 판매 제도	장점	• 기획에서 생산, 유통을 일관되게 통제하기가 쉽다. • 상표 이미지 관리가 쉽다.	• 재고에 대한 부담이 적다. • 상품 구매에 따른 위험부담이 적다.
	단점	반품 재고에 대한 부담이 크다.	점포특성에 맞는 상품구색이 어렵다.
완사입 제도	장점	• 소매업체의 바이어나 점주의 주문에 의해 생산량을 결정하게 되므로 재고부담이 없어진다. • 재고부담이 없어 이익의 편차가 적다. • 상품기획과 생산에만 전념할 수 있어 전문화가 가능하다.	• 점포 특성에 맞는 상품구색으로 매장을 특성화하기 쉽고 매출을 극대화 할 수 있다. • 마진이 높아 대리점의 수익률이 높다. • 대리점주들에게 책임과 권한이 주어지므로 성취감이 높다.
	단점	• 제조회사의 통제력이 약하다. • 매장별 디스플레이 특성이 강해 전국적으로 회사의 통일된 브랜드 이미지 전개가 어렵다. • 재고 처리의 문제가 있을 경우 브랜드 이미지 문제(시장으로의 반출 등)가 생길 수 있다.	• 상품수주시 재고에 대한 우려로 베이직 상품에 대해 수주가 편중되고, 트렌드 상품에 대한 점주들의 수용도가 낮다. • 재고에 대한 압박감이 크다. • 한 시즌의 판매가 저조하면 재고에 대한 압박으로 차기 시즌의 수주가 위축되기 쉽다.
위탁 사입 제도	장점	• 상권특성에 따른 물량배분으로 판매를 극대화 할 수 있다. • 점주들의 이익이 극대화됨에 따라 유통망 확보 및 유지가 비교적 용이하다. • 점주들의 요구가 높은 상품을 집중생산함에 따라 판매율을 높일 수 있다.	• 상권특성에 따라 점주가 판매스타일을 결정할 수 있어 충분한 물량을 확보할 수 있다. • 사입 및 판매능력에 따라 매출을 극대화 할 수 있다. • 재고에 대한 부담이 적다.
	단점	• 품평회시 점주들이 희망사입 상품과 실제 사입시 사입품목과의 차이로 상품출고단계에서 재고가 발생할 수 있다. • 점포에 대한 통제력이 약하다.	• 사입시 현금결제로 인해 자금의 여유가 없는 점주의 경우 충분한 물량 확보에 어려움이 있다. • 판매시점 출고에 따라 조기품절된 인기품목의 추가 공급이 어렵다.

---

4) 「패션마케팅」 안광호 외, 수학사(2005)

> ▶ 제조소매업(SPA ; Specialty Store of Private Label Apparel)

패션 전문점 중 제조업체로부터 사입하여 단순히 판매만 하는 소매기능에서 더 나아가 직접 디자인을 기획, 생산하는
제조기능까지 갖춘 전문점의 형태

- 1987년 미국의 리미티드(Limited)社가 '바나나 리퍼블릭(Banana Republic)'을 인수하면서 새롭게 개발한 업태
- 자사에서 기획한 상품을 직접 생산하여 자사 브랜드로 자사 점포에서 소비자에게 제공하는 것이 기본 전제로 생산과
  유통이 동시에 가능
- 매장을 먼저 선정하고 팔릴 상품을 기획, 판매하는 것이 특징
- 대표기업에는 미국의 GAP, Limited, 스페인의 ZARA, Mango, 영국의 Marks & Spencer, 일본의 유니클로, 우리나
  라의 베이직하우스, 후아유, 쿠아 등

3. 패션유통정보

정보는 패션유통활동을 수행하는데 있어 매우 높은 가치를 지닌 자산이다. 적시생산시스템(JIT ; Just In Time), 즉
각반응시스템(QRS ; Quick Response System), 재고감소전략 등 패션유통과 관련된 마케팅 의사결정은 정확하고
즉각적인 정보의 활용을 필요로 한다.

패션유통에서 정보의 원천은 거래행위가 일어나는 고객접점에서의 판매정보와 실제로 고객의 욕구를 파악할 수 있
는 각종 고객활동정보(배달, 수선, 주문, 상담, 불만, 경품 등)이며 이러한 고객정보는 패션유통에 있어 중요한 무형
의 자산이 된다. 그러나 이러한 고객과 관련된 모든 정보들이 업무특성에 따라 별도로 구축되어 일원화된 관리가 이
루어지지 않는다면 효율적인 마케팅 활동을 전개할 수 없게 된다. 따라서 패션기업들은 각 부문별로 분산되어 있는
정보를 한 곳으로 집중시켜 효율적으로 관리하고 활용하기 위해 데이터웨어하우스(DW ; Data Warehouse)를 구축
하여 이에 기초한 데이터베이스 마케팅(DB)을 실시하고 있으며, 더 나아가 고객과의 지속적인 관계유지를 위한 고
객관계관리(CRM ; Customer Relationship Management)의 개념을 추진하고 있다.

(1) 데이터베이스(DB ; Data-base Marketing) 마케팅

데이터베이스 마케팅이란 고객 개개인의 정보를 데이터베이스로 구축하고 이를 통해 고객과의 관계를 지속적으로
유지해 나감으로써 효과적이고 효율적인 마케팅 활동을 전개하는 것이다. 패션기업은 데이터베이스 마케팅을 통
해 기존의 마케팅 전략과는 차별화된 활동을 할 수 있다. 첫째, 고객 데이터베이스를 이용하여 고객별 구매량을 기
초로 기업의 주요 고객과 이들의 특성을 파악할 수 있다. 둘째, 기업의 각종 마케팅 활동과 판촉 활동이 고객 구매
형태에 어떤 영향을 주었는지 파악할 수 있다. 셋째, 고객과 상품의 상관분석이 가능해짐으로써 고객의 이탈방지
에 유용한 정보를 얻을 수 있다. 즉, 데이터베이스 마케팅의 기본 전략은 고객들의 구매와 가족사항, 라이프스타
일, 불만 등 모든 정보를 데이터베이스화하여 고객에 대해 제대로 이해하고 고객과 장기적인 관계를 맺고자 하는
것으로 고객활성화 전략, 고객충성도제고 전략, 고객유지 전략, 교차판매 전략, 신규고객확보 전략, 과거고객재활
성화 전략 등이 있다.

데이터베이스 마케팅 단계별 특징[5]

단계		특징
1단계	데이터의 축적	고객에 관한 정보를 체계적으로 데이터베이스화하는 단계
		등록시점에서 얻어지는 고객 데이터(고객의 이름, 주소, 전화번호, 거래기록)를 기업 내부정보(매출실적정보, POS 매출정보)와 외부정보(라이프스타일 관련자료, 제휴업체의 고객정보) 그리고 각종 판촉활동에 대한 반응률과 함께 연결시켜 기록
2단계	고급정보의 추출	구축된 데이터를 이용하여 고급정보를 추출하는 단계
		IRFM이나 데이터마이닝을 사용하여 고객의 구매정보를 최근 구입일, 구입빈도, 구매액을 중심으로 지수화하여 고객세분화 등에 사용함
3단계	정보를 활용한 마케팅 수행	2단계에서 도출된 정보를 이용하여 효과적인 마케팅을 수행하는 단계
		고객정보를 기초로 우량고객을 우대하는 고객활성화 전략, 고객이탈을 방지하기 위한 충성도제고 전략, 자사의 다른 제품도 구매하게 하는 교차판매 전략, 잠재고객의 자사고객화 전략 등의 마케팅 전략을 구사
4단계	마케팅 의사결정 지원	이전 단계까지의 마케팅 결과를 데이터베이스화하여 관리함으로써 장기적인 마케팅 의사결정을 지원하는 단계
		어떠한 고객이 어떤 판촉활동에 잘 반응하는가 또는 어떤 특성을 가진 고객들이 어떤 제품을 구매하는가 등의 자료를 통합·분석하여 미래의 고객 구매행동을 예측하는 등의 마케팅 활동의 기초자료로 구축함

(2) 고객관계관리(CRM ; Customer Relationship Marketing)

CRM은 우량고객을 만드는 프로그램으로 고객이 원하는 제품과 서비스를 지속적으로 제공함으로서 고객을 오래 유지시키며 이를 통해 고객의 평생가치(LTV ; Life Time Value)를 극대화하여 기업의 수익성을 높이고자 하는 것이다.

CRM은 데이터베이스 마케팅과 혼용되지만 데이터베이스 마케팅은 CRM을 구현하기 위한 일환으로 볼 수 있다. 즉, 데이터베이스 마케팅이 고객접점에서의 정보구축에 중점을 두는 반면, CRM은 기업 내 사고를 바꾸자는 업무프로세스 재설계(BPR ; Business Process Reengineering)에 기초하여 신규고객획득, 우수고객 유지, 평생고객화와 같은 사이클을 통해 고객을 적극적으로 관리하고 고객의 가치를 극대화시킬 수 있는 다양한 프로모션 전략을 가지고 있는 전사적인 마케팅이라는 점에서 차이가 있다.

CRM을 활용함으로써 얻을 수 있는 가장 큰 효과는 차별적이고 다양한 고객서비스 제공을 통해 고객이탈을 방지함으로써 충성고객으로 유지시킬 수 있다는 점이다. 또한 CRM은 다양한 고객을 찾기보다는 기존의 고객을 유지하고자 하기 때문에 시장점유율보다 고객점유율에 중점을 두고 제품을 판매하기보다 고객의 욕구를 파악해 그 고객이 원하는 제품을 공급하는 고객관계에 중점을 둠으로써 좀 더 전문화되고 계획적인 시장확장을 가능하게 한다.

---

5) 「패션마케팅과 소비자행동」 임숙자 외, 교학사(2001)

CATEGORY7 패션마케팅 & 머천다이징

4. 패션유통정보 시스템

제품의 흐름을 효율적으로 관리하여 비용절감과 서비스의 질을 향상시키고 유통경로 구성원들 간의 불충분한 커뮤니케이션으로 인해 발생하는 문제들을 해결하기 위해서 체계적인 정보 시스템은 필수적이다. 유통정보는 영업정보와 고객정보, 상품정보로 구성되며 패션유통에서는 고객정보에 가장 큰 비중을 둔다. 또한 유통정보는 따로 분리할 수 없기 때문에 패션기업은 고객정보를 중심으로 고객에게 맞는 상품을 개발하고 이에 적합한 영업을 하게 된다.

패션유통정보 시스템의 특징

단계	특징
EOS (자동발주 시스템)	컴퓨터를 이용한 온라인 수·발주 시스템
	소매점은 이를 통해 점포를 시스템화할 수 있으며, 도매업에서는 효율적인 물류체계 및 재고관리 시스템을 확립할 수 있다. EOS는 식품, 잡화를 취급하는 도·소매업뿐만 아니라 시스템화가 어렵다고 여겨졌던 의류분야에까지 확산되고 있다.
EDI (전자정보교환)	기업 간의 거래내용이나 관련 정보를 표준화된 형식과 코드체계를 이용한 전자문서형태로 컴퓨터 통신망을 이용하여 전송하고 처리하는 시스템
	유통경로 구성원 간의 의사소통이 신속, 정확해지고 거래비용이 절감되며, 서류작업의 감소, 실시간 자료의 증가, 업무중복의 감소 등이 가능하다. 또한 효율적인 재고관리에 도움을 주어 제조업자, 도·소매업자, 수송업자들은 제품주문에 있어서 최적의 자동화를 이룩할 수 있으며, 생산공정, 물류활동 등도 조직화할 수 있다.
바코드 (Barcode)	제품에 관한 정보가 특정한 형태의 조합으로 기호화되어 있는 것
	스캐너를 통해 수록된 정보를 신속하고 정확하게 판독하여 상품의 흐름을 파악할 수 있게 한다. 제조업체가 생산되는 시점에 부착하는 소스마킹과 소매기관이 필요에 따라 점포에서 부착하는 인스토어 마킹이 있으며, 바코드의 활용은 제조업체에서는 자사 물류센터의 자동화, 효율화를 위해, 도매업체에게는 입하상품의 정보입력과 로케이션 관리를 위해 소매업체에게는 입하검품, 재고관리에 이용함으로써 비용 및 시간을 절감하는 효과를 가져온다. 바코드 시스템이 실제로 활용되기 위해서는 먼저 POS 시스템이 구축되어야 한다.
POS (Point of Sales System)	유통경로 상에서 거래행위가 일어나는 고객 접점에서의 판매정보로서 판매시점에서 자료를 수집, 처리하여 그 결과를 경영의사결정에 활용하는 것
	매상기록시간의 단축, 효율적인 재고관리, 물류관리를 가능하게 하고 그 결과를 신속하게 마케팅 의사결정에 활용할 수 있다. 바코드의 자동판독방식과 수작업에 의한 자료입력방식이 이용된다.
자사카드 (Household Card)	개별고객들의 성명과 이들의 개별 구매실적 및 구매관련정보를 수집하기 위하여 사용하는 결제수단
	자사카드를 결제수단으로 사용함으로써 기업은 고객의 신상정보에 대한 데이터를 얻을 수 있으며, 이는 데이터베이스 마케팅의 기초자료로 활용된다. 구매가 이루어질 때마다 고객의 ID번호와 바코드의 상품고유번호가 동시에 입력되고, 이를 통하여 유통업체는 소비자의 구매관련정보를 분석하고, 그 결과를 수요예측이나 고객만족을 위한 여러 가지 판촉활동에 활용할 수 있다.

5. 패션 소매업(Fashion Retailing)

소매업이란 패션산업에 있어 최종 소비자와 직접 접촉하게 되는 다운스트림의 최종 단계로 제품이나 서비스를 사용하려는 최종 소비자에게 판매하는데 관련된 모든 활동이다. 다운스트림은 패션산업을 원자재 생산업체에서 소비자에 이르는 하나의 커다란 흐름으로 볼 때 소비자에게 제품을 제공하는 유통단계를 말한다.

패션제품의 경우 감성적인 소비경향을 보이며 점포소매업의 의존도가 높은 편이다. 또한 소매업체들은 쇼핑객의 생활양식에 맞추기 위해서 포지셔닝을 조절한다. 따라서 소매업체들의 포지셔닝은 마케팅 기반보다는 전략적이며 문화적인 아이디어에 관한 것이 많다. 즉, 목표상권과 목표고객을 명확히 설정하고 점포, 머천다이징, 프로모션, 조직 등 모든 구체적인 전략요인을 목표고객에게 집중시키고 있다.

패션소매업의 머천다이징은 상품기획 중심의 MD와는 달리 소매업의 매장 중심으로 시장과 소비자의 욕구에 대응한 상품구성과 이를 효과적으로 제안해 궁극적으로 매장효율성과 매출을 증대하기 위한 것이다. 패션소매업의 머천다이징은 유통경로에 따라 그 역할과 범위가 차이가 있지만 일반적으로 상품구성계획과 상품제안계획이 주요 업무이다. 상품구성은 중점상품, 보완상품, 전략상품으로 분류되며 분류기준은 회전율, 이익률, 매출액을 기준으로 삼는다. 그리고 경쟁매장에 대응한 상품분류계획도 함께 고려한다.

패션소매업의 유형 및 특징에 대해서는 3장 2절 리테일 머천다이징 부분에서 자세하게 설명하고 있다.

4절 촉진(Promotion) 전략

1. 마케팅 커뮤니케이션

(1) 마케팅 커뮤니케이션의 개념

과거에는 제품을 만들고 나서 판매하는 전통적 관점의 마케팅을 실행하였다면 최근에는 시장과 가치의 선택에서 출발하는 가치 창출 및 전달 관점의 마케팅 과정을 실행하는 것으로 마케팅 패러다임이 변화하고 있다.

즉, 과거의 촉진이 단순히 인지도 제고 혹은 매출을 극대화시키고 일회적인 판매만을 목표로 하였다면 마케팅 커뮤니케이션은 장기적인 관계와 브랜드 자산을 구축하여 소비자의 태도 변화를 통해 행동에 영향을 미치게 하는 것이다. 따라서 패션마케팅 커뮤니케이션에서 가장 중요한 출발점은 소비자의 구매과정에 따라 커뮤니케이션의 목표를 설정하는 것으로, 이는 설정된 목표에 따라 이용될 수 있는 커뮤니케이션 수단이 결정되고 커뮤니케이션 활동의 결과도 달라지기 때문이다.

(2) 마케팅 커뮤니케이션 믹스 결정

촉진믹스(Promotion Mix)라 불리는 총체적인 마케팅 커뮤니케이션 프로그램은 기업이 마케팅 목표 달성을 위하여 사용하는 광고, PR·홍보, 인적판매, 판매촉진 등 활동의 조합으로 구성되어 있다. 이들 요소는 개별적으로 작용하는 것보다는 다른 요소와 통합해 함께 사용할 때 그 시너지 효과는 더욱 커진다.

마케팅 커뮤니케이션 수단에 따른 전개활동

광고	인쇄 및 방송광고, 외부 패키징, 끼워 넣기 패키징, 영화, 팸플릿 및 소책자, 포스터 및 전단, 전화번호부, 광고인쇄물, 광고게시판, 진열 표시, 구매시점광고, 시청각 도구, 상징과 로고 등으로 광고활동 전개 가능
PR · 홍보	보도관계자료집, 연설회, 세미나, 연례보고서, 스폰서십, 간행 및 출판, 지역사회활동, 로비, 이미지 통합매체, 사보, 이벤트
인적판매	판매 프레젠테이션, 판매모임, 샘플, 박람회 및 전시회, 인센티브 프로그램
판매촉진	컨테스트, 게임, 추첨, 복권, 프리미엄과 선물, 샘플, 박람회 및 시사회, 전시회, 실물시연, 쿠폰, 현금할인, 끼워 팔기, 저이자 금융할부, 경매

(3) 마케팅 커뮤니케이션의 기본적인 수단

① 광고 : 광고는 판매촉진을 위한 것으로 실제 또는 잠재 소비자에게 상품, 서비스, 아이디어 등의 판매에 영향을 미칠 수 있도록 사용되는 메시지의 유료 커뮤니케이션 형태이다. 많은 사람들이 동일한 메시지에 접하게 되며 동일한 메시지를 여러 번 되풀이 할 수 있어 침투성이 높다. 또한 인쇄물, 소비, 색상 등을 예술적으로 이용하여 기업과 그 제품을 극화할 수 있는 기회를 제공한다는 장점이 있다. 반면 표적청중 외에 일반대중에게도 전달되므로 비용낭비가 생길 수 있고 청중들이 주의를 기울이거나 반응해야할 의무감을 느끼지 않아 기업의 일방적인 전달로 그치기도 한다. 또한 메시지에 대한 완전한 설명을 하기 어렵다는 단점을 지닌다.

㉠ 신문 : 많은 정보를 신속하게 전달할 수 있으며 독자층이 넓고 쇼핑 가이드로 이용할 수 있는 장점이 있으나 광고의 수명이 짧고 인쇄의 질이 낮다. 또한 대다수의 사람이 신문을 구독하므로 낭비되는 지면이 많다는 단점을 지닌다.

㉡ 잡지 : 소구대상이 어느 정도 명확하여 감정적 전달이 용이하며 많은 정보를 표적 청중에 전달할 수 있다. 인쇄의 질이 높고 광고의 수명이 길어 패션제품 광고매체로 적합하다. 반면 광고게재까지의 시간이 길고 한정된 범위의 독자를 지닌다는 단점이 있다.

㉢ 라디오 : 방송시간이나 지역선정의 유연성으로 표적 청중에 효과적으로 정보를 전달할 수 있지만 시각적인 효과가 없고 표적청중이 한정적이라는 단점이 있다.

㉣ TV : 넓은 청중범위로 상대적 비용이 낮고 반복효과가 크지만 절대적으로 판단할 때 비용이 많이 들고 많은 비표적 청중에게도 전달되어 청중의 주의를 끄는 힘이 필요하다. 또한 깊이있는 메시지의 전달이 힘들다는 단점이 있다.

㉤ 다이렉트 메일(DM ; Direct Mail) : 표적청중에 정확하게 전달되어 주목도 및 높은 고객 관심도를 지닌다. 또한 시간과 메시지에서 유연성을 지니고 적은 예산이 소요되지만 메일링 목록의 소비자에게만 유효하므로 1인당 또는 메시지당 비용으로는 비용이 높은 편이다. 소비자가 읽지 않고 바로 휴지통으로 갈 수 있는 위험이 있다.

㉥ 옥외광고(Billboard) : 지역 선택에 효과적이며 메시지의 반복 효과를 지니나 카피 내용이 제한적이라 도발적, 공격적인 내용이 담길 수 있다.

㉦ 인터넷 및 상호작용 매체 : 이용자가 제품 정보를 직접 선택하므로 이용자의 주의 및 관여가 높다. 또한 직접판매의 잠재력을 지니지만 기술적인 제한이 있으며 그 효과를 측정하기가 어렵다.

② PR · 홍보 : 홍보란 저널리즘의 범위 내에서 매체를 통한 뉴스를 말한다. 광고와는 달리 홍보는 매체를 구매할 수 있거나 조정 가능한 것이 아니라 저널리스트 입장에서 독자에게 상품에 대한 뉴스로 흥미를 유도하는 방향으로 전개된다. 광고가 흥미집단을 향한 메시지라고 한다면 홍보는 흥미집단을 향한 매체로부터의 메시지라고 볼 수 있다.

㉠ PR(Public Relation) : 기업을 둘러싼 다양한 대외의 관계를 양호하게 하기 위한 모든 노력 즉, 소비자, 정보기관, 언론, 시민단체, 지역주민 등이 기업에 대한 호의적인 이미지를 갖게 하여 상호관계를 증진시키는 모든 활동을 말한다.

㉡ 홍보(Publicity) : 돈을 지불하지 않고 대중매체에게 기업에 관하여 기사형식으로 쓰인 메시지라 할 수 있다. 반드시 뉴스성이 있어야 하며 정확해야 한다. 돈의 지불여부보다 중요한 개념은, 광고는 주요 목적이 상품을 알리는 것이라면 홍보는 그러한 목적이 아니라 어떠한 사건을 통해 간접적으로 상품이나 회사의 이미지를 긍정적으로 알려 소비자에게 보다 나은 정보나 이미지를 심어주게 된다는 것이다. 붉은 악마라는 국가대표 축구팀의 서포터들이 월드컵 경기를 통해 전 세계에 대한민국 국가 이미지를 널리 알린 것이 대표적인 홍보 사례라고 볼 수 있다.

㉢ 보도자료(News Releases) : 미디어 편집자에게 홍보기사를 쓸 수 있도록 하는 일차적인 자료이다. 회사의 인물, 상품, 스페셜 이벤트 등에 대한 사실을 편집자의 주의를 끌 수 있게 중요한 순서대로 배치하면서 각종 자료를 곁들인다.

③ 인적판매(Personal Selling) : 인적판매는 판매원(Salesperson)이 직접 고객과 대면하여 자사의 패션제품이나 서비스를 구입하도록 권유하는 커뮤니케이션 활동을 말한다. 유능한 판매원들을 관리하는 데는 많은 비용이 들지만 인적판매는 광고나 판매촉진과 같은 다른 커뮤니케이션 믹스와 달리 상황이나 고객의 욕구에 따라 융통성 있게 대응할 수 있기 때문에 효과가 매우 크다.

인적판매 관리는 크게 판매사원의 관리와 판매사원의 판매관리로 구분할 수 있다. 판매사원의 관리는 기업이 판매사원을 선발, 교육, 조직하고 관리하는 것을 말하며, 판매사원의 판매관리는 효율적인 판매가 이루어지도록 하기 위해서 판매원이 판매활동, 판매 후 관리, 고객관리 등을 하는 것을 말한다.

다른 패션 촉진믹스요소들이 갖는 기능과 마찬가지로 인적판매 과정은 고객과의 직접적인 상호작용을 통해 패션상품을 알게 해주고 그것을 구매하도록 설득하는 것으로 고객예측(Prospecting), 사전접근(Preapproaching), 접근(Approach), 제품소개(Presentation), 소비자 의견에 대한 대응(Meeting Objection), 구매권유(Close), 사후관리(Following up) 등의 7단계로 나누어 볼 수 있다. 이러한 단계들은 연속적인 과정으로 회사의 전체적인 마케팅 전략에 맞추어 실행되어야 한다.

✎ PLUS⁺

▶ **판매원의 역할**

• 판매과정과 판매 후 서비스를 통해 고객의 만족을 높임
• 고객의 특정 욕구를 파악하여 머천다이저나 바이어에게 전달함으로서 마케팅 효과를 극대화함
• 소비자에게 패션을 제안하고, 패션점포의 이미지를 높임
• 소비자와 의류업체를 연결시키는 의사전달자로써의 역할을 수행

인적판매 과정의 단계별 판매원 활동[6]

단계	목표	특징
고객예측	적절한 고객을 예측한다.	평소에 우리 매장을 이용하는 고객의 정보를 수집해 예상고객들이 좋아하는 의복의 특징 등을 분석하고 예측한다.
사전접근	판매제시를 보다 효과적으로 하기 위해 고객에 대한 추가적 정보를 얻는다.	다른 판매원과의 판매 정보 교환, 대중매체에서 소개된 유행에 관한 기사, 개인적 관찰 등을 통해 의류구입 소비자들이 원할 만한 정보를 얻는다.
접근	예측된 고객의 주의를 끌고 판매설득을 시작하려 한다.	판매원은 자신의 소개와 아울러 의류제품의 디자인 특징에 대한 소개를 시작한다.
제품소개	소비자가 제품이나 서비스에 대한 호감을 갖고 구매하고 싶도록 한다.	판매원은 최근의 유행이나 소비자의 취향에 맞는 제품을 소개한다. 제품소개를 하면서 소비자가 입어보도록 한다.
소비자 의견에 대한 대응	소비자가 제품을 구매하지 않으려는 이유를 알아내고 이를 제거하려고 노력한다.	디자인, 색상, Fitting에 대한 소비자의 부정적 의견을 해결하며 구매설득에 필요한 정보를 제공한다.
사후관리	소비자와 구매계약을 맺는다.	구매결정을 도와줄 수 있는 정보를 제시하고 구매행동에 불편함이 없도록 한다.
구매권유	구매한 소비자의 질문에 응답하고 소비자가 겪고 있는 문제들을 해결한다.	성의를 다하는 효과적인 사후관리는 소비자의 만족을 증대시켜 주고, 새로운 판매기회를 제공할 수 있다.

④ **판매촉진(Sales Promotion)** : 판매촉진은 거래처나 최종 소비자를 대상으로 실시하는 광고, 홍보, 인적판매를 제외한 나머지 여러 가지 마케팅 커뮤니케이션 활동을 말한다. 이러한 판매촉진은 단기적으로 상품이나 서비스의 판매를 늘리기 위하여 비교적 짧은 기간 동안 행해지는 것이 특징이다.

㉠ **비주얼 머천다이징(VM)** : 패션광고와 홍보가 장기적으로 패션제품이나 서비스에 대한 정보를 제공하고 구매동기를 유발하도록 하는 것이라면, VM은 구매시점에서 소비자들의 구매동기를 자극하는 것이다. 따라서 VM과 같은 판매촉진 수단은 광고나 홍보 같은 대중매체를 통한 비인적 마케팅 커뮤니케이션 활동과 인적판매 사이를 이어주는 중요한 징검다리 역할을 한다.

㉡ **스페셜 이벤트(Special Event)** : 패션상품이나 서비스의 인지도와 매출에 영향력을 주기위해 사용되는 소재 전시회나 패션쇼, 컨테스트, 무료견본 등의 촉진도구들을 말한다. 전시회나 패션쇼, 유명인사의 초청강의, 그리고 오케스트라나 가수의 초청쇼 등과 같은 스페셜 이벤트는 광고나 홍보와 연계되어 짧은 시간 동안 특정상품의 판매를 높이기도 하지만 자사의 권위나 이미지를 향상시키는데 기여하며 각 촉진활동들에 시너지 효과를 실현하기도 한다. 스페셜 이벤트에는 크게 소재 전시회나 기성복 박람회, 패션쇼, 기타 매출증대 관련 특별기획으로 분류되지만, 이들은 서로 조합되어 새로운 기획행사가 개발될 수도 있다. 소재 전시회나 기성복 박람회는 소재업체나 의류업체들이 고객인 의류업체나 소매업체들과 직접 대면하여 판매 혹은 상담을 하는데 효율적인 촉진도구로 활용되며, 패션쇼는 패션상품의 최신 유행 감각을 전달하는 촉진수단으로 활용된다.

---

6) 「패션마케팅」 안광호 외, 수학사(2005)

ⓒ 기타 판매촉진도구 : 의류업체늘이 최종 소비자를 대상으로 하는 판매촉진도구에는 판촉물 증정, 가종 파티나 콘서트 개최, 프리미엄 제공, 쿠폰 제공, 간행물 제작 및 미술 전시관 운영 등이 있다.

2. 기업의 커뮤니케이션 전략

(1) 푸시 전략(Push Strategy)

푸시 전략은 메이커가 유통업체를 대상으로 판매촉진과 인적 판매를 통해 자사제품을 판매하도록 유도하는 전략이다. 푸시 전략의 경우 신규 브랜드나 브랜드 지명도가 낮은 브랜드에서 주로 활용하는 전략으로 재래시장 등의 유통망을 취하는 기업에서 많이 활용한다.

(2) 풀 전략(Pull Strategy)

풀 전략은 최종 소비자를 대상으로 광고와 판매촉진을 강화하여 소비자가 자사제품을 찾게 하여 유통업체에서 자발적으로 자사제품을 취급하게 만드는 전략이다. 풀 전략의 경우 지명도가 높은 브랜드이거나 자사 계열의 대리점을 운용하는 기업에서 많이 사용하는 전략이다.

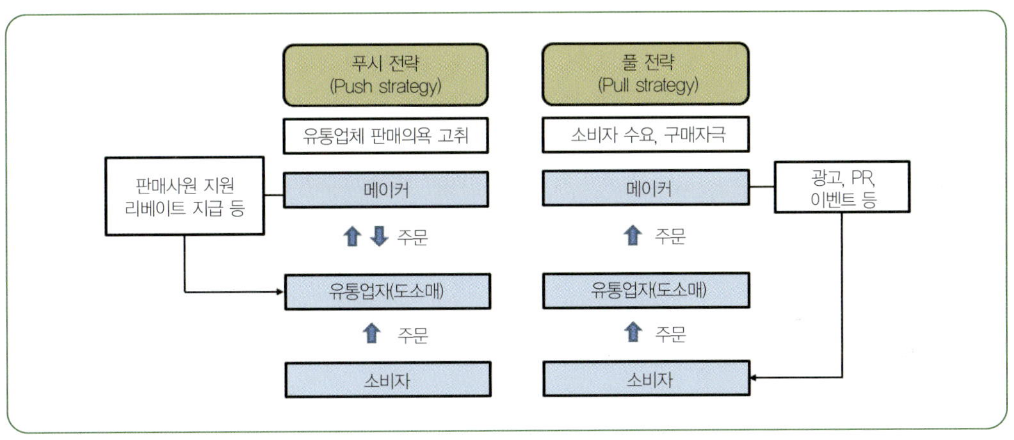

• 푸시 전략과 풀 전략 •

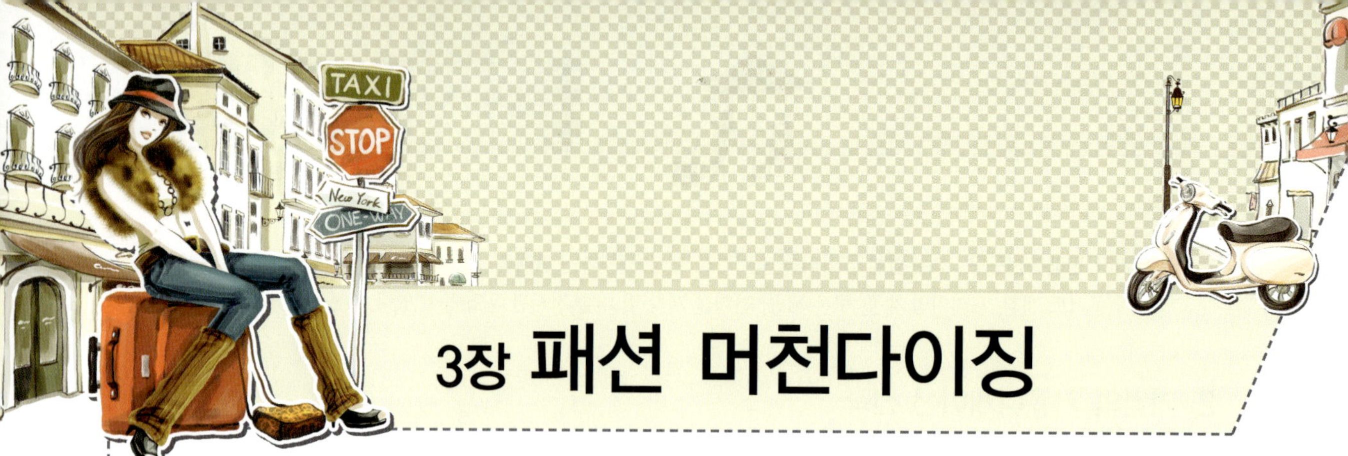

3장 패션 머천다이징

1. 패션 머천다이징의 정의

패션 머천다이징은 소비자의 수요를 예측하고 계획하며, 소비자의 필요와 욕구를 만족시켜줄 수 있는 적절한 품질의 패션제품(Right Product)이나 서비스를 적절한 장소(Right Place), 적절한 시간(Right Time)에 적절한 물량(Right Quantity)과 적절한 가격(Right Price)으로 제공하기 위한 상품기획 및 관리활동을 의미한다.

제조업자와 소매업자를 막론하고 머천다이징의 목표는 적절한 이윤을 내면서 상품을 판매하는 것이지만, 이러한 목표를 달성하기 위해서 제조업과 소매업에서 전개하는 머천다이징의 업무영역은 다소 상이하다. 소매업 머천다이징(Retail Merchandising)은 패션제품에 대한 소비자의 욕구를 파악하는 것에서부터 시작하여 이를 바탕으로 사입상품의 유형과 수량을 결정하고 사입처 선정, 상품 사입, 판매계획 및 판매활동을 수행한다. 즉, 구매활동과 판매활동을 중요한 업무로 보고 있다. 제조업 머천다이징(Product/Manufacture Merchandising) 역시 소비자 욕구의 예측에서부터 머천다이징 활동이 시작하여 정보수집, 소재선정, 상품디자인, 가격결정, 광고와 판매촉진 방법결정, 판매지원 등이 포함된다. 즉, 상품기획 및 개발업무를 주요 업무로 보고 있다.

2. 패션 머천다이징의 단계

머천다이저는 머천다이징 전체의 입안부터 실시하여 수익책임까지 포함하는 폭넓은 업무를 담당하며 패션 메이커에서 머천다이저는 한 브랜드의 총괄 매니저로 위치하고 그 조직에 각종 전문가가 배치된다. 따라서 패션업체의 머천다이징은 상품기획, 디자인, 생산, 가격, 유통, 판촉 등 전 과정을 총괄, 조정하는 개념이다.

패션 머천다이징 과정이란 패션업체가 시즌마다 새로운 상품을 표적고객에게 제공하기 위하여 상품화 과정을 단계적으로 진행하도록 체계화 한 것으로 단계별 업무내용은 다음과 같다.

패션 머천다이징 단계에 따른 업무내용[7)]

프로세스	업무내용	
마케팅 정보분석	1. 마케팅시스템 환경정보	• 패션산업에 영향을 미치는 거시적, 미시적 환경분석
	2. 시장정보	• 소매점조사, 경쟁브랜드조사, 인기상품조사, 시장규모조사
	3. 소비자정보	• 소비자의식, 라이프스타일, 구매행동, 착용경향, 선호도조사
	4. 패션정보	• 해외 패션트렌드, 국내 패션트렌드 조사
	5. 판매실적정보	• 지난 3년간 판매실적 분석, 해당 시즌 판매실적 분석
	6. 국내외학술정보	• 국내외 패션관련 학술정보 분석
	7. 관련산업정보	• 직접, 간접으로 영향을 미치는 관련산업부문 정보 분석
표적시장설정	1. 시장세분화	• 시장세분화 요인에 의한 세분시장 설정
	2. 시장표적화	• 표적시장에 맞는 전략설정 및 라이프스타일 분석
	3. 시장포지셔닝	• 포지셔닝 요인에 의한 브랜드 포지셔닝 작업
머천다이징 컨셉 설정	1. 4P MIX전략	• 상품, 가격, 유통, 판매촉진의 기본방향 설정
	2. B.I. 작업	• 브랜드 아이덴티티 및 페이싱 플랜
	3. 브랜드이미지 설정	• 브랜드이미지 설정, 시즌 컨셉 설정
상품구성	1. 상품구성계획	• 아이템구성 및 스타일수 결정, 상품그룹핑
	2. 예산 및 물량계획	• 가격, 판로, 상품, 조직별, 연간·반기·계절·월별 계획수립
	3. 타임스케줄 작성	• 연간, 시즌별, 월별, 주별, 스케줄 작성 및 관리
디자인개발	1. 디자인컨셉 설정	• 디자인 방향설정, 컨셉의 시각화
	2. 코디네이트 기획	• 아이템, 컬러, 소재, 실루엣, 디테일의 코디네이트 확인
	3. 색채기획	• 컬러 스토리 설정, 아이템별, 스타일별 적용
	4. 소재기획	• 테마별, 품목별, 상품그룹별, 아이템별, 스타일별 적용
	5. 디자이닝	• 디자인스케치 및 컬렉션
	6. 샘플제작 및 수정	• 샘플패턴 제작 및 가봉, 수정
가격결정	1. 가격정책	• 가격결정 방법
	2. 소매가지수	• 소매가지수
	3. 가격수준 결정	• 프라이스 존·라인 결정
품평 및 수주	1. 품평회	• 사내외 품평회
	2. 수주회	• 수주회, 전시회
	3. 수량결정	• 대량생산 수량조절
	4. 테스트 마케팅	• 소비자 모니터링, 안테나 샵 활용, 마켓 테스트 실시
생산	1. 생산의뢰	• 생산의뢰서 작성(수량, 원가, 납기)
	2. 원·부자재 투입	• 원·부자재 투입
	3. 양산용 샘플 확인	• 양산용 샘플 확인
유통 및 판매	1. 유통경로 설정	• 판로결정, 판매방법, 판매시기 확인
	2. 판매기획	• 판매 및 배분계획, 상품설명회, 세일즈미팅, 판매원 교육
	3. 물류관리	• 제품입고 및 출고관리
	4. 판매정보시스템	• POS, POM 시스템 활용
판매촉진	1. 프로모션 계획	• 프로모션 테마 선정, 프로모션 스토리 작성
	2. VM 계획	• 비주얼 프레젠테이션 계획수립
	3. 광고 및 홍보계획	• 광고 및 홍보협의 및 협조, 각종 이벤트 실시

8) 「패션 머천다이징 실제」 이호정 외, 교학연구사(2010)

다음은 패션 머천다이징 과정에 관한 기존의 국내 문헌자료 및 여러 연구 결과들을 분석, 정리한 것으로 한국의 패션 머천다이징은 제조업체의 어패럴 머천다이징을 중심으로 진행되고 있음을 알 수 있다.

패션 머천다이징 과정의 변화[8]

과정	이호정(1993), 고은주 외(2008)	이유순(2002)	장성환(2003)	최선형 외(2005)
기획	1. 마케팅 정보분석 ↓ 2. 표적시장 전략 ↓ 3. 머천다이징 컨셉 ↓ 4. 상품구성기획 ↓ 5. 디자인 개발 ↓ 6. 가격결정 ↓ 7. 품평 및 수주	1. 경영목표 ↓ 2. 물량계획수립 ↓ 3. 상품기획 ↓ 4. 상품설계 ↓ 5. 품평회	1. 정보분석 • 마케팅 환경정보 • 시장정보 • 소비자정보 • 패션정보 • 판매실적정보 2. 상품기획 • 머천다이징 컨셉기획 • 상품구성계획 • 예산계획 • 물량계획 • 머천다이징 캘린더 3. 디자인 개발 • 디자인 컨셉기획 • 색채기획 • 소재기획 및 상담 • 디자인 작업 • 샘플제작 및 수정 • 품평 및 수주	1. 패션마케팅 환경분석 ↓ 2. 예산기획 ↓ 3. 상품개발계획
생산	8. 생산	6. 제품생산	4. 생산 • 생산기획 • 생산의뢰 • 생산투입예비작업 • 원부자재투입 • 생산진행관리 • 가격결정	4. 생산계획
판매	9. 유통 및 판매 ↓ 10. 판매 촉진 ↓ 11. 평가 및 제안	7. 상품출고 ↓ 8. 판매 ↓ 9. 판매분석	5. 유통 • 물류관리 • 유통망관리 • 판매기획 • 영업관리 • VM계획 • 광고 및 홍보실시	5. 판매계획

8) 「패션산업의 환경변화에 따른 패션 머천다이징의 새로운 패러다임」, 장성환, 한국의류산업학회지(2010)

3. 패션마케팅 정보

(1) 패션마케팅 환경구성

① 내적 환경 : 회사가 통제할 수 있는 요인으로 크게 최고경영층이 주도하는 요인과 마케팅 부서가 통제하는 요인으로 나눌 수 있다.
- ㉠ 최고 경영층 주도요인 : 사업영역, 회사의 전반적인 목표, 기업문화, 마케팅 부서의 역할
- ㉡ 마케팅 부서 통제요인 : 표적시장, 마케팅 목표, 마케팅 조직의 구축, 마케팅 믹스의 구성, 마케팅 계획의 통제

② 외적 환경 : 회사가 통제할 수 없는 환경요인으로 크게 과업환경과 거시적 환경으로 나눌 수 있다.
- ㉠ 과업환경 : 패션산업, 소비자, 경쟁업체, 원부자재 공급업체 및 협력업체
- ㉡ 거시적 환경 : 인구통계적 환경, 경제적 환경, 사회문화적 환경, 기술적 환경, 정치·법률적 환경, 생태학적 환경

기업환경의 변화	경제환경의 변화	가치관의 변화	새로운 사상과 의식운동
• 공산주의 몰락 • 국제화사회 • 개방화, 수입자유화 • 기술변화(인간공학) • 민족주의 등	• 소득수준의 향상 • GNI의 상승 • 고도산업사회 • 고도성장사회 • 정보화사회 • 지역별 경제통합추진 • 무역전쟁 등	• 가치관의 다원화 • 자기개발 • 지성과 감성 중시 • 개인생활화 • 건강 중시 • 신 라이프스타일 등장 • 문화생활 중시 • 가족중심주의 • 개인주의 • 편리, 안전, 쾌락주의 등	• 소비자보호 • 환경보호 • 사회복지 • 기업의 사회적 책임 • 집단별 이슈 등

기업의 정책방향	소비자의 의식변화
• 고객중심 정책(욕구충족과 창출) • 상품의 고부가 가치화 • 상품기획력 향상 • 철저한 시장조사분석(국내외) • 기술개발과 품질 향상 • 내수기반 확대와 수출산업화 추진 • 브랜드 차별화와 다양화 • 신소재 개발 • 유통구조의 개선과 A/S • 생산성 향상(자동화, 동작분석) • 기업문화와 후생복지 투자 • 경영조직의 개편과 경영혁신 • 장단기 마스터플랜 수립 • 고급기술인력 양성과 정예인력 양성 • 전문적 대기업화 다국적 기업화 • 사회봉사와 사회적 책임 등	• 교육수준의 향상 • 여가시간, 생활의 즐거움 • 건강중심과 쾌적한 생활공간 중시 • 독자적인 라이프스타일 창조 • 양보다 질 우선(고급품의 대중화) • 상품정보원의 다양화(매스컴) • 합리적인 쇼핑시스템 이용 • 할부구매의 일상화 • 패션 중시(다양화, 고급화, 개성화) 등

• 패션마케팅 환경요인의 변화9) •

---

9) 「패션마케팅」 이부련 외, 형설출판사(1997)

(2) 패션마케팅 정보의 수집

패션마케팅 관리자는 장기적인 관점에서 패션마케팅 활동을 성공적으로 수행하기 위하여 패션업체를 둘러싸고 있는 기업의 내부적·외부적 환경요인(국내의 패션경향, 경쟁사, 소비자, 패션관련산업 등)을 수집 분석해야 한다. 특히 패션산업에서 패션상품의 고부가가치화 현상이나 라이프 사이클의 단축현상은 정보의 중요성을 증대시키고 있다. 정보는 미래의 정책을 입안하고 전략을 수립하기 위한 예측자료이며 패션산업에서 각종 정보를 근거로 한 정확한 패션예측은 패션산업의 기능을 활성화하고 추진력을 강화시키는 역할을 한다. 따라서 패션기업은 패션마케팅에 영향을 미치는 환경적인 요인들을 정확하게 수집하고 분석할 수 있는 접근능력이 무엇보다 중요하다.

주로 패션산업 부문에서 머천다이징에 필요한 정보는 마케팅 환경정보, 패션정보, 시장정보, 소비자정보, 판매실적정보, 국내·외 학술정보, 관련산업부문 정보 등으로 분류된다.

• 마케팅 조사의 방법과 순서 •

4. 표적시장 선정 및 확인

패션시장은 다양한 욕구를 가진 소비자들로 구성되기 때문에 하나의 브랜드가 진출하려는 시장의 모든 소비자들을 만족시킬 수는 없다. 일반적으로 의류업체가 새로운 브랜드를 가지고 시장에 진입할 때, 자사의 기업목표와 자원, 경쟁요인, 성장가능성 등을 근거로 표적시장을 결정해야 한다.

표적시장 선정을 위한 마케팅 절차는 소비자들의 욕구상의 다양성과 차이점이 무엇인지를 파악하는 시장세분화(Segmentation)와 세분화된 고객집단 가운데서 어떤 소비자집단을 목표고객으로 선정해야 하는지를 결정하는 표적시장 선정(Targeting), 설정된 목표시장의 고객들을 대상으로 자사상표를 어떻게 고객의 마음속에 경쟁상표와 차별적으로 자리 잡게 하는가를 결정하는 포지셔닝(Positioning)전략으로 이루어져 있다.

(1) 시장세분화

① **개념** : 하나의 제품시장을 세분화 기준들을 사용하여 여러 개의 동질적인 고객집단으로 나누는 과정으로 정확하고도 치밀한 마케팅을 실행하기 위해 행하는 기업활동이다. 패션기업은 소비자들의 다양한 요구를 정확하게 충족시킬 수 있는 제품을 생산해야 하며, 이를 효과적으로 실행하기 위해서는 이질적인 소비자들을 동질적인 집단으로 군집화하는 시장세분화 전략이 필수적이다.

② **시장의 세분화 방법** : 소비재 시장인지 산업재 시장인지에 따라서 다르며 일반적으로 다음과 같은 여러 변수들에 의해서 세분화할 수 있다. 또한 시장세분화에 사용되는 변수는 매우 다양하지만, 제품구매나 사용과 관련하여 세분시장들 간에 유의한 차이를 보이며, 마케팅 전략 수립에 유용한 시사점을 제공할 수 있는 변수들을 시장세분화의 기준으로 선정하는 것이 중요하다.

   ㉠ **지리적 변수** : 국가, 도시/농촌, 인구밀도, 기후 등

   ㉡ **인구통계적 변수** : 나이, 성별, 소득, 직업, 종교, 교육수준 등

   ㉢ **행동 분석적 변수** : 제품 구매빈도, 사용량, 상표충성도, 가격 민감도, 구매기준 등

   ㉣ **심리 분석적 변수** : 라이프스타일(행동, 관심, 의견), 개성, 이미지 등

   ㉤ **기술적 변수** : 혁신성, 채용한 기술(Digital or Analog) 등

③ **시장세분화의 고려사항** : 시장의 경쟁이 심화되고 구매자의 욕구가 다양해지면서 시장의 세분화 정도가 가속화됨에 따라 하나의 변수에 의존하는 시장세분화는 잘못된 마케팅 의사결정을 하게 될 위험성을 가진다. 따라서 효율적인 시장세분화가 이루어지기 위해서는 시장세분화의 기준변수를 하나만 사용하기보다는 여러 변수의 조합을 사용하는 것이 바람직하다. 또한 시장세분화를 시행하는데 있어 마케팅 관리자는 다음과 같은 사항들을 고려하여야 할 것이다.

   ㉠ 지나친 세분화는 과다한 비용의 소모와 제품 다양화를 야기시켜 경영상의 위험을 초래할 우려가 있다.

   ㉡ 하위시장의 잘못된 선택, 한 시장에 대한 지나친 마케팅 노력의 투입 등은 시장세분화를 전개할 때 반드시 주의를 요한다.

   ㉢ 매출량의 대부분은 다량 사용자가 차지하며, 그들이 유일한 표적시장인 경우나 현 브랜드가 시장에서 이미 지배적 위치를 확보하고 있는 경우는 시장세분화의 전개를 재고할 필요가 있다.

패션 시장의 세분화 변수

소비자 중심 세분화 변수	고객 행동 변수	행동적 변수	• 상품과 관련된 소비자 행동(패션제품의 구매 및 착용행동 등)과 연관이 있는 변수 – 소비자가 추구하는 편익 : 특정 제품을 구매하거나 착용하는 이유(기능적, 감각적, 상징적) – 사용상황 : 일, 여가, 사회적 모임 등 개인 소비자가 제품을 사용하는 상황 – 사용량(착용량) : 다량사용자, 중량사용자, 소량사용자 등 제품을 사용하는 양에 관련된 변수 – 브랜드 충성도 : 특정 브랜드에 대한 호의적인 태도를 가지며 그 브랜드를 반복적으로 구매하는 정도(절대적, 강함, 보통, 약함, 전무) – 착용경험 : 착용자, 이전 착용자, 잠재적 착용자, 최초 착용자
	고객 특성 변수	지리적 변수	• 소비자가 거주하는 지역과 관련 있는 변수 – 지역별 : 대도시, 중소도시, 농어촌 – 도시규모 : 만명 이하, 1~2만, 2~5만, 5~10만, 10~30만, 30~50만, 50~100만, 100만 이상
		인구 통계적 변수	• 연령, 성별, 소득, 종교, 교육수준 등을 포함하는 변수 – 연령 : 0~2세(Baby), 3~6세(Toddler), 7~12세(Child), 13~17세(Junior), 18~22세(Young), 23~27세(Adult), 28~37세(Missy), 38~49세(Mrs), 50세 이후(Silver) – 성별 : 남성, 여성, 공용 – 소득 : 고급주문복(Haute Couture), 디자이너(Designer), 브릿지(Bridge), 베터(Better), 중가(Moderate), 저가(Budget or Mass) – 체형별 : 비만형, 빈약형, 임산부, 지체장애인 등 – 가족구성, 가족 수, 결혼기간, 직업, 학력, 주택형태, 개인·가족소득 등
		심리 분석적 변수	• 소비자의 심리적 특성을 반영하는 변수 – 사회계층 : 직업, 소득, 교육수준, 재산 등에 의해 나타나는 사회적 지위(상상층, 상하층, 중상층, 중하층) – 라이프스타일 : 활동, 관심 및 의견 등과 같이 사람들이 살아가는 방식으로 소비자들의 구매행동의 유형(유행민감형, 품질중시형, 실용중시형, 소극추종형, 유행무관심형) – 개성, 이미지 : 자신을 둘러싼 주변환경에 대하여 비교적 일관성 있고 지속적인 반응을 보이도록 하는 개인의 독특한 심리적 특성(강제적, 사교적, 권위주의적, 야심적 등)
제품중심 세분화변수		패션감각 변수	– 패션연출 : 페미닌, 클래식, 모던, 캐주얼, 스포티, 댄디, 에스닉, 엘레강스 등 – 패션감각 : 컨설버티브, 컨탬포러리, 아방가르드 등 – 패션수용도 : 패션선도자, 패션추종자, 패션전기수용자, 패션후기수용자, 무관심자
		제품 변수	– 아웃웨어종류 : 코트, 수트, 재킷, 블라우스, 셔츠, 원피스, 투피스, 스커트, 팬츠, 점퍼 등 – 가격수준 : Best, Better, Moderate, Popular, Cheap – 브랜드 : 디자이너브랜드, 내셔널브랜드, 수입브랜드, 라이센스브랜드, 프라이비트브랜드, SPA
		유통 변수	– 소매유형 : 백화점, 전문점, 대리점, 할인점, 재래시장, 통신판매, 인터넷 등 – 쇼핑지역 : 패션중심가, 주택가, 아파트밀집상가, 대학가, 도심상가, 재래시장 등 – 영업형태 : 직영점, 대리점

PLUS⁺

▶ **시장세분화의 전제조건**

- 동질성과 이질성 : 시장이 내부적으로 동질성을 갖고 외부적으로 이질성을 보여야 한다.
- 경제성 : 전체시장 또는 세분된 시장의 규모가 별도의 마케팅 믹스를 제공받을 수 있는 정도로 커야 한다.
- 측정가능성 : 세분화 변수를 이용하여 전체 시장을 세분화 하였을 때 각 세분시장의 규모나 구비력 등의 크기가 계량적으로 평가될 수 있어야 한다.
- 접근가능성 : 촉진이나 유통경로가 용이한 접근가능성이 있어야 한다.
- 실행가능성 : 실행가능성이 있어야 한다.

(2) 표적시장 선정

표적시장(Target Market)의 선정이란 '누구(Who)의 어떤(What) 욕구(Desire)를 만족(Satisfaction)시킬 것인가' 라는 시장의 한계를 정하는 것으로 각 세분시장의 매력도를 평가하여 기업에 가장 적절하다고 판단되는 세분시장을 표적시장으로 결정하는 과정이다. 시장세분화에 의해 새롭게 진입하게 될 시장을 선정하게 되며 그것이 목표시장이 된다.

① 각 세분시장의 매력도 평가 : 각 세분시장별로 3C(Customer, Competition, Company)를 중심으로, 시장성, 경쟁수준, 자사의 적합성 등을 평가해야 하는데, 다음과 같은 세분시장의 매력도 평가를 통해 목표시장을 선택하게 된다.

세분시장 매력도 평가 사례[10)]

평가항목	평가요소	평가기준
세분시장 요인	시장규모 시장성장률	• 해당 세분시장이 적절한 시장규모인가? • 성장 가능성이 높은 시장인가? • 각 세분시장별 잠재수요는 어느 정도인가?
경쟁 요인	현재의 경쟁자 잠재적 경쟁자	• 현재의 경쟁자들의 마케팅 활동이 어느 정도로 강력하고 공격적인가? • 새로운 경쟁사의 진입가능성이 높은가? • 현재 또는 잠재적 대체상품은 없는가?
자사와의 적합성 요인	기업목표 자원 시너지효과	• 기업의 목표와 일치하는가? • 인적, 물적, 기술적 자원을 갖추고 있는가? • 기존 브랜드의 마케팅 믹스 요소를 연계해 시너지 효과를 가져올 수 있는가?

② 표적시장 선택 전략 : 시장세분화를 통한 매력도 평가 후 경쟁우위를 획득할 수 있는 세분시장을 선정하게 되는데, 선정된 세분시장은 비차별적 마케팅 전략, 차별적 마케팅 전략, 집중적 마케팅 전략, 완전한 시장세분화 등의 전략 방법을 통해 마케팅 전략을 제시하게 된다.

㉠ 비차별적 마케팅 전략(Undifferentiated Marketing Strategy) : 제품시장을 구성하는 세분시장들 중 가장 규모가 큰 세분시장을 표적으로 하여 하나의 마케팅 믹스 프로그램을 제공하는 전략으로 시장을 세분

---

10) 「패션마케팅」 안광호 외, 수학사(1999)

화하지 않고 전체시장을 대상으로 하는 마케팅 활동이다. 소비자 욕구의 차이보다는 공통점을 발견하는데 초점을 맞춰 모든 소비자들을 충족시킬 수 있는 마케팅 믹스 전략을 실시함으로써 대중시장을 공략할 수 있으며 표준제품의 대량생산을 통해 생산원가를 절감하여 저렴한 가격의 제품을 제공할 수 있다. 예를 들면 내의, 양말, 스타킹, 티셔츠 등과 같이 고객 욕구에서 동질성이 높은 패션제품에 효과적이다. 그러나 최근에는 다양성을 추구하는 소비자들의 수가 늘어남에 따라 동질성이 높은 패션제품에도 다양한 제품들이 제공되고 있다.

ⓛ 차별적 마케팅 전략(Differentiated Marketing Strategy) : 둘 이상의 세분시장들을 표적시장으로 선정하여, 각 세분시장에 적합한 마케팅 믹스 프로그램을 제공하는 전략으로 전체 소비자를 유사한 특징의 소비자끼리 모으고 차이나는 특징의 소비자끼리는 분리시켜 유사성과 상이성에 따라 세분시장을 구분하며 세분화된 각 하위시장의 특징에 맞는 제품을 생산, 판매하는 마케팅 전략이다. 각 세분시장의 욕구가 명확한 경우 매우 효과적인 전략으로 다양한 욕구에 다양한 대응을 할 수 있다.

예 이랜드 : 빨간색을 메인컬러로 중저가 캐주얼 의류시장 개척 → 세분시장별로 각각의 브랜드 런칭 → 비용 증가 → 전체 캐주얼시장에 대한 지배력 강화

ⓒ 집중적 마케팅 전략(Concentrated Marketing Strategy) : 여러 세분시장들 중에서 자사에게 가장 큰 경쟁우위를 제공하는 한, 두개의 세분시장(틈새시장)을 표적시장으로 선정하여 그 시장 내에서 높은 시장점유율을 추구하는 전략으로 기업이 전체시장을 대상으로 하지 않고 시장의 일부에만 집중적으로 마케팅 활동을 하거나 작은 하위시장을 독점상태로 유도하는 마케팅 전략이다. 특정 세분시장에만 집중하여 기업의 한정된 자원의 효율 극대화를 도모할 수 있고 특정시장의 거점을 확보한 다음 기타 세분시장으로 진출할 수 있다.

ⓔ 완전한 시장세분화(Extreme Market Segmentation) : 소비자 개개인의 필요와 욕구를 존중하여 이에 맞는 제품을 생산하는 것으로 비용이 높아지는 단점이 있으나 소비자 욕구를 확실히 충족시켜줄 수 있다는 장점이 있다.

예 남성 고급 맞춤복이나 여성의 드레스류, 무대의상 등

표적시장 선택 전략

비차별적 마케팅 전략	차별적 마케팅 전략	집중적 마케팅 전략
• 한 제품으로 모든 소비자를 만족시키는 전략 • 대량생산, 대량판매규모의 경제 보편적인 제품(스타킹, 메리야스 등) • 소비자의 이질적인 욕구가 미흡하거나, 경쟁이 없어서 이질성에 크게 신경을 쓸 필요가 없을 때 효과적	• 마케팅 비용증가, 매출 증대, 생산비 증가 • 세분시장의 이질성 욕구에 맞춰 세분화된 각각의 시장에 상이한 마케팅 믹스를 적용하는 마케팅 전략	• 고객욕구 변화 시 위험 많음 • 하나의 세분시장에 단일 마케팅 믹스를 집중 • 목표시장에 관한 노하우가 부족하거나 경쟁력이 부족한 신규업체가 해당시장의 위치를 확보하는데 유용한 전략
단일 마케팅 믹스 → 전체시장	마케팅믹스1 → 세분시장1 마케팅믹스2 → 세분시장2 마케팅믹스3 → 세분시장3	단일 마케팅 믹스 → 세분시장1 / 세분시장2 / 세분시장2

(3) 포지셔닝

표적 세분시장이 결정되면 그 시장의 경쟁브랜드를 확인하고 경쟁제품과는 차별적인 특징을 보유하여 표적시장 내 소비자들의 욕구를 충족시킨다는 것을 알릴 수 있는 전략이 필요하다.

제품 포지션(Product Position)이란 특정제품이 경쟁 브랜드들과 비교하여 소비자의 마음속에 차지하고 있는 상대적 위치를 말하며, 제품 포지셔닝(Positioning)은 표적소비자의 마음속에 기업이 원하는 포지션(제품개념)을 구축하려는 노력으로 기업이 경쟁기업에 대해 차별적 우위를 얻기 위해 제품을 비롯한 마케팅 수단들을 사용하여 소비자의 의식에 기업이 의도하는 위치를 정확히 심어주는 과정을 의미한다.

또한 포지셔닝 전략(Positioning Strategy)은 기업이 의도하는 제품속성이나 편익을 소비자의 마음속에 자리매김하는 마케팅 활동(경쟁제품에 대비한 자사제품의 위치를 결정)이라 할 수 있으며, 소비자가 어떤 제품과 관련하여 중요하게 생각하는 속성에 따라 경쟁 브랜드가 차지하는 상대적 위치를 나타내는 그림인 지각도(포지셔닝 맵)를 통해 틈새시장(Niche Market)을 파악하고, 자사제품의 현재위치와 경쟁사의 위치를 파악하게 된다.

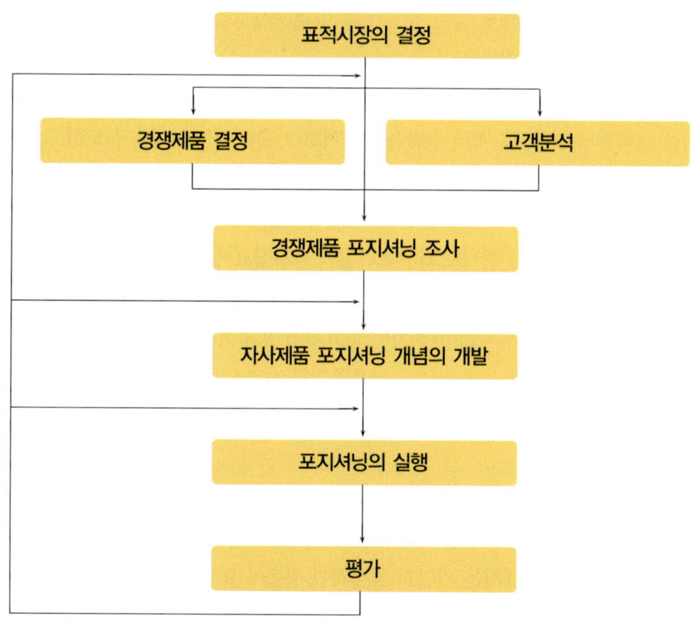

• 포지셔닝 맵의 개발과정11) •

---

11) 「패션마케팅」 안광호 외, 수학사(1999)

① 포지셔닝 전략의 수립과정

| 경쟁사 대비 경쟁적 강점 파악 | → | 적절한 경쟁우위 파악 | → | 선택된 포지션의 전달 |

㉠ 경쟁적 강점 파악 : 기업은 소비자가 자사의 제품을 구매하도록 유도하고 지속적인 고객으로 유지하기 위해서 소비자의 욕구와 구매과정에 대하여 경쟁사보다 잘 이해하고 있어야 하며 그 결과로 경쟁사보다 높은 가치를 소비자에게 줄 수 있어야 한다. 기업은 제품, 서비스, 인적 및 이미지 등으로 경쟁사에 대비하여 차별적인 우위를 누릴 수 있다.

- 제품 차별화 : 기업은 성능, 디자인 등과 같은 제품의 물리적 특성으로 차별화할 수 있다.
- 서비스 차별화 : 기업은 제품의 물리적 특성 이외에 제품의 서비스에 대해서도 차별화할 수 있다.
- 인적 차별화 : 기업은 그들의 경쟁사보다 직원의 선발 및 훈련 등에 많은 노력을 기울여 강한 경쟁적 우위를 누릴 수 있다.
- 이미지 차별화 : 기업이 똑같은 제품을 제공하더라도 소비자는 기업 이미지나 브랜드 이미지로 인해서 그 제품들을 매우 다르게 인식하게 되는 경우가 많기 때문에 기업은 그들의 경쟁사에 대비하여 차별적 이미지 구축을 위한 노력을 기울여야 한다.

㉡ 적절한 경쟁우위의 파악 : 경쟁기업 대비 자사의 강점 파악이 끝난 다음 기업은 그 다음 단계로 과연 어떠한 경쟁우위점을 선택할 것인지, 몇 개의 우위점을 가지고 차별적 포지셔닝을 시도할 것인지를 결정해야 한다.

- 포지셔닝에 사용할 차별점의 수 선택 : 기업을 하나의 차별적 요인으로 포지셔닝 시키기보다는 몇 개의 차별점을 함께 이용해야 한다. 즉 보다 많은 수의 세분시장에 소구하기 위하여 자사제품의 보다 다양한 차별점들을 포지셔닝에 사용해야 한다. 그러나 기업이 자사상표에 대해 다양한 주장을 할수록 소비자들이 신뢰하지 않을 수도 있으며 하나의 확실한 포지셔닝 조차 얻을 수 없는 경우도 있다.
- 차별점의 선택 : 제품의 모든 차별점이 기업의 효과적 포지셔닝에 가치 있는 것은 아니며 각 차별점은 소비자에게 편익을 제공함과 동시에 기업의 비용증대를 가져오기도 한다. 따라서 기업은 차별점이 의미있는 차별화를 위한 도구가 되기 위해서 중요성, 차별성, 우수성, 전달성, 선점성, 가격 적절성, 수익성 등을 고려해야 한다.

㉢ 선택된 포지션의 전달 : 포지셔닝에 사용할 차별점이 선택되면 기업은 표적소비자들에게 바람직한 포지셔닝이 될 수 있도록 차별점을 전달해야 한다. 이 때 모든 기업의 마케팅 전략에 관한 노력은 포지셔닝 전략을 뒷받침해야 하며 포지셔닝을 위해서는 기업의 실질적인 행동이 요구된다.

② 포지셔닝 전략 프로세스 : 기업이 포지셔닝을 마케팅 전략으로 활용하기 위해서는 일반적으로 5단계의 과정을 거친다.

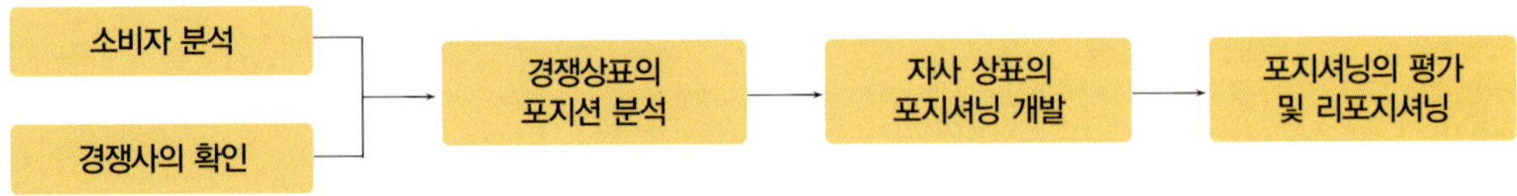

• 포지셔닝 전략 프로세스의 단계[12] •

---

12) 「마케팅」 신길수 외, 세영사(1996)

㉠ **1단계 소비자 분석** : 소비자 조사를 통해 '목표시장의 소비자들이 해당 제품군에서 어떤 속성을 중시하고 있으며, 얻고자 하는 편익은 무엇인가?', '기존제품에 대한 소비자들의 불만족요인은 어떤 것인가?'를 발견하는 단계로 이는 해당 패션제품군의 착용 및 구매행태 조사 등을 통해 발견할 수 있다.

㉡ **2단계 경쟁사의 확인** : 효과적인 포지셔닝이 되기 위해서는 먼저 경쟁상의 우위 요소들이 무엇인지 구체적으로 분석하고 확인해야 한다. 기본적으로 경쟁사가 제공하고 있는 제품이나 서비스가 자사와 어떤 차이점이 있는지를 확인할 필요가 있다.

㉢ **3단계 경쟁상표의 포지션 분석** : 경쟁제품들이 소비자들에게 어떻게 지각되고 평가되어 있는지를 파악하고 통계분석을 통해 포지셔닝 맵을 작성, 경쟁제품들에 대한 소비자들의 지각도를 파악한다.

㉣ **4단계 자사상표의 포지셔닝 개발** : 소비자 분석과 경쟁제품 포지션 분석에 의한 정보를 근거로 하여 경쟁자에 비해 소비자의 욕구를 더 잘 충족시킬 수 있는 적합한 자사제품의 포지션을 결정하는 과정으로 포지셔닝 맵을 통해 소비자들이 경쟁제품과 자사제품에 대해 어떻게 인식하고 있는가를 파악했다면, 다음에는 '충족되지 않는 욕구가 무엇인가'를 비롯해 현재의 세분시장에서 경쟁제품의 강·약점을 파악한다.

㉤ **5단계 포지셔닝의 평가 및 리포지셔닝** : 포지셔닝 전략이 수행된 이후에 마케팅 관리자는 자사 제품이 목표한 위치에 포지셔닝이 되었는지를 확인하여야 하며, 소비자의 욕구와 경쟁을 포함한 여러 가지 환경은 시간의 흐름에 따라 지속적으로 변화되므로 계속적인 조사를 통하여 자사제품의 포지셔닝을 확인하여야 한다. 또한 소비자들의 욕구나 시장의 상황이 변화되는 경우 자사제품의 목표 포지션을 이동시키는 리포지셔닝 (Repositioning)이 필요하다. 리포지셔닝은 자사의 상표이미지나 제품이 현 시장에서 불리한 위치에 있을 때 선택하는 것으로 특히 세분시장에 여러 개의 강력한 브랜드가 있는 경우에는 새로운 시장 공간에 상표 및 상품을 이동하여 포지셔닝 함으로써 보다 나은 경쟁력을 갖출 수 있게 하는 것이다. 13)

③ **포지셔닝 맵의 유용성**14)

㉠ **미충족 수요에 대한 파악 가능** : 시장의 빈 부분을 파악할 수 있으며 새로운 위치화가 가능하다.

㉡ **자사제품의 현 위치에 대한 정확한 파악 가능** : 인지도는 현재 자사제품이 고객에게 어떻게 인식되고 있는지에 대한 정보를 제공해준다.

㉢ **경쟁자의 파악 가능** : 자사제품의 위치 뿐만 아니라 경쟁제품에 대한 파악이 가능하다. 포지셔닝 맵 상에서 거리가 가까울수록 직접적인 경쟁관계를 형성하며 멀어질수록 직접적인 경쟁관계가 아닌 것을 알 수 있다.

㉣ **경쟁강도의 파악 가능** : 현재 자사제품이 소구하고자 하는 위치에 경쟁제품이 많을수록 시장의 경쟁이 심화되고 격렬한 경쟁구도가 되기 쉬우며 고객들의 인식 속에 제품의 차별성이 없는 경우도 경쟁이 치열하다. 따라서 목표로 하는 시장이나 향후 진출하고자 하는 새로운 시장에 대한 경쟁강도를 미리 파악할 수 있다.

㉤ **이상점(Ideal Point)의 파악 가능** : 포지셔닝 조사결과에서 자사상표나 제품이 이상점에 가까이 위치하고 있지 않다면 제품의 속성을 개선하거나 커뮤니케이션 방향의 전환을 통해 이상점에 가까운 위치로 포지션을 이동시키는 마케팅 활동이 필요하다. 만약 제품개선이 용이하지 않은 경우에는 신제품을 개발하는 것까지도 검토할 필요성이 있다.

㉥ **지속적인 지각도 작성에 의해 자사 마케팅 믹스의 효과 측정 가능** : 시계열법, 연도별로 포지셔닝 맵을 작성하여 상표나 제품의 위치변화를 시계열적으로 추적하고 관리함으로써 마케팅 믹스에 대한 효과를 파악할 수 있고 보다 효과적인 마케팅 믹스 전략을 전개할 수 있다.

---

13) 「신제품 개발론」 김원수 저, 경문사(1991)
14) 「패션 머천다이징의 실제」 이호정·정송향 저, 교학연구사(2010)

> **PLUS⁺**
>
> ▶ 포지셔닝의 조건
>
> • 적절한 포지셔닝 표적의 선정
> • 의도한 포지셔닝의 정확한 전달
> • 포지셔닝에 대한 소비자들의 공감대 형성
> • 포지셔닝 확인

5. 머천다이징 컨셉 설정

머천다이징을 효과적으로 시행하기 위해서는 컨셉이 일관되고 명확해야 한다. 머천다이징 컨셉을 설정한다는 것은 표적시장의 고객들을 만족시킬 계절별 신상품을 기획하여 생산, 판매하기 위한 방향을 설정하는 것이다. 특히 패션제품과 같은 부가가치 상품에는 일관성 있는 이미지의 유지가 매우 중요하기 때문에, 시즌별 머천다이징 컨셉은 자사의 브랜드 이미지에 적합하게 설정되어야 한다. 또한 기업의 경쟁력을 강화시키기 위하여 자사상표의 이미지를 일관성 있게 유지하면서도 새로운 패션경향을 수용하여 해당 시즌 테마(Theme)를 결정하게 된다. 이러한 기획과정의 수행 시 각 부서간의 커뮤니케이션을 위해 시각적인 맵(브랜드 컨셉 맵, 시즌 테마 맵)과 차트가 유용하게 이용된다.

머천다이징 컨셉 설정

상품전략	감도전략	고감도, 중감도, 저감도
	패션이미지전략	모던, 페미닌, 클래식, 캐주얼, 스포티, 하드, 매니시, 댄디
	상품구성전략1	토털 코디네이션, 단품 코디네이션, 아이템구성
	상품구성전략2	중점상품, 보완상품, 전략상품 비중 또는 트렌드, 뉴베이직, 베이직 비중
	생산수량전략	다품종 소량생산, 중품종 중량생산, 소품종 다량생산
가격전략	가격전략	원가가산법, 목표수익률 기준법, 경쟁자 기준법, 소비자의 지각된 가치 기준법
	가격수준전략	고가격, 중가격, 저가격
	매상목표전략	연간, 계절별, 월별, 주별, 일별
	이익전략	고마진, 중마진, 저마진
유통전략	영업형태전략	전시회, 수주판매, 위탁판매
	판로전략	백화점, 전문점, 할인점, 홈쇼핑, 대리점, 직영점, 인터넷 쇼핑몰
	지역전략	서울, 대도시, 중도시, 소도시
	점포전략	점포한정, 점포적극 확대
판매전략	인적판매전략	신용판매, 대인판매, 통신판매, 전화판매, 방문판매
	광고전략	잡지, 인터넷, 광고, TV, 라디오, 교통광고, DM
	VM전략	매장입지조건, 매장외관, 디스플레이, 상품진열
	홍보 및 이벤트전략	패션쇼 및 박람회 참가, 잡지, 신문, 캠페인, 다이렉트 메일, PPL

6. 상품구성과 물량계획

패션머천다이저는 상품구성계획과 예산계획을 세우고 구체적인 타임스케줄을 작성하여 업무를 체계적으로 진행해야 한다. 이때 전체 패션시장의 규모, 자사의 시장점유율, 전년도 매출액 대비 성장가능성을 바탕으로 계절별 상품구성과 생산물량을 결정한다.

상품구성(제품믹스)은 각 브랜드에서 시즌별로 생산하여 판매할 제품계열(Product Line)과 품목(Item)에 대한 계획으로 패션계열제품은 제품의 유행성 정도에 따라 베이직, 뉴베이직, 트렌디 상품군으로 분류된다. 예산이란 현시점 이후의 일정기간 동안의 활동계획을 금액으로 표현한 것으로 머천다이징 예산은 일반적으로 차기년도 1년간의 판매예상계획, 입고계획, 영업활동계획, 판매촉진 계획, 상품재고 계획을 예산화하는 것이다. 특히 판매예산은 기간별, 판촉별, 상품별, 조직별에 따라 편성된다. 타임스케줄은 상품이 매장에 출하되는 시점을 기준으로 연간, 계절별, 월별, 주별 계획을 세워 효율적으로 머천다이징 스케줄을 관리한다.

◆ 2008 Year Planning Schedule

Hangten Casual

NO	Check list	Code
1	Season Analysis	SA
2	Season Review	SR
3	Planning	PN
4	Sampling	SP
5	Fabric research	FR
6	Salecting	ST
7	PRESENTATION	PT
8	Sales Meeting	SM
10	TEC-PAC	TP
11	Question/Fix	Q.T Fix
16	ESD(Fir)	ES
17	ELD(Wed)	EL
18	해외출장	PM

ISSUE	백화점세일(7/4~) 초복(7/15) 제헌절(7/17)	하계휴가시즌 광복절(8/15) 중국북경올림픽 (중하순) 가을학기개강(8/28)	개점행사 추석(9/13~15)	국군의 날(10/1) 백화점세일(10/3~) 행텐데이(10/10) 중간고사(10/20~)	빼빼로데이(11/11) 수능시험(11/13) 추수감사절(11/25)	백화점세일(12/5~) 기말고사(12/15~) 크리스마스(12/25) 송년회시즌(12/19~)	신정(1/1) 백화점세일(1/4) 구정(1/25~27)
THEME	Dream on the beach	The taste of fall	Thanks gift time	Change up bomb collection	Let's go winter	Happy X-mas & Love	
SALES POINT	휴가전 on time leek (Beach look) MD : 원피스 + 스커트, 팬츠 + 나시 여름상품 세일	가을신학기 제안 MD : 간절기TEE + 청바지 자켓 + 점퍼 + 셔츠 여름상품 세일	가을상품 집중화 MD : 자켓 + 롱점퍼 + 청바지 비즈니스라인	백화점세일대비 사전행사 MD : 터틀니트 + 봄버점퍼 패딩점퍼 + 청바지	가을세일, 겨울상품 집중화 MD : 디터쳐블점퍼 +터틀티 스웨터 + 티셔츠 + 기모면바지	겨울상품 소진집중, 연말파티룩 MD : 웰론점퍼 + 기모바지 방모코트 + 본딩바지 + 알파카 gift sale	
PROMOTION	PRINTED ONE-PIECE N/C SKIRT, HALF PANTS SLEEVELESS TEE BEACH ACC.	JERSEY HOOD TEE PROMOTION TEE POLY SPAN PANTS	COTTON JACKET N/C LONG JUMPER NAPPING HOOD TEE DENIM PANTS	PADDING BOMB JUMPER TURTLE KNIT DENIM PANTS SPOT TEE	OUTER JUMPER TURTLE KNIT, CARDIGAN NAPPING COTTON PANTS NAPPING HOOD TEE	P-COAT, DUFFLE COAT WELLON PADDING JUMPER POLY BONDDING PANTS CORDU	
V.M.D/ ADVERTISING	MEN'S : UK04, UK05, GA01, GA02, MA40, MA41 WOMEN'S : GK04, GK05, GK16	MEN'S : MC20, MS10, MS11, WOMEN'S : GC20, GC21 GL07					
REMARK			유럽시장조사 (9/24~29)		일본시장조사 (11/19~22)		

• 행텐 캐주얼 타임스케줄 •

(1) 상품구성(제품믹스)

① **패션제품믹스의 구조** : 패션업체의 전체 제품 구성은 제품믹스에 대한 분석을 통해 이해될 수 있다. 제품믹스(Product Mix)는 패션업체가 제공하는 모든 개별 제품들의 집합 및 구색을 말한다. 한 회사의 제품믹스 구조는 제품믹스의 넓이, 길이, 깊이로 파악될 수 있으며 효율적인 제품관리가 이루어지기 위해서는 제품들 간의 일관성(Consistency)이 요구된다. 일관성은 패션업체가 취급하는 다양한 제품계열들이 동일한 최종 사용자, 생산, 유통경로를 사용하는데 있어서 얼마나 가깝게 관련되어 있는가를 말한다.

② **제품믹스의 넓이(Width)** : 패션업체가 취급하는 제품계열의 수를 말한다. 제품계열은 서로 유사한 기능을 수행하거나 동일한 고객에게 판매되거나 혹은 동일한 유통경로를 이용하기 때문에 밀접하게 관련된 제품들의 집합으로 정의된다. 패션업체에 따라 제품믹스의 넓이가 서로 다를 수 있는데 토털패션을 추구하는 패션업체는 여성의류, 남성의류, 캐주얼의류, 아동의류, 제화류, 액세서리류 등의 넓은 제품넓이를 가지고 있을 수 있으나 여성복 상표만을 갖는 소규모의 패션업체는 좁은 제품믹스의 넓이를 갖는다.

③ **제품믹스의 길이(Length)** : 각 제품계열이 거느리고 있는 제품군의 수를 말한다. 제품믹스의 길이도 패션업체에 따라 다른데 여성복에 있어서는 재킷, 스커트, 슬랙스, 블라우스, 원피스, 코트, 니트류 등이 제품믹스의 길이에 해당된다.

④ **제품믹스의 깊이(Depth)** : 특정 제품계열 내의 각 제품이 제공하는 아이템의 수로서 각 제품이 얼마나 다양한 아이템을 판매하고 있는지를 반영한다. 아이템은 고유의 스타일 번호(Style Number)로 표현되며, 제품믹스의 깊이는 얼마나 다양한 스타일과 다양한 색상 및 사이즈를 제공하느냐에 의해 결정된다. 제품믹스의 깊이도 패션업체에 따라 다를 수 있으며 여성의류에 있어서 여러 스타일의 재킷으로부터 각각의 재킷이 제공하는 여러 종류의 색상과 다양한 사이즈 등이 제품믹스의 깊이를 결정한다.

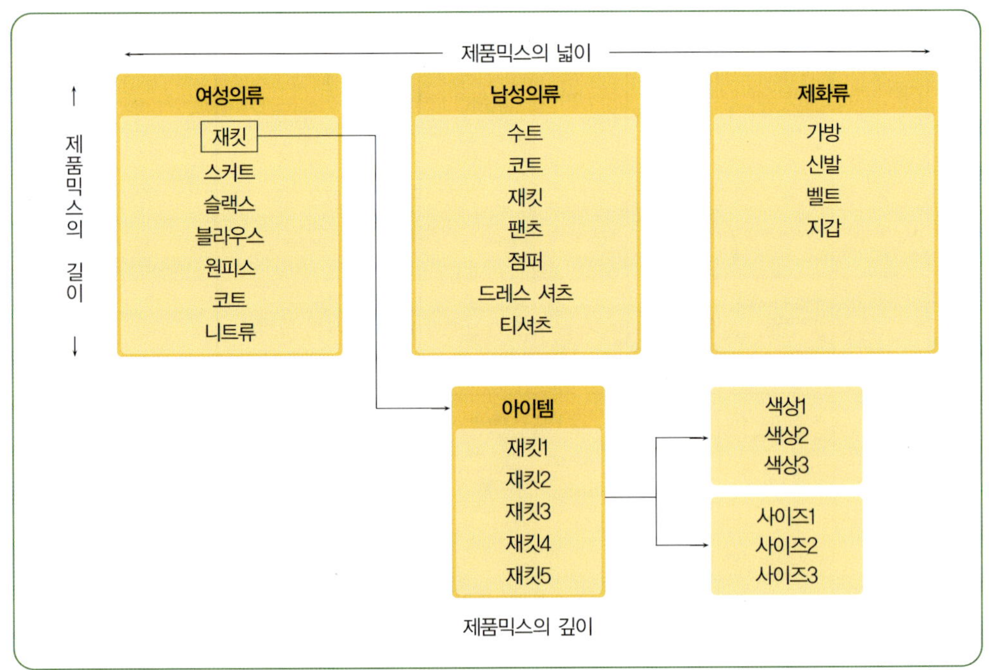

• 패션업체의 제품믹스 15) •

---

15) 「패션마케팅」 안광호 외, 수학사(1999)

(2) 패션 브랜드 관리

① 브랜드 관리 : 브랜드란 소비자로 하여금 판매자 혹은 판매자 집단의 제품이나 서비스를 식별하고 경쟁자의 제품이나 서비스를 구별하도록 의도된 이름, 용어, 기호, 심벌, 디자인 혹은 이것의 조합을 말한다(미국마케팅학회). 여기서 식별이란 누가 만든 제품인지 알 수 있게 해 준다는 의미를 말하고 구별은 경쟁사와의 차별화를 의미하며 나아가 소비자로 하여금 우리 브랜드를 선택하는 이유를 말한다. 의도되었다는 것은 기업이 소비자에게 기대하는 이미지를 전략적으로 구축하는 브랜드 정체성(BI ; Brand Identity)을 의미하며 이는 기업의 마케팅 커뮤니케이션의 총체적인 활동으로 나타나게 된다. 또한 브랜드는 마케팅 믹스 요소 가운데 제품(Product)의 하위개념으로 제품과의 상호보완 관계가 있다. 즉 로고타입 등의 단순히 시각적 정체성(VI ; Visual Identity)만을 의미하는 것이 아니라 제품의 의미나 제품개발의 방향설정, 컨셉과 타깃, 포지셔닝의 프레임(Frame)을 제공한다.

소비자 측면에서 브랜드는 특정 브랜드의 이미지나 개성을 이용해 자신의 개성과 이미지 연출이나 신분을 과시하는 수단으로 활용되기 때문에 상품은 모방할 수 있지만 브랜드는 모방할 수 없다. 패션 브랜드는 브랜드의 소유권 기준과 기업의 마케팅 정책에 따라 다음과 같이 분류할 수 있다.

② 패션 브랜드의 분류

ㄱ 브랜드 소유권 기준에 따른 분류

- 제조업자 브랜드(NB ; National Brand) : 제조업자가 직접 생산, 전국을 대상으로 영업하는 브랜드를 말한다. 생산자 브랜드 또는 제조업체 브랜드로 통칭되며, 고객 측면의 내셔널 브랜드는 상품선정 기준과 신뢰의 근거가 된다. 메이커가 직접 생산, 판매하는 이유는 상품에 대한 강력한 통제가 가능하고 고객에게 전달되는 상품이미지를 직접 관리해 통일되고 일관성 있는 브랜드 이미지를 유지할 수 있기 때문이다.

- 유통업자 브랜드(PB ; Private Brand) : 백화점이나 홈쇼핑업체, 대형마트 등의 유통업체가 독자적으로 개발한 상품을 말한다. PB는 중간마진이나 광고비 등을 없애고 포장을 간소화하는 원가절감을 통해 저가격으로 NB와 동등한 품질의 상품을 제공할 수 있다. 백화점이나 패션전문점 같은 유통업체가 패션제품 개발을 위해 제품에 대한 컨셉이나 디자인 등의 상품기획을 직접 담당하고, 생산은 제조업체에 의뢰하는 경우나 유통업체가 상품기획에서부터 완제품 생산까지 특정 제조업체에 의뢰하는 경우, 그리고 유통업체가 직접 상품기획에서부터 생산하는 경우 등으로 PB를 진행하게 된다.

- 디자이너 브랜드(DB ; Designer Brand) : 디자이너의 명성을 상표명으로 전개하는 것을 말한다. 일반적으로 디자이너 브랜드는 희소성과 신비감을 위해 특정계층 대상으로 한정된 제품을 생산 판매한다. 이러한 디자이너 상품이 퍼스트 라인 브랜드(First Line Brand)이며 디자이너의 캐릭터를 유지하면서 연령 가격을 차별화해 중상류층의 브랜드 지향력이 강한 소비자를 대상으로 대중적 수요를 위해 개발한 상품을 세컨라인 브랜드(Second Line Brand)라고 한다. 예를 들어 GIORGIO ARMANI, Calvin Klein은 퍼스트 라인 브랜드이고, A/X, CK는 세컨드 라인 브랜드이다.

- 라이센스 브랜드(LB ; Licensed Brand), 수입 브랜드(IB ; Imported Brand) : 기업이 상품의 제조와 판매를 상표주로부터 허가 받는 조건으로 일정한 금액을 상표주에게 지불하는 일련의 계약조건에 따라 사용되는 상표를 말한다. renoma, ELLE 등의 브랜드는 라이센스 브랜드이나 Prada, CHANNEL 등의 수입 브랜드는 상품의 판매만을 허가 받는 조건으로 계약되는 브랜드이다. 라이센스 브랜드와 수입 브랜드의 차이는 국내 생산여부이다. 라이센스는 국내에서 생산 및 판매하고, 수입 브랜드는 본사의 완제품을 수입을 통해 국내에서 판매만 할 수 있는 브랜드이다.

ⓒ 기업의 마케팅 전략에 따른 브랜드 분류

- 개별 브랜드(Individual Brand) 전략 : 국내 패션기업에서 가장 많이 활용하는 브랜드 정책으로 하나의 브랜드에 하나의 컨셉을 추구하는 브랜드 전략이다. 기업이 개별 브랜드 전략으로 특정제품군의 시장에 집중하게 되면 멀티 브랜드(Multi Brand) 전략을 취하게 되는데 멀티 브랜드란 동일한 패션제품군 내에서 두 개 이상의 개별상표명을 개발·사용하는 전략을 말한다. 일반적으로 처음에는 개별 브랜드로 시장에 런칭하였지만 해당 브랜드가 성공한 후에는 패밀리 브랜드(빈폴) 혹은 기업 브랜드(이랜드)가 되는 경우가 있다. 하나의 브랜드에 독자적인 이미지 품질 가격 편익을 가짐으로써 고유의 브랜드 아이텐티티를 갖고 있고 포지셔닝이 명확한 장점이 있는 반면 브랜드마다 별도의 상품구성, 광고, 판촉, 유통 등의 운영측면에서 마케팅 비용이 많이 소요된다는 단점이 있다.
- 패밀리 브랜드(Family Brand) 전략 : 개별 브랜드 전략과는 달리 한 기업에서 유사한 성격의 상품군에 대해 한 가지 브랜드명으로 전개하는 경우를 패밀리 브랜드 전략이라고 한다. 이는 기존의 성공한 브랜드명을 출시되는 모든 제품군에 공동으로 사용하는 전략으로, 한 패션제품에 부착하여 성공을 거둔 기존 상표명을 다른 패션제품 범주의 신제품에도 공동으로 사용하는 상표확장 전략을 취하게 된다. 패밀리 브랜드 전략은 기존의 성공한 모 브랜드의 명성을 새로운 신상품에 그대로 전이시킴으로써 신규 브랜드 런칭의 성공가능성을 높일 수 있고 마케팅 비용을 절감할 수 있지만 모 브랜드를 사용하는 다양한 제품군 가운데 한 제품이라도 이미지가 나빠지면 다른 제품과 모 브랜드에도 부정적인 영향을 미칠 수 있다는 단점이 있다.
- 혼합 브랜드 전략 : 혼합 브랜드 전략은 목표 고객층에 따라 전략적으로 활용되어야 하는데, 기업명과 개별상표를 함께 사용할지 혹은 어떤 것을 강조할지 등에 관한 브랜드 전략이다. 신세대 시장을 공략하고자 하는 브랜드의 경우 기업명이 오래된 경우나 패션제품의 이미지가 약하다면 기업명을 제외한 개별 브랜드 전략이 효과적이다. 반면 어덜트(Adult) 시장을 대상으로 한 대기업의 패션제품의 경우에는 기업 브랜드와 개별 브랜드를 함께 사용하는 것이 효과적이다.

(3) 예산계획[16]

머천다이징 활동에서의 예산계획은 기획입안된 상품기획, 생산기획, 판매기획에 관한 내용을 수치로 표현하는 것이다. 예산설정은 각 활동의 목표를 설정하는 것이며, 최종적인 결과(실적)가 나올 때 활동이 잘 이루어졌는지를 판단하는 수단으로 이용된다.

① Brand 규모 : 매장 수, 판매율(정상판매율, 세일판매율), 소매가지 수, 총 생산액 및 총 판매가, 총 판매목표액, 총 생산원가(연간 생산액), 판매목표액, 매출금액, 재고처리, 생산금액 등

② 상품전략 : S/S, F/W 상품구성(아이템, 스타일 수, 매출구성비, 중심가격대)

③ 월간 생산계획 : 월별 생산원가 및 판매가, 스타일당 생산수량

④ 생산량 : 아이템, 요척, 소재가격, 부자재가격, 가공임, 평균소재가격

⑤ 아이템별 구성 비율 : 아이템 구성비, 생산수량, 스타일 수, 스타일당 생산수량, 생산원가

⑥ 매출계획 : 매출금액, 생산금액, 상품재고, 판매율

⑦ 사입단가 : 총 생산금액, 배율, 원가

⑧ 유통 비용 : 판매수수료, 부가가치세

---

16) 「패션 머천다이징 실제」 이호정 · 정송향 저, 교학연구사(2010)

⑨ **점포계획** : 점포위치 및 점포수, 면적, 오픈 일자, 인테리어 비용
⑩ **일반관리비**
  ㉠ **인원 및 급여** : 머천다이저, 디자이너, 영업사원, 생산사원, 패터니스트, 점장, 판매사원 등의 인원 및 월급과 보너스
  ㉡ 프로모션 총 비용
  ㉢ 판촉비, 예비비
⑪ **월별 자금운용 계획** : 월별 급료, 광고비, 판촉비, 예비비, 상품대금, 감가상각비
⑫ **손익계산서**
  ㉠ 매출, 매입, 매출원가, 매출이익
  ㉡ 유통 코스트, 일반관리비, 감가상각비
  ㉢ 경상이익
  ㉣ 상품재고

7. 디자인 개발

각 브랜드별로 계절별 상품기획 방향이 정해지면 디자이너들은 구체적으로 디자인을 개발하여 이를 완제품으로 제작해야 한다. 디자인 개발과정은 회사의 규모나 브랜드 특성에 따라 다소 차이가 있지만 일반적으로 '디자인 컨셉 결정 → 색상기획 → 소재기획 → 디자인 → 샘플제작 및 수정의 과정'을 거친다.

8. 가격결정

패션 머천다이저는 최적의 가격결정을 위해 제품원가와 소비자의 지각된 가치, 경쟁사의 제품가격 등을 고려해야 한다. 적정가격이란 구매자가 용이하게 상품을 구입할 수 있는 가격이어야 하며, 제조원가와 판매가격 그리고 일반 관리비를 제하고 일정 이익이 확보될 수 있는 가격이어야 한다. 또한 판매가격의 결정은 원가요인, 소비자의 지불능력, 경쟁사의 가격결정 등이 주요 요인이나 패션상품의 경우는 브랜드 이미지, 디자이너의 명성도, 패션정보 가치, 판매방법 등 심리적인 요인 및 브랜드 가치, 디자이너의 지명도 등에 따라 가격결정 기준이 다른 경우가 일반적이다. [17]

(1) 가격결정 방법

가격을 결정하는 방법도 기업마다 다르게 적용되지만 기업의 목표 및 가격정책에 따라 제품원가 중심·소비자 중심·경쟁제품 중심으로 가격을 결정한다.

(2) 가격의 조정

여러 가지 방법에 의해 결정된 가격은 그대로 소비자 가격으로 결정될 수 있지만 여러 가지 요인으로 경우에 따라 조정될 수 있다. 마케팅 관리자는 소비자 심리를 고려하거나 판매촉진에 의한 가격할인을 통해 소비자 가격을 조정할 수 있다.

---

17) 「패션 머천다이징 실제」 이호정·정송향 저, 교학연구사(2010)

① 소비자의 심리에 근거한 가격결정 방법 : 심리적 가격결정(Psychological Pricing) 방법이란 소비자들의 심리적 상태 또는 일상적인 구매패턴을 감안해 제품가격을 설정하는 방법이다. 기업은 가격을 내렸을 경우에는 인하된 사실을 강하게 인식시키고, 가격을 올렸을 경우에는 가격인상을 약하게 인식하도록 소비자들의 가격지각을 통제하고자 할 것이다.

㉠ 단수가격(Odd Pricing) 정책 : 단수가격 정책은 제품가격을 100원, 1,000원 등과 같이 화폐단위에 맞게 책정하는 것이 아니라 그보다 조금 낮춘 99원, 990원 등으로 책정하는 것이다. 단수가격정책의 목적은 소비자들에게 제품 가격이 정확한 계산에 의해 가장 낮게 책정되었다는 인식을 심어주기 위한 것으로 실제 가격 차이보다 소비자가 지각하는 가격차이가 훨씬 크다.

㉡ 준거가격(Reference Pricing) 정책 : 준거가격 정책은 소비자들이 제품가격의 고 · 저를 평가할 때 비교기준으로 사용되는 가격을 고려하여 가격을 책정하는 방법이다. 소비자는 자주 구매되는 상표의 가격, 과거에 지불된 가격, 유사제품의 평균가격 등을 이용하여 준거가격을 형성할 수 있다. 어떤 제품의 가격이 자신의 준거가격보다 높으면 비싸다고 지각하고, 준거가격보다 낮으면 싸다고 지각할 것이다. 준거가격과 상품가격의 차이를 거래효용이라 하며 거래효용이 없으면 소비자들은 소비에 만족감을 느끼지 못한다.

② 판매촉진 수단으로서의 가격조정 : 이는 제품가격이 결정된 상태에서 단기적으로 소비자의 구매를 증대시키기 위한 판매촉진 전략의 일환으로 가격을 낮추는 경우와 중간상들에 대한 유인책으로 가격을 조정하는 것이다.

㉠ 소비자들을 대상으로 한 가격할인

- 유인가격(Loss-leader) : 백화점이나 의류소매업 등에서 소비자들에게 잘 알려진 제품의 가격을 매우 저렴한 가격으로 판매함으로써 소비자들에게 그 점포의 가격수준이 매우 낮다는 이미지를 심어주기 위한 전략이다. 이때 이 제품은 비록 그 제품 자체로서는 손실을 초래하나 다른 제품의 판매를 유도(Leading)하는 역할을 하게 된다.
- 세일행사(Bargain Sale) : 백화점 등에서 일정기간 동안 취급품목의 대부분을 할인가로 판매하는 방법으로 단기적인 매출의 증대와 상품회전을 통한 재고감소의 효과가 있다.
- 수량할인(Quantity Discounts) : 이는 고객이 많은 양을 일시에 구입하는 경우 현금할인을 해주는 것이다. 물론 제조업자는 재고소진을 통한 관리비 및 보관비의 절약 등으로 자금상의 혜택을 받게 되며 이 중의 일부를 고객에게 나누어준다. 예를 들면 한 벌의 티셔츠를 사면 같은 가격대의 티셔츠를 한 벌 더 준다던가 묶음으로 된 양말을 저렴하게 판매하는 것을 들 수 있다.
- 계절할인(Seasonal Discounts) : 제품판매에 있어 계절성이 있는 경우 비수기에 제품을 구매하는 고객에게 할인혜택을 주는 것으로 예를 들면 스키용품회사나 모피의류업체들이 최종 소비자들을 대상으로 성수기와 비성수기의 제품가격을 차별적으로 책정하는 것도 계절할인의 일종이다.

㉡ 중간상에 대한 가격할인 : 제조업자는 자사의 제품판매를 원활히 하기 위해 중간상에게 여러 가지 할인을 실시한다. 중간상에 대한 할인으로는 소비자들을 대상으로 한 가격할인을 포함하여 현금할인, 거래할인, 촉진공제 등이 있다.

- 현금할인(Cash Discounts) : 제조업자와 중간상 간의 거래는 대부분 현금구매가 아닌 어음 등을 이용한 외상거래에 의해 이루어지는데 물량이 많은 경우 이는 제조업자에 자금압박을 가져오게 한다. 이를 해결하기 위해 중간상이 제품을 현금으로 구매한 경우, 또는 대금 지급을 일찍 하는 경우 제조업자는 판매대금의 일부를 할인해 주게 되는 것이다.

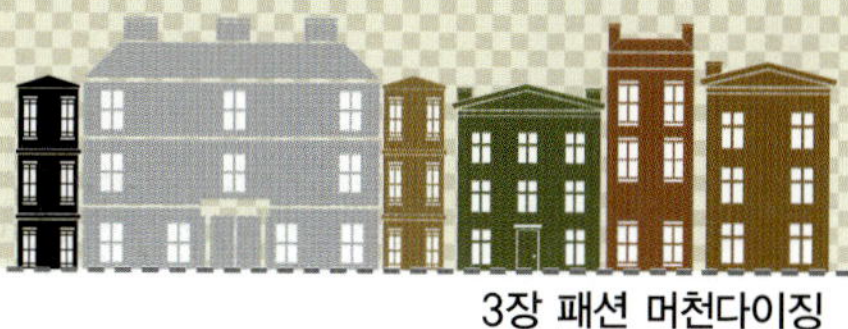

- 거래할인(Trade Discounts) : 중간상이 제조업자가 수행하여야 하는 업무의 일부를 수행할 경우 이에 대한 보상으로 예를 들면 중간상이 보관, 거래기록 및 적극적 판매를 수행할 경우 제조업자가 그 경비를 일부 부담하는 경우를 들 수 있다.
- 촉진공제(Promotional Allowances) : 중간상이 제조업자를 위해 지역광고를 하거나 판촉을 실시할 경우 중간상들에 대한 보상으로 가격에서 일부를 공제하는 것이다.

9. 품평 및 수주

품평회란 디자인실에서 제안한 상품 중에 상품성이 있다고 판단하여 차기 시즌에 대량생산할 디자인들을 최종 선택하는 과정을 말한다. 품평회의 목적이나 규모, 참석자 등은 각 의류업체나 브랜드의 특성에 따라 차이가 있으나 크게 사내품평회와 사외품평회로 나눌 수 있다. 수주는 의류업체가 품평회를 통해 선별된 디자인들을 유통업체 구매담당자에게 제시하고 그들로부터 주문을 받는 것이다. 수주회의에는 각 의류업체의 패션상품을 최종 소비자에게 판매하는 중간상(패션 도·소매업체의 바이어나 점포주)이 참석하여 구매할 디자인(스타일)과 수량을 결정한다.

10. 생산기획

기획안에 의하여 샘플이 만들어지면 품평회 및 수주회에서 스타일과 생산량이 결정되고 대량생산이 이루어지며 대량생산을 위한 작업지시서를 정확하게 작성하게 된다.

생산기획이란 상품화할 디자인을 회사의 이용 가능한 원부자재, 인력, 기계/설비, 정보를 활용하여 최소의 비용으로 소비자들을 만족시킬 수 있는 패션상품으로 만드는 것이다.

대부분의 의류제조업체들은 봉제과정을 외부의 하청업체(Contractor)에게 의뢰하고 있다. 이때 하청업체란 의류를 봉제해 주는 독립된 의류생산업자들로 아웃소싱업체이다.

(1) 자체생산

의류업체 부서 간의 긴밀한 협력관계를 구축할 수 있고 품질관리와 검사가 용이하며 자사의 강점이나 생산 노하우를 지킬 수 있다. 반면 기계설비, 공장건설, 인건비 등 고정비용이 많이 들고 노사대립 등의 문제가 발생할 수 있다.

(2) 하청생산

공장, 기계설비 비용이 들지 않아 생산비용을 절감할 수 있고 노동조합 등에 신경 쓸 필요가 없으며 수요에 따라 생산량을 유연하게 조절할 수 있다. 반면 제품의 품질관리와 검사가 어렵고 본사와 아웃소싱 업체 간의 커뮤니케이션 문제가 발생할 수 있으며 특히 글로벌 소싱일 경우 납기일 등이 오래 걸려 유행 지향적인 상품은 적시에 공급하기 어렵다.

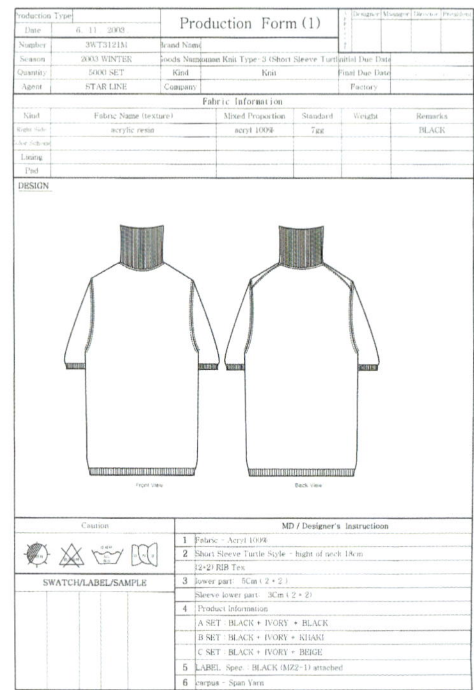

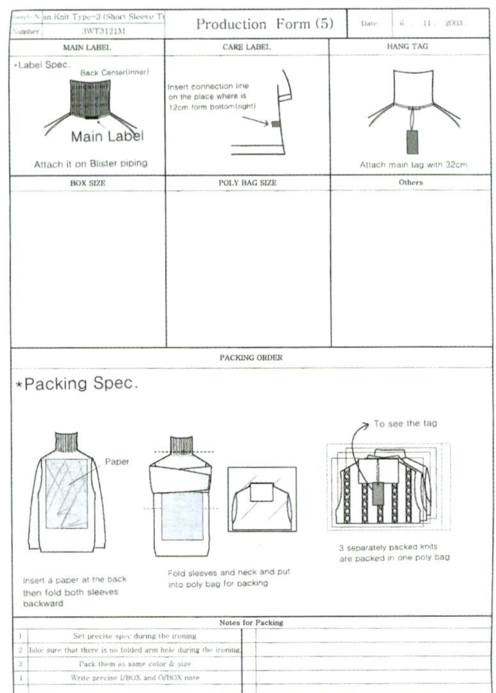

• 작업지시서 예시 •

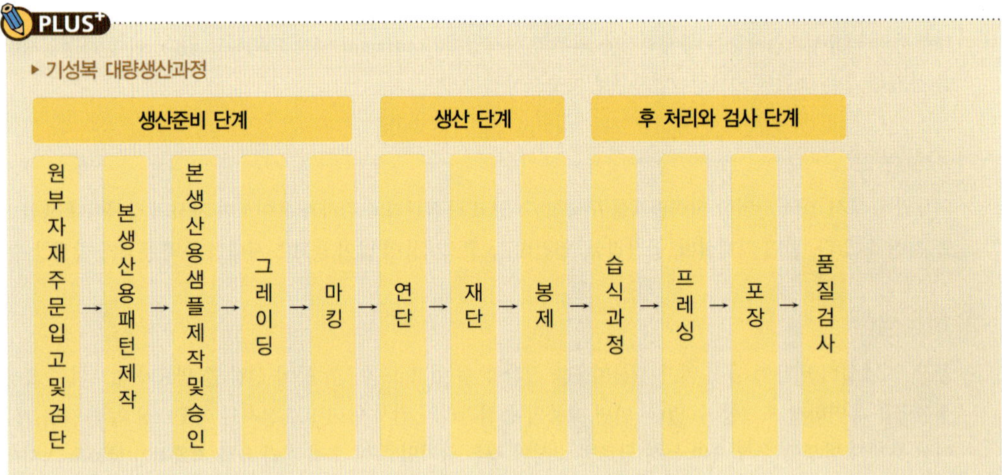

PLUS+
▶ 기성복 대량생산과정
생산준비 단계
생산 단계
후 처리와 검사 단계
원부자재 주문입고 및 검단
본생산용 패턴제작
본생산용 샘플제작 및 승인
그레이딩
마킹
연단
재단
봉제
습식과정
프레싱
포장
품질검사

생산지시서

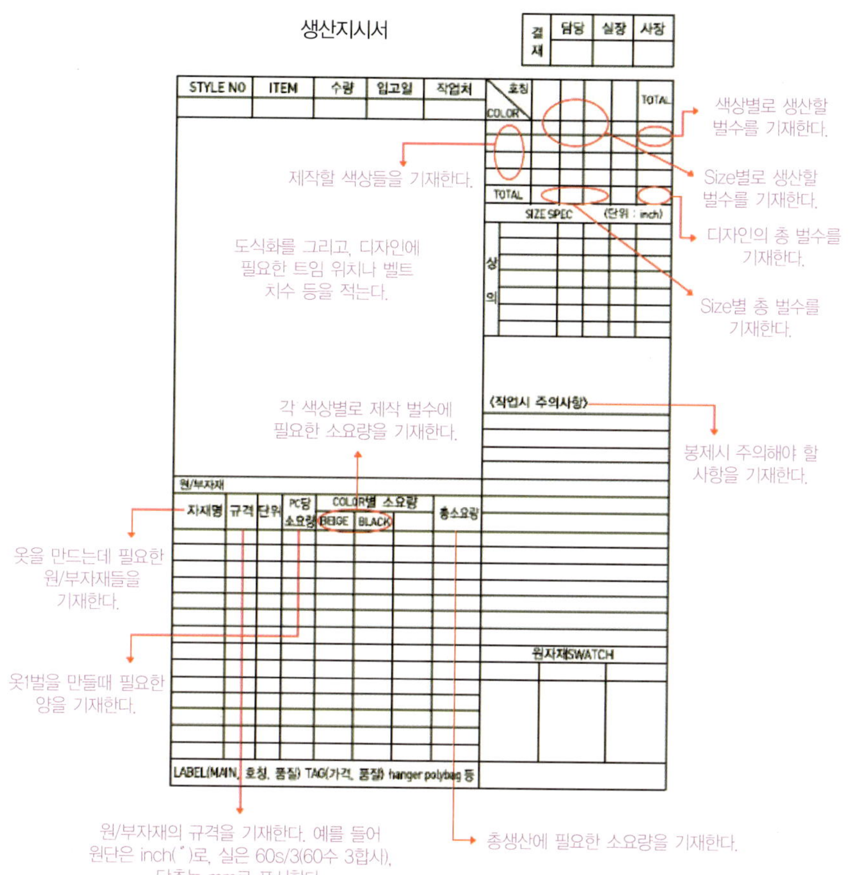

• 생산지시서 작성요령 18) •

---

18) 「패션도식화와 작업지시서」 안현숙, 김선희, 배주형 공저, 일진사(2003)

11. 판매 및 유통기획

판매 및 유통기획이란 계절별 패션상품을 적기에 의류제조업체로부터 최종소비자에게 원활하게 공급하기 위해 유통경로를 구상하고 설계하는 것을 말한다. 사입제에 의해 패션소매상에게 제품을 공급하는 의류업체는 수주회의를 통하여 공급량 및 납품시기를 미리 결정한다. 그러나 위탁제에서는 의류업체의 머천다이저나 영업담당자가 점포 및 지역의 특성을 고려하여 점포별로 생산된 패션제품의 공급량과 납품시기를 결정한다.

(1) 패션 유통기획

① 전통적 유통경로(Conventional Distribution Channel) : 전통적인 유통경로는 제조업자와 소비자간의 거래에 도매상이나 소매상 같은 중간상이 자연발생적으로 참여함으로서 나타나는 형태로 경로활동이 각각 독립적으로 운영되는 중간상들에 의해 개별적으로 수행되므로 효율적이고 조직적인 활동에는 한계가 있다. 그러나 유통경로를 계열화함으로써 의류제조회사의 의사가 소매업자까지 신속하게 전달되고 제조회사는 유통경로를 바꾸지 않고도 원하는 방식으로 제품을 판매할 수 있다. 또한 소매점을 통해 고객의 정보를 획득함으로써 제품 개발에 반영할 수 있다는 장점이 있다.

② 수직적 경로구조(VMS ; Vertical Marketing System) : 생산자와 도매상 및 소매상 등이 하나의 체계적인 시스템으로 통합된 것으로 운영상의 경제성과 시장에 대한 최대한의 영향력을 획득하기 위해 경로구성원들의 활동이 본부에 의해 관리되고 설계되는 네트워크 형태의 경로조직을 말한다. 이는 수직적 관계에 있는 경로구성원 간에 일관된 협력체제를 구축함으로써 유통질서를 유지하고 경쟁력을 강화시켜 유통 효율을 높이는 것이 목적이다. 수직적 마케팅시스템은 경로활동을 통제하고 경로갈등을 관리하는데 효과적이다.

㉠ 관리형 수직적 경로구조(Administrated VMS) : 규모나 힘이 우월한 기업에 의해 생산과 유통이 통합되는 방법이다. 즉 소유권이나 계약관계에 의해서가 아니라 어느 한쪽의 규모와 힘에 의해서 생산과 유통이 조정되는 것이 특징이며, 서로 법적인 의무는 없다. 경로구성원들은 서로 다른 목적을 추구하면서 독립적으로 존재한다는 점에서 전통적 경로와 유사하지만 구성원 전반에 걸쳐 최소한의 목표를 공유함으로써 상호간의 긴밀한 협조가 요구된다는 측면에서 체계적이다. 예를 들어 시장점유율이 가장 높은 제조업체나 독과점 생산업체는 자사제품의 전시, 판촉, 가격정책 등에 있어 판매업자로부터 특별한 협조와 지원을 얻을 수 있다.

㉡ 계약형 수직적 경로구조(Contractual VMS) : 생산과 유통에 있어 독립적인 기업들이 상호 경제적 이익을 얻기 위해 계약을 체결하고 그 계약에 따라 수직적 통합을 하는 방법이다. 이러한 통합을 가치부가 동업자력(Value Adding Partnership : VSPs)이라고 하며, 의류유통에서 두드러지게 나타나는 프랜차이즈 시스템이 바로 이러한 계약형에 속한다. 중소기업의 의존도가 높은 패션산업의 경우 이러한 시스템을 이용함으로서 많은 자본의 투자 없이 빠른 시간 내에 사업을 확장시킬 수 있고, 가맹점 역시 상표 인지도에 의해 매출을 증가시킬 수 있다. 국내 대다수 의류업체들이 이러한 시스템으로 운영된다.

㉢ 기업형 수직적 경로구조(Corporate VMS) : 기업이 생산과 유통을 모두 소유함으로써 결합되는 형태로, 한 경로구성원이 다른 경로구성원들을 법적으로 소유·관리하는 경로 유형이다. 기업형 VMS는 제조업자가 도·소매상을 소유하는 경우(전방통합, Foreward Integration)와 반대로 도·소매상이 제조업체를 소유하게 되는 경우(후방통합, Backward Integration) 두 가지가 있다. 많은 직영점을 거느리고 있는 대기업의 경우가 전방통합이며, 국내 기성복산업은 코오롱이나 삼성과 같은 대기업을 중심으로 주도되었기 때문에 이러한 형태가 두드러진다. 반면에 백화점과 같은 유통업체의 자체 브랜드(PB)를 생산하는 제조업체는 후방통합에 속한다.

전통적 유통경로와 수직적 유통경로의 비교

평가항목	전통적 유통경로	수직적 유통경로
구성원	• 독립적이고 자치적 단위 • 각각 전통적인 마케팅 기능을 수행 • 주로 흥정과 협상으로 조정	• 상호관련적 단위 • 각각 최적 결합의 마케팅 기능을 수행 • 상세한 계획과 포괄적 프로그램으로 조정
안정성	구성원의 충성심이 낮고 진입이 상대적으로 용이한 개방적 시스템	개방적 네트워크이지만 시스템의 요구와 시장 조건에 의해 진입은 엄격히 통제
분석	마케팅의 한 단계에서 비용, 판매량, 투자 관계에 관심	마케팅 전체 단계의 비용, 판매량, 투자관계에 관심, 유리한 경제적 상충관계 분석
의사결정	일반인에 의해 결정되는 판단에 크게 의존	전문가나 전문 위원회가 판단하는 과학적 결정에 크게 의존
책임	의사 결정자는 전통적 형태의 경로에 감정적으로 책임	의사 결정자는 마케팅과 생존력이 있는 기관에 분석적으로 책임
형태	제조업자 → 설계, 생산, 상표, 판매, 가격, 판촉, 재고 도매기관 → 구매, 배달, 재고, 금융, 판매, 판촉 소매기관 → 구매, 진열, 재고, 판매, 판촉, 배달, 금융 소비자	제조업자 / 도매기관 / 소매기관 → 설계, 생산, 판매, 판촉, 가격, 재고, 진열, 구매, 배달, 금융 소매기관 → 소비자

③ **수평적 경로구조(Horizontal Marketing System)** : 새로운 시장기회를 개발하기 위하여 같은 경로단계에 있는 두 개 이상의 개별조직들이 결합하여 협력하는 시스템이다. 수평적 통합이 발생하는 이유는 각각의 기업이 단독으로 효과적인 마케팅 활동을 수행하는데 필요한 자본, 노하우, 마케팅 자원 등을 보유하고 있지 않을 때 수평적 통합을 통해 시너지 효과를 얻을 수 있기 때문이다. 새로 개발한 신제품이 적절한 유통경로가 없을 때 또는 판로가 없는 중소기업의 경우 다른 기업의 유통경로를 이용하거나 다른 기업과 연합하여 새로운 유통경로를 개발할 수 있다. 동대문 상권의 밀리오레와 두타의 경우 수많은 소규모 의류 소매점들이 하나의 거대한 유통구조로 네트워크화 됨으로써 성공적인 수평적 계열화를 보여주고 있다.

④ **혼합 경로구조(Hybrid Marketing System)** : 수직적·수평적 계열화 이외에 다양한 고객 세분시장에 적응하기 위해 여러 유형의 유통경로를 동시에 사용하는 것으로 복수경로(Multi Channel)라고도 한다. 이러한 경로 유형은 최근 몇 년 동안 그 사용이 급격히 증가하고 있다. 의류유통의 경우 직영점과 대리점을 통한 프랜차이즈 시스템, 그리고 인터넷을 통한 직접 마케팅 방식 등 여러 경로를 동시에 사용함으로서 다양한 소비자에게 제품을 공급하고 있다.

(2) 패션유통경로의 설계과정

의류업체들은 새로운 유통경로를 설계하거나 기존의 유통경로를 변화시킬 경우 자금과 브랜드의 특성을 고려하여 보다 체계적으로 설계해야 한다. 제조업자가 일반적으로 사용하는 유통경로의 설계과정은 고객의 욕구분석, 경로목적의 수립 및 중요한 대안적인 경로의 확인, 그 대안적 경로의 평가 등으로 이뤄진다.

① **경로 서비스에 대한 고객욕구 분석** : 유통경로 서비스의 출발점은 표적시장의 고객이 원하는 서비스가 무엇인지를 파악하여 이를 어떻게 충족시킬 것인가를 고려하는 것이다. 고객이 유통경로 구성원에게 기대하는 서비스의 종류는 매우 다양하지만 기본적으로 입지의 편의성, 최소 구매단위, 주문 후 대기시간, 제품의 다양성으로 나눌 수 있다.

  ㉠ **입지의 편의성** : 이는 고객이 물건을 살 수 있는 도·소매업체의 수를 말한다. 일반적으로 점포의 수가 많고 지역적으로 골고루 분산되어 있을수록 고객의 쇼핑시간과 제품탐색비용도 적게 들 것이다. 즉, 입지의 편의성이라는 고객서비스가 확대된다.

  ㉡ **최소 구매단위** : 고객이 한 번에 구매하고자 하는 양으로 고객의 최소 구매 단위가 작을수록 유통경로에 참여하는 도·소매업체의 수를 늘려야 하며 이에 따라 고객에 대한 서비스 수준은 높아진다.

  ㉢ **주문 후 대기시간** : 고객이 주문한 상품을 인도받기까지 걸리는 시간을 말하는데, 대부분의 고객은 기다리는 시간이 짧은 것을 원한다. 반대로 구매비용이 적게 든다면 긴 대기시간을 감수하는 고객도 있다.

  ㉣ **제품의 다양성** : 다양한 상품이 한 곳에 진열되어 있는 경우, 소비자의 일괄구매가 가능하므로 소비자의 정보탐색 노력과 쇼핑비용을 절감할 수 있다.

② **경로목표의 설정** : 경로 서비스에 대한 고객의 기대를 파악한 후에는 그들이 원하는 서비스 수준을 어느 정도까지 충족시켜 줄 것인가에 대한 경로목표를 결정해야 한다. 마케팅 관리자는 경로목표를 설정하는데 있어 표적소비자들이 기대하는 서비스 수준뿐만 아니라 기업의 장·단기적 목표(투자수익률, 시장점유율, 매출액 성장률 등)도 함께 고려해야 하는데, 이는 자사제품을 유통시키는 것이 결국 패션기업의 장·단기적 목표를 달성하기 위한 노력의 일환이기 때문이다. 이러한 경로목표는 효율적인 경로관리를 위해 가능하면 계량적으로 서술되어야 한다.

③ **주요 경로대안의 파악** : 기업은 유통경로 목표를 실현할 수 있는 경로대안을 개발해야 한다. 패션기업이 고려해야할 주요 경로대안은 유통경로의 길이에 따라 중간상들이 제품의 유통에 참여하는 간접유통(긴 유통경로)과 의류제조업체가 직영점을 통해 직접 판매하는 직접유통(짧은 유통경로)으로 나누어지며, 경로커버리지(자사제품을 취급하는 중간상의 수)의 정도에 따라 집중적 유통, 선택적 유통 및 전속적 유통으로 나누어진다.

  ㉠ **경로길이의 결정** : 유통경로 상에 어떤 유형의 중간상들을 포함시켜야 하느냐의 결정으로 의류 제조업체는 유통경로의 길이를 선택할 때 시장요인, 회사(기업)의 특성, 제품의 특성, 경쟁사의 유통경로 등을 고려해야 한다.

  ㉡ **경로커버리지 전략의 결정** : 패션기업은 얼마나 많은 수의 점포(중간상)들로 하여금 자사제품을 취급하도록 할 것인지를 결정해야 하는데 이를 경로커버리지 전략이라고 한다. 의류업체가 선택할 수 있는 경로커버리지 전략에는 집약적 유통, 전속적 유통, 선택적 유통이 있다.

집약적 유통·전속적 유통·선택적 유통의 비교

구분	집약적 유통	전속적 유통	선택적 유통
전략	가능한 한 많은 점포들로 하여금 자사제품을 취급하도록 함	한 지역에 하나의 점포에게 판매권을 부여함	한 지역에 제한된 수의 점포들에게 판매권을 줌
점포수	가능한 많은 점포	하나	소수
통제	제조업자의 통제력이 낮음	제조업자의 통제력이 매우 높음	제한된 범위에서 제조업자의 통제가 가능함
제품유형	편의품	전문품	선매품
예	페리오 치약, 비트세제	크리스찬디올 향수	삼성 가전제품

ⓒ 경로대안에 대한 평가 : 회사는 몇 개의 선택 가능한 경로대안을 파악한 후 각 경로대안의 매력도에 대한 평가를 통해 장기적인 경로목표를 가장 잘 충족시킬 수 있는 대안을 선택해야 한다. 경로대안의 평가에 사용되는 기준에는 경제성(유통경로에 따른 판매량과 비용을 고려), 통제력(유통경로에 참여하는 구성원을 어느 정도 통제할 수 있느냐를 고려), 적응성(유통여건이 변화하는 경우 경로 구성원들이 어느 정도 이에 신축성 있게 적응할 수 있느냐를 고려)이 있다.

- 경로구성원의 선택과 관리 : 선택 가능한 경로대안들을 비교·평가하여 가장 바람직한 경로대안이 결정되면, 회사는 경로구성원으로 포함될 개별 중간상들을 선택하여야 한다. 제조업자가 표적고객이 원하는 서비스를 가장 잘 제공할 중간상을 선택하는데 있어 고려되는 평가기준에는 신용능력, 명성, 기존고객, 취급하는 다른 제품의 품질, 수익성과 입지 등이 있다. 이 중에는 중간상의 대금지불능력을 말하는 신용능력과 업계에서의 명성이 가장 중요한 평가기준이 된다.

  일반적으로 제조업자는 중간상들의 협력을 얻기 위해, 긍정적 동기부여수단(높은 마진, 특별 가격할인, 협동광고 및 진열 지원료 등)과 부정적 동기부여수단(마진의 삭감, 거래관계의 종결 등)을 함께 사용한다. 또한 어떤 기업들은 수직적 마케팅시스템을 통해 중간상들과 공동으로 머천다이징 목표와 전략의 개발, 판매원 교육 및 판촉활동을 계획함으로써 장기적인 협력관계를 구축하기도 한다.

- 경로구성원의 성과에 대한 평가 : 기업은 경로목표를 달성하기 위해 각 경로구성원이 이룩한 성과를 성과기준(판매할당량, 재고수준, 고객에 대한 서비스 등)과 비교하여 정기적으로 평가해야 한다. 높은 성과를 보인 경로구성원에 대해서는 보상을 하고, 실적이 나쁜 경로구성원에 대해서는 지원책이나 제재를 강구하거나 새로운 경로구성원으로 대체해야 한다. 일반적으로 국내 의류업체들은 우수 점포에게 특별한 판촉물이나 특별 행사지원을 제공해주고 있다.

(3) 패션 물류기획

물적유통(Physical Distribution)이란 상품을 생산된 곳으로부터 그것이 쓰이는 곳으로 효과적으로 옮기기 위해 수행되는 모든 활동으로 제품의 원·부자재의 공급단계에서부터 생산단계를 거쳐 최종 소비자에게 도달하는 과정에서 발생하는 제반활동을 의미한다. 회사는 최소비용으로 최대의 고객서비스를 제공하는 것이 목표이며, 물적유통의 활용을 통해 고객서비스 목표(재고이용가능성, 서비스 제공능력, 서비스 질 고려)와 비용최소화 목표(주문처리비, 운송비, 재고비 고려)를 실현할 수 있다.

패션산업에서도 물적유통의 중요성이 여러 측면에서 강조되고 있는데 첫째, 고객중심의 마케팅이 중시되는 시장상황에서 패션기업들은 보다 효율적인 물적유통을 통해서 고객에게 더 유리한 가격이나 더 저렴한 가격으로 적시에 최적의 패션제품을 제공할 수 있다. 둘째, 물적유통은 기업에 있어 중요한 원가요소가 되므로 물류비용의 감소는 제품의 가격인하요인은 물론 제3의 이익원이 될 수 있다. 따라서 패션기업들에게 있어 재고수준, 수송모델, 그리고 공장, 창고 및 점포위치를 조정하는 효율적인 물류관리는 필수적이다. 셋째, 다품종 소량으로 생산되고 반품률이 높은 패션제품의 특성상 다양한 제품을 주문·수송하고, 재고를 파악·유지하는 물류비용이 증가하여 제품의 원가를 상승시키므로 이를 통제·관리하는 것은 가장 중요한 과제가 되고 있다.

12. 판매촉진기획

패션 마케터들은 자사의 패션상품들이 경쟁사보다 더 가치가 있다는 것을 표적고객에게 알리기 위해 광고, 홍보, 인적판매, 그리고 판매촉진과 같은 촉진전략을 세워야 한다(마케팅 커뮤니케이션 전략과 기타 판매촉진 전략에 대한 구체적인 내용은 2장 4절 참조). 패션 머천다이저는 촉진기획이 계절별 머천다이징 컨셉에 맞게 진행되는 것을 돕기 위해 촉진팀과 긴밀한 관계를 유지해야 한다.

13. 평가 및 평가결과의 피드백

한 시즌의 상품기획 과정을 실행하고 나면 회사의 최고경영자와 기획팀, 디자인팀, 영업 및 생산팀이 모여 총괄적인 시즌별 평가를 하고 이를 차기 시즌의 상품기획 수립에 반영한다. 평가과정은 회사의 정책이나 브랜드 특성에 따라 차이가 있을 수 있으나 상품기획은 패션기업의 목표판매량을 달성하기 위해 이루어지므로 많은 경우 상품이 출하되어 판매되는 시점부터 잘 팔리는 상품과 판매부진한 상품에 대한 중간평가를 지속적으로 수행하고 이러한 평가결과를 머천다이징 의사결정과정, 리피트 및 스팟 생산기획, 혹은 판촉기획에 수시로 반영해야 한다.

2절 리테일 머천다이징(Retail Merchandising)

1. 리테일 머천다이징의 개념

리테일 머천다이징이란 소비자에게 제공할 패션제품을 의류 제조업체나 도매상 등으로부터 구매하여 재판매를 목적으로 소매단계에서 수행하는 활동이다. 다시 말해 고객의 필요(Needs)나 요구(Wants)를 정확하게 예측하여 고객지향적 입장에 입각한 상품을 적정장소, 적정시간, 적정량(Demands), 적정가격으로 사입부터 최종소비자에게 판매하는 전략적, 전술적 마케팅 활동의 계획과 관리라고 할 수 있다.

리테일 머천다이징은 크게 기획, 사입, 판매의 세 가지 주요 기능으로 이루어지며, 각각의 기능에 따른 다양한 머천다이징 활동이 전개된다.

리테일 머천다이저는 상품기획과정을 통해 상품구성계획을 수립하여 이에 따라 상품을 사입한다. 이러한 업무로 인해 리테일 머천다이저를 바이어(Buyer)라고도 하지만 리테일 머천다이저는 바이어의 사입 업무 외에도 기획에서부터 판매까지의 총괄적인 역할을 담당한다는 차이가 있다. 또한 제조업과 소매업의 머천다이징 차이점은 제조업 분야에서는 '무엇을 만들 것인가'에 관심이 있는데 비해 소매업 분야에서는 '무엇을 사입할 것인가'에 관심이 있다.

바이어와 리테일 머천다이저의 차이 [19)

업무내용	바이어	리테일 머천다이저
중심업무	상품 사입 업무(상품구비력 중심)	기획 – 생산 – 물류 – 납품까지 총괄적인 업무 추진 (상품력 중심)
상품기획	• 45~120일 기획/연간 • 복종별, 품종별, 아이템별 비중설정 • 품종별 프라이스 존 및 중심가격 설정 • 색상(수량, 비중)결정 • 디자인 수, 수량 결정	• 180~240일 기획/연간 • 상품 포지셔닝 설정 • 취급액 설정 • 복종별, 품종별 프라이스 존 및 중심가격 설정 • 색상(수량, 비중) 결정
상품계획 및 구매관련	• 기존 사입경로에 의한 상품의 보충과 신상품의 도입 • 보다 저렴한 가격의 사입처 개척 • 사입처의 압축	• 상품계획의 입안과 구매 • 생산지, 메이커에서의 정보수집 • 새로운 사입업체의 개척 • 납품, 판매완료까지 책임 • 매상분석을 차기 상품계획에 반영
거래처 관련	• 사입처 분류(메인, 서브, 서포트) • 거래방법 : 구매교섭, 매매계약(별도주문, 공동 기획)	• 가공소, 텍스타일, 부자재 업체 설정 및 분류(메인, 서브, 서포트) • 메인업체와의 연간계획 결정
상품품질과 가격대응	• 품질/가격은 상식선에서 최상의 것 선택 • 종래의 시스템에서 코스트 삭감 노력	• 품질/가격을 소비자 입장에서 검토 • 직접 상품개발 실시 • 생산방법과 물류시스템의 변혁을 포함한 코스트 삭감 노력
상품관리	• 운반, 단품관리, 판매상황 확인과 재주문 • 매장간의 교류처리	• 품질과 가격 균형 • 운반, 품질확인(봉제, 패턴, 흠집 등) • 재고처리 경로 개발
성과분석	• 매출액, 사입액, 재고액 • 영업이익률, 손실률, 매출총이익률, 재고 회전 일수	• 생산원가율 • 투자이익률 • 영업이익률, 매출총이익률

 **PLUS⁺**

▶ 리테일 머천다이징의 중요성

• 패션상품은 시한성이 높기 때문에 적기에 적절한 상품을 적당량만 사입하는 것은 매우 중요하다.

• 패션상품은 부가가치 상품으로 가격할인율이 높다. 유행주기 초기에 비하여 결정기, 쇠퇴기에는 상품의 가치가 급격하게 떨어져 가격할인율이 매우 높기 때문에 유통업체에게는 압박요소가 된다. 따라서 적시에 올바른 상품을 사입하는 것이 매우 중요하다.

• 유행은 지속적으로 변하기 때문에 상품회전율이 매우 빠르다. 고객에게 새로운 상품을 계속적으로 공급하여 상품 신선도를 유지하여야만 고객들의 지속적인 방문과 관심을 유지할 수 있다. 따라서 상품 신선도를 유지하기 위한 머천다이징이 중요하다.

• 패션상품은 계절의 영향을 받기 때문에 해당 시즌에 사입한 제품은 그 시즌에 반드시 팔아야 한다. 따라서 계절변화와 소비자 구매행동의 관계를 분석하여 그에 적절한 머천다이징을 해야 한다.

• 패션상품은 필수품이 아니라 사회심리적 요구에 따라 구매하기 때문에 적절한 판매촉진 활동이 구매에 큰 영향을 미친다. 따라서 제품이나 점포 이미지에 적절하고 고객 특성에 맞는 판촉전략을 수행하여야 한다.

---

19) 「패션마케팅과 소비자행동」 임숙자 외, 수학사(2001)

CATEGORY 7 패션마케팅 & 머천다이징

2. 리테일 바잉

(1) 패션 소매업의 유형

패션 소매업은 크게 점포 소매업과 무점포 소매업으로 대별된다. 점포 소매업은 전통적으로 그 규모와 형태가 다양하고 무점포 소매업은 급속히 성장하고 있는 신유통업태이다. 전통적인 소매업체는 대부분의 상품을 시즌 초기에 공급업자들로부터 일반 도매가로 구매하여 소매가로 소비자에게 파는 유통구조를 가지고 있다. 패션 소매업태는 거시적인 소매환경에 큰 영향을 받기 때문에 그 환경이 어떠한 방향으로 흘러가느냐에 따라 지속적으로 패션 소매업태의 다양화가 이루어진다.

① 백화점(Department Store) : 백화점은 폭 넓은 소비자층을 만족시키기 위해 다양한 제품계열을 취급하는 대형 소매점으로 편리한 입지조건, 서비스, 쾌적한 쇼핑환경, 신용카드의 사용 등과 같은 혜택을 고객에게 제공하며, 개별고객의 욕구를 반영하기 위한 관계마케팅(Relationship Marketing)을 수행한다. 여기서 관계마케팅은 고객과의 장기적인 관계를 구축하여 평생고객화하기 위해 전개하는 마케팅 활동을 말한다.

② 패션전문점(Fashion Specialty Store) : 패션전문점은 특정 소비자 집단을 대상으로 하며 취급하는 상품계열의 수는 한정되어 있으나 각 해당 제품계열 내에서는 매우 다양한 상품구색을 갖춘 점포형태이다. 국내에서 일반화된 패션전문점의 형태로는 사입형 패션전문점, 제조소매업, 메이커 토털샵, 멀티 브랜드샵(복합 패션전문점) 등이 있다.

㉠ 사입형 패션전문점 : 사입형 패션전문점이란 표적고객집단을 좁게 설정하여 이들의 욕구에 맞는 패션상품과 독특한 액세서리류를 함께 사입하여 판매하는 편집매장형 전문점을 말한다. 사입형 패션전문점은 표적고객집단의 욕구와 취향에 맞는 패션상품을 여러 제조업체나 도매상으로부터 사입해야 하므로 바이어의 심미안과 상품구색능력이 매우 중요하다. 현재 국내의 사입형은 크게 도매시장 제품을 사입하는 마트브랜드 전문점과 해외 수입상품으로 꾸민 수입 편집매장으로 나눌 수 있다.

㉡ 제조 소매업(SPA ; Special Retailer's Store of Private Label Apparel) : 제조 소매업은 패션전문점이 제조업체로부터 사입하여 단순히 판매만 하는 소매기능에서 더 나아가 직접 디자인을 기획, 생산하고 제조기능까지 갖춘 전문점을 말한다. 제조 소매업은 기획 · 생산 · 유통의 합리화와 비용절감을 통해 가격 경쟁력을 갖추고 소비자가 원하는 상품을 찾아내어 적시, 적소에 공급함으로써 빨리 팔고(고회전), 모두 파는 것(완판)을 목표로 한다. 이를 위해 제조 소매업체는 기획 · 생산 · 유통 간에 긴밀한 네트워크를 형성하여 빠르고 정확한 의사결정을 가능하게 하는 통합 물류시스템의 구축을 통해 저비용 운영체제를 추구하고 있다.

㉢ 메이커 토털샵(Maker Total Shop) : 메이커 토털샵은 여러 회사의 제품이 함께 진열되어 이들 간의 경쟁이 심한 일반 백화점이나 복합 패션전문점과는 달리, 제조업체가 취급하는 자사의 모든 패션상품을 전시함으로써 제조업자가 원하는 이미지를 연출할 수 있는 전문점을 말한다. 대표적인 메이커 토털샵으로는 뉴욕 매디슨가에 위치한 랄프로렌(Ralph Lauren)이나 리즈클레이본(Liz Claiborne) 전문점을 들 수 있는데, 이들은 자신들의 여러 브랜드를 모두 모아 판매하고 있다.

㉣ 멀티 브랜드샵(Multi Brand Shop) : 멀티 브랜드샵이란 비슷한 컨셉의 경쟁 브랜드들을 함께 입점시키는 브랜드 토털형 복합 패션전문점을 말한다. 복합 패션전문점은 감각적인 신세대들에게 패션과 인테리어, 음반 등 그들이 좋아하는 주변 문화를 융합시킨 새로운 문화공간을 제시함으로써 쇼핑을 하나의 즐거움으로 인식하게 한다.

③ 대리점 : 대리점이란 가입비를 내고 일정지역에서 특정 의류제조업자의 상호, 상표 등을 사용하여 패션상품이

나 서비스를 판매하는 형태를 말한다. 대리점은 대부분 의류업체와 소매상(대리점)간의 계약에 의해 수직적으로 통합된 프랜차이즈 형태이다.

④ 패션할인점 : 패션할인점은 유통과정의 단축, 관리의 합리화, 제한된 서비스 등에 의한 원가절감을 통하여 정상 제품을 할인 판매하는 가격파괴 디스카운트 스토어(Discount Store)와 유명 의류업체의 잉여 상품이나 비정상 제품을 할인하여 판매하는 아울렛 스토어(Outlet Store), 전문 할인점(Special Discount Store)으로 구분할 수 있다.

　㉠ 디스카운트 스토어 : 박리다매를 원칙으로 유명상표를 지가 및 임대료가 싼 지역에서 셀프서비스를 통해 낮은 가격으로 판매하는 점포를 말한다.

　㉡ 상설할인매장 또는 염가 소매점(Off-price Retailers) : 의류 제조업체와 디자이너의 유행 지향적 상품 중 불량품이나 잉여상품 등을 헐값에 대량으로 사들여 이를 소매가보다 훨씬 저렴하게 판매하는 가격 파괴점 형태의 패션 소매상을 말한다.

　㉢ 아울렛 스토어 : 유명상표의 의류제조업자나 디자이너, 패션 백화점, 전문점이 잉여 상품이나 비정상품을 처분하기 위해 직영형태로 운영하는 할인점이다. 아울렛 스토어는 패션 제조업체나 디자이너가 직영하는 제조업체 아울렛 스토어(FOS ; Factory Outlet Store)와 백화점이나 전문점이 직영하는 유통업체 아울렛 스토어(ROS ; Retail Outlet Store)로 나누어질 수 있다.

　㉣ 전문할인점 : 한 가지 또는 한정된 상품군을 깊게 취급하며 할인점보다 훨씬 싸게 판매하는 점포로 카테고리 킬러(Category Killer)라고도 한다.

⑤ 양판점(GMS ; General Merchandise Store) : 양판점은 의류 및 생활용품을 중심으로 다품종 대량 판매 하는 체인형 대형 소매점이다. 점포형태 및 상품구성은 백화점과 유사하지만 대량매입과 다점포화, 높은 자체 (중간상) 상표비중 등으로 가격면에서 백화점보다 저렴하다는 차이가 있다. 따라서 백화점과 할인점의 중간형 태로서 규모는 백화점, 운영은 할인점 형태를 유지하는 소매업체이다. 미국의 대표적인 양판점 체인은 시어즈 (Sears), 제이 시 페니(J.C. Penny)이다.

⑥ 재래시장 : 우리나라 패션산업이 발전하기 이전부터 의류유통의 중요한 역할을 담당했던 재래시장은 의류는 물론 잡화와 일상생활용품 등의 내구재 및 생선, 야채까지 매우 다양한 상품을 제공하고 있다. 또한 남대문과 동대문 같은 재래시장은 점차 현대화되고 다양화한 패션전문 상가가 들어서면서 소매상 역할뿐만 아니라 도매기능이나 일부 제조업자 기능까지 담당하고 있어 여전히 패션 소매업계에서 꽤 큰 비중을 차지하고 있다.

⑦ 무점포 소매업 : 무점포 소매업은 중간상 없이 제품과 서비스를 고객들에게 직접 판매하는 것으로 직접마케팅(Direct Marketing), 방문판매(Direct Selling), 자동판매기(Automatic Vending)로 분류된다. 기업들은 직접마케팅을 수행하기 위해 우편, 전화, TV, 컴퓨터 등 다양한 매체를 이용하며, 이를 통해 자사의 제공물을 표적화할 수 있고 보다 정확하게 그 결과를 측정할 수 있다.

　㉠ 통신판매(카탈로그, 우편판매) : 통신판매의 유형으로는 카탈로그 판매와 우편판매가 있다. 카탈로그 판매는 소비자들에게 가정에서 편리하고 여유 있게 쇼핑을 즐길 수 있도록 공급업자가 광고매체를 이용하여 광고를 하고 고객으로부터 통신수단을 통해서 주문을 받아 통신수단을 이용해서 배달하게 된다. 우편판매는 우편으로 보내지는 광고물(DM)을 이용하여 제품, 서비스에 대한 광고를 하고 고객으로부터 우편, 전화, 팩스 등으로 주문을 받아, 우편이나 운송회사에 의해 제품을 배달하는 판매방식이다.

　㉡ TV 홈쇼핑 : 케이블 TV를 통해 광고 방영되는 상품 중에 마음에 드는 것을 골라 무료 전화번호나 팩스 등으로 주문하면 배달해 주는 첨단무점포 판매방식으로 직접반응광고(Direct Response Advertising)를 통한 구

매와 홈쇼핑 채널(Home Shopping Channel)에 의한 구매로 나누어진다. 전자는 30초에서 1분 정도의 짧은 TV광고로 간략한 제품소개와 주문번호를 보여주어 TV 시청자들이 광고 즉시 전화로 구매하게 하는 유형이고, 후자는 CATV에 홈쇼핑 채널을 갖는 것이다.

ⓒ 인터넷 판매 : 인터넷을 통하여 상품과 서비스의 매매가 이루어지는 쌍방향(Interactive) 커뮤니케이션 판매 방식으로 일반 소비자를 대상으로 한 온라인 쇼핑 등의 거래형태는 전자상거래(EC ; Electronic Commerce) 라고 한다.

패션 소매업의 분류

소매점 형태			주요 내용	예
점포형 소매업	백화점		대형 소매점, 폭넓은 고객층 대상, 다양한 제품군(의류, 가정용품, 잡화 중심)과 품목으로 내셔널 브랜드(NB)를 주력상품으로 판매하며, 소비자로 하여금 일괄구매가 가능하도록 하는 대규모 소매점포	롯데, 신세계, 현대, 갤러리아, AK플라자
	전문점	사입형 전문점	타깃집단을 좁게 설정, 타깃 소비자의 욕구에 맞는 패션상품 및 액세서리를 함께 사입, 판매하는 전문점	빌리지 블루포인트
		제조소매업 (SPA)	기존 소매기능에 디자인, 기획, 생산하는 제조기능을 부가한 전문점	Gap, Limited, Next, Marks &Spencer, 지오다노
		메이커 토털샵 (MTS)	패션업체에서 자사의 모든 패션제품을 한 곳에서 판매함으로써 업체가 원하는 이미지 연출이 가능한 전문점	리즈클레이본, 랄프로렌, 에스에스패션, LG패션, 이랜드, 라파밀리아, 에스콰이어 등
		멀티 브랜드샵 (MBS)	유사 컨셉의 경쟁 브랜드를 함께 입점시키는 브랜드 토털형 복합 패션 전문점, 최근 편집샵, 사입형 전문점과 혼합된 형태로 발전하여 신세대들에게 신 문화공간을 제시하고 있음	트렌드20, 프라이비트, 유투존
	대리점 (Franchise)		가입비를 내고 일정지역에서 특정 의류제조업자의 상표 등을 사용하여 패션상품이나 서비스를 판매하는 전문점(로드샵 형태)	이랜드, 나이키 등
	할인점	디스카운트 스토어	박리다매를 원칙으로 유명상표를 저가판매하거나 임대료가 싼 지역에서 셀프서비스에 의한 대량판매방식을 이용해 낮은 가격으로 판매하는 형태	E-mart, 홈플러스, 롯데마트
		상설 할인매장/ 염가 소매점	제조업체 및 디자이너의 상품 중 불량상품, 잉여상품, 품절상품 등을 싼 가격에 대량으로 사들여 이를 평균 소매가보다 훨씬 저렴하게 판매하는 가격 파괴점 형태	T.J. Maxx, Burlington Coat Factory, Ross, 제일모직 하티스트 상설매장
		아울렛 스토어(몰)	유명상표의 재고상품 및 비정상품을 처분하기 위해 직영형태로 운영하는 할인점, 제조업체 아울렛 스토어(FOS)와 유통업체 아울렛 스토어(ROS)로 구분	캘빈클라인, 랄프로렌, 앤클라인, 도나카란, 국내 로데오 거리 입점 점포들
		전문할인점 (카테고리 킬러)	한 가지 또는 한정된 상품군을 깊게 취급, 할인점보다 훨씬 저렴하게 판매하는 점포	Office Max, 국내 대형마트에서 개설한 스포츠 전문 할인점 등

무점포형소매업	대중양판점(GMS)	백화점과 할인점의 중간 형태, 규모는 백화점이나 대량매입과 다점포화, PB브랜드 비중 등 가격면에서는 할인점 형태로 운영, 의류 및 생활용품을 중심으로 다품종 대량 판매하는 체인형 대형 소매점	Sears, J.C. Penny, Montgomery Ward, 뉴코아
	재래시장	패션시장의 전통적인 유통경로, 현재 소매상 및 도매상 기능, 일부 제조업자 기능까지 다양하게 담당	동대문, 남대문 시장
	방문 판매	직접 소비자를 방문하여 판매하는 방식, 방문형 다단계판매도 속함	암웨이
	통신판매 (Direct Mail)	공급업자가 광고매체(우편 광고물, 카달로그 등)를 통해 상품 및 서비스에 대한 광고를 하고 고객으로부터 우편이나 전화와 같은 통신수단을 이용하여 제품을 판매, 배달하는 방식	otto
	TV홈쇼핑	TV를 통해 제한된 시간에 상품을 소개하고 저가격으로 시청자에게 판매하는 영업방식	CJ홈쇼핑, GS홈쇼핑, 현대홈쇼핑, 롯데홈쇼핑
	인터넷 쇼핑몰	인터넷을 통하여 상품 및 서비스 거래가 이루어지는 것	옥션, G마켓, 11번가

PLUS+

▶ 소매상 믹스에 따른 점포형 패션소매상의 특징[20]

유형	상품구색		서비스	가격	입지
	폭	깊이			
백화점	넓음	깊거나 중간	중간에서 높음	중간에서 고가	도심지역, 외곽지대
전문점	좁음	깊음	중간에서 높음	매우 다양	도심, 지역
대리점	좁음	중간에서 얇음	중간	매우 다양	지역
할인점	넓음	중간에서 얇음	낮음	저가	외곽
재래시장	넓음	얇음	낮음	저가	도심

(2) 패션유통경로의 변화

최근 몇 년 동안 국내 유통산업은 급격한 변화를 겪고 있다. 할인점 및 백화점 등의 대형점포 수가 늘어나면서 재래시장 및 제조업체의 소규모 대리점은 크게 축소되고 있는 반면, 대형 아울렛 형태의 쇼핑몰, 인터넷 쇼핑몰 등의 신유통업태가 성장세를 보이고 있다.

이와 같은 유통산업의 변화와 더불어 의류시장의 유통구조에도 다양한 변화가 나타나고 있다. 대형 의류가두점 및 아울렛몰 등의 유통채널이 다시 활성화되고 있으며, 할인점 및 인터넷 쇼핑몰을 통한 의류판매 역시 급격히 증가하면서 시장점유율을 높여가고 있다. 의류제품의 판매가격 중 유통관련 비용은 전체 매출액 대비 30~40%로 가장 큰 비중을 차지하고 있기 때문에 유통구조 및 유통채널의 변화는 의류업체들의 수익성과도 직결된다.

따라서 국내 의류업체는 매출 확대와 수익성의 증가를 위해 그리고 환경적인 요인과 더불어 소비자의 소비트렌드

---

20) 「패션마케팅」 안광호 외, 수학사(2010)

의 변화 등의 이유로 기존의 유통구조에서 벗어나 새로운 채널의 유통구조로의 변화가 추진되고 있으며, 이러한 유통구조의 변화는 의류업체에 여러 가지 영향을 미치게 되었다. 하나금융경영연구소(2008. 2)의 보고서 내용에 따르면 국내 800개 의류업체를 대상으로 분석한 결과, 매출 및 수익성 부문에서 업체 규모에 따른 격차가 매우 크게 나타났으며 의류 유통구조의 변화로 업체 간의 격차가 더욱 확대될 전망이라고 밝히고 있다. 특히 중소형 의류업체들의 매출 축소 및 수익성 악화는 더욱 심화될 것으로 보고, 향후 의류시장 내에서 도태되는 업체수도 크게 증가할 것으로 예상하였다.

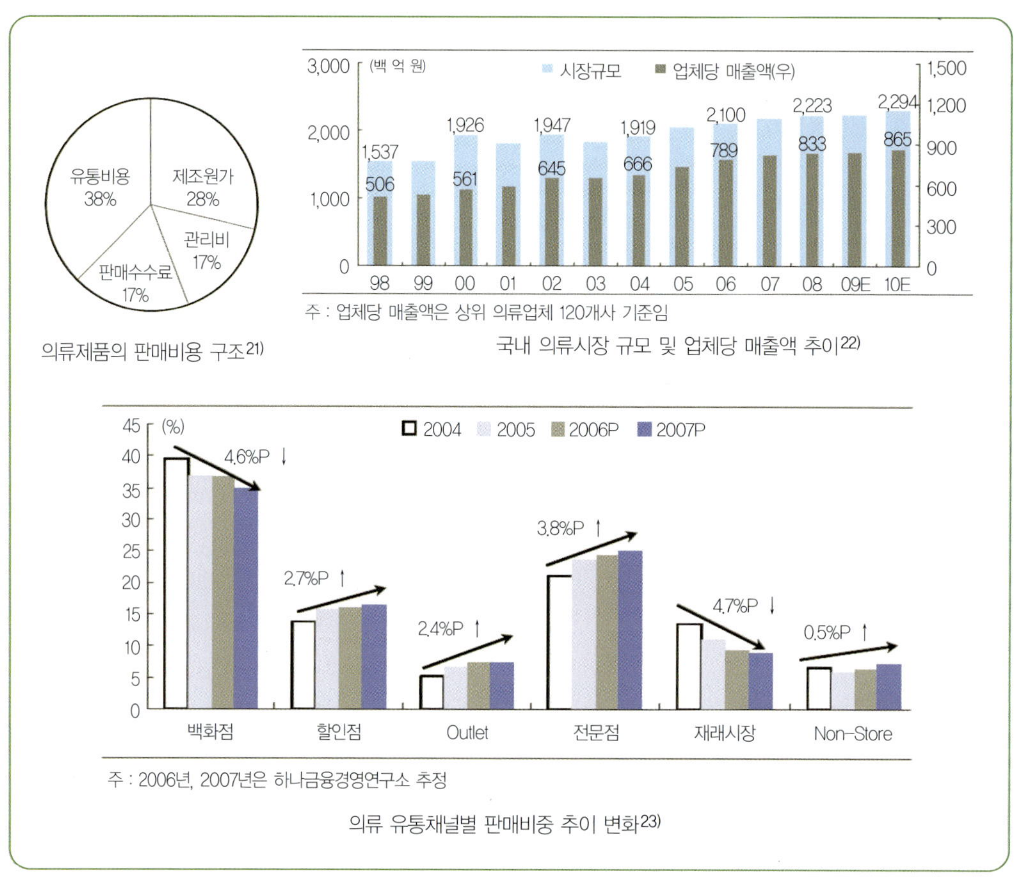

• 패션유통경로의 변화 •

21) 자료출처 : 패션채널 http://www.fashionchannel.co.kr
22) 자료출처 : 삼성디자인넷, Kis-Value, 하나금융경영연구소
23) 자료출처 : 한국섬유산업연합회 http://www.kofoti.or.kr

① **합리적인 소비의 증가로 의류 판매채널이 다양화** : 소비의 양극화가 심화되면서, 합리적인 소비자도 증가하였으며 이에 따라 할인점, 인터넷 쇼핑몰, 아울렛 등의 저가 위주의 판매채널 비중이 확대되었다. 또한 의류업체들은 재고상품의 처리를 위해 유통경로를 더욱 다각화하는 추세이다.

② **글로벌 브랜드의 도입 확대** : 2007년 이후 국내 대기업에 의해 글로벌 브랜드의 직수입이 본격화 되었으며, 특히 소비자의 요구에 적극적으로 대응하고 있는 글로벌 SPA 브랜드들의 진출이 가속화되고 있다. 이러한 SPA 브랜드의 도입은 매장의 대형화가 요구되었고 국내 대형 유통업체가 의류 직수입 판매에 직접 진출하게 되는 원인이 되었다.

패션유통구조의 변화가 의류업체에 미치는 영향[24]

패션유통구조의 변화		의류판매업체에 미치는 영향	위험요소가 높은 업체
판매채널 다변화	아울렛 판매채널 확대	• 대형패션업체들의 상설영업 확대 : 대형패션들의 외형 확대 • 정상가 판매비중 축소로 인한 수익성 약화	의류업체 전반적으로 수익성 축소
	인터넷 쇼핑몰 채널 확대	• 중저가 캐주얼 브랜드의 소비층이 인터넷 쇼핑몰로 흡수 : 오프라인 중심의 중저가 캐주얼 및 여성복 업체들의 매출 축소	중저가 캐주얼 브랜드업체
	홈쇼핑 채널 축소	브랜드력이 낮은 중소 의류업체들의 매출 감소	브랜드력이 낮은 중소의류업체
	할인점 채널 확대	• 의류제조업체는 신규 유통망 확보 • PB제품 위탁 전담 업체들의 성장 • 브랜드 인지도 낮은 업체들은 진입 장벽이 더욱 높아짐	브랜드력이 낮은 중소의류업체
직수입 브랜드 도입 확대		• 국내 대기업 패션브랜드의 외형 확대 기회로 작용 • 변화에 대응하기 위한 자금 여력이 없는 중저가 캐주얼 브랜드의 시장 도태 위험이 높아짐	자금여력이 낮은 중저가 캐주얼 브랜드

3. 바이어의 역할

(1) 바이어의 의무와 책임

백화점, 체인점, 개별상점, 카탈로그 업체, 홈쇼핑 업체 등과 같은 소매업에 종사하는 바이어에게는 기본적인 몇 가지 의무와 책임이 따른다. 물론 기업의 특성과 규모에 따라 바이어의 역할이 다르지만, 다음 내용은 공통적으로 바이어들이 수행해야 하는 주요 업무들이다.

① **상품선정** : 바이어는 판매와 이윤을 극대화할 수 있는 상품을 선별할 수 있어야 하며, 신중하게 구매에 대한 계획을 세워야 한다. 구매계획 시에는 상품의 종류와 상품별 수량을 결정하고 구입처를 선정하고, 적절한 판매시기를 결정해야 한다. 바이어는 수많은 의무와 책임이 있지만 대부분의 시간을 상품구매를 계획하고 실행하는 데 사용한다.

---

24) 자료출처 : 하나금융경영연구소 http://www.hanaif.re.kr

바이어들은 언제나 새로운 장소에서 새로운 상품을 물색하여 구매하기 위해 노력한다. 낮은 도매가격, 국내 유통되지 않은 상품, 디자인이 앞선 고급 패션컬렉션 등은 이러한 상품탐색에 영향을 미치는 요인이 되기 때문에 저가로 상품을 구매할 수 있는 아시아 시장, 유럽 패션도시, 제3국가의 패션시장이 중요하게 작용된다.

바이어들은 벤더들의 쇼룸에서 구매할 뿐 아니라, 상품을 보고 주문하기 위하여 무역박람회(Trade Expositions)에 참석한다. 시간이 없는 바이어들이 한곳에서 많은 상품들을 빨리 볼 수 있어 무역박람회 참가는 예전보다 매우 중요하게 되었다.

② **상품가격 책정** : 상품을 구매한 후에는 판매가격이 결정되어야 한다. 가격정책은 주로 고위경영자와 바이어를 감독하는 상품매니저에 의해 결정되지만, 기업 이윤의 극대화를 위해서 때때로 바이어가 가격 책정을 하기도 한다. 특정 상품에 대한 가격경쟁과 판매저조 결과 등과 같은 일반적인 요인들이 바이어의 가격결정 권한에 영향을 미칠 수 있다.

③ **상품개발** : 모든 소매업체 간의 치열한 경쟁으로 소매상들은 타 소매점과의 차별화를 추구해야 한다. 여러 소매점에 소개되는 상품 간에는 유사성이 있지만 각각의 소매점에서 판매되는 가격은 천차만별이다. 상품구색의 유사성을 줄이기 위해서 많은 소매상들은 특정 매장에서만 제공하는 상품을 선보인다. 이것이 자사상표(Private-Label) 상품이며 소매점에서 독자적으로 개발한 라벨을 가지고 있다. 예를 들면 갭(GAP), 바나나 리퍼블릭(Banana Republic), 리미티드사(The Limited)와 같은 소매업체에서는 소매점에서 독자적으로 개발한 상품만을 판매하고 있으며, 매장의 이름과 브랜드가 동일하다.

자사상표의 개념이 폭넓게 받아들여지면서, 어떤 바이어들에게는 상품 개발에 대한 역할이 추가되었다. 바이어가 직접 디자인을 하지는 않지만 소비자들이 무엇을 원하는지를 고려하여 상품목록에 포함될 상품개발을 제안하기도 한다. 또한 바이어는 마켓의 신소재, 실루엣, 컬러 트렌드의 지식을 통해 자사매장에만 공급하는 특정 상품을 선보일 수 있는 것이다.

대부분의 경우 바이어는 상품을 개발하는 외부공급업자를 통해 상품을 구매하지만, 대형 소매점의 경우 자사공장이 있고, 이곳에서 자사상표 상품을 제조하기도 한다. 자사상표 상품을 많이 취급하는 소매점에서는 자사매장에서만 단독으로 판매할 상품개발을 위해 바이어보다는 상품개발자를 활용한다.

④ **광고, 프로모션, 비주얼 머천다이징 및 홍보** : 광고 및 홍보담당자들은 광고대행사의 도움을 얻어 기업광고 및 커머셜을 개발하여 특별 행사를 만들며 윈도우와 인테리어의 비주얼 프레젠테이션을 개발하여 매장에 설치한다. 이러한 제작과정의 많은 부분에서 바이어가 중요한 역할을 하게 된다. 광고홍보부서는 상품에 대한 지식이 부족할 수 있기 때문에 광고할 상품을 선정하고 디스플레이를 위한 상품을 선정하는 것은 바이어가 담당하게 된다. 따라서 바이어는 어떤 상품이 인기 있고 강조되어야 할 판매 포인트는 무엇이며 기업에 긍정적인 결과를 줄 수 있는 것이 무엇인지에 대해 잘 알고 있어야 한다.

⑤ **머천다이징 부서와의 커뮤니케이션** : 바이어들은 지역적으로 넓게 분포되어 있는 점포를 정기적으로 방문할 수 없기 때문에 고객과 접촉하는 다양한 사람들로부터의 주기적인 피드백이 중요하며 이들과의 커뮤니케이션을 위한 계획이 꼭 필요하다. 이러한 커뮤니케이션 계획을 통해 바이어는 전체 매장들의 분위기를 느낄 수 있고, 단골 고객의 수요를 충족시키는 더 나은 서비스를 제공할 수 있다.

⑥ **매장관리** : 바이어가 구매업무를 하면서 동시에 매일 발생하는 매장의 요구 사항을 관리하기는 어렵기 때문에 대부분의 대형 소매업체에서는 매장관리업무가 더 이상 바이어의 업무가 아니나 소규모 소매업체에서는 여전히 바이어가 매장관리를 하고 있다. 이러한 매장관리 역할과 임무는 다른 사람에게 부과함으로써 바이어들은 더 많은 시간을 머천다이징을 위해 할애할 수 있도록 해야 한다.

⑦ **일정계획** : 바이어가 매일 수행하고 있는 다양한 종류의 일들의 특성상, 신중한 계획만이 바이어 업무를 성공적으로 수행할 수 있도록 한다. 가장 완벽하게 계획된 스케줄이라고 하더라도 예상치 못한 일들은 발생될 수 있기 때문에 작업 스케줄을 계획할 때는 특별한 상황도 고려해야 한다. 업무계획을 수립할 때는 다음과 같은 바이어의 모든 역할과 임무를 고려해서 작성한다. 또한 예측하지 못했던 일들에 대한 시간도 예비해 두어야 한다.

㉠ 일주일에 전형적인 바이어 업무를 수행하는 시간

㉡ 보조 바이어(Assistant Buyer)와 같이 직접 관리하는 사람의 수와 이들과 미팅하는 데 소요되는 시간

㉢ 주요 소매업체에서는 추수감사절이나 크리스마스 이브와 같은 판매 성수기에는 바이어가 판매하도록 하는데, 이와 같은 매장관련 책임과 지원

㉣ 상품군별 금액 규모와 단위 규모

㉤ 본사에서 국내, 해외, 국내외 도매시장까지의 거리

㉥ 광고, 특별행사, 비주얼 머천다이징과 관련된 역할 범위

㉦ 패션디렉터나 경쟁상품 비교조사원과 같은 스텝과의 상호작용의 필요

(2) 바이어의 주요 업무

바이어 업무 프로세스를 보면 바이어는 상품구비 계획과 판매를 연동시키는 업무를 수행한다. 또한 바이어의 중심 업무는 상품 정책과 사업처 정책을 제시하는 것이 아니라 이익을 높이고 고객을 유익하게 하기 위해서 적기적소에 상품을 매장에 공급하는 일이다. 즉 상품구색의 균형을 추구하고 이익을 높이기 위한 업무가 바로 바이어가 담당하는 주요 업무이다. 여기에서는 바이어의 능력을 평가할 수 있는 주요 업무인 매출분석, 재고수준, 마크업에 대해서 살펴보자.

바이어의 업무프로세스

일자	항목	내용
120일 전	정보수집	• 패션트렌드 정보 • 시장거래처 정보 • 매장 작년 실적
90일 전	시즌 상품군 계수계획	• 의류종류, 아이템별 비중설정 및 주력의류 종류 설정 • 의류종류별 프라이스존 및 중심 가격 설정 • 매출액, 사입액, 마진율, 로스율, 매출총이익율, 재고액, 재고회전일수 계획
80일 전	거래처분류	상품성격별 조합방법 및 주요 거래처 선정
60일 전	월별 상품계획	의류 종류별 아이템 구성 및 비중, 형태별 매수설정
	상품운용	• 상품조달, 운송 컨트롤 • 점별 유통과정 설정
20일 전	월별 판매계획	• 매장에서의 상품분류 및 연출 • 아이템별 판매기간 설정
현재	점포 영업	• 판매방법, 과정 및 단품관리 • 점포간 교류
종료	공결	• 재고처리 • 월별 결과정리

① 매출분석 : 매출분석에는 매출변동 분석법과 미시적 분석법이 있다.

  ㉠ 매출변동 분석법 : 상품단가와 판매수량에 관한 계획과 실적의 차이를 조사하여, 매출실적과 계획의 차이를 단가변동에 의한 부분과 수량변동에 의한 부분의 두 가지 요소를 분석하여 단가변동과 수량변동 중 어느 것이 큰 영향을 미쳤는지를 분석하는 방법이다.

  ㉡ 미시적 분석법 : 매출변동 분석법을 더욱 상세하게 기간별, 상품별, 가격대별, 판매방법별, 고객타입별, 주문규모별로 실시하여, 계획과 실적과의 차이가 왜 발생했는지를 면밀하게 분석하는 방법이다.

② 재고수준 분석 : 바이어의 능력은 재고 회전율(재고로 가지고 있는 상품들이 평균 몇 회 팔렸는지), 얼마나 많은 상품이 재고로 남았는지, 그리고 얼마나 많은 상품이 다음 시즌으로 이월되는지 등 면밀한 재고목록 분석에 의해 평가된다.

  ㉠ 재고 회전율 : 재고 회전율 또는 재고상품 회전율(Merchandise Inventory Turnover)은 일정 기간 동안 상품이 팔리고 새 상품으로 교체한 횟수를 말하며, 높은 회전율은 상품이 상점에서 소비자에게 전달되는 시간이 빠르다는 것을 나타내므로 상점관리의 높은 능률성을 나타낸다. 회전율은 한 주, 한 달, 한 시즌, 한 해를 기준으로 계산하며 그 기간 동안의 매출액과 평균 재고량을 해당 기간의 판매가로 계산한다. 한 달의 평균 재고량은 그달 첫째 날과 마지막 날의 재고량을 더한 후 2로 나누면 구할 수 있고, 긴 기간 동안의 회전율을 구할 때는 매달 마지막 날의 재고량을 더한 후 달수로 나누면 된다. 재고량이 매주 간격으로 파악된다면 회전율도 주 단위로 계산할 수 있다. 일정기간 동안의 회전율은 '매출액/판매가로 나타낸 평균 재고량'으로 나타낸다.

  ㉡ 상품 회전율의 장점

   • 높은 회전율은 좋은 상품이 빨리 팔린다는 것을 나타내기 때문에 매출을 높이는 결과를 가져온다.

   • 회전율이 좋다는 것은 신상품의 입수가 활발하다는 것을 뜻하므로 거래, 점포의 인지도와 평판, 그리고 판매사원들의 사기를 높이는데 도움을 준다.

   • 상품을 모두 신상품으로 진열할 수 있으며 보관비도 절약된다.

   • 재고가 빨리 회전되기 때문에 자금 조달이 수월하다.

③ 마크업(Markup) : 수익성은 마크업과 가격결정에 따라 변한다. 패션업계에서 자주 쓰는 마크업은 상품의 원가와 희망하는 판매가격의 차액을 의미하며 원가를 기준으로 책정된다. 비슷한 용어로 마진율은 공급받는 원가와 판매하는 판매가의 차이를 의미하며 판매가를 기준으로 책정된다. 마크업과 마진율은 다른 개념으로 사용되는데, 예를 들어 마크업 5배라고 하면 원가를 기준으로 5배의 판매가를 책정한다는 의미이고 마진율은 판매가를 기준으로 %로 표현된다. 최근에는 판매가를 기준으로 한 마크업율(마크업/판매가)과 원가를 기준으로 한 마크업율(마크업/원가)이 상용되기도 한다.

마크업은 상품화를 계획하는 경영인에 의해 미리 계획되며, 특정 목표의 평균 마크업(Average Markup)을 달성하는 것은 바이어의 임부이다. 많은 종류를 상품들을 분류별로 다르게 마크업을 두어 이들의 평균을 계산한 후 평균 마크업을 계산한다.

  ㉠ 초기 마크업(Initial Markup) : 상품의 원가와 희망하는 판매가격의 차액

  ㉡ 지속 마크업(Maintained Markup) : 판매부진 상품들이 좀 더 잘 팔리도록 할인되어 책정된 가격

  ㉢ 개별 당초 마크업 : 한 상품품목에서 바이어가 획득하고 싶은 마크업

PLUS⁺

▶ 마크다운의 원인[25]

상품의 초기 판매가는 단지 상품을 어림잡아 평가한 금액이기 때문에 때때로 마크다운이 발생한다. 마크다운이란 판매가격을 낮추는 것으로 그 원인은 다음과 같다.

- 지나치게 높은 판매가 : 잘못된 가격책정으로 인한 높은 가격대의 상품은 엄청난 손실을 가져올 수 있으며, 적정 판매가격보다 훨씬 낮은 가격에 상품을 처분하듯이 판매하게 되는 우려가 생기기도 한다. 이는 패션리더의 소비자들을 위해 시즌 초기의 판매가를 고가로 책정하는 경우와는 다르며, 이렇게 판매가를 고의로 높이는 경우에는 종종 누적 마크업이 증가한다.

- 구매과실 : 마크다운의 가장 큰 원인은 대부분 구매과실이다. 소비자의 수요에 대한 적절한 판단과 공급업자의 상품구매가 일치할 때 상품은 그 가치를 발휘하게 되는데, 판매된 상품보다 구매한 상품의 수가 더 많을 경우에는 상품의 마크다운이라는 손실을 입게 된다. 또한 상품의 색이나 사이즈를 잘못 예상하거나 계절상품들을 시즌 후반에 구매하게 되면 판매가격을 낮춰야 하는 경우가 발생한다.

- 판매과실 : 판매가 부진한 상품의 경우 즉, 잘못된 상품진열과 판매사원들의 판매부진 등으로 인해 마크다운을 해야 하는데, 가격인하로 인한 손실을 막기 위해서는 끊임없이 판매력을 평가하고 판매원의 관리와 교육이 진행되어야 할 것이다.

- 부득이한 마크다운 : 모든 마크다운이 구매와 판매과실로 인해 일어나는 것은 아니다. 특히 계절상품의 경우 날씨와 밀접하게 관련되어 있기 때문에 부득이한 마크다운이 발생하게 된다. 눈이 오지 않아 팔리지 않는 스노타이어, 따뜻한 봄·가을 날씨로 인해 코트나 재킷 등이 팔리지 않는 경우 등이다. 또한 팔리지 않아 오래된 재고 상품이나 팔고 남은 적은 수량의 사이즈 등을 마크다운 해서 판매하게 된다.

4. 리테일 머천다이징 시스템

리테일 머천다이징의 시스템은 크게 기획, 사입, 판매의 3단계로 이루어진다.

기획활동이란 계속적으로 변화하는 유행과 소비자 요구에 맞추어 판매 적중률이 높은 패션상품을 사입하기 위해 수요를 예측하고, 매출과 재고의 계획을 수립하는 것이다. 사입기획은 제품을 구매하는데 필요한 자금에 대한 재무기획과 사입할 제품의 종류와 물량에 대한 상품구성기획이 포함된다. 판매활동에는 상품을 고객에게 많이 판매하기 위한 가격정책, 재고관리, 영업전략, 촉진활동이 포함된다.[25]

또한, 패션기업의 리테일 머천다이징은 고객에게 어떤 상품을 제안할 것인가의 자사계열 매장의 '상품구성 계획'과 고객에게 상품을 어떻게 제안할 것인가의 '상품제안 계획'이 핵심이다. 상품구성 계획에는 해당지역과 상권에 맞는 상품구성, 고객의 성별·연령에 맞는 상품구성, 제품의 가격대별, 제품의 컬러별, 고객의 내점 시간대별 상품구성을 계획하게 된다. 상품제안 계획에는 매장의 레이아웃, 고객의 움직임을 계획적으로 유도할 수 있는 동선, 조명, 배경음악, POP, 디스플레이 등을 계획하게 된다.

---

25) 「리테일 바잉」 Diamond Pintel, 시그마프레스(2006)
26) 「패션 마케팅과 소비자 행동」 임숙자 외, 교문사(2001)

> ▶ 리테일 머천다이징 시스템 12단계
>
> 1. 전체전략 : 입지여건 파악, 상권조사, 경쟁점 조사, 마켓 볼륨 파악, 패션정보분석
> 2. 점포전략 : 스토어 아이덴티티 확립, 스토어 컨셉 설정, 스토어 포지셔닝 설정
> 3. 표적고객 설정 : 타깃 세그멘테이션, 타깃 설정, 타깃 분류, 타깃 프로필 분석
> 4. 판매계획(계수 관리) : 판매계획 정책, 판매계획 프로세스, 판매계획 실제
> 5. 상품계획 : 상품계획정책, 상품계획 정보루트, 상품계획 상품구성계획 및 활동, 상품분류, 매장분류
> 6. 구매활동(계수관리) : 구매계획, 구매실무, 상품구색계획, 구매관리
> 7. 가격정책(계수관리) : 가격정책, 가격결정 방법, 가격 변경과 가격할인, 프라이스 라인 설정
> 8. 상품관리(계수관리) : 상품관리, 상품 로스 관리, 재고관리
> 9. 영업전략 : 영업계획안과 운영, 영업기별 전략, 판매전략 개발
> 10. 매장전략 : 환경관리, 매장구성, 시스템 관리
> 11. 프로모션 전략 : 인적 판매, 광고, 홍보, VM
> 12. 평가 및 제안 : 평가 및 제안

(1) 기획활동

리테일 머천다이징 활동은 기획에서부터 시작된다. 소매업(Retail)의 기본 목표는 소비자들을 만족시키면서 상품을 팔아 이익을 남기는 것이므로 기획활동은 소비자의 욕구를 분석하고, 이들의 필요와 욕구에 맞는 상품을 결정하는데 중점을 두어야 한다. 기획활동이란 계속적으로 변화하는 유행과 소비자 요구에 맞추어 판매 적중률이 높은 패션상품을 사입하기 위해 수요를 예측하고, 매출과 재고의 계획을 수립하는 것으로 정보분석, STP 전략, 점포기획과 이를 기초로 한 사입기획까지 포함된다.

① 정보분석 : 리테일 머천다이징 활동을 위해서는 인구통계적 변화, 소비자 라이프스타일 변화와 같은 환경정보, 트렌드나 디자인, 색, 소재, 스타일 등과 관련된 패션정보, 시장현황, 점포, 고객, 판매와 관련된 시장정보가 필요하다. 패션정보는 Category 3에서 자세하게 다루고 있기 때문에 시장현황 정보, 고객 정보, 판매 정보를 중심으로 살펴보기로 하겠다.

리테일 머천다이저는 수집된 정보를 분석하여 어떠한 추세가 나타나고 있는지, 무엇이 팔리고 무엇이 팔리지 않는지를 고려하여 추가 발주나 반품, 가격할인 등의 판단을 하고, 다음 시즌의 경향을 예측하여 머천다이징 활동을 전개한다.

㉠ 시장현황 정보 : 시장현황 정보는 전체시장 분석과 사업전개 지역에 대한 입지여건, 상권, 경쟁점을 조사함으로써 얻어지며, 기업은 이를 기초로 시장규모를 예측하게 된다.

• 수요분석 : 수요분석의 주요 요인은 해당 제품시장의 크기와 성장률이다. 패션제품 시장의 규모는 연간 매출액으로 측정되지만, 계속 변화하므로 현재의 제품시장 크기뿐만 아니라 성장률도 중요한 변수가 된다.

• 입지여건 조사 : 지역특성은 경제구조, 교육시설, 교통환경 등 제반여건과 거주자의 특성에 의해 좌우된다. 특히 동일한 지역의 거주자들은 유사한 라이프스타일과 소비패턴을 가지고 있으므로 이들의 라이프스타일에 초점을 맞추는 것은 매우 중요하다.

• 상권 조사 : 상권이란 특정의 매장, 상점가, 쇼핑센터 등에서 구매하는 소비자의 지리적인 범위를 의미한다. 상권의 범위는 입지조건, 시설의 규모, 경쟁점포, 취급상품 등의 특성에 의해 달라지며, 이러한 변수들을 고려하여 도보에 의한 거리, 승용차 및 대중교통에 의한 소요시간, 물리적 제약조건 등을 감안하여 상

권의 범위를 산출한다. 상권은 독점적 우위에 있는 1차 상권, 경쟁상황하에 있는 2차 상권, 점포특성에 의한 3차 상권으로 분류할 수 있으며, 이렇게 패션기업이 상권의 범위를 결정하는 것이 상권전략이다.

- 경쟁점 조사 : 경쟁점은 표적고객, 취급상품, 가격, 서비스 유형, 점포이미지에 의해 설정된다. 경쟁점 조사는 이러한 기준들에 의해 실시되기도 하고, 고객의 의식 속에 경쟁점들이 어떻게 포지셔닝되어 있는지를 분석하기도 한다.
- 시장규모 예측 : 시장규모 예측의 기본 단위는 세대수이며, 시장규모는 곧 예상매출의 근거자료가 된다. 통계청 자료를 근거로 지출액을 산출하며 이러한 예상점포의 추정 매출액은 사업을 시작할 때 손익계획의 근거가 되고, 운영계획의 기초자료가 된다.
  - 해당 상권의 총구매력 = 산출된 가구별, 품목별 평균소비 지출액 × 각 상권별 세대수
  - 예상점포 구매액 = 해당 상권의 구매력 × 상권 내 예상 점포수

ⓛ 고객정보 : 고객분석을 통해 얻을 수 있는 정보로 고객정보 활용을 통해 구매 적중률을 높일 수 있고, 고객정보를 구체적으로 분석함으로써 생산기획의 기본이 되는 고객의 요구와 취향을 파악할 수 있다. 특히 패션제품의 경우 유행의 변화에 따른 새로운 제품이 계속해서 제시되지만 고객의 취향은 지속되는 경향이 있으므로 고객의 이전 시즌의 판매기록은 유용한 정보가 된다.

- 소비자 반응 : 소비자 의식, 상표인지도, 선호도, 구매습관 등
- 소비자 관찰 : 착용경향, 광고효과, 구매패턴 등
- 매장에서의 고객의 의견 등

ⓒ 판매정보 : 판매정보는 소비자와의 접점에서 얻을 수 있는 소비자에 대한 구체적인 정보로 전국적, 지역적 소매점별로 얻을 수 있다. 이러한 판매정보는 지난 시즌과 시즌의 인기ㆍ비인기 상품에 대한 정보, 각 상품의 소재, 색상, 디테일, 실루엣, 가격정보, 판매원의 판매리포트에 의한 정보, 상권에 대한 정보가 포함된다. 또한 소매점은 패션수요(Fashion Demand)를 예측하여 자사의 목표매출액의 기초가 되는 전반적인 수요를 파악하게 된다. 이는 다시 계절별, 월별로 조절하고, 제품, 아이템별로 분석하여 생산계획을 수립하게 된다. 그리고 패션수요예측은 장기적 예측과 단기적 예측을 할 수 있지만, 수명주기가 짧고 유행에 민감한 패션제품의 특성상 향후 4개월에서 12개월 후의 예측과 같은 단기예측이 더욱 유용하다.

② 점포 STP 전략 : 점포 STP 전략은 시장을 세분화하고 표적고객을 결정한 뒤 자사의 점포를 경쟁점과 차별화하여 포지셔닝하는 것으로 전략적 포지셔닝을 확립하기 위해서는 점포의 컨셉과 아이덴티티를 일관되게 유지해야 한다.

ⓛ 표적고객 설정 : 표적고객의 설정은 '누구의 어떤 욕구를 만족시킬 것인가'를 고려하여 자기 점포의 컨셉에 가장 적합한 고객층을 발견함으로써 판매대상의 범위를 결정하는 것으로 리테일 머천다이징의 출발이 된다. 표적고객을 분류하면 기본타깃과 전략타깃, 핵심타깃과 주변타깃, 이미지타깃과 메인타깃, 서브타깃의 세 가지 종류로 분류할 수 있다.

- 기본타깃과 전략타깃 : 기본타깃은 가장 중심적인 타깃으로 마케팅의 중심이 되며, 전략타깃은 점포의 미래의 가능성을 위해 확보해야 하는 타깃이다.
- 핵심타깃과 주변타깃 : 소매점의 고객을 분석해 보면 20%의 고객이 점포 매출의 80%의 매출을 올리고, 80%의 고객이 나머지 매출을 담당하는 20 : 80의 원칙이 적용된다. 전자를 핵심타깃, 후자를 주변타깃으로 분류하며, 주로 핵심타깃을 대상으로 마케팅 노력을 집중하게 된다.
- 이미지타깃, 메인타깃, 서브타깃 : 이미지타깃은 패션리더의 성향으로 점포의 수준을 향상시킬 수 있는 타

깃을 의미하며, 메인타깃은 가장 많은 매출을 올릴 수 있는 주력타깃, 서브타깃은 메인타깃의 가능성을 지닌 잠재고객으로 볼 수 있다.

ⓛ 점포 컨셉과 점포 아이덴티티 : 점포 컨셉이란 '어떤 점포를 만들 것인가', '어떤 상품을 팔 것인가', '어떤 고객을 대상으로 할 것인가'를 고려하여 설정된다. 점포 컨셉에 의해 시장 내에서의 점포의 수준을 설정하고, 다른 점포와 차별화될 수 있는 개성 있는 점포 이미지를 제시한다면 독자적인 점포 아이덴티티(SI ; Store Identity)를 확립할 수 있다. 그러나 패션상품만으로 점포 컨셉을 표현하기에는 한계가 있으므로 점포 이미지, 상품개발, 상품구성, VM, 서비스 등 점포 전체의 설계를 고객의 가치관과 라이프스타일에 맞추어 재정립해 나가야 한다. 따라서 정보기획을 기초로 점포 컨셉을 설정하고 이에 맞춰 고객전략을 구축해야 한다.

ⓒ 점포 포지셔닝 : 점포 포지셔닝은 점포 컨셉을 기초로 경쟁점과 차별화하여 시장 내 경쟁구조를 명확히 하는 것이다. 점포 포지션이 명확히 세워져 있으며 구체적인 상품기획이나 판매가 가능하므로, 시즌별, 월별로 상품 사입 전 반드시 점포 포지션을 확인해야 한다. 점포 포지셔닝을 하기 위해서는 점포에 대한 지각도를 작성하면 유용하다. 지각도에서는 유용한 기준으로 좌표를 설정하고 여기에 자사와 경쟁점들을 위치시킴으로서 자사가 동일상권 내에서 경쟁점과 어떠한 관계에 위치하는가를 파악할 수 있다.

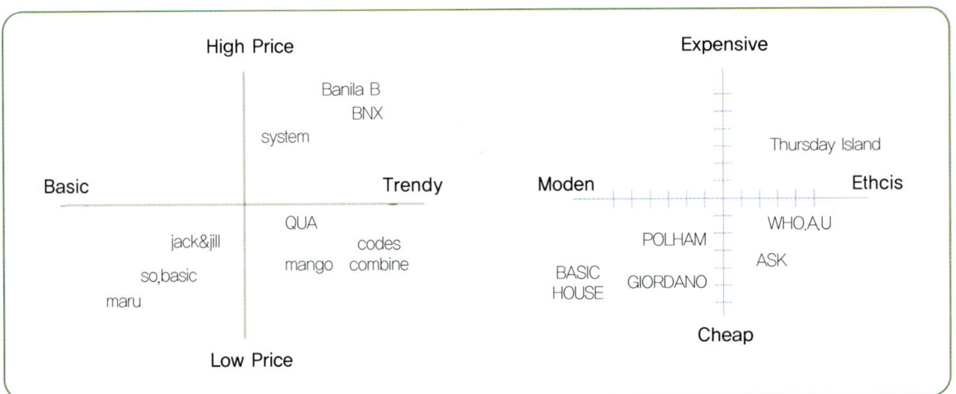

• 브랜드 포지셔닝 맵 사례 •

③ **사입기획** : 표적고객을 설정하고 고객의 욕구를 파악하고 나면 이러한 고객의 욕구를 충족시키기 위한 제품 사입에 대한 기획을 해야 한다. 사입기획은 제품을 구매하는데 필요한 자금에 대한 재무기획과 사입할 제품의 종류와 물량에 대한 상품구성기획이 포함된다. 사입기획은 장기계획과 단기계획을 수립하여야 한다. 장기계획은 소매점의 규모와 유형에 따라 다르나 앞으로 3~5년 간의 계획을 수립하는 것으로 거시적이면서 탄력적으로 만들어져야 하며, 전체적으로 통일된 목표를 지향해야 한다. 단기계획은 장기계획을 시즌별, 월별로 세분화한 것으로 패션 소매점에서는 이러한 단기계획을 중심으로 판매, 구매, 재고의 계획과 관리가 이루어진다.

㉠ **재무기획** : 재무기획은 상품사업에 필요한 예산을 계획하는 것으로 이를 기초로 구매에 필요한 자금액과 매출에서 기대되는 수익액을 파악할 수 있다. 이러한 재무기획에는 계획적 수치인 여러 계수들이 필요하며 이들은 상관관계를 갖는다. 예를 들면 사입예산기획이 정확하지 않아 재고가 늘면 가격인하가 불가피해져서 매출이익률이 내려가고, 그로 인해 목표한 경상이익률과 이익액 모두를 달성하지 못하게 된다. 이러한 재무기획은 일반적으로 6개월 단위로 이루어지며, 일정기간 동안의 소비자 욕구를 충족시키기에 적당한 상품을 예산에 맞게 사입하도록 하는 것이 목적이다.

재무기획의 내용

매출예산기획	• 전체 판매기간의 총 매출과 월별 매출을 예측 • 월별 매출은 계절지수를 감안하여 산출 • 시즌 상품(수영복, 코트 등)은 주간별 매출로 산출 • 지난 몇 년간의 판매경향을 분석 • 판매에 영향을 미치는 모든 요인(환경변화나 패션트렌드 변화 등)을 고려
재고금액기획	• 고객의 욕구를 만족시키고 판매기획을 지원할 수 있는 재고량을 금액으로 기획 • 재고회전(Stock Turnover) 파악 : 판매에 필요한 재고의 균형을 맞춤 • 재고회전율이 높으면 상품이 잘 팔려서 재고관리비용을 절감할 수 있고 이윤을 최대화할 수 있음 • 재고순환율은 상품의 종류, 가격대, 상품구색에 따라 달라짐
가격인하기획	• 경쟁점포와의 가격경쟁을 위해 가격인하를 함 • 가격인하를 통해 판매를 촉진하여 현금흐름을 원활히 함
사입금액기획	• 판매기간 이후의 재고량까지 예측하여 금액으로 환산하는 것으로 재고량과 판매량이 균형을 이루도록 함 • 사입금액의 예산규모는 매출액, 재고금액, 가격인하를 통해 결정 • 총 매입액 결정(로스 예상액 + 할인 예상액)

ⓛ **상품구성기획** : 상품구성기획은 재무기획을 기초로 고객의 욕구를 만족시키기 위해 점포에 갖추어야 하는 상품의 양과 종류를 기획하는 것이다. 상품선정은 가격, 상품구성의 폭과 깊이, 상품특성, 판매시기, 독점성, 서비스 수준 등을 고려하여 이루어진다. 특히 다양한 상품구색이 필요한 패션점포는 시즌마다 균형 있는 상품구성을 하는 것이 매우 중요하다.

상품구성기획은 기본 재고기획과 모델 재고기획으로 구분된다.
- 기본 재고기획(Basic Stock Plan) : 수요가 계속 있어서 항상 갖추고 있어야 하는 기본 상품에 대한 기획이다. 기본재고는 항상재고(Staple Stock)라고도 하며 이전의 판매기록에 의해 예측할 수 있다.
- 모델 재고기획(Model Stock Plan) : 상품을 가격, 색상, 사이즈 등에 따라 분류하여 기획하는 것이다.

(2) 사입활동(Buying)

사입은 판매를 위한 상품의 구매로서 기획내용에 따라 구매할 상품의 종류, 스타일, 가격대, 사이즈, 색상, 수량 등을 결정하는 것이다.

사입 시에는 어떠한 상품구성으로 고객을 만족시킬 것인가, 주요 아이템은 무엇으로 하고, 어느 정도 수량으로 할 것인지, 보이는 상품은 무엇으로 할 것인지에 대한 의사결정을 해야 한다. 또한 점포차별화를 위해 다양한 사입원을 활용하기 위한 아웃소싱이 활용되고 있고, 필요에 따라서는 판매업자가 원하는 제품을 하청생산하기도 하며, 제조원가를 낮추기 위해 해외생산의 비중도 높아지고 있다.

사입 활동은 구체적으로 사입처의 결정, 아이템과 구매량 결정, 사입 시기 결정, 사입 방법 결정, 사입가 결정의 순으로 진행되며, 사입 시점을 기준으로 판매캘린더를 작성하는 것이 효율적이다.

① **사입처 선정** : 성공적인 사입처의 선정과 활용은 매장의 상품력 강화와 재고회전율 단축으로 연결되어 매출과 이익을 증가시킬 수 있다. 사입처는 상품정보와 구매정보를 제공하고, 구매자는 고객의 욕구와 필요에 대한 정

보를 제공할 수 있다. 사입처의 선정은 회사의 목표나 경영방침과 관련된 기업력, 고객이나 소매점 정보의 활용과 관련된 정보력, 상품개발과 관련된 상품력, 상품조달과 판촉활동과 관련된 영업력, 납기일 준수와 재고관리와 관련된 물류력 등을 기준으로 이루어져야 한다.

고객의 라이프스타일이나 패션트렌드의 변화에 맞추어 고객의 욕구를 충족시킬 수 있는 상품과 팔리는 상품을 선정하기 위해서는 기존의 주력 거래처와의 관계를 심화시키는 동시에 신규 사입처의 개발이 요구된다. 신규 사입처는 기존 거래처 분석이나 시장분류를 통해, 해외 시장을 통해 또는 디자이너 브랜드, 패션잡지 등 다양한 경로를 통해 선정할 수 있다.

② **사입 시기 결정** : 상품의 사입은 발주와 재발주로 이루어진다. 초기의 발주는 소비자의 반응을 파악하기 위한 시장테스트 성격으로 상품구색의 폭은 넓게, 길이는 얕게 하는 것이 바람직하며 팔리는 상황에 따라 사이즈별, 색상별 재발주가 이루어진다. 패션상품은 패션 사이클에 따라 구매시기와 구매량이 조정되는데, 특히 재발주 시 상품의 재생산 및 운반 등에 소요되는 리드타임(Lead Time, 제품을 주문한 후 납품될 때까지 소요되는 기간)을 고려해야 하며, 리드타임 기간 중에도 소비자의 패션 사이클 변화 추이에 주목해야 한다.

사입 시기를 결정하기 위해서는 먼저 시즌 계획을 세워야 하는데 이는 전년도의 실적을 철저히 분석하고 확인하는 것에서 시작하며, 구체적으로 다음과 같은 사항이 고려된다.

㉠ 매출액의 경향을 중심으로 계수를 분석한다(소화율, 회전율, 재고 및 로스율 등 수치에 대한 데이터를 체크함으로써 최근의 흐름이 어떠한지 또 전년도의 어떤 배경에서 그러한 경향들이 나타났었는지 등을 분석).

㉡ 전년도와 전 시즌의 수치까지 분석하여 각 아이템별로 나타나는 경향을 파악한다.

㉢ 시즌의 상품계획을 분석한다(시즌별로 소재와 디자인, 컬러를 중심으로 무엇이 팔리고 팔리지 않았는지를 분석).

㉣ 상품의 전개계획에 대해 분석한다(월별, 주별 VM의 다양한 전개방법 설정과 검증을 통해 다음 계획에 활용).

③ **사입 방법 결정** : 사입 방법은 상품의 특성, 구매량, 구매 시기, 사입처와의 관계, 경쟁점과의 관계 등에 의해 결정되며, 사입 방법으로는 완전사입과 위탁사입, 그리고 위탁판매가 있다.

㉠ **완전사입** : 납품처로부터 완전한 구매가 이루어지는 것으로 재고에 대한 리스크를 소매점에서 부담하는 방법이다. 납품처의 제시가격에 상관없이 소매점이 가격을 책정할 수 있다.

㉡ **위탁사입** : 일정기간 납품처로부터 판매를 위탁받는 형태로 재고에 대한 관리책임은 소매점에게 있지만 납품측이 반품이나 재고에 대한 책임을 진다. 소매가격의 결정권이 납품측에 있고, 상품대금의 지불방법은 판매기간 종료 후 판매된 상품대금만 지불한다.

㉢ **위탁판매** : 재고의 관리책임을 비롯한 모든 재고책임을 납품처가 부담하는 방법으로 상품대금의 지불도 판매된 것에 한정한다. 대부분의 경우 납품측으로부터 판매원이 파견되며, 파견점원이나 추가사입도 일체 납품측에 의해 결정된다.

④ **사입가 결정** : 소매점은 판매할 상품의 프라이스 존과 프라이스 라인을 결정하고 그에 따라 해당되는 가격의 상품을 선택하여 사입한다. 사입 시에는 판매가와 이익을 사입량과의 관계로 파악하여 사입가격을 결정하는데 원가로 구매하여 사입측이 독자적으로 판매가를 결정하거나, 납입측이 설정한 판매가를 기준으로 한 원가율로 소매점의 마진을 결정할 수 있다.

(3) 판매활동(Selling)

판매활동에는 상품을 고객에게 많이 판매하기 위한 가격정책, 재고관리, 영업전략, 점포전략 등이 포함된다.

① **가격정책** : 상표구성과 진열이 만족스럽거나 상품의 품질과 기능이 뛰어나며 고객의 취향에 맞는다고 해도 고객이 부담 없이 살 수 있는 가격이 아니면 실질적인 판매로 연결되지 않는다. 그러므로 점포의 타깃에 적당한 가격을 설정하기 위해 다음과 같은 사항들을 고려해야 한다.

- 고객이 구매하기 쉬운 가격인가?
- 가격의 폭을 어떻게 결정할 것인가?
- 중심 프라이스 라인에 아이템 폭을 집중시킨다.
- 프라이스 라인 수는 적게 한다.
- 점포 내의 가격구성은 항시 점검하여 기획한 상품과 실제 판매되고 있는 상품과의 차이를 수정해야 한다.

가격결정은 단순히 판매할 상품에 대한 가격을 결정하는 것 이외에 가격변경의 문제도 포함된다. 가격변경은 수요를 자극하기 위해, 경비절감에 의한 원가의 하락으로, 경쟁우위를 차지하기 위해 시행되며 패션상품은 짧은 제품수명주기를 가지기 때문에 가격정책 수립 시 가격할인까지 고려되어야 한다.

ㄱ) **제품믹스 가격결정** : 단일제품들의 가격은 기업의 제품계열에 속한 여러 다른 제품에 대해서도 적용할 수 있는 가격구조(Pricing Structure)를 형성한다. 설정된 가격구조는 제품수명주기의 각 단계에 의해 시간이 지남에 따라 변화한다. 또한 원가와 수요의 변화, 구매자와 여건의 변화, 경쟁환경이 변화함에 따라서 기업은 초기의 가격을 변경하게 된다.

제품믹스 가격결정에서는 가격대, 가격범위, 가격선, 가격포인트의 개념이 적용된다.

- 가격대(Price Zone) : 품종별 가격의 상한과 하한 사이의 범위
- 가격범위(Price Range) : 가격대 중에서 판매량이 특히 많은 가격대
- 가격선(Price Line) : 가격대 내에서 몇 개의 가격단계로 구분한 기준
- 가격포인트(Price Point) : 가장 많이 팔리는 가격선

ㄴ) **촉진적 가격결정(Promotional Pricing)** : 일시적으로 제품을 정가 이하 또는 원가 이하로 판매하는 것으로 촉진가격의 형태로는 손실유도품, 특별행사가격, 현금반환, 할인 등이 있다.

- 손실유도품(Loss Leader) : 백화점이나 할인점 등에서 몇몇 제품을 저가로 제공하여 고객들을 보다 많이 점포로 유인한 후, 다른 정상적인 이윤의 제품들을 구입하기를 기대한다.
- 특별행사가격(Special Event Pricing) : 판매업자는 많은 고객을 유치하기 위해 특별행사가격을 이용하기도 한다.
- 현금반환(Rebate) : 제조업자들은 때때로 일정기간 동안 판매상에서 구매하는 소비자에게 직접 현금을 반환한다. 현금반환은 자동차업계와 내구재, 그리고 소형가전제품 생산업자들이 가장 많이 이용하고 있다.
- 할인(Discount) : 판매업자는 매출증가와 재고감소를 위해 정상가격에서 할인을 해주기도 한다.

② **재고관리(Stock Keeping)** : 재고란 패션점포가 판매를 위해 보유하고 있는 상품적 가치를 지닌 제품 모두를 의미한다. 재고가 많다고 해서 모두 매출로 이어지는 것은 아니며, 과잉재고는 투자자본의 손실은 물론 물류비용의 증대, 상품가치의 저하로 이어지기 때문에 소매업에서 상품에 투입된 자본의 효율화를 위해 적정재고를 유지하는 것은 매우 중요하다. 재고관리의 핵심은 적정한 이익확보가 가능한 매출액과 현재 보유하고 있는 재고와의 조정작업이며, 바람직한 재고관리는 사입과 판매와 재고 간의 합리적 조정에 의해 이루어진다.

재고상품은 러닝 스톡(Running Stock), 워킹 스톡(Woeking Stock), 슬리핑 스톡(Sleeping Stock), 데드 스톡

(Dead Stock)으로 분류할 수 있으며 러닝 스톡은 활발하게 움직이는 상품이고, 워킹 스톡은 비교적 잘 팔리는 상품, 슬리핑 스톡은 거의 움직이지 않는 상품, 데드 스톡은 전혀 움직이지 않고 창고에 들어간 상품을 말한다.

(4) 점포전략

리테일 머천다이징에 있어서 점포는 머천다이징이 실현되는 장소로써 가장 중요하게 다루어져야 한다. 점포에서 사입한 상품이 어떻게 표현되고 있는지를 바이어나 MD는 이를 위한 매장 레이아웃의 분류나 판매방법의 기술론, 판매원과의 연관까지도 배려해야 한다. 또한 효율적인 점포관리는 소매업체의 재무성과에 지대한 영향을 미칠 수 있기 때문에 점포 관리자는 노동 생산성 증가를 통해 매출을 증가시키고, 종업원의 효율적 배치를 통해 비용을 절감하며, 종업원들의 업무충성도와 만족도를 위한 능력개발을 통해 재고손실을 감소시켜야 한다.

① **점포관리** : 점포는 단순히 상품을 팔기 위한 물리적인 시설뿐만 아니라 고객에게 각종 서비스와 정보를 제공하는 문화생활 공간을 의미한다. 고객들은 점포방문을 통해 얻을 수 있는 상품, 서비스, 물리적 환경, 판매원, 촉진활동 등의 요소들에 의해 호의적인 또는 비호의적인 점포이미지를 형성하게 된다. 점포관리는 새로운 고객유치와 기존고객을 유지하기 위해 변화하는 고객들의 특성에 맞추어 호의적인 점포이미지를 조성해야 한다.

상품의 판매율을 높이기 위하여 고객이 찾기 쉽고, 고르기 쉬운 매장으로 만들기 위해서는 상품의 분류와 매장 내 상품배치 및 면적배분을 효과적으로 수행해야 한다. 매장구성을 위한 중요한 조건으로 인테리어와 디스플레이를 들 수 있으며, 이 두 가지는 공간, 상품배치, 도선, 집기 등의 요소별로 적절한 조화를 꾀하여야 한다. 또한 매장 구성 시 매출증대를 위해서는 상품의 볼륨, 코디네이트, 다양성, 테마의 네 가지 사항을 유의해 매장을 전개하는 것도 중요하다.

> **✏ PLUS⁺**
>
> ▶ **The GAP에서 판매원 평가에 사용하는 기준들**
> - 50% 판매원/고객관계 : 인사, 상품지식, 부가적인 상품제안, 구매요청과 의사결정 강화(구매 후 만족도 제고)
> - 25% 영업 : 점포외관(쾌적한 점포내 환경 유지), 손실방지, 상품기획 통제 및 관리, 계산/포장절차(정확성과 신속성)
> - 25% 순응 : 복장 및 용모, 유연성(점포정책변화에 유연하게 대처하는가?), 동료관계

② **고객관리** : 점포전략에서 가장 중요한 업무는 신규고객 창출과 고객관리이다. 점포의 입점고객은 목적구매 고객과 충동구매 고객으로 분류된다. 매출을 향상시키기 위해서는 목적구매 고객의 수를 늘려야 하며, 특히 반복구매 고객을 확보하는 것이 중요하다.

고객관리는 궁극적으로 고객과의 커뮤니케이션을 향상시키기 위하여 대상 고객의 필요사항을 체크하여 데이터를 수집하는 것이다. 대부분의 소매점은 고객관리를 위해 POS 시스템을 도입하고 있으며, POS 시스템은 효율적인 인스토어 머천다이징(Instore Merchandising)을 가능하게 한다. 즉, POS 시스템을 통해 어떤 상품이 언제, 어디서, 몇 개 팔렸는지를 나타내며, 상품의 품목별, 스타일별, 사이즈별, 칼라별 매출을 정확하게 파악할 수 있으므로 현재 상품진열의 효과, 공간배분의 적합도, 매장 내 판매촉진 효과를 측정함으로써 효율적인 머천다이징을 실행하는 것이다.

(5) 촉진전략

촉진(Promotion)이란 상품의 판매를 증대시키기 위한 각종 활동을 의미하며, 패션 촉진활동은 소매점 이미지나 패션상품을 고객에게 제공하는 단계에서 기존 고객의 유지는 물론 새로운 잠재고객을 확보하는 각종 활동으로 판매원을 통한 인적판매, 광고, PR, VM, 패션쇼, 소비자판촉 등을 통해 이루어진다.

리테일 머천다이저는 직접적으로 광고제작에 참여하지는 않지만, 광고제작 준비과정 동안 적극적으로 참여하며 광고를 하기로 결정을 할 때는 상품홍보와 기업홍보를 위해 사용될 비용을 먼저 결정하게 된다. 광고예산은 거의 대부분 상품을 홍보하는 것에 사용되며, 광고를 할 상품을 결정한 뒤에는 앞으로 제작할 광고에 대해 세부적인 사항을 상세히 광고 신청서에 기재해야 한다.

또 다른 광고방법으로 아무런 비용도 들이지 않고 소매업체 이름을 공급업자의 광고를 통해 사용할 수 있는 경우를 간접광고라 하는데, 간접광고는 제조업자의 상품라인에 중점을 두며, 광고 한 부분에 중요 소매업체의 이름을 간단히 기재 또는 언급하게 된다. 이렇게 공급자가 소매업체를 선전할 때는 따로 소매업자에게 광고비를 받지는 않지만, 소매업자로 하여금 상품을 계속 구매하도록 하는 역할을 한다.

패션/유통 비즈니스 & 패션센스
(Fashion/Distribution Business & Fashion Sense)

Category 8. 비주얼 머천다이징(VM)

1장 비주얼 머천다이징(VM)의 개념 및 역할

1절 비주얼 머천다이징(VM)의 개념과 전개

1. 비주얼 머천다이징(VM)의 개념

(1) 비주얼(Visual)

① '시각의', '눈에 보이는', '보기 위한 것' 이라는 의미
② 고객이 쉽게 볼 수 있는 장소에 상품을 배치하여 그 매력을 시각적으로 호소하기 위한 것

(2) 머천다이징(Merchandising)

① 기업의 마케팅 목표를 실현하기 위해, 특정의 상품 또는 서비스를 적절한 장소, 시간, 가격, 수량별로 시장에 내놓을 때 따르는 계획과 관리
② 일반적으로는 마케팅의 핵심을 형성하는 활동이라고 정의

(3) 비주얼 머천다이징(VM ; Visual Merchandising)

① Visual Merchandising의 약자인 VM으로 통칭되며 상품을 시각적, 감각적으로 연출하여 구매의욕을 높이는 전략으로 상품과 서비스를 팔기 위하여 광고, 디스플레이, 특별행사, 상품기획 및 판매 등의 팀워크를 통해 고객에게 상점과 구성 상품을 효과적으로 연출, 제시하는 제반활동
② V(시각적 기술), MD(상품 계획)의 조합된 말

VM = Visual Presentation + Merchandising
　　시각화　　　　　　　상품화 계획/효과적 판매촉진책

③ 매장구성의 기본이 되는 상품계획과 매장환경으로 인테리어, 디스플레이, 판촉, 접객 서비스 등 제반요소들을 시각적으로 구체화시켜 상점의 이미지(SI ; Store Image)를 고객에게 인식시키는 표현전략
④ 마케팅의 목적을 효율적으로 달성할 수 있도록 상업공간에 적합한 특정의 상품이나 서비스를 조합하고 판매증진을 위한 시각적 연출계획으로 기획, 상품, 선전, 판촉까지의 일련의 일관된 흐름을 조정하는 활동
⑤ 기업의 독자성을 표현하고, 타경쟁점과의 차별화를 위해 유통의 전 과정에서 상품을 비롯하여 모든 시각적 요소를 반영하여 연출하고 관리하는 전략적인 활동

⑥ 기타 VM의 정의

　㉠ 머천다이징 목표와 상품 프레젠테이션을 조화시키는 것

　㉡ 고객과 점포, 고객과 상품과의 시각적인 공감대를 만들어 내기 위한 MD 프레젠테이션 시스템

　㉢ 판매촉진을 위한 전략계획

　㉣ 사람의 눈에 비치는 모든 요소를 보다 효과적으로 관리

　㉤ 판매를 증가시키고 추가구입을 자극

　㉥ 경영 효율성 촉진

　㉦ 구매 욕구를 일으킴

　㉧ 말 없는 판매원

　㉨ 매장 내 적정 상품량을 알기 쉽게 함

　㉩ 경쟁점과 차별화

　㉪ 점포 이미지를 만듦

　㉫ 사기 쉽고 고르기 쉽게 함

　㉬ 즐거운 쇼핑 분위기 제공

　㉭ 소비자에게 맞춰졌을 때 효과를 볼 수 있는 것

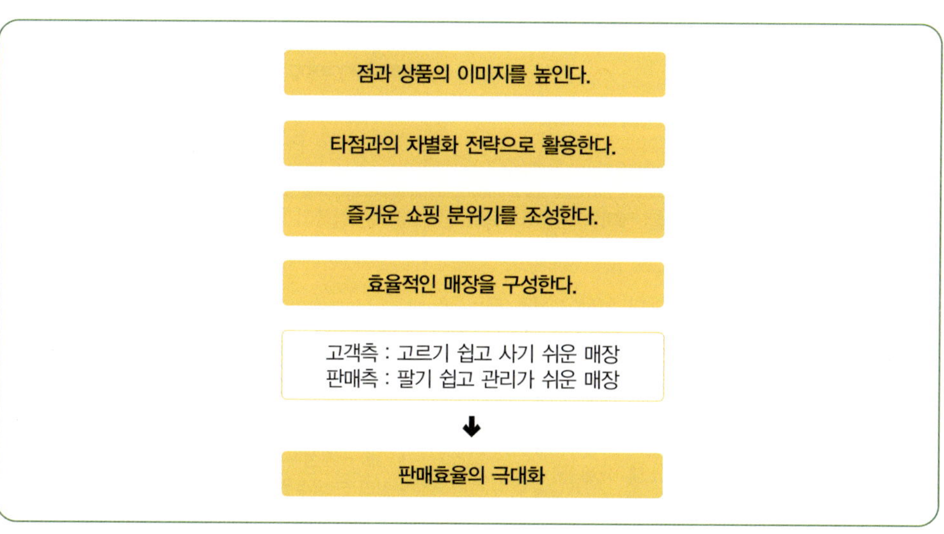

· VM의 목적 ·

✏️ **PLUS⁺**

▶ 미국 소매업 협회

VM은 머천다이징을 성공하기 위해 상품 프레젠테이션을 훌륭히 이해하는 것에서 시작하며, 매입부서와 협력하여 매입 상품을 제공, 전시, 판매하는 방법

▶ 일본 VM 협회

VM은 고객의 창조와 유지 혹은 수요의 창조를 목적으로 유통시장에서 MD를 축으로 하여 시각적 요소를 연출, 관리하는 활동

2. VM 전개

(1) 상품제안(MP ; Merchandising Presentation)

상품과 동시에 회사의 이미지를 부각시키는 기업 아이덴티티(CI ; Corporate Identity)의 개선을 선두로 상업공간에서 프레젠테이션의 질적인 향상을 위하여 VP(Visual Presentation), PP(Point of Sales Presentation), IP(Item Presentation)가 진행되는데 VP, PP, IP를 종합한 전략을 MP(Merchandising Presentation)라 한다.

> MP = VP + PP + IP
> 이 세 가지 기능이 상품 성격에 맞게 적절히 배분되어야 상품제안(MP)의 효과를 높일 수 있다.

매장구성의 3요소

VP	• 판매하고 싶은 상품, 알리고 싶은 상품 등을 디스플레이 • 매장의 얼굴	Visual Presentation (연출)
PP	벽면 또는 기둥 상단 부위로 상품의 그룹을 대변하는 위치	Point of sale Presentation (연출 + 진열)
IP	상품을 직접 만지고 고르는 위치	Item Presentation (진열)

MP
Merchandising Presentation

구분	VP (Visual Presentation)	PP (Point of sale Presentation)	IP (Item Presentation)
역할	연출 테마의 종합표현으로 점과 상품의 이미지를 높임	분류된 상품의 판매 포인트를 보여줌	개개의 상품을 분류, 정리하여 보기 쉽고 고르기 쉽게 진열함
위치	고객의 시선이 처음 닿는 곳 (Show Window, Stage, Sub Stage, Facade)	매장 내에서 자연스럽게 고객의 시선이 닿는 곳 (벽면 상단 부분, 쇼케이스 상단, 테이블 상부)	점내 제반 집기류(행거, 쇼케이스, 선반류 외) −기둥, 벽면, 집기
전개의 방안요소	• 트렌드 제시(디자인, 스타일, 소재, 색채 등) • 화제 및 이벤트성 • 테마 컬러 적용 • 연간계획에 의한 연출 • 조명연출효과 • 오브제 및 마네킹의 연출효과	• Face Out • 연출구성(삼각구성 외) • 컬러 코디(주목성) • 중점표현(품목 · 스타일 · 색채 등) 계획 • 조명연출 • 진열구류(상반신 · 소도구류 등) 활용	• Sleeve Out • Folded • 컬러 배열 • 수직 진열 • 사이즈 배열 • 스타일 분류 • 소재 분류
기능	보여 준다	보여 준다, 판매를 유도한다	판매한다
고객의 시점	다소 멀다(이미지를 받아들임)	중간(상품을 인식)	가깝다(상품을 만짐)
담당 대형점	VP 전문가	코너 데코레이터	판매사원
담당 소형점	점 스스로 또는 전문 디스플레이어		

• VM 전개의 기본[1] •

---

1) 「비주얼 머천다이징 & 디스플레이」 심낙훈 저, 우용출판사(2006)

① VP(Visual Presentation)

ㄱ 쇼윈도 또는 점의 스테이지로 점의 이미지를 대표할 수 있는 곳

ㄴ 테마 공간으로 연출하거나 브랜드의 이미지를 표현하는 공간으로 고객의 시선이 처음 닿는 곳

ㄷ 연출상품의 선택 시는 가급적 트렌드가 강하거나 이익률이 높거나, 재고량이 많은 상품을 선택하며 전문가 또는 경험자가 연출하는 것이 효과를 높일 수 있음

ㄹ 매력적인 연출 매장 컨셉을 전달하기 위한 스테이지를 설치하여 테마의 종합적인 표현으로 매력적인 연출

ㅁ VP는 머천다이징을 시각적으로 표현하는 것이므로 상품 기획단계의 컨셉이 표현(매장의 아이덴티티 확립에 기여)

ㅂ VP는 점포의 특성과 상품에 대한 정보제안 서비스 의도를 명확히 보여주고 고객 누구에게나 공감을 얻어야 하므로 진열기술보다는 상품이 중요

포인트 컬러를 이용한 연출

테마에 따른 연출

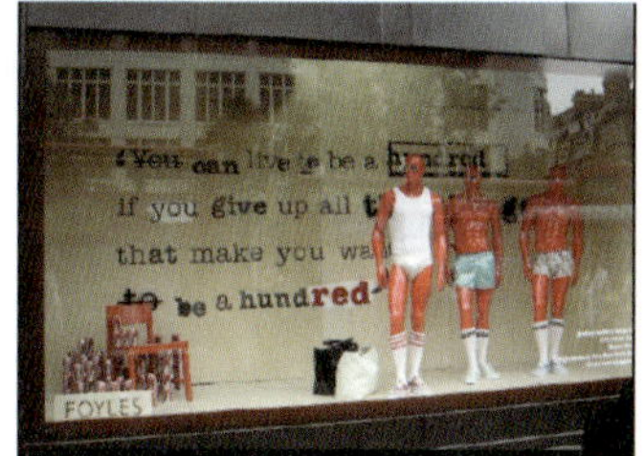

마네킹 컬러를 이용한 연출

단일 컬러를 이용한 연출

남성복 매장의 분위기 연출

• VP 부분 연출 •

② PP(Point of sales Presentation)

　　㉠ 벽면 또는 집기류의 상단으로 분류된 상품의 포인트를 알기 쉽게 강조하여 보여주는 것

　　㉡ 주력상품의 이미지를 표현하거나 상품을 연출하는 공간으로 상품진열계획의 포인트를 제안하여 판매를 유도

　　㉢ 상품의 포인트를 소구 매장내의 상품정보를 시각적으로 소구하여 관련 상품과의 자연스러운 코디네이트로 상품을 제안

　　㉣ PP의 위치선정은 통로를 따라 걷는 고객의 시선이 자연스레 맞닿는 곳을 선정하여 연출하는 것이 효과적

• PP 부분 연출 •

③ IP(Item Presentation)

　　㉠ 행거, 선반, 쇼케이스 등 주로 상품이 걸려 있거나 진열되어 있는 곳

　　㉡ 실제 판매가 이루어지는 곳으로 매장면적의 대부분을 차지하는 부분

　　㉢ 쾌적한 매장구성 상품을 분류, 정리하여 관리하며, 일관성 있는 연출법으로 고객이 쉽게 알아볼 수 있도록 진열

　　㉣ IP진열은 점내의 모든 상품을 보여주기 위해 아이템별로 알맞은 방법을 선택하여 고객이 사기에 편하도록 정리, 진열하여 보여주는 VM의 기본

　　㉤ 대부분의 소매점 내에서는 상품의 VP나 PP연출보다는 IP진열이 대부분을 차지

• IP 부분 연출 •

VP	PP	IP
Visual Presenatation	Point of sales Presentation	Item Persentation
테마 연출공간	상품 연출 공간	상품 진열 공간
브랜드 이미지 표현	주력상품 이미지 표현	기본상품 이미지 표현
고객의 시선이 처음 닿는 곳	동선에서 보았을 때 효과적인 곳	점내 제반 집기류
점과 브랜드S/W, 층별 메인 스테이지 점두 테이블	테이블상단, 벽면 선반상단, 집기류 상판	행거, 선반, 쇼케이스
점 연출의 총합 표현으로 점과 상품의 이미지를 높인다.	주력상품의 특징을 표현하며 상품 이미지를 높인다.	상품을 분류, 정리하여 보기 쉽고 사기 쉬운 매장을 만든다.
Visual Presentation	Point of sales Presentation	Item Presentation

쇼윈도

셔츠 진열 IP

매장 내 PP

매장 내 VP

(2) 연출과 진열

① 매장 구성의 2가지 개념

구분	연출	진열
목적	어떻게 보여주는가?	무엇을 보여주는가?
역할	호기심을 주고 끌어들임	실제 판매를 유도
표현	상품의 가치와 장점을 표현	상품자체를 표현
작업	감각과 경험이 필요	정리정돈과 청결이 필요
소구	감성에 소구	이성에 소구
위치	쇼윈도/스테이지/벽면상단 등	행어랙/선반 등 모든 집기
기호	VP/PP	IP

② 상품연출의 기본 인식

㉠ 연출은 상품을 팔기 위한 수단으로 연출 자체가 중요한 것이 아니라 판매계획을 충분히 이해했다면 상품 자체로나 간단한 POP만으로도 충분히 효과를 볼 수 있다.

㉡ 연출은 상품 하나를 부각시킨다는 사고보다도 상품 갖춤(구색)을 보여줌으로써, 점과 상품의 특성을 표현하고 관련 판매를 유도해야 한다.

㉢ 연출은 전문가만의 일이라거나 예산과 시간이 든다는 사고를 버려야 하며, 판매 관련자라면 누구나 시행할 수 있어야 한다. 그러기 위해서는 경험, 매뉴얼이 필요하다.

㉣ 감성을 중시하는 것이 연출이므로, 개인 취향으로 흐르는 것을 막기 위해서는 연간 스케줄에 의해 그 시즌의 판매상품에 중점을 두고 사전에 충분한 계획이 이루어져야 한다.

③ 상품연출과 판매 : 상품연출을 판매로 연결시키기 위해서는 다음 사항을 주의한다.

㉠ 연출의 주제를 정확히 파악 → 상품의 품질, 특징, 관리방법, 가치를 정확히 파악

㉡ 상품의 특징을 명확히 보여줌 → POP 사용

㉢ 연출상품은 최상의 상태를 유지

㉣ 항상 특색 있는 연출이 필요 → 품목별로 시즌을 고려하여 일정기간 교대로 연출

㉤ 시즌 감각을 연출 → 판매적기를 파악하여 세분화

㉥ 명확한 상품분류, 배치 → 상품 주기에 따라 품목별 배치

ⓢ 청결의 유지

④ 연출의 유형

ⓐ **상징적 연출** : 점의 이미지 또는 대표적인 상품의 성격을 상징적으로 표현하며, 시선을 유도하는 힘이 크다.

ⓑ **분위기 연출** : 상품과 관련된 분위기를 조성하며 상품의 가치나 특성을 소구하는 감각 진열로 구매심리를 자극한다.

ⓒ **사실적 연출** : 사람의 생활환경과 관련 상품을 축소 또는 사실 그대로 연출하여 구매와 연결시킨다.

　　예 모델 하우스 구성

ⓓ **정보적 연출** : 보여주고자 하는 상품의 이용, 사용도, 효과, 기대치 및 장래 예측 경향 등을 보여줌으로써 문화생활을 제안하는 정보를 고객에게 제공한다.

⑤ 연출방향

ⓐ **오감연출** : 인간에게 내재되어 있는 감성을 끌어내고 성숙시켜 감성 라이프스타일을 창조해 가는 것(구매에 미치는 영향은 시각 〉 청각 〉 촉각 〉 후각 〉 미각 순이다)

ⓑ **계절감의 연출** : 각 시즌에 어울리는 데코레이션으로 매출 효율 증대, 점의 영업방침 · 상품 종류에 따라 구분 수(판매시즌 구분 수)가 차이

ⓒ **판매적기 연출** : 선물 상품철, 바캉스 철, 환절기 등 적정기간을 설정하여 상품을 부각

ⓓ **시간대별 연출** : 평일, 주말, 축제일, 일기에 따른 고객의 기호와 기분의 변화를 파악하여 상품제공 방법, 매장배치, 조명의 조도와 색감 등의 변화를 활용

⑥ 진열

ⓐ **보기 쉬운 진열**

• 매장에 어떤 상품을 판매하고 있는지 쉽게 알 수 있다.

• 앞에는 낮게, 뒤로 갈수록 높게하며, 높낮이의 차이를 보여줌으로써 각 종류의 상품이 골고루 잘 보이도록 한다.

• 매장의 밝기, 높이, 진열의 유형, 장애물의 제거, 진열집기 등을 고려한다.

• 진열 유효범위(무릎 위부터 시선의 높이인 골든 스페이스)를 활용하여 상품의 얼굴이 보이도록 배치한다.

CATEGORY 8 비주얼 머천다이징

ⓒ 선택하기 쉬운 진열
- 상품을 컬러나 사이즈, 용도 등으로 분류한다(비교 선택하기 때문에 상품의 특색을 한 눈에 알 수 있다).
- 상품을 만질 때 잡기 쉽다.
- 관련 상품을 동시에 연출하여 상품의 필요성을 인식하게 한다.

ⓒ 만지기 쉬운 진열
- 고객이 상품의 구매욕구가 생겨 손으로 잡고 확인하기 쉽다.
- 상품을 쇼케이스나 박스 안에 넣지 않고 최대한 오픈시켜 둔다.
- 손으로 집을 때 다른 상품이 장애가 되지 않도록 안정감 있는 진열을 한다.

ⓓ 박력 있는 진열
- 대부분 저가상품을 진열할 경우에 활용하는 방법이다.
- 고객에게 상품의 풍부함을 호소하기 위한 진열법이다.
- 많은 상품 중에서 자유롭게 비교, 선택하여 구매할 수 있도록 진열한다.
- 상품에 입체감 있는 진열방법을 강구한다.

ⓔ 주목률을 높이는 진열
- 고객의 시선을 집중시키기 위해서 소도구나 소품을 활용하거나 적절한 POP를 활용한다.
- 상품별 특성을 살린 진열 방법을 택한다.
- 고가품일수록 적게 진열함으로써 희소성을 보여 준다.
- 동선과 마주치는 곳에 유도 포인트를 배치한다.

ⓑ 경제적인 진열

- 시간과 인건비를 절약한다는 것을 의미한다.
- 전문점에서의 상품연출은 비용이 추가되는 장식적인 오브제나 소품들을 적게 활용하는 것이 유리하다(매장의 관련 상품을 소도구나 소품으로 활용하여 보다 풍부한 상품군을 보여주기 위해서 일상생활의 한 장면을 연출하는 방식 등으로 자연스럽게 다른 상품까지 제안하는 토털 연출방법).
- 간단한 POP물을 활용하여 분위기를 연출하거나 상품을 설명한다.

ⓢ 밝고 청결한 진열

- 조명의 광원을 선택할 때 특별히 유의한다.
- 청결상태를 수시로 점검하여 고객에게 신선한 매장으로 인정받도록 노력한다.

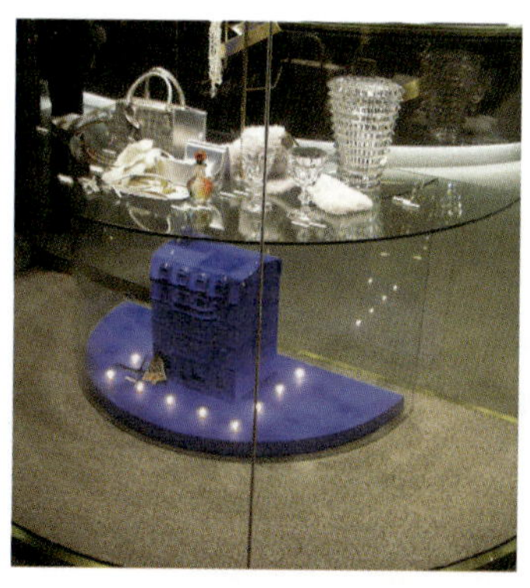

ⓞ 신속한 정리정돈

- 판매되어 상품이 빈 곳은 바로 보충한다.
- 정리정돈이 쉽게 합리적인 진열을 한다.

⑦ 집기 종류에 따른 기본 진열 방법과 특징

　㉠ 곤돌라 진열 : 소매업에 있어서 가장 널리 쓰이는 진열방법 가운데 하나다. 기본적인 진열방식이며 대부분 가공식품, 비식품은 곤돌라에 진열한다.

　　• 특징

　　　– 소분류별로 진열하고, 연관진열이 가능하다.

　　　– 팔림새의 파악이 쉽고, 페이스 관리가 용이하다.

　　　– 곤돌라 2대마다 한군데씩 매력 있는 자석 상품을 배치한다.

　　　– 상품마다 프라이스 카드를 부착한다.

　　• 진열방법

　　　– 진열도(플래노그램)에 맞게 진열한다.

　　　– 판매됨에 따라 수시 전진 진열한다.

　　　– 매대 선반 앞쪽까지 상품이 나오도록 하여 집기 쉽게 진열한다.

　㉡ 엔드 진열 : 매장에서 가장 눈에 잘 띄므로 항상 정리정돈이 되어 있어야 한다. 또한 상품도 주기적으로 교체하여 계절감, 양감이 표현되도록 하는 것이 바람직하다. 주로 많이 팔려는 상품 또는 프로모션 중인 상품 등을 진열하여 매출을 높여야 한다.

　　• 특징

　　　– 고객이 3면에서 상품을 보는 것이 가능하고, 손으로 집기도 편리하다.

　　　– 중앙에 반드시 POP를 게시한다.

　　　– 컷 진열을 통해 양감 있는 연출이 가능하다.

　　• 진열방법

　　　– 상품을 세 가지 정도 조합하여 세로 진열방식으로 연출한다.

　　　– 너무 높이 쌓지 않아야 한다.

　　　– 밑 부분이나 안쪽에 빈 박스 등을 활용하여 필요 이상의 재고를 보유치 않도록 해야 한다.

곤돌라 진열

엔드 진열

ⓒ 행거 진열 : 주방용품이나 잡화용품 진열에 많이 사용하는 진열방법이며, 반드시 걸고리가 있는 걸이대에 진열해야 한다.

- 특징
  - 진열량이 적어도 양감 있는 느낌을 준다.
  - 상품을 고르기가 쉽다.
  - 상품별 구분 진열이 용이하다.
  - 흐트러지지 않는다.
- 진열방법
  - 상품의 크기, 색상별로 구분하여 진열한다.
  - 보충진열시 주기적으로 새로 들어온 상품을 안쪽으로 넣고 판매중인 상품을 바깥쪽으로 진열하여 선입선출이 되도록 해야 한다.

ⓔ 평대 진열 : 대량 진열이 가능하고 특히 특매상품, 중점판매 상품을 많이 진열할 때 사용한다.

- 특징
  - 필요에 따라 자유롭게 장소를 이동할 수 있다.
  - 대량으로 상품을 적재하는 것이 가능하다.
  - 상품의 크기와 종류에 따라 평대크기를 조절한다.
- 진열방법
  - 빈 박스 등을 넣고 진열함으로써 볼륨감을 연출한다.
  - 상품을 집기 쉬운 반면, 흐트러지기 쉬우므로 수시로 정리정돈을 해 준다.
  - 평대 중앙에 반드시 POP를 게시한다.

행거 진열

평대 진열

ⓜ 측면 진열 : 엔드 진열의 한쪽 측면 등을 활용하여 엔드 진열한 상품과 관련성을 강조하는 진열방법이다.

- 특징 : 엔드 측면에 진열하여 상품의 상호 연관성을 나타내 고객의 구매 욕구를 자극할 수 있다.
- 진열방법
  - 별도의 진열도구(Side Wagon)를 사용해서 엔드 매대 옆에 붙인다.
  - 양쪽 면에 다 붙이거나 너무 튀어나오면 고객 이동에 불편을 주므로 특히 유의해야 한다.

ⓗ 섬 진열

- 주통로 인접한 곳에 섬 모양의 진열로서 팔고자 하는 정책상품 등을 진열할 때 주로 활용한다.
- 매장 레이아웃 상 섬 진열 스테이지가 설치되어 있지 않은 경우는, 고객의 통행에 불편을 줄 수 있으므로 주의가 요구된다.

ⓢ 벌크 진열

- 단일 품목을 대량 판매하기 위해 사용하는 진열로서 가격이 저렴하다는 인식을 줄 수 있다.
- 대량 진열과 판촉 행사가 병행되면 효과가 크다.
- 품목이 잘 선정되어야 한다.
- 쇠퇴기 상품을 대량 진열 시 과다재고가 있을 위험이 크므로 신상품이나 인기 상품 또는 계절적 성수기 상품을 선정해야 효과가 크다.

2절 비주얼 머천다이징(VM)의 역할 및 기대효과

1. 비주얼 머천다이징(VM)의 역할

(1) VM을 통해 개선 가능한 문제점

① 상품 디자인이 타깃 고객과 거리가 있다(상품기획 방향).

② 시즌에 맞추어 상품이 제때 출하되지 않는다(물류관리).

③ 매장 규모에 비해 상품의 종류와 양이 너무 많다(상품관리).

④ 고객을 위한 쾌적 환경과 서비스가 부족하다(판매영업).

⑤ 광고 이미지가 매장 현실과는 거리가 멀다(광고).

⑥ 판촉행사시 상품이나 판촉 POP물 등의 배포시기와 내용이 맞지 않는다(판촉).

⑦ 매장이 창고처럼 변해가도 개선하지 않는다(매장관리).

⑧ 경쟁점의 좋은 것을 보고도 전혀 개선하지 않는다(마케팅).

(2) VM의 역할 및 필요성

① VM의 대상별 역할[2]

기 업	머천다이징(라이프스타일 제안을 위한)을 어떻게 운영하여 고객의 공감을 얻어낼 것인가를 경영전략 차원에서 전개하여 기업과 상품(서비스)에 대한 신뢰감을 높인다.
매 장	상품제안의 방법을 고객의 요구에 맞도록 상품의 특성과 생활에서의 효율성을 제안하며, 합리적인 진열배치로 팔기 쉽고 관리가 쉬운 매장을 만든다.
고 객	자신의 라이프스타일에 부합되는 상품을 즐거운 분위기에서 쉽게 선택할 수 있고, 상품에 대한 자긍심을 느끼게 하며, 다시 찾고 싶은 매장을 기억하여 선택한다.

② 매장 측면의 역할

㉠ 상품이 갖는 장점을 최대한 표현 : 상품이 갖는 장점이 디자인, 가격, 색채, 규격, 재료 등 어떤 것으로 인한 것인지 파악하여 고객에게 알려야 한다.

　　예 할인을 할 때는 POP를 활용하여 알려주고, 각 상품별 디자인도 잘 보이도록 진열

---

2) 「비주얼 머천다이징 & 디스플레이」 심낙훈 저, 우용출판사(2006)

ⓛ 판매적기의 상품을 선별 배치 : 매장 내 상품 중 시기적절하게 잘 팔릴 수 있는 상품을 선정하여 눈에 띄도록 배치해야 하므로 매입 부서와의 긴밀한 협조를 통해 품목별로 비중 있게 보여줄 수 있도록 스케줄표를 만들어 시행하는 것이 좋다.

ⓒ 판매율을 높임 : VM을 통해 상품에 정보가치를 부여하고 특정 이미지를 만들어 고객의 손이 닿도록 해야 한다.

ⓔ 모든 상품이 팔릴 수 있는 기회를 만듦 : 고객이 구석구석을 잘 살펴볼 수 있도록 유도 포인트를 설치하고 편리한 동선을 계획하도록 한다.

③ VM의 필요성

ⓞ 판매를 높인다.

ⓛ 신상품을 소개한다.

ⓒ 상품의 사용방법, 가치를 알린다.

ⓔ 타 매장과 차별화 한다.

ⓜ 기업의 이미지를 알린다.

ⓗ 주위환경을 아름답게 한다.

2. VM의 기대효과

(1) 상품의 소구력 향상

① VP, PP, IP의 운영으로 보기 쉬운 매장을 구성할 수 있다.

② 상품제안 방법을 개선할 수 있다.

③ 상품의 가치를 창조하고 보다 잘 표현할 수 있다.

(2) 점내 상품관리

① 점내 적정재고를 유지할 수 있고 보충이 용이하다.

② 상품분류에 의한 합리적인 상품배치가 가능하다.

③ 상품회전을 개선할 수 있다.

(3) 업무혁신

① 관련 부서 간에 시스템적인 업무 협조가 이루어질 수 있다.

② 상품기획에서 판매현장까지 업무의 일관성에 의한 마인드 아이덴티티가 형성된다.

③ 상품제안 업무의 인적, 시간적, 양적 조절이 가능하다.

(4) 기업문화 창조

① 고객만족을 위한 일의 즐거움을 체득할 수 있다.

② 거리환경 조성에 기여할 수 있다.

③ 스토어 아이덴티티의 확립이 가능하다.

(5) 기업이윤 증대

① 접객업무의 효율화로 인한 손실을 방지할 수 있다.

② 물류 시스템의 효율적 운영이 가능하다.

③ 각 업무와 점내 장식(인테리어, 디스플레이)에 대한 비용을 절감할 수 있다.

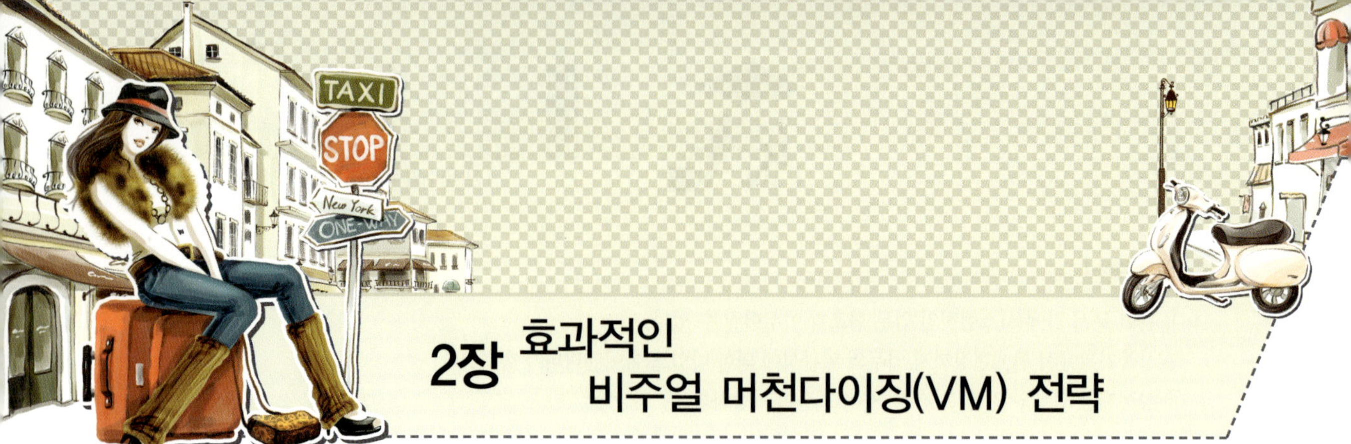

2장 효과적인 비주얼 머천다이징(VM) 전략

1절 매장 진열의 법칙

1. 진열의 기본

(1) 성공적인 진열

상품진열의 결과 소비자의 입장에서 보기 쉽고, 만지기 쉽고, 선택하기 쉬우며, 사기도 쉽게 되어 있다.

(2) 골든 존(Golden Zone)

상시적으로 가장 보기 쉬운 높이의 위치는 눈높이에서 $20°$가 내려간 부분이다. 이처럼 유효진열범위 중에서도 상품을 진열할 때 고객의 시선이 가장 편하게 머물고 손에 닿기 쉬운 높이(850~1,350mm 정도)를 골든 라인 (Golden Line) 또는 골든 존(Golden Zone), 골든 스페이스(Golden Space)라 한다. 이 높이에서는 상품판매가 가장 효과적으로 이루어지며 팔고자 하는 상품을 진열하는 경우 판매 확률도 높아진다.

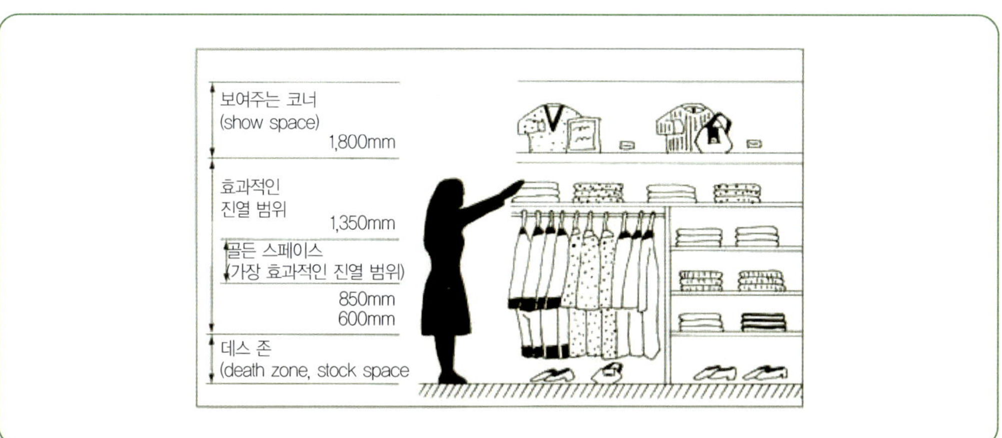

• 진열 범위[3] •

---

[3] 「패션 VMD」 이영주 저, 미진사(1998)

2. 진열의 방법

(1) 상품분류방법

① 컬러별 분류 : 밝은 것 → 어두운 것

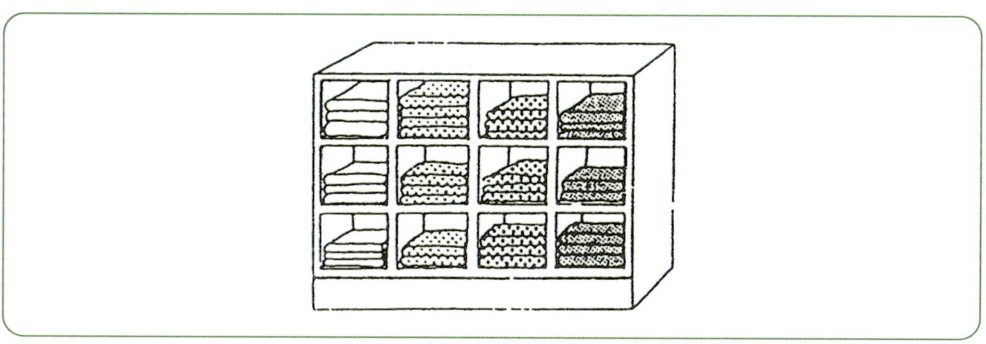

② 디자인별 분류 : 적은 것 → 많은 것(단, 디자인과 소재가 다른 것이 섞여있는 경우는 재고 수량이 적은 것부터 많은 것의 순으로 진열)

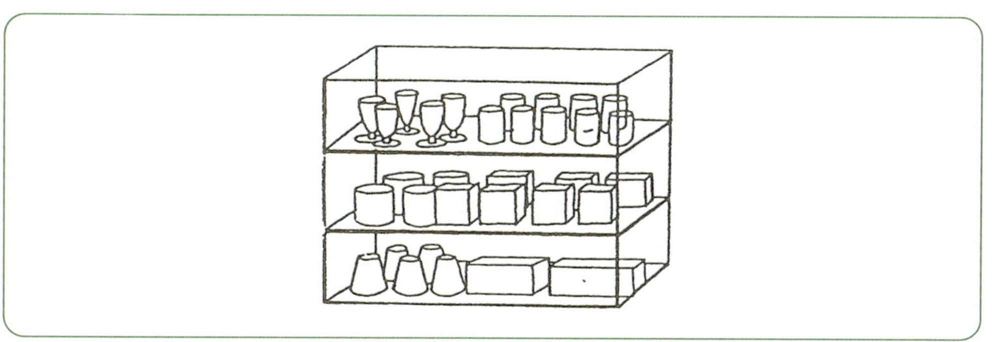

③ 사이즈별 분류

　㉠ 상하분류 : 같은 상품군의 작은 사이즈에서 큰 사이즈로 진열

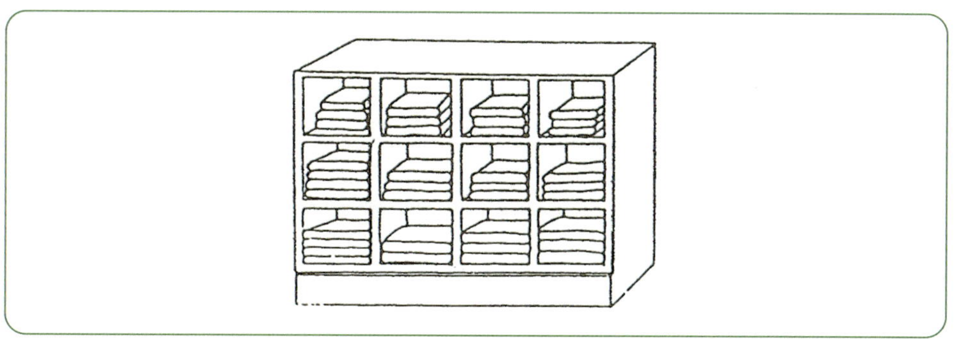

ⓒ **좌우분류** : 디자인이 다른 상품군의 좌우 진열로 크고 크고 무거운 것은 밑으로, 작고 가벼운 상품은 위로 하여 안정감 있게 진열

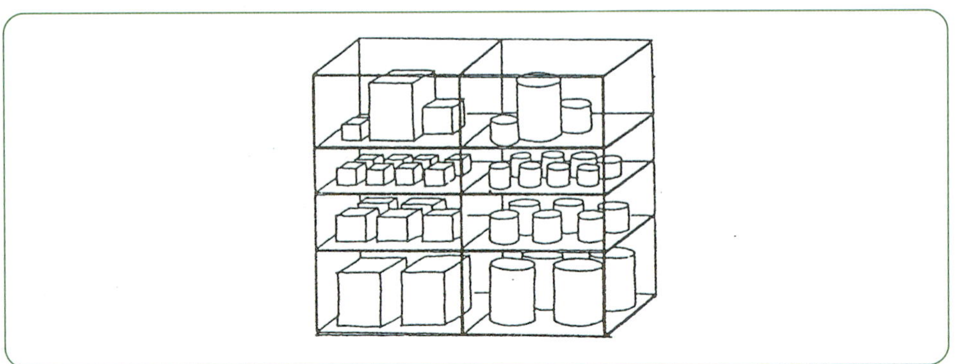

(2) 상품 구성법

① **삼각구성** : 고객에게 시각적으로 안정감을 주고 조형적으로도 완벽한 균형을 유지한다. 판매 측에서도 비교적 손쉽게 연출할 수 있는 구성형태이다. 상품 수는 3, 5, 7 홀수로 정리한다.

🅔 핸드백, 구두 등

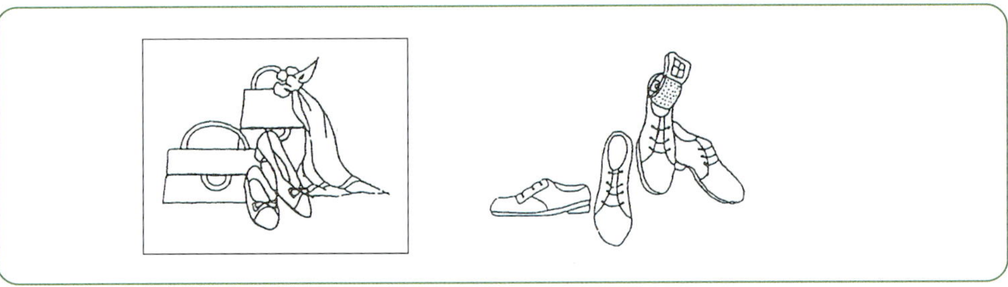

② **수평구성** : 횡선을 강조하여 질서 있고, 샤프한 느낌의 상품의 경우에 적합, 정적이지만 강력함을 느끼게 하며 포인트의 배치에 따라 리듬감도 느낄 수 있다.

🅔 바지, 벨트, 액세서리 등

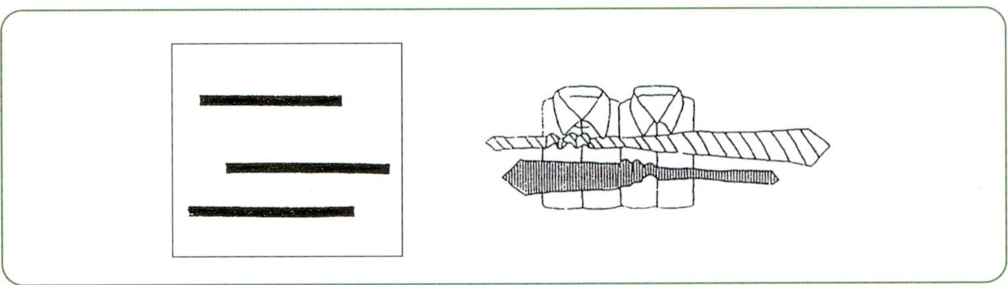

③ 방사구성

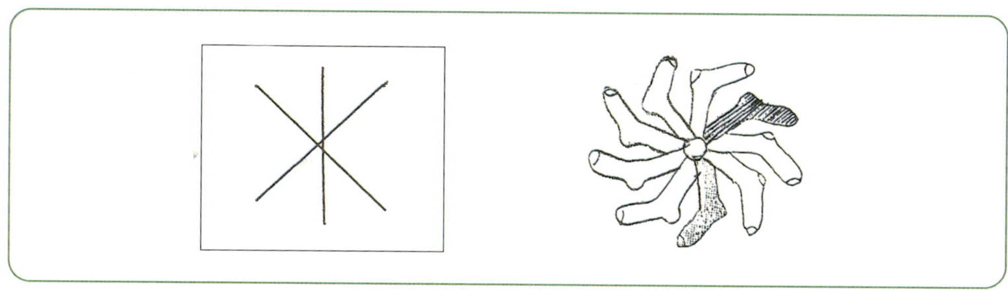

④ 사선구성

⑤ 곡선구성

(3) 컬러 베리에이션(Color Variation)의 전개

① 선반 타입, 박스의 경우

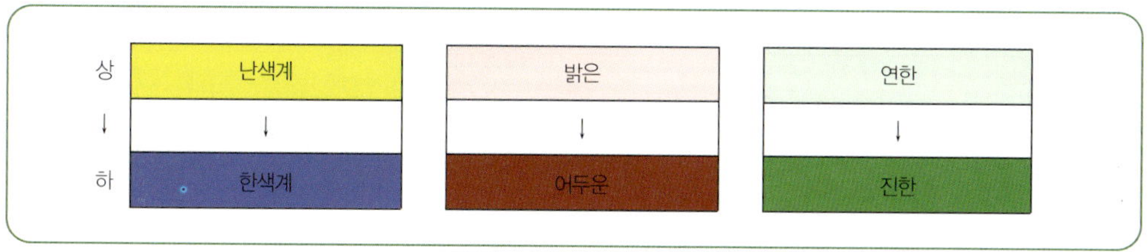

CATEGORY 8　비주얼 머천다이징

ⓐ 난색계 → 한색계 : 빨강 → 주황 → 노랑 → 황록 → 녹색 → 청록 → 청색 → 파랑

난색이 많은 경우   한색이 많은 경우   그 외

ⓑ 밝은 색 → 어두운 색

ⓒ 옅은 색 → 짙은 색 : 페일 톤, 덜 톤/딥 톤

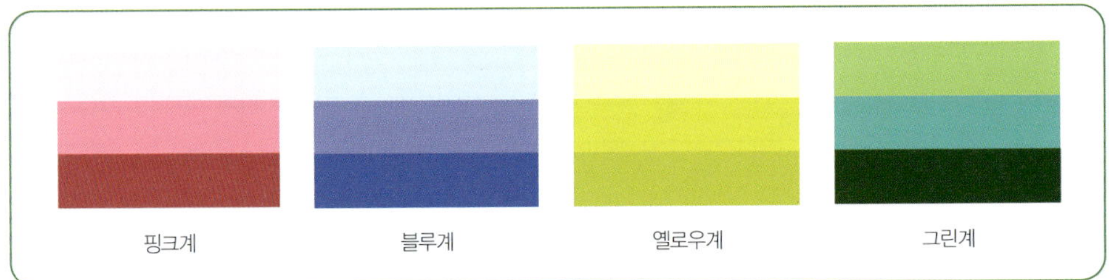

핑크계   블루계   옐로우계   그린계

• 선반 진열의 예(핑크계/그린계/블루계) •

② 옷걸이 타입의 경우 : 색을 나열하는 방법은 기본적으로는 선반 박스 타입과 같지만, 옷걸이 타입은 나열상품이 많이 때문에 색뿐만 아니라 디자인, 길이 등을 충분히 검토해야 한다. 가능한 한 같은 옷걸이에는 같은 디자인의 것을 걸고, 컬러 변화 전개를 하고 싶지만 여러 가지 디자인의 옷을 같은 옷걸이에 반드시 걸어야 하는 경우에는 짧은 길이의 것부터 손앞에서 구석으로 거는 것이 좋다.

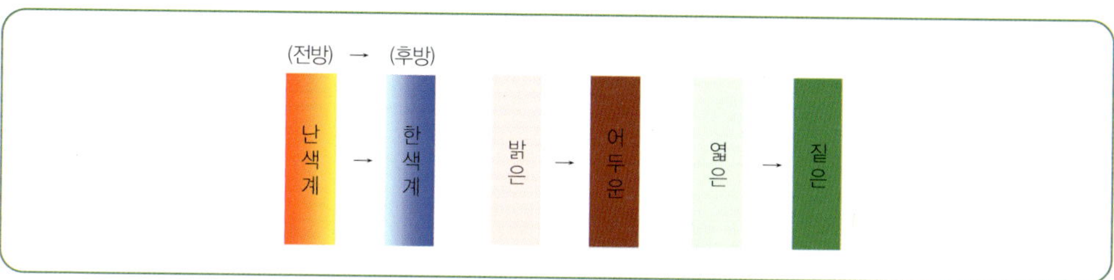

㉠ 모두 같은 디자인의 경우 : 옷걸이에 상품을 나열할 때 무채색의 것은 사이에 섞이지 않도록 별도로 구별해 두는 것이 좋다.

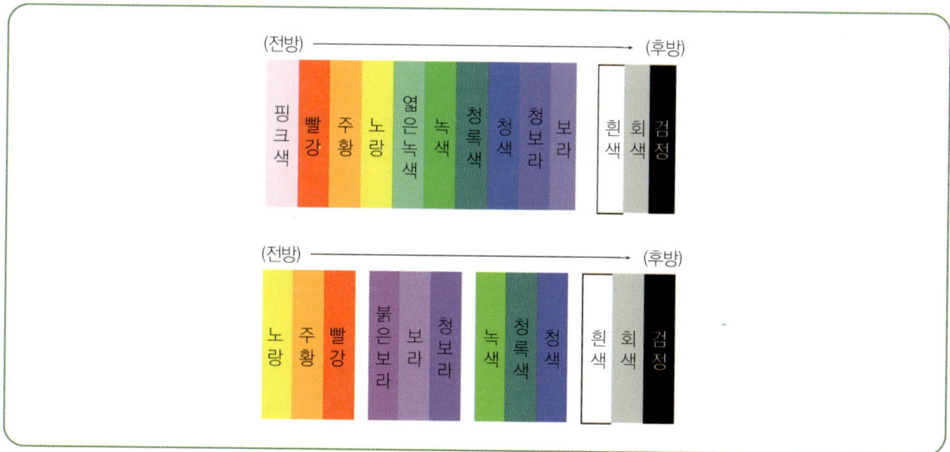

• 옷걸이 타입(행거)의 진열 •

ⓛ 디자인이 다른 경우 : 먼저 디자인별로 나누어, 각각을 가벼운 색에서 무거운 색으로 나눈다(컬러 반복).

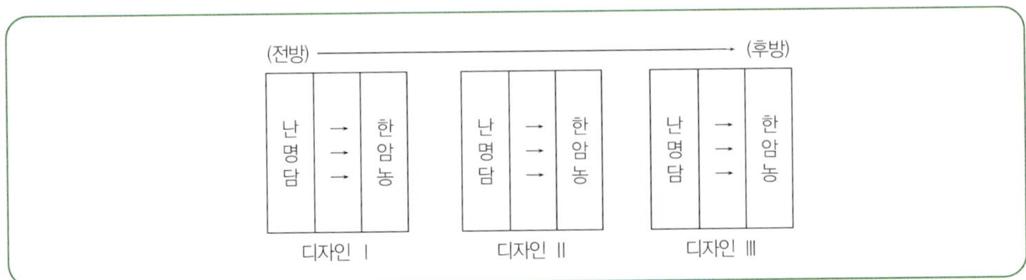

3. 페이싱(Facing)

(1) 페이싱의 종류

① 페이스 아웃(Face Out) : 전면이 보이도록 하는 방법으로 행어랙에 진열된 상품 중 어필하고자 하는 상품을 선택해 관련 상품과 코디네이트 시켜 맨 앞에 걸어주는 진열기법이다. 디자인을 한눈에 보일 수 있고, 코디네이트 변화가 용이하며, 회전율이 빠른 것이 장점이다. 그러나 보충 빈도가 높고 공간을 많이 차지한다. 주로 재킷이나 블라우스, 니트, 셔츠류에 많이 적용한다.

② 슬리브 아웃(Sleeve Out) : 소매가 보이도록 하는 방법으로 고객의 입장에서 상품을 집기 쉬운 방향으로, 즉 소매의 위치를 한쪽 방향으로 보여주는 진열기법이다. 행거를 사용한 스톡형 진열로 많은 양을 확보할 수 있고, 컬러, 패턴, 사이즈별 배열을 할 수 있으며 꺼내 보기가 쉽다. 그러나 전면의 디자인을 잘 볼 수 없고 회전율이 낮다는 단점이 있다. 재킷, 코트, 셔츠, 바지에 적용된다.

③ 폴디드 아웃(Folded) : 접은 면이 보이도록 하는 진열방법이다. 선반을 사용한 스톡형 진열로 많은 양을 확보할 수 있으며, 슬리브 아웃과 비슷하게 컬러, 패턴, 사이즈별 배열을 할 수 있다. 시선 아래 진열시 디자인을 잘 보일 수 있다는 장점이 있으나 디자인이 부분적으로만 보이고, 접는데 시간과 노력이 필요하며 꺼내보기 부담스럽다는 단점이 있다. 블라우스, 스웨터, 니트, 셔츠, 바지에 적용된다.

• 페이싱의 전개 •

> **PLUS⁺**
>
> ▶ 페이싱의 목적
>
> • 프레젠테이션 효과 : 보기 쉽게, 사고 싶게, 사기 쉽게
>
> • 오퍼레이션 효과 : 상품 분류로 관리용이, 운용의 기본 전개방안 제시
>
> • 로지스틱 효과 : 상품 재고관리와 보충 용이

(2) 페이싱 연출 방법

① 벽면 페이스 아웃 프레젠테이션

　㉠ 상의 소매는 자연스럽게 내리고 하의는 옆으로 접은 상태를 다려서 진열한다.

　㉡ 전체 옷 길이는 145~150cm로 한다.

　㉢ 여성은 스카프, 백, 구두, 선글라스 등과, 남성은 셔츠, 타이, 구두, 선글라스 등과 함께 토털 진열한다.

• 벽면 페이스 아웃 •

② 선반과 행거 프레젠테이션

　㉠ 코너의 대표상품을 페이스 아웃하여 주목률을 높인다.

　㉡ 페이스 아웃시킨 상품의 주위에 관련 상품을 슬리브 아웃으로 진열한다.

　㉢ 선반에는 관련 상품을 폴디드의 방법으로 진열하거나 PP 연출을 한다.

• 행거에 연출한 페이스 아웃과 슬리브 아웃 •

③ 페이싱 기법의 응용 : 한 개의 Unit에 F/O, S/O, Folded의 다양한 방법을 사용하거나 컬러별로 Zone을 나누어 응용된 페이싱 연출을 할 수 있다.

• 페이싱 기법의 응용사례 •

(3) 페이싱 전개[3]

① 상품을 기본으로 한 전개 형태

　㉠ 단독 전개

　　• ALL FACE OUT

　　• ALL SLEEVE OUT

　　• ALL FOLDED

　㉡ 복합 전개

　　• FADE OUT + SLEEVE OUT

　　• FACE OUT + FOLDED

　　• SLEEVE OUT + FOLDED

　　• FACE OUT + SLEEVE OUT + FOLDED

　　• FACE OUT + SLEEVE OUT + FACE FOLDED OUT

② 시즌을 기본으로 한 전개 형태

　㉠ 시즌 초기 : 페이스 아웃을 많이 보여 주어 신상품을 강조함

　㉡ 시즌 피크 : 페이스 아웃 보다는 슬리브 아웃과 폴디드로 양감을 보여 줌

　㉢ 시즌 말기 : 페이스 아웃을 축소하고 주로 슬리브 아웃과 폴디드로 전개함

---

3) 「비주얼 머천다이징 & 디스플레이」 심낙훈 저, 우용출판사(2006)

③ 판매를 기본으로 한 전개형태

  ㉠ 주 아이템을 기본으로 판매호조 아이템을 회전 운용한다.

  ㉡ 주 아이템을 축으로 코디네이트 아이템을 인접배치하며 계속 교체한다.

  ㉢ 주 아이템의 판매 회전력을 최대로 활용하여 점내 여러 곳에 전개한다.

2절 VM의 전략 요소

1. 제품(Product)

(1) 매장에서의 주역은 상품

① 판매환경을 만들어 주는 인테리어나 디스플레이 또는 집기 등은 상품을 돋보이게 하는 역할을 하는 것

② **상품은 무형의 정보(情報)** : 눈으로 확인되는 물건 자체이기도 하지만, 고객이 상품을 찾는 것은 상품 자체가 가지는 기능적 가치보다는 상품이 가지는 효용성이나 디자인이 주는 만족감, 감동 등의 감성적 가치를 더 중시

③ 상품의 이미지를 높임으로써 타점과의 차별화 전략으로 활용

(2) 상품의 가치를 높여야 하는 이유

① 품질과 가격 등 일부 장점만으로는 소구력이 충분치 못하기 때문

② 경쟁점의 급증으로 상품의 차별화가 시급

③ 특정상품을 겨냥한 고감도 수요가 증가하고 있기 때문

④ 화려한 인테리어와 장식 위주의 디스플레이만으로는 한계가 있음

> **PLUS⁺**
>
> ▶ **상품의 가치를 높이는 방법**
>
> • 먼지를 털고 닦는다.
>
> • 구김을 펴서 보여준다.
>
> • 너무 빽빽하게 걸어 놓지 않는다.
>
> • 비닐 커버를 벗긴다.
>
> • 파손된 것은 교체한다.

• 상품 연출 쇼윈도 •

(3) 바람직한 매장의 구비조건

① 될 수 있는 한 많은 손님이 매장에 들어오도록 유도할 것

② 취급하고 있는 전 상품을 볼 수 있게 할 것

③ 자연스러운 유도와 유인(POP 광고 등에 의하여)이 되도록 할 것

④ 충동적인 구매행동으로 발전시킬 것

⑤ 유동적인 고객을 될 수 있는 대로 많이 단골손님으로 바꾸는 데 도움을 줄 것

⑥ 매장에 자주 들러 보고 싶은 심정이 되도록 할 것

(4) 상품에 따른 디스플레이의 형태

① 유도 디스플레이(Magnet Display) : 빛의 대비, 눈에 띄는 색채, 변화가 있거나 파격적인 디자인 등 강조의 방식을 동원하여 자석처럼 고객의 시선을 유도하고 구매를 자극하는 디스플레이

② 견본 디스플레이(Sample Display) : 대형 상품, 고가품, 희귀품 등의 상품을 기능이나 특징을 설명하는 POP 등을 함께 견본을 보여주는 방법을 이용하는 디스플레이

③ 혼잡 디스플레이(Tumble Display) : 바겐세일이나 기획 상품 혹은 할인 상품의 특별 세일 등 염가나 특별 할인 가격으로 판매함으로써 풍성하고 저렴한 느낌이 들도록 하여 충동구매를 유도하는 디스플레이

(5) 상품 판매 유형

① 대면 판매(Show Case 판매)

㉠ 고객과 판매원이 쇼케이스를 중간에 두고 상담, 판매하는 방법

㉡ 분실 가능품, 특수 보호품 등 주로 고가품에 활용되는 판매 형태

㉢ 1 : 1 판매를 통해 고정고객의 확보 가능, 상품의 고급스러움 강조

㉣ 충동구매의 기회 감소, 쇼케이스 배열에 의한 매장면적 분할로 경직감 유도

② 측면 판매(노출 판매)

㉠ 고객과 판매원이 함께 대화하면서 판매하는 형태

㉡ 선택이 편리, 충동구매 유도, 친근감

㉢ 상품 오손 및 분실의 위험, 판매원의 접객위치 설정 주의, 수준 높은 진열기술 필요

③ 셀프 서비스 판매

    ㉠ 고객이 자신의 선호도에 따라 상품을 직접 선택하여 계산대에 가지고 와서 계산하는 방법

    ㉡ 자유로운 선택 가능, 인건비 절약

    ㉢ 상품 오손 및 분실의 위험

④ 무점포 판매

    ㉠ 통신 판매(인쇄 및 전파매체 이용) : 전화, 컴퓨터, 팩시밀리 등을 이용한 판매방식 **예** 홈쇼핑

    ㉡ 방문 판매(Caravan Sale) : 판매원이 직접 집이나 사무실을 방문하여 상품을 상담 판매하는 방식

    ㉢ 자동 판매기 판매 : 공공장소 등 사람이 많이 모이는 곳에 자동 판매기(Com Machine)를 설치, 판매하는 방식

    ㉣ 사이버 쇼핑(Cyber Shopping) : 인터넷의 가상 점포와 신용카드 결제, 사이버 머니 방식을 이용한 무인, 무점포 판매 방식(인터넷 쇼핑과 통신 판매 포함)

(6) 상품의 분류

① 판매 중심 분류

    ㉠ 필수상품 · 주력상품 : 고객이 점을 방문하여 찾는 기본 목적이 되는 상품, 선매품으로서 계절상품이 속하며, 상품량이 많으므로 차지하는 면적 비율이 가장 크다.

    ㉡ 준필수상품 · 보조상품 : 필수상품과 충동상품과의 중간범주에 속하는 상품, 편의품 등으로 주력상품과 코디네이트가 되도록 위치시킨다.

    ㉢ 충동상품 · 자극상품 : 비교적 저가이며 크기가 작은 것으로 구매를 자극하는 상품, 특가품이나 특이한 디자인 혹은 신개발 상품 등, 출입구나 계산대 주변, 코너 진열의 끝부분, 통로의 특별코너에 설치하여 고객의 눈을 끌도록 하는 것이 좋다.

② 제안 중심 분류(진열 중심)

    ㉠ 양감상품 : 양을 강조하여 파는 상품, 패키지 상품 · 식료품 등

    ㉡ 미감상품 : 아름다움을 강조하여 판매를 촉진하는 상품, 의류 · 잡화 등

    ㉢ 기능감 상품 : 기능과 신뢰를 파는 상품, 전자 및 가전제품 · 가정용품 등

③ 패션성 중심 분류

    ㉠ 베이직 상품 : 기본적으로 갖추고 있는 상품, 매 시즌 꾸준히 판매되는 고회전 상품군

    ㉡ 뉴베이직 상품 : 베이직 상품의 보완상품, 유행을 예측하려는 품목으로 소비자의 반응을 살피기 위한 상품군

    ㉢ 트렌드 상품 : 패션을 가장 빨리 받아들이는 전략적 상품, 앞서 유행하는 상품

④ 패션타입(Feeling)에 의한 분류

    ㉠ 유럽 필링 : 참신한 아이디어와 풍부한 이미지네이션이 자아내는 유니크한 코디네이션이 특징, 우리나라에서도 대개의 패션이 영향을 받음

    ㉡ 이탈리아 필링 : 신선함으로 충만한 화려한 배색과 무늬, 심플한 스포티 감각이 디자인의 기본, 유연하고 자유분방한 코디네이션이 특징, 우리나라에서는 스포티 감각의 영엘레강스에 반영됨

    ㉢ 아메리카 필링 : 전통을 중시하는 아이비 스타일의 아메리칸 캐주얼풍, 적당히 매니시한 패션이 가미된 뉴욕 커리어우먼 스타일의 뉴욕풍

    ㉣ 런던 필링 : 스트리트 패션으로 대표하는 전위패션, 실험성과 파괴주의가 특징

⑤ 가격대 중심 분류

　㉠ 프레스티지 존(Prestige Zone) : 깜짝 놀랄 정도의 고가격대, 명성 겸비(명품)

　㉡ 베터 존(Better Zone) : 비교적 고액인 가격대(디자이너 캐릭터 브랜드)

　㉢ 모더리트 존(Moderate Zone) : 무난하다고 느끼는 중간 가격대

　㉣ 볼륨 존(Volume Zone) : 아무 부담 없이 살 수 있는 저렴한 가격대

2. 소비자(Consumer)

(1) 현대의 소비자

① 자기의 주관과 주장이 분명하고 각자의 라이프스타일을 가지고 쇼핑 활동을 통해 즐거움과 보람을 찾는 창조적 생활자

② 각 개인이 상품을 구입하여 쇼핑몰을 운영하거나 네트워크 마케팅을 통해 생산자(Producer)와 소비자(Consumer)의 역할을 동시에 하는 프로슈머(Prosumer)로서 활동

(2) 소비자의 라이프스타일에 따른 소비 패턴의 변화

① 점차 고령화 및 고학력화

② 여성의 역할 증대로 인한 양성화, 여성 가장의 증가

③ 직업의 다양화, 2-Job 등 수입원의 분산

④ 미혼자 및 싱글족 증가 등의 경향 → 상품 선호도나 소비 패턴도 변화

(3) 비주얼 머천다이징(VM)은 소비자와 관련된 전 분야에서 조정 역할

① 매장의 마케팅 활동은 소비자의 생활수준 향상을 목표로 해야 하며 소비자의 질을 높이는 데에도 주력

② 소매점의 존속과 번영을 가져오는 것은 고객으로서 '고객의 창조와 유지'가 중요

• 아동 고객의 흥미에 초점을 맞춘 장난감 매장 •

3. 서비스(Service)

(1) 판매에 따른 서비스

① 셀프 서비스(Self Service)

ⓐ 만지기 쉬운 높이에, 고르기 쉽도록 상품을 진열

ⓑ 규격별, 컬러별 등 수직진열이 좋으며 주로 슈퍼마켓이나 편의점에서 행해지는 판매 서비스 형태

• 란제리 매장의 사이즈별 진열 •

② 어시스티드 서비스(Assisted Service)

ⓐ 상품을 선택할 때 판매원의 조언과 도움을 필요로 하는 서비스 형태

ⓑ 의류, 액세서리, 생활용품 등 효용가치를 높여야 하는 상품들이 많으므로 고도의 디스플레이 기술이 필요

• 일반적 패션 매장 •

③ 퍼스널리지드 서비스(Personalized Service)

ⓐ 주로 고정고객이 확보되어 주문에 의한 맞춤점과 같이 판매원의 도움이 전적으로 필요한 상품의 서비스 형태

ⓑ 분위기 위주의 디스플레이가 요구되며, 고급스런 소품류가 점내 구성에 주로 활용

(2) 요소에 따른 서비스

① **상품 서비스** : 품질이 좋고 가격이 적절한 상품을 제공한다.

② **판매원 서비스** : 상품지식과 연출능력 등 판매원에 대한 지속적인 교육 훈련이 필요하다.

③ **시설 서비스** : 냉·난방, 엘리베이터, 화장실, 장애인 시설, 유아 놀이방 등의 시설로 쾌적한 쇼핑 분위기를 만든다.

④ **시간 서비스** : POP의 적재적소 활용, 시즌별 관련 상품 구성 등의 방법을 통해 바쁜 일상생활 중에서도 신속한 쇼핑이 되도록 배려한다.

⑤ **정보 서비스** : 고객의 구매를 위해 판단이 쉬운 정보(POP의 이용)를 주며, 트렌드 정보, 상품 정보, 점의 특별행사 등을 지속적으로 알려준다.

PLUS⁺

▶ **요소에 따른 서비스**

• 상품으로 서비스 하라.

• 매력적인 연출로 서비스 하라.

• 고르기 쉬운 진열로 서비스 하라 : 방법, 분류, 형태별

• 시간을 서비스 하라 : 남성고객

• 상품 지식으로 서비스 하라 : 고객 취향에 알맞은 상품 제안

• 정보를 서비스 하라.
  – 상품에 대한 정보 : 트렌드, 컨셉 등
  – 점에서 일어나는 각종 정보, 이벤트, 판촉행사 등

• 비품을 서비스 하라.

• 시설을 서비스 하라 : 퍼블릭 공간, 휴게 공간 등

• 계산대에서 서비스를 마무리 하라.

• 마네킹을 이용하여 세일 정보를 알려주는 쇼윈도 •

4. 계절(Season)

(1) 의미

① 일반적인 의미 : 춘하추동의 계절

② 소매업에서의 의미

    ㉠ 목표판매를 위해 소요되는 기간으로 판매를 위한 적정기간 즉, 판매적기

    ㉡ 신상품의 등장, 바겐세일, 건물 상품 철(설, 추석, 성탄절, 어린이날, 어버이날, 발렌타인 데이 등), 바캉스 철 등

    ㉢ 끊임없이 상품 제안의 기회를 만들어 고객 창조와 고객 유지를 위한 수단으로 연중 운용할 수 있는 요소

(2) 시즌감 연출

① 잘 팔리지 않는 매장은 시즌감을 느낄 수 없는 매장

② 그 시즌에 맞는 상품을 보여주기 위해서는 일정 단위기간 별로 계획이 되어야 하며, 생동감 있는 매장을 표현

    예 바겐세일 기간 : 볼륨감 있는 진열 위주와 POP의 활용 등

③ 주로 VP나 PP 부분에서 시즌을 알려주는 상품이나 소품, POP를 이용하여 보여 주어야 하며 중요도에 따라 쇼윈도우, 스테이지에서 연출

• 컬러와 상품으로 시즌감 연출 •

• 컬러와 상품으로 시즌감 연출 •

• 시즌감을 표현한 쇼윈도 •

5. 문화(Culture)

⑴ 라이프스타일에 맞는 쇼핑 문화를 즐김

① 다소 가격이 비싸더라도 백화점에서 상품을 구입하는 이유 중 하나는 문화를 느낄 수 있기 때문

② 미술관, 다목적 홀, 이벤트 홀 등의 확보와 운영으로 여러 방면의 문화 사업 가능

③ 레저, 교육, 오락, 정보 등의 기능을 갖춘 공간으로 사회적인 역할을 담당

⑵ 컬쳐(Culture) 마케팅의 확대

① 소비자의 지출 예산 항목에서 문화비가 높아짐

② 문화적 요소는 이미지를 높여 고객으로 하여금 다시 내점하게 만드는 힘을 갖고 있음

③ 각 브랜드별, 업태별로 각종 콘서트 개최, 미술 작품 전시, 무료 영화 관람 행사 등

④ 최근에는 쇼윈도의 연출 시 감성 마케팅에도 적극 활용

　㉠ 문화적 요소를 가미하여 현대 미술 작품 이용

　㉡ 영화의 한 장면을 연출하여 재미를 가미

팝아트를 표현한 앤디워홀의 쇼윈도 작품　　　아트적 요소를 가미시킨 연출

• 문화공간과 접목시킨 휴게 공간4) •

6. 감성(Sensibility)

(1) 오감의 인식

① **오감 마케팅** : 인간의 오감에는 시각, 청각, 촉각, 후각, 미각 등이 있는데, 오감 마케팅은 이러한 인간의 감정과 밀접한 연관이 있는 신체감각을 통해 브랜드를 경험하도록 하는 감성 마케팅의 한 부분이다.

② **오감 마케팅의 방법**

　㉠ 시식 행사를 하고 있는 식품 매장 : 후각

　㉡ TV의 화질을 보여주기 위한 DP를 행한 매장 : 시각

　㉢ 사탕이나 초콜릿 등을 판매하는 매장 : 시각, 후각, 미각

(2) 오감 마케팅의 역할

① 소비자들의 의사결정에 강력한 영향

② 브랜드 충성도 및 브랜드 가치 상승에 도움

③ 경쟁사들이 모방할 수 없는 독특한 아이덴티티 형성에 기여

• 시각과 후각을 고려한 감성 마케팅 •

---

4) 사진출처 : 조선일보 http://www.chosun.com

7. 이벤트(Event) · 퍼포먼스(Performance)

(1) 현대 사회에서 소비자가 원하는 것 : '마음의 풍족함'

① 시간과 공간의 여유, 놀이와 오락을 찾음

② 고객은 여러 가지 행사에 접하면서 나름대로의 라이프스타일이 영향을 받게 되고 자신에게 필요한 상품이 무엇인지를 찾게 됨

(2) 이벤트

① 간접적인 소비 권유와 직결하게 되는 것

② 점의 마케팅 전략과 일치하는 내용으로 이익에 집착하기보다는 참여자에게 공감과 감동을 주는 데에 주력하여야 함

(3) 퍼포먼스

① '공연', '실행', '연기'의 뜻

② VM 퍼포먼스

　㉠ 매장은 고객을 상대로 펼치는 공연장

　㉡ 마치 쇼적인 효과를 판매시점에서 생동감 있게 연출해 냄으로써 매장에 생동감을 만들어 통행인을 안으로 끌어들이는 효과

　㉢ 고객이 매장에 들어설 때 부담을 느끼지 않도록 가볍게 인사하고, 고객이 편한 마음으로 상품을 둘러볼 수 있도록 약간 떨어져서 서비스 하는 것에서부터 고객이 없는 시간 동안 상품을 정리하거나 먼지를 닦거나 마네킹의 매무새를 다듬는 등 움직이는 매장을 연출하는 모든 방법

• 이벤트 •

8. 광고(Advertising) 및 홍보(Publicity)

(1) 광고와 홍보

① 자사의 머천다이징 방향을 알리는 방법 중 대표적인 것

② VM은 이러한 광고와 홍보의 내용과 동일하게 진행되어야 그 효과가 극대화 → 광고를 기억하여 찾아온 고객이 보다 쉽게 매장을 찾아가거나 상품을 선택할 수 있도록 안내자의 역할

(2) POP

① POP의 정의 : Point of Purchase의 약자로 구매장소에서의 광고를 의미한다.

② POP의 목적 : POP는 고객이 매장에서 상품의 선택에 곤란을 겪고 있을 때 점내를 고려한 선전 광고를 하여 상품을 설명하는 것이 중요

   ㉠ 상품의 유무

   ㉡ 상품의 종류

   ㉢ 상품의 소재

   ㉣ 상품의 명칭과 가격

   ㉤ 상품의 효용

③ 광고와 홍보를 연계한 연출 방법으로 가장 많이 활용되는 것은 TV 광고에서 사용했던 카피를 그대로 매장에서 POP로 이용하여 전시하는 것인데, 이로써 고객이 자연스럽게 그 상품을 기억하여 선택할 수 있도록 한다.

(3) 스타 마케팅

① 잡지나 인쇄 매체에 게재된 사진을 매장의 배경으로 사용

② 인기스타의 싸인, 사진, 혹은 광고를 이용

• 잡지 광고로 배경 연출 •

3절 비주얼 머천다이징(VM) 노하우

1. 조화(Harmony)

(1) 관련 상품과의 조화

① 스포츠웨어 매장에서 여름 수영복을 점내에 디스플레이 하는 경우 수영복 관련 상품으로 타월, 비치웨어, 비닐 백, 썬 오일 등을 구비하여 해변에서의 풍경을 연출한다.

② 점내에 테니스웨어를 디스플레이 하는 경우 테니스웨어 뿐만 아니라 헤어밴드나 라켓을 부가시킴으로서 테니스 코트에서의 생동감과 볼을 치는 소리가 귀에 들려오는 것 같은 분위기를 연출할 수 있다.

(2) 대비 상품과의 조화

색, 소재, 패션의 명확한 대비 등 상품이미지의 배경효과를 노린다.

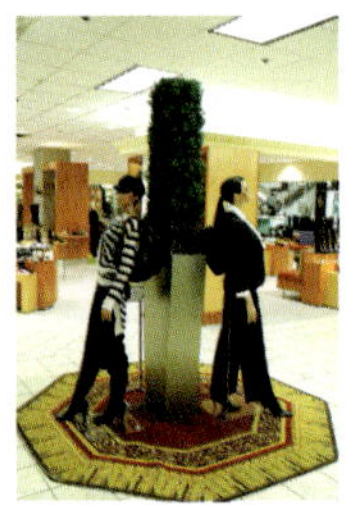

같은 포즈의 두 마네킹에 블랙&화이트 컬러의 상품을 입혔지만 패션 스타일에서 상반된 미의식을 보인다. 더욱이 가운데 세워진 오브제가 2개의 패션 이미지를 나누어 대비의 효과를 극대화한다.

• 대비 효과를 보여주는 디스플레이 •

(3) 소도구와의 조화

여성스럽고 우아한 이미지의 패션과 꽃잎, 조화 등의 디자인 소품이 하나의 보기 좋은 어우러짐이 될 수 있다.

• 여성복 디스플레이에 자주 사용되는 플라워 이미지 •

2. 그루핑(Grouping)

(1) 동일 상품에 의한 그루핑

동일 가격대 상품의 컬러 그라데이션 진열

티셔츠와 Jean Skirt 상품을 그루핑

(2) 비슷한 상품에 의한 그루핑

레드 티셔츠와 Jean을
그루핑하여 같은 이미지로 연출

(3) 관련성이 높은 상품에 의한 그루핑

동일한 패션 이미지로 자세히 보면 디자인과 무늬는 다르지만 통일감과 다양성의 효과를 적절하게 이용해 비슷한 상품의 그루핑 효과를 높일 수 있다. 예를 들면, 민속풍의 이미지로 조성되어 있는 수영복 매장이지만 관련 상품인 비취 샌들, 짚 모자, 썸머 백, 에스닉 감각의 스카프 등을 같은 매장에 그룹으로 나누어 놓은 것이다.

3. 실무 노하우

(1) 디스플레이의 기초지식 요구 단계 : 실전에 필요한 테크닉 5가지

① **구성(Composition)** : 두 개 이상의 것을 조합해서 한 개의 연출형태를 만드는 것
  ㉠ **구성의 기본요소** : 조화, 균형, 대비, 대칭, 율동, 강조, 비례, 반복
  ㉡ **구성법** : 직선구성, 삼각구성, 곡선구성, 원형 · 반원형구성, 방사구성, 반복구성

강렬한 컬러의 바디를 반복

복합 삼각 구성

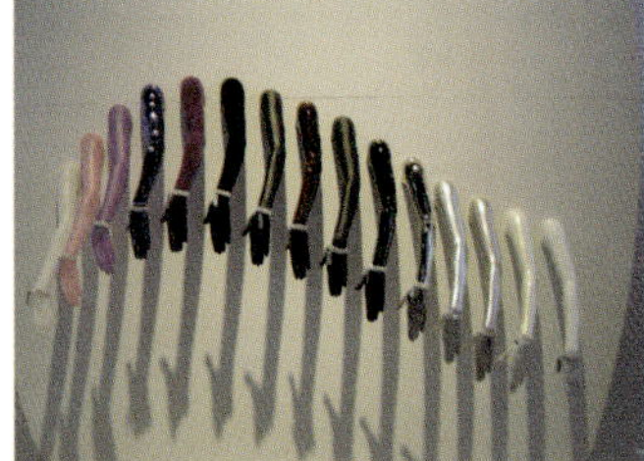

율동을 느끼게 하는 구성

대칭을 보여주는 구성

② 아이템 포인트 테크닉(Item Point Technic) : 상품의 가치 표현(상품의 소재, 디자인, 스타일, 가격, 트렌드 등)

③ 포밍(Forming) : 상품을 아름답게 표현하기 위한 '형태 만들기' 작업

④ 컬러링(Coloring)

　㉠ 디스플레이의 표현에서 매우 중요한 요소

　㉡ 심리적인 효과에 영향을 줌(예쁘다, 밉다, 밝다, 어둡다, 가볍다, 무겁다 등)

• 배경으로 사용된 오렌지 컬러가 경쾌함과 주목효과를 줌 •

⑤ 코디네이트(Coordinate)

  ㉠ 두 개 이상의 상품을 조합하는 것

  ㉡ 생활 패턴, 라이프스타일, 유행, 사회 환경 등을 고려

- 디자인, 스타일의 코디네이트 : 스타일링을 보이는 방법
- 컬러에 따른 코디네이트 : 색의 트렌드와 이미지, 배색효과에 따라 보여주는 방법
- 소재에 따른 코디네이트 : 각종 소재별 조합을 하여 새로운 효과를 내는 방법
- 신(Scene)에 따른 코디네이트 : 라이프스타일, TPO 등에 따라 표현하는 방법
- 관련 상품에 따른 코디네이트 : 액세서리 등 관련성 있는 것을 첨가시켜 코디네이트 이미지를 넓히는 방법

• 코디네이트 •

Category 9. 패션/유통 실무용어

패션/유통 실무용어

ㄱ

- **가격구성(Price Structure)**

  상품의 가격을 구성하는 제비용이나 이익의 합계를 말하며, 제품 가격은 직접원가(Direct Cost), 총원가(Total Cost), 출고가(Shipment Price), 판매가(Selling Price)등으로 나눌 수 있다.

- **감가상각비(Depreciation Cost)**

  기업의 설비나 기물을 사용하면서 발생하는 기계의 노화나 감소분의 가치를 제품생산원가에 포함시키기 위해 계산한 비용이다. 이 비용은 후에 기물이나 설비가 노후된 후에 바꿀 자금으로 이용된다.

- **감성 마케팅(Emotional Marketing)**

  상품 자체의 기능이나 특성보다는 소비자의 감성적 욕구를 자극시키고 필요를 채우기 위해 상징성 · 이미지 등을 부각시키는 마케팅 활동을 말한다. 눈에 보이지 않는 감성을 시각적인 형태 –색채, 소재, 형상– 로 만들어내며, 이러한 마케팅은 소비자들의 무의식적 반응을 이끌어내 매출을 증대시킬 수 있다. 지성이나 이성보다는 느낌과 이미지를 강조하기 때문에 좀더 소비자들의 감성을 자극하기 용이하다. 감성 마케팅에는 향기나 색채, 음악 등을 사용한다.

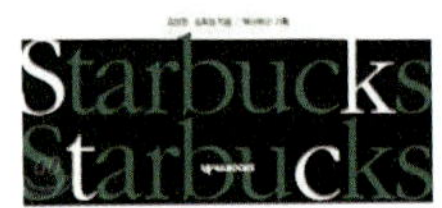
◀ 감성 마케팅[1]

- **감성적 동기(Emotional Motive)**

  남들과 차별화되려는 욕망이나 준거집단에 소속되려는 욕망, 다른 사람의 시선과 집중을 받으려는 욕구 등으로 인한 행동의 동기를 의미한다. 주로 심리적 · 사회적 만족과 관련되어 있다. **반** 이성적 동기

- **검수(Tally)**

  매입된 물품의 규격이나 수량, 품질을 조사하고 확인하는 작업이다. 납품서와 수취한 물건을 조사하는 검품 작업과, 이것을 통하여 발주내용과 납품이 일치하였는지 확인하는 작업을 모두 포함한다.

---

1) 이미지출처 : 넥서스 http://www.nexusbook.com

- 경제재(Economic Goods)

  돈이나 노력 등 상응하는 가치를 지불해야 얻을 수 있는 물건을 뜻한다. 인간의 욕망을 충족시키는 동시에 한정되어 있는 자원이기 때문에 이것을 얻기 위해서는 그 가치에 준하는 다른 재화가 필요하다. 반 자유재

- 계열 확장(Line Extension)

  소비자의 다양한 수요를 충족시키기 위하여 상품의 디자인이나 기능, 가격 면에서 현재 시판되는 제품과는 다른 제품을 추가하여 제품라인의 범위를 확장하는 것이다. 기존 상품보다 디자인이나 품질을 더 고급화하거나 가격을 상향시키는 상향 확장과 이와는 반대인 하향 확장이 있으며, 상향과 하향 확장을 동시에 진행하는 양면 확장도 있다.

- 고객(시장)조직(Customer Organization)

  마케팅 조직을 구성 시, 같은 제품을 다양한 구매층의 소비자들에게 공급하기 위해서 고객별 마케팅 조직을 구성하는 것이다. 마케팅의 기본 이념인 고객 중심주의 측면에서 가장 적합한 조직이라 할 수 있다.

- 고정비(Fixed Cost)

  불변비라 하기도 하며, 생산량의 증감에 관계없이 일정하게 발생하는 원가이다. 반 변동비

- 공여재(Licensor)

  특허를 제공하는 기업을 뜻한다.

- 공통상품코드(Unirersal Product Code)

  일명 제조업자코드라고 하며, 바코드를 뜻한다.

- 관습적 가격결정(Customary Pricing)

  사회 관습이나 전통적인 가격의 수준을 고려하여 가격을 결정하는 심리적 가격결정 접근방법의 하나이다.

- 교환가치(Exchange Value)

  상품에는 여러 가치가 내재하고 있으며, 교환가치는 다른 상품과 교환할 수 있는 가능성에 대한 값어치이다.

  참고) 사용가치(Utility Value)

- 그린 마케팅(Green Marketing)

  기업이나 제품의 환경 친화적인 면을 부각시켜 소비자에게 어필하는 활동을 뜻한다. 광고, 마케팅, 상품 제작 등 다양한 분야에 적용할 수 있다.

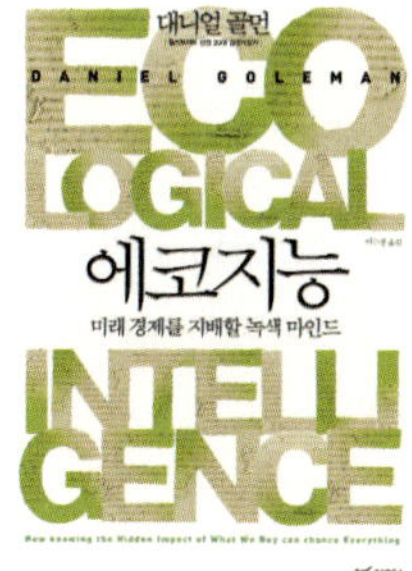

◀ 그린 마케팅[2]

- 기업 · 상품 믹스광고(Mixed Advertising)

  기업과 상품 · 서비스를 적절하게 섞어서 상호보완적 관계로 만들어 시너지 효과를 일으키는 광고를 말한다.

---

2) 이미지출처 : 웅진지식하우스 http://www.jisikhouse.co.kr

ㄴ

• **내구소비재(Durable Consumer's Goods)**

소비자가 구입하여 효용이 장기간 지속되어 비교적 오래 사용하는 소비재를 말한다. 제품의 내구 연수가 3년 이상인
것을 내구재라고 부른다.

• **내재적 보상(Intrinsic Reward)**

업무에 대한 책임범위를 확대하거나 의사결정권을 강화하여 근무태도를 바람직하게 만들어 주는 보상을 뜻한다. 행
동과학자들은 외재적 보상 보다 내재적 보상이 상대적으로 동기유발효과가 더 크다고 평가한다.

• **노브랜드 상품(No-brand Goods)**

상품의 이름이나 판매업자를 알려주는 상표가 붙어있지 않는 상품을 말한다. 노브랜드 상품은 광고비를 없애고 포장
을 간소화하여 소비자들에게 저렴한 가격으로 제품을 제공할 수 있다.

ㄷ

• **다(多) 브랜드 전략(Multi Brand Strategy)**

패션 산업의 치열한 환경 조건에서 소비자의 취향과 수요가 다양해짐에 따라, 각 소비층을 타깃으로 세분화된 브랜드
수를 증가시키는 경영 전략을 말한다.

• **단위제품(Unit Product, piece)**

외양, 기능, 크기 및 가격 등 여러 속성에 따라 명확하게 구분 지을 수 있는 하나의 아이템을 뜻한다.

• **대체재(Substitute Goods)**

경쟁재라고 하기도 하며, 상품의 특성이나 성능이 비슷해 다른 상품으로 교체할 수 있는 제품을 의미한다. 일반적으
로 두 재화 중 하나의 수요가 증가하면 다른 하나는 감소하게 된다.

예 소고기와 돼지고기, 버터와 마가린

• **데이터베이스화(Data Base System)**

오늘날 개인을 비롯한 모든 기업과 기관은 컴퓨터로 거의 모든 업무를 처리하고 있는데, 업무처리의 신속함과 정확성
및 편리성을 위해서는 머천다이징 업무에 관련된 모든 부분을 전산화 할 필요가 있다. 이렇게 입력된 정보는 필요시
쉽게 찾아 볼 수 있도록 데이터베이스 파일로 구성해야 하는데 이것을 데이터베이스화라고 한다.

참고) 머천다이징의 데이터베이스화 분야 : 상품기획, 상품관리, 마켓관련, 판매관리, 이익관리

• **도넛(Doughnut)현상**

도심 공동화 현상을 말한다. 도심지역의 땅값이 급등하고, 공해 등으로 주거에 부적합해 지면서 사람들이 도시 외곽
지역으로 주거지를 옮기게 된다. 따라서 도심지에는 상업시설만 남고 주택은 사라져 밤에는 텅 비게 된다. 이러한 현
상은 상권 분석 시 참고해야할 중요한 척도가 된다.

• **독과점품(Monopoly Items)**

특정시장에서 경쟁 상품이 없거나 경쟁 브랜드가 없어서 시장 점유율이 지나치게 높은 시장 지배적인 상품을 뜻한다.

- **동기화(Motivation)**

  기업 내의 조직원의 활동을 효과적으로 유지하게 위해서는 자발적이고 적극적인 업무 수행이 필수인데, 이러한 의욕이 생기도록 하는 역동과정이 필요하다. 이것을 동기화라고 부른다.

- **디마케팅(Demarketing)**

  기업이 수요를 조절하기 위하여 자사상품의 구매를 의도적으로 줄이는 것을 말한다. 2000년 이후에는 수익에 도움이 되지 않는 고객을 밀어내고, 우량 고객에 차별화된 서비스를 제공함으로써 비용을 절감하고 수익을 극대화하려는 모든 마케팅의 유형을 뜻한다.

  예 담배나 주류의 경고문구, 은행의 대출 제한, 백화점 우량고객에 대한 서비스 등

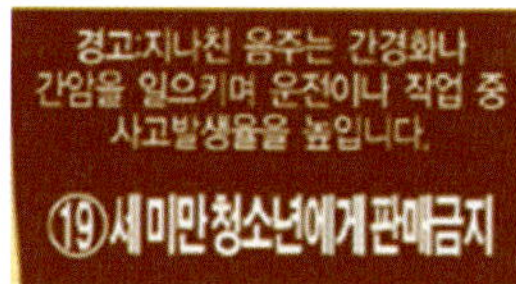

◀◀ 담배 경고 문구
◀ 주류 경고 문구

ㄹ

- **라이센싱(Licensing)**

  기업이 계약상의 일정 수수료나 대가를 받고 타기업이나 수혜자에게 라이센스에 관련한 모든 권리를 매도하는 계약이다. 공여자(Licensor)입장에서는 기업의 해외진출과 같으며, 수혜자는 기술을 전부 받을 수 있다.

- **라이프스타일 브랜드(Life Style Brand)**

  브랜드를 소비자 라이프스타일의 표현 수단으로 인지시키고 충성도 높은 소비자와의 독특한 문화 창출을 하기 위해 만든 브랜드를 말한다. 제품의 외양이나 기능보다는 상징성이나 심리적인 면을 강조하여 전 연령층이 사용할 수 있는 상품이나 사회적 문화를 반영하는 상품을 주로 생산한다.

- **로스리더상품(Ross Leader Product)**

  다른 상품의 판매를 증가시키기 위하여 매입원가 이하로 판매하는 상품을 말한다. 지명도가 높거나 좋은 상품을 특가품이나 특매품의 형태로 저렴하게 판매하여 많은 고객을 점포로 유인하려는 목적으로 사용된다.

- **로열티(Royalty)**

  타인의 상표권이나 특허권 같은 소유권이나 저작권을 사용하고 지불하는 대가를 말한다. 기업은 생산한 제품의 품질과 기능을 차별화하여 소비자들에게 부각시킨 후 브랜드의 인지도를 높이고 시장기반을 확보하여 라이센싱을 통한 로열티를 받을 수 있다. 스토어 로열티는 특정점포에 대한 계속적인 이용도를 나타내는 말로, 이를 통하여 특정 브랜드에 대한 충성도를 알 수 있다.

- **로지스틱(Logistic)**

  마케팅에서 로지스틱은 정보시스템과 물류시스템의 결합을 의미하며, 시장 동향에 대해 민감하게 반응하여 적당한 양을 적당한 때와 장소에 보급하는 전략을 뜻한다. 즉, 마케팅 활동 전체를 완성시키는 활동으로 제품의 유통을 경제적이고 기술적으로 합리화하기 위한 조직적이고 계획적인 관리체계를 가리킨다.

• 리베이트(Rebate)

판매자가 지불받은 대금의 일부를 보상금이나 사례금의 일부로 구매자에게 환불해주는 일이나 그 돈을 의미한다. 장기계약이나 대량계약을 한 구매자에 대한 특별한 할인제도로 사용되지만, 나쁜 의미로는 뇌물을 뜻하기 때문에 리베이트를 뇌물의 형식으로 사용하는 비정상적인 거래는 윤리적 문제를 발생시킬 수 있다.

• 리드타임(Lead Time)

머천다이징에 있어 제품이 기획에서 제품화하기까지의 시간을 뜻한다. 유통에서는 제품을 발주하고 배달시점까지 걸린 시간을 의미한다. 최근에는 리드타임을 줄이기 위해 컴퓨터를 이용한 반응생산시스템(QRS ; Quick Response System)을 도입하기도 한다.

• 리마케팅(Remarketing)

시장의 수요가 감소하고 있는 상황에서 수요를 증가시키기 위해 표적시장을 바꾸거나 마케팅 믹스의 요소를 변경하는 것을 뜻한다.

ㅁ

• 마스터 라이센시(Master Licencee)

한 카테고리 안에 있는 여러 개의 상품의 사용권에 대한 총체적 권리를 가지고 있는 가장 영향력 있는 라이센시이다. 국내의 라이센스 패션브랜드는 특정 마스터 라이센시를 통해 대부분 이러한 마스터 라이센스의 경우가 대부분이다. 즉, 이 마스터 라이센스 업체를 중심으로 해서 단일 브랜드의 일부 품목만 전개하고 있는 경우가 많다는 것이다.

• 마크다운(Mark Down)

상품의 가격을 내리는 것이다. 상품의 판매가격은 원가, 경비, 이익 등의 상황 외에도 시장이나 경제 상황 등에 의해 결정되지만, 상품이 공급될 때 기대수요와는 다르게 변질되거나 파손되고, 또는 경쟁이 심해서 처음에 정한 판매가격을 유지할 수 없을 때 가격인하를 하게 된다. 그 외에도 경기가 좋지 않으면 수요를 증진시키기 위해 전략적으로 가격을 내리는 경우도 있다.

• 마크업(Mark Up)

마크업은 이윤을 증대시키기 위해 기업이 항상 원가에 일정 비율을 더하여 정가를 높이는 것을 뜻한다. 보통 백화점의 경우는 일반적으로 매입원가에 일정의 이익을 비율로 곱하여 매매가를 결정하고, 슈퍼마켓에서는 상품을 매입한 후에 가격인상과 상품 로스 등을 가감하여 매매를 결정한다.

• 매취 사입

물건을 구입하는 방법의 하나로서, 위탁 구입과는 달리 주문한 제품을 구입하는 것이다.

• 매트릭스 조직(Matrix Organization)

마케팅 조직을 구성 시, 기본 조직 외에도 두 개 이상의 조직을 동시에 활용하는 것을 의미한다. 매트릭스 조직은 업무의 내용에 따라 명령계통을 형성하는 방식으로 실시상의 문제점이 있는 것으로 지적되고 있다.

• 명성점(Prestige Store)

유명한 고급 점포를 뜻한다. 가격뿐만 아니라, 서비스나 점포 분위기도 고급스러운 점포이다. 고급화된 상품과 인테리어, 프로화된 서비스는 명성점의 기본 원칙이며, 이러한 원칙은 경영자의 사치를 최대한 표현하는 것이므로 그 사람의 취미와 특성을 최대한 표현해야 한다.

◀ 명성점3)

• 모니터 제도(Monitor System)

상품의 개선을 위하여 일반 대중으로부터 의견을 얻어 그 자료를 활용하는 방법이다. 백화점의 모니터 제도는 매장이나 서비스의 개선과 효과적인 관리를 통해 고객이 불편한 점을 사전에 예방하는데 목표를 두고 있다. 주로 주부층 중에서 모니터 요원을 선발하여 자문을 구하는 방식을 채택하고 있다.

• 모상품(Mother's Good)

상품을 다양하게 전개하기 위해서 기본상품을 기준으로 소재나 패턴, 디테일한 디자인 등을 조금씩 변경시켜 품격과 가격에 차이를 두는 방법이 있는데 이때 기본상품이 되는 상품을 모상품이라 하고 이 상품에서 변경된 상품들을 자상품(Subsidiary Goods)라고 한다.

• 모집단(Population)

소비자 조사를 시행할 때 모든 인구를 조사하기에는 시간적·물리적 한계가 있기 때문에 전체 대상에서 샘플이 되는 조사 대상자를 뽑아 그들을 조사·관찰하고 표본으로 만들어 본래의 전체 대상에 관하여 추측하는 추측 통계학의 가장 기본적인 개념이다. 이때 표본이 되는 단위를 모집단이라 말한다.

• 미니컴(Mini com) 매체

광고의 효과를 극대화하기 위해서는 표적 소비자에게 광고 메시지를 효과적으로 전달해야 하는데 이때 적절한 매체와 매체수단을 선택해야 한다. 미니컴이란 이러한 광고 매체의 하나로 개별 소구적이고 선택적이기 때문에 융통성이 있어 비용이 절감되는 광고 매체의 특성으로 구분한 것이다.

 매스컴 매체

ㅂ

• 배치 생산 방식(Batch Production Process)

다양한 품목의 제품을 생산하는 것으로 개별 생산제와 유사하다. 생산품목의 종류가 어느 정도 제한되어 있으며 주기적으로 일정하게 생산하는 방식이다. 일반적으로 수요를 예측하여 재고를 고려한 계획생산을 주로 한다.

예 가구제조, 화학제품 제조

• 부차상표(Secondary Brand)

일반적인 상표들을 여러 가지 측면에서 구분할 수 있는데, 상품의 중요도에 따라 분류하게 되면 주력상품에 붙이는 대표상표와 부차적인 상품에 붙이는 상표로 나뉘게 된다. 이때 전자를 주력상표(Main Brand)라 하고 후자를 부차상표라 한다.

• 비내구재 제품(Nondurable Goods)

일회용처럼 한두 번 사용하고 폐기해 버리는 제품의 유형이다.

• 비마케팅 환경요인(Non-marketing Environment)

마케팅의 환경요인을 분석할 때 나누는 요인이다. 비마케팅의 환경요인에는 기업 이미지나 기업의 입지, 기업의 기술적 능력과 같은 외부 비마케팅 요인과 인사, 재무, 생산, 경쟁력과 같은 내부 비마케팅 요인이 있다.

• 빈 시장(Blank Market)

표적 시장을 선정 시 첫 단계로 잠재시장(Latent Market)을 선정해야 하는데, 잠재시장은 소비자의 구매욕구가 기존의 상품들로는 충족되지 못하고 있는 시장을 말하며, 이들의 욕구를 충족시키고 경쟁력을 갖추려는 목표를 가지고 있다. 이 잠재시장에는 예비시장(Spare Market)이나 틈새시장(Niche Market) 또는 빈 시장(Blank Market)이 있다.

ㅅ

• 사용가치(Utility Value)

상품의 내재적 가치에서 교환가치와 함께 분류되는 가치이며 사용적 측면에서 본 재화 또는 용역의 가치를 의미한다. 소비자가 제품이나 용역을 원하는 이유는 근본적으로 그 사용가치를 획득하기 위해서인데, 소비생활과 관련된 재화와 용역부터 생산요소에 이르기까지 생활에서 필요로 하는 재화와 용역은 각각의 사용가치를 보유하고 있다.

　　　교환가치(Exchange Value)

• 상품회전율(Merchandise Turnover)

일정 기간 동안 상품이 몇 번 회전했는지를 나타내는 비율이다. 이 값은 기업의 연간 상품매출액이나 매출원가를 상품 평균재고로 나누어 얻는데, 이 비율이 높을수록 상품의 판매 및 그 보충의 속도가 빠른 것을 뜻한다. 재고상품이 계속해서 회전할수록 일정량의 거래를 하는데 소액자본으로도 충분히 활용 가능하기 때문에, 이 비율이 높으면 높은 수익성을 낼 수 있다고 볼 수 있다.

• 생산성(Productivity)

제품 생산 시 산출된 값을 투입된 값으로 나눈 비율이다. 생산성은 투입과 산출을 포괄하는 가장 종합적인 기업의 목표가 된다. 그러나 투입요소가 노동, 자본, 원재료 등 다양하게 구성되어 있어서 모든 투입요소들을 종합하는 생산성을 구하기는 다소 무리가 있다.

• 생산손실(Production Loss)

생산현장의 파업이나 기계적 결함으로 인한 내부적 문제나 경제나 큰 행사로 인한 외부적 문제 등으로 제때 상품을 생산해내지 못하는 것을 뜻한다. 상품의 품질 향상과 고부가가치를 창출하기 위해서는 생산현장을 철저히 관리해야 하는데, 현장관리와 설비 효율의 개선 및 품질경영을 비롯하여 생산손실의 방지를 목표로 한다.

 대지진으로 인한 일본 자동차 공장의 생산 중지

- **선매품(Shopping Goods)**

  소비자의 쇼핑관습에 의한 제품분류로 여러 상점 쇼핑 후 상표, 제품특성, 가격 및 디자인을 비교한 후에 구매하는 상품을 뜻한다. 일반 상품에서는 자동차, 보석, 가구류 등이 패션에서는 일반적인 캐주얼 의류가 이 분류에 속한다.

- **선택(별)적 동기(Selective Motive)**

  소비자의 구매동기를 최초로 연구한 대표적인 학자 코플랜드가 주장한 구매동기의 분류로, 이 구매동기를 어떤 상품을 구매하도록 하는 기본(기초)적 동기(Elementary Motive)와 특정한 브랜드의 상품을 구매하도록 하는 선택(별)적 동기로 구분하였다. 이외에도 특정 상품만을 구매하도록 하는 제품동기(Product Motive)와 특정 점포에서 선택하는 애고동기(Patronage Motive)의 구매동기를 추가로 구분하였다.

- **세일즈 퍼슨(Sales Person)**

  고객을 상대로 판매 업무를 담당하는 사람을 말한다. 여성 판매원은 세일즈 걸, 남성 판매원은 세일즈맨이라 하며 남녀를 통합하여 세일즈 퍼슨 혹은 세일즈 피플이라고 한다. 이들은 항상 친절하고 밝은 모습으로 예의바르게 고객을 맞으며 상품 정보를 제공하거나 상품에 대한 지식을 전해주는 충분한 서비스를 제공해야 하는 책임이 있다.

- **셀 생산방식(Cell Production Process)**

  일반적으로 많이 활용하는 제품생산의 방식 −개별생산 방식, 배치생산 방식, 조립라인 생산 방식, 계속생산 방식− 외에 원가절감을 위하여 소수의 기술 인력이 한 팀이 되어 생산하는 방식이다. 4~5명이 셀을 이루는 방법이 있고 3~10명으로 한 팀을 이루는 유연셀(Flexible Cell)방식도 있다.

  예 맞춤양장점, 소규모 기성복 업체

- **셀링 스톡(Selling Stock)**

  매장에서 판매하기 위해 비축된 상품을 뜻한다. 이 상품들을 적절하게 연출하면 디스플레이에 의한 시각적 효과를 고려한 비주얼 프레젠테이션(VP ; Visual Presentation) 표현방법에 사용할 수 있다.

- **소셜 쇼핑(Social Shopping)**

  인터넷에서 특정 상품을 판매하는데, 정해진 시간 안에 서비스 업체에서 제시한 목표 인원이 모이면 파격적으로 낮은 가격에 판매하는 방식이다. 운영자가 사전에 정한 최소 물량이 팔려야만 거래가 성사되기 때문에 소셜 커머스(Social Commerce)라고 하기도 한다. 소비자들은 낮은 가격으로 구매하기 위해 자발적으로 트위터나 페이스 북 등의 소셜 네트워크 서비스(SNS)를 이용해 정보를 확산시킨다. 이를 통해 판매자는 대량 판매와 홍보 효과를 동시에 누릴 수 있다.

◀ 소셜 쇼핑4)

- **쇼퍼테인먼트(Shopper-Tainment)**

  단순히 상품만 판매하던 기존 홈쇼핑 구성에 각종 생활정보나 함께 매치할 수 있는 상품을 소개하는 쇼핑방식이다.

---

4) 사진출처 : 연합뉴스 http://yonhapnews.co.kr

최근에 쇼핑이 단순히 물건을 구매하는 것이 아니라 관광이나 취미의 한 유형으로 인식됨에 따라 발전된 방식이다.

예 토크쇼 방식의 홈쇼핑

- **스크리닝(Screening)**

신제품 개발과정에서 신제품에 대한 아이디어를 평가하고 이후에 계속적으로 연구를 추진할 가치가 있는지 구분하는 작업을 말한다. 이 과정을 거쳐야 아이디어가 보다 구체화 되고 더욱 정확한 제품의 계획서를 작성할 수 있다. 스크리닝은 일반적으로 시장의 예측이나 개발가능성, 제품의 원가 및 비용 등을 고려하여 실시하게 된다.

- **스톡(Stock) 상표**

실제로 사용하지 않고 저장된 상태로 있는 등록상표를 의미한다.

- **시제품(Sample)**

디자이너가 디자인한 여러 상품 중에서 적합한 것을 선별하여 실제 제품으로 시험제작한 제품을 뜻한다. 완성된 시제품으로 의도한 디자인과 소재 및 적합성의 여부를 살펴본다.

- **신분제품(Status Goods)**

소비심리변수에 의한 제품분류의 한 예로 사회계층이나 멤버십 등의 신분상징과 관련된 제품을 뜻한다. 일반적으로 의상이나 액세서리 등으로 나타낼 수 있다.

- **실용신안법(The Utility Model Law)**

물품의 외양이나 구조와 결합에 관한 창작을 보호하고, 이용하는 것을 목적으로 정해진 법률이다. 제품의 발명이나 창작원을 보호하여 기술의 발전을 촉진시켜 산업발전에 기여하기 위해 제정되었다.

ㅇ

- **안테나 샵**

실제 판매에 앞서 신제품이나 신업태 등에 대한 시장조사나 소비자 수요조사, 홍보 등을 목표로 운영되는 점포를 말한다. 파일럿 샵(pilot shop) 이라고도 부른다.

- **양판점**

대량으로 여러 브랜드의 비슷한 카테고리의 상품을 파는 소매점을 말한다. 셀프서비스 판매방식과 센트럴 바잉 시스템의 구입방식을 취하는 체인 스토어라는 특징이 있으며 로우 프라이스부터 미들 프라이스를 중심으로 한 상품구비로 전개된다. 의류는 대형 패션몰을 예로 들 수 있다.

예 하이마트, 삼성 디지털프라자, LG 베스트샵

- **업스트림 마케팅(Up-stream Marketing)**

다운스트림 마케팅을 하기에 앞서 시장을 세분화하고 어떤 고객층에 주력해야 할지를 결정하는 것이다. 고객이 제품과 서비스를 어떻게 이용하는지 고객확보를 위해 어떤 경쟁력이 요구되며 어느 선에서 가격을 정해야 할 것인지 등을 분석하는 것이다.

- **에쿼티(Epuity)**

순수한 가치, 자산을 일컫는 말. 주로 브랜드 에쿼티라고 많이 쓰인다. 이는 브랜드 자체의 자산과 부채의 집합으로 브랜드의 가치를 매길 수 있는 모든 것을 말한다.

• 오픈 마켓(Open Market)

개인이나 소규모 판매업체 등 판매가 가능한 다양한 업체들이 온라인상에서 자유롭게 상품을 거래하는 중개형 인터넷 쇼핑몰이다. G마켓, 옥션, 11번가 등이 대표적인 사이트이며 이들은 시스템을 제공한 대가로 상품을 등록한 사용자에게서 수수료와 배너광고 등으로 수익을 얻는다.

• 완사입제도

대리점주가 본사로부터 상품을 인수하면서 도매가격으로 대금을 결제하고 재고상품은 대리점이 책임을 지는 매입 유형이다.

• 원 스톱 쇼핑(One Stop Shopping)

소비자가 상품구입을 한 매장에서 마치는 구매패턴이다. 소매업이 점점 대형화되면서 의류와 관련된 여러 가지 상품을 갖추면서 다양한 스타일의 의류, 액세서리, 신발 등을 한 번에 구입할 수 있게 되었다. 이에 따른 결과로 제품의 회전율이 빨라지고 소비를 촉진하게끔 하는 것이다.

• 위탁사입제도

대리점은 의류업체나 도매시장에서 상품을 인수받을 때 대금을 결제하고 재고상품은 100% 본사에 반품하여 매입 금액을 공제하는 매입유형을 말한다.

• 위탁판매제도(Selling on Consignment)

공급업체가 대리점주에게 판매를 맡겨서 제품을 공급하고 팔린 금액에 대비하여 대리점주에게 판매 수수료를 지불하는 방식이다.

• 윈도우 디스플레이(Window Display)

패션점포 안의 상품들을 가장 이상적인 조합으로 만들어 점포 앞을 지나는 통행인들에게 보여주는 것이다. 현재의 트렌드와 브랜드의 컨셉, 판매 동향을 보여줄 수 있다.

◀ 윈도우 디스플레이의 유형

• 유인가격(Loss Leader)

소비자들의 점포 통행량을 늘려서 자기 상점으로 유인할 목적으로 만들어진 방법으로 소비자에게 잘 알려진 제품의 가격을 낮춰 판매함으로써 소비자들에게 자기 상점의 가격수준이 다른 상점보다 매우 낮다는 인상을 주는 방법이다. 의류분야에서는 주로 인터넷 오픈 마켓에서 주로 이용되고 있다.

• 이미지 디스플레이(Image Display)

제품의 판매증가보다는 브랜드의 독창성이나 아이덴티티를 고객들에게 심어주기 위한 비주얼이 강화된 디스플레이이다.

• EDI(Electronic Data Interchange : 전자문서교환)

매장과 물류센터 간의 데이터를 효율적으로 교환하기 위해 지정한 데이터와 문서를 표준화한 시스템이다. 이로써 물류비의 절감과 효과적인 상품 구색을 갖출 수 있어 소비자에게 만족감을 줄 수 있다.

- **EOS(Electronic Order System : 보충발주시스템)**

온라인상에서 실시간으로 이루어지는 자동발주법을 말한다. 주로 본사와 대리점간의 수발주 방법으로 이용되고 있다. 빠른 속도로 재고량을 확인할 수 있으며 대리점간의 재고량 확인이 가능해 소비자에게 인도할 수 있는 장점이 있다.

- **OP**

One-Piece의 약자

- **RFID(Radio Frequency Identification)**

IC칩과 무선을 통해 상품의 정보를 관리할 수 있는 인식 기술이다. RFID는 생산에서 판매에 이르는 전 과정의 정보를 IC칩에 내장해 이를 무선주파수로 상품의 위치를 추적할 수 있도록 한 기술로서, 대형매장에서 분실 방지를 위해서도 쓰이고 있다. 전자태그 혹은 스마트 태그, 전자 라벨, 무선식별 등으로 불린다.

- **SKU(Stock Keeping Unit)**

상품재고의 최소 관리단위, 한 스타일당 기본 상품량을 말한다(Style, Size, Color의 수).

- **SNS(Social Network Service)**

온라인 인맥구축 서비스로 가입자가 서로에게 친구를 소개하며 인맥을 넓힐 것을 목적으로 개설된 커뮤니티형 서비스를 말한다. 실시간 서비스가 가능하고 비교적 적은 비용으로 진행할 수 있으며 전달하고자 하는 메시지의 파급력이 뛰어나다는 장점을 지녀 마케팅의 도구로써 각광받고 있다.

- **SPA(Specialty retailer of Private label Apparel)**

의류기획, 제작부터 유통, 판매까지 전 과정을 제조회사가 총괄하는 의류 업체를 말한다. 대형 직영매장을 운영해 중간마진을 없애서 싼 가격에 제품을 공급하는데 목적을 둔다. 소비자의 요구를 정확하고 빠르게 캐치하여 상품에 반영시켜 다품종 대량공급이 가능한 것이 특징이며, '패스트 패션' 이라는 문화를 탄생시켰다.

- **SWOT(Strength, Weakness, Opportunity, Threat)**

강점과 기회를 조합하여 자사 이익을 극대화하고 약점과 위협을 해소하기 위한 방법을 모색하는 것을 말한다. 보통 그림과 같이 그래프를 그려놓고 나열하는 방식으로 문제점과 개선하는 방법을 찾는다.

강점(Strength)	약점(Weakness)
• 모델 및 패션쇼 등의 홍보 활동 용이(인프라 구축 되어있음) • 마케팅 활동 용이(기업형 샵) • 토털 뷰티 서비스 제공	• 브랜드 인지도 없음(패션지 홍보 미비, 연예인 없음) • CS 교육 및 기술 교육 미비 • 고객 데이터베이스 활용 미비(CRM불가)
기회(Opportunity)	위협(Threat)
• 모스타일과 트렌드에 대한 욕구가 높아짐 • 헤어, 메이크업, 스킨케어 토털서비스 수요 증가 • 잠재고객확보(웨딩 고객의 일반고객화 가능성)	• 압구정, 청담일대의 뷰티샵 경쟁 심화 • 마케팅활동 용이(기업형 샵) • 토털 뷰티 서비스 제공

◀ 뷰티업체의 SWOT 분석

ㅈ

• 작업지시서

디자인실에서 주로 작업하는 것으로 제품을 생산하기 위해 디자인의 디테일과 치수를 구체화해서 나타낸 것이다.

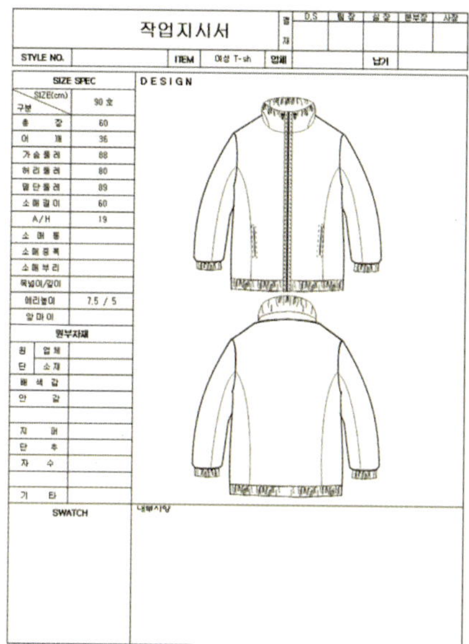

◀ 작업지시서의 예

• 재고부족비(Shortage Cost)

재고가 없음으로 해서 발생하는 비용으로 품절비용을 말한다.

• 재고유지비(Holding Cost)

재고를 보관, 유지하는데 소요되는 비용을 말한다.

• 재인 테스트(Recognition Test)

홍보 마케팅에 주로 사용되며 광고가 실린 신문, 잡지, 텔레비전 프로그램 등을 보여주고 전에 본적이 있는 내용이 어떤 내용들인가를 물어보는 형식을 말한다.

• 전문할인점(Category Killer)

한 가지 또는 비슷한 카테고리의 상품만을 취급해 기존의 할인점보다 더욱 저렴하게 판매하는 점포를 말한다. 카테고리 킬러라고도 한다.

• 전속적 유통(Exclusive Distribution Channel)

제조업체가 의도적으로 자사의 제품을 취급할 점포수를 제한하는 전략으로 소비자들이 한정적인 제품의 구매를 위해 기꺼이 점포로 찾아오게 하는 거점전략 형태를 말한다.

• 전자상거래(Electronic Commerce)

인터넷 등 전자매체를 이용해 상품을 거래하는 것을 말한다. 일반적인 상품거래와 함께 마케팅, 광고, 서비스 등도 여기에 포함된다. 최근엔 스마트폰의 보급으로 휴대폰으로도 거래가 가능한 마켓들이 속속 생기고 있는 추세이다.

- **정량조사기법(Quantitative Survey)**

소비자에게 직접 제작한 설문지와 질문을 통해 대답을 구하는 방식이다. 같은 질문에 대한 대답으로 통계처리를 통하여 그 결과를 수치화함으로써 조사결과를 객관화 할 수 있다.

- **정성조사기법(Qualitative Survey)**

소비자의 믿음이나 감정, 동기요인 등 심리적인 부분에 대한 정보를 얻는 것이다. 미묘한 심리상태까지 알아볼 수 있는 장점이 있지만 응답이 주관적이라는 단점이 있다.

- **제품 상징주의**

패션제품은 각각의 컨셉과 이미지가 존재하며 소비자들은 패션제품이 갖는 이런 상징적 의미를 구매함으로써 자신의 자아개념을 표현하고자 한다는 것을 말한다.

- **제품 포지셔닝맵**

상품에 대한 소비자의 인식을 2차원이나 3차원 그래프로 나타낸 것으로 소비자의 머릿속에 인식되어 있는 자사와 경쟁사 제품의 포지션을 한눈에 알아볼 수 있다. 포지셔닝맵의 지표는 소비자가 구매 결정을 할 때 가장 중요하게 생각하는 것으로 선정해야 한다.

- **제품믹스(Product Mix)**

판매하는 업체에서 소비자들에게 제공하는 제품계열과 품목들의 집합으로 기업이 생산하거나 취급하고 있는 제품 전체를 나타낸다.

- **조기 수용자(Early Adapter)**

새로운 아이디어나 제품을 비교적 빨리 수용하는 사람을 말한다. 전자제품같이 기간별로 업그레이드되어서 나온 제품들을 주로 이용하며 이들을 통해 체험수기 등을 수집하여 마케팅에 이용하기도 한다. 보통 13.5%라고 한다.

- **조닝(Zoning)**

특성화가 잘 나타나는 지역을 구역으로 구분 짓는 것이다. 주로 백화점이나 쇼핑몰에서 층별, 브랜드 별로 구역이 나뉘어져 있는 것을 말한다. 조닝에 따라 판매량이 다르고 제품군에 맞는 조닝이 기본적으로 정해져 있다.

- **조닝(Zoning)**

특성화가 잘 나타나는 지역을 구역으로 구분 짓는 것이다. 주로 백화점이나 쇼핑몰에서 층별, 브랜드 별로 구역이 나뉘어져 있는 것을 말한다. 조닝에 따라 판매량이 다르고 제품군에 맞는 조닝이 기본적으로 정해져 있다.

- **주문비(Ordering Cost)**

물품조달에 소요되는 경비를 말한다.

- **준거가격(Reference Price)**

소비자가 제품을 구입하기 전에 미리 생각해두는 가격으로 가격이 비싼지 싼지를 판단하는데 기준으로 삼는 가격선을 말한다. 이런 소비자의 심리를 마케팅의 수단으로 이용하기도 한다.

- **지속 전략(Even Strategy)**

성수기가 따로 없는 제품들은 연중 동일한 광고예산을 할당하여 사용하는데 이렇게 광고를 일년 내내 거의 비슷한 수준으로 유지하는 것을 말한다.

- **직접 마케팅(Direct Marketing)**

전화나 인터넷을 통해 소비자와 직접 대화를 해 즉시 정확한 반응을 알 수 있는 마케팅 방법이다. 가장 효과적으로 소비자의 반응을 알 수 있는 장점이 있지만 한번에 많은 소비자와 접할 수 없다는 단점이 있다.

- 집약적 유통(Intensive Distribution Channel)

되도록 많은 소매상들이 제품을 취급함으로써 시장범위를 최대화하려는 경로전략을 말한다. 마케팅이 크게 필요하지 않고 제품이미지가 판매 장소에 크게 좌우되지 않는 생활용품이나 편의 제품의 유통에 많이 이용된다.

- JK

Jacket의 약자

- JP

Jumper의 약자

ㅊ

- 차별적 마케팅(Differentiated Marketing)

타깃시장을 세분화하고 그 중 몇몇 가장 영향력 있는 시장에 집중적으로 마케팅 하는 것이다. 장점은 정확한 타깃 층의 소비자가 원하는 것을 제공할 수 있어 해당 시장에서 우위를 차지할 수 있다는 것이고 단점은 전체 시장에서의 점유율은 상대적으로 낮을 수 있다는 것이다.

- 초기 고가격 전략

신제품에 대한 가격결정 전략으로 처음에는 높은 가격을 책정하였다가 시간이 지남에 따라 점차 가격을 내리는 전략이다. 초기에는 많은 단기이익을 창출하기 위해 가격민감도가 낮은 고소득 소비자층을 상대로 고가격을 책정하였다가 이들의 구매가 감소하기 시작하면 가격에 민감한 일반 소비자층을 표적으로 가격을 인하하여 단계적으로 이익을 극대화하는 것이 주목적이다.

- 초조직적 방법

갈등해결을 위해 거래쌍방의 개별적 목표가 아닌 공동의 상위목표를 설정하거나 제3자를 통한 중재나 재정을 이용하는 것이다. 하지만 경로구성원 간 어느 정도 공존의식과 일체감이 형성되어 있는 경우에만 효과적이다.

- 촉진공제(Promotional Allowances)

중간상이 제조업자를 위해 지역광고를 하거나 판촉을 실시할 경우 중간상들에 대한 보상으로 가격에서 일부를 공제하는 것이다.

- 촉진믹스(Promotion Mix)

기업이 마케팅 목표 달성을 위하여 사용하는 광고, 인적 판매, 판매촉진, PR 등의 활동조합을 말한다.

ㅋ

- **카운터 디스플레이(Counter Display)**

홍보물이나 손쉽게 구매할 수 있는 상품을 판매대나 계산대에 전시하는 방법 또는 전시물을 말한다. 카운터 디스플레이에는 주로 소형 상품이나 상품 견본이 사용되며, 판촉용품이 하나씩 나오도록 만들어진 디스펜서가 대표적 예이다.

- **캐릭터 패션(Character Fashion)**

넓은 의미로는 성격, 개성, 특성을 표현하는 패션을 지칭한다. 외형적인 연출에 그치지 않고 무형의 개성을 담아내는 스타일. 좁은 의미로는 캐릭터 브랜드를 활용하거나 캐릭터 라이센스를 통해 전개하는 패션을 말한다.

- **컨버전스 마케팅(Convergence Marketing)**

융합이라는 의미의 컨버전스는 서로 다른 업체 간의 제휴를 통해 서로의 상품을 추천해 주기도 하고 결합 상품을 제시하기도 하는 것으로 융합을 통해 서로 도움이 될 수 있는 새로운 마케팅 방법을 말한다. 이는 소비자의 니즈를 끌어내고 새로운 소비를 창출할 수 있다.

- **컨템포러리 브랜드(Contemporary Brand)**

현재 가장 새로운 패션 컨셉을 표현하는 브랜드를 말한다. 기본적인 브랜드의 컨셉에 그때그때의 트렌드와 시대상을 첨가하여 진행하는 브랜드이다.

- **콜라보레이션(Collaboration)**

협업이라는 의미로 서로 다른 분야의 브랜드와 브랜드가 작업을 하거나 패션업계를 이끌어가는 패셔니스타와 브랜드 간의 작업을 뜻한다. 몇 가지 제품의 디자인을 맡아서 하거나 새로운 라인을 만들어 상품을 기획하는 일, 런칭 단계부터 협업을 하는 경우도 있다.

- **CT**

Coat의 약자

- **QR코드**

바코드에서 진화된 인식코드이며 보다 많은 정보를 담을 수 있는 격자무늬의 코드이다. 스마트폰이 많이 보급되면서 홍보용도로 사용하기 시작했으며 QR코드를 스캔하면 브랜드의 사이트나 이벤트 페이지 등 각종 정보를 제공받을 수 있다. 일반 바코드보다 인식속도와 인식률, 복원력이 뛰어나고 제작하기도 간편하다. 바코드가 주로 계산이나 재고관리, 상품확인 등을 위해 사용된다면 QR코드는 마케팅이나 홍보수단으로 많이 사용된다.

- **QRS(Quick Response System : 반응생산시스템)**

제품을 시장에 조금만 미리 내놓고 소비자의 구매동향을 파악한 뒤 반응이 있는 제품 위주로 생산하는 방식이다. 의류업계에서 활발히 이용되고 있다. 기존의 획일적인 제품공급에서 벗어나 타깃 소비자의 구매취향에 맞는 제품을 공급할 수 있고 업체는 재고부담을 줄일 수 있다.

E

• 타깃 마케팅(Target Marketing)

표적을 확실하게 설정하고 마케팅을 행하는 일을 말한다. 타깃을 확실히 알고 있다는 것은 패션 마케팅의 본질을 알고 있다는 것으로 이것에 대한 필요성을 점차 깨닫게 되면서 생겨난 용어이다. 이에 마케팅을 하기 전에 진행해야 할 소비자 타깃을 분석하는 방법이 심층적으로 개발되었다.

• 탐색조사(Exploratory Survey)

조사에 있어서 약간의 지식이 있을 때 본 조사에 앞서 수행하는 소규모의 조사를 말한다.

• 테넌트(Tenant)

쇼핑센터, 패션 빌딩 등에 임대료를 지불하고 세든 점포를 말한다.

• 토털 마케팅(Total Marketing)

단순히 제품의 판매로 이익목표를 달성하는 것이 아니라, 브랜드의 서비스 정신이 더해져 고객만족을 통해 최종적인 이익목표를 달성하는 것을 말한다.

• 통신판매

신문, 잡지, 라디오, 텔레비전, 카탈로그 등으로 광고를 하며 전화, 인터넷 등 통신으로 주문을 받고 우편으로 주문 상품을 인도하는 판매방법이다.

• 트렁크쇼(Trunk Show)

시즌 전에 패션점포를 방문한 고객들에게 자사의 신제품을 소개하고 소비자 반응을 얻기 위해 소규모로 점포 내에서 진행하는 패션쇼를 말한다.

• 트렌디 상품(Trendy Goods)

가장 유행에 민감한 상품으로 매출보다는 브랜드 이미지를 유지하기 위하여 선보이는 상품군을 말한다.

• 틈새시장(Niche Market)

특정한 성격을 가진 소규모의 소비자를 대상으로 판매목표를 설정하는 것으로 남이 아직 모르고 있는 분야를 찾아 빈틈을 노려 의외성을 노리는 시장을 말한다.

• TD(Traditional Casual)

고전적이고 클래식한 컨셉을 중심으로 전개되는 브랜드를 말한다. 이지하고 심플한 라인을 주로 사용하며 유럽의 전통적인 문장과 패턴을 사용해 다양한 연령층을 아우르는 스타일이다.

◀ 트레디셔널 캐주얼

• TS

T-Shirts의 약자

Ⅱ

- 파사드(Facade)

건물의 정면, 주된 면 혹은 건물의 외관을 형성하는데 있어서 커다란 요인이 되는 면적이나 부분을 말한다. 브랜드의 사옥이나 플래그십 스토어의 외관을 결정할 때 브랜드의 아이덴티티를 가장 잘 보일 수 있는 건물이나 매장 정면을 소비자의 눈에 띄게 이미지화 시키는 것이다.

- 판매 디스플레이

시즌별로 그에 어울리는 제품을 출시하면 그에 어울리는 이미지와 스타일링으로 구성해 단기적으로 사용되는 디스플레이이다.

- 패션카운트(Fashion Count)

타깃이라고 여겨지는 소비자의 패션스타일을 거리에서 직접 관찰하거나 카메라에 담아서 분석하고자 하는 기준에 따라 분류하는 것이다. 이것은 공략하고자 하는 소비자층의 의상 선호도를 알 수 있어 중요한 마케팅 자료가 된다.

- 팩토리 아울렛(Factory Outlet)

제조업체가 도매나 소매의 유통라인을 거치지 않고 직영으로 운영하는 상설할인 매장을 말한다. 대개 공장이나 물류 센터에 붙어 있어 중간 물류비와 유통단계를 생략할 수 있으며 재고가 되기 전에 최저 가격으로 소비자에게 공급하는 매장이라고 할 수 있다.

- 편익세분화(Benefit Segmentation)

소비자들이 제품을 구입할 때 고려하는 주요 편익의 차이에 따라서 소비자들을 몇 개의 차별적 집단으로 나누는 방법이다. 이로서 대중적으로 원하는 편익을 알 수 있고 좀 더 다양하고 구체적인 서비스를 제공할 수 있다.

- 편집샵

하나의 컨셉을 갖고 이에 부합하는 브랜드를 모아 한 번에 보여주는 매장을 말한다. 주로 국내에 널리 소개되지 않지만 마니아층을 갖고 있거나 새로 출시한 브랜드 중에 적합한 브랜드를 선별해서 구성한다.

- 표적집단(Focus Group)

브랜드를 기획하는 단계에서 쓰이는 말이다. 전체 고객을 세분화하여 각각 시장을 나누게 되는데 이렇게 세분화된 시장 중에서 집중 공략해 판매가 이루어질 수 있는 핵심고객들을 가리켜 말하는 것이다.

- 품평회

디자인실에서 시즌에 맞게 기획하고 다양하게 디자인한 샘플 중에서 상품성이 있다고 판단하여 대량생산할 디자인을 최종 선택하는 과정을 말한다. 주로 회사 내의 머천다이저, 디자이너, 패턴사, 영업담당자들이 참석하는 사내품평회와 샵마스터, 소비자 모니터 등이 참석하는 사외품평회로 나뉜다.

- 프랜차이징(Franchise Chain)

제일 처음으로 유명 오리지널 브랜드 상품을 판매하는 소매상이 주축이 되어 다른 사업자와 계약을 맺고 브랜드 네임을 사용해 여러 매장에서 상품을 제공하는 형태이다. 경영의 노하우를 제공하며 소비자에게 인지도가 높은 상호 체인점으로서의 장점을 얻으려는 시스템을 말한다.

- 프리런칭(Pre-Launching)

정식으로 제품이나 서비스가 개시되기 전 사용자나 일반인에게 부분적으로 공개하는 것을 말한다. 티저 광고이거나 체험분을 제공해 성능을 먼저 검증 받는 형태로 이용되고 있다.

• 플래그십 스토어(Flagship Store)

시장에서 성공을 거둔 브랜드를 중심으로 하여 브랜드의 아이덴티티와 이미지를 극대화한 매장으로, 인테리어와 디스플레이 등 소비자에게 브랜드의 표준 모델을 제시하고 그 브랜드의 각 라인별 상품을 구분해서 소비자에게 기준이 될 수 있는 트렌드를 제시하는 매장이다.

◀ 꼼데가르송 플래그십 스토어5)

• PB(Private Brand)

대형 소매점, 도매점 등의 유통업자가 자신들이 판매하는 제품을 모아 브랜드화 시키는 것이다. 프라이빗 브랜드의 대부분은 유통업자의 기획 아래 위탁 생산되는 것이며 유통과정을 거치지 않기 때문에 품질에 비해 가격이 저렴한 것이 특징이다.

• POS(Point-Of-Sales)

POS는 금전출납부와 컴퓨터의 기능을 결합한 시스템으로 매상금액을 정산해 줄 뿐만 아니라 동시에 경영에 필요한 제품 입·출고관리, 재고관리 등 각종 정보와 자료를 수집·처리해 주는 시스템으로 판매시점 관리 시스템이라고 한다. POS 시스템은 POS 터미널과 스토어 컨트롤러, 호스트 컴퓨터 등으로 구성되어 있으며, 바코드리더가 부착되어 있어 상품 관리하는데 정확하고 편리하게 할 수 있다.

• PPL(Product in Placement)

영상산업의 규모가 대형화되고 정교해지면서 생겨난 마케팅 전략의 하나이다. 영화, 드라마 등에 소품들을 자사의 특정 제품으로 등장시켜 소비자로 하여금 익숙해지게끔 홍보하는 것이다.

ㅎ

• 하이퍼 마켓(Hyper Market)

대형의 창고형 매장으로 주로 인근 교외에 입지하고 점포면적은 주로 10,000㎡ 이상이며 넓은 주차장을 갖추고 있다. 많은 상품을 구비해 소비자 스스로 원하는 제품을 찾게끔 셀프서비스 시스템을 채용하고 최대한 할인을 해서 저마진, 빠른 회전율을 도모한다.

• 하청

수급인이 맡은 일의 전부나 일부를 다시 제3자에게 할당하는 것을 말한다.

- 항시 저가격 정책

상품의 가격을 항상 적절히 낮은 가격으로 하여 소비자들에게 상대적으로 높은 가격이나 가격의 변동 등의 위험요소
에서 벗어나 고객만족도를 높임과 동시에 높은 수요를 통해 시장점유율을 높이는 전략이다.

- 현지적응화 전략(Localized Strategy)

새로운 지역을 공략할 때 기본적인 브랜드의 컨셉은 유지하면서 현지시장의 경쟁여건이나 소비자의 니즈에 맞도록
차별화된 마케팅을 적용하는 것이다.

- 혼합상표 전략(Separate Family Brand Strategy)

한 기업의 제품을 몇 개의 제품군으로 분류한 뒤 각 군별로 상표명을 붙이는 것이다. 원래 브랜드의 이름과 서브 브랜
드의 이름을 같이 나열해 기존 브랜드의 충성도에 따라 소비자들의 제품구매 결정에 주도적인 역할을 한다.

- 홀세일 비즈니스(Wholesale Business)

흔히 도매라고 말하는 업체를 말한다. 생산자와 소매상 사이에서 상품유통의 중간적 기능을 하며 도매업의 취급상품
은 생산재와 소비재 둘 다이다. 유통단계 중에서 소매업을 제외한 모든 과정은 도매업의 분야이다. 최근 소매업체의
유통경로를 없애고 도매업체가 대형매장을 운영하면서 마진을 줄여 소비자에게 공급하는 형태가 생기고 있다.

- 확률표본추출(Random Sampling)

조사대상자가 표본으로 추출될 확률을 사전에 알 수 있는 표본추출방법으로 추출된 표본이 어느 정도 모집단을 잘 대
표할 수 있는지를 알 수 있기 때문에 조사결과를 일반화시킬 수 있다.

- 확장제품

제품의 본질과는 다른 차원의 편익이 더해지는 제품을 말한다. 소비자로 하여금 제품을 사용하는데 있어서 보다 편리
할 수 있도록 부가적인 서비스를 더하는 것이다.

- 후방통합(Backward Integration)

유통경로에서 후방에 있는 패션 도매상이나 패션 소매상 같은 유통 업체가 그들에게 제품을 공급하는 제조업체를 소
유해서 하나의 패션업체로 진화하는 형태이다.

- 후염가공

의상이 제작된 후에 염색을 하는 것으로 선염가공보다 원가를 절감할 수 있고 수시로 변하는 트렌드 컬러에 맞춰 고
객의 요구변화에 효과적으로 대응할 수 있다.

참고문헌

국내문헌

- 간편한 미국의 패션유통구조, 어패럴뉴스, 2007. 4. 9.
- 경제기사는 지식이다, 송양민 · 김영진, 21세기북스, 2001
- 고객중심과 시너지극대화를 위한 마케팅, 오세조 · 박충환, 박영사, 1999
- 광고심리학, 김완석, 학지사, 2000
- 국내 기업환경을 고려한 SCM의 전략적 도입방안 연구, 김철완 외, 정보통신정책연구원, 1999. 12.
- 국내 최초 직매입백화점 NC백화점 오픈 첫날 15억 매출, EBN 산업뉴스, 2010. 6. 4.
- (기사, 산업기사를 위한) 컬러리스트 배색이론, 윤혜림, 국제, 2006
- 그녀들은 왜 옷을 입는가, 진경옥, 교학연구사, 2004
- 남성패션디자인, 이경희 외, 교문사, 2004
- 단순함의 원리, Jack Trout & Steve Rivkin, 김유경 역, 21세기북스, 2000
- 단숨에 배우는 마케팅, 연세대 상대 마케팅 연구회, 새로운 사람들, 1999
- 디지털 라이프, 손형국, 황금가지, 2001
- 디자이너를 위한 섬유소재, 이순재 외, 교문사, 2001
- 디자인과 생활, 신언모 외, 디자인오피스, 1997
- 리테일 마케팅, 이호정, 섬유저널, 1999
- 라이프스타일과 트랜드, 이재정 외, 예경, 2004
- 마케팅 커뮤니케이션관리 – 전략적 촉진관리, 김동훈 · 안광호 · 유창조, 학현사, 2001
- 마케팅(제3판), 채서일, 학현사, 1996
- 마케팅, 안광호 · 이학식 · 현용진, 법문사, 1994
- 마케팅, 이학식 · 현용진, 법문사, 1999
- 마케팅 – 시장전략적 접근, 안광호 · 이학식 · 현용진, 법문사, 1999
- 마케팅노트, 우메자와 쇼타로우, 양승욱 역, 더난출판사, 1999
- 마케팅신조류, 마이네트 편, 경문사, 1995
- 마케팅원론, 안광호 · 하영원 · 박흥수, 학현사, 1998
- 마케팅원론, 안광호 · 하영원 · 박흥수, 학현사, 1999
- 미래형 마케팅, P. Kotler, 김정구 역, 세종연구소, 2000
- 백화점경영, 오윤희 · 이희천, 남두도서, 1992
- 복식의 아이템, 이경희 외, 경춘사, 2006
- 복식 디자인론, 이은영, 교문사, 2005
- 복식문화, 유송옥 외, 교문사, 1996
- 복식미학강의, 김민자, 교문사, 2004
- 브랜드가 모든 것을 결정한다, 신현암 · 강원 · 김은환, 삼성경제연구소, 2000
- 브랜드파워, 안광호 · 이진용, 한 · 언, 1997
- 비주얼 머천다이저, 사공수연 · 강수경 편저, 시스컴, 2009
- 비주얼 머천다이징 & 디스플레이, 심낙훈, 영풍문고, 2003
- 비주얼 머천다이징 : 실무를 위한 디스플레이, 김순구 · 이미영, 경춘사, 2006
- Fischer–Mirkin, 허준 외 역, 새로운 사람들, 1996
- 새로운 패션머천다이징, 정상길, 섬유저널, 2002
- 색색가지 세상, 색이 만드는 미래, 학국색채학회, 국제, 2001
- 색으로 승부하는 21세기, 권은숙, 웅진출판사, 1995
- 색채와 디자인, 이현주 외, 교문사, 1998
- 색채의 원리, 김진한, 시공사, 2002

- 색채의 이해, 문은배, 국제, 2002
- 색채조형의 기초, 박은주, 미진사, 1998
- 색채의 이해와 활용, 문은배, 안그라픽스, 2005
- 색채학 입문, 박필제 · 백숙자, 형설출판사, 1999
- 색채학 개론, 최영훈, 미진사, 1990
- 색채 표현과 패션, 정동림, 교학연구사, 2007
- 실용색채학, 박도양, 반도출판사, 1995
- 샵마스터, 조영아 · 최경아 · 안민숙 · 김미경 편저, 시대고시기획, 2007
- 서양복식사, 신상옥, 수학사, 2006
- 성공하는 기업의 컬러마케팅, 권영걸, 국제, 2003
- 섬유 · 패션산업, 박광희 · 김정원 · 유화숙, 교학연구사, 2000
- 세계 패션시장 2011년 전망, 한국섬유산업연합회, 2010. 9. 2.
- 소비자 트렌드 21세기, 문숙재 · 여윤경, 시그마프레스, 2001
- 소비자와 시장환경, 김영신 외, 시그마프레스, 1999
- 소비자행동, 김종의, 형설출판사, 1999
- 소비자행동–마케팅 전략적 접근, 이학식 · 안광호 · 하영원, 법문사, 1997
- 소비자행동의 이해, 박승환 · 최철재, 대경, 2005
- (쉽게 하는) 색채학, 조현주, 시그마프레스, 2006
- 스타일리스트를 위한 이미지메이킹, 김유순 외, 예림, 2004
- 시장전략과 경쟁우위, 유필화, 박영사, 1994
- 시장지향적 유통관리, 오세조, 박영사, 1996
- 신경영기법, 이순철, 매일경제신문사, 1996
- 신제품 개발론, 김원수, 무역경영사, 1991
- 실무를 위한 디스플레이, 김순구 · 이미영, 경춘사, 2006
- 어떤 색이 좋을까? Color Combination, IRI색채연구소, 영진닷컴, 2011
- 실용색채 활용, 김민경, 예림, 2005
- 알기 쉬운 의류소재, 송화순, 교학연구사, 2000
- 액세서리와 코디네이트, 라사라 편집부, 라사라, 2000
- 어패럴소재(이론편), 이정주 외, 교학연구서, 2004
- 유통경로관리, 안광호, 임영균, 문음사, 1998
- 유통경로관리, 안광호 · 임영균, 문음사, 1998
- 유통경영론, 송호달 외, 두남, 1999
- 유통관리, 안광호 · 채서일 · 조재운, 학현사, 1995
- 유통관리사 2급, 안영일 · 정진영 · 김완중, 시대고시기획, 2008
- 유통관리사, 안영일 · 정진영, 김완중 편저, 시대고시기획, 2009
- 유통바이어가 뜬다, 한국경제, 2005. 7. 17.
- 유필화, 「한국 의류시장의 유통구조」, 제21회 한국의류학회 계학술발표회 특별강연, 1997
- 의류상품학, 이호정, 교학연구사, 1990
- 의류상품학, 이호정, 교학연구사, 2001
- 의상사회심리학, 강혜원, 교문사, 1998
- 의상심리, 이인자 외, 교문사, 2001
- 이렇게 입으면 날씬해 보일까, Feidon Leah, 이희주 외 역, 황금가지, 2001
- 이미지메이킹, 김은영, 김영사, 1991
- 20세기 패션, David Bond, 정현숙 역, 경춘사, 2000
- 20세기 디자인과 문화, Penny Sparke, 이순혁 역, 까치, 1995
- 21세기를 위한 의류소재의 이론과 실제, 이혜자 외, 형설출판사, 1998
- 장사 잘하는 점포의 상품진열 테크닉, 나가시마 유키오, 김미숙 역, 국일증권경제연구소, 2001
- 재미있는 패션의 세계, 박길순, 충남대학교 출판부, 2000
- 재미있는 패션이야기, 오희선, 교학연구사, 2000
- 재래시장에서 패션네트워크로, 김양희 · 신용남, 삼성경제연구소, 2000
- 직물개론, 안영무, 수학사, 1996
- 최신마케팅원론, P. Kotler & G. Armstrong, 조봉운 · 윤훈현 역, 석정, 1994
- 컬러배색 코디네이션, 이재만, 일진사, 2006
- 컬러리스트, 한국색채학회, 국제, 2002
- (컬러리스트를 위한) 즐거운 배색, 시각디자인연구소, 윤혜림 역, 국제, 2006
- (컬러리스트를 위한) 색채과학 15강, 박승옥 · 김홍석,

국제, 2005
- 컬러리스트 한 권으로 끝내기, 김민기 · 강수경 편저, 시대고시기획, 2008
- 컬러마케팅 전략, 김훈철 · 장영렬, 다원정, 1998
- 컬러이미지메이킹, 신향선, 국제, 2003
- 텍스타일 기초지식, 정혜인 · 전병익, 전원문화사, 1999
- 텍스타일 기획과 디자인, 이정주 외, 신광출판사, 2004
- 텍스타일 이론과 실제, 권오정, 미진사, 1999
- 텔레비전을 만드는 사람들, 이남기, 커뮤니케이션 북스, 2006
- 토탈 패션 코디네이션, 김영신, 형설출판사, 2001
- 패션, 이은영 외, 교학연구사, 2001
- 패션감각탐구 I · II, 김종복, 시대출판사, 1997
- 패션 VMD, 사공수연 · 강수경 편저, 시대고시기획, 2007
- 패션과 섬유, 김유경 외, 교학연구사, 2000
- 패션과 액세서리, 이현숙 외, 신정, 2002
- 패션과 이미지메이킹, 이경희 외, 경춘사, 2006
- 패션과 이미지메이킹, 권혜숙 외, 수학사, 2004
- 패션 디스플레이의 이론과 실제, 박옥련 외, 형설출판사, 1997
- 패션 디자인과 색채, 조필교 · 정혜민, 전원문화사, 2000
- 패션도식화와 작업지시서, 안현숙 · 김선희 · 배주형, 일진사, 2003
- 패션디자인, 이호정, 교학연구사, 2003
- 패션디자인발상, 이경희 외, 교문사, 2001
- 패션디자인 산업기사, 김선희 · 류은정 · 안현숙, 일진사, 2009
- 패션디자인산업기사, 김인경 · 강은란 · 윤서용 편저, 시대고시기획, 2007
- 패션리테일링, 이호정 외, 교문사, 2004
- 패션마케팅, 김종복, 도서출판시대, 1997
- 패션마케팅, 안광호 외, 교문사, 2005
- 패션마케팅, 안광호 · 황선진 · 정찬진, 수학사, 1999
- 패션마케팅, 이부련, 안병기, 형설출판사, 1997
- 패션마케팅, 이은영, 교문사, 1997
- 패션마케팅, 이호정, 교학연구사, 1996
- 패션마케팅, 최채환, 지식창고, 2003
- 패션마케팅 − 제2판, 이은영, 교문사, 1998
- 패션마케팅과 머천다이징, 박혜선, 학문사, 2002
- 패션마케팅과 머천다이징, 송용섭 · 김형순, 학문사, 2002
- 패션마케팅과 소비자 행동, 임숙자 · 신혜봉 · 김혜정 · 이현미, 교문사, 2001
- 패션마케팅전략, 최채환, 한 · 언, 1998
- 패션머천다이징, 이호정, 교학연구사, 1999
- 패션머천다이징 & 마케팅, M. H. Jeernigan & C. R. Eastering, 임숙자 외 역, 교문사, 1997
- 패션머천다이징 산업기사 필기특별대비, 구양숙 · 이인아 · 조지현 · 추태귀, 영진닷컴, 2003
- 패션머천다이징 용어사전, 이민경 · 김현주, 경춘사, 2006
- 패션머천다이징의 모든 것(패션MD 산업기사 완전정복), 사공수연 · 이영주 · 임현경, 배움, 2011
- 패션문화, 이연희 외, 예학사, 2002
- 패션비즈니스, 서성무 · 홍병숙 · 진병호 공저, 형설출판사, 2002
- 패션샵매니저, 사공수연 · 강수경 · 이현미 · 임현경 · 정연학 · 원홍식 편저, 시대고시기획, 2010
- 패션소재기획, 김정규 · 박정희, 교문사, 2003
- 패션소재기획과 정보, 김은애 외 7인, 교문사, 2000
- 패션스타일리스트, 이현미 · 박송애 · 김현량 · 김영란 · 정애리 · 정우진, 시대고시기획, 2008
- 패션스페셜리스트, 이호정, 교학연구사, 1997
- 패션아웃소싱, 최채환, 지식창고, 1999
- 패션연출, 양리나 외, 대왕사, 2000
- 패션20세기, 양숙향 외, 교학연구사, 2006
- 패션직무능력향상, 사공수연 · 강수경 · 남기선 편저, 시스컴, 2009
- 패션트랜드 정보기획론, 안병기, 학문사, 2000
- 패션 코디네이션, 장애란 · 안명숙 · 박우미, 예학사, 2000
- 패션키워드, 김종복, 시대출판사, 2002

- 패션 VMD, 이영주, 미진사, 1998
- 피복재료학, 김성련, 교문사, 2000
- 한국대중음악사, 이혜숙, 이즈 앤 북, 2005
- 한국의 마케팅 사례, 이두희, 박영사, 1999
- 향료와 향수, 한사길, 신광출판사, 2001
- 행텐캐주얼 타임스케줄, Hangten Casual MD team, 2011. 2.
- 현대마케팅, P. Kotler & G. Armstrong, 윤훈혁 역, 석정, 1996
- 현대심리학 입문, 박창호 외, 정민사, 2002
- 현대의 마케팅과학, 유필화, 법문사, 1994
- 현대인과 의상, 정홍숙 · 정상호, 교문사, 1998
- 현대패션과 의생활, 신상옥 외, 교문사, 2001
- 현대패션모드, 정삼호, 교문사, 2008
- 현대패션 & 디자이너, 전혜정, 신정, 2007
- 현대패션디자인, 박혜원 외, 교문사, 2006
- 2010-2011 Fall & Winter 유럽 선진 니트 소재 트렌드 세미나
- 2010년 패션시장 유통별분석, 2009 KFI Research Analysis & 2010 Market Forcasting
- 2011 프리뷰 인 대구, 국제적 비즈니스 섬유 전시회로 확대, 2011년 2월호, p.92
- 20세기의 모드, 이경희, 교학연구사, 2001
- 21세기 유통업태 진전, 이광종, 한수협 출판부, 1997
- 21세기 패션정보, 이해영 · 안현숙 · 김선희, 일진사, 2000
- 5조 패스트패션시장, 글로벌 · 토종브랜드 주도권 쟁탈전, 한국경제, 2010. 12. 22.
- 5조원 규모 한국시장을 잡아라, 글로벌 패스트패션 브랜드 격돌, 조선비즈, 2011. 1. 24.
- COLOR IMAGE MAKING(컬러 이미지 메이킹, 패션 & 뷰티를 위한), 신향선 저, 국제, 2003
- Color Combination, IRI색채연구소, 영진닷컴, 2003
- GUIDE FOR COLORIST, 김지혜, 도서출판 국제, 2007
- One to One Marketing, 핫토리 타카유키 · 시부노 마사츠구, 정영자 역, 도서출판 리더, 2000
- SPA 성공전략, 이호정 · 정송향, Fashion Insight, 2010
- Smart Tag 'FID' 와 패션유통, 유통저널, 2009. 2.
- Texpro Cad 프로그램, (주)영우 Cnl.
- VMD, 심낙훈, 우용출판사,
- VMD에 따른 패션 디스플레이, 이영주, 미진사, 1996
- e-비즈니스 파워, 박용찬, 시그마인사이트, 2001

Website

- 머드피에 인터넷 사이트 http://www.mudpie.co.uk
- 삼성디자인넷 http://www.samsungdesign.net
- 서울패션센터 http://www.sfc.seoul.kr
- 스타일닷컴 http://www.style.com
- 스포츠조선 http://sports.chosun.com
- 지엘아이컨설팅 http://www.gliconsulting.com
- 한국 섬유산업연합회 http://www.korfoti.or.kr
- 한국섬유개발연구원 http://www.textile.or.kr
- 한국패션협회 http://www.koreafashion.org
- KOTRA(대한무역투자지형공사)http://www.kortra.or.kr
- KOTITI(한국섬유기술연구소) http://kotiti.re.kr
- 서울디자인페스티벌, 건축디자인신문 에이앤뉴스
- 패션저널(2004. 11.)
- 한국경제 생활/문화, 한경닷컴 bnt뉴스
- 어패럴뉴스 http://www.apparelnews.co.kr 2008년 12월 10일자 기사
- Thomson Research
- 아시아경제 http://www.asiae.co.kr/news/view.htm?idxno=2011042810142388435
- 시사저널 http://www.sisapress.com/news/articleView.html?idxno=54887

- 뉴스데일리 http://www.newdaily.co.kr/news/article.html?no=83703
- http://www.ktnews.com
- 트렌드포스트 http://www.trendpost.com
- NAVER 백과사전
- Wikipedia http://www.wikipedia.org
- KMK색채연구소 http://www.color21c.co.kr
- http://www.chosun.com
- http://www.nexusbook.com
- http://www.jskhouse.co.kr
- http://www.coloz.co.kr
- http://www.voguegirl.com
- http://www.boboscolor.com
- http://www.gapinc.com
- http://shop.mango.com
- http://www.boontheshop.com
- http://www.spao.com
- http://kr.annasui.com/ko-kr
- http://www.uniqlo.kr
- http://www.giordano.co.kr
- http://www.forever21.co.kr
- http://www.facebook.com
- http://tomgreyhound-downstairs.blogspot.com
- http://www.balenciaga.com
- http://www.bottegaveneta.com
- http://www.burberry.com
- http://www.celine.com
- http://www.chanel.com
- http://www.chloe.com
- http://www.dior.com
- http://www.fendi.com
- http://www.ferragamo.com
- http://www.gucci.com
- http://www.hermes.com
- http://www.interpark.com
- http://www.louisvuitton.com
- http://www.ralphlauren.com
- http://www.prada.com
- http://www.blankandcables.com

Blog & Cafe

- blog.naver.com/gunji69
- blog.naver.com/tndl1209
- blog.naver.com/sungeun000
- blog.naver.com/kymassi
- http://mangokorea.blog.me
- http://blog.naver.com/zele10
- http://blog.daum.net/excolove
- http://blog.naver.com/yoursknk
- http://cafe.naver.com/visualgarden
- http://cafe.naver.com/museonandon
- http://blog.naver.com/reveusement
- http://blog.naver.com/surfboy
- http://blog.naver.com/kingkahyojin
- http://cafe.naver.com/zara3
- http://blog.naver.com/juy0726
- http://cafe.naver.com/success114
- http://blog.naver.com/rathle1
- http://cafe.naver.com/styleteditors
- http://blog.naver.com/robim0314
- http://cafe.naver.com/museonandon

근로자직무능력향상제도(근로자 수강지원금 제도)란?
고용보험에 가입 중인 사업장에 근무 중인 재직근로자로서 직무수행능력 향상을 위해 자비로 훈련을 수강한 경우 수강료의 일부를 환급해 주는 제도

직업능력개발 계좌제(실직자/재직자)란?
실직자(구직자 포함) 또는 재직자(기간제, 파견직, 계약직 등)의 직업능력개발 지원을 위해 국가에서 연간 200만 원으로 취업 전 1회 지원을 하며, 해당 과정의 수강료 중 20%는 자비 부담하고 나머지 80%는 200만 원 한도 내에서 지급되는 제도

사업주 훈련이란?
고용보험에 가입한 사업장의 사업주가 훈련비용을 부담해 재직근로자, 이직예정자, 채용예정자, 단시간근로자, 파견근로자 등을 대상으로 직업훈련을 실시하는 경우에 소요된 비용을 사업주에게 지원하는 제도

패션/유통 접점 관리자 과정

▶ 교육기간 : 2주 / 주 1회 / 총 16시간
▶ 교육특징 / 수강혜택
　① 매장에서의 실무 활용도가 높은 실전 강의
　② 업체별 맞춤 커리큘럼(매장 매출률 향상에 도움)
　③ 수료증 수여 / 경력 및 신입직원(판매 관련) 우선 추천

- -

글로벌 판매화법 스킬업 과정

▶ 교육기간 : 3주 / 주 1회 / 총 9시간
▶ 교육특징 / 수강혜택
　① 매장판매 Flow 단계별 표현에 필수 표현 암기 진행
　② 한국 쇼핑관광객에 대한 이해 및 고객 심리를 분석한 판매화법 습득
　③ 수료증 수여 경력 및 신입직원(판매관련) 우선 추천

퍼스널쇼퍼(매장관리 전문가) 과정
〈근로자직무능력향상제도/재직자계좌제과정〉

– 이미지 컨설팅을 패션 판매와 접목하여 타인의 이미지 연출과 제안 가능
– 이론적 지식 보안과 실무 능력 향상이 가능한 심화과정
▶ 교육기간 : 13주 / 주 1회 / 총 40시간
▶ 수강혜택
　① 성적 우수자 산학협력 체결 기업체 취업 추천
　② 수료생 Community 관리(지속적 사후관리)
　③ 경력자 및 후배 신입사원 추천(판매 관련)
　④ 수강생 교재 구입 시 20% 할인

- -

패션샵매니저 양성 정규과정
〈근로자직무능력향상제도/재직자계좌제과정〉

▶ 교육기간 : 8주 / 주 2회 / 총 48시간
▶ 수강혜택
　① 대기업형 패션업체 매장 취업 추천
　② 패션샵매니저/샵마스터 자격 취득시험 대비 가능

패션에디터/패션전문기자 입문과정
〈근로자직무능력향상제도과정〉

– 국내 유명 패션매체의 현직 전문가들로 구성된 실무 강사진
– 다양한 종류의 패션매체(신문/잡지/온라인/전문지 등)에 대해 총체적으로 접할 수 있는 커리큘럼

▶ 교육기간 : 8주 / 주 1회 / 총 24시간
▶ 수강혜택
　① 성적우수자 관련매체 인턴십 추천
　② 신규 패션정보 및 패션 에디터/패션전문기자 정보 지속적 공유
　③ 상해 패션/유통 연수 프로그램 참가자격(참가비 할인혜택)

패션 비주얼머천다이저(VM) 양성 과정
〈근로자직무능력향상제도/재직자계좌제과정〉

– 실무에 필요한 이론적 지식 습득 및 실무 현장에서의 기본 흐름 등을 파악
– VM 자격검정시험 대비 가능
– 업체별 특성에 적합한 포트폴리오 작업 가능(1 : 1 맞춤식 교육)

▶ 교육기간 : 16주 / 주 1회 / 총 48시간
▶ 수강혜택
　① VM 자격 취득 검정시험 대비 가능
　② 취업 및 면접 코칭
　③ 상해 패션 / 유통 연수 프로그램 참가자격 부여(참가비 할인혜택)

패션/유통 비즈니스 TEST
& TOFAS
자격시험 문제유형

카테고리별 문제유형

01 1970년대 유행하였고 무릎에서 바지 밑단까지 종모양으로 넓어지는 스타일의 팬츠는 무엇인가?

① 벨 보텀즈 팬츠   ② 조드퍼즈 팬츠

③ 하렘 팬츠   ④ 팔라쵸 팬츠

02 다음 중 드레스 셔츠에 대한 설명으로 맞는 것은?

① 스탠드 칼라와 어깨 견장이 달린 카키색 군복형태의 셔츠

② 정장 수트나 턱시도 속에 받쳐 입는 예장용 셔츠

③ 풀오버 형태의 셔츠

④ 단색의 옥스퍼드 혹은 체크 깅엄으로 만든 버튼다운 셔츠

03 거친 방모직물의 멜톤(melton)을 소재로 만들어진 군용 코트로서, 후드가 달리고 토글로 여미는 형태이며 1950년대에 스포츠 코트로 소개되었다. 현대에는 클래식한 스타일의 하나로 남녀학생들에게 애용되는 코트의 종류는?

① 트렌치 코트   ② 더플 코트

③ 세일러 코트   ④ 카디건 코트

04 다음 슈즈 브랜드에 대한 설명으로 바르지 않은 것은?

① 영화배우 마릴린 먼로가 지하철 통풍구 위에서 하얀 원피스 자락을 휘날릴 때 신었던 구두는 페라가모 제품이다.

② 영화 '악마는 프라다를 입는다'의 촌스러운 여주인공을 변신시켜 주는 장면에서 "마놀로 블라닉을 신는 순간 넌 악마에게 네 영혼을 판 거야"라는 명대사가 등장한다.

③ 컨버스는 100년 긴 역사의 캐주얼 브랜드로 세계적으로 가장 많이 팔린 신발이며, 농구 코트를 밟은 첫 번째 농구화이다.

④ 크리스찬 루부탱은 10cm가 넘는 아찔한 뒷 굽과 새빨간 구두창으로 유명하다.

05 F/W에는 한 치수 크게 입은 것처럼 오버(over)스럽지만 내추럴하게 흐르는 라인이 세련된 느낌을 연출해주는 오버사이즈 룩이 인기를 끈다. 관련된 내용으로 적합하지 않은 것은?

① 커다란 자루 같은 코트, 남자친구의 옷을 빌려 입은 것 같은 보이프렌드재킷, 와이드 팬츠와 같은 복고풍과 매니시 룩이 이에 속한다.

② 얼핏 남성적인 느낌이 나는 것 같지만 모던하고 세련되며 당당한 여성의 이미지를 어필할 수 있는 코디 방법이다.

③ 활동하는데 있어 편안하고 넉넉한 사이즈로 몸매 결점커버가 뛰어나다는 큰 장점이 있다.

④ 상의와 마찬가지로 함께 오버된 사이즈의 하의를 매치해야 패셔니스타가 될 수 있다.

06 체온을 보호해주는 아우터나 시린 발을 감싸는 부츠 등이 큰 인기를 끄는 가운데 몇 년 전 유행했던 비니 패션이 이번 시즌부터 다시 새로운 붐을 일으키고 있다. 다음 중 비니와 스타일링에 대한 내용으로 적절하지 않은 것은?

① 비니는 남성 전용 아이템으로 보이시하면서 캐주얼한 느낌을 주는 니트 소재의 모자를 일컫는다.

② 옐로우나 베이지 컬러의 비니는 부드러우면서도 여성스러움을 표현할 수 있기 때문에 페미닌 룩과 캐주얼 룩을 믹스매치한 스타일에 잘 어울린다.

③ 야상점퍼는 빈티지 패션의 가장 대표적인 의상으로 비니와 함께 착용하면 중성적인 매력과 함께 스타일리시한 면모를 뽐낼 수 있다.

④ 트레이닝 룩이나 레깅스에 롱 티셔츠만 매치하는 캐주얼 룩을 입을 때는 모노톤 비니를 착용해 꾸민 듯 꾸미지 않은 깔끔한 스타일을 연출하는 것이 좋다.

정답 01_① ┃ 02_② ┃ 03_② ┃ 04_② ┃ 05_④ ┃ 06_①

07 다음에서 설명하는 아이템은 무엇인가?

> - 1940년대 이탈리아의 구두장인(匠人) 살바토레 페라가모가 처음 개발하였다.
> - 굽 부분뿐만 아니라 밑창 전체가 높은 구두이다.
> - 미니스커트와 함께 1960년대 스타일에서 많이 볼 수 있다.

① 옥스퍼드(Oxford) 슈즈   ② 슬립온(Slip-ons) 슈즈

③ 토(Toe) 슈즈   ④ 플랫폼(Platform) 슈즈

08 다음 중 몸판에서 바로 연결되어 암홀선이 없는 소매는?

① 타이트(Tight) 슬리브   ② 기모노(Kimono) 슬리브

③ 만다린(Mandarin) 슬리브   ④ 래글런(Reglan) 슬리브

09 다음 중 실루엣에 대한 설명으로 잘못된 것은?

① 의복을 착용했을 때 나타나는 전체적인 윤곽선을 의미한다.
② 실루엣은 유행과는 상관없이 의복 구성에서 중요하다.
③ 길, 소매, 스커트, 바지 등의 길이나 형태 등에 의해 결정된다.
④ 패션 디자인의 근간을 이루기 때문에 패션 경향을 결정한다.

10 1890년대에 이르러 아르누보의 자연스럽고 부드러운 곡선적 조형감각은 여성의 복식에도 영향을 끼치게 되었고, 1890년 ~ 1900년 아우어글래스 실루엣과 1900년 ~ 1910년 S자 실루엣으로 표현되었다. 다음 중 아우어글래스(Hourglass) 실루엣에 속하는 것끼리 묶인 것은?

① 돔(Dome)실루엣, 버슬(Bustle) 실루엣
② 시프트(Shift) 실루엣, 프린세스(Princess) 실루엣
③ 트럼펫(Trumpet) 실루엣, 박시(Boxy) 실루엣
④ 시프트(Shift) 실루엣, 미나렛(Minaret) 실루엣

11 가볍고 부드러운 질감, 잔잔한 꽃무늬, 프릴이나 레이스와 연관되는 이미지는?

① 에스닉(Ethnic) 이미지
② 로맨틱(Romantic) 이미지
③ 컨트리(Country) 이미지
④ 모던(Modern) 이미지

12 패션 스타일에 따른 아이템이나 디테일 설명으로 가장 적합한 것은?

① 트래디셔널(traditional) – 둥근 칼라나 칼라가 없는 형태, 자연스러운 어깨 라인, 주로 스커트 정장
② 에스닉(ethnic) – 봉제상의 특수한 테크닉을 그대로 사용한 레이스, 프릴, 리본, 주름, 페플럼 등의 장식적인 디테일, 스윗하트 네크라인, 언더 스커트의 페티코트
③ 매니시(mannish) – 테일러드 수트, 해군복인 마린 룩과 육군 복장인 아미 룩 등을 포함하는 밀리터리 아이템
④ 모던(modern) – T셔츠, 길이가 긴 카디건, 사파리, 간단하고 편안한 롱 스커트, 트레이닝복, 패딩점퍼, 옥스퍼드천의 셔츠

13 다음은 어떤 코디네이션에 대한 설명인가?

> 패션에서 서로 상반되는 디자인이나 재질, 색채, 이미지 등을 매치시킴으로써 의외성을 강조하고 신선함을 추구하는 방법이다. 기존의 틀에서 벗어난 색다른 멋을 제시할 수 있다.

① 옵셔널 코디네이션
② 피스 코디네이션
③ 크로스오버 코디네이션
④ 캐릭터 코디네이션

14 다음 중 키가 작은 체형에게 키가 커 보이는 효과를 줄 수 있는 원피스는 무엇인가?

① 어깨와 치마 단에 가로선이 몰려있는 원피스
② 양쪽 옆선 가까이에 세로선이 한줄 씩 있는 원피스
③ 가슴 ,허리, 힙에 가로선이 있는 원피스
④ 중앙에 두 개의 가까운 세로선이 있는 원피스

15 다음 중 어깨가 넓은 체형이 피해야 할 의상은 무엇인가?

① Y자형의 실루엣이 드러나는 드레스
② H라인의 테일러드 수트
③ 심플한 디자인의 어두운 칼라의 원피스
④ 미나렛(Minaret) 실루엣의 투피스

CATEGORY 2 패션 트렌드

01 패션 트렌드의 분석 요소라고 볼 수 없는 것은?

① 전체적인 경향 ② 소재의 경향
③ 색채, 무늬의 경향 ④ 디자이너의 경향

02 패션 전문지를 통해 발표된 2011년 패션 핫 트렌드 키워드로 보기 어려운 것은?

① 단일생활놀이 ② 스마팅
③ 이-틴즈(E-Teens) ④ 소셜네트워크, 소셜연방

03 최근 남성복 브랜드들이 백팩 생산에 박차를 기하고 있다. 이와 관련된 내용과 관계없는 것은?

① 백팩의 인기는 지난해 말부터 차츰 증가해 왔으나 올 들어 매스컴을 통해 남자 연예인들이 백팩을 착장한 장면이 자주 노출되면서 찾는 고객들이 눈에 띄게 증가하고 있다.
② 무선 인터넷의 확산으로 아이패드, 태블릿PC, 넷북, MP3 등 휴대 가능한 전자기기의 사용이 늘면서 이를 편리하게 휴대할 수 있는 빅사이즈 백팩이 인기를 끌고 있다.
③ 백팩의 인기가 높아지면서 국내 백화점에서는 남성 백팩 전문 브랜드를 선보이는 등 판로를 확대하고 있다.
④ 백팩 열풍은 남성 명품 브랜드보다는 액세서리 브랜드 위주로 출시되고 있다.

04 다음 중 패션정보의 흐름상 가장 먼저 제시되는 패션정보원은?

① Premiere Vision
② Expofil
③ Promostyl
④ IGEDO

05 유행색 예측기관 중 가장 빠른 시기에 정보를 선정하는 기관으로 각 나라의 유행색 관련기관에서는 이 협의회 결과를 토대로 자국의 산업계 방향에 맞게 유행색을 조정하여 발표한다. 이 패션정보 수집기관은?

① CAUS
② JAFCA
③ KOFCA
④ 국제유행색협회

06 2012년 S/S 파리 컬렉션의 핵심 트렌드 키워드로 적절하지 않은 것은?

① 올 블랙의 강세
② 다양하고 광범위한 소재
③ 실루엣을 길게 연장한 베스트
④ 옐로 터치의 증가

07 2012년 시즌을 준비하며 최근 떠오르고 있는 트렌드 이슈라고 하기에 무리가 있는 것은?

① 명품 브랜드의 미니미 패션
② 1940년대 헐리우드 배우의 우아한 룩
③ 1960년대 스페이스 에이지로부터의 미니멀
④ 컨트리 감성의 앤틱 룩

정답 15_① ┃ 01_④ ┃ 02_① ┃ 03_④ ┃ 04_③ ┃ 05_④ ┃ 06_① ┃ 07_④

08 2012년 F/W 패션계의 화두로 떠오르고 있는 것으로 보기 어려운 것은?

① 브랜드들이 메가화 전략에 맞춰 메가샵 운영을 확대하고 있는 가운데 상권에 맞는 컨셉샵 전략이 중요하게 대두되고 있다.

② 트렌드에 민감하고 패스트 패션이 대세인 요즘 소비자의 선 구매율이 줄어든 만큼 아동복 업체들이 MSR[M(main), S(spot), R(reorder)]에 집중하고 있다.

③ 2000년대 후반부터 매년 겨울 퍼(fur) 소재가 강세를 보인데 반해 2012년 겨울에는 퍼(fur) 소재보다는 레오파드나 지브라 무늬의 아크릴 프린팅 소재 생산이 늘고 있다.

④ 대부분의 남성 트래디셔널(TD) 캐주얼 브랜드들이 범용성이 높은 상품과 젊은 층을 겨냥한 영 라인을 확보, 신규 고객과 기존 고객의 매장 방문 횟수를 높이고 있다.

09 패션 트렌드의 분석 요소 중 일반적으로 원피스, 투피스, 재킷 등의 경향을 분석하는 요소에 해당하는 것은?

① 패션 테마 경향 ② 패션 아이템의 경향
③ 실루엣과 디테일의 경향 ④ 스타일의 경향

10 다음 중 색채정보의 분석방법으로 적당하지 않은 것은?

① 집단토의법에 의한 분석
② 컬러 테이블 작성 및 분석
③ 그루핑(Grouping)에 의한 도해작성과 분석
④ 패션 컬러의 시장 조사

CATEGORY 3 패션 브랜드 & 디자이너

01 최근 서울패션위크는 4개의 파트로 진행되고 있다. 그에 속하는 것이 아닌 것은?

① 서울컬렉션
② Seoul Fashion Fair
③ Generation Next
④ FASHION ON

02 1984년 프랑스 Fountain Bule 예술학교를 졸업하고 1993년 파리 기성복 전시회 SFAM에 한국최초로 참가한 디자이너는 누구인가?

① 장광효
② 이영준
③ 고태영
④ 송지오

03 최근 국내 편집샵이 뜨거운 감자로 부상하고 있다. 이에 대한 설명으로 적당하지 않은 것은?

① 홍대나 명동, 가로수길에 단일 점포를 운영하며 마니아층의 입소문으로 알음알음 영업을 하던 방식에서 벗어나 다점포화와 브랜드로서의 인지도 획득에 성공한 사례로 연간 4백~5백억 원 규모의 사업 모델을 만들어 내며 편집샵의 가능성을 보여준 '에이랜드' 와 '원더플레이스' 가 있다.

② 패션 업체들이 운영하는 편집샵들은 본사에서 모든 상품을 직접 바잉하는 방식으로 통일된 아이덴티티를 표현한다.

③ 기성업체들이 운영하는 편집샵은 자체 PB 상품들로만 이루어져 있어 가격 경쟁력을 무기로 하고 있다.

④ 인터넷 쇼핑몰로 시작해 가로수길에 문을 연 동양메이저의 '매그앤매그' 와 아이에스이커머스의 '더블류컨셉스토어 프론트로우' 등은 수입과 인디 디자이너 브랜드 제품으로 기존 패션 브랜드와는 다르게 매장을 운영하고 있다.

정 답 08_③ ┃ 09_② ┃ 10_① ┃ 01_④ ┃ 02_① ┃ 03_③

04 다음 중 현존하고 있는 디자이너는?

① 소니아 리키엘　　　　　　② 앤디 워홀
③ 크리스토퍼 발렌시아가　　④ 클레어 맥카델

05 세계 4대 컬렉션 중 하나이며 실용적이고 심플한 스타일을 특징으로 하는 컬렉션은?

① 뉴욕 컬렉션　　　　　　② 파리 컬렉션
③ 런던 컬렉션　　　　　　④ 밀라노 컬렉션

06 아동용 신발 매장으로부터 시작하여 오늘날, 가장 고급스럽고 편안한 소재를 우아하면서 동시에 모던하고 입기 쉽게 디자인한다는 평판을 듣고 있는, 부부의 성을 딴 이 브랜드 네임은 무엇인가?

① 발렌시아가(Balenciaga)　　② 갭(Gap)
③ 끌로에(Chloe)　　　　　　④ 셀린느(Celine)

07 시대의 변화를 반영하는 동시에 전통을 지키고 있으며 모노그램 캔버스처럼 같은 디자인을 수십 년 동안 계속해서 만들어 오랜시간 동안 많은 사람들이 즐겨 사용하는 브랜드는 무엇인가?

① 루이비통(Louis vuitton)　　② 랑방(Lanvin)
③ 지방시(Givenchy)　　　　　④ 샤넬(Chnel)

08 '플리츠 플리즈(Pleats Please)'라는 브랜드 컨셉으로 주름 미학을 전 세계에 알린 영향력 있는 일본 디자이너는 누구인가?

① 요시 야마모토　　　　　　　　② 다카다 겐조
③ 이세이 미야케　　　　　　　　④ 엘리 키시모토

09 다음 내용 중 SPA에 대한 설명으로 적합하지 않은 것은?

① SPA란 유통업체가 자사의 상품을 직접 기획, 디자인, 제조하며 매출률을 최대화하기 위한 VM의 실현까지 모두 담당하는 직판형 전문점을 의미한다.

② 랩(LAP)은 자체 제작, 국내 바잉, 해외 바잉이라는 새로운 유통 패러다임에, 클래식한 아이템부터 트렌디한 브랜드까지 멀티한 컨셉의 의류, 화장품, 향수, 음반, 서적, 디자인용품 등의 상품을 갖추고 있다.

③ 백화점이 무너지고 많은 브랜드가 사라진 이후 패스트 패션과 SPA가 대중 패션 시장을 장악했지만, 그 획일화에 싫증을 느끼는 소비자들과 창작력을 가진 소규모 기획회사 내지 개인들이 늘어나면서 편집샵 시대가 시작됐다고 할 수 있다.

④ 자라(ZARA) 매장에는 2주에 한 번씩 신제품들이 출시되고 있는데, 이는 ZARA가 디자인, 구매, 생산을 직접 책임지고, 물류 및 판매는 위탁 운영하는 구조로 운영되고 있기 때문이다.

10 국내 백화점 편집샵의 현황으로 거리가 먼 것은?

① 주요 백화점들은 협력업체와 함께 전개하는 특정 매입 편집샵 위주에서 탈피하여 백화점이 주체가 된 직매입 형태의 편집샵을 늘리는 추세에 있다.

② 신세계 백화점은 여러 개의 멀티 브랜드 편집샵을 전개하고 있는데, 바이어가 해외 직접 소싱을 통해 유통 단계를 감소, 판매가를 20~30% 낮춰 공급함으로써 경쟁력을 높이고 있다.

③ 롯데 백화점과 갤러리아 백화점은 명품을 선호하는 고객 특성에 맞춰 멀티샵도 고급스러운 브랜드 위주로만 꾸미고 있는 추세이다.

④ 현대백화점은 다른 백화점과 비교할 때 의류보다는 생활용품 등에 초점을 맞춘 것이 특징이라고 할 수 있다.

정답　04_① ❘ 05_① ❘ 06_④ ❘ 07_① ❘ 08_③ ❘ 09_④ ❘ 10_③

CATEGORY **4** 패션 컬러

01 다음 중 가장 화려한 이미지가 느껴지는 색은?

① 비비드 톤의 한색 ② 페일 톤의 한색
③ 다크 톤의 난색 ④ 딥 톤의 한색

02 봄을 대표하는 컬러에 대한 설명으로 바르지 않은 것은?

① 생명력과 에너지가 느껴지는 노란색을 베이스로 지닌 밝고 화사한 색
② 생기발랄하고 활기 넘치는 젊은 이미지, 신선한 이미지, 귀엽고 경쾌한 이미지
③ 여성스럽고 낭만적인 이미지, 엘레강스(Elegance)한 이미지, 시크(Chic)한 이미지
④ 선명하고 부드러우면서 중명도 이상, 중채도 이상의 밝은 톤 그룹

03 색채의 조화를 위한 효과적인 배색방법을 설명한 것으로 옳지 않은 것은?

① 사용되는 색을 같은 톤으로 통합하면, 전체의 이미지도 통합된다.
② 유사색상의 배색은 톤의 대비 효과를 강하게 하면 온화한 느낌으로 조화를 이루게 된다.
③ 무채색을 기조로 하여 유채색을 조합하면, 우아하고 캐주얼한 이미지가 된다.
④ 모노톤을 사용하면 단조롭고 심플하므로 질감의 차이로 변화를 주는 것이 좋다.

04 여름 타입의 사람이 피해야 할 색상으로 적당하지 않은 것은?

① 지나치게 선명하고 강한 색, 원색
② 너무 어두운 색, 반사적인 색
③ 검정색, 퓨어 화이트, 금색, 오렌지색, 노란색
④ 중명도 이상, 중채도 이하의 색

05 난색 계열과 매치하면 경쾌한 느낌을, 한색 계열과 매치하면 샤프함을 강조할 수 있는 색상은 무엇인가?

① 오렌지

② 네이비

③ 핑크

④ 올리브 그린

06 채도가 가장 높아서 선명하고 화려한 색조이며, 대담한 표현과 자유분방함을 강조하는 스타일에 적당한 색조는 무엇인가?

① 브라이트 톤

② 스트롱 톤

③ 비비드 톤

④ 라이트 톤

07 2009년부터 F/W 시즌의 트렌드 컬러로 주목받고 있는 컬러로 레드(Red)를 말할 수 있다. 이 색상의 코디네이션 경향으로 옳은 것은?

① 모노 톤으로 깔끔하고 드라마틱하게 연출한다.

② 가장 잘 어울리는 색은 회색이다.

③ 파스텔 컬러와 자연스럽게 매치할 수 있다.

④ 검정색을 매치하면 화려하고 스포티한 이미지를 준다.

08 부드럽고 차가운 느낌을 주며 핑크색 계열의 튀지 않는 파스텔 톤 색상이 잘 어울리는 계절 타입은?

① 봄 타입

② 여름 타입

③ 가을 타입

④ 겨울 타입

정답 01_① | 02_③ | 03_② | 04_④ | 05_④ | 06_③ | 07_① | 08_②

09 일반적으로 옷을 코디네이션할 때 가장 흔하게 많이 사용되는 방법으로, 색상은 동일하거나 유사하게 가져가면서 톤과 명도의 느낌을 다르게 하는 코디네이션 방법은 무엇인가?

① 톤 온 톤 코디네이션 ② 톤 그라데이션 코디네이션
③ 콘트라스트 코디네이션 ④ 톤 인 톤 코디네이션

10 다음 톤(Tone) 중 고명도 계열에 속하지 않는 것은?

① 라이트(Light) ② 브라이트(Bright)
③ 스트롱(Strong) ④ 페일(Pale)

11 자신이 가지고 있는 머리카락색, 피부색, 눈동자 색 등 신체색과 조화를 이루어 생기가 돌고 활기차 보이도록 하는 개개인의 컬러를 퍼스널 컬러라고 한다. 이에 대한 설명으로 바르지 않은 것은?

① 전체적으로 노랑기가 많은 옐로우 베이스와 푸른기가 많은 블루 베이스로 나눈다.
② 피부색에서의 블루 베이스는 붉은 기가 많은 피부 컬러를 의미한다.
③ 소프트한 느낌의 옐로우 베이스는 가을 타입 컬러에 속한다.
④ 하드(다크)한 느낌의 블루 베이스는 겨울 타입 컬러에 속한다.

12 퍼스널 컬러는 4계절 타입으로 분류할 수 있는데 피부색, 눈동자 색, 머리카락 색 등에 따라 4계절 타입의 사람으로도 분류한다. 4계절 타입 신체색상에 대한 설명으로 적합하지 않은 것은?

① 봄 타입 사람은 노란 빛의 투명한 피부와 생기 있고 밝게 빛나는 갈색 눈동자를 가진 사람들이 많다.
② 여름 타입에 속하는 사람은 옅은 핑크빛의 피부와 굵고 윤기 없는 블랙 머리카락색을 띤다.
③ 가을 타입 사람은 누르스름한 피부나 태닝한 듯한 구리빛 피부색을 띠며, 탄력 있고 매끈한 피부를 가지고 있다.
④ 겨울 타입에는 투명하고 창백한 피부색을 띠거나 흑인처럼 아주 검은 피부를 가진 사람이 속하며, 짙은 검정 머리카락색 또는 푸른 빛의 갈색 머리카락색을 지니고 있다.

13 2011년 F/W 컬렉션에서는 보석의 컬러를 딴 주얼 컬러 파레트가 많이 선보였다. 이에 대한 설명으로 적합하지 않은 것은?

① 가넷 레드(Gannet Red)의 풍부함을 위해 선택한 소재는 가죽과 벨벳으로 셀린느의 미니멀한 톱과 스커트, 구찌의 양가죽 원피스, 마크 제이콥스의 송치 수트 등에서 볼 수 있었다.

② 시트린 옐로의 경우 소재 활용이 주목할 만한데 깃털, 시폰, 모헤어, 오간자, 레이스 등 가벼운 소재들을 자유롭게 믹스매치, 질감 자체의 순수한 이미지를 살리거나 소재의 미묘한 차이를 이용해 옐로 특유의 키치함을 세련되게 업그레이드 시켰다.

③ 그린 컬러는 지난 시즌에도 유행했었지만, 포레스트 그린, 올리브 그린, 레몬그라스 그린 등 한층 세련된 컬러 톤으로 인해 이번 시즌 더욱 주목 받고 있다.

④ 사파이어의 상징인 블루 컬러는 2011년 가을 시즌에는 크게 주목을 받지 못 하였고, 몇몇 디자이너 컬렉션에서 실용적인 아이템에 악센트 컬러로 소량 사용되었다.

14 4계절 타입별 컬러 배색 코디네이션에 대한 설명으로 바르지 않은 것은?

① 노란기가 많은 봄 타입의 경우 로즈 계열의 베이지를 더해 주면 엘레강스 이미지를 업시켜 줄 수 있어 아이 같은 느낌을 좀 희석시키기에 좋다.

② 여름 타입의 경우 블루 계열 아이섀도로 산뜻한 느낌을, 핑크 계열로 화려한 느낌을, 퍼플 계열로 엘레강스한 느낌을 살릴 수 있다.

③ 가을 타입의 경우 순백색과 검정색을 입으면 초라하게 보이며, 너무 강하고 광택이 나는 소재는 피하고, 매트한 느낌의 컬러를 선택하도록 한다.

④ 따뜻한 느낌의 황색, 누런색, 오렌지색, 다홍색, 모든 갈색조의 옷은 누런 피부를 더욱 누렇게 떠 보이게 하여 겨울 타입 사람을 지루하고 가라앉아 보이게 한다.

15 각 컬러별 코디네이션 방법에 대한 설명으로 적합한 것은?

① 베이지 컬러는 비비드 톤과 매치할 경우 강렬한 색상을 코디하면 세련되고 멋스러운 코디가 된다.

② 핑크의 경우 고급스럽고 품위 있는 이미지를 위해서는 회색과, 부드러우면서 캐주얼한 분위기를 위해서는 비비드 컬러를 매치하는 것이 좋다.

③ 그레이는 파스텔 컬러와는 부조화되고, 비비드 컬러와는 잘 매치되며, 내추럴 컬러와도 명도에 주의해서 난색 계열로 매치하면 잘 어울린다.

④ 블루 컬러는 비비드톤, 파스텔톤, 딥톤 컬러와는 반대색을 중심으로 배색하는 것이 좋고, 내추럴톤 컬러와는 베이지색과 잘 매치된다.

CATEGORY 5 헤어 스타일링 & 메이크업

01 얼굴이 동그란 형의 특징으로 맞지 않은 것은?

① 양 쪽 뺨의 거리가 계란형의 길이보다 길고 동그스름한 형
② 이마와 얼굴의 아랫부분이 균형을 이룸
③ 뺨이 포동포동해 보이며 광대뼈는 분명치 않음
④ 이마, 뺨, 턱이 둥글어 얼굴 생김새가 납작하고 재미없어 보일 수 있다.

02 긴 얼굴형의 헤어 스타일링으로 적합하지 않은 것은?

① 머리 길이가 어깨 선을 넘지 않는 것이 좋다.
② 굵고 탄력있는 웨이브를 이용하여 시선을 좌우로 분산시켜준다.
③ 헤어밴드나 헤어 핀 등 데코레이션으로 시선을 분산시키는 것도 좋다.
④ 귀여운 느낌을 주는 뱅스타일 앞머리로 이마를 가려준다.

03 최근에 동안 키워드는 '얼굴형 + 눈매 + 볼살' 이라 한다. 이에 대한 설명으로 적절하지 못한 것은?

① 얼굴을 이마, 눈썹에서 코끝, 턱 이렇게 3등분하였을 때, 이마 부분이 길다면 동안 얼굴형의 소유자이다.
② 얼굴형을 분석해보면 전체적으로 동그스름하고 코의 길이가 이마의 길이와 비슷하거나 짧다.
③ 눈 사이는 약간 좁은 듯한 느낌을 주고 눈동자가 검고 크면 좀더 초롱초롱해 보여 동안 이미지를 어필할 수 있다.
④ 볼에 주름 없는 깨끗한 피부와 탱탱한 볼륨감을 부여하면 한층 어려보일 수 있다.

04 사각형 얼굴형의 메이크업으로 적합하지 않은 것은?

① 튀어 나온 양쪽 턱 부위와 이마 양 끝에 진한 셰이딩을 준다.

② 피부를 희고 두껍게 하는 컬러 메이크업 베이스는 피하도록 한다.

③ 블러셔는 매트하면서 약간 다크한 컬러가 좋다.

④ 눈썹 앞머리는 자기 눈썹을 살려주고 끝을 넓게 그려주며, 부드럽게 섀도로 펴준다.

05 얼굴형이나 신체조건에 어울리는 귀걸이에 대한 설명으로 맞지 않은 것은?

① 둥근 얼굴 – 드롭 타입의 세로선을 강조하는 디자인이 제격이다.

② 역삼각형 얼굴 – 작은 사이즈의 원형이나 큰 타원형, 아래가 넓어 보이는 라인의 이어링은 특히 좋은 코디라 할 수 있다.

③ 계란형 & 타원형 얼굴 – 어떤 디자인이나 무난히 잘 어울리나, 후프타입이나 둥근 라운드 타입 등 부드러운 느낌의 디자인이면 더욱 좋다.

④ 귓불이 두꺼운 경우 – 작은 디자인이나 가녀린 디자인으로 선택한다.

06 눈썹선에 따른 이미지가 적절하게 연결된 것은?

① 각진 눈썹 – 개성적인, 활동적인, 고집스러운

② 표준 눈썹 – 고상한, 산뜻한, 귀여운

③ 올라간 눈썹 – 젊은, 남성적인, 신선한

④ 직선적인 눈썹 – 요염한, 화려한, 노숙한

07 하얀 얼굴 피부 톤에 따른 헤어 염색 내용으로 적절하지 않은 것은?

① 따뜻한 라이트 브라운 정도로 선명도를 약하게 해 염색하면 좋다.

② 대부분 어떤 컬러를 해도 잘 어울린다.

③ 브라운과 블랙계열은 되도록 피하도록 한다.

④ 너무 선명한 컬러를 염색하면 안색이 더 창백해질 수 있다.

08 다음에서 설명하는 내용이 적합한 직업군은?

- 헤어 스타일링
  - 머리카락으로 얼굴을 가리는 일이 없도록 한다.
  - 앞머리를 길게 내려 눈을 가리지 않도록 주의한다.
- 메이크업
  - 환하고 빛나는 느낌으로 파스텔 톤, 뉴트럴 톤(중간 계열) 위주로 여성스럽고 편안한 느낌을 강조한다.
  - 아이섀도는 핑크, 민트 그린, 파스텔 블루 등 파스텔 톤으로 터치한다.
  - 인위적인 아이라인은 피하고 마스카라로 눈매를 살린다.

① 비서직/사무직
② 마케팅/세일즈
③ 창의적 전문직
④ 판매직/서비스직

09 체형별 헤어 스타일링 방법 중 연결이 바르지 않은 것은?

① 키 크고 뚱뚱한 체형은 여성적이고 산뜻한 느낌의 단순한 헤어, 단정한 스트레이트가 어울린다.
② 키 크고 마른 체형이 피해야 할 스타일은 숏 스타일의 스트레이트 헤어이다.
③ 키 작고 뚱뚱한 체형은 단발 웨이브가 적당하다.
④ 키 작고 마른 체형이 피해야 할 스타일은 롱 헤어, 스트레이트 헤어이다.

10 다음은 어떤 스타일에 대한 내용인가?

- 헤어 스타일링
  예식과 격식에 어울리는 스타일, 비교적 단순하고 유행 변화 많지 않은 스타일, 단발 스트레이트 스타일(옆 가르마)
- 메이크업
  차분하고 자연스러우면서 깊이감 있는 중후함으로 연출, 가늘고 샤프한 눈썹, 브라운 계열 섀도, 붉은 립스틱(입술윤곽 확실히)

① 클래식/트래디셔널 스타일
② 모던 스타일
③ 엘레강스/엘리건트 스타일
④ 매니시/댄디 스타일

CATEGORY **6** 패션 소재

01 견 섬유와 같은 촉감과 광택이 있으며 흡습성, 보온성이 있고 물에 젖었을 때 수축이 적은 장점을 가지고 있는 안감의 소재는 무엇인가?

① 아세테이트

② 나일론

③ 레이온

④ 면

02 실의 굵기 표시방법 중 항중식에 대한 내용으로 틀린 것은?

① 면이나 모사 등의 방적사에 사용하는 번수이고 기호는 S또는 s로 표시된다.

② 견, 레이온, 합성섬유의 필라멘트사에 사용하는 방식으로서 기호는 D또는 d로 나타낸다.

③ 무게 기준으로 실의 굵기를 표시하며 영국식 번수법이 여기에 속한다.

④ 실의 길이에 비례하고 부피에 반비례한다.

03 합성 섬유에 대한 성질로 틀린 것은?

① 내구성 – 강도가 높고 신축성이 있으며 마찰에 잘 견딘다.

② 쾌적성 – 흡습성이 낮고 정전기가 발생한다.

③ 심미성 – 다양한 재질과 광택 및 드레이프성의 부여가 가능하다.

④ 관리성 – 지용성 오염의 제거가 어려우며 내세탁성이 낮아 물세탁보다는 드라이클리닝이 좋다.

정답 08_④ ㅣ 09_③ ㅣ 10_① ㅣ 01_③ ㅣ 02_② ㅣ 03_④

04 수축방지 및 형태고정을 위해 시행하는 가공법 중 다음이 설명하는 것은 무엇인가?

> • 착용이나 세탁으로 직물이 줄어드는 일이 없도록 주로 면직물에 실시하는 방축 방법
>
> • 제직 끝 공정 중 기계로 습기를 가하여 강제로 수축, 방축과 함께 올이 조여질뿐 아니라 탄력성도 가해지게 되므로 형태가 미끄러지지 않으며 부피감이 있다.

① 축융가공   ② 시로셋 가공

③ 샌포라이징 가공   ④ 양모의 방축 가공

05 2011년 올 겨울에도 치열한 퍼(Fur) 경쟁이 예고되고 있는데, 다음 중 2011년 F/W에 해당되는 내용으로 적절하지 못한 것은?

① 평균적으로 예년보다 물량을 10~20% 늘리고 스타일을 다양화하였다.

② 올 추동 시즌 나온 퍼 아이템들은 털 길이가 짧은 퍼부터 풍부하고 탐스러운 와일드 퍼까지 다양하며, 전체를 퍼로 활용한 제품 중에는 호피나 얼룩무늬 등 화려한 스타일이 이전보다 많이 보인다.

③ 퍼 아이템 전개에 있어 여성복은 최근 2~3년간 계속 물량을 줄여왔지만, 올 추동에는 10% 내외로 준비했다.

④ 스포츠 계열에서는 골프웨어가 아우터에 포인트로 활용하는 수준에서 벗어나 전체가 퍼로 이뤄진 모피 아이템을 대폭 선보이며 매출상승을 꾀하고 있다.

06 섬유제품을 포함한 모든 공산품의 자체적 기준을 보유하고 있는 세계적으로 가장 큰 기관으로 생산자, 사용자, 여러 관련분야의 연구원들로 구성되어 있는 품질검사 기관은?

① ASTM(American Society for Testing and Materials)

② JIS(Japanese Industrial Standard)

③ 한국산업규격(KS)

④ ISO(International Organization for Standardization)

07 다음이 설명하고 있는 소재는 무엇인가?

> - 모, 면, 텐셀 등과 혼합해 사용 가능하며 천연염료와도 잘 어울리는 섬유로 방적 시 꼬임을 많이 주면 리넨의 성질 표현이 가능하고 꼬임을 적게 주면 울 효과가 있다.
> - 소재 특징은 대마나 아마와 비슷한 성질을 갖고 섬세하며 가볍고 부드러우며, 광택감 역시 우수하다.
> - 2011년 우리나라 옥탄스에서 기계화, 대량화 생산에 성공하여 1만원대 데님소재를 출시하였다.

① 클로버(Clover)
② 네틀(Nettle)
③ 저마(Ramie)
④ 슈퍼섬유(UHMWPE)

08 추운 겨울이 지속되면서 발열소재에 대한 개발이 활발하게 진행되어 2000년대 후반부터 수많은 제품들이 쏟아져 나왔다. 발열소재에 대한 설명으로 적당하지 않은 것은?

① 발열 기능 옷들은 추위를 많이 타는 부위에 열을 발산하는 특수소재를 안감으로 덧댄 것과 땀이 가장 많이 나는 부위에 발열소재를 사용한 상품이 주류를 이룬다.

② 최근에는 겉감소재가 태양열을 받으면 보온성을 오래도록 갖게 하는 옷도 개발되는 등 저마다 에너지 절감효과를 앞세운 친환경 에코 상품이 새롭게 개발돼 선보이기도 했다.

③ 유니클로의 히트텍, 트라이의 히트업 등 발열소재를 활용한 기능성 이너웨어가 시장을 주도해온 가운데 국내의 발열소재가 전 세계 발열소재 시장을 선도하고 있다.

④ 국내 소재개발 전문업체인 포럼크리에이션이 '썬워머(Sun Warmer)' 라는 소재로 합섬 발열소재의 범용화에 나섰다.

09 편성물을 직물과 비교했을 때의 특성으로 틀린 것은?

① 구김이 잘 생기지 않는다.
② 형태안정성이 좋다.
③ 신축성이 크다.
④ 유연성이 좋다.

10 국내에서 생산되고 있는 기능성 소재 현황에 대한 설명으로 적합하지 않은 것은?

① 야외활동 증가와 기능성 소재에 대한 소비자 관심 고조 등으로 대표적 기능성 섬유인 투습방수 소재 사용이 크게 늘고 있고, 생산 인프라 구축과 기술 이전 등을 성공해 국내 생산이 늘고 있다.

② 국내에서 2009년 런칭된 라이크라 스포츠 소재가 제공하는 신축성과 복원력, 자유로운 움직임 등 탁월한 기능성이 국내외 유수 브랜드로부터 인정받고 있다.

③ 첨단 기능성 소재 헬사는 흡습속건 기능을 가진 첨단 섬유로, 6개의 홈이 있는 특수 구조로 이루어져 운동할 때 흘리는 땀을 순식간에 흡수하고, 흡수한 땀은 빠르게 대기로 증발시켜 야외 활동 시 쾌적한 상태를 유지시켜 준다.

④ 과거에 비해 다른 기능성 섬유는 국내 제품 사용 빈도가 늘었으나 투습방수 소재의 경우 품질 등의 문제로 국산에 비해 3~4배 정도 비싼 외국산 섬유를 주로 사용하고 있다.

CATEGORY **7** 패션마케팅 & 머천다이징

01 다음 중 패션 리테일 머천다이징 정보의 종류가 아닌 것은?

① 패션 마케팅 환경정보　　　　② 패션 에듀케이션 정보
③ 패션 비즈니스 정보　　　　　④ 패션 트렌드 정보

02 소비자 조사에서 라이프스타일 분석 방법에 대한 설명 중 틀린 것은?

① AIO조사에는 인구통계적 특성이 포함되는 경우가 흔히 있다.

② AIO조사는 소비자들의 행위(Activity), 관심(Interest), 조직(Organization)에 관한 조사이다.

③ 소비자들의 욕구, 가치, 신념을 분석하여 라이프스타일을 규명할 수 있다.

④ 상품관련 라이프스타일은 특정 상품의 구매와 소비에 관련된 것을 말한다.

03 최근 각광받는 판촉으로 영화나 드라마에 특정회사의 제품을 노출시키는 것으로, 비교적 적은 비용으로 큰 효과를 올릴 수 있기 때문에 국내외 의류업체에서 많이 이용하고 있는 판매촉진도구는?

① VM(Visual Merchandising)
② PPL(Product in placement)
③ CF(Commercial Film)
④ PR(Public Relations)

04 국내 편집샵, 멀티샵들의 호황으로 유통전략이 변화하고 있다. 이에 대한 설명으로 틀린 것은?

① 예전과 달리 브랜드 쇼가 다시 호황을 맞고 있다.
② 런칭 당시부터 편집샵이나 멀티샵만을 겨냥하는 브랜드도 속속 등장하고 있다.
③ 편집샵을 통해 브랜드 인지도를 높인 후 백화점으로의 역 입점을 시도하는 신규 브랜드들이 많이 늘어나고 있는 추세이다.
④ 멀티샵, 편집샵, 백화점 바이어를 초청해 신생 브랜드나 유통 기반이 약한 내셔널 및 직수입 브랜드들이 부스를 마련해 수주를 하는 새로운 형태의 브랜드 세일즈 쇼가 좋은 반응을 얻고 있다.

05 마케팅 믹스에서 기업측면의 4P와 고객측면의 4C의 연결이 틀리게 연결된 것은?

① Product – Customer Value
② Price – Cost to the Customer
③ Place – Customer Management Processes
④ Promotion – Communication

06 2011년 최근의 패션 시장 현황을 보면 아웃도어 룩이 대세라는 것을 알 수 있다. 이와 같은 현상에 대한 분석으로 적절하지 못한 것은?

① 아웃도어 의류와 신발은 지난해 시장규모 3조(용품 포함)에 이어 올해 5천억 원(일부 1조로 전망)이 더 늘어날 것으로 추정되는 가운데 최근에는 빈폴(제일모직), 아디다스, 나이키 등 글로벌 브랜드들까지 라인 출시를 예고해 핫 이슈로 떠오르고 있다.

② 국내 유명 브랜드들이 세계 유명 브랜드들에 맞서 십대들에게 인기 있는 아이돌 스타를 모델로 내세우면서 절대적 우위를 선점하게 되었다.

③ 국내 아웃도어 시장이 70조 규모라는 세계 아웃도어 시장에서 점유율 5%를 넘어섰고 우리나라는 이미 전 세계 유명 브랜드들이 각축전을 벌이고 있는 국가로 부상했다.

④ 아웃도어의 유행은 주 5일제 근무 시행 이후 등산객의 폭발적인 증가와 맞물려 야외 활동으로 아웃도어를 선택한 이들이 수적으로 급증하고 자연스레 몇몇 브랜드로 집중, 시장이 급작스레 커지게 되어 나타난 현상이다.

07 신속반응 시스템(QRS : Quick Response System)에 대한 설명으로 올바른 것은?

① QRS의 목적은 소비자 만족을 극대화시키면서 소비자로부터 최대의 구매를 유도해 내는 것이다.

② 제품이 소비자에게 이르기까지의 과정을 단축시키고 소비자의 욕구 및 수요에 적합한 제품을 공급함으로써 제품공급망의 효율성을 극대화시키고자 구축하는 물류정보 시스템이다.

③ 상품과 서비스를 최종 소비자에게 효율적으로 전달하기 위해 제조업자, 유통업자, 물류업자 공동으로 기업 간의 네트워크를 형성하여 정보의 흐름을 만들고 이를 통해 효율적인 유통시스템을 구축하여 물류의 문제를 시스템적이고 연합적인 대응방식으로 해결하고자 하는 것이다.

④ QRS의 목적은 소비자 요구에 제품공급과정 일치, 소비자만족 극대화를 통한 판매활성화 도모, 총 가치 극대화, 수익성 극대화이다.

08 패션소매업의 유형에서 점포형소매업의 소매점 형태에 대한 설명으로 바르지 않은 것은?

① 사입형 전문점 – 타깃집단을 좁게 설정, 타깃 소비자의 욕구에 맞는 패션상품 및 액세서리를 함께 사입, 판매하는 전문점

② 대리점 – 가입비를 내고 일정지역에서 특정 의류제조업자의 상표 등을 사용하여 패션상품이나 서비스를 판매하는 전문점

③ 아울렛 스토어 – 유명상표의 재고상품 및 비정상품을 처분하기 위해 직영형태로 운영하는 할인점

④ GMS – 한 가지 또는 한정된 상품군을 깊게 취급, 할인점보다 훨씬 저렴하게 판매하는 점포

09 2012년 가을, 백화점 모피 매출이 큰 폭으로 증가하고 있다. 어패럴뉴스가 올 10월 9일까지 전국 주요 백화점 57곳의 모피 매출을 조사한 결과 전년 동기 대비 20% 신장한 1,358억 원을 기록한 것으로 나타났다. 이러한 현상이 일어난 시장상황을 설명하는 내용 중 가장 관련이 적은 것은?

① 갑자기 추워진 날씨   ② 원·부자재가 상승으로 인한 가격인상

③ 퍼(Fur) 소재에 대한 선호   ④ 올 겨울도 추울 것이라는 기상예보

10 아동복 브랜드들이 스팟 리오더 비중을 확대하고 있는 시장상황과 관련이 적은 것은?

① 최근 차기 시즌 기획시점이 늦춰지고 있는 가운데 트렌드가 점차 빨라짐에 따라 선 기획으로 소비자 반응을 예측하기 힘들기 때문에 판매반응을 살펴 리오더와 스팟 기획 시점을 보다 앞당기고 적중률을 높이는데 주력하고 있다.

② 기본적으로 브랜드의 메인 상품 강화를 기본으로 적정한 시기에 맞는 스팟 상품과 초반 판매동향을 바탕으로 한 적중률 높은 재생산이 해당 시즌의 성공 여부를 결정하기 때문이다.

③ 스팟 상품 기획에서 매장 입고까지 시간을 단축하기 위해 국내 생산과 개성공단 생산을 강화함은 물론 중국 외 제3국의 소싱처 확보에도 주력하고 있다.

④ 소비자 판매 동향을 빠르게 파악한 인기상품의 적절한 공급과 재생산이 중요해지면서 그것을 뒷받침 해주는 안정된 소싱처 확보가 더욱 중요해지고 있다.

11 요즘 동대문 상권의 활성화 방안들이 많이 시도되고 있다. 이에 대한 내용과 관계가 없는 것은?

① 일부 동대문 쇼핑몰들이 공급과잉으로 인해 정상적인 영업이 이뤄지지 않고 있기 때문에 대형 유통사들은 장기임대를 통한 동대문 상권 진출을 지속적으로 계획해 왔다.

② 대형 유통사들의 장기임대를 통한 운영 논의가 성사되지 못한 가장 큰 이유는 구분소유자들의 동의가 제대로 이뤄지지 않았기 때문이다.

③ 동대문 상권은 세계적인 패션메카로 발돋움하기 위한 충분한 인프라가 갖춰져 있는데도 불구하고 매니지먼트적인 요소가 약했기 때문에 대형 상권 구축에 어려움이 있어왔다.

④ 2011년 롯데의 동대문 진출이 구체적으로 진행되고 있는데, 동대문 관계자들은 메이저 유통의 동대문 상권 진출이 지역 상인들의 판로에 영향을 미칠까봐 우려하고 있다.

정답   06_② | 07_② | 08_④ | 09_② | 10_① | 11_④

12 붉은 악마라는 국가대표 축구팀의 서포터즈들은 월드컵 경기를 통해 전 세계에 대한민국 국가의 이미지를 널리 알렸는데, 이러한 효과와 관련 있는 것은?

① 마케팅 효과　　　　　　　　　② 홍보 효과
③ PPL 효과　　　　　　　　　　④ 광고 효과

13 랄프로렌, 빈폴, 폴로, 키이스와 같은 이미지 브랜드의 경우 적합한 상품군 구성은?

① 베이직 상품보다 트렌디한 상품이나 뉴베이직 상품에 더 비중을 둔다.
② 시즌별로 판매량에 맞추어 스팟 구성의 비중을 늘리는데 주력한다.
③ 트렌디한 상품보다 베이직이나 뉴베이직 상품에 더 비중을 둔다.
④ 베이직, 뉴베이직, 트렌디한 상품에 비슷한 비중을 둔다.

14 명동의 A 캐주얼 의류 점포는 손님이 들어와서 구경은 많이 하는데 실제 매출액은 매우 저조한 편이다. 이러한 경우 머천다이저가 앞으로 가장 주력해야 하는 제품군은 무엇일까?

① 중점 제품　　　　　　　　　　② 전략 제품
③ 트렌드 제품　　　　　　　　　④ 점격 향상 제품

15 2012년 가을 세일 기간의 국내 백화점들의 판매현황에 대한 설명으로 적절하지 않은 것은?

① 급격히 떨어진 기온이 고단가의 아우터 판매를 활성화시킨 것이 매출 증대에 큰 몫을 했다.
② 국내외 경기 악화와 물가상승, 곧 있을 재보궐 선거 등 이번 가을세일이 이슈화되기 힘들었고 수요 증가도 회의적이었다.
③ 예복 시즌이라 고가 제품을 구매하는 고객이 늘었고, 셔츠와 바지, 코트 등 세트 상품 판매 비중이 증가하면서 절대 매출도 상승세를 보였다.
④ 아웃도어의 경우 백화점 세일 막바지에 접어들면서 매출이 소폭 하락했으며, 캐주얼 의류의 경우 전체적으로 야상스타일의 점퍼들이 매출을 주도했다.

CATEGORY 8 비주얼 머천다이징(VM)

01 VM에 대한 내용으로 적당하지 않은 것은?

① VM이란 매장을 아름답게 장식하는 기법을 의미한다.

② 머천다이징을 판매현장에서 시각화하여 소비자에게 적극 소구하는 점 전략 차원의 활동이다.

③ VM은 하나의 경영전략 시스템으로서 경영층이 관심을 갖지 않으면 성과가 낮아진다.

④ 기업의 독자성을 표현하고 타 경쟁점과의 차별화를 위해 유통의 전 과정에서 상품을 비롯하여 모든 시각적 요소를 연출하고 관리하는 활동을 VM이라고 한다.

02 연출에 대한 생각으로 잘못된 것은?

① 연출은 상품을 팔기 위한 수단으로 연출 자체가 중요한 것이 아니라 판매계획을 충분히 이해했다면 상품 자체로나 간단한 POP만으로도 충분히 효과를 볼 수 있다.

② 연출은 상품 하나를 부각시킨다는 사고보다도 상품 갖춤(구색)을 보여 주어 점과 상품의 특성을 표현하고 관련 판매를 유도해야 한다.

③ 연출은 전문가만의 일이라거나 예산과 시간이 든다는 사고를 버려야 하며, 판매 관련자라면 경험이나 매뉴얼 없이도 누구나 시행할 수 있어야 한다.

④ 감성을 중시하는 것이 연출이므로, 개인 취향으로 흐르는 것을 막기 위해서는 연간 스케줄에 의해 그 시즌의 판매상품에 중점을 두고 사전에 충분한 계획이 이루어져야 한다.

03 페이싱의 형태 중 다음이 설명하고 있는 내용은?

> • 주로 선반류에 사용되는 스톡형 진열로 많은 양을 확보할 수 있다.
> • 시선 아래 진열시는 디자인이 잘 보인다.
> • 디자인이 부분적으로만 보이며, 꺼내보기가 부담스럽다.

① 페이스 아웃(Face Out)　　　　　② 슬리브 아웃(Sleeve Out)

③ 폴디드(Folded)　　　　　④ 폴디드 페이스 아웃(Folded Face Out)

04 MP(Merchandise Presentation)에 대한 설명으로 바르지 않은 것은?

① MP = VP + PP + IP

② 상품을 보여주고 연출하는 부분은 VP, PP 부분이다.

③ 고객의 시선이 처음 닿는 곳으로 점을 대표하는 부분은 IP 부분이다.

④ VP, PP는 기술과 감성을 중시하고, IP는 기능과 이성, 작업성을 중시한다.

05 매장 진열방법에 대한 바른 설명은?

① 골든 존(Golden Zone)이란 시선이 가기 쉽고 상품을 집기도 쉬운 위치를 말한다.

② 데스 존(Death Zone)에서 팔고자 하는 상품을 진열하면 판매율이 높다.

③ 성공적인 진열이란 직원의 입장에서 보고, 만지고, 선택하고, 사기 쉽게 되어 있는 진열이다.

④ 골든 존(Golden Zone)은 일반적인 진열 범위이다.

06 다음 중 행어 랙의 진열 방법 중 고객의 입장에서 상품을 집기 쉬운 방향으로 즉 소매의 위치를 한쪽 방향으로 보여주는 진열기법은?

① 슬리브 아웃(Sleeve Out)　　　　　② 페이스 아웃(Face Out)

③ 골든 스페이스(Golden Space)　　　④ 쇼 스페이스(Show Space)

07 POP의 기능으로 적당하지 않은 것은?

① 배너, 행잉물 등으로 행사 또는 시즌을 장식한다.

② 상품의 특징, 가격, 소재 등을 알려 주어 신뢰감을 높인다.

③ 찾고자 하는 매장으로 안내하는 표식 기능을 한다.

④ 상품에 대한 설명을 간단하게 함으로써 판매원에게 보다 확실한 도움을 받을 수 있도록 한다.

08 상품 진열법으로 적당하지 못한 것은?

① 밝은 색 ⇒ 어두운 색 ② 맑은 색 ⇒ 탁한 색

③ 옅은 색 ⇒ 짙은 색 ④ 패턴물 ⇒ 단색

09 대형 매장은 매장 구성부터 판매 인력까지 새로운 시스템으로 구축해야 하는 비즈니스이다. VM도 마찬가지라 볼 때 스웨덴 SPA브랜드 'H&M'의 매장 관리 내용으로 적절하지 않은 것은?

① 1개 점포에 10~15명의 상주 인력이 매장을 관리한다.

② 세일즈 플래닝에 따라 상품을 입고하고 판매가용 기간을 정해 탄력적으로 할인율을 적용한다.

③ 점장은 강력한 권한과 책임보다는 전체직원과의 분산 책임 관리로 운영한다.

④ 전 세계적으로 시즌 재고를 해당 국가 안에서 자선단체에 기부하는 것으로 시즌을 마감한다.

10 최근 매장의 VM을 리뉴얼하는 브랜드들이 늘고 있다. 다음 내용 중 적합하지 않은 것은?

① 프랑스 패션 브랜드 '루이까또즈'는 2011년 8월 현대 백화점 대구점에 베르사이유 궁전의 '거울의 방'에서 모티브를 얻어 새로운 컨셉의 매장을 선보였다.

② 스포츠 토털 브랜드 '아레나'는 신인 걸그룹 '라니아'와 수영선수 정다래를 모델로 기용해 매장 VM을 젊게 변화시켰다.

③ 프렌치 감성 캐주얼 '샤트렌'은 매장, 상품 등을 통한 브랜드 리뉴얼과 쌍방향 VM을 활성화해 브랜드 로열티를 강화하고 아이덴티티를 더욱 확고히 다지려하고 있다.

④ 신세계 강남점 6층 남성관은 '원스톱 쇼핑 남성 명품관'으로 변신하고 매장 VM은 자체 인테리어 디자인을 그대로 유지하였다.

CATEGORY 9 패션/유통 실무용어

01 감성 마케팅(Emotional Marketing)에 대한 설명으로 적합하지 않은 것은?

① 상품 자체의 기능이나 특성보다는 소비자의 감성적 욕구를 자극시키고 필요를 채우기 위해 상징성 · 이미지 등을 부각시키는 마케팅 활동을 말한다.

② 느낌과 이미지보다는 지성이나 이성에 관련되기 때문에 조금 더 소비자들의 감성을 자극하기 용이하다.

③ 한국패션협회와 지식경제부에서는 제4회 글로벌 패션 포럼에서 감성 경영을 주제로 한국 패션기업의 지속성장 가능한 비즈니스 모델을 제시하였다.

④ 눈에 보이지 않는 감성을 시각적인 형태 – 색채, 소재, 형상 – 로 만들어내며, 이러한 마케팅은 소비자들의 무의식적 반응을 이끌어내 매출을 증대시킬 수 있다.

02 내구소비재(Durable Consumer's Goods)는 소비자가 구입하여 효용이 장기간동안 지속되어 비교적 오래 사용하는 소비재를 말한다. 이 때 제품의 내구 연수가 몇 년 이상인 것을 내구재라고 하는가?

① 3년 이상
② 5년 이상
③ 7년 이상
④ 10년 이상

03 다음 단어들과 관계있는 용어는?

> • 도심 공동화 현상 • 땅값
> • 상업시설 • 상권 분석

① 빈 시장(Blank Market)

② 비마케팅 환경요인(Non-Marketing Environment)

③ 도넛(Doughnut)현상

④ 배치 생산 방식(Batch Production Process)

04 로열티(Royalty)에 대한 설명으로 적합하지 않은 것은?

① 타인의 상표권이나 특허권 같은 소유권이나 저작권을 사용하고 지불하는 대가를 말한다.

② 기업이 계약상의 일정 수수료나 대가를 받고 타기업이나 수혜자에게 라이센스에 관련한 모든 권리를 매도하는 계약이다.

③ 스토어 로열티는 특정점포에 대한 계속적인 이용도를 나타내는 말이다.

④ 기업은 제품의 품질과 기능을 차별화시켜 소비자들에게 브랜드의 인지도를 높이는 것이다.

05 상품 회전율(Merchandise Turnover)에 대한 설명으로 바른 것은?

① 재고상품이 계속해서 회전하는 것을 방지하기 위한 개념이다.

② 기업의 월간 상품매출액이나 매출원가를 상품 평균재고로 나누어 얻는다.

③ 상품 회전율이 낮을수록 상품의 판매 및 그 보충의 속도가 빠른 것을 뜻한다.

④ 일정 기간 동안 상품이 몇 번 회전했는지 나타내는 비율이다.

06 다음 (   ) 안에 들어갈 단어는?

> 스마트폰이 많이 보급되면서 홍보용도로 사용하기 시작했으며 (   )을(를) 스캔하면 브랜드의 사이트나 이벤트 페이지 등 각종 정보를 제공받을 수 있다. 인식속도와 인식률, 복원력이 뛰어나고 제작이 간편하여 마케팅이나 홍보수단으로 많이 사용된다.

① POS

② EDI

③ QR코드

④ SKU

07 다음이 설명하는 개념은 무엇인가?

> 시즌 전에 패션점포를 방문한 고객들에게 자사의 신제품을 소개하고 소비자 반응을 얻기 위해 소규모로 점포 내에서 진행하는 패션쇼를 말한다.

① 쇼 케이스

② 트렁크 쇼

③ 쇼 스페이스

④ 쇼룸

정답   01_② ｜ 02_① ｜ 03_③ ｜ 04_② ｜ 05_④ ｜ 06_③ ｜ 07_②

08 다음은 팩토리 아울렛에 대한 설명이다. (   ) 안에 들어갈 수 없는 것은?

> 제조업체가 도매나 소매의 유통라인을 거치지 않고 (   )으로 운영하는 (   ) 매장을 말한다. 대개 공장이나 (   ) 에 붙어 있어 중간 물류비와 유통단계를 생략할 수 있으며 재고가 되기 전에 (   )으로 소비자에게 공급하는 매장이라고 할 수 있다.

① 직영   ② 상설할인
③ 물류센터   ④ 중간 가격

09 하이퍼 마켓(Hyper Market)에 대한 설명이 아닌 것은?

① 대형의 창고형 매장으로 주로 인근 교외에 입지한다.
② 점포면적은 주로 $10,000m^2$ 이상이다.
③ 많은 상품을 구비해 소비자 스스로 원하는 제품을 찾게끔 셀프서비스 시스템을 채용하고 있다.
④ 시스템을 제공한 대가로 상품을 등록한 사용자에게서 수수료와 배너광고 등으로 수익을 얻는다.

10 증강현실(Augmented Reality)에 대한 설명으로 바르지 않은 것은?

① 증강현실은 기존 가상현실에 비해 실제 환경에 가상 사물을 합성하여 보여주는 기술이다.
② 쌍방향 성격의 체험이 가능하고, 정보를 입체적 영상으로 접할 수 있어 대표적인 디지털 마케팅의 수단으로 스마트폰을 통해 빠르게 파급되고 있다.
③ 현재 증강현실을 만들어 주는 매개체 역할은, 사진이나 실제 환경이 아닌 QR코드이며 이를 통해 관련 정보가 실제 입체로 구현된다.
④ 제일모직의 '빈폴진'은 '2NE1'이 등장하는 증강현실을 제작하였다.

책보다 빠르다! 도서를 뒤집는 온라인 학습 콘텐츠의 모든 것!

시스컴 홈페이지는 양질의 콘텐츠를 보다 수월하게 전달하기 위해 제작된 온라인 종합 콘텐츠 사이트입니다.
이제 시스컴 홈페이지에서 동영상 강의 수강, 온라인 모의고사 응시, 도서 구매, 관련 자료 및 시험 정보 습득까지 단번에 해결하세요.

수험 일정 및 각종 자격증 자료

각종 자격증의 수험 일정, 효과적인 학습법 등 취업과 자격증 취득에 도움이 되는 최신 자료들을 시스컴 홈페이지를 통해 얻으실 수 있습니다.

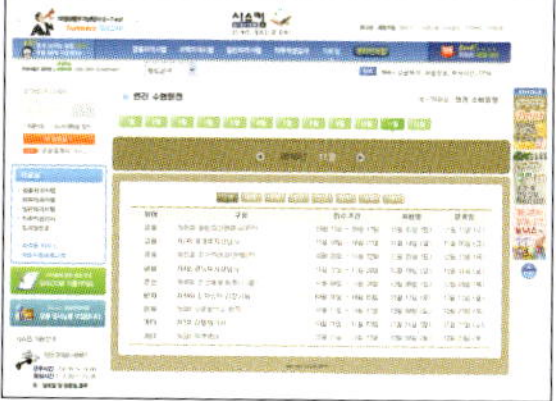

콘텐츠 이용 안내

동영상 강의의 효율적인 수강 방법, PMP · 모바일 기기와의 연동 방법, 쿠폰 사용 방법 등 시스컴의 온라인 콘텐츠를 보다 효율적으로 이용하기 위한 필독 가이드입니다.

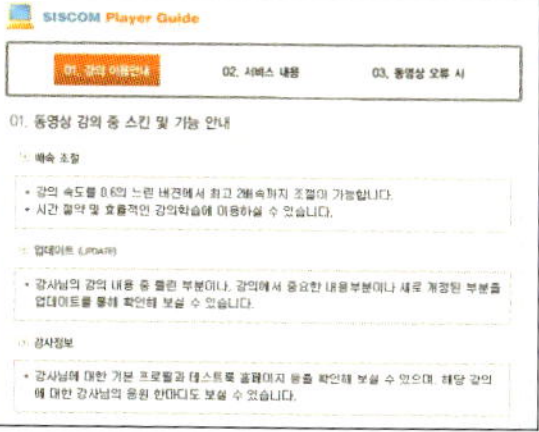

동영상 강좌 수강

- 시스컴에서 직접 제작한 수준 높은 동영상 강의를 실시간으로 학습할 수 있습니다.
- 시스컴에서 발행된 교재(일부 도서 제외)와 저자가 직접 찍은 강의를 할인된 가격에 이용하실 수 있습니다.

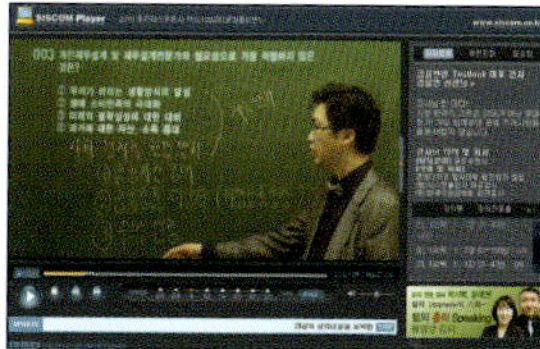

합격후기/나만의 자격증 공략법

나만의 공부비법이나 합격 노하우를 갖고 계시다면 살짝 귀띔해 주세요. 후배들을 위한 따뜻한 배려를 보여 주시는 분께는 소정의 포인트를 지급해 드립니다.

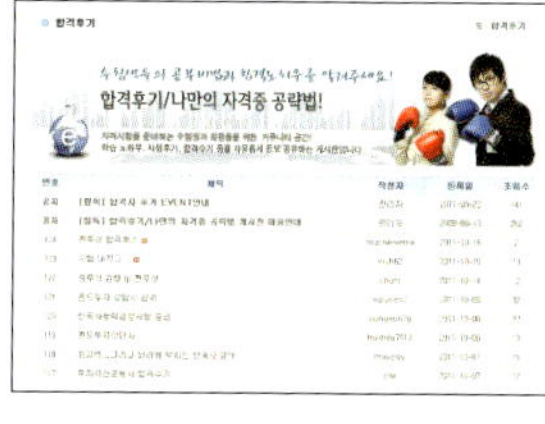

교수님께 질문

동영상 강의를 들어도 알쏭달쏭한 부분이 있다면 망설이지 말고 게시글을 올려 주세요. 가능한 한 빠른 시간 안에 답해 드립니다.

손안에 쏙 들어오는 나만의 강의실!

시스컴 모바일 서비스로 언제 어디서든 동영상 강의를 볼 수 있습니다.

모바일 강의

스마트폰 및 태블릿 PC로 시스컴 모바일 웹을 접속하면, 원하는 동영상 강의의 샘플 강좌를 미리 보거나 구매한 동영상 강의를 수강할 수 있습니다.

PMP 강의

PMP를 PC에 연결하여 동영상 강의를 다운로드하면, 인터넷이 연결되지 않은 곳에서도 해당 강의를 자유롭게 재생할 수 있습니다.

패션/유통 비즈니스 & 패션센스

Fashion/Distribution Business & Fashion Sense

패션/유통 관련 실무 강의 교재(유통업체, 관련 대학교/대학 등)

㈜프로에듀코리아(동아자격검정위원회) 주관 '패션/유통 비즈니스 TEST' 지정교재

㈜프로에듀코리아(동아자격검정위원회) 주관 'TOFAS' 지정교재

관련 온라인 동영상 강의 교재